Was dachte sich Gott, als er den Menschen erschuf?

Kenneth C. Davis
WAS DACHTE SICH GOTT, ALS ER DEN MENSCHEN ERSCHUF?

Alles, was Sie über die Bibel wissen sollten,
aber nie erfahren haben

Aus dem Englischen
von Michael Benthack

Kenneth C. Davis: Was dachte sich Gott, als er den Menschen erschuf?
Titel der amerikanischen Originalausgabe:
DON'T KNOW MUCH ABOUT® THE BIBLE
Originalverlag: William Morrow & Co., New York, NY.

© 1998 by Kenneth C. Davis
© für die deutschsprachige Ausgabe 2000
by Verlagsgruppe Lübbe GmbH & Co. KG, Bergisch Gladbach

Lizenzausgabe mit Genehmigung der
Verlagsgruppe Lübbe GmbH & Co. KG, Bergisch Gladbach
für area verlag gmbh, Erftstadt

Alle Rechte vorbehalten

Einbandgestaltung: agilmedien, Köln
Einbandabbildung: Mauritius
Satz: hanseatenSatz-bremen, Bremen
Druck und Bindung: Bercker, Kevelaer

Printed in Germany 2003

ISBN 3-89996-028-9

Für Joann

*Wem eine tüchtige Frau beschert ist,
die ist viel edler als die köstlichsten Perlen.
Ihres Mannes Herz darf sich auf sie verlassen,
und Nahrung wird ihm nicht mangeln.*
(Sprüche Salomos 31,10-11)

*»Es sind wohl viele tüchtige Frauen,
du aber übertriffst sie alle.«*
(Sprüche Salomos 31,29)

INHALT

EINLEITUNG 11

I WESSEN BIBEL IST ES EIGENTLICH? 25

II DIE HEBRÄISCHE BIBEL ODER
DAS ALTE TESTAMENT 63
Zwei Schöpfungen …
und kein Apfel *(Genesis / 1. Buch Mose)* 64
Laß mein Volk ziehen *(Exodus / 2. Buch Mose)* 129
Vierzig Jahre unterwegs *(Levitikus, Numeri,
Deuteronomium / 3., 4., 5. Buch Mose)* 168
Über den Fluß *(Buch Josua)* 183
Warum, warum, warum Delila?
(Buch der Richter, Buch Ruth) 197
Unsicher liegt das Haupt, das eine Krone trägt …
Teil 1 *(1. und 2. Buch Samuel)* 211
Unsicher liegt das Haupt …
Teil 2 *(1. und 2. Buch von den Königen,
1. und 2. Buch der Chronik, Klagelieder Jeremias)* 226
Acht Männer unterwegs
(Die Propheten aus der Zeit vor dem Exil) 260
   Amos 263
   Hosea 266
   Jesaja 267
   Micha 272
   Nahum 273
   Zephanja 274
   Habakuk 275
   Jeremia 275

Es führt doch ein Weg zurück
(*Buch Esra, Buch Nehemia*) 278
  Esra 278
  Nehemia 286
Von Totengebeinen zu Fischbäuchen
(*Die Propheten aus der Zeit nach dem Exil*) 289
  Hesekiel 291
  Haggai 296
  Sacharja 297
  Maleachi 300
  Obadja 301
  Joel 301
  Jona 303
Ein gottloses Buch *(Esther)* 306
Der Teufel hat mich dazu gebracht *(Hiob)* 309
Aus dem Munde der jungen Kinder *(Psalter)* 318
Wohl dem Menschen, der Weisheit findet
(Sprüche Salomos) 325
Nichts Neues unter der Sonne *(Prediger Salomos)* 333
Die Liebesmaschine – noch ein gottloses Buch
(Hohelied Salomos) 338
Hebräer 1 – Löwen 0 *(Daniel)* 346
Zwischen den Büchern
(*Die Apokryphen oder deuterokanonischen Bücher*) .. 352

III DAS NEUE TESTAMENT 363
  Die Welt, wie Jesus sie sah
  (*Evangelien des Matthäus, Markus, Lukas, Johannes*) 385
  Jesus kommt – macht einen beschäftigten Eindruck!
  (*Apostelgeschichte des Lukas*) 463
  Die Post ist da! *(Briefe des Paulus)* 478
  Die »Pastoralbriefe«
  (*1. und 2. Brief des Paulus an Timotheus,
  Brief an Titus*) 489
  Noch mehr Post *(Allgemeine Briefe)* 492
  Apokalypse now? *(Offenbarung des Johannes)* 500

NACHWORT: WESSEN GOTT IST ES EIGENTLICH? 509

ANHANG 1: DIE ZEHN GEBOTE 517

ANHNAG 2: DER 23. PSALM 519

ANHANG 3: DAS VATERUNSER 521

ANHANG 4: DER PROLOG ZUM
    JOHANNESEVANGELIUM 524

GLOSSAR 526

LITERATUR 531

DANK 535

REGISTER 538

*Es gibt mehr Dinge im Himmel und auf Erde,
als Eure Schulweisheit sich träumt, Horatio.*
William Shakespeare
Hamlet

*So muß es nicht gewesen sein.
Die Dinge, die du in der Bibel liest –
sie müssen nicht so geschehen sein.*
Ira Gershwin
»It ain't necessarily so«, 1935

*Offenbar hat die Religion in der heutigen Zeit auch deswegen an
Bedeutung verloren, weil viele von uns nicht mehr das Gefühl haben,
vom Unsichtbaren umgeben zu sein.*
Karen Armstrong
Die Geschichte des Glaubens

EINLEITUNG

Als ich in die sechste Klasse ging, wurde auf der gegenüberliegenden Straßenseite ein Gebäude hochgezogen. So wie die meisten zehn oder elf Jahre alten Jungen sah auch ich lieber Bulldozern bei der Arbeit zu oder betrachtete lieber, wie Beton geschüttet wurde, als das zu verfolgen, was an der Tafel stand. In jenem Schuljahr verbrachte ich viel Zeit damit, aus dem Fenster zu schauen. Wahrscheinlich habe ich in dem Jahr überhaupt nichts gelernt.

Das Gebäude aus rotem Backstein, dessen Entstehung ich mit solch konzentrierter Faszination beobachtete, war eine Kirche. Anders als die hoch aufragenden gotischen Münster Europas oder die ehrfurchtgebietende, festungsähnliche Steinkirche, in die meine Eltern zum Gottesdienst gingen, handelte es sich nicht um eine typische Kirche. Sie wurde in Form eines riesigen Schiffes errichtet, das wohl Noahs Arche darstellen sollte. Die meisten von uns haben eine Vorstellung von Noahs Arche, wobei wir meinen, daß sie einem dieser niedlichen Bugsierschlepper ähnelt.

Nur sah Noahs Arche eben ganz anders aus. Das können Sie selbst nachlesen. Im 1. Buch Mose finden Sie Gottes »kleine Bauanleitung«, eine Reihe göttlicher Konstruktionspläne zum Bau einer Arche. Leider handelte es sich, wie bei so vielen Bauanleitungen, die man bekommt, wenn man sich ein Fahrrad oder ein Möbelstück bestellt, eher um eine grobe Skizze, die kaum mehr als die ungefähren Maße angibt: im Fall der Arche 300 mal 50 mal 30 Ellen. (Dies entspricht etwa 116 Meter Länge, 25 Meter Breite und 15 Meter Höhe.) Gott sagte Noah, er solle noch ein Dach und drei Decks darauf setzen, fügt seiner Bauanleitung allerdings keine Zeichnungen bei – es sei denn, Noah warf nach Beendigung seiner Arbeit die Konstruktionspläne einfach weg. Also müssen wir darauf vertrauen, daß Noah sein Boot rechtzeitig zusammenbaute, damit es nicht voll Wasser lief.

Viele Jahre nachdem ich aus dem Klassenzimmer hinausschaute, stellte ich fest, daß das ursprüngliche hebräische Wort für »Arche« soviel wie »Schachtel« oder »Truhe« bedeutet. Mit anderen Worten: In Wirklichkeit sah Noahs Arche wie eine große Holzkiste aus, war länger und breiter als ein Fußballfeld und höher als ein dreistöckiges Gebäude. Der Architekt, der die erwähnte Kirche so entworfen hatte, daß sie ein wenig wie die *Titanic* aussah, konnte also vielleicht Stützpfeiler und tragende Wände konstruieren. Aber mit dem, was in der Bibel steht, kannte er sich nicht aus.

Da war er nicht der einzige. Millionen Menschen auf der ganzen Welt besitzen eine Bibel und behaupten, sie zu lesen und die darin enthaltenen Gebote und Vorschriften zu befolgen. Viele sagen, sie läsen täglich in der Bibel. Die meisten von uns nehmen sie kaum einmal zur Hand, wenngleich wir sie für ein wichtiges Buch halten. Laut einer neueren Umfrage besitzen neun von zehn Amerikanern eine Bibel, aber weniger als die Hälfte lesen sie. Warum? Den meisten Menschen fällt es schwer, die Bibel zu verstehen. Sie ist verwirrend. Sie ist widersprüchlich. Sie ist langweilig. Anders gesagt: Die Bibel entspricht präzise Mark Twains Definition eines Klassikers: »Ein Buch, daß die Leute loben, aber nicht lesen.«

Nicht nur preisen wir die Bibel, sondern wir führen sie auch fast täglich im Munde, in der Öffentlichkeit und im Privaten. Sie durchdringt unsere Sprache und unsere Gesetze. Und sie wird von Politikern und Predigern, Theaterschriftstellern und Dichtern, Friedensfreunden und Aufwieglern ausgiebig zitiert.

Wie die phänomenalen Verkaufszahlen beweisen, nimmt die Bibel in fast jedem Land der Erde einen besonderen Platz ein. Weltweit werden im wahrsten Sinne des Wortes zahllose Bibeln verkauft. Es fällt schwer, bei all den Übersetzungen, die es auf der Welt gibt, auf dem laufenden zu bleiben. In mehr als 40 europäischen Sprachen, in 125 Sprachen Asiens und den pazifischen Inseln gibt es komplette Bibeln, die Bibel ist in mehr als 100 afrikanische Sprachen übersetzt, und in 500 weiteren afrikanischen

Sprachen gibt es die Bibel in Auszügen. Die Ureinwohner Nordamerikas haben mindestens 15 komplette Versionen übersetzt.

Im englischen Sprachraum gibt es mehr als 3 000 Versionen der gesamten Bibel oder Teile davon. Am populärsten sind bis heute die King-James-Bibel, zuerst erschienen 1611, und die Revised Standard Version. Die Verlage werden reich damit, daß sie jedes Jahr neue Fassungen und »Spezialitäten«-Bibeln herausbringen. Auf der ganzen Welt ziehen Bibelkurse Millionen von Studierenden an. Aber ob wir nun regelmäßige Kirchgänger sind oder nicht – eines steht fest: Noch immer fasziniert die Bibel mit ihrem reichen Schatz an Geschichten und Lektionen die Menschen in fast allen Ländern der Erde.

Für viele dieser Menschen ist sie immer noch die »größte Geschichte, die je erzählt wurde«. Für Millionen Christen bilden das Alte und das Neue Testament das »Gute Buch«. Für Juden hingegen gibt es kein »Altes« und »Neues« Testament, sondern nur die Textsammlung der hebräischen Schriften, die hebräische Bibel, die mit dem christlichen Alten Testament identisch ist. Ungeachtet dieser Unterschiede besteht zwischen Christen und Juden ein starkes gemeinsames Band: Denn in ihren Kulturen sind die biblischen Bücher seit Tausenden von Jahren die Quelle der Inspiration, der Heilung, der geistigen Leitung und der Ethik.

Zweifellos bedeutet die Bibel vielen Menschen vielerlei. Die Crux daran ist, daß die meisten von uns kaum etwas über die Bibel wissen. Weil wir in einer säkularen, von Medien gesättigten Gesellschaft aufwachsen, in der wir auf Anspielungen bezüglich Gott und Religion peinlich berührt und schweigend reagieren, haben wir eine Vielzahl von Gründen für unsere Unwissenheit. Für manche liegt der Grund schlicht darin, daß sie sich im Religionsunterricht gelangweilt haben. Andere empfingen ihr Grundlagenwissen über die Bibel von großartigen, aber historisch inkorrekten Hollywood-Spielfilmen wie etwa *Die zehn Gebote, Die größte Geschichte aller Zeiten* oder *Das Gewand*.

Doch die meisten kennen sich einfach nicht besonders gut aus in dem Buch, das sich mehr als jedes andere auf den Lauf der Menschheitsgeschichte ausgewirkt hat. Die amerikanischen Schulen wagen nicht so recht, das Thema Religion im Unterricht anzugehen. Im allgemeinen beschränken die Medien ihre Berichterstattung über religiöse Fragen auf die Weihnachts- und die Ostergeschichte, es sei denn, ein Skandal oder eine Katastrophe wird bekannt, in deren Zuge die Angehörigen einer religiösen Sekte Massenselbstmord begangen haben. Wir schicken unsere Kinder nicht mehr in Sonntagsschulen oder in Gottesdienste, und wir selbst gehen auch nur noch selten in die Kirche. Die mangelnde Kenntnis macht nicht einmal an der Kirchentür halt. In einer 1997 durchgeführten Umfrage stellte die Londoner Wochenzeitung *Sunday Times* fest, daß lediglich 34 Prozent von 220 anglikanischen Geistlichen alle zehn Gebote aus dem Gedächtnis zitieren konnten! Zwar erinnerten sich alle an die Textstellen, in denen es heißt, du sollst »nicht töten« und nicht ehebrechen, doch über die anderen Gebote wußten die Theologen weniger gut Bescheid. 19 Prozent von ihnen glaubten sogar, daß das achte Gebot laute: »Das Leben ist eine Reise. Genieße sie.«

Wenigstens waren sie nicht der Meinung, daß es besagt: »Mach's doch einfach.«

Selbst jene, die die Bibel zu kennen *glauben,* sind überrascht, wenn sie erfahren, daß es sich bei ihren vermeintlichen Kenntnissen nicht selten um Halbwahrheiten, Fehlinformationen oder vage, im Gedächtnis verbliebene Geschichten handelt, die für den Gebrauch im Religionsunterricht gekürzt wurden. Seit Jahrhunderten haben Juden und Christen geschönte Bibelversionen gelesen, in denen die unangenehmeren, unbequemeren und »flotteren« Geschichten ausgelassen wurden. Sicherlich erinnern sich die meisten von uns auf irgendeine Weise an Noah, Abraham und Jesus. Aber es ist doch eher unwahrscheinlich, daß Sie die Geschichten von Vergewaltigungen, Pfählungen und »ethnischen Säuberungen« kennen, die man an vielen Stellen der Bibel findet. Es sind zeitlose Erzählungen mit ewigen Themen: Gerechtigkeit und Moral, Rache und Mord, Sünde und Erlösung.

Da ist zum Beispiel Kain, der Abel umbrachte. Oder Noahs Sohn, der verflucht wurde, weil er seinen Vater nackt und betrunken gesehen hatte. Abraham, der bereit war, den Sohn zu opfern, den er sich sein Leben lang so sehr gewünscht hatte. Die Einwohner von Sodom und Gomorrha, die wegen ihres lockeren Lebenswandels vernichtet wurden. Lot, der mit seinen Töchtern schlief. Ein Zeltpflock, der im Buch der Richter einem Mann in den Schädel geschlagen wurde. König Saul, der den jungen David aufforderte, er solle ihm die Vorhäute von hundert Philistern bringen, sozusagen als Brautgabe, damit David seine Tochter heiraten durfte. König David, der einen Soldaten an die vorderste Kriegsfront schickte, damit er mit der Ehefrau des Mannes schlafen konnte. Da ist die ewig populäre Geschichte vom weisen Salomo, der droht, ein Baby zu zerhacken. Doch wußten Sie, daß die beiden Frauen, die König Salomo das Kind brachten, Prostituierte waren?

Da ich in einer traditionellen protestantischen Gemeinde aufwuchs, mit Krippenspielen und Konfirmationsunterricht und allem, was dazugehört, meinte ich, über recht solide Bibelkenntnisse zu verfügen. Im alljährlichen Krippenspiel bekam ich mit der Zeit immer »bessere« Rollen, vom Engel über den Hirten bis zu Joseph, aber es waren stumme Rollen; Jesus' irdischer Vater stand schweigend hinter Maria und wußte nicht, was er sagen sollte. Eine Sprechrolle habe ich nie bekommen, nie durfte ich einen der »Heiligen Drei Könige« spielen, die das Jesuskind besuchen. Aber die trugen die schicksten Kostüme. In meiner Gemeinde bekamen diese Rollen immer drei sehr hochgewachsene Brüder. Erst sehr viel später erfuhr ich, daß es sich gar nicht um drei »Könige«, sondern um Zauberer aus dem Iran handelte.

Während meines Studiums an einem lutherischen College und später an der katholischen Fordham-Universität befaßte ich mich intensiver mit der Geschichte und den Schriften der Bibel. Als ich an einem meiner früheren Bücher über Grundfragen der Geographie schrieb, stellte ich einige schlichte Fragen an die Bibel:

»Gab es den Garten Eden?«
»Welche ist die älteste Stadt der Welt?«
»Hat Mose tatsächlich das Rote Meer durchquert?«

Dabei erlebte ich einige Überraschungen. Als ich zum Beispiel nachforschte, welche die älteste Stadt der Welt sei, erfuhr ich, daß Jericho zu den ältesten menschlichen Ansiedlungen gehört. Außerdem lag der Ort in einer großen Erdbebenregion. Könnte dieser – so fragte ich mich – einfache geologische Sachverhalt irgend etwas damit zu tun haben, daß die berühmte Mauer von Jericho umfiel? Dann fand ich heraus, daß Mose und die Stämme Israels gar nicht durch das Rote Meer gezogen waren, sondern vor dem Pharao und seinen Kampfwagen über das *Schilfmeer* flohen, bei dem es sich vielleicht um einen der vielen ägyptischen Seen oder einen marschigen Abschnitt des Nildeltas handelte. Die Falschübersetzung, die sich unbemerkt in die Septuaginta, die griechische Version der Bibel, eingeschlichen hatte, deckten heutige Forscher mit Zugang zu den alten hebräischen Handschriften auf. Wenn es auch kinematographisch weniger aufregend gewesen wäre, wenn C. B. DeMille Charlton Heston durch einen Sumpf geschickt hätte, so wird die Flucht der Israeliten aus Ägypten durch die sprachliche Änderung doch sehr viel plausibler.

Für mich war es eine überraschende Tatsache, daß der Exodus, die Herausführung der Juden aus Ägypten, eine der zentralen Erzählungen der Bibel, durch einen Übersetzungsfehler einiges an Verständlichkeit verlor. Aber sie hat mich dazu gebracht nachzudenken. Wie viele andere Irrtümer enthält die Bibel? Wie viele andere »kleine« Übersetzungsfehler haben unser Verständnis dessen verwischt, was wirklich geschah? Schließlich ist die Bibel während der letzten zweitausend Jahre sehr oft übersetzt worden, erst in der frühen Neuzeit wurde sie ins Englische, Deutsche und andere moderne Sprachen übertragen. Selbst der Name Jesus ist eine unglückliche Übersetzung des hebräischen Namens Josua. Um in der Sprache der Politik zu reden: »Es hat Fehler gegeben.« Im Laufe der Zeit haben sie sich dann gehäuft. Und wenn nun einem jener Mönche des Mittelalters die Feder ausrutschte, als er eine der alten Handschriften übertrug? Oder wenn einer der Bibelgelehrten, die die King-James-Bibel übersetzten, ein bißchen viel Sakramentwein getrunken hatte, als er an Deuterononium, dem 5. Buch Mose, arbeitete?

Meine Überlegungen nahmen eine beunruhigende Wende, als ich an einem Buch über den amerikanischen Bürgerkrieg schrieb. Es stellte sich nämlich heraus, daß sowohl die christlichen Befürworter als auch die Gegner der Sklaverei auf die Bibel zurückgriffen, um die eigene Position zu stützen. Die Sklavenhalter verwiesen darauf, daß es die Sklaverei schon in biblischen Zeiten gab, und ebenso verwiesen sie auf Gesetze und Bibelkommentare, die verlangten, die Sklaven hätten gehorsam zu sein, damit Amerikas »besondere Einrichtung« gerechtfertigt war. Die Gegner der Sklaverei zitierten jüdische Gesetze, um so die Sklaven zu befreien und den entflohenen Sklaven Schutz zu bieten, und verwiesen dabei auf Verse im Neuen Testament sowie das Gebot Jesu, »was ihr wollt, daß euch die Leute tun sollen, das tut ihnen auch«. Aber wieso konnten sich beide Seiten auf die Bibel berufen? Das moralische Dilemma, der Kampf zwischen Anhängern und Gegnern der Sklaverei, markierte einen Wendepunkt in der Geschichte Nordamerikas: Zum ersten Mal waren Zweifel an der Autorität der Bibel geweckt.

Die Tatsache, daß man die Bibel benutzte, um etwas Böses wie die Sklaverei zu unterstützen, wirft eine weitere unbequeme Frage auf. Viele haben die Bibel als eine Art Waffe benutzt. Jahrhundertelang haben Juden die antisemitische Botschaft gefürchtet, die manche Christen aus dem Neuen Testament und daraus bezogen, daß sie betonten, die Juden hätten Jesus – der selbst ein frommer Jude war – ermordet. Die Kreuzzüge, die Inquisition und die Kriege zwischen Katholiken und Protestanten – sie alle sind Teil der blutdurchtränkten Vergangenheit der Bibel. Immer noch sind die Abendnachrichten voll von Berichten, die zeigen, wie Juden und Araber wegen des »biblischen« Landes einander bekämpfen. Und in Amerika dringen »biblische« Themen in politische Debatten vor. Schwangerschaftsabbruch. Todesstrafe. Gebete in Schulen. Bei all diesen brandheißen gesellschaftlichen Themen deuten Menschen auf die Bibel, um die eigenen Standpunkte zu rechtfertigen.

Kaum eine biblische beziehungsweise religiöse Frage hat die Menschen in neuerer Zeit tiefreichender gespalten als die Rolle der Frau in der Heiligen Schrift. Seit Jahrhunderten wird die Bibel als Knüppel gegen die Frauen mißbraucht. In den Bibelerzählungen, die den Männern die Vorherrschaft über die Frauen einräumen – vom Garten Eden bis zu den Geschichten aus dem frühen Frühchristentum –, wies die »göttliche Autorität« den Frauen scheinbar den Status von Bürgern zweiter Klasse zu. Dieser zweitrangige Status in den Synagogen und Kirchen zementierte den untergeordneten Rang der Frauen im Privatleben. Die Rolle, die die Bibel den Frauen zuwies, schien klar: gebärt Kinder und macht Essen.

Eines steht jedoch fest: Wir kennen zwar alle die »echten Kerle« wie Mose, David oder Simson, doch finden sich in der Bibel auch Erzählungen über starke, tapfere Frauen. Theologen und Hollywoodfilme haben sich immer auf die »bösen Mädchen« wie Delila oder Isebel konzentriert – und dabei einige faszinierende Heldinnen übersehen. Ich finde die wagemutige Eva viel interessanter als den eher passiven, substanzlosen Adam; Ruth war ein Vorbild an Treue und Glaube, Esther eine tapfere Schönheit, die die Juden vor dem ersten antisemitischen Pogrom der Geschichte rettete, und Debora die Antwort der Bibel auf »Xena, die Kriegerprinzessin«.

Ich selbst wurde zu einer Zeit neugierig auf diese beunruhigenden Fragen hinsichtlich der Autorität und Verläßlichkeit der Bibel, als neue Entdeckungen und Forschungen viele allgemein anerkannte Vorstellungen über die Bibel in Frage zu stellen begannen. So ergaben sich beispielsweise erstaunliche Erkenntnisse aus den Schriftrollen von Qumran, jenen sehr alten hebräischen Bibeltexten, die vor fünfzig Jahren in Höhlen in der Wüste nahe des Toten Meeres gefunden wurden. Diese Schriftrollen enthalten die mit Abstand ältesten bekannten Texte und Fragmente aus der hebräischen Bibel sowie zusätzlich noch weitere Schriften, und diese Funde haben das Wissen über die Bibeltexte und die Zeit, in der Jesus lebte, enorm vergrößert. Noch dramatischer und umstrittener sind beispielsweise Fragen, die das Buch *Versuchung durch Erkenntnis* aufwirft, in dem nachgewiesen wird, daß 1 500 Jahre alte Dokumente des Christentums im krassen Gegensatz zu den überlieferten Geschichten über Jesus im Neuen Testament stehen. Entdeckungen wie diese veranlassen ernstzunehmende Forscher, einige grundlegende Fragen neu zu untersuchen: Wer schrieb die Bibel? Hat Jesus alles, was er angeblich äußerte, wirklich gesagt. Hat er mehr gesagt?

Solche und ähnliche Fragen stoßen bei vielen Menschen auf große Resonanz, gleichgültig, ob sie fundierte Kenntnisse über die Bibel besitzen oder sich schämen, weil sie sie nicht besitzen. Das vorliegende Buch hat zum Ziel, diese und ähnliche Fragen jenen Lesern und Leserinnen zu beantworten, die die Bibel zwar als heilig und wichtig ansehen, aber einfach nicht wissen, was drinsteht. Zum Beispiel wundern sich die meisten Leute, wenn sie erfahren, daß es in Genesis, dem 1. Buch Mose, nicht eine, sondern zwei Schöpfungsberichte gibt, die hinsichtlich Einzelheiten und Bedeutung stark voneinander abweichen. In der ersten der beiden Schöpfungsgeschichten wurden Mann und Frau gleichzeitig nach »dem Bild Gottes« geschaffen. Dann folgt eine zweite Überraschung: Es gab im Garten Eden keinen Apfel. Auch einige der anderen weithin geglaubten Fehlurteile sind bemerkenswert. Das Gebot lautet nicht: »Du sollst nicht töten.« David besiegt nicht Goliath. Jona befand sich nicht im Bauch eines Wals. David schrieb nicht die Psalmen Davids. Salomo schrieb nicht das Hohelied Salomos. Jesaja schrieb nicht das Buch Jesaja. Und König David und Jesus waren beide die Nachkommen einer Prostituierten.

Dieses Buch möchte die Gespinste unserer irrigen Vorstellungen im Zusammenhang mit der Bibel zerstreuen, und deshalb zeichnet es die Geschichte der Bibel und ihrer Entstehung nach. Viele Ereignisse, die in der Bibel geschildert werden, lassen sich mit der überlieferten Geschichte in Einklang bringen – zum Beispiel die fünfzigjährige Gefangenschaft des jüdischen Volkes in Babylonien oder die Ereignisse im Neuen Testament während der Blütezeit des Römischen Reiches. Während die Altisraeliten als recht kleine Gruppe nomadischer Hirten lebten, errichteten die Ägypter eine der außergewöhnlichsten Zivilisationen überhaupt. (Finden sie es nicht auch merkwürdig, daß die Bibel die Pyramiden mit keinem Wort erwähnt?) Und Jesus lebte und predigte in einer Provinz des mächtigen Römischen Imperiums, dessen Sprache und Gesetze unser Leben bis heute stark beeinflussen.

Dabei betrachte ich die Bibel aus dem Blickwinkel der Geschichte. Unter anderem geht es mir darum zu zeigen, welche Bibellehren für eine sehr alte, halbnomadische Gesellschaft angemessen waren und welche möglicherweise noch auf das Leben am Beginn des 21. Jahrhunderts angewandt werden können. Es gibt viele biblische Gesetze, die heutige Juden und Christen nicht mehr anerkennen. Ein Beispiel: Selbst der unbeugsamste Fundamentalist dürfte wohl einräumen, daß ein heutiger Vater nicht beweisen muß, daß seine Tochter noch Jungfrau ist, indem er auf dem Dorfplatz den Leuten ihr blutiges Laken zeigt. Und man kann wohl annehmen, daß die meisten von uns nicht mehr daran glauben, daß eine Mutter nach der Niederkunft Brandopfer darbringen muß oder daß eine Frau während der Menstruation »unrein« ist. Alle diese Beispiele stammen aus den Mosaischen Gesetzen.

Lassen Sie Ihre Tiere mit anderen Arten Nachkommen zeugen? Haben Sie Ihre Felder mit zwei Arten von Samen bestellt? Haben Sie schon einmal ein Kleidungsstück angezogen, das aus zwei verschiedenen Materialien bestand? Nun ja, dann haben sie einige der Weisungen Gottes gebrochen, wie sie von Mose in Levitikus, dem 3. Buch Mose, dargelegt wurden.

Wie viele von uns glauben denn noch, daß man Ehebruch durch Steinigung bestrafen müsse, wie es das jüdische Gesetz fordert? (Im »Verein der ersten Ehefrauen« sicherlich recht viele!) Wer ein wenig biblische Gerechtigkeit in der Welt von heute sehen möchte, der könnte vielleicht den Blick nach Afghanistan unter der Herrschaft der Taliban wenden, islamischen Fundamentalisten, deren Vorstellungen über angemessenes Verhalten und angemessene Bestrafung sich nicht allzusehr von denen der alten Israeliten unterscheiden.

Mit den im vorliegenden Buch gestellten Fragen, ob sie nun tiefreichend oder ungebührlich sind, möchte ich einige ehrwürdige Fehleinschätzungen entstauben und verkümmerte Erinnerungen auffrischen. Oftmals geht es bei diesen Fragen um allseits bekannte Namen und Ereignisse der Bibel, zum Beispiel, was der »Exodus« oder wer der »barmherzige Samariter« war oder was in der Bergpredigt steht. Wir wissen, daß diese Fragen wichtig sind. Doch können wir nicht genau benennen, worum es dabei geht oder warum wir über sie Bescheid wissen sollen. Indem ich über diese Fragen hinausgehe, stelle ich noch mehr unagenehme Fragen. Warum gibt es in der Genesis zwei Schöpfungsgeschichten? Warum durfte Mose nicht das Land der Verheißung betreten? Wurde Jesus wirklich zu Weihnachten geboren? War Maria Magdalena frech oder freundlich?

Natürlich zieht man mit solchen Fragen die »traditionellen« Vorstellungen über die Bibelaussagen in Zweifel, und vermutlich wird meine Herangehensweise die Leute ärgern, die meinen, die Bibel gehöre ihnen. Alles in allem genommen handelt es sich aber um ein Buch, in dem historische Genauigkeit, der Kontext der Kultur und die Beseitigung der Konfusion über antike Wörter und Falschübersetzungen alle ihren Platz haben, da man diese sehr alten Texte nur auf diese Weise besser verstehen kann. Dabei versuche ich nicht, die Bibel »auszulegen«, sondern vielmehr zu erklären, was sie sagt.

Als Historiker ist mir bewußt, daß das »Herumdeuten« an der Bibel Risiken birgt. Einmal versuchte ein abtrünniger englischer Theologe, John Wycliffe, die Bibel dem gemeinen Volk näherzubringen, das weder Hebräisch noch Latein noch Griechisch verstand. Und darum übertrug er kurz vor seinem Tod im Jahr 1384 als einer der ersten die Bibel ins Englische. Die Obrigkeit war gar nicht amüsiert. Da Wycliffe erst nach seinem Tod als Ketzer exkommuniziert wurde, konnte man ihn nicht hinrichten. Die Kirchenoffiziellen taten das Nächstbeste: Sie exhumierten den Leichnam und verbrannten ihn.

Einem anderen englischen lutherischen Theologen, William Tyndale, erging es nicht viel besser. Tyndale (1484?-1536) ärgerte sich über die Sittenverderbnis, die er unter seinen Glaubensbrüdern ausmachte, und war zudem davon überzeugt, daß alle Menschen die Bibel lesen sollten, nicht nur die wenigen, die Latein, die Sprache der Kirche, verstanden. Also übersetzte er die Bibel ins

Englische. Daraufhin beschuldigte man ihn, er habe die Heilige Schrift entstellt. Man zwang ihn, England zu verlassen, und befahl, sein Neues Testament als »unwahre Übersetzung« zu verbrennen. Nachdem man ihn unter dem Vorwurf der Ketzerei festgenommen und eingekerkert hatte, verurteilte man ihn in Antwerpen zum Tod durch den Strang. Um ganz sicherzugehen, wurde sein Leichnam im Oktober 1536 auf dem Scheiterhaufen verbrannt.

Mit anderen Worten: Wenn man ein Buch wie das vorliegende schreibt, hält man die Augen offen. Es gibt viele Leute, die meinen, die Bibel habe zu bleiben, wie sie ist, und damit hat es sich. Immer wenn ein Mann wie Tyndale mit neuen Ideen daherkam, haben die herrschenden Mächte losgeschlagen. Bisweilen erkannten sie, daß sie sich irrten. Aber das dauerte eine Weile. Im Fall Galileo Galileis (1564-1642), des italienischen Physikers und Astronomen, der sagte, daß sich die Erde um die Sonne dreht, brauchte der Vatikan dreieinhalb Jahrhunderte, bis er zugab, daß der Forscher recht hatte. 1992 – 350 Jahre nach Galileos Tod – hob die katholische Kirche ihr Verdammungsurteil auf. William Tyndale wird heute als »Vater der englischen Bibel« geehrt, eine geringe Entschädigung dafür – vielleicht –, daß man ihm den Hals umdrehte und ihn dann aufknüpfte und verbrannte.

Zwar erwarte ich nicht, daß man meine Hinrichtung oder Exkommunikation verlangt, doch bin ich mir sicher, daß einige Leute mit diesem Buch nicht glücklich sein werden; denn es zieht »Volkes Meinung« in Zweifel, indem es Fragen stellt. Vielen Menschen hat man beigebracht, daß man die Bibel nicht kritisieren dürfe. Sie befürchten, das Ganze würde sich sonst gleichsam »aufrippeln«, so wie ein billiger Anzug, wenn man einen Faden herauszieht. Letztlich aber ist die Bibel ein Buch des Glaubens, nicht der Geschichte, der Biologie oder der Wissenschaft, ja nicht einmal der Philosophie. Die Fragen, die ich stelle, mögen diejenigen als Affront empfinden, die immer noch glauben, daß die Bibel, als »Wort Gottes« *über jeden Zweifel erhaben* ist. Doch schon seit Jahrhunderten hegen Wissenschaftler und Philosophen, viele von ihnen fromme Gläubige, berechtigte Zweifel an der wortwörtlichen Richtigkeit der

Bibel. Menschen, die glauben, sollten meine Nachforschungen nicht fürchten. Wie stark ist ein Glaube, der keine Fragen erträgt?

Eine der kühnsten Nachforschungen in der Geschichte der Menschheit wird im Hiobbuch angestellt, dessen Hauptfigur die Kühnheit besitzt, einen Gott herauszufordern, der eine Wette mit Satan abgeschlossen hat. »Warum?« fragt der verzweifelte Hiob Gott immer und immer wieder. »Warum hast du mich zu deiner Zielscheibe erkoren?« Den »Prediger«, der im Buch Prediger Salomos spricht, nannte man eine der zynischsten Gestalten der Historie. Inmitten der vielen biblischen Bücher, die Gottes Wunder preisen, läßt uns dieser Theologe innehalten und fragt: »Was hat es für einen Sinn, wenn man lebt und hart arbeitet und anschließend einfach stirbt?«

Wen meine Fragen erzürnen, der gebe Adam und Eva die Schuld! Schließlich haben sie die verbotene Frucht vom Baum der Erkenntnis gepflückt. Und Wissen zu erlangen – darum geht es. Meines Erachtens ist es sehr wichtig, daß wir die bequemen Meinungen in Frage stellen, mit denen wir aufwachsen – ob es bei ihnen um Themen der Religion, Geschichte oder um Konsumgewohnheiten geht. Die Welt ist eine Schule; für das Leben lernen wir. Mit den Worten des irischen Dichters William Butler Yeats: »Jemanden zu bilden heißt nicht, einen Eimer zu füllen, sondern ein Feuer zu entzünden.«

Dieses Buch will nicht nur Interesse an Fragen der Bibel wecken, es verfolgt ein ehrgeizigeres Ziel. Wir leben in einer faszinierenden, aber verwirrenden Zeit. Wohl noch nie schien die Welt so »verderbt«, aber auch noch nie gab es ein solch weltweites Interesse an Fragen bezüglich Religion und Spiritualität. Ob es sich dabei um eine Neugier auf das Millenium handelt oder um die müde Zurückweisung des modernen Lebens: Viele Menschen denken über ihr Leben nach und suchen nach »etwas«. Man nenne es Familienwerte. Moral. Vielleicht sogar Glauben. Diesen Suchenden möchte das vorliegende Buch ein wenig Hilfe anbieten, »um zu lernen Weisheit und Zucht und zu verstehen verständige Rede, daß man annehme Zucht, die da klug macht, Gerechtigkeit, Recht und Redlichkeit«. (Sprüche Salomos) Das ist ein ehrgeiziges

Ziel, gewiß. Mit anderen Worten: Dem spirituellen Suchenden von heute will es eine lehrreiche, lebendig und geistig anspruchsvolle Orientierungshilfe an die Hand geben, mit der er sich in der Welt der Bibel besser zurechtfindet. Kann ich Ihnen Glauben bringen? Kann ich Ihnen helfen, zu »glauben«? Ich werde es nicht einmal versuchen.

Wenn Sie Glauben finden: Amen. Sollten Sie ihn auf den folgenden Seiten nicht finden, so mögen Sie zumindest Weisheit finden.

Anm d. Üb.: Wenn nicht anders angegeben, sind die Bibelzitate der Lutherbibel (revidierte Fassung von 1964) entnommen. Außerdem wird aus der Neuen Jerusalemer Bibel und der Elberfelder Übersetzung (Ausgabe von 1967) zitiert.

I

WESSEN BIBEL IST ES EIGENTLICH?

Der Teufel kann sich auf die Schrift berufen.
William Shakespeare
Der Kaufmann von Venedig

*In der Bibel finden sich Werke edler Dichtkunst, so manche kluge Fabel,
einige von Blut durchtränkte Geschichten,
eine Fülle von Obszönitäten und mehr als tausend Lügen.*
Mark Twain
Letters from the Earth

*… was interessiert es mich, ob Mose oder irgendein anderer Prophet
diese Worte geschrieben hat, denn bei ihnen allen handelte es sich
um eine geweissagte Wahrheit.*
Joseph Ben Eliezer Bonfils,
Gelehrter des 15. Jahrhunderts

- Was ist die Bibel?

- Was ist ein »Testament«?

- Sind die Schriftrollen vom Toten Meer die »ursprüngliche« Bibel?

- Wer schrieb die Hebräische Bibel oder das Alte Testament?

- Schrieb Mose denn nicht die Tora?

- Wenn nicht Mose – wer dann?

- Wer waren die Kinder Israel?

- Wenn die Bibel auf hebräisch geschrieben wurde, woher stammen dann die vielen griechischen Ausdrücke?

Meine Bibel oder deine? Wessen Version sollen wir lesen? Die Lutherbibel? Die Neue Jerusalemer Bibel oder Einheitsübersetzung? Die Gute-Nachricht-Bibel in zeitgemäßem Deutsch?

Betrachten wir einmal die folgende kurze Textstelle aus einer Bibelgeschichte, wie sie in einer Fassung mit dem Titel *Die Fünf Bücher Mose* erzählt wird:

> Der Mensch erkannte Haffa, seine Frau,
> sie wurde schwanger und gebar Kajin.
> Sie sagte:
> *Kaniti*/ich-habe-geboren,
> einen Menschen, so wie JHWH!
> Sie bekam ein weiteres Kind – seinen Bruder, Hevel.
> Und Hevel wurde Hirte, und Kajin wurde Ackermann.

Haffa? Kajin? Hevel?

»Wer sind diese Fremden?« könnten Sie fragen.

Vielleicht kennen Sie diese Menschen besser als Eva und ihre Knaben, Kain und Abel, deren Geburt in Genesis, dem 1. Buch Mose, erzählt wird. In dem Buch *Five Books of Moses* von Everett Fox begegnen Ihnen Jaakov, Josef und Mosche. Auch in diesem Fall kennen Sie diese Gestalten wohl eher unter ihren Namen Jakob, Joseph und Mose. In der oben erwähnten, kürzlich erschienenen Neuübersetzung der ersten fünf Bücher der Bibel versucht der Autor, den Klang und Rhythmus der Worte der antiken hebräischen Dichtung einzufangen und einen Eindruck davon zu vermitteln, wie dieses sehr alte Epos vor etwa 3 000 Jahren von nomadischen Hirten vor ihren Lagerfeuern in der Wüste gesungen wurde. Damit erreicht der Autor, daß uns das bislang Vertraute nunmehr fremd erscheint. Denn all die Gemälde in Kunstgalerien und Museen, die eine attraktive blonde Eva mit blauen Augen und einem Apfel in der Hand darstellen, passen einfach nicht zu der im Text heraufbeschworenen geistigen Vorstellung von einer primitiven Erdmutter, die in einer völlig anderen Zeit und an einem völlig anderen Ort lebte. Fox' verblüffende Übersetzung unterstreicht eine erstaunliche Tatsache über ein Buch, das wir – wie wir sagen – alle achten und ehren – nämlich, daß es die *eine Bibel* nicht gibt, sondern viele Bibeln. Das erkennt jeder, der sich in einem Buchladen, beispielsweise in den USA, umsieht. Da sieht man jüdische Bibeln, katholische Bibeln, afroamerikanische Bibeln, »nicht-sexistische Bibeln«, »Bibeln für den Ehemann« sowie sogenannte Bekehrungs-Bibeln für diejenigen, die an Zwölf-Stufen-Programmen teilnehmen. Dann gibt es, im Amerikanischen, die *Living Bible* – im Gegensatz zur »toten« Bibel? – und die *Gute-Nachricht-Bibel,* die beide in zeitgenössischer Sprache verfaßt sind.

Wie soll man da die richtige auswählen? Im angloamerikanischen Sprachgebiet ist die King-James-Bibel immer noch die populärste, viel gelesen wird auch die »New Revised Standard Version«. Im deutschen Sprachraum ist die Lutherbibel weit verbreitet. Darüber hinaus gibt es Dutzende andere Fassungen, wobei jede ihre Überlegenheit verkündet und so manche behauptet, der originalen oder ursprünglichen Version getreuer zu folgen als die anderen. Dies erinnert an die Worte des der Welt überdrüssigen Philosophen im Prediger Salomo: »... denn des vielen Büchermachens ist kein Ende.«

Was würde der Verfasser des Prediger Salomo wohl sagen, wenn er heute, im 20. Jahrhundert, eine Buchhandlung beträte? Verderben gleichsam zu viele Übersetzungen den Inhalt der Bibel? Diese Frage weist mitten ins Zentrum vieler weit verbreiteter Irrtümer über die Bibel. Wir können uns nicht auf *eine* Version der Bibel einigen. Wie können wir uns dann darauf einigen, was die Bibel sagt?

Woher stammt diese wahre »Sintflut« von Bibeln? Wie konnte es geschehen, daß ein solch wichtiges Dokument für viele verschiedene Menschen solch unterschiedliche Bedeutungen hat? Oder wie es der englische Dichter William Blake vor fast 200 Jahren formulierte:

Ihr beide lest die Bibel, Tag und Nacht,
Doch du liest dieses, wo ich jenes gedacht.

Alle diese Fragen führen zu einer ganz einfachen Frage zurück:

Was ist die Bibel?

Die meisten Menschen halten die Bibel für ein Buch, das einem langen, komplizierten Roman mit allzu vielen Figuren mit seltsamen Namen und zuwenig Handlung ähnelt. Nehmen Sie eine Bibel zur Hand. Zweifellos: Sie ist ein »Buch«. Aber sie ist viel mehr. Das Wort »Bibel« kommt vom mittelalterlichen lateinischen Wort *biblia,* einem Singular, der sich vom griechischen *ta biblia,* »die Bücher« herleitet. Man könnte dieser wortgeschichtlichen Randnotiz noch einige Sätze hinzufügen: Die Stadt Byblos war eine antike phönizische Küstenstadt im heutigen Libanon. Die Phönizier erfanden das Alphabet, das wir noch heute verwenden, und brachten den Griechen gewissermaßen das Schreiben bei. Aus Byblos exportierten die Phönizier den Papyrus, das »Papier«, auf dem man die ersten »Bücher« schrieb. (Tatsächlich ist der Papyrus eine schilfähnliche Staude, deren Streifen man einweichte und zusammenpreßte. In getrockneter Form ergaben diese dann das Schreib»papier«.) Auch wenn das Wort *biblos* im Griechischen ursprünglich »papyros« bedeutet, so nahm es schließlich die Bedeutung »Buch« an. Und darum werden unsere Bücher seither nach dieser Stadt benannt.

Im strengen Wortsinne handelt es sich bei der Bibel nicht um ein einzelnes Buch, sondern um eine Anthologie: eine Textsammlung von vielen kürzeren Büchern. In einer noch weiteren Bedeutung ist sie nicht nur eine Sammlung kürzerer Werke, sondern eine vollständige Bibliothek. Meist bezeichnet das Wort »Bibliothek« einen realen Ort, aber es kann auch eine Textsammlung bezeichnen. Und die Bibel ist eine außergewöhnliche Sammlung von Büchern, von denen einige fast dreitausend Jahre alt sind. In den verschiedenen Büchern geht es um das Rechtswesen, um Lebensweisheit, Dichtung, Philosophie und Geschichte. Die Beurteilung, wie viele Texte diese »tragbare« Bibliothek enthält, hängt davon ab, nach welcher Bibel man greift. Die Bibel eines Juden ist ein anderes Buch als die Bibel eines Katholiken, die sich wiederum von der Bibel eines Protestanten unterscheidet.

Die Bibel der Juden, die im Laufe von tausend Jahren in erster Linie auf althebräisch niedergeschrieben wurde, entspricht dem Alten Testament der Christen. Für Juden gibt es kein Neues Testament. Sie anerkennen nur diejenigen Schriften, die Christen als das Alte Testament bezeichnen. Die jüdische Bibel und das christliche Alte Testament umfassen dieselben Bücher, die allerdings auf etwas andere Weise angeordnet und numeriert werden – es sei denn, man besitzt die unter Katholiken weit verbreitete Neue Jerusalemer Bibel: Diese umfaßt ungefähr ein dutzend Bücher, die Juden und Protestanten nicht als »Heilige Schrift« ansehen. Aber das steht auf einem anderem Blatt, das sich in der Geschichte der Bibel etwas weiter hinten befindet. In der jüdischen Tradition wird die Bibel auch als TaNaK (Tanach) bezeichnet. Dabei handelt es sich um ein Kunstwort aus den hebräischen Wörtern *Tora* (»Gesetz« oder »Weisung«), *Nebiim* (»frühere und spätere Propheten«) und *Kethubim* (»Schriften«). Dies sind die drei großen Untergruppen, in die man die 39 Bücher der hebräischen Heiligen Schrift unterteilt.

Die 39 Bücher der hebräischen Bibel legen die Gesetze, die Traditionen und die Geschichte des jüdischen Volkes und sein einzigartiges Verhältnis zu seinem Gott fest. Sie beginnen »am Anfang«, mit der Schöpfung »von Himmel und Erde«, folgen sodann dem Leben der uralten Begründer des jüdischen Glaubens – den Erzvätern und Erzmüttern – und erzählen schließlich die Geschichte des Volkes des alten Israels in guten wie in schlechten Zeiten. Viele von uns erinnern sich sicher noch an die Kindheitsgeschichten über die israelitischen Helden, beispielsweise Abraham, Mose, Josua und David, doch das wahre Herzstück dieser Bücher ist die Sammlung der göttlichen Gesetze; diese werden in erster Linie in den ersten fünf Büchern, der Tora, dargelegt, von denen sowohl Juden als auch Christen glauben, daß Gott sie dem Propheten Mose vor mehr als 3 000 Jahren gab. Diese Gesetze, die weit mehr als lediglich die bekannten zehn Gebote umfassen – zumindest diese sollte man kennen –, regelten jeden Aspekt des

Tab. 1: Die Bücher der hebräischen Bibel oder das Alte Testament

TANACH
(Die Reihenfolge der Bücher in der hebräischen Bibel)

TORA
Genesis (1. Mose)
Exodus (2. Mose)
Levitikus (3. Mose)
Numeri (4. Mose)
Deuteronomium (5. Mose)

PROPHETEN
Josua
Richter
1 Samuel
2 Samuel
1 Könige
2 Könige
Jesaja
Jeremia
Ezechiel
Hosea
Joel
Amos
Obadja
Jona
Micha
Nahum
Habakuk
Zephanja
Haggai
Sacharja
Maleachi

SCHRIFTEN
Psalmen
Sprüche
Hiob
Hohes Lied
Ruth
Klagelieder
Prediger
Esther
Daniel
Esra
Nehemia
1 Chronik
2 Chronik

LUTHERBIBEL
Das erste Buch Mose (Genesis)
Das zweite Buch Mose (Exodus)
Das dritte Buch Mose (Levitikus)
Das vierte Buch Mose (Numeri)
Das fünfte Buch Mose (Deuteronomium)
Das Buch Josua
Das Buch der Richter
Das Buch Ruth
Das erste Buch Samuel
Das zweite Buch Samuel
Das erste Buch der Könige
Das zweite Buch der Könige
Das erste Buch der Chronik
Das zweite Buch der Chronik
Das Buch Esra
Das Buch Nehemia
Das Buch Esther
Das Buch Hiob
Der Psalter
Die Sprüche Salomos
Der Prediger Salomo
Das Hohelied Salomos
Der Prophet Jesaja
Der Prophet Jeremia
Der Prophet Hesekiel
Der Prophet Daniel
Der Prophet Hosea
Der Prophet Joel
Der Prophet Amos
Der Prophet Obadja
Der Prophet Jona
Der Prophet Micha
Der Prophet Nahum
Der Prophet Habakuk
Der Prophet Zephanja
Der Prophet Haggai
Der Prophet Sacharja
Der Prophet Maleachi

religiösen und täglichen Lebens der Juden und bilden den Kernbestand der »jüdisch-christlichen Moral«, von der wir alle so oft sprechen.

Für Christen, die den »Einen Gott« des Judentums verehren, ist das Alte Testament ein bedeutsamer Bestandteil ihrer Religion und ihrer Traditionen. Es erzählt aber nicht die ganze Geschichte. In der christlichen Bibel findet sich noch ein »zweiter Akt«, eine Art Fortsetzung, das Neue Testament, das die Geschichte Jesu erzählt, eines Mannes, von dem die Christen glauben, er sei der Sohn Gottes. Die 27 zusätzlichen Bücher des Neuen Testaments berichten, wie die Jünger Jesu – die meisten von ihnen fromme jüdische Männer und Frauen – vor fast genau zweitausend Jahren die Kirche der Christenheit gründeten.

Doch weicht man mit dieser eilfertigen, buchstäblichen Antwort der grundlegenden Frage aus, nämlich was die Bibel eigentlich ist. Manche werden wohl selbstgewiß antworten, die Bibel ist das Wort Gottes, das der Menschheit durch Gottes Propheten gegeben wurde. Mit anderen Worten: Gott diktierte den Männern in seinem himmlischen »Schreibdienst« die biblischen Bücher, und zwar Wort für Wort.

Die jahrhundertelangen Forschungen zeichnen jedoch ein weitaus vielschichtigeres Bild: Die Bibel bildet den Höhepunkt eines langen Prozesses, bei dem viele Autoren ihre tintigen »Fingerabdrücke« hinterließen, als sie über Jahrhunderte hinweg ihre Geschichten erzählt haben. Dieser Vorgang des Schreibens, des Streichens und des Übermalens, des Übersetzens und des Interpretierens setzte vor ungefähr viertausend Jahren ein und schloß zahlreiche Autoren ein, die zu verschiedenen Zeiten wirkten. Diese Tatsache mag manchem Leser heute überraschend erscheinen.

Was ist ein »Testament«?

Wenn die Bibel zunächst tatsächlich ein Schriftstück der Juden war und diese es nicht als »Testament« bezeichnen, woher stammt dann dieser Ausdruck? Und was bedeutet er?

Heute hat das Wort »Testament« verschiedene Bedeutungen. Die meisten Menschen ziehen es vor, über dieses Wort nicht weiter nachzudenken, weil sie sich dann mit etwas recht Unangenehmen beschäftigen müßten, nämlich ihrem »letzten Willen und Testament«. In diesem streng juristischen Sinn bezeichnet das Wort eine schriftliche Erklärung, in der jemand die Verteilung seines Vermögens nach dem Tode festlegt.

Eine weitere geläufige Verwendung des Wortes »Testament« bezeichnet die Folge von etwas – zum Beispiel: »Der Holocaust ist das politische Testament (Vermächtnis) des Nationalsozialismus.«

Doch die alte Form des Wortes, mit der man die heiligen Schriften umschrieb, hatte eine völlig andere Bedeutung. »Testament« war ein anderer Ausdruck für »Bund« – und bedeutete soviel wie Einigung, Vertrag oder Pakt. Juden sehen im Alten Testament den uralten Vertrag oder »Bund« zwischen Gott und seinem Volk. Christen hingegen glauben, daß sie im Neuen Testament durch das Leben, den Tod und die Auferstehung Jesu einen »neuen Vertrag« bekommen haben.

Viele Christen sind der Ansicht, dies bedeute, daß sie die alten Bücher wegwerfen und sich an die neuen halten beziehungsweise das langweilige »alte Zeug« ganz überspringen können. In der Welt des Sports nennt man das Vertragsverlängerung; die alte Vereinbarung wird erneuert, und zwar zu günstigeren Bedingungen.

Jesus selbst war mit dem »alten Vertrag« wohl vertraut. Als guter jüdischer Junge studierte er die Tora, die Propheten und die Schriften. Im Alter von zwölf Jahren kannte er diese Texte aus dem »Effeff«. Selbstverständlich besaß er keine Bibel, nach der er hätte lernen können. Als er klein war, gab es noch keine »Bibel«. Es gab überhaupt noch keine Bücher. Vermutlich lernte er die Schriftrollen auswendig, die von den damaligen »Religionslehrern« den Rabbinern aufbewahrt wurden. Die althebräischen Bücher, die man später zur Bibel zusammenstellte, wurden auf Papyrus oder Leder geschrieben, zusammengenäht oder -geleimt und dann zu langen Rollen ausgerollt. Bis vor kurzem stammten die ältesten bekannten Kopien dieser hebräischen Schriftrollen aus dem Mittelalter, aus der Zeit um 1 000 n. Chr. Dann aber machte vor fünfzig Jahren ein Beduinenjunge, der in der Wüste nahe des Toten Meeres herumstromerte, eine faszinierende, verblüffende Entdeckung.

Sind die Schriftrollen vom Toten Meer die »ursprüngliche« Bibel?

Im Frühjahr des Jahres 1947, zu einer Zeit, als Großbritannien noch Palästina besetzte, hütete Mohammed ed Dib Ziegen in den kargen, felsigen Bergen nahe der Nordküste des Toten Meeres. Das »Tote Meer« ist ein mitten in der Wüste gelegener See, der niedrigste Punkt der Erde und eine der heißesten und am wenigsten einladenden Gegenden der Welt. Das Frischwasser, das in den See fließt, verdampft in dem heißen Klima so schnell, daß eine dicke mineralienreiche »Brühe« zurückbleibt. Fische können in diesem Gewässer nicht überleben – daher die Bezeichnung »Totes Meer«. Der junge Ziegenhirte ließ in dieser gebirgigen, zerklüfteten Region, die das Tote Meer umgibt, einen Stein in eine Höhle fallen und hörte, wie der Stein auf irgend etwas traf. Er sah nach und stieß auf uralte Tonkrüge voller Schriftrollen und kleiner Fitzelchen alten Leders, die mit geheimnisvollen Schriftzeichen übersät waren. Dieser zufällige Fund stand am Beginn einer der bedeutendsten und unumstrittensten Entdeckungen in der Geschichte der Menschheit: die der »Schriftrollen vom Toten Meer«.

Muhammeds Fund löste eine großangelegte Suche in der Umgebung aus. Diese im allgemeinen als Qumran bezeichnete Gegend liegt rund 15 Kilometer südlich von Jericho, auf einer Hochebene, von der aus man auf auf das Tote Meer blickt. Nachdem zunächst Amateurforscher in den felsigen Hügeln umhergeklettert waren und umhereilten, um weitere Schriftrollen zu finden, organisierte man in Qumran schließlich eine professionelle archäologische Suche. Im Laufe der Jahre fand man viele weitere Schriftrollen und Überreste von Texten. Bis heute, fünfzig Jahre nach jenem ersten Fund, versuchen Forscher, die vielen winzigen Leder- und Papyrusfragmente zusammenzufügen, die durch die trockene Wüstenluft konserviert worden sind.

Das mühevolle Sortieren der empfindlichen, uralten Lederfetzen, das dem Zusammenfügen eines riesigen uralten Puzzles gleicht, hat zu zahlreichen Kontroversen geführt. Die Forschungsarbeiten fanden vor dem Hintergrund der Politik, den Verwicklungen der Kriege und der neueren Geschichte des Nahen Ostens statt, wurden im Geheimen durchgeführt und kamen nur sehr langsam voran. Zu langsam für manche Experten, die eine riesige Verschwörung am Werke sahen, die die Menschen davon abhalten sollte, eine außergewöhnliche Wahrheit kennenzulernen. Aber schon fast unmittelbar nach der Entdeckung der Schriftrollen von Qumran und noch während Nachrichten über ihren Inhalt allmählich an die Öffentlichkeit drangen, stand eindeutig fest, daß diese antiken Schriften einige der mit Abstand ältesten Texte der hebräischen Bibel enthielten.

Man fand mehr als zweihundert biblische Dokumente, die sowohl auf althebräisch als auch auf aramäisch niedergeschrieben worden waren. Das Aramäische ist eine syrische, eng mit dem Hebräischen verwandte Sprache – die Sprache, die Jesus verwandte. Manche Texte waren fast vollständig, andere nur in Fragmenten erhalten. Die Schriftrollen enthalten – mit Ausnahme des Buches Esther – zumindest einen Teil jeden Buches der hebräischen Bibel. Überdies befindet sich unter ihnen ein vollständig erhaltenes »Buch« Jesaja, bestehend aus siebzehn einzelnen Lederstücken, die zusammengenäht eine über acht Meter lange Schriftrolle ergeben. Mit Hilfe hochentwickelter Datierungstechniken konnte man nachweisen, daß einige Schriftrollen fast dreihundert Jahre vor der Geburt Jesu niedergeschrieben worden waren. Wieder andere stammen aus der Lebenszeit Jesu, dieser stürmischen Zeit im alten Palästina, als Rom das kampfeslustige, rebellische jüdische Volk im Zaum zu halten bemüht war.

Neben den Bibelfragmenten enthalten die Schriftrollen noch weitere sehr alte Bücher, die in unseren heutigen Bibeln nicht mehr enthalten sind. Außerdem liefern sie viele Informationen über das Volk, das die Schriftrollen in den Höhlen von Qumran niedergeschrieben und versteckt hatte. Diese sogenannten Essener waren Angehörige einer jüdischen Sekte, die die Lebensweise der meisten anderen Juden in Jerusalem teilweise ablehnten und eine mönchische, zölibatäre Existenz vorzogen. Die Gemeinde der Essener in Qumran befolgte strenge Vorschriften, bereitete sich auf den Tag des Jüngsten Gerichts vor – etwa so wie die Jedi-Ritter in dem Film *Krieg der Sterne* – und wartete auf die letzte Schlacht zwischen den Mächten des Guten und des Bösen, den Kräften des Lichts und der Finsternis.

Die Texte vom Toten Meer verdeutlichen zweierlei; zum einen, daß es zur Zeit der Geburt Jesu noch keine offizielle Liste, keinen »Kanon« der hebräischen Bücher der Bibel gab; und zum anderen: Zwar weisen die Bücher große Ähnlichkeiten mit der hebräischen Bibel auf, wie man sie heute kennt, doch handelt es sich bei einigen dieser althebräischen Texte um leicht abweichende Versionen. So liefern die Schriftrollen zwar faszinierende Informationen über die hebräische Bibel und das Leben in Palästina im ersten nachchristlichen Jahrhundert, doch bleibt eine weitere bedeutende, verlockende Frage unbeantwortet.

Wer schrieb die hebräische Bibel oder das Alte Testament?

Vor einigen Jahren hing in den Waggons der New Yorker U-Bahn das Werbeplakat einer Stenographie-Fachschule, das übersetzt etwa folgendermaßen lautete: »Wnn S ds hr lsn knnn, bkmmn S nn gten Jb.«

Über dieses U-Bahn-Werbeplakat sprach man bald in ganz New York. Nicht nur Fernsehkomödianten brachten mit ähnlichen Verfahren die Lacher auf ihre Seite, auch auf vielen T-Shirts sah man obszöne Parodien des Textes.

Aber versuchen Sie einmal, folgendes Worträtsel zu lösen: Stlln S sch vr, S lsen dss Bch hn Vkl. s wr dch rcht schwrg z vrsthn. Vllcht knnn S j ng dr Lrstlln sflln nd sch ds mste dnkn. Schlßch st s schlchts Dtsch. Stlln S sch nn vr, daß s sh m nn sschntt nr ltn

Sprch hndlt, d st mhrrn Jhrhndrtn ncht mhr gsprchn wrd. S tcht d Bbl frhr nml f.«

Möchten Sie einen »Vokal kaufen«, wie es in der beliebten Spielshow *Glücksrad* heißt? Wenn ja, dann könnte folgender Text dabei herauskommen:

»Stellen Sie sich vor, Sie läsen dieses Buch ohne Vokale. Es wäre doch recht schwierig zu verstehen. Vielleicht können Sie ja einige der Leerstellen ausfüllen und sich das meiste denken. Schließlich handelt es sich um schlichtes Deutsch. Stellen Sie sich nun vor, daß es sich um einen Ausschnitt einer alten Sprache handelt, die seit mehreren Jahrhunderten nicht mehr gesprochen wird. So tauchte die Bibel früher einmal auf.«

Zu Beginn seines Hebräisch-Seminars soll ein berühmter Universitätsprofessor den Studierenden einmal gesagt haben: »Meine Herren, das ist die Sprache, die Gott sprach.« Das hebräische Alphabet umfaßt 22 Buchstaben, und zwar ausschließlich Konsonanten. Das ist uns nur schwer begreiflich. Dennoch: Bis heute werden semitische Sprachen wie das Hebräische, Aramäische oder Arabische meist ohne die Verwendung von Vokalen geschrieben, auch wenn man später über und unter der Schriftlinie Punkte und Striche hinzugefügt hat. Anders ausgedrückt: Die Leser des alten Hebräisch, die sich in dessen mündlicher Überlieferung auskannten, mußten den Klang der Vokale aus dem Gedächtnis hinzufügen. Die Griechen, die das grundlegende, aus 22 Buchstaben bestehende Alphabet der Hebräer und Phönizier übernahmen, fügten am Ende ihres Alphabets fünf neue Buchstaben, Vokale, hinzu – und somit gebührt ihnen das Verdienst, das Vokalsystem des heutigen Alphabets erfunden zu haben.

Doch kehren wir zu unserem Puzzle zurück. Stellen Sie sich vor, die uralten Schriftrollen und Pergamentfragmente, auf denen die geheimnisvolle Passage stand, wären auseinandergefallen. Im Unterschied zu dem, was die meisten Europäer und Amerikaner gewohnt sind, sind sie von rechts nach links geschrieben. Aber es wird noch komplizierter; denn es fehlen nicht nur die Vokale in den Texten, sondern die Schriften sind auch mit den Namen von Personen übersät, über die es keinerlei Hinweise in der Geschichte gibt. Die Leute, die sich mit diesen Schriftrollen befassen, sind sich bewußt, daß der Text von Hand abgeschrieben wurde, nachdem er – so wie Homers *Ilias* und *Odyssee* – über Jahrhunderte hinweg mündlich von einer Generation an die folgende übermittelt worden war. Und Sie wissen auch, daß im Laufe der Jahrhunderte ältere Versionen der Schriftrollen verlorengingen oder zerstört wurden. Alles in allem haben wir es also mit einem recht verwirrenden Puzzle zu tun.

Bedenkt man all diese Schwierigkeiten – ist es da verwunderlich, daß die Bibel die Menschen verwirrt? Oder daß nicht wenige die Bibel als unwichtig abtun, weil sie in ihr kaum mehr als eine Sammlung komplizierter Mythen erblicken, die den Sagen der alten Griechen oder der Artussage ähneln? Vielleicht haben Sie nun einen gewissen Eindruck von den Problemen gewonnen, mit denen man es zu tun bekommt, wenn es um die Frage geht, wer die Bibel geschrieben hat. Um mit Winston Churchill zu reden, der 1939 über das russische Volk schrieb: »Es ist ein Rätsel, das ein Geheimnis verbirgt, welches sich in Dunkel hüllt.«

Viele Bibelleser haben immer noch die Vorstellung von der »himmlischen Glühbirne«. In diesem Szenario sitzt ein Mann in seinem Zelt in der Wüste Sinai, als plötzlich der gesamte Text der Heiligen Schrift strahlend aufblitzt und sich auf das Pergament beziehungsweise den Papyrus ergießt. Vielleicht wurde sie dem Mann auch von einem unsichtbaren Geist durch eine Art kosmisches Diktat zugeflüstert. Oder die Worte wurden aus irgendwelchen himmlischen Flammen herausgeschleudert und in Stein gehauen, so wie es Charlton Heston in dem Film *Die zehn Gebote* widerfuhr. Aber wie die Gebrüder Gershwin treffend schrieben: »So muß es nicht gewesen sein.«

Die Überlieferung der Heiligen Schrift, die derzeit Juden und Christen studieren, ist an sich schon eine »sagenhafte« Geschichte, eine Erzählung wie aus einem Indiana-Jones-Film. Und mit jedem neuen archäologischen Fund einer uralten Schriftrolle geht sie weiter. Waren die Forscher in früheren Zeiten noch mit kaum mehr als Tropenhelm, Grubenlampe, Spitzhacke, Schaufel und Vergrößerungsglas ausgestattet, arbeiten sie heute mit Satellitenfotos, Streptoskopen und Infrarotlesegeräten, mit deren Hilfe sich die alten Pergamente präzise datieren und analysieren lassen. Im Laufe der letzten Jahrzehnte hat man dabei erstaunliche Entdeckungen umfangreicher Bibliotheken voller antiker Texte gemacht, die unsere Kenntnisse über die Zeiten und Sprachen der Bibel immens vergrößern. Mittels Sprachcomputern und *online*-Kommunikationsverbindungen zu Bibliotheken auf der ganzen Welt können die Forscher mittlerweile immer mehr Geheimnisse der Bibel entschlüsseln.

Obwohl unser Wissen immer fundierter wird, so bleibt die Antwort auf folgende grundlegende, außergewöhnliche Frage doch weitgehend im Dunkeln: Wer schrieb die Bibel?

Denn trotz aller Fortschritte in Wissenschaft und Forschung steht fest: Niemand weiß, wer die Bibel geschrieben hat. Und vermutlich werden wir es auch nie erfahren – es sei denn, irgendwer macht einen archäologischen Fund von geradezu revolutionärer Bedeutung. Aber wie dem auch sei – eines läßt sich mit Sicherheit feststellen: Die Lutherbibel etwa oder die King-James-Bibel bilden nur die letzten Glieder nahe am Ende einer langen Kette fehlerhafter, bisweilen stark verstümmelter und oftmals einander widersprechender Übersetzungen.

Das ist der erste Schlag gegen die Plausibilität des Buches *Der Bibel-Code,* in dem behauptet wird, daß die Bibel einen systematischen Code enthalte, der – hat man ihn entschlüsselt – die Ereignisse der Welt in Vergangenheit, Gegenwart und Zukunft vorhersagt. Die Autoren behaupten, daß sie eine Version des biblischen Textes, die »originale Version des Alten Testaments, der Bibel, wie sie zuerst geschrieben wurde«, verwendet hätten« und daß es »einen universell akzeptierten, ursprünglichen hebräischen Text« gebe. Eine solchen Text gibt es aber nicht. Das Alte Testament bzw. die hebräische Bibel existiert in zahlreichen Formen, in denen sich die verschiedenen Übersetzungen spiegeln, die im Laufe der letzten Jahrhunderte entstanden sind.

Aber sehen wir einmal von fragwürdigen Bibel-Codes ab. Die verschiedenen Übertragungen, die im Laufe der Jahrhunderte angefertigt wurden, haben die Wahrnehmung der Bibel tief geprägt und somit auch all das, was nach Meinung der Menschen in der Bibel ausgesagt wird. Immer noch sind manche Engländer verblüfft, wenn sie erfahren, daß die Bibel nicht auf englisch geschrieben wurde – oder Deutsche, daß sie nicht auf deutsch geschrieben wurde. Doch neuere Forschungen über alte Handschriften, wie zum Beispiel die Schriftrollen vom Toten Meer, und die Entdeckung weiterer altorientalischer Bibliotheken haben viele zusätzliche Hinweise auf die Menschen, die die Bibel schrieben, sowie noch weitere Indizien erbracht.

Zunächst einmal ist zu erwähnen, daß die Forscher herausgefunden haben, daß einige Inhalte aus den ältesten Abschnitten der Bibel, darunter einige Geschichten im Buch Genesis, wahrscheinlich von anderen, älteren Zivilisationen »ausgeliehen« wurden, insbesondere von der ägyptischen und babylonischen Kultur. Verschiedene Einzelaspekte der Gesetze, die Gott Mose im Buch Exodus gibt, ähneln den babylonischen Gesetzen, bekannt als Kodex Hammurabi, der einige Jahrhunderte älter ist als die Bibel. Die Erzählung vom kleinen Mose, der in einem Weidenkörbchen ausgesetzt wird, gleicht der mesopotamischen Legende über einen alten König namens Sargon. Einige Weisheiten in den biblischen Sprüchen Salomos ähneln erstaunlich den Sprichwörtern eines ägyptischen Weisen namens Amen-em-ope, der etwa zur selben Zeit lebte wie Salomo, der mutmaßliche Verfasser der Sprüche Salomos. Anders gesagt: Die Verfasser der Bibel waren sich nicht zu schade, in erheblichem Umfang von anderen abzuschreiben, was manche Schriftsteller auch heute durchaus nicht als Raub geistigen Eigentums anzusehen scheinen.

Die Niederschrift dessen, was Juden als Tanach und Christen als Altes Testament bezeichnen, war ein langwieriger Prozeß, der vor mehr als 3 000 Jahre zurück und ungefähr um das Jahr 1000 v. Chr. endete. Die eigentliche Abfassung der heiligen Schriften folgte einer mündlichen Überlieferung, die mindestens weitere 1 000 Jahre zurückreicht.

Die ältesten hebräischen Schriften sind die ersten fünf Bücher der Bibel: Genesis, Exodus, Levitikus, Numeri und Deuteronomium. In der jüdischen Tradition nennt man diese fünf Bücher »Tora«

(»Gesetz« oder »Weisung«). Man kennt sie auch unter dem Namen »die fünf Bücher Mose« und im Griechischen als »Pentateuch« (»fünf Rollen«). Sehr, sehr lange hat man angenommen, Mose selbst habe diese fünf Bücher geschrieben. Viele strenggläubige Juden und Christen hängen noch immer diesem Glauben an, doch gehen die meisten Gelehrten und Theologen davon aus, daß die fünf Bücher Mose jahrhundertelang mündlich überliefert wurden, bevor man sie dann irgendwann nach 1000 v. Chr. erstmals auf Schriftrollen festhielt, also etwa zu der Zeit, als nach der Überlieferung König David und König Salomo Israel regierten. Dieser Prozeß der Niederschrift wurde erst um das Jahr 400 v. Chr. abgeschlossen.

Schrieb Mose denn nicht die Tora?

Jahrhundertelang wurde allgemein akzeptiert, daß Mose die Bücher der Tora, traditionsgemäß die fünf Bücher des Mose genannt, verfaßt habe. Da es in der Tora heißt, Mose habe niedergeschrieben, was ihm befohlen wurde, handelte es sich nicht einfach nur um die Meinung eines Gelehrten, sondern um eine Glaubensfrage, die nicht angezweifelt werden durfte. In manchen Ausgaben der Bibel findet sich noch heute die Meinung, Mose sei der Autor der Schöpfungsgeschichte, und es gibt durchaus Gläubige, die ernsthaft an diesem Artikel ihres Glaubens festhalten.

In früheren Zeiten erforderte es viel Mut – und mehr als nur ein wenig »Chuzpe« –, diese »Tatsache« in Zweifel zu ziehen. Als im 11. Jahrhundert ein Gelehrter darauf hinwies, viele der in der Tora erwähnten Könige hätten lange nach Moses Tod gelebt, nannte man ihn »Isaak, den Stümper«, und seine Bücher wurden verbrannt. Besser meine Bücher als ich selbst, mag sich Isaak im stillen gedacht haben. Vierhundert Jahre später, im 15. Jahrhundert, stellten wiederum Kritiker unangenehme Fragen, wie beispielsweise: Wie hat es Mose fertiggebracht, über den eigenen Tod zu schreiben? Ist es nicht merkwürdig, daß er sich als den »demütigsten Menschen auf Erden« bezeichnet? So würde ein wirklich ehrfürchtiger Mensch doch nicht von sich sprechen. Einmal abgesehen davon, daß Mose nicht über seinen eigenen Tod berichten konnte – er konnte auch nichts über die historisch späteren Ereignisse wissen, von denen die Tora berichtet, wie zum Beispiel von dem Geschlecht der Könige aus dem nahegelegenen Edom, das erst nach seinem Tod existierte. Traditionsverbundene Gelehrte versuchten daraufhin darzulegen, Mose sei Prophet gewesen und habe daher gewußt, wie diese künftigen Könige heißen. Andere meinten, daß Josua, der Nachfolger des Mose, nach dessen Tod nur einige Zeilen hinzugefügt oder daß ein späterer Prophet die Schriften des Mose auf den neuesten Stand gebracht habe. Aber auch diese Argumente ließen die Fragen nicht verstummen.

Im 17. Jahrhundert, während in Europa das Zeitalter der Aufklärung einsetzte und von Vernunft geleitetes Denken und naturwissenschaftliche Beobachtungen höher als »blinder« Glaube eingestuft wurden, begannen weitere Gelehrte die Autorenschaft des Mose in Zweifel zu ziehen. So wurde zum Beispiel ein französischer Priester, der diesbezüglich Zweifel anmeldete, eingekerkert und gezwungen zu widerrufen. Im römischen Katholizismus wurden seine Schriften verboten und verbrannt. Auch der englische Übersetzer eines Buches, in dem die These vertreten wurde, die Tora sei nicht von Mose, mußte seine Auffassung widerrufen. Das tat er denn auch, im Jahr 1688, »kurz vor seiner Entlassung aus dem Tower«, wie Richard Elliott Friedman in seinem Buch *Wer schrieb die Bibel?* ironisch vermerkt, einer umfangreichen Studie über die Frage der Autorenschaft der Tora. Die römisch-katholische Kirche entzog sich den Fragen über Mose mit den üblichen Beweggründen: Wer Fragen stellt, weckt Zweifel. Die Macht der Kirche gründete auf einem fraglosen Glauben. Wenn erst einmal ein paar Unruhestifter anfingen, Fragen hinsichtlich Mose zu stellen, dann wollten die Gläubigen womöglich schon bald wissen, warum nicht auch Frauen das Priesteramt ausüben dürfen!

Über Generationen hinweg fiel Gelehrten immer wieder auf, daß die Bücher des Mose, die die Gesetze Gottes festlegten, Widersprüche in bezug auf die Zeit, den Ort und die Zahl der Gegenstände enthielten, und auch Namen, die keineswegs in die Zeit des Mose gehören konnten. Warum gibt es von so vielen Bibelgeschichten zwei Fassungen, die einander oft klar widersprechen? Warum beginnt das Buch Genesis beispielsweise mit zwei verschiedenen Versionen der Schöpfung? Und was noch beunruhigender war – es gibt zwei Namen für Gott. Wenn Gott Mose diese Schriften diktierte, warum verwendete er dann nicht jedesmal denselben Namen? Warum benutzte Mose – der zu Gott gesprochen hatte – so viele unterschiedliche Namen für Gott? Und schließlich – wie konnte Mose am Ende des Buches Deuteronomium schreiben: »So starb Mose, der Knecht des HERRN, daselbst im Land Moab nach dem Wort des HERRN«. (5. Mos. 34,5)

Diese und andere beunruhigende Fragen, die das Rätsel um Mose aufgeworfen hatte, wollten nicht mehr verstummen. Nachdem die Reformation und die Aufklärung schließlich den Einfluß und die Überzeugungskraft des Katholizismus immer weiter zurückgedrängt hatten, stellten immer mehr Menschen solche Fragen. Nun konnten die Kirchenführer – ob sie es wollten oder nicht – die zahlreichen Unterschiede in bezug auf den Stil der Tora und die Widersprüche und Anachronismen im »Wort Gottes« nicht mehr leugnen. Und je intensiver sich Generationen von Gelehrten an die Aufklärung dieses Geheimnisses machten, desto deutlicher wurde, daß Mose nicht der Verfasser der Mosebücher war. Möglicherweise handelte es sich um Bücher über Mose, aber es waren nicht Bücher *von* Mose. Ebenso wichtig waren die zunehmenden Hinweise darauf, daß die ihm zugeschriebenen Bücher aus unterschiedlichen geschichtlichen Perioden stammten. Für viele ernstzunehmende Gelehrte lag es auf der Hand, daß hier mehr als ein Verfasser am Werk gewesen war. Hinsichtlich vieler dieser Punkte sind noch heute zahlreiche ernsthafte Leute verschiedener Auffassung. Einen Unterschied gibt es allerdings: Heute wird niemand mehr wegen Ketzerei auf dem Scheiterhaufen verbrannt.

Wenn nicht Mose – wer dann?

Stellen Sie sich vor, sie wollten einen kunstvoll gewebten Gobelin auseinandernehmen und versuchten herauszufinden, woher jeder einzelne Faden stammt, wer den Gobelin webte und was die Weber während ihrer Arbeit dachten. Das ist die scheinbar unlösbare Aufgabe, die Bibelforscher bei ihren Identifizierungsversuchen der Bibelverfasser bewältigen mußten. Denn als sie die einzelnen Fäden, also die hebräischen Schriften entwirrten, stellte sich heraus, daß man ganz unterschiedliche Fäden miteinander verwoben hatte. Oft bezogen sich diese Erzählstränge auf Geschehnisse, die sich sehr viel später als die geschilderten Ereignisse zutrugen. So wie in William Shakespeares Theaterstück *Julius Caesar,* in dem eine Uhr vorkommt, fanden sich auch in den Büchern des Mose offenkundige Anachronismen, sogenannte »Zeitschnitzer«. Zum Beispiel wurden große Reiche erwähnt, die zur Zeit Moses nicht existierten. Oder: Ein König der Philister regierte in einem Gebiet, in das die Philister erst hundert Jahre später zogen. Kamele werden als Haustiere beschrieben, bevor sie tatsächlich domestiziert wurden. Mit anderen Worten: Einige Verfasser hatten ihr Material lange Zeit nach den Ereignissen, über die sie schrieben, zusammengefügt. Dabei fügten sie »Einzelheiten« hinzu, die für die Menschen, an die sie ihre Botschaft richteten, einen Sinn ergeben würden.

Bis heute halten viele Menschen an ihrem Buchstabenglauben fest und sind der aufrichtigen Überzeugung, daß die Bibel das »Wort Gottes« sei und daß sie Wort für Wort durch »von Gott erwählte« Personen niedergeschrieben wurde. Die meisten Forscher sind heute übereinstimmend der Ansicht, daß es mindestens vier oder fünf Hauptverfasser oder Verfasser-Gruppen der hebräischen Schriften gibt. Ihrer Ansicht nach wurden diese über einen langen Zeitraum hinweg, ungefähr zwischen 1000 bis 400 v. Chr., abgefaßt. Offiziell ist die Vorstellung, die Tora habe sich aus einer Kombination verschiedener Quellen entwickelt, unter der Bezeichnung *Dokumenten-Hypothese* bekannt. Die Vertreter dieser Denkrichtung erlangten soviel Einfluß, daß im Jahr 1943 sogar der

Vatikan unter Papst Pius XII. anerkannte, daß es an der Zeit sei, diese Fragen endlich zu beantworten.

Heute ist diese Hypothese allgemein anerkannt und wird an führenden theologischen Seminaren gelehrt. Aber die Identität der Verfasser dieser biblischen Bücher bleibt ein ungelöstes – und höchstwahrscheinlich unlösbares – Rätsel, es sei denn, man machte einen absolut revolutionären archäologischen Fund. Immerhin hat man den Hauptverfassern Namen verliehen, wobei man sie mit fünf Buchstaben des Alphabets bezeichnete: J, E, D, P und R.

- **J**: Der älteste – und berühmteste – der mutmaßlichen Verfasser ist als »J« bekannt. Der Buchstabe leitet sich vom hebräischen Wort Jahwe ab, aus dem fälschlicherweise die Form »Jehova« entstand, bei der es sich auch um eine Fehlübersetzung handelt. Der biblische Verfasser mit dem Beinamen J, auch Jahwist genannt, bezeichnet den israelitischen Gott durchgehend als »Jahwe«.

  In einem umstrittenen, aber überaus erfolgreichen Buch, *The Book of J,* vertritt der Literaturwissenschaftler Harold Bloom die These, daß es sich bei dem Jahwisten in Wirklichkeit um eine Frau handele. Viele Wissenschaftler lehnen diese Theorie ab, und möglicherweise wird man diese Frage nie lösen können. Aber gleichgültig, ob es sich bei J um einen Mann oder eine Frau handelte – er oder sie lebte irgendwann in der Zeit zwischen 950 und 750 v. Chr., und zwar in Juda, der Südhälfte des geteilten hebräischen Königreiches. (Auch deshalb spricht man von »J«). J ist der beste Geschichtenerzähler der Bibel, interessanter, humorvoller und menschlicher als die anderen. »Sein« Jahwe spricht ungezwungen und direkt zu den Menschen. Er erzählt die berühmtere und volkstümlichere Version der beiden Schöpfungen, die in Genesis 2 beginnt. So ist es beispielsweise der Jahwe bei J, der im Garten Eden wandelte, »als der Tag kühl geworden war« (1. Mos. 3,8) – und Adam und Eva entdeckt, die sich vor ihm verstecken und sich schämen, weil sie nackt sind. J wird auch das »Lied der Debora« zugeschrieben, eine Ballade im Buch der Richter über eine jüdische »Kriegerin«.

- **E**: E, der Elohist, wird so genannt, weil er Gott meist mit dem Wort Elohim anredet; er folgt J gleichsam auf dem Fuße. Zwar haben manche Forscher E zeitlich vor J plaziert oder halten ihn sogar für dessen Zeitgenossen, doch lebte E nach Ansicht der meisten Forscher später, vielleicht zwischen 750 und 800 v. Chr. Auch teilen die meisten die Auffassung, daß E ein viel unauffälligerer Autor als J ist und daß Es Beitrag mit der Abrahamgeschichte in Genesis 12 beginnt. Im Buch der Richter liefert E eine Prosaversion der Geschichte der israelitischen Heldin Debora (bei J findet sich eine gereimte Fassung). Außerdem unterscheiden sich die beiden Berichte hinsichtlich einiger Details.

- **D**: Der dritte Verfasser des Pentateuchs ist unter dem Namen »Deuteronomist« bekannt; er schrieb vermutlich in der Zeit zwischen 700 und 600 v. Chr. und zeichnet für große Teile des Buches Deuteronomium verantwortlich. Außerdem hat D wohl die späteren Bücher Josua, Richter, Ruth, Samuel und Könige – die wichtigsten »historischen« Werke der hebräischen Bibel – entscheidend geprägt, die die Eroberung Kanaas und die Gründung des Königreichs Israel schildern. Im Deuteronomium beschreibt D zum Beispiel, wie Mose das Volk Israel in einer Reihe von Reden drängt, sich an die Tora zu halten, doch handelt es sich bei dem Gesetz, das Mose in diesem Abschnitt anbietet, um eine Überarbeitung der Gesetzesbücher aus früherer Zeit. Richard Elliot Friedman bringt gute Gründe dafür vor, daß es sich bei D um den Propheten Jeremia handelt, der ca. 627 v. Chr. in Jerusalem lebte und irgendwann nach 587 v. Chr. in Ägypten starb.

- **P**: In den Texten, die man P, dem priesterlichen Verfasser zuschreibt, finden sich einige der berühmtesten Sätze der abendländischen Zivilisation: »Am Anfang ...«, also den Schöpfungsbericht in Genesis 1, sowie die erste Fassung der Zehn Gebote (2. Mos. 20,1-17).

Vermutlich wurde Ps Beitrag irgendwann zwischen 550 und 500 v. Chr. geschrieben. P setzte sich intensiv mit den komplizierten Rechten und Pflichten der altjüdischen Priester auseinander und zeichnet für beinahe das ganze Buch Levitikus verantwortlich. Er ist ein wenig »dröge« und detailverliebt und interessierte sich insbesondere für die Kodifizierung und Rechtfertigung der zahlreichen rituellen Vorschriften, die die frühen jüdischen Priester ausgearbeitet hatten. Hierzu gehören unter anderem die sorgfältig formulierten Beschreibungen des Passahrituals, die Ordinationszeremonien, die Kleidung des Hohenpriesters sowie die Bundeslade, die die Zehn Gebote enthielt. Man könnte P auch als »G« bezeichnen, weil er sich so sehr für Gesetzestexte interessiert, und oft ist sein Stil ebenso langweilig und umständlich wie der eines Rechtsanwalts.

- **R**: Neben diesen vier »Verfassern« oder Verfasser-Gruppen gab es wahrscheinlich noch einen Autor oder noch eine Autorengruppe, der oder die den Pentateuch und einige der anderen Bücher aus der Frühzeit der israelitischen Geschichte schufen, so wie sie heute festgelegt sind. In mancher Hinsicht war dies die außergewöhnlichste Tat. R fungierte als der *Redaktor* beziehungsweise Lektor, der – vermutlich um 400 v. Chr. – die vier bestehenden Fäden aufnahm und miteinander verknüpfte. So wie im Fall der anderen Verfasser liegt auch Rs Identität im Dunkeln. Es ist sogar völlig unbekannt, ob es mehr als einen Redaktor gab. Das Wirken des Redaktors ist deswegen so faszinierend, weil er er so viele verschiedene, ja widersprüchliche Fäden der Bibel zusammenwob. Aber es gibt noch eine weitere spannende Frage. Hat R Teile aus dem Text gestrichen? Darüber wird sich wohl auch weiterhin nur spekulieren lassen.

Dies war eine stark vereinfachende Überblicksdarstellung, in der es um eine Frage ging, über die sich die Gelehrten seit mehr als hundert Jahren den Kopf zerbrechen. Natürlich stimmt nicht jeder der Auffassung zu, daß die Bibel von mehreren Verfassern geschrieben wurde. Viele »echte Gläubige« lehnen diese These völlig ab. Außerdem gibt es Streit zwischen denen, die diese Theorie akzeptieren, und jenen, die behaupten, die »Dokumenten-Hypothese« gehe von der Annahme aus, die Bibel sei nichts weiter als eine Ansammlung von Fabeln, die man »zusammengeflickt« habe, um alle, die daran mitgewirkt haben, zufriedenzustellen. Der Historiker Paul Johnson schreibt hierzu in seinem Buch *A History of the Jews:*

> Der Pentateuch ist kein homogenes Buch. Doch handelt es sich auch nicht, so wie manche Gelehrten in der Tradition der deutschen Bibelkritik behauptet haben, um eine willentliche Verfälschung durch Theologen, die den Menschen ihre eigennützigen Glaubensgrundsätze unterzuschieben versuchten, indem sie diese Mose und seinem Zeitalter zuschrieben ... Alle Hinweise innerhalb der Bibel zeigen, daß diejenigen, die diese Textversionen der Schriften verfaßt und verschmolzen haben, sowie die Schriftgelehrten, die sie kopierten ... fest daran glaubten, daß diese sehr alten Texte göttlich inspiriert waren, und sie deshalb mit Ehrfurcht und so gewissenhaft wie nur irgend möglich übertrugen. (S. 89)

Mit anderen Worten: Um 400 v. Chr. hatte der Pentateuch oder die Tora ungefähr die Gestalt angenommen, die wir heute kennen. Zudem waren manche der Verfasser, Kompilatoren oder Lektoren, insbesondere die drei späteren Verfasser – D, P und R – an der Abfassung weiterer Teile der hebräischen heiligen Schriften beteiligt. Was die anderen 34 Bücher der hebräischen Bibel »Propheten« und »Schriften« – betrifft, sind die Hinweise auf die Autorenschaft entweder schwach oder völlig rätselhaft. Viele dieser Bücher verraten die Handschrift von Verfassern, die zu verschiedenen Zeiten und unter unterschiedlichen historischen Voraussetzungen tätig waren. Als gesichert darf jedoch gelten, daß David nicht alle – nicht einmal die meisten – der Psalmen Davids schrieb. Salomo schrieb weder die Sprüche Salomos noch das Hohelied Salomos, und Jesaja schrieb nicht das Buch Jesaja. Diese »Bücher«, die seit Generationen mündlich überliefert worden waren, wurden in ihrer annähernd heutigen Version endgültig erst um 400 v. Chr., also lange nach der Zeit Moses und Davids, abgefaßt. Manche wurde erst viele weitere Jahre später als »Heilige

Schrift« betrachtet. Und so schlossen die jüdischen Rabbiner erst um 90 n. Chr. die Arbeit an dem ab, was sie als die »offizielle« Liste ihrer Bibel betrachteten.

Wer waren die Kinder Israels?

Warum finden sich außerhalb der Bibel keine Belege für die geschichtliche Existenz solch zentraler Personen wie Mose oder Abraham? Warum dachten die Israeliten nicht daran, sich genau zu notieren, welcher Berg der Berg Sinai der Zehn Gebote war? Warum werden die ägyptischen Pyramiden, zur damaligen Zeit sicher die außergewöhnlichsten Bauwerke überhaupt, in der Bibel kein einziges Mal erwähnt?

Das sind lästige Fragen für jeden kritischen Bibelleser. Doch weisen sie auf eine andere zugrundeliegende Frage: Die meisten Menschen sind mit dem Herkommen der alten Israeliten nicht vertraut, und sie wissen auch kaum etwas über dieses Volk der hebräischen Bibel. Das führt uns zu einem fundamentalen Sachverhalt: Es ist nahezu unmöglich, die Schriften und die Bedeutung der Bibel zu verstehen, ohne die Geschichte des Volkes zu verstehen, das sie schrieb – die alten Israeliten. Natürlich gibt es viele Bilder aus Hollywoodfilmen, die jedoch so gut wie wertlos sind. Und mit Sicherheit sah Simson nicht aus wie der Hollywoodschauspieler Victor Mature.

Wer waren nun diese Menschen, die ersten Juden? Wir verwenden die Wörter »hebräisch«, »Jude« und »Israelit« beinahe so, als seien sie auswechselbar, doch diese Begriffe wurden erst zu einem viel späteren Zeitpunkt in der Geschichte benutzt. Wie sah Israel eigentlich in den 1 500 Jahren zwischen der Zeit der Patriarchen und der Zeit der Propheten, also grob gerechnet in den Jahren 2000 bis 500 v. Chr., aus?

Die Welt der Bibel liegt an der Ostküste des Mittelmeers und umfaßt ein eher kleines Gebiet. Aber das Gebiet bildete sowohl eine natürliche Brücke zwischen den drei Kontinenten Afrika, Asien und Europa als auch auch eine natürliche Anlaufstelle für die Seehandelsvölker aus dem Mittelmeerraum. Und ebendiese geographischen Gegebenheiten ließen diese Region zu einem solch wichtigen Sammlungspunkt für viele unterschiedliche Volksgruppen werden, die einen immensen Einfluß auf die Geschichte der Menschheit ausüben sollten.

Dieses flächenmäßig kleine Land heißt in der Bibel Kanaan und zeichnet sich durch eine außergewöhnliche Vielfalt des Klimas und der geographischen Merkmale aus. Der Jordan fließt von den steilen, schneebedeckten Bergen Jordaniens in einen wunderschönen Süßwassersee, den See Genezareth, ehe er dann weiter zum niedrigsten Punkt der Erde, dem Toten Meer strömt. Das Tote Meer ist ein mit verschiedenen Salzen angefüllter See, umgeben von einer äußerst heißen, felsigen Wüste. In dieses Gebiet voller solch auffälliger Gegensätze kamen nun in mehreren Wellen Menschen, manche als Wanderer, andere als Händler, viele jedoch als Invasoren und Eroberer. Es war – damals wie heute – ein mit Blut durchtränktes Fleckchen Erde.

Doch bereits lange vor den Völkern der Bibel, lange bevor die ägyptische oder mesopotamische Zivilisation entstand, lebten hier Menschen. Unter diesen befanden sich auch einige der frühesten Siedler, ein steinzeitliches Volk namens Natufianer. Ihren Namen verlieh ihnen das Wadi An Natuf in der Bergregion von Judäa, wo man eine Höhle entdeckte, in der man einige der frühesten bekannten menschlichen Siedlungen fand. Die Natufianer, die in der Zeit zwischen 10000 und 8000 v. Chr. lebten, gehörten zu den ersten Menschen, die auf Dauer ihre Dörfer bewohnten. Sie waren in erster Linie Jäger und Sammler, hinterließen aber auch Belege darauf, daß sie Korn mahlten. Ausgrabungen nahe des Sees Genezareth haben darüber hinaus Angelhaken aus Fischknochen und Harpunen zutage gefördert. Diese Menschen praktizierten Begräbnisriten, und Untersuchungen ihrer Gräber zeigen, daß sie ihre Toten mit Schmuck und Tierfiguren bestatteten, die sie aus Stein oder Knochen schnitzten. Dies ist der Beweis dafür, daß sich Menschen von einer sehr frühen Zeit an für ein »Leben nach dem Tod« interessierten, wenn nicht gar davon besessen waren.

Über einen Zeitraum von mehreren tausend Jahren hinweg besiedelte schließlich eine Vielfalt von Völkerschaften das Land. Dabei machten diese Menschen eine Entwicklung durch: Erst waren sie Jäger und Sammler, dann wurden sie zu nomadischen Hirten und seßhaften Bauern und schließlich zu Stadtbewohnern. Eine der ältesten menschlichen Ansiedlungen ist Jericho. Die Stadt erlangte durch die Bibel Berühmtheit, in der geschildert wird, wie Jericho durch den Klang von Posaunen erobert wurde. Die britische Archäologin Kathleen Kenyon führte in den fünfziger Jahren dieses Jahrhunderts erste Ausgrabungen durch; Jericho ist demnach fast 10 000 Jahre alt und seit dieser Zeit fast durchgehend besiedelt. Bereits um 3000 v. Chr., also zu der Zeit, als die ersten Pyramiden erbaut wurden, verfügte Jericho über starke Befestigungsanlagen – der Beleg für ein hohes Maß an sozialer Organisation.

Zu den verschiedenen Völkern, die sich in diesem Land ansiedelten, zählen die Kanaanäer, die Edomiter, die Moabiter, die Amoriter, die Jebusiter und die Hethiter; sie alle sind inzwischen untergegangen. Zu den Neuankömmlingen aus späterer Zeit gehören die Philister, die vermutlich von den Mittelmeerinseln Kreta oder Zypern einwanderten und sich irgendwann nach 1200 v. Chr. an der Küste niederließen. Weiter im Norden, an der Mittelmeerküste, im heutigen Libanon, lebten die Phönizier. Diesen außergewöhnlich befähigten Seefahrern und Tuchfärbern gebührt außerdem das Verdienst, ein Alphabet entwickelt zu haben, welches das unsere stark beeinflußt hat.

Das Land Kanaan lag wie eine Brücke zwischen den beiden Supermächten der Alten Welt. Zum Norden und zum Osten hin befand sich Mesopotamien (griech. »Zweistromland«). Diese sogenannte »Wiege der Zivilisation« stand in der fruchtbaren Ebene zwischen Euphrat und Tigris und brachte die Akkadäer, die Sumerer, die Assyrer und die anderen »Babylonier« hervor. Am äußersten Ende des Landes befand sich Ägypten, die Heimat einer Kultur, die 4 000 Jahre überdauerte. Kanaan lag wie eingezwängt in einem schmalen Landstrich zwischen dem Meer und der Wüste und diente als Brücke, Pufferzone und Schlachtfeld zwischen diesen bedeutenden altorientalischen Ländern, deren Könige jahrhundertelang das Gebiet unter ihre Herrschaft zu bringen versuchten.

Das in der Bibel als Kanaan bezeichnete Land gedieh und beherbergte schließlich sowohl Landbewohner als auch Städter. Es wurde zu einem wahren Schmelztiegel, ein Land der Viehhirten, Bauern und Händler. Es war zudem ein Land der vielen Götter und Religionen, auch wenn eine Gruppe kanaanäischer Götter bei der Bevölkerung besonders große und weite Verehrung genoß. Der oberste Gott, der Schöpfer, hieß El. Dieses Wort nimmt im Buch Genesis einen herausragenden Platz ein, wie beispielsweise die Namen *Isra el* und *Beth el* belegen. Der Sohn des El war der Sturmgott Baal, auch dies ein Name, der in der gewaltdurchzogenen Geschichte des alten Israel immer wieder eine prominente Rolle spielte. Übrigens ist Baal (= Besitzer, Herr) bei den semitischen Völkern des Altertums ein »Teilname« für zahlreiche lokale Götter, die Macht über die Fruchtbarkeit des Bodens oder über Haustiere besaßen. Die verschiedenen Baal-Götter können nicht als lokale Varianten einer einzigen Gottheit angesehen werden, denn sie besaßen bei den verschiedenen Völkern verschiedene Eigenschaften. In der Bibel ist mit Baal oft der kanaanäische Fruchtbarkeitsgott gemeint. Die weiblichen Gegenstücke Baals waren die Fruchtbarkeitsgöttinnen Astarte und Aschera, mythische Göttinnen, die auf die Kinder Israels einen großen Reiz ausgeübt haben müssen. Die Anhänger des Mose und deren Nachkommen bekamen immer wieder Schwierigkeiten mit ihrem Gott Jahwe, weil sie anstatt seiner weiterhin diese Fruchtbarkeitsgöttinnen anbeteten. Weil es zur Verehrung der Baal-Götter und der Fruchtbarkeitsgöttinnen wohl gehörte, daß man sexuelle Handlungen vollzog oder aber Priestern beim Sex zuschaute, fanden die Bräuche der Kanaanäer vermutlich mehr Anklang bei den Massen als eine Religion, die das Töten von Jungtieren mit sich brachte und Frauen aus dem Tempel ausschloß.

Dieses »sexbesessene« Kanaan war das Fleckchen Erde, das den Israeliten – so behaupteten sie jedenfalls – von ihrem Gott verheißen worden war. Es gibt nur wenige aussagekräftige geschichtliche oder archäologische Hinweise auf die Menschen, die man später »Hebräer« nannte – das Wort entwickelte sich wohl aus einem ägyptischen Wort, *habiru,* einer abfälligen Bezeichnung für »Außenseiter« –, oder die man als Juden bezeichnete, ein Wort, das sich vom späteren römischen Wort für das Land, Judäa, ableitet. Keiner weiß, wann die »Kinder Israels« in Kanaan eintrafen. Niemand kann sagen, woher die Hebräer kamen, wenngleich es Indizien dafür gibt, daß sie urprünglich aus dem Gebiet von Euphrat und Tigris kamen. Zu irgendeinem Zeitpunkt brachen sie nach Kanaan auf, und irgendwann nach 2000 v. Chr. zogen sie dann nach Ägypten und blieben mehrere hundert Jahre im Nildelta. Diese Gruppe verließ Ägypten, wo sie, wie es heißt, von einem nicht genannten Pharao versklavt wurde. Angeführt wurde sie von einem charismatischen Mann namens Mose, der sagte, er spreche zu Gott, und Mose brachte die Gruppe in die Wüstengebiete entweder der Halbinsel Sinai oder der Arabischen Wüste, wo sie vierzig Jahre blieb. Durch Mose wurden die uralten Verheißungen erneut bestätigt, denen zufolge dieses Volk eines Tages Kanaan in Besitz nehmen werde.

Um das Jahr 1200 v. Chr. herum nahmen diese Menschen, entweder im Zuge von Eroberungen oder von allmählichen Wanderungen – in der Bibel kommt beides vor – schließlich das Land von den Kanaanäern in Besitz, deren religiöse und sexuelle Bräuche ihnen als so verabscheuungswürdig erschienen. Es ist schwierig, im einzelnen zu bestimmen, welche verwerflichen Handlungen die Kanaanäer vollzogen. Man kann jedoch vermuten, daß es in ihren Tempeln zu sexuellen Handlungen kam und daß sie wohl auch vor Päderastie, Inzest, Sodomie oder Menschenopfern nicht zurückschreckten.

Das erste historische Beweisstück für die Existenz der Kinder Israels ist eine in Ägypten aufgefundene Steintafel oder Stele, die ungefähr auf das Jahr 1235 datiert wird. Auf dieser Stele aus der Regierungszeit des Pharao Merneptah wird die völlige Vernichtung des Volkes Israel erwähnt. Meremptahs – offensichtlich übertriebene – Behauptung, einen einseitigen militärischen Sieg errungen zu haben, ist der erste überlieferte Beleg außerhalb der Bibel auf ein Volk Israel. Aber kaum hatten die Israeliten ihren Fuß in das Hügelgebiet im Inneren des Landes gesetzt, da gerieten sie in Konflikt mit einer anderen mächtigen Gruppe von Neuankömmlingen, den Philistern, die aus dem Mittelmeerraum kamen und sich um 1200 v. Chr. an der Küste niedergelassen hatten.

Um das Jahr 1000 v. Chr. hatten die Israeliten unter der Führung des draufgängerischen Soldaten und Dichters David, der schließlich die Philister besiegte, und seines brillanten Sohns Salomo, das ihnen verheißene Land unter ihre Herrschaft gebracht. Doch ihr Reich war von kurzer Dauer. Nach Salomos Tod im Jahr 922 v. Chr. wurde das Königreich durch einen Bürgerkrieg in zwei Teile getrennt, in dessen Gefolge die beiden Hälften der geteilten Nation verwundbar blieben. Den nördlichen Teil nannte man Israel, den südlichen Teil Juda. Die beiden Königreiche rangen nicht nur um die Herrschaft über das Land, sondern auch um die Oberhoheit in religiösen Angelegenheiten, wobei jeder behauptete, ihre Angehörigen seien die wahren Erben Abrahams und Moses – und die wahren Adressaten der Verheißungen Gottes.

Die guten Zeiten waren bald vorüber. Im Jahr 722 v. Chr. eroberten die Assyrer unter Sargon II. das nördliche Königreich Israel und verschleppten in einem der ersten historisch belegten Fälle von »ethnischer Säuberung« 30 000 Israeliten der Oberschicht in das Gebiet am Euphrat. Diese zehn nördlichen Stämme wurden durch das heutige Irak und Syrien zerstreut und zu den sogenannten »verlorenen Stämmen« Israels. Rund hundert Jahre später wurde auch das südliche Königreich, Juda, erobert, diesmal von der neuen Supermacht in der Region, den Chaldäern (oder Neubabyloniern) unter der Führung Nebukadnezars. Im Jahr 587 v. Chr. plünderten und verwüsteten dessen Streitkräfte Jerusalem, zerstörten den von Salomo errichteten Großen Tempel und steckten die Stadt in Brand. Tausende Angehörige der judäischen Oberschicht wurden nach Babylon verschleppt. Dies bezeichnet man gemeinhin als das Exil oder die babylonische Gefangenschaft. Vielleicht führten die Juden die »Bundeslade« mit sich, die heilige Truhe mit den Steintafeln, auf denen die zehn Gebote standen, allerdings kann dieser heiligste Gegenstand auch in Israel zusammen mit dem Tempel zerstört worden sein. Auf irgendeine Weise verschwand die Bundeslade dann im Laufe dieser fünfzigjährigen Gefangenschaft, ohne daß man eine Spur von ihr fand oder sie je wieder erwähnt wurde.

Die endgültige Abfassung und Redaktion der Tora geschah, zusammen mit dem Rest des Tanachs oder Alten Testaments, zum größten Teil in den stürmischen fünfhundert Jahren zwischen 900 und 400 v. Chr. Vor diesem Hintergrund der historischen Ereignisse – Könige, die an die Macht kamen und stürzten, erbittert geführte Auseinandersetzungen um die religiöse Autorität, eine geteilte Nation, Eroberungen und Exil – wurde die hebräische Bibel in ihrer Endgestalt zusammengestellt.

Wenn die Schriften auf hebräisch geschrieben wurden, woher stammen dann die vielen griechischen Ausdrücke?

Ungefähr zweitausend Jahre Geschichte vergehen auf den Seiten der Bibel. Im alten Nahen Osten kamen und gingen bedeutende Imperien: Sumer, Akkadien, Babylon, Ägypten, Assyrien, Persien und Griechenland. Gemeinsam mit diesen emporstrebenden und niedergehenden Reichen und Kulturen kamen das Hebräische und das Aramäische außer Gebrauch und wurden schließlich durch das Griechische ersetzt. Irgendwann um 250 v. Chr., als viele Juden erkannten, daß sie das Hebräische, in dem ihre alten religiösen Schriften geschrieben worden waren, nicht mehr verstanden, beschloß irgend jemand, die Schriften durch eine vollständige griechische Übersetzung der hebräischen Bibel zu bewahren. In einer alten Überlieferung heißt es, daß diese griechische Übersetzung der heiligen hebräischen Schriftrollen von Ptolemaios II. (um 308 geboren, gestorben 246 v. Chr.) in Auftrag gegeben wurde, einem der Erben Alexanders des Großen, der Ägypten nach dessen Tod regierte. Diese Übertragung ins Griechische beruhte auf Handschriften, die von Jerusalem aus zur berühmten Bibliothek von Alexandria entsandt worden waren, und wurde später Septuaginta (»siebzig«) genannt. Der Legende zufolge fertigten 72 Älteste, sechs aus jedem der zwölf Stämme Israels, die Übersetzung an. Jeder dieser Ältesten schuf genau die gleiche Übertragung in genau 72 Tagen. Die Zahl wurde dann zu siebzig abgerundet. Natürlich ähnelt das ein wenig der Vorstellung, daß genügend Affen, wenn sie nur Schreibmaschine schrieben und genug Zeit zur Verfügung hätten, die Werke Shakespeares hervorbringen könnten.

Heutzutage verweisen Forscher sowohl die Verbindung zu Ptolemaios als auch die 72 identischen Übersetzungen ins Reich der Fabel. In Wirklichkeit wurde die Arbeit in Angriff genommen, weil die große jüdische Gemeinde in Ägypten und anderswo in der hellenistischen – Griechisch sprechenden – Welt eine Übersetzung aus dem Hebräischen benötigte, das während der »Diaspora«, der »Zerstreuung« der Juden im Mittelmeerraum, ungebräuchlich geworden war.

So wurde die griechische Septuaginta zur verbreitetsten Form der hebräischen Bibel. Sie war die inoffizielle Bibel der frühen Christen, die die hebräischen Gesetze und Propheten auf griechisch lasen. Römisch-katholische Bibeln wie beispielsweise die Jerusalemer Bibel zeigen immer noch ihren Einfluß. Einige Bücher der Septuaginta wurden von den Rabbinern, die den offiziellen »Kanon« ihrer Bibel festlegten, nicht als »heilig« angesehen. Als sich die christliche Kirche während der Reformation spaltete, übernahmen die Protestanten den jüdischen Kanon, und deshalb ist das protestantische Alte Testament mit der hebräischen Bibel – bis auf die Anordnung und Zählung einiger Bücher – identisch. Die Katholiken betrachteten dagegen die Septuaginta als heilig, und so sind in römisch-katholischen Bibeln elf Bücher enthalten, die weder im hebräischen noch im protestantischen Alten Testament vorkommen. Diese sogenannten deuterokanonischen Bücher bezeichnet man in heutigen Bibeln als Apokryphen. (Das Wort *Apokryphen* darf man man nicht mit dem Wort *Apokalypse* verwechseln; es kommt aus dem Griechischen und Lateinischen und bedeutet »versteckt, heimlich«.) Um dieses Thema noch weiter zu verwirren, erkennen andere christliche Gemeinschaften wie beispielsweise die östlichen orthodoxen Kirchen noch mehr Bücher als heilig an. Anders ausgedrückt: Fast zweitausend Jahre lang entschieden Menschen darüber, was als Wort Gottes gelesen werden sollte und was nicht. Auch wenn sie behaupten, bei ihrem Urteil von Gott inspiriert worden zu sein, so können sie sich untereinander nicht einigen.

Der nächste, wichtigere Schritt in diesem Prozeß, der zu der Bibel führte, wie wir sie heute kennen, vollzog sich, als das Lateinische, die Sprache des Römischen Reiches, das Griechische als die gebräuchlichste Sprache der westlichen Welt ersetzte. Während sich das Christentum von einer Religion gesellschaftlicher Außenseiter hin zu einem akzeptierten Glauben entwickelte, und nachdem Kaiser Konstantin I., auch genannt »der Große«, im Jahr 312 n. Chr. die Christen zu dulden begann, wurde Altgriechisch zu einer aussterbenden Sprache. Auch wenn allmählich lateinische Übersetzungen von Teilen der heiligen Schriften auftauchten, so gab es immer noch keine offizielle lateinische Version der Bibel. Ab dem Jahr 382 v. Chr. begann ein Priester namens Hieronymus mit der Übertragung der hebräischen Schriften und des Neuen Testaments ins Lateinische.

Hieronymus, der zwanzig Jahre lang in Bethlehem – der Überlieferung zufolge der Geburtsort Jesu – wirkte, griff auf die ursprünglichen hebräischen und aramäischen Texte zurück, anstatt lediglich die griechische Septuaginta ins Lateinische zu übersetzen. Außerdem überwachte er die Übersetzung einer lateinischen Bibel, die 405 v. Chr. fertiggestellt wurde. Seine Arbeit führte zur *versio vulgate* oder »verbreiteten Übersetzung«, besser bekannt unter dem Namen Vulgata. Hieronymus verstand das Wort *vulgata* im Sinne von »gebräuchlich«. Es handelt sich hierbei um ein Paradebeispiel für den Bedeutungswandel von Wörtern – ein wichtiger Faktor für das Verständnis der Bibel. Viele Wörter haben eben nicht mehr die gleiche Bedeutung wie im Latein des Hieronymus vor 1 500 Jahren oder im Deutsch der Lutherbibel um 1525. Unter anderem entschied sich Hieronymus dafür, die Verwendung des Namens »Jesus« beizubehalten, also den Namen, mit dem die griechischen Autoren des Neuen Testaments den hebräischen Namen Josua übersetzt hatten.

Ungefähr zur selben Zeit, als die Griechen die griechische Vulgata in die lateinische Sprache übertrugen, wurde eine andere Gruppe zentraler althebräischer Schriften in ihrer »offiziellen« hebräischen Form aufbewahrt, und zwar von den Masoreten. Diese jüdischen Gelehrten wirkten zwischen 500 und 1000 v. Chr. und schufen den ursprünglichen »masoretischen« Text. Die Masoreten fügten den althebräischen, nur aus Konsonanten bestehenden Schriften etwas Entscheidendes hinzu: Vokalzeichen, Akzentmarkierungen und Randbemerkungen, eine Art Kladde für die hebräische Bibel. Und weil diese Randnotizen ein viel besseres Verständnis der althebräischen Texte ermöglichen, bilden die masoretischen Texte seither den Maßstab beim Studium aller althebräischen Schriften. Doch selbst die ältesten masoretischen Texte – der Codex Leningradensis und der Kodex von Aleppo werden lediglich auf das Jahr 1000 n. Chr datiert – praktisch ein Augenblinzeln im Zeitplan der Zusammenstellung der Bibel. (»Kodex« ist im übrigen ein Name für die Sammlungen gebundener Seiten aus frühester Zeit.) Mit anderen Worten: Die ersten Bücher waren tatsächlich eine Erfindung der frühen Christen.

Als die römisch-katholische Kirche während des Mittelalters in Westeuropa die Vorherrschaft errang, blieb die lateinische Vulgata die Elle, an dem die Christen Europas die Bibel maßen. Natürlich waren nur Priester und einige wohlhabende, gebildete Personen in der Lage, das »Wort Gottes« zu lesen. Während dieser Zeit wurde die Heiligen Schrift immer noch abgeschrieben, und die berühmten Handschriften mit Buchmalereien des sogenannten »dunklen« Mittelalters erschienen. Natürlich konnten sich nur wenige Menschen ein solches Buch leisten, und nur wenige bekamen überhaupt je ein Buch zu Gesicht. Noch weniger konnten es lesen. Die lateinische Messe, die unter Papst Damasus I. (366-384) formalisiert und zu einem ausgefeilten Ritual geworden war, wurde allmählich zur vorherrschenden Form des Gottesdienstes in Europa. Dennoch verstanden die meisten Menschen nicht, was in den Gottesdiensten gesagt wurde. Die Erfindung der Druckerpresse im Jahr 1450 bedeutet zwar, daß sich die Bibel mechanisch herstellen ließ, aber es wurden nur 200 Exemplare der Gutenberg-

Bibel produziert. Und sie wurde noch immer in lateinischer Sprache verfaßt.

Doch während der Frühphase der religiösen Bewegung, die man später als Reformation bezeichnete und die Martin Luther 1517 ins Leben rief, versuchten einige wagemutige Seelen, die Heilige Schrift aus dem Hebräischen, dem Griechischen und dem Lateinischen in ein gebräuchliches Deutsch oder Englisch zu übersetzen. So wie der mythische Prometheus, der bestraft wurde, weil er den Menschen das Feuer brachte, wurden auch einige dieser Aufrührer für ihre »Verbrechen« bestraft. Einige starben für ihre Überzeugung, daß alle Menschen die Bibel lesen können sollten.

Auch in England wollte einer dieser abtrünnigen protestantischen Theologen, William Tyndale, die heiligen Schriften allen Menschen verfügbar machen. Dazu mußte er allerdings sein Land verlassen. Während er in Deutschland wirkte, wo 1520 Martin Luthers Neues Testament auf deutsch erschienen war, beendete er zunächst die Arbeit am Neuen Testament. Zwar konnte man einige Drucker daran hindern, Tyndales Neues Testament auf englisch zu veröffentlichen, doch 1526 erschien es. Das Alte Testament in Tyndales Übertragung erschien in Teilen im Jahr 1530. Wieder einmal war die Obrigkeit gar nicht amüsiert. Tyndale wurde aus seinem Versteck gelockt, verhaftet und wegen Ketzerei angeklagt. 1536 fand er den Tod am Galgen. Um sicherzugehen, daß auch alle Untertanen die Botschaft verstanden hatten, wurden seine sterblichen Überreste verbrannt. Tyndale starb, weil er daran glaubte, »daß der Junge, der den Pflug zieht, mehr über die heilige Schrift wissen muß«. Es zeugt von einer gewissen höheren Gerechtigkeit, daß sein Werk zur Grundlage der 1611 erschienenen King-James-Bibel, der einflußreichsten und langlebigsten aller englischsprachigen Bibelübersetzungen wurde. Nun endlich konnten alle Menschen das »Am Anfang ...« verstehen.

Dies war ein kurzer Blick auf die lange und bisweilen schmerzensreiche Geschichte der Bibelübersetzung, wie wir sie im 20. Jahrhundert kennen. Und darum haben Sie so viele Schwierigkeiten, wenn Sie losgehen, um eine Bibel zu kaufen.

MEILENSTEINE ZUR GESCHICHTE DER HEBRÄISCHEN BIBEL

Die Zeittafel gibt einen vereinfachten Überblick der mutmaßlichen Daten bezüglich der Abfassung und späteren Übersetzung der hebräischen Bibel bzw. des Alten Testaments. Viele dieser Daten sind ungewiß und werden weder von archäologischen anderen geschichtlichen Quellen bestätigt; bei einigen gehen die Meinungen auseinander. Die besonders zweifelhaften Daten sind mit einem »?« vermerkt.

Daten vor Christi Geburt

2000-1700:	Zeitalter der Erzväter (Abraham, Isaak und Jakob) »?«
1700-1500:	Joseph in Ägypten »?«
1295-1230:	Auszug aus Ägypten »?«
1240-1190:	Eroberung Kanaans durch die Israeliten »?«
1020-1005:	Regierungszeit des Saul
1005-967:	Regierungszeit des David
967-931:	Regierungszeit des Salomo
922:	Teilung des Königreiches des Salomo
950-900:	J (Jahwist) am Werk »?«
850-800:	E (Elohist) bei der Arbeit »?«
722:	Eroberung des nördlichen Königreichs; Deportation der Zehn Stämme – die »verlorenen Stämme Israels« – nach Assyrien
650-600:	D (Deuteronomist) am Werk »?«
622:	Ein »Gesetzesbuch«, ähnlich dem Deuteronomium, wird im Ersten Tempel entdeckt
587/6:	Fall Judas; Zerstörung des Ersten Tempels; Beginn der babylonischen Gefangenschaft
550-500:	P (priesterliche Quelle) bei der Arbeit »?«
538:	Rückkehr aus dem babylonischen Exil nach Jerusalem
520-515:	Bau des Zweiten Tempels
400:	R (Redaktor) bei der Arbeit »?«
250-100:	Septuaginta: Übersetzung aus dem Hebräischen ins Griechische
100:	Die ersten überlieferten hebräischen Texte (Schriftrollen vom Toten Meer)

	Daten nach Christi Geburt
70:	Zerstörung des Zweiten Tempels durch die Römer
90:	Endgültige Kanonisierung der hebräischen Bibel
405:	Vulgata: Übersetzung durch den hl. Hieronymus ins Lateinische
500-1000:	Massora: Standardisierte hebräische Texte
1522:	Luthers *Das Newe Testament Deutszsch*
1526:	Tyndales Pentateuch auf englisch
1560:	Genfer Bibel (die von Shakespeare und den Pilgervätern, englischen Auswanderer nach Nordamerika, benutzte Bibel)
1611:	King-James-Bibel

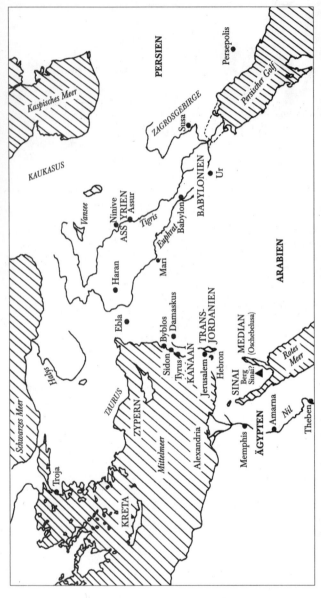

Karte I: Die Welt des Nahen Ostens im Altertum. – Die Karte zeigt viele der wichtigsten Orte, auf die in der hebräischen Bibel oder im Alten Testament bei der Erörterung bestimmter Ereignisse Bezug genommen wird. Sie kann nur einen allgemeinen Eindruck von der Region vermitteln, weil der behandelte Zeitraum mehrere tausend Jahre umfaßt. Nicht alle auf der Karte eingezeichneten Orte existieren zur selben Zeit. Während Babylon eine sehr alte Stadt war, wurde beispielsweise Alexandria in Ägypten erst am Ende der Zeit des Alten Testaments gegründet.

II

DIE HEBRÄISCHE BIBEL ODER DAS ALTE TESTAMENT

Meinst du, daß du weißt, was Gott weiß?
(Hiob 11,7)

*Meiner Ansicht nach hat unser himmlischer Vater
den Menschen erfunden, weil ihn der Affe enttäuscht hatte.*
Mark Twain 1906

Es klingt seltsam – aber Gott war kein Heiliger.
Jack Miles
Gott, Eine Biographie

ZWEI SCHÖPFUNGEN ...
UND KEIN APFEL

GENESIS ODER DAS 1. BUCH MOSE

Am Anfang schuf Gott Himmel und Erde.
Und die Erde war wüst und leer,
und es war finster auf der Tiefe;
und der Geist Gottes schwebte über den Wassern
Und Gott sprach:
Es werde Licht! Und es ward Licht.
(1. Mos. 1,1-3)

Aber von dem Baum der Erkenntnis des Guten und Bösen
sollst du nicht essen; denn an dem Tage, da du von ihm issest,
mußt du des Todes sterben.
(1. Mos. 2,17)

- Warum gibt es im Buch Genesis zwei Schöpfungen?
- Wer hatte recht – die Genesis oder Darwin?
- Gab es im Garten Eden wirklich Äpfel?
- War Eva tatsächlich Adams erste Frau?
- Woher stammte Kains Frau?
- Trieben es die »Söhne Gottes« in der Bibel mit jeder?
- Hat Noah für den Bau der Arche keine Zeichnungen bekommen?
- War Noah der erste Trinker?
- »Plappern« die Leute in Babylon?
- Woher kam Abram?
- Warum erstarrte Lots Frau zur Salzsäule?
- Hätte Abraham es wirklich getan?
- Was ist die Jakobsleiter?
- Wie wurde aus Jakob »Israel«?
- Gab es einen »bunten Rock«?
- Worin bestand Onans Sünde?
- Wer war der Pharao zur Zeit Josephs? Und konnte ein Sklave »Kanzler« von Ägypten werden?

Jeder Komödiant, Redner oder Prediger weiß, daß er die Aufmerksamkeit seiner Zuhörerschaft am leichtesten dadurch gewinnt, daß er eine spannende Geschichte erzählt. Ist die Geschichte lustig, um so besser. Ein bißchen Sünde und Sex? Noch besser. Und eben darum haben Schriftsteller – von Homer, Äsop und den anderen Griechen über Shakespeare bis hin zu den heutigen Drehbuchautoren Hollywoods – ihre »Botschaften« in spannende Geschichten verpackt.

Eine gute Geschichte sorgt dafür, daß wir die Ohren spitzen und besonders aufmerksam zuhören. Der große amerikanische Zeitungsverleger Joseph Pulitzer soll einmal gesagt haben: »Erst fülle die Kirche – dann predige.«

Dies ist einer der Gründe, warum die Bibel auch noch heute gelesen wird. Sie ist voller großartiger Geschichten. Und das sind nicht nur die viel zu schlichten Erzählungen zur Erbauung, an die sich viele von uns noch aus dem Religionsunterricht erinnern. Die hebräischen Propheten kleideten ihre Botschaften oftmals in Geschichten. Auch Jesus selbst setzte Gleichnisse und kurze Erzählungen ein, um den Menschen seine Botschaft nahezubringen.

Doch daß die Bibel eine großartige Geschichte ist, bestätigt sie nirgends offensichtlicher als in ihrem einleitenden Buch. Hier findet sich ein vollständiger Bericht über den Anfang der menschlichen Zivilisation sowie über Gottes einzigartige Beziehung zu den Menschen, reduziert zu einer Reihe faszinierender Geschichten. Diese »Fortsetzungsgeschichten« sind voll von der Art fesselnder Handlung und der Art Humor, die wir von Fernsehserien oder von Kinofilmen erwarten. Sie sind ergreifend, spaßig, eindringlich – und ziemlich beunruhigend. Da ist zum einen der Glaube: die Güte angesichts des Bösen und der Gehorsam gegenüber Gott. Zum anderen gibt es auch Verrat, Betrügereien, Diebstahl, Inzest und Mord. Dennoch handelt es sich nicht um schlichte Erzählungen über »Moralapostel«, die brav und wohlerzogen sind und genau das tun, was Gott ihnen befiehlt. Auch hatte Gott ihnen nicht immer nur Freundlichkeiten zu sagen. Unter anderem kann man auch deshalb annehmen, daß die Figuren alle wirklich existiert haben: Denn wer sich Geschichten über die eigenen Vorfahren ausdenkt, wird sie wohl kaum so darstellen, wie es in der Bibel geschieht.

Die Bezeichnung Genesis leitet sich von den griechischen Wörtern *Genesis kosmou* (»Ursprung des Kosmos«) ab. Die Juden, die jedes der fünf Bücher, aus denen ihre Tora besteht, an den ersten einleitenden Worten oder dem ersten bedeutsamen Wort in dem Buch erkennen, nennen das Buch Genesis *Bereschit* – »Am Anfang«. Wer das Buch nach längerer Zeit wieder zur Hand nimmt, wundert sich vielleicht, wenn er feststellt, daß es sich um eine ganz andere Geschichte handelt als diejenige, die er aus der Kindheit noch schwach in Erinnerung hat.

Das Buch Genesis umfaßt eine große Zeitspanne, die vom Beginn der Welt über die Frühgeschichte der Menschheit und den Aufstieg der Zivilisation bis hin zur Gründung der besonderen Beziehung Gottes zu seinen Patriarchen und dem Volk Israel reicht. Erzählt wird das Ganze im Rahmen spannender Geschichten über Abraham und Sara, Isaak, Rebekka und ihre Zwillingssöhne Esau und Jakob und über Jakobs Frauen und seine Familie, zu dessen wichtigsten Angehörigen Joseph gehörte. Das Buch endet mit dem Tod Josephs und dem Aufenthalt der Israeliten in Ägypten, wodurch die Voraussetzungen für den Exodus, den Auszug aus Ägypten, geschaffen werden.

Stimmen der Bibel
Und Gott sprach: *Lasset uns Menschen machen, ein Bild, das uns gleich sei, die da herrschen über die Fische im Meer und über die Vögel unter dem Himmel und über das Vieh und über alle Tiere des Feldes und über alles Gewürm, das auf Erden kriecht.* (1. Mos. 1,26)

Warum gibt es im Buch Genesis zwei Schöpfungen?

Daß es im Buch Genesis in Wirklichkeit zwei Schöpfungsgeschichten gibt, gehört zu den besonders jähen und schockierenden Überraschungen für diejenigen Leser, die mit der biblischen Schöpfungsgeschichte möglicherweise vage vertraut sind, aber die Bibel nie gelesen haben. Die Schöpfungsberichte sind voneinander getrennt und verschieden. Sie unterscheiden sich im Hinblick auf den Stil, die Anordnung, die Tatsachen und die Einzelheiten – ja, sie haben nur eines gemeinsam: In beiden Schöpfungsberichten kommt Gott vor.

Version eins beginnt ganz ruhig mit dem wohlbekannten »Am Anfang ...«. Aus dem Nichts, einfach indem er spricht, schafft Gott eine geordnete Welt und die Menschen. Diese erste Schöpfung beginnt im ersten Kapitel des Buchs Genesis. Gott braucht sechs Tage, um Himmel und Erde zu erschaffen, dann kommen die Tiere, und schließlich werden Mann und Frau gleichzeitig, als scheinbar Gleichberechtigte, nach dem »Bild Gottes« erschaffen. Nach dieser schweren Arbeitswoche beschließt Gott, die Füße hochzulegen und sich den siebten Tag freizunehmen – und richtet den ersten Sabbat ein. Von Eden, Adam und Eva kein Wort.

Die zweite Version der Schöpfung – sie beginnt im Buch Genesis 2,4 – spielt im Garten Eden. In ihr wird nicht erwähnt, wie viele Tage Gott zur Verrichtung seiner Schwerarbeit benötigte. In dieser Fassung wird der Mensch *vor* den Bäumen und den anderen Lebewesen geschaffen. Der andere bedeutsame Unterschied liegt darin, daß in dieser zweiten Schöpfung erst der Mann und dann die Frau aus dem Mann geschaffen wird.

DIE BEIDEN SCHÖPFUNGEN

Durch die Jahrhunderte hinweg haben sich die Leser der im Buch Genesis dargestellten Schöpfung genähert, als stünden sie gewissermaßen vor einem kalten Büffet: Sie suchten sich etwas von Version A und etwas von Version B aus und stellten sich zwei ganz verschiedene und widersprüchliche Darstellungen zusammen; das ergab einen zwar bunten, aber schlecht zusammenpassenden »Teller«. Die erste Darstellung der Schöpfung findet sich in Genesis 1, 1-2, 4a; der zweite Schöpfungsbericht wird in Genesis 2, 4b-25 gegeben. Seite an Seite gelegt, erkennt man, daß es sich um zwei deutlich verschiedene Erzählungen mit erheblich voneinander abweichenden Einzelheiten handelt.

Version A

»*Am Anfang* schuf Gott Himmel und Erde ...«
Im Laufe der »sechs Tage« erschafft Gott:

1. Licht, dann Tag und Nacht.
2. Den Himmel, der »da scheide zwischen den Wassern«.
3. Das trockene Land wird von den Wassern – Erde und Meer – und Gras und Kraut und Bäume getrennt.
4. Sonne, Mond, Sterne und Jahreszeiten.
5. Die Lebewesen des Himmels und des Meeres: Vögel, Meerungeheuer, Fische.
6. Lebewesen der Erde: Vieh, Gewürm, wilde Tiere. Und schließlich die Menschen. Männer und Frauen werden gemeinsam geschaffen, beide nach dem Bild Gottes.

Und am siebten Tag beendete Gott schließlich seine Arbeit und ruhte sich aus, wobei er den siebten Tag heiligte.

Außerdem segnete er Mann und Frau, wobei er sie ermahnte, »seid fruchtbar und mehret euch«, und empfahl ihnen eine vegetarische Kost. Schließlich findet Gott, »daß es gut war«.

Version B

»Am *Tag,* als Gott der Herr Himmel und Erde schuf ...«
Gott macht den Menschen aus Erde vom Acker.

Er pflanzt einen Garten in Eden und setzt den Menschen hinein. Im Garten befindet sich ein Baum des Lebens und ein Baum der Erkenntnis von Gut und Böse.

Der Mensch darf nicht vom Baum der Erkenntnis von Gut und Böse essen, denn tut er es, muß er sterben. Gott macht alle Tiere und alle Vögel, damit sie dem Menschen helfen.

Der Mensch benennt sie alle. Aber er findet keine passende Partnerin unter den Tieren. Gott tritt hinzu und schläfert den Menschen ein, entnimmt ihm eine Rippe und macht die Frau aus der Rippe des Mannes. Als die beiden nackt sind, »wurden sie ein Fleisch«, aber »sie schämten sich nicht«. Gott sagt nicht, ob es gut war; Adam und Eva auch nicht.

Hier nun gerät die These, daß es zwei Textversionen der biblischen Ereignisse gibt – eine von Verfasser J und eine vom Verfasser P –, erstmals näher in unser Blickfeld. Über diese beiden Verfasser und ihre Textversionen habe ich im ersten Teil des Buches bereits berichtet.

Die erste Schöpfungsgeschichte, die sich in Genesis findet, wird dem priesterlichen Autor, P, zugeschrieben. Gott erschafft den Himmel und die Erde aus dem Nichts – aus einer »Leere«. P schildert, wie der Schöpfer an sechs aufeinanderfolgenden Tagen fein säuberlich das Universum erschafft, die Erde gestaltet und schließlich die Menschen erschafft. Mit den Worten der Lutherbibel:

> Und Gott schuf den Menschen zu seinem Bilde, zum Bilde Gottes schuf er ihn; *und schuf sie als Mann und Weib.*
> (1. Mos. 1,27; Hervorhebung durch den Autor)

Die meisten neueren Bibelübersetzungen machen deutlich, daß das Wort »Mensch« in diesem Vers die gesamte Menschheit und nicht einen einzelnen Menschen bezeichnen soll.

Zweifellos wird im ersten Schöpfungsbericht zwischen Mann und Frau kein Unterschied gemacht. Es kommt darin auch kein Garten Eden vor. Kein verbotener Baum. Keine Frauen, geschaffen aus der Rippe Adams. Keine Unterdrückung von Frauen. Gott schuf beide Geschlechter zur gleichen Zeit, beide »zu seinem Bilde«.

Der erste Schöpfungsbericht wirft naturgemäß verschiedene beunruhigende Fragen auf – und zwar auch dann, wenn es die Konkurrenzversion im Folgekapitel nicht gäbe. Wer ist mit »uns« gemeint, als Gott sagt: »Lasset uns Menschen machen, ein Bild, das uns gleich sei«. Bislang hat die Schöpfung niemanden sonst beteiligt. Handelt es sich um den *pluralis majestatis?* Geht es um den »dreifaltigen« Gott (Vater, Sohn und Heiliger Geist) des Christentums? Oder spricht Gott zu den himmlischen Heerscharen, zu all den Engeln, Cherubinen und Seraphinen, die zwar mit ihm zusammenarbeiten, aber nur wenig Anerkennung finden? Und wenn Gott die Menschheit nach seinem Bild geschaffen hat – bedeutet dies, daß wir wie Gott aussehen? Haben wir eine schwarze oder weiße Hautfarbe? Sind wir Europäer, Chinesen oder Eskimos? Wenn Mann und Frau gemeinsam geschaffen wurden, dann können sie im strengen Sinn doch nicht »nach dem Bild Gottes« geformt worden sein, oder? Und wenn Gott sagt, die Schöpfung sei gut, warum verläuft sie so schlecht? Diese Fragen verwirren natürlich Philosophen und religiöse Denker seit Jahrhunderten und haben ganze Bibliotheken mit Abhandlungen über das Wesen Gottes und die Schöpfung gefüllt.

Gewiß sind diese Probleme schon ärgerlich genug, aber Genesis 2 macht das Ganze nur noch komplizierter; denn hier wird die Schöpfung neu erzählt, und sie weist erhebliche Abweichungen auf. In dieser J zugeschriebenen Version erschafft Gott zuerst Erde und Himmel und dann Adam »aus Erde vom Acker«. In den Garten, in dem Bäume stehen, die schön anzusehen sind und nahrhafte Früchte liefern, setzt er sowohl Adam als auch den Baum des Lebens und den Baum der Erkenntnis von Gut und Böse. Danach erschafft Gott die Tiere und Vögel, damit der Mensch nicht allein ist. Als er feststellt, daß Adam nach wie vor allein ist, erschafft er aus einer der Rippen Adams eine Frau. In diesem Bericht wird weder gesagt, wie viele Tage dies in Anspruch nahm, noch wann – oder ob – Gott sich ausruhte.

Doch bevor ich fortfahre, sei es gestattet, eine kurze Hebräischstunde voranzuschicken. Der Name »Adam« leitet sich vom hebräischen Wort für »Mensch« oder »Menschheit« her. Es ist außerdem mit dem hebräischen Wort *adamah* verwandt, das »Boden« oder »Erde« bedeutet. Mit anderen Worten: Der Verfasser dieses Teils der Genesis benutzte ein Wortspiel. Der Name Adam, Mensch, kommt von *adamah,* Boden. Wortspiele, Akrostichen (= Anfangsbuchstaben oder -silben von Verszeilen, die ein Wort oder einen Satz ergeben) und schwer entschlüsselbare Anspielungen werden in der hebräischen Bibel an vielen Stellen verwandt. So wird in späteren Büchern beispielsweise der Name eines rivalisierenden Gottes, Baal Zebul, (»erhabener Herr«) zu Baal Zebub (»Herr der Fliegen«). Auch viele Personennamen in den hebräischen Schriften, wie etwa Abraham (»Vater einer Menge«), hatten eine Bedeutung. Wortspiele stellen im hebräischen Schrifttum ein hochgeschätztes dichterisches Mittel dar.

Ein anderer bedeutsamer Gesichtspunkt ist, daß die Geschichten nicht ganz einzigartig sind. Sowohl die erste Schöpfungsgeschichte, in der Gott spricht und die Welt geschaffen wird, als auch der zweite Schöpfungsbericht, in dem Adam und Eva die Hauptrolle spielen, weisen Gemeinsamkeiten mit anderen Schöpfungsmythen des altorientalischen Nahen Ostens auf. Die Vorstellung, daß Gott »schöpfen« konnte, indem er spricht, kannten nicht nur die alten Israeliten. Auch die Mythen Mesopotamiens und Ägyptens, die beiden großen Zivilisationen, die das Land der Israeliten umfaßten, feierten die Vorstellung vom »Wort Gottes«. Mit anderen Worten: Die alten Israeliten stützten sich auf allgemeine Glaubensvorstellungen über die Schöpfung sowie auf uralte Volkserzählungen aus den Ländern und Völkern, die im altorientalischen Nahen Osten über den größten Einfluß verfügten. Diese Grundtatsache läßt sich in der ganzen Genesis nachweisen. Der Unterschied liegt darin, daß diese Entlehnungen im Buch Genesis zu einem Bericht über das besondere Verhältnis zwischen dem Gott der Israeliten und den Menschen umgeformt wurde, das ohne Beispiel war. Aus den frühgeschichtlichen Naturgöttern, deren Verhalten eher menschlich als göttlich war, machten die Israeliten einen persönlichen Gott mit einem völlig eindeutigen und strengen Moralkodex. Dieser Gott hatte die Absicht, dieses Volk zu seinem Lieblingsvolk zu machen – aber es mußte die Benimmvorschriften ihres Gottes peinlich genau befolgen. Denn sonst ... Die hebräischen Schriften werden zu einem großen Teil erzählen, was geschieht, wenn die Kinder Israels ihren Teil der Verheißung nicht einhalten.

Wer hatte recht – die Genesis oder Darwin?

Der erste Leserbrief in der Mai/Juni-Ausgabe des *Biblical Archeology Review* ist sehr interessant. Darin kommentiert der Verfasser einen Bericht über eine »prähistorische« archäologische Ausgrabung, behauptet, dieses Wort sei unzulässig, und schließt mit den Worten:

> In diesem Jahr [1997] sind ungefähr 6 000 Jahre seit Beginn der Weltgeschichte vergangen, als Gott den Himmel und die Erde schuf (1. Mos. 1,1). Die Begriffe »prähistorisch«, »altsteinzeitlich« und »jungsteinzeitlich« stellen eine Verhöhnung des Wortes Gottes, der Bibel, dar.

Vergleichen wir einmal diesen Brief mit zwei Zeitungsmeldungen: Im August 1997 berichteten Wissenschaftler, sie hätten die versteinerten Fußabdrücke von Menschen entdeckt, die hinsichtlich ihrer Anatomie heutigen Menschen glichen und die sich auf die Zeit vor 117 000 Jahren zurückdatieren lassen. Einige Wochen zuvor, im Juli, hatte man einen Bericht lesen können, in dem die Entdeckung des fernsten Objekts verkündet wurde, das man bislang im Weltall entdeckt hatte. Zwei Teams von Astronomen, die ihre Beobachtungen mit dem Keck-Teleskop auf Hawaii und dem Hubble-Teleskop im All miteinander verbunden hatten, berichteten, sie hätten 13 Milliarden Lichtjahre von der Erde entfernt eine junge Milchstraße entdeckt. Mit anderen Worten: Diese Galaxie »in weiter Ferne« entstand vor 13 Milliarden Jahren. Sie ist kleiner, aber heller als unsere Milchstraße und so weit entfernt von der Erde, daß wir erst jetzt Nachricht von ihr erhalten.

Und Sie dachten, Ihre Post käme immer so spät ...

Hier sehen wir den großen, tobenden Krieg der letzten Jahrhunderte auf seine kleinste Größe reduziert. Wie bringt man einen festen Glauben, demzufolge die Welt vor nur 6 000 Jahren durch göttliche Ankündigung geschaffen wurde, mit der wissenschaftlichen Erkenntnis in Einklang, daß der Homo sapiens vor 117 000 Jahren auf der Erde wandelte und vor 13 Milliarden Jahren eine Galaxie entstand? Es ist der Krieg zwischen Glaube und Wissenschaft. Es ist auch nicht nur ein Streit am Stammtisch oder eine freundliche akademische Debatte bei einem Glas Sherry im Elfenbeinturm. Die Frage Wissenschaft kontra Glauben ist in die Klassenzimmer und Gerichtssäle vorgedrungen und hat solch wichtige

Kontroversen ausgelöst wie beispielsweise über das Klonen, die Lehren des »geistigen Heilens« in der Christian Science, die umstrittenen Auffassungen zur Sterbehilfe und die Lehre von der Neuerschaffung jeder Einzelseele.

Bis zu dem Zeitpunkt, als Charles Darwin im Jahr 1859 mit seiner Theorie von der »natürlichen Auslese« Aufsehen erregte, ließen die meisten Menschen gelten, daß Gott die Welt in sechs Tagen schuf und »er« dann ruhte. Fast viertausend Jahre lang glaubten viele Menschen, daß das Buch Genesis ein vollkommen glaubwürdiger Bericht über den Anfang der Welt sei. Viele, die sich auf biblische Quellen, beispielsweise die Chronologien und Genealogien im Buch Genesis stützen, haben versucht, für den Augenblick der Schöpfung eine Zeit und ein Datum festzulegen. Althebräische Gelehrte bestimmten diesen Augenblick als das Jahr 3761 v. Chr. Das wohl berühmteste Schöpfungsdatum hat der irische Bischof James Ussher (1581-1656) ersonnen. Unter Verwendung des Genesisbuchs verlegte er den Augenblick der Schöpfung auf den frühen Morgen des 23. Oktobers des Jahres 4004 v. Chr. (Tatsächlich verwendete er das Jahr 710 des Julianischen Kalenders.) Das mag heutigen Lesern lächerlich erscheinen, doch jahrhundertelang akzeptierten die Christen Europas Usshers Berechnung. Und eben deshalb wurde sie am Rande vieler Ausgaben der King-James-Bibel angegeben, wodurch sie eine beinahe göttliche »Autorität« erhielt. Noch immer gibt es Menschen, die von der buchstäblichen Richtigkeit der Bibel überzeugt sind – so wie der oben erwähnte Leserbriefschreiber –, für die Usshers Datum ein Artikel ihres Glaubens darstellt.

Dann verdarb die Wissenschaft diesen Menschen den Spaß. Als Leonardo da Vinci (1452-1519), der geniale Künstler und Naturforscher der italienischen Renaissance, in den Alpen Meeresfossilien fand und fragte, wie sie dort hingekommen seien, ging die allgemeine Meinung schlicht dahin zu behaupten, der Fund beweise, daß die Sintflut einst die ganze Erde bedeckt habe. Als Nikolaus Kopernikus, Johannes Kepler und Galileo Galilei die These aufstellten, die Erde drehe sich um die Sonne, wurden sie verspottet – oder es geschah ihnen Schlimmeres. Im Jahr 1616 beschuldigte man Galilei der Ketzerei und stellte ihn unter Hausarrest, außerdem untersagte man ihm alle weiteren wissenschaftlichen Forschungen. Später vertrat Darwin in seinem Buch *Über die Entstehung der Arten* (1869) die Auffassung, daß sich der Mensch über einen langen Zeitraum hinweg entwickelt und die gleichen Vorfahren wie der Affe habe. In der Welt des Glaubens wurde diese Einschätzung von den wenigsten freundlich aufgenommen. Es war eine Sache, herauszufinden, daß Galilei hinsichtlich des Sonnensystems recht hatte. Etwas anderes war es, die Behauptung hinzunehmen, der Mensch sei ein naher Verwandter der Affen.

Vor Darwin wurde die biblische Version von fast allen Menschen der Erde ohne weiteres hingenommen. Nach Darwin hielten viele Gläubige an dieser Überzeugung fest. In Vergangenheit und Gegenwart hat die Tatsache, daß das Buch Genesis zwei Schöpfungsberichte enthält, die Buchstabengläubigen nie besonders gestört. Heute lassen die meisten Bibelforscher die Geschichte von Adam und Eva als das gelten, was sie ist: eine hebräische Geschichte über den Ursprung des Menschen, die viel mit den Mythen anderer antiker Völker gemeinsam hat, zugleich aber in vielerlei Hinsicht von diesen Mythen abweicht.

Und wo bleibt bei alledem Darwin mit seiner Theorie vom Ursprung der Arten? Die Mächte der Wissenschaft stehen nach wie vor den Kräften der Religion gegenüber. Unterstützt von den Medien, die komplizierte Fragen gern auf das einfache Schema eines Fußballspiels reduzieren, findet ein anhaltender Wettstreit zwischen wissenschaftlichen Erkenntnissen und Glaubensüberzeugungen statt. Im allgemeinen wird die Wissenschaft in den Medien als leidenschaftslos, rational und atheistisch dargestellt. Religiöse Menschen gelten als konservativ und rückständig. Fundamentalisten und »Kreationisten« kommen normalerweise nur dann in die Medien, wenn man die Schulen dazu bewegen will, neben Biologie und Evolutionstheorie die Genesis-Version der Schöpfung zu vermitteln. Oft geraten diese Leute ins Rampenlicht der Medien, weil sie es etwa ablehnen, ihr Kind medizinisch behandeln zu lassen, und zwar wegen ihres Glaubens an die heilende Kraft des Gebetes und wegen ihres Gottvertrauens, daß »Gottes Wille« geschehe. Im »guten Glauben« halten diese Menschen an ihrer buchstäblichen Auffassung der Bibel und der Menschheitsgeschichte fest. Der Wettstreit zwischen diesen beiden Parteien wird meist so dargestellt, als gäbe es keinerlei gemeinsame Basis – aber das würde ja auch keine guten Schlagzeilen geben.

Und doch hat eine Mehrheit von Wissenschaftlern, die man vor nicht allzu langer Zeit befragte, Glaubensgrundsätze. Und dazu gehörte auch der Glaube an Gott, wie ein Artikel in der Zeitung *New York Times* 1997 berichtete. Der Anteil der »gläubigen« Wissenschaftler hat sich seit der Durchführung einer ähnlichen Umfrage in den zwanziger Jahren dieses Jahrhunderts kaum verändert. Am anderen Ende des Spektrums angesiedelt, hat Papst Johannes Paul II. die Gültigkeit der Darwinschen Evolutionstheorie anerkannt. Daher bleibt die Herausforderung bestehen, mehr als ein Jahrhundert nachdem Darwin erstmals seine Ideen, die Grundlage der heutigen Evolutionstheorie formulierte: Können Glaube und Wissenschaft koexistieren? Nirgendwo kommt dieser Streit deutlicher als in der Frage nach der »Göttlichen« Schöpfung zum Ausdruck. So weisen viele Kreationisten gern darauf hin, die Evolution sei lediglich »eine Theorie«. Das ist wahr. Nach rein wissenschaftlichem Verständnis kann jede Theorie widerlegt werden. Doch Theorien können auch durch Beweise bestätigt werden. Und in den vergangenen hundert Jahren hat es zahlreiche Belege gegeben, die die Auffassung der Naturwissenschaften unterstützen und erweitern, und zwar nicht nur, was den Ursprung des Menschen, sondern auch, was den Ursprung des Universums betrifft. Die Schöpfungsgeschichte im Biologie- oder Genetikunterricht zu behandeln ergäbe jedoch ungefähr ebensoviel Sinn, als würde man im Chemieunterricht die Verwandlung von Wasser in Wein, das erste Wunder Jesu, unterrichten; oder als würde man eine Fledermaus als »Vogel« bezeichnen, weil im biblischen Buch Exodus Fledermäuse zu den fliegenden Wesen gezählt werden, die man nicht verzehren darf.

Aber heißt das, daß sich die Lehren der Wissenschaft und der Religion in keinerlei Weise miteinander verbinden lassen? Hierzu schreibt der Bibelforscher J. R. Porter: »Man darf die ausführlichen

Schilderungen der Schöpfung [...] nicht so deuten, als lieferten sie eine wissenschaftliche Darstellung vom Ursprung des Universums. Es handelt sich um religiöse Aussagen, die den Glanz und die Größe Gottes zeigen sollen, und um das Resultat theologischer Überlegungen, durch die die älteren Mythen radikal umgewandelt wurden und Israels unverwechselbarer Glaube ausgedrückt werden sollte.« Die Schöpfungsgeschichte gehört in die Klassenzimmer. Vielleicht kann man sie ja im vergleichenden Literaturunterricht neben all den anderen religiösen und legendarischen Schöpfungsgeschichten behandeln.

Die Naturwissenschaften stecken die Grenzen der »bekannten« Welt immer weiter – ob dies nun bedeutet, 13 Milliarden Jahre in die Vergangenheit des Universums zu blicken oder mittels der Analyse einzelner DNS-Stränge die Ursprünge der Menschheit noch eine Million Jahre weiter zurückzudrängen oder die Grundbestandteile des Lebens in einer chemischen »Ursuppe« zu entdecken, der aus Vulkanen auf dem Meeresboden emporblubbert. Dennoch bleiben noch viele Fragen. Aufgrund der Tatsache, daß der Kosmos ganz aus Energie besteht, sahen sich Wissenschaftler, die auf dem erstaunlichen Gebiet der Quantenphysik forschen, dazu gezwungen, über ihre Gleichungen hinauszuschauen und von einer universellen schöpferischen Kraft auszugehen. Im selben Atemzug zu akzeptieren, daß die Bibel voller Dichtungen, Allegorien, voller Gleichnisse und anderer »Geschichten« ist, ändert nichts an der fundamentalen Wahrheit, die in den Schöpfungsberichten zum Ausdruck kommt. Wie Papst Johannes Paul II. sagte, als er der Darwinschen Evolutionstheorie seine Zustimmung gab: »Wenn der menschliche Leib seinen Ursprung in lebendiger Materie hat, die vor ihm existierte, dann wird die geistige Seele umgehend von Gott geschaffen.«

Natürlich können die Naturwissenschaften nicht von der Schöpfung, ja nicht einmal von der Existenz der Seele ausgehen ... Die Seele läßt sich weder entfernen noch wiegen oder sezieren, so wie das mit anderen menschlichen Organen möglich ist.

Warum sehen wir die Schöpfung im Buch Genesis also nicht als eine großartige Metapher für den »Urknall« an, als ein Ereignis, das die Wissenschaft zwar anerkennt, aber eben noch nicht ganz versteht? Die ersten Worte der Genesis als poetische Darstellung dieses Augenblicks der kosmischen Schöpfung zu betrachten, in dem die Materie aus der Energie hervorbrach, ändert nichts an der wesensmäßigen »Wahrheit« der Genesis für diejenigen, die daran glauben. Hierzu schrieb Robert Wright 1996 in der Zeitschrift *Time:* »In der Genesis geht es nicht nur um den Anfang der menschlichen Rasse. Es geht auch um den Anfang des Bösen – darum, wie und warum Sünde und Leid in das Erleben des Menschen eindrangen und dort blieben. Und in dieser Frage ist das Urteil der Naturwissenschaften widerprüchlicher.«

Der Kosmos wurde von irgendeiner Kraft geschaffen – möge man sie nun Urknall oder Gott, Allah oder Vishnu oder einfach Energie nennen; denn sie setzte die kataklysmische Folge der Ereignisse in Gang, die die Welt vor ca. 4,6 Milliarden Jahren entstehen ließ. So begann die lange Reihe chemischer Kettenreaktionen, die den Funken des Lebens auf der Erde schufen. Dieser wundersame Vorgang führte schließlich zum Erscheinen – und zwar in einem kurzen Augenblick vor nicht allzu langer Zeit – eines zweibeinigen Wesens mit aufrechtem Gang. Dieses Geschöpf hielt Werkzeuge in Händen, die es nicht mehr brauchte, um sich von Baum zu Baum zu schwingen. Es machte Feuer, und am Ende hielt es einen scharfen, spitzen Stock in der Hand, mit dem es kunstvolle Zeichen in Stücke härter werdenden Schlamms ritzte. Das war der Beginn der Schrift, der Anfang des Wortes.

Stimmen der Bibel
Darauf sagte die Schlange zur Frau: Nein, ihr werdet nicht sterben. Gott weiß vielmehr: Sobald ihr davon eßt, gehen euch die Augen auf; ihr werdet wie Gott und erkennt Gut und Böse. (1. Mos. 3,3-5 NJB)

Zusammenfassung der Handlung:
Adam und Eva
Nachdem Gott den Menschen (»Adam«) aus der Erde vom Acker (»adamah«) geschaffen und durch den Odem des Lebens zu einem lebendigen Wesen gemacht hat, setzt er ihn in den Garten Eden.

Er warnt ihn, nicht vom Baum der Erkenntnis von Gut und Böse zu essen, und droht, der Mensch werde sterben, wenn er das täte. Dann erschafft Gott die Tiere, damit der Mensch nicht allein sei. Der Mensch benennt diese Tiere, hat selbst jedoch noch keinen Namen. Da versetzt Gott den Menschen in Schlaf, entfernt ihm eine Rippe und formt daraus eine Frau.

Der Mann und die Frau sind nackt, im Paradies; sie genießen es, miteinander zu schlafen (»sie werden sein ein Fleisch«), und sie schämen sich nicht. Da kommt die Schlange des Weges (»listiger als alle Tiere auf dem Felde«) und überredet die Frau, von dem verbotenen Baum zu essen. Die Schlange verspricht der Frau, sie werde wie »Gott« sein. Die Frau willigt ein, reicht dem Mann die Frucht, und er ißt davon.

Nun sehen sie, daß sie nackt sind; sie schämen sich, flechten sich aus Feigenblättern Lendenschurze und versuchen, sich vor Gott zu verstecken. Auf einem Spaziergang findet er die beiden und fragt, wer ihnen gesagt habe, daß sie nackt seien. Prompt begründet der Mann die Tradition, mit dem Finger auf andere zu zeigen, und sagt: »Das Weib, das du mir zugesellt hast, gab mir von dem Baum, und ich aß.«

Gott ist gar nicht erfreut. Nun kommt der erste von mehreren biblischen Augenblicken, in dem er sich die Frage stellen wird, ob es eine gute Idee war, diesen »Menschen« geschaffen zu haben. Aber statt wieder ganz von vorn anzufangen, wird Gott zornig. Dann rächt er sich und verflucht die Schlange, die nun auf dem Bauch kriechen muß. Von nun an wird ewige Feindschaft zwischen Schlangen und Menschen herrschen. Die Frau wird unter Schmerzen Kinder zur Welt bringen und ihrem Mann untertan sein. (Das hat bestimmt ein Mann geschrieben). Gott verdammt den Menschen zu einem Leben voll harter Zwangsarbeit. Dann wird das erste Ehepaar aus dem Paradies hinausgeworfen, und es hat kein ewiges Leben mehr vor sich, sondern muß eines Tages sterben.

Gab es im Garten Eden tatsächlich Äpfel?

Äpfel sind angeblich gut für die Gesundheit. »Ein Apfel am Tag, und du mußt nie mehr zum Arzt.« Bring deinem Lehrer einen Apfel mit. Und Apfelkuchen ist äußerst wohlschmeckend und gesund. Warum also genießen Äpfel in der Genesis einen so schlechten Ruf? Die Wahrheit ist: Es gab im Paradies keinen einzigen Apfel. Das Buch Genesis erwähnt nicht einmal eine »verbotene Frucht«. Der Bericht vom Garten Eden erwähnt nur die »Frucht der Erkenntnis« und die Frucht »ewigen Lebens«. Die Paradies-Version der Schöpfung – der zweite Schöpfungsbericht in der Genesis – ist vermutlich irgendwo im Gebiet von Euphrat und Tigris niedergeschrieben worden. Das Buch Genesis erwähnt diese beiden Flüsse bei der vagen Lagebeschreibung des Garten Eden. Woher der Name »Eden« kommt, ist ungewiß. Möglicherweise leitet er sich vom sumerischen Wort für »Ebene« oder vom hebräischen Wort für »Freude« ab. Rätselhaft bleibt die Identität der anderen beiden Flüsse, die im Buch Genesis erwähnt werden, der Pischon und der Gihon. Vielleicht handelt es sich um Abzweigungen oder Nebenflüsse des Euphrat und des Tigris, zweier sehr alter Flüsse, die später austrockneten. Außerdem heißt es, Eden liege »im Osten«; mit dieser Formulierung wird in der Bibel oftmals die Region von Mesopotamien umschrieben. In der altorientalischen Stadt Mari, die sich nahe dem Euphrat im heutigen Syrien befindet, entdeckten französische Archäologen eine 20 000 Steintafeln umfassende Bibliothek mit Schilderungen des alltäglichen Lebens in Mesopotamien, die fast bis auf das Jahr 2000 v. Chr. zurückgehen. Restaurierte Wandgemälde aus einem prächtigen Palast, der sich an der Stelle befand, zeigen mythische Gärten, die an Eden erinnern. Auf einem ist sogar ein Garten mit zwei Arten von Bäumen in der Mitte abgebildet.

Welche Früchte trugen diese Bäume? Historiker haben einige mutmaßliche Kandidaten für die »verbotene Frucht« ausgemacht, darunter Aprikosen, Granatäpfel oder Feigen, wobei letztere der Hauptkandidat ist, da Feigenblätter die erste Unisex-Freizeitkleidung waren. Auch in anderen religiösen Erzählungen nehmen Feigenbäume eine herausragende Rolle ein, insbesondere in denen des Buddha, der erleuchtet wurde, als er unter einem Feigenbaum saß – der seit jeher als Baum der Weisheit bekannt ist!

Mit anderen Worten: Die Vorstellung von der biblischen Eva, die einen schönen roten Apfel reibt, entbehrt jeder Grundlage, war aber im Lauf der Zeit stets eine willkommene Vorlage für bedeutende Künstler und politische Karikaturisten. Erst im Mittelalter wurde der Apfel mit der Geschichte vom Garten Eden verbunden, und zwar als Künstler begannen, Eva mit dem Apfel darzustellen – vermutlich, weil der Apfel für das gemeine Volk eine vertraute Frucht war.

Im krassen Gegensatz zu Genesis 1, wo Mann und Frau gleichzeitig erscheinen, wird in Genesis 2-3 die Frau als Partnerin und Gefährtin des Mannes geschaffen. Sie ist ihm jedoch untergeordnet. Weil die beiden von der verbotenen Frucht essen, ist der Mann dazu bestimmt, sich als Bauer auf dem Felde mit Dornen und Disteln abzuplagen, und die Frau ist dazu verurteilt, unter Schmerzen zu gebären und ihrem Mann untertan zu sein – und beide sind sterblich. Erst im Gefolge der Verkündigungen Gottes gab der Mann der Frau einen Namen, so wie er zuvor die Tiere benannt hatte, und bewies so seine Herrschaft über sie.

Auch die sprachliche Ableitung des Namens »Eva« ist ungewiß. Lange Zeit hat man den Namen »Eva« als »Mutter allen Lebens« gedeutet, weil er ähnlich wie das hebräische Wort für »Lebewesen« klingt und weil Eva die Vorfahrin der menschlichen Rasse ist. Ein anderer Vorschlag aus neuerer Zeit lautet, daß ein Zusammenhang mit dem aramäischen Wort für »Schlange« besteht und daß die Figur ursprünglich eine Fruchtbarkeitsgöttin darstellte, die mit Schlangen in Verbindung gebracht wurde. Die Verbindung zwischen der Schlange und dem Teufel wurde erst viel später, im christlichen Zeitalter hergestellt. Zur Zeit der Niederschrift der Genesis genoß die Schlange einen weitaus besseren Ruf. In vielen alten Kulturen galt sie als Fruchtbarkeitssymbol, da ihre offensichtliche phallische Symbolik sowie ihre Fähigkeit, sich zu häuten, das Sinnbild für die Reinkarnation war. Im Gilgamesch-Epos, dem babylonischen Heldengedicht, das vor der Bibel entstand, erlangt eine Schlange Unsterblichkeit, indem sie eine magische Pflanze ißt.

Beunruhigender ist die Frage, warum Eva ihren Fehltritt als Sündenfall deutet. Daß sie bestraft wird, weil der Menschheit das Paradies verlorengeht, hat offenkundig enorme Folgen für das Verhältnis zwischen den Geschlechtern. Die Frage ist, was kam zuerst. Lag es an Evas Handlung, daß der Frau auf Anweisung Gottes ein zweitrangiger gesellschaftlicher Status zugewiesen wurde? Oder wurde die Evageschichte geschrieben – die in so deutlichem Widerspruch zur ersten Schöpfung steht, in der Mann und Frau eine gleichberechtigte Stellung einnehmen – um einer von Männern beherrschten Gesellschaft Gottes Segen zu erteilen?

Genesis 3 liefert keinerlei Hinweise auf die Frage, warum die Schlange die Frau anredete. Die Stelle deutet sogar darauf hin, daß der Mann und die Frau zusammen waren, als die Schlange sprach. Manche meinen, Adam sei nicht nur unschuldiger Zuschauer, sondern auch Mitwisser gewesen, dessen Schweigen angesichts der Worte der Schlange seine Bereitschaft zum Mitmachen signalisiert habe. Als ihm Eva die Wahl läßt, strengt sich Adam nicht besonders an, Gott zu gehorchen. Mit anderen Worten: Der erste Mann war ein kleiner Feigling, ein moralischer Waschlappen, der einfach nur passiv abwartete, bis die entscheidungsfreudigere, wagemutigere Eva den ersten Schritt tat.

Indem Adam und Eva von dem Baum essen, erwerben sie die Fähigkeit, rationale und moralische Urteile zu fällen – eines der wichtigsten Kennzeichen, die den Menschen von den übrigen Lebewesen unterscheiden. Hätte das erste Ehepaar Gott gehorcht, so hätte dies bedeutet, daß die Menschheit in einem paradiesischen Garten ohne Bedürfnisse, Sorgen, mutmaßliche Gewalt und Tod hätte leben können. Aber was für ein langweiliges Paradies wäre das gewesen! Ein vegetarisches Paradies ohne Bedürfnisse ähnelt dem Leben als ewigem Kind – einem Leben ohne Wissenschaft, ohne Kunst und ohne die Art vernunftbestimmter Unterscheidungen, die die Menschheit auf den heutigen Stand gebracht haben.

Die biblische Erzählung vom Sündenfall gleicht anderen Mythen, die das Leid der Menschen einer früheren, vollkommenen Zeit, einem verlorenen Paradies oder einem goldenen Zeitalter gegenüberstellen. So wie Eva wird auch die Pandora der griechischen Mythologie für das Unglück der Menschheit verantwortlich gemacht, weil sie den Befehl mißachtete, ihre Büchse verschlossen zu halten, aus der dann alle Übel dieser Welt entwichen. In den Mythen der Schwarzfußindianer Nordamerikas wird von der Federfrau berichtet, einer Jungfrau, die große Übel entfesselt, als sie die Große Rübe ausgräbt, nachdem man ihr dies untersagt hat. Und deshalb wird sie aus dem Himmels-Land vertrieben. Wie alle solche Mythen von einem verlorenen goldenen Zeitalter, stellt auch der biblische Sündenfall den Versuch dar, die Probleme des Bösen und des menschlichen Leidens zu erklären, und ist auch ein Sinnbild dafür, daß sich der Mensch stets nach einem besseren, aber möglicherweise unerreichbaren Leben sehnt.

Und warum wird Eva dazu verurteilt, unter Schmerzen zu gebären? Möglicherweise ist das teilweise der Preis der Weisheit. Dazu schrieb der Archäologe Charles Pellegrino in seinem Buch *Return to Sodom and Gomorrah:* »Die Geburt fällt der menschlichen Art schwerer als irgendeiner anderen bekannten Spezies. Offenbar ist dies der Preis dafür, daß sich die Gehirnmasse des Menschen während der vorhergehenden zwei Millionen Jahre verdreifachte. Der Kopf ist das größte Organ des Menschen und das erste, das aus dem Mutterleib hervorkommt.« In gewisser Hinsicht stimmen die Naturwissenschaften und die Genesis in dieser Frage überein: Die Frau bezahlte für das Wissen, das sie erwarb, als sie von dem Baum der Erkenntnis aß, indem sie Kinder mit viel Köpfchen zur Welt brachte.

War Eva wirklich Adams erste Frau?

Im Sommer 1997 traten bei einem Rockkonzert in den USA mehrere Gruppen mit weiblichen Musikerinnen auf, die auf ihrer »Lilith«-Tournee die Zuschauer ungemein begeisterten. Leser der

New York Times mögen sich gewundert haben, als sie in der Zeitung lasen, Lilith sei Adams erste Frau gewesen.

War Eva wirklich die erste? Oder gab es in Adams Leben »eine andere«?

Im streng biblischen Sinne war Eva die erste Frau und Adams einzige Ehefrau. Doch gibt es in den hebräischen Legenden eine andere, sehr viel »pikantere« Geschichte. Laut dem mittelalterlichen *Alphabet des Ben Sira* war Lilith Adams erste Frau. In dieser Version wird Lilith, so wie Adam, aus Erde geschaffen. Auch im Talmud, der riesigen Sammlung der Lehren und Kommentare der Rabbiner über das jüdische Gesetz und die jüdische Bildung, wurde Lilith aus Staub gemacht; sie macht sich jedoch eines noch spezifischeren Vergehens schuldig als Eva: Sie scheute davor zurück, so mit Adam zu schlafen, wie er es wollte: mit dem Mann obenauf. Als Adam Liliths Forderung zurückwies, er solle sie als gleichberechtigt betrachten, verließ sie ihn. Dann äußerte sie den unaussprechlichen Namen Gottes und wurde fortgeschickt, auf daß sie fortan unter Dämonen lebte und selbst zu einem bösen Geist wurde.

Lilith tritt in der Genesis nicht in Erscheinung; der einzige Bezug in der Bibel auf diese geheimnisumwitterte Frau ist eine einzelne Zeile, in der sie als weiblicher Dämon bezeichnet wird. Möglicherweise war ein kanaanäischer Dämon namens Lilitu, der die Menschen quälte, das Vorbild für die hebräische Lilith; die Ursprünge der Gestalt hat man noch weiter, bis in die Mythen Babyloniens, zurückverfolgt. Später stellte man den Dämon Lilith als Mörderin von Kindern und Schwangeren und gebärenden Frauen dar, der des Nachts hervorkam und das Blut der Menschen trank. Lilith war somit der erste Vampir, der dem Grafen Dracula um Jahrtausende zuvorkam.

Forscher, die sich der Bibel von einem feministischen Blickwinkel her nähern, weisen darauf hin, daß Lilith in Wirklichkeit vor Eva erschaffen worden sei und daß männliche Autoren in späterer Zeit Eva als ihre Gegenspielerin eingeführt hätten. Ihrer Ansicht nach war Eva akzeptabler für die Männerwelt – eine gelehrige und abhängige Frau, ein »Heimchen am Herd«. Diese feministisch orientierten Lesarten preisen Lilith als eigensinnig, selbstbewußt, ja sogar als sexuell aggressiv, als eine Art biblische Version von Madonna. Dies steht in scharfem Gegensatz zu der Art, wie Frauen in der von Männern beherrschten Gesellschaft des alten Nahen Ostens betrachtet wurden. Wie auch immer – wenn man sich an die Genesis hält, dann gab es keine Lilith, und Adam mußte nicht zwischen dem »Heimchen am Herd« und Madonna wählen.

Stimmen der Bibel
»Soll ich meines Bruders Hüter sein?« (1. Mos. 4,9)

Zusammenfassung der Handlung:
Kain und Abel

Kain und Abel sind Adams und Evas Söhne. Kain, der Erstgeborene, dessen Name möglicherweise »Schmied« bedeutete, war Ackerbauer. Abel (»Leere«) war der erste Viehhirte. Beide bieten Gott Opfergaben dar, doch dieser lehnt Kains Korngabe ohne Erklärung ab und zieht Abels Opfer vor – das erstgeborene Schaf aus seiner Herde. Kain ist zornig, weil Gott seine Opfergaben zurückgewiesen hat. Er beschließt, sich an Abel, seinem Bruder, zu rächen, und ermordet ihn. Gott entdeckt die Tat, als er Kain fragt, wo Abel sei, der daraufhin seine berühmte »Meines-Bruders-Hüter«-Antwort gibt. Gott verdammt Kain, indem er ihn zum rastlosen Wanderer – gewissermaßen zum ersten Flüchtling – macht und mit einem Zeichen versieht, das nicht näher beschrieben wird. In Wirklichkeit ist dieses sogenannte »Kainsmal« ein Schutzzeichen Gottes, das verhindert, daß Kain, der sich ins Land Nod, »Östlich von Eden«, begibt, ermordet wird. Warum Gott dem Mörder das Zeichen göttlichen Schutzes verleiht, wird nicht ganz deutlich. Vielleicht will er das Urteil über Kain für sich reservieren. Nachdem Kain fortgegangen ist, bekommen Adam und Eva einen dritten Sohn, Seth.

Woher stammte Kains Frau?

Jetzt haben wir also Adam, Eva und ihre Söhne, Kain und Abel. Die Geschichte von Kain und Abel führt erstmals viele der Themen ein, die in der Genesis und in den hebräischen Schriften immer wieder auftauchen. Natürlich kommt darin der erste Mord vor. Aber erstmals tritt auch die Geschwisterrivalität in Erscheinung, und in der ganzen Genesis wird die Feindschaft zwischen Brüdern immer wieder von neuem durchgespielt. Zudem symbolisieren die beiden Figuren den Bauern (Kain) und den nomadischen Hirten (Abel). Da im Alten Orient Spannungen zwischen diesen Gruppen weit verbreitet waren, steht die Geschichte überdies für eine mythische Erklärung des Konflikts zwischen diesen beiden uralten Berufen – den wahren »ältesten Gewerben der Welt«.

Die interessantesten und besonders oft fehlgedeuteten Aspekte der Erzählung von Kain und Abel finden sich in dem Abschnitt, in dem Gott Kain auf seinen Bruder anspricht. Zunächst fragt er Kain, was geschehen sei, aber Kain stellt sich dumm. Doch Gott erklärt ihm eindringlich: »Die Stimme des Blutes deines Bruders schreit zu mir von der Erde.« Danach verurteilt er Kain, rastlos auf der Erde umherzuwandern, und sagt ihm, der Boden werde ihm nie wieder Erträge bringen. Doch Kain fleht um Gnade und befürchtet zutiefst, jemand könne ihn töten. Gott zeichnet ihn, vielleicht mit einem Geburtsmal oder einer Art Tätowierung. Tatsächlich ist das »Kainsmal«, das viele Leser lange Zeit als Zeichen der Schuld mißverstanden haben, ein Sinnbild göttlichen Erbarmens. Gegner der Todesstrafe verweisen auf diesen ersten Mord sowie auf Gottes gnädiges Urteil für den Mörder als biblische Zurückweisung der Todesstrafe. Im Grunde genommen wird Kain für sein Verbrechen lebenslang zu harter Zwangsarbeit verurteilt.

Allerdings wirft sein Flehen um Gnade eine ganz andere Frage auf: Vor wem hatte er Angst? Es gab doch sonst niemanden. Daraus ergibt sich eine Frage: Kain begab sich ins Land Nod – das Wort bedeutet »Wandern« – und traf dort eine nicht benannte Frau. Woher kam sie? Die Heilige Schrift liefert weder eine Erklärung dafür, wer Kains Frau sei, noch einen Hinweis auf die

Menschen, von denen Kain fürchtet, sie könnten ihn töten. Eine allzu vereinfachende – durch den Text nicht gestützte – Begründung lautet, Gott habe nach Adam und Eva noch weitere Menschen geschaffen. Eine andere wäre, daß Adam und Eva weitere Kinder hatten, die alle untereinander heiraten konnten, weil der Inzest noch nicht als tabu galt. Diese Widersprüchlichkeit bildet nur einen der vielen Rückschläge für die »wortwörtliche« Deutung der Bibel. Sie ist überdies das Hauptargument dafür, daß man den Schöpfungsbericht als mythische Volkserzählung ansieht, die die Uranfänge der Menschheit zurückverfolgt und tief durchdringen ist von den Sitten und Legenden des Nahen Ostens.

Kaum hat Kain geheiratet, da gründet er eine Familie; sein Erstgeborener heißt Enoch. Außerdem errichtet er eine Stadt namens Enoch – eine für das Buch Genesis typische Kombination von Orts- und Personennamen. Daß Kain eine Stadt aufbaut, widerspricht zudem dem Fluch, er werde stets ein rastloser Wanderer bleiben; schließlich wird er zum Gründer der ersten Stadt. Vielleicht setzte Gott die Strafe zur Bewährung aus. Im Buch Genesis steht nichts darüber.

An diesem Punkt in der Erzählung führen zwei getrennte Genealogien die Nachkommen Kains und seines jüngeren Bruders auf Seth zurück, der nach Abels Tode geboren wurde. In beiden Stammbäumen finden sich sehr ähnliche Namen, und beide enthalten einen Enoch und einen Lamech. Stammbaum Seths ist insofern die wichtigere von beiden, als sie zu Noah führt; sie enthält überdies ganz spezifische und phantastisch anmutende Altersangaben für jeden einzelnen Ahnherren.

Tab. 2: Die Nachkommen Adams

Kain	Seth
Henoch	Enos
Irad	Kenan
Mahujaël	Mahalalel
Metuschaël	Jered
Lamech	Henoch
Jabal, Jubal und Tubal-Kajin	Metuschelach
	Noah (wird Vater im Alter von fünfhundert Jahren; seine Söhne heißen Sem, Ham und Jafet)

Vor Einführung des Geschlechts Seth, das in unmittelbarer Linie von Adam zu Lamech und dann zu Noah reicht, führt auch die Ahnentafel der Nachkommen Kains zu einem gewissen Lamech. Dieser ist der erste bekannte Polygamist der Bibel: Er hat zwei Frauen und drei Söhne. In einer kurzen Textstelle berichtet ein altes Lied davon, daß Lamech einen Mord rächt, was im allgemeinen als Hinweis darauf gedeutet wird, daß sich der Betreffende gewalttätigen und sündigen Handlungen hingibt. Aber jeder der drei Söhne Lamechs ist ein geschickter Neuerer: Jabal ist der Stammvater des Volkes, das in Zelten lebt und Vieh züchtet; Jubal ist der Ahnherr aller Musiker; und Tubal-Kain ist der Vorfahr aller Metallarbeiter.

Die Ahnentafels Seth, die der Kains sehr ähnelt, deutet darauf hin, daß beide einen älteren gemeinsamen Ursprung besitzen. So werden in einem Stammbaum die Nachkommen des Helden aus dem babylonischen Gilgameschepos als zehn Einzelpersonen bezeichnet, die alle außergewöhnlich alt werden. Diese babylonischen Generationen reichten dann – so wie im Fall der Stammväter der Bibel – bis in die Zeit einer großen Flut hinein.

Trieben es die »Söhne Gottes« in der Bibel mit jeder?

Eingezwängt zwischen der Zeit der Generationen nach Adam und der Zeit Noahs findet sich eine merkwürdige Erzählung (Genesis 6,1-4) über die mysteriösen »Nephilim«. Diese Gruppe könnten wohl selbst die meisten Religionslehrer nicht näher charakterisieren. In einer kurzen Bibelepisode werden diese »Gottessöhne« beschrieben, und diese Stelle erinnert an die Erzählungen über die griechischen Götter, welche sich mit sterblichen Frauen vereinigten. Ihre Identität bleibt unklar, vielleicht waren sie Engel, die sich Menschentöchter zu Frauen nahmen.

Nachdem Gott diesem Treiben eine Weile tatenlos zugeschaut hat, findet er keinen Gefallen mehr daran und beendet es. Außerdem beschließt er, das Lebensalter der Menschen auf 120 Jahre zu begrenzen. Anschließend bezeichnet die Bibelstelle die Kinder aus diesen Ehen zwischen Engeln und Menschen als Gottessöhne, als »Helden der Vorzeit, die hochberühmten«. Die Gottessöhne oder Engel, wörtlich: »die Gefallenen«, werden in der hebräischen Bibel nur ein einziges Mal erwähnt und erleiden ein verwirrendes oder widersprüchliches Schicksal. Angeblich handelt es sich um Riesen mit übermenschlichen Kräften – vergleichbar mit dem Halbgott Herakles aus der griechischen Mythologie. Doch in diesem Fall hätte die Sintflut sie auslöschen müssen, die bald die Erde überschwemmen sollte. Dem Buch Numeri zufolge leben sie aber während der Zeit des Mose immer noch in Kanaan.

Manche Theologen aus früher Zeit betrachteten diese »Gottessöhne« und ihre Kinder, die Nephilim, als die gefallenen Engel, die für die Sünde in der Welt verantwortlich seien. Dennoch bleibt weiter unklar, was die Nephilim eigentlich sind. Entweder handelt es sich um »Helden der Vorzeit« oder aber um die Folgen illegitimer Vereinigungen zwischen Göttern und Menschen. Daß sie an dieser Stelle erwähnt werden, neben Gottes Entschluß, die Lebenszeit des Menschen zu begrenzen, bezeugt, daß Gott hinsichtlich dieser Schöpfung, die ihn am meisten ärgert, die Geduld verliert. Und Gottes Geduldsfaden steht kurz davor zu reißen.

Stimmen der Bibel
Als aber der HERR sah, daß der Menschen Bosheit groß war auf Erden und alles Dichten und Trachten ihres Herzens nur böse war immerdar, da reute es ihn, daß er die Menschen gemacht hatte auf Erden, und es bekümmerte ihn in seinem Herzen, und er sprach: Ich will die Menschen, die ich geschaffen habe, vertilgen von der Erde, vom Menschen an bis zum Vieh und bis zum Gewürm und bis zu den Vögeln unter dem Himmel; denn es reut mich, daß ich sie gemacht habe. Aber Noah fand Gnade vor dem HERRN. (1. Mos. 6,5-8)

Zusammenfassung der Handlung: Die Sintflut
Da die Menschen sehr böse geworden sind, beschließt Gott, reinen Tisch zu machen. Lediglich Noah und seine Familie, unmittelbare

Nachfahren Adams, gelten als so gut, daß sie es verdienen, gerettet zu werden. Daher befiehlt Gott Noah, ein Schiff oder eine »Arche« (abgeleitet vom hebräischen Wort für »Kiste« oder »Truhe«) zu bauen. Noah soll nur seine Frau, seine drei Kinder und deren drei Frauen an Bord nehmen, dazu je ein Paar von allen Tierarten. Hier gerät die Arche-Erzählung ein wenig durcheinander, und es zeigt sich, daß irgend jemand die separaten Berichte von J und P über die Sintflut zu einer einzigen, an manchen Stellen widersprüchlichen Erzählung verbunden hat. Denn in der einen Darstellung gibt es ein Paar von jedem Tier auf der Erde; in der anderen kommen sieben Paare von reinen und unreinen Säugetieren und sieben Paare von jeder Vogelart vor.

Die Flut entsteht nicht nur durch Regenfälle, sondern kommt auch aus der Erde – eine Art umgekehrte Schöpfung. Wasser bedeckt die Erde und tötet jeden und alles, die Unschuldigen wie die Schuldigen. Es regnet 40 Tage und 40 Nächte, allerdings heißt es auch, das Wasser habe die Erde 150 Tage lang bedeckt. Als das Wasser zurückgeht, läßt sich die Arche auf dem »Gebirge Ararat« nieder. Da schickt Noah eine Reihe von Vögeln hinaus. Der erste Vogel, ein Rabe, kehrt nicht zurück. Der zweite, eine Taube, kommt wieder, da sie nirgendwo landen kann. Die Taube wird abermals freigelassen, und diesmal kehrt sie mit einem Olivenzweig zurück, der beweist, daß das Wasser nun allmählich zurückgeht. Die Taube wird noch einmal ausgesandt und kommt nicht wieder. Schließlich fordert Gott Noah auf, die Arche zu verlassen, und gibt ihm die Anweisung »seid fruchtbar und mehret euch«. Und so schicken sich Noah, seine Frau und die Kleinen an, die Welt von neuem zu bevölkern.

Noah läßt sich Zeit und bringt erst einmal eine Opfergabe aus Tieren und Vögeln dar, die er kurz zuvor noch vor dem Tod bewahrt hatte. Gott freut sich über Noahs Gedanken und sagt: »Ich will hinfort nicht mehr die Erde verfluchen um der Menschen willen; denn das Trachten des menschlichen Herzens ist böse von Jugend auf. Und ich will hinfort nicht mehr schlagen alles, was da lebt, wie ich getan habe.« (1. Mos. 8,21)

Als Zeichen dieses Bundes oder dieser Verheißung stellt Gott einen »Bogen« an den Himmel – vermutlich eine volkstümliche Erklärung für die Entstehung eines Regenbogens nach einem Regen. Als Teil dieses neuen Bundes oder Übereinkommens segnet er Noah, gibt ihm neue Essensvorschriften – Fleisch ist jetzt »in«, der zuvor in der Genesis geforderte Vegetarismus ist »out« – und führt eine neue Strafe bei Mord ein, da der Mensch nach dem Bild Gottes geschaffen wurde und nicht ungestraft ermordet werden darf.

Hat Noah für den Bau der Arche keine Zeichnungen bekommen?

Auf einer Wanderung durch die Alpen entdeckte der berühmte Renaissancekünstler und Naturforscher Leonardo da Vinci zu seiner Überraschung versteinerte Überreste von Mereslebewesen. Seine Neugierde war geweckt, und er suchte herausfinden, war-um sie so hoch über den Meeren gelebt hatten, doch kam er nicht auf die Erklärung, die die Wissenschaft heute allgemein akzeptiert. Die Gesteinsmassen der Alpen lagen einst auf selber Höhe oder unterhalb des Meeresspiegels, wurden aber im Zuge der Gebirgsbildung emporgedrückt, als eine vorgelagerte Kontinentalplatte auf die damalige eurasische Kontinentalplatte stieß. Zur Zeit Leonardo da Vincis gab es eine einfachere Begründung, die den meisten Menschen völlig plausibel erschien: diese Fossilien hoch in den italienischen Bergen lieferten den unwiderlegbaren Beweis für die große Flut, die laut der Bibel die Erde einst überflutet hatte.

In fast jeder antiken Kultur gibt es einen Flut- oder Überschwemmungsmythos, der viele Gemeinsamkeiten mit der biblischen Sintflut aufweist. In den meisten dieser Mythen beschwören die Götter eine verheerende Flut herauf, die die Welt vernichten soll. Dann aber wird ein guter, untadeliger Mann über die bevorstehende Katastrophe informiert, und seine Familie wird gerettet, damit die Menschheit fortbesteht. So berichtet ein sumerischer

Mythos von einer großen Flut, mit der die Götter die Überbevölkerung eindämmten. Ein anderer sumerischer Bericht erzählt davon, wie der König Ziusudra, der die Flut überlebt, den Göttern opfert, die Erde von neuem bevölkert und Unsterblichkeit erlangt. In der griechischen Mythologie gibt es die Geschichte von Deukalion. Deukalion war der Sohn des Prometheus und ein weiterer Bootsbauer. Als Zeus wieder einmal verärgert die Erde überflutet, suchen Deukalion und seine Frau Pyrrha Zuflucht in einer Arche, die auf dem Olymp zum Ruhen kommt. Deukalion »bevölkert« die Erde wieder mit Steinen, die die »Knochen« der »Mutter Erde« darstellen. Doch der Mythos, der der Geschichte von Noah am stärksten gleicht, entstammt dem Gilgamesch-Epos. Auch in dieser Geschichte überlebt der Held Utnapischtim die Flut, indem er ein Schiff baut, das sich auf dem Berg Nisir niederläßt, der in derselben Gegend wie das »Gebirge Ararat« in der Geschichte von Noah liegt.

Die Ähnlichkeiten deuten alle darauf hin, daß diese Erzählungen aus dem Nahen Osten einer gemeinsamen Überlieferung entstammen, vielleicht der Erinnerung an eine verheerende Überschwemmung der Ebene im Gebiet der Flüsse Euphrat und Tigris. Man kann sich denken, daß sich die Menschen vorstellten, eine vernichtende Flut habe tatsächlich die ganze Welt zerstört, weil die Menschen nämlich »die Welt« mit dem Gebiet gleichsetzten, das sie bewohnten. Tatsächlich hat das hebräische Wort für »Erde« in Genesis 6,17 die Bedeutung »Land« oder »Landstrich«. Und dies weist auf eine sehr viel begrenztere Flut hin.

Generationen von Archäologen haben nach Belegen für diese allumfassende Sintflut gesucht. Als der bahnbrechende britische Archäologe Leonard Wooley (1880-1960) eine der wichtigsten alten Ruinenstädte in der Region von Euphrat und Tigris untersuchte, die Stadt Ur, stieß er auf eine Schlammschicht mit Überresten menschlicher Zivilisation – sowohl über als auch unter dieser Schicht. Zuerst war Wooley davon überzeugt, daß es sich um einen Beweis für Noahs Sintflut handelte. Später erkannte er jedoch, daß die Flut bei Ur ein lokales Geschehen und kein internationales Ereignis war. Später schrieb er: »Es entstand im Tal von Euphrat und Tigris eine gewaltige Flut (oder eine Reihe von Überschwemmungen), die den gesamten bewohnbaren Landstrich zwischen dem Gebirge und der Wüste überschwemmte; für die dort lebenden Menschen bedeutete diese Region in der Tat die ganze Welt.« Später datierte man die Flut auf einen Zeitraum, der zu nahe an der Gegenwart liegt, als daß es sich um die biblische Sintflut handeln konnte. Forscher auf Wooleys Spuren haben seither an verschiedenen Orten im heutigen Irak Belege für zahlreiche Überschwemmungen gefunden, die zum Teil umfassende Zerstörungen verursacht haben müssen. Zwar haben im letzten Jahrhundert viele Leute ungewöhnliche Thesen vertreten, doch hat bislang noch niemand Indizien für eine Flutkatastrophe gefunden, die die ganze Erde bedeckt haben könnte.

Jahrhundertelang haben Menschen zudem nach Überresten von Noahs Arche geforscht, so wie sie nach dem tatsächlichen Garten Eden gesucht haben, und immer noch tauchen unerwartete Falschmeldungen auf, die in der Boulevardpresse große Aufmerksamkeit finden. Anders als im Fall vieler anderer biblischer Stätten und Objekte, deren Ort oder genaues Erscheinungsbild rätselhaft bleibt, hatte Gott dem Bau der Arche allerdings eine »Zeichnung« beigefügt.

Gott versorgte Noah mit ziemlich ungenauen Maßen: Die Arche sollte 300 Ellen lang, 50 Ellen breit und 30 Ellen hoch sein. Eine Elle entspricht etwa 45 Zentimetern, so daß die Arche ungefähr 140 Meter lang, 22 Meter breit und 12 Meter hoch gewesen wäre. Mit anderen Worten: Es war eine ziemlich große Kiste, in der Fläche eineinhalb mal so groß wie ein Fußballfeld. Gott befahl Noah, die Arche aus Zypressenholz zu bauen. Das Holz sollte mit Pech überzogen werden – eine weitere Ähnlichkeit mit dem Schiff aus dem Gilgamesch-Epos. Die Arche sollte drei Decks haben, eine Tür und ein Dach. Sieht man einmal von den Maßangaben und dem ungefähren Umriß ab, so war Gottes »kleine Bauzeichnung« recht ungenau. So werden zum Beispiel keinerlei Angaben über die Größe des Dachs gemacht. Sollte das Dach die Arche teilweise oder ganz bedecken? Fenster werden ebenfalls nicht erwähnt, aber wenigstens gab es eine Tür.

Obwohl Noah also ein recht großes Objekt hinterlassen haben mußte, kehrten alle, die nach seiner Arche suchten, mit leeren Händen zurück. Niemand hat Eden gefunden, und bislang hat auch keiner die Überreste der Arche ausgegraben. Vielleicht verfeuerte Noah sie ja zu Brennholz, weil es in der Umgebung kein trockenes Holz gab. Lange Zeit konzentrierte sich die Suche auf das »Gebirge Ararat«, denn die Bibel sagt ausdrücklich, daß Noahs Arche auf dem »Gebirge Ararat« aufsetzte. Aber wo befinden sich diese Berge? Das »Gebirge Ararat« liegt in der Umgebung des Vansees in der heutigen Türkei, auf halbem Wege zwischen dem Schwarzen und dem Kaspischen Meer.

Abgesehen von den möglichen historischen Bezügen fungiert die Noaherzählung als symbolische zweite Schöpfungsgeschichte. Gott hat eingesehen, daß er Fehler gemacht hat, und fängt von vorn an. Das ist keine allzu beruhigende Vorstellung von Gott. Der Gott der Sintflut macht einen recht ungeduldigen, nachtragenden und unwirschen Eindruck. Außer Noah, der als »aufrecht« charakterisiert wird, und den Seinen, findet sich in der ganzen Schöpfung offenbar niemand, der es verdiente, gerettet zu werden. Die Unschuldigen, darunter alle Tiere der Erde, erwischt es ebenso wie die Schuldigen.

Die Bilder und die Sprache der Sintfluterzählung erinnern in vielerlei Hinsicht an die erste biblische Schöpfung. Die Überschwemmung läßt sogar an eine Umkehr der ersten Schöpfung denken, bei der die Erde aus der formlosen Tiefe geschaffen wurde. Als die Flut jedoch schließlich zurückging – wir wissen nicht, was mit all den ertrunkenen Kadavern geschah, doch boten sie sicherlich einen scheußlichen Anblick –, ermahnt Gott Noah und seine Angehörigen: »Seid fruchtbar und mehret euch« – so wie er es zu Noahs Ahnherren, Adam, gesagt hatte.

War Noah der erste Trinker?

In der neuen Schöpfung – nachdem Noah und seine Kinder seßhaft geworden sind – steht nicht alles zum besten, und zwar vor allem, als die »Frucht des Rebstocks« erstmals in der Bibel erwähnt wird. Noah ist der erste Mensch, der einen Weinberg anlegt – er erfindet den Wein und entdeckt dann, was es bedeutet, angeheitert zu sein. Während er in seinem Zelt liegt, nackt und betrunken, kommt sein Sohn Ham zufällig herein und erblickt ihn in diesem Zustand. Er erzählt seinen Brüdern, Sem und Japheth, was er gesehen hat. Diskret bedecken sie die Blöße des Vaters, ohne ihn anzuschauen. Als Noah feststellt, daß Ham ihn im »Adamskostüm« erblickt hat, ist er gar nicht erfreut. Ohne zu erklären, was daran so schlimm ist, verflucht er seinen Sohn. Doch hier geht es in der Erzählung ein wenig durcheinander, denn Noah richtet den Fluch gegen Kanaan, Hams Sohn, statt gegen den wahren Missetäter, Ham:

»Verflucht sei Kanaan und sei seinen Brüdern ein Knecht aller Knechte!«

Und dann fügte er noch hinzu:

»Gelobt sei der HERR, der Gott Sems, und Kanaan sei sein Knecht.« (1. Mos. 9,25-26)

Diese Verwirrung hatte lang anhaltende und recht gespenstische Folgen. Das Entscheidende an der Geschichte muß den alten Israeliten klar gewesen sein: Sie sollten über die Nachkommen Kanaans, das Volk, das im Land der Verheißung lebte, herrschen. Die Kanaanäer standen in dem Ruf, sich in recht lasziven sexuellen Bräuchen zu ergehen, die in den Augen der Israeliten höchst anstößig waren. Daß man den eigenen Vater nackt sah – in einigen Interpretationen wird sogar angedeutet, Ham habe eine homosexuelle Handlung vollzogen –, wurde mit den sündhaften kaananäischen Sexualpraktiken in Zusammenhang gebracht. Im Buch Levitikus ist der Ausdruck »die Blöße aufzudecken« ein Euphemismus für eine geschlechtliche Beziehung.

Doch ihre wirkliche historische Bedeutung bekam diese Textstelle erst durch eine spätere Auslegung, die man ihr im 17. und 18.

Jahrhundert in Amerika gab. Die amerikanischen Sklavenhalter, die nach einer moralischen Rechtfertigung für die Sklaverei suchten, verwiesen auf diese Bibelverse als göttliche Billigung der Sklaverei, der sogenannten »Besonderen Einrichtung«. Dabei argumentierten sie – unrichtigerweise –, Ham sei nicht nur der Vorfahr Kanaans, sondern auch der der Länder Ägypten, Kusch und Put. Bei diesen handele es sich um die sogenannten »südlichen« Stämme, Afrika inbegriffen. Als die »Kinder Hams« seien die Afrikaner dazu geschaffen, als Sklaven zu leben. Diese Behauptung kann man selbst mit viel gutem Willen nur als weit verfehlt bezeichnen. Dennoch blieb diese Deutung in England und Nordamerika weithin akzeptiert, bis ins erste Jahrzehnt des 19. Jahrhunderts, als einige christliche Gruppen die Sklaverei als schwere Sünde zu verurteilen begannen. Noch zahlreiche andere Bibelverse wurden zur Verteidigung der Sklaverei angeführt, wobei man einige der anderen israelitischen Gesetze im Hinblick auf die Sklaverei überging, darunter die Rufe Gottes, entflohene Sklaven freizulassen.

Für Amerika war es ein bedeutender Augenblick. Denn zum erstenmal lieferte die Bibel Argumente für beide Seiten einer strittigen Frage. Dieser Streit, den schließlich der amerikanische Bürgerkrieg beilegte, führte zu einer tiefreichenden und schmerzlichen Spaltung innerhalb mehrerer amerikanischer Religionsgemeinschaften, die Baptisten inbegriffen.

Die anderen beiden Söhne Noahs erhielten große Segnungen, und die Abstammungslinie, die mit Noahs Sohn Sem begann, führte am Ende zum Patriarchen Abraham. Dem Namen Sem entspringt das Wort »Semit«, das sich auf alle Völkerschaften, Juden wie Araber, bezieht, die von Sem abstammen.

Stimmen der Bibel
Und sie sprachen untereinander: Wohlauf, laßt uns eine Stadt und einen Turm bauen, dessen Spitze bis an den Himmel reiche, damit wir uns einen Namen machen; denn wir werden sonst zerstreut in alle Länder. Da fuhr der HERR hernieder, daß er sähe die Stadt und den Turm, die die Menschenkinder bauten. (1. Mos. 11,3-4)

**Zusammenfassung der Handlung:
Der Turmbau zu Babel**

»Aus dem Osten« kommen Menschen und lassen sich in einer Ebene im Land »Schinar« nieder. Sie alle sprechen dieselbe Sprache und beschließen, einen Turm zu bauen, der sie selbst verherrlicht. Als Gott auf die Erde herabsteigt, um sich umzuschauen, sieht er Menschen, die gen Himmel streben. Das gefällt ihm nicht. Er fühlt sich bedroht von diesen Menschen und verwirrt deshalb ihre Sprache, so daß die Turmbauer einander nicht mehr verstehen können. Da er die Menschen zusätzlich über die ganze Erde zertreut, stellen sie den Bau des Turmes – oder der Stadt? – ein, der oder die anschließend Babel genannt wird.

»Plappern« die Leute in Babylon?

Diese zwar kurze, aber berühmte Geschichte über einen Mann, der seine irdischen Begrenzungen zu überwinden versucht, hat mehrere interessante Gesichtspunkte. Zum einen liefert sie eine uralte, mythologische Begründung für die Existenz der vielen Sprachen der Menschheit. Zum anderen erklärt sie die Existenz der hohen Türme im alten Nahen Osten. Diese stufenförmigen Türme heißen nach einem altakkadischen Wort für »hoch« Zikurrate und wurden aus Bausteinen erbaut, die durch die Sonne gehärtet waren und in ganz Mesopotamien vorkamen. Doch zunächst der geschichtliche Hintergrund: Die »Ebene von Schinar«, die im Buch Genesis immer wieder erwähnt wird, bezeichnet die Ebene zwischen Euphrat und Tigris beziehungsweise das alte Mesopotamien (griechisch: »(Land) zwischen den Strömen«). Heute liegt dieses Gebiet im Süden Iraks.

Es gehörte zum »Fruchtbaren Halbmond«, der halbmondförmigen Region, die sich von Ägypten, entlang der Mittelmeerküste des heutigen Israel und Libanon bis ins heutige Syrien und in den heutigen Irak erstreckte. Die Region wurde im wesentlichen durch zwei Flußsysteme – dem Nil in Ägypten und Euphrat und Tigris in Mesopotamien – bewässert und war die Geburtsstätte eines großen Teils dessen, was man in der westlichen Welt unter »Kultur« und »Geschichte« versteht. Vermutlich wurde 6500 v. Chr. im alten Mesopotamien, der Heimat der Sumerer, das erste Rad benutzt. Etwa 5000 v. Chr. entstanden die ersten Städte, und erstmals wurden Rinder gezähmt. Ungefähr zur gleichen Zeit, als die Menschen am Ufer des Nils zu kooperieren begannen, arbeiteten die Dorfbewohner bei Bewässerungsprojekten zusammen. Während der nächsten 1 500 Jahre begannen die Sumerer allmählich, ihren Tieren Geschirre anzulegen, um den Boden pflügen zu können, und sie legten Marschgebiete trocken und bewässerten die Wüste, um die Anbauflächen vergrößern zu können. Die steigende Effizienz der Landwirtschaft brachte schließlich die erste »begüterte Klasse« hervor, bestehend aus Priestern, Handwerkern, Gelehrten und Händlern. Um 3500 v. Chr. hatten die Sumerer das Bronzehandwerk, ein schriftliches Alphabet und das Sexagesimalsystem entwickelt – es beruht auf der Zahl 60 und ist der Grund, warum bei uns eine Stunde immer noch 60 Minuten hat. Die Mythologie und die Geschichte der Sumerer haben unzweifelhaft die ersten Abschnitte der Genesis beeinflußt, wobei die sumerische Königsliste auf verblüffende Weise den biblischen Stammbäumen Kains und Seths ähnelt.

Die Zikkurate, die Türme in den Tempelkomplexen dieser frühgeschichtlichen Städte, ähnelten stark den Stufenpyramiden Mexikos und Mittelamerikas und wurden von einer Kapelle gekrönt. Die ersten dieser Stufentürme werden etwa auf das Jahr 2100 v. Chr. datiert: möglicherweise waren sie auch von den ägyptischen Pyramiden beeinflußt, die einige Jahre früher entstanden. Der größte dieser Zikkurate war der Tempelkomplex in Babylon. Die siebenstufige Pyramide wurde möglicherweise um 1900 v. Chr. erbaut.

Für die frühen Israeliten war die Geschichte vom Turmbau zu Babel deshalb von großer Bedeutung, weil sie eine Erklärung für den Namen der Stadt Babylon lieferte, der in der sumerischen Sprache »Tor der Götter« bedeutete, im Hebräischen jedoch mit dem Wort »verwirren« verwandt war. Mit anderen Worten: Der Verfasser des Buches Genesis setzt mit Hilfe eines zweisprachigen

Wortspiels die Gruppe herab, die später das Volk Israel in die Gefangenschaft nach Babylon führte.

In einem anderen Zusammenhang zeigt diese Geschichte einmal mehr, daß Menschen »wie die Götter« sein wollen und wie argwöhnisch Gott diese Idee beäugt. Nicht nur der Gott der Israeliten widersetzte sich dieser Idee, sondern auch die Götter in vielen andern Mythologien. Anders ausgedrückt: Vielleicht gehört es zur Natur des Menschen, gen Himmel zu streben, gleichgültig, ob das bedeutet, Türme in Wüsten oder Wolkenkratzer im Zentrum von Großstädten zu errichten oder Raketen zum Mond zu entsenden.

Stimmen der Bibel
Und der HERR sprach zu Abram: Geh aus deinem Vaterland und von deiner Verwandtschaft und aus deines Vaters Hause in ein Land, das ich dir zeigen will. Und ich will dich zum großen Volk machen und will dich segnen und dir einen großen Namen machen, und du sollst ein Segen sein. Ich will segnen, die dich segnen, und verfluchen, die dich verfluchen; und in dir sollen gesegnet werden alle Geschlechter auf Erden. (1. Mos. 12,1-3)

Zusammenfassung der Handlung:
Die Verheißung an Abram und seine Reisen

Abram wurde als Sohn des Tara in Ur geboren und stammte in direkter Linie von Adam ab. Abram – Gott ändert den Namen später in Abraham um –, Erzvater der Juden *und* Araber, hatte einen Bruder namens Haran; dies ist zugleich der Name einer Stadt im Nordwesten Mesopotamiens, im heutigen Syrien. Haran starb, aber er hatte einen Sohn, Lot, Abrams Neffe. Abrams Ehefrau hieß Sarai und war gleichzeitig seine Halbschwester. Tara ging mit seinem Sohn Abram, Sarai und Lot nach Haran – hier verwirrt die Bibel den Leser ein wenig, weil der Name des Ortes mit dem des toten Bruders Abrams identisch ist.

Während sich Abram in Haran aufhält, fordert Gott ihn auf, sich ins nahegelegene Kanaan zu begeben, in ein Land, das er Abram und seinen Nachkommen verspricht. In Kanaan errichtet Abram zwei Altäre und »ruft den Namen des HERRN«. Als eine

Hungersnot ausbricht, bricht Abram nach Ägypten auf, wo er fürchtet, der Pharao werde ihn töten lassen, um ihm seine Frau, Sarai, zu rauben, weil sie so schön ist.

Um sein Leben zu retten, rät Abram Sarai, sie solle sich als seine Schwester ausgeben. Sarai wird als Haremsdame in den Haushalt des Pharao geholt; Abrams Wohlstand wächst. Aber Gott entsendet eine Plage über das Haus des Pharao; als dieser Abrams Täuschungsmanöver entdeckt, befiehlt er Abram, Ägypten zu verlassen. Als sie wieder in Kanaan sind, beschließen Abram und Lot, sich zu trennen. Abram bietet Lot an, sich als erster ein Stück Land auszusuchen, und Abrams Neffe entscheidet sich für eine Ebene nahe der Stadt Sodom. Abram zieht in das Hügelland Kanaans, wo ihm Gott abermals sagt: »[Ich] will deine Nachkommen machen wie den Staub auf Erden. Kann ein Mensch den Staub auf Erden zählen, der wird auch deine Nachkommen zählen.«

Als vier Könige in den Krieg gegen Sodom ziehen und Lot in Geiselhaft gerät, führt Abram ein kleines Heer an und befreit seinen Neffen. Abram – der nun erstmals »der Hebräer« genannt wird – besiegt die vier Könige und schenkt ein Zehntel der Kriegsbeute König Melchisedek. Dieser ist zugleich der Hohepriester des kanaanäischen Kultes El Elyon – der Höchste – in Salem, dem Ort, den man später Jerusalem nennen wird.

Woher kam Abram?

Wenn ein Mann seine Frau einem anderen Mann überläßt, um den eigenen Hals aus der Schlinge zu ziehen, halten wir ihn für einen Feigling. Wenn er mit der Magd seiner Frau schläft, damit er einen Sohn bekommt, nennen wir ihn einen Schweinehund. Wenn er dann seinen Sohn und die Dienerin aus dem Haus wirft, bezeichnen wir ihn als »total kaputt«. Und wenn dieser Mann schließlich auch noch droht, sein Kind zu töten, und sagt: »Das hat Gott mir befohlen«, dann würden die meisten wohl sagen, daß er hinter Schloß und Riegel gehört, und zwar auch dann, wenn er vor dem Undenkbaren zurückschreckte. Aber der biblische Erzvater tut all das und gilt wegen seiner Taten dennoch als einer der Helden des Glaubens.

Abram, der von Juden, Christen und Muslimen gleichermaßen als »Vater aller Länder« verehrt wird, ist ein großartiges Beispiel für die Tatsache, daß die heroischen Gestalten der Bibel nicht immer große Helden waren – nicht einmal nette Burschen. Tatsächlich waren nicht wenige von ihnen ziemlich erbärmliche Gestalten. Jedenfalls wählte Gott sie aus, um sie besonders zu behandeln und um sie häufig extremen moralischen Prüfungen zu unterziehen.

Abram ist auch die erste Gestalt in der Bibel, die man – wenn auch auf recht ferne, spekulative Weise – mit der überlieferten Weltgeschichte in Zusammenhang bringen kann. Das heißt aber nicht, daß wir wissen, ob es einen Mann namens Abram je gegeben hat. Außerhalb der Bibel gibt es keinen ausdrücklichen Hinweis auf diese Person. Doch mit Abrams Eintreffen auf der Bühne der Genesis tauchen die ersten Indizien dafür auf, daß die Welt der Bibel, in der er mutmaßlich lebte, die Welt war, die man aus der Geschichte kennt.

Wo Abraham geboren wurde, ist fraglich. Laut der Bibel stammte er aus Ur, damals eine größere Stadt im südlichen Mesopotamien. Im Buch Genesis findet sich jedoch auch der Hinweis, er sei aus Haran, einer anderen wichtigen Stadt, die durch alte Handelswege mit Ur verbunden war. Eine mögliche Erklärung lautet: Abram wurde in Haran geboren und reiste dann nach Ur. Einen anderen Gedanken hat der bedeutende Bibelforscher Cyrus Gordon geäußert: Abram kam in Wirklichkeit nicht aus Ur, sondern aus Urfa im nördlichen Mesopotamien. Auch das Datum der Reisen Abrams bietet Anlaß für weitere Spekulationen und ist Gegenstand von Meinungsverschiedenheiten zwischen Gelehrten. Gordon mutmaßt, daß Abram um das Jahr 1385 v. Chr. lebte; herkömmlicherweise glaubte man, Abram habe zwischen 2000 und 1700 v. Chr. gelebt. Seine Reisen entsprechen den bekannten Migrations- und Handelswegen, bevor Ur 1740 v. Chr. erobert und verlassen wurde. Ein weiteres Problem ergibt sich aus der Erwähnung von Kamelen, die man Abram schenkte. Kamele wurden erst im 14. Jahrhundert v. Chr. gezähmt. Eine weitere Verwirrung:

Der Genesisbericht nennt die Stadt »Ur in Chaldäa«. Die Chaldäer betraten in Mesopotamien erst sehr viel später die Bühne des Geschehens, nämlich als sie 612 v. Chr. Jerusalem eroberten und die Einwohner der Stadt in die babylonische Gefangenschaft führten. Eine Minderheit von Forschern bringt zwar gute Gründe für dieses sehr späte Datum von Abrams Lebenszeit vor. Doch vermutlich benutzte ein Schreiber, der die Schriften abschrieb, die Bezeichnung »Ur in Chaldäa« als eine umschreibende Formulierung, die für die jüdischen Leser einen Sinn ergab, die unter ihren Eroberern, den Chaldäern, das Exil durchlebt hatten.

Übereinstimmend geht die Gemeinde der Forscher davon aus, daß Abram irgendwann im 2. Jahrtausend v. Chr. lebte. Steintafeln aus dieser Zeit zeigen, daß »Ibrahim« ein geläufiger Name war. Damit wäre Abram ungefähr ein Zeitgenosse Hammurabis, einem der berühmtesten Könige Babylons. Diesen Schluß zu ziehen wäre natürlich so, als fände man in einem heutigen New Yorker Telefonbuch den Eintrag »John Smith« und meinte, es handele sich um denselben »John Smith«, der die Siedlung Jamestown im kolonialen Nordamerika gründete.

Während Abram nur im Glauben – oder in Legenden – existiert, kann man Hammurabi historisch etwas leichter festmachen. Hammurabi war ein Ammoriter (»Mann aus dem Westen«), dessen Familie nach 2000 v. Chr. in Sumer eindrang. Er eroberte mehrere sumerische Städte, gründete ein kleines Reich und wurde zum ersten König, der Babylon aus einer vergleichsweise kleinen Stadt zu einem bedeutenden Machtzentrum umgestaltete. Manche Forscher vermuten, daß es sich bei Hammurabi – im allgemeinen als König von Babylon von 1792-1750 v. Chr. datiert; andere ordnen ihn etwa um 1706-1662 ein – um den sagenumwobenen König Amraphel, König von Schinar, handelt, der in Genesis 14 erwähnt wird. Für diese Annahme gibt es jedoch keine eindeutigen Belege.

Hammurabi ist wohl am bekanntesten wegen des Gesetzeskodexes, den er zum Ende seiner Regierungszeit auf Tontafeln und Stelen, also Steinsäulen festhalten ließ, die zeigen, wie der Sonnengott Schamscha dem Herrscher eine Sammlung von Gesetzen überreicht. Gemessen an heutigen Maßstäben sind diese Rechtssätze, die sich aus noch älteren sumerischen Gesetzessammlungen ableiten, sehr streng; für eine Vielzahl von Vergehen, darunter Entführung und verschiedene Formen des Diebstahls, fordern sie die Todesstrafe. Die Rechtssätze befassen sich auch mit Regeln für die Schiffahrt auf dem Euphrat und mit den Rechten von Kriegsveteranen. Solche schriftlichen Gesetzessammlungen waren für die menschliche Zivilisation ein bedeutender Sprung nach vorn, da sie eine Abkehr von kruder, willkürlicher Gewalttätigkeit und Rache hin zu neuen Formen der Gerechtigkeit einleiteten, wozu etwa der Schutz der schwächsten Mitglieder der Gesellschaft gehörte – Frauen, Kinder, Arme und Sklaven. Es gibt eindeutige Parallelen – und ebenso deutliche Unterschiede – zwischen dem Kodex Hammurabi und dem Gesetz, das Mose von Gott auf dem Berg Sinai (vgl. Exodus) empfing. Die Vorstellung, man müsse sich rächen, und zwar »Auge um Auge«, findet sich sowohl in Hammurabis Kodex als auch im Buch Exodus. Zudem bestehen Parallelen hinsichtlich der gesetzlichen Regelung der Fälle, wenn Tiere eines Bauern bei anderen Personen Schäden verursachten.

Doch gibt es einen entscheidenden Unterschied zwischen den beiden Gesetzessammlungen. Anders als die Lade des Bundes mit Gott, die die Tafeln mit den zehn Geboten enthielt, kann man Hammurabis Rechtssätze tatsächlich in ihrer schriftlich niedergelegten Form sehen. Denn zu Beginn des 20. Jahrhunderts wurde eine Kopie des Kodex, eingeritzt in einen Steinblock, von französischen Archäologen in der altorientalischen Stadt Susa, heute Schusch, im Iran nahe der Grenze zum Irak entdeckt. Heute ist der Steinblock im Louvre in Paris ausgestellt.

Zusammenfassung der Handlung:
Abram, Sarai und Hagar

Nachdem man Abram wiederholt versprochen hat, er werde »eine große Nation« gründen, wird er besorgt – und denkt sich, daß er auch nicht jünger wird. Als er überlegt, einen seiner Sklaven zum Erben zu machen, schlägt ihm seine Frau Sarai vor, eine ägyptische Sklavin, Hagar, zu seiner Konkubine zu machen. Brächte sie Kinder zur Welt, dann würden sie dennoch als Sarais Kinder gelten. Im Nahen Osten gefundene Tontafeln bestätigen, daß ein solches Vorgehen zur damaligen Zeit durchaus als akzeptabel galt.

Die Erzählung entwickelt eine großartige menschliche Qualität, als die unfruchtbare Sarai eifersüchtig auf die schwangere Hagar wird und sie mißhandelt. Hagar flüchtet in die Wüste, wo Gott ihr verspricht, auch ihr Kind werde viele Nachkommen haben, kehrt zu Abram zurück und bringt seinen Erstgeborenen, Ismael (»Gott hört«) zur Welt. In der arabischen Welt wird ihr Ursprung auf den Nomadenverband der »Ismaeliten« zurückgeführt, die in der Arabischen Wüste lebten. Dies ist die uralte Verbindung zwischen Arabern und Juden durch Abraham.

Aber Gott verheißt dem ungläubigen Abram, inzwischen 99 Jahre alt, und Sarai, 90 Jahre alt, noch einen weiteren Sohn. Er sagt Abram (»erhobener Vater«), er werde von nun an Abraham genannt (»Vater einer Menge«), verspricht ihm ganz Kanaan und bittet ihn, das Abkommen zu besiegeln, indem er alle Männer in seinem Stamm beschneiden läßt. Abraham willigt ein, und alle erwachsenen Männer, einschließlich des dreizehnjährigen Ismaels, werden beschnitten. Die rituelle Entfernung der Penisvorhaut war den Nachkommen Abrahams nicht eigentümlich. Sie wurde von vielen Völkern Afrikas, Südamerikas und des Nahen Ostens, darunter auch den Ägyptern, praktiziert.

Sarai macht sich lustig über diesen scheinbar lächerlichen Gedanken, daß sie in ihrem hohen Alter noch einen Sohn gebären soll. Gott ändert ihren Namen in Sara (beide Namen sind Formen von »Prinzessin«) ab. Später bringt Sara Isaak (»er lacht«) zur Welt, der Abrahams Erbe wird. Abermals zwingt Saras Eifersucht Hagar zur Flucht, und abermals ergeht das Versprechen, Ismael werde eine Nation gründen. Alleingelassen in der Wüste, ohne Wasser, fleht Hagar, sie möge ihren Sohn nicht sterben sehen. Da erscheint ihr ein »Engel« – das Wort leitet sich aus dem griechischen Wort für »Bote« ab –, und auf wundersamerweise sieht sie einen Brunnen, aus dem sie Wasser schöpfen kann.

Stimmen der Bibel

Aber Abraham blieb stehen vor dem HERRN und trat zu ihm und sprach: Willst du denn den Gerechten mit dem Gottlosen umbringen. Es könnten vielleicht fünfzig Gerechte in der Stadt sein; wolltest du die umbringen und dem Ort nicht vergeben um fünfzig Gerechter willen, die darin wären? Das sei ferne von dir, daß du das tust und tötest den Gerechten mit dem Gottlosen, so daß der Gerechte wäre gleich wie der Gottlose! Das sei ferne von dir! Sollte der Richter aller Welt nicht gerecht richten? (1. Mos. 18,23-25)

Zusammenfassung der Handlung: Sodom und Gomorra

Wieder einmal haben sich die Menschen als gottlos erwiesen, vor allem an jenem biblischen Brennpunkt, Sodom, an dem sich Lot auf eigenen Wunsch niedergelassen hat. Gott blickt hinab, und wieder mißfällt ihm, was er sieht. Das Böse ist überall, insbesondere in Gestalt einer nicht näher genannten sexuellen Lasterhaftigkeit, weswegen man bestimmte sexuelle Überschreitungen bis heute unter dem Oberbegriff »Sodomie« zusammenfaßt. Da beschließt Gott abermals, sich zumindest einiger seiner lästigeren Schöpfungen zu entledigen. (Zur Erinnerung: Gott hatte Noah versprochen, daß er nie wieder irgend jemanden vernichten werde.)

Doch bevor Gott irgend jemanden auslöscht, schließt Abraham ein Geschäft mit ihm ab, wobei er überzeugend argumentiert, daß Gott die Unschuldigen nicht zusammen mit den Schuldigen zerstören dürfe. Abraham schachert mit Gott und handelt ihn von 50 auf 45, dann auf 40, dann auf 30, dann auf 20 gerechte Männer hinunter. Schließlich willigt Gott ein, die Stadt vor der Zerstörung zu bewahren, falls es darin zehn Aufrechte gäbe.

Offenbar werden diese zehn Männer nicht gefunden. Der besten Tradition antiker Gastfreundschaft folgend, beköstigt Abrahams Neffe Lot zwei Engel in Menschengestalt in seinem Haus, die entsandt wurden, um Lot vor Sodoms bevorstehendem Untergang zu warnen. Außerdem bietet er ihnen eine Übernachtungsmöglichkeit an. Aber eine laute und ungebärdige Menschenmenge, bestehend aus Sodoms Männern – »jung und alt, das ganze Volk« – fordert von Lot, die fremden »Männer« auszuliefern, damit man sich über »sie hermachen kann«. Die Menge ist zweifellos kein Begrüßungskomitee und hat etwas ganz anderes im Sinn, als die Fremden einfach nur »kennenzulernen«. Vor die Entscheidung gestellt, ob er seine Gäste einer homosexuellen Gruppenvergewaltigung ausliefern soll, weigert sich Lot und geht sogar soweit, der wütenden Menge seine beiden jungfräulichen Töchter anzubieten. Für ihn ist seine Verpflichtung als Gastgeber wichtiger als seine Rolle als Vater. Wutentbrannt rückt die Bande gegen ihn vor, doch plötzlich wird Lot ins Haus zurückgezerrt. Die Engel befehlen ihm, seine Familienangehörigen fortzuschaffen. Sodom werde in Kürze dem Erdboden gleichgemacht. Lots zukünftige Schwiegersöhne glauben das nicht und weigern sich, die Stadt zu verlassen. Selbst Lot begreift den Wink nicht sofort, und so geleiten die Engel ihn, seine Frau und ihre beiden Töchter aus der Stadt hinaus. Sodom und das nahegelegene Gomorra – was die Bewohner verbrochen haben, wird merküdigerweise nie genau gesagt – werden zerstört. Auf dem Weg aus der Stadt ignoriert Lots Frau die Warnung, sie solle sich auf keinen Fall umschauen. Und während Feuer und Schwefel auf die gottlosen Partnerstädte herniederregnen, erstarrt sie zur Salzsäule.

Der Teil der Lot-Erzählung, der im Religionsunterricht ausgelassen wurde, besagt, daß Lots mutterlose Töchter andere Sorgen haben: Jetzt, da alle heiratsfähigen Männer in Sodom in Schutt und Asche umgekommen sind – welche Ehemänner stehen ihnen dann noch zur Verfügung? Sie machen ihren Vater betrunken, und jede von ihnen »liegt bei« ihm. Beide werden schwanger, und jede bringt einen Sohn zur Welt.

Warum erstarrte Lots Frau zur Salzsäule?

Die Geschichte von Sodom und Gomorra ist immer nützlich gewesen, und zwar als schlichte Erzählung zur moralischen Erbauung, die zeigt, wie Gott das Böse vernichtet. Doch es gibt einen Subtext, der noch einflußreicher gewesen ist und in dem es vor allem um die Sünde geht, die mit dem Namen Sodom verbunden ist.

Überdies hat man die Geschichte stets als eine der grundlegenden Einwendungen der Bibel gegen die Homosexualität angeführt.

Als Gottes Boten sich zum Hause Lots aufmachen, drohen ihnen die Männer Sodoms, die alle ums Leben kommen, mit einer homosexuellen Massenvergewaltigung. Diese Episode wurde lange Zeit als recht unverblümte Verurteilung der Homoerotik angesehen – diese sexuelle Orientierung wird an anderer Stelle sowohl in den hebräischen als auch in den christlichen Schriften verurteilt. Zwar haben zahlreiche zeitgenössische Bibelforscher argumentiert, daß es in Sodom strenggenommen nicht um den eigentlichen homosexuellen Akt gegangen sei. Es fällt aber nicht schwer, anzuerkennen, daß die alten Israeliten Homosexualität als »Greuel« betrachteten, selbst wenn sie in anderen nahen Kulturen als hinnehmbar galt. Eine Erklärung hierfür lautet, daß es nach Ansicht der alten Israeliten etwas Heiliges war, Kinder zu haben, und daß Geschlechtsverkehr, der nicht der Fortpflanzung diente, als Sünde galt.

Was Lots inzestuöse Töchter betrifft, so gebar jede von ihnen einen Sohn. Der erste wird Moab genannt und wird zum Ahnherrn der Moabiter, einem benachbarten Stamm Israels. Der andere ist Ben-Ammi, Ahnherr der Ammoniter, eines anderen benachbarten Stammes. Für die Israeliten erklärt diese Geschichte, die einer alten kanaanäischen Volkserzählung entspringt, auf spöttische Weise den Ursprung zweier benachbarter Städte. Sie begründet zudem, daß diese Gruppen nicht von Abraham abstammten und keinen göttlichen Anspruch auf das Gelobte Land hatten.

Die Überreste der »Zwillingsstädte der Sünde« hat man nie gefunden. Es heißt, sie lägen unter dem Toten Meer begraben. Abgesehen von der eigentlichen moralischen Bedeutung liefert die Geschichte eine Begründung für zwei örtliche Phänomene. Die Gegend um das Tote Meer ist reich an Bitumen oder Erdpech, das angeblich übrigblieb, nachdem die zerstörerischen »Feuer und Schwefel« vom Himmel herniedergeregnet waren. Die Ägypter verwendeten das Bitumen zur Mumifizierung; das ägyptische Wort für »Bitumen« lautet *»momija«*, von dem sich »Mumie« herleitet. Bitumen wurde auch zum »Teeren« von Häusern benutzt und zählte in der Region zu den wichtigsten Handelsgütern.

Charles Pellegrino vertritt in seinem Buch *Return to Sodom and Gomorrah* eine unorthodoxe, aber faszinierende Auffassung. Pellegrino stellt die herrschende wissenschaftliche Meinung gern auf die Probe; er ist eine Art »böser Bube« der Wissenschaft, der Raketen konstruierte, mit Dr. Ballard das Wrack der *Titanic* erforschte und einmal sogar einen Aufsatz über das Klonen von Dinosauriern schrieb, welcher den Film *Jurassic Park* mit inspirierte. In dem obengenannten Buch äußert er die These, daß die Sodomgeschichte, wie so viele andere Erzählungen aus der Frühzeit Israels, aus Babylonien stammt. Dabei verweist er auf die Tatsache, daß es sich bei den urprünglichen Namen, die man mit »Sodom« und »Gomorra« ins Griechische übersetzte, um Siddim (oder Sedom) und »Amora« – mesopotamische Namen – handelte und daß die kriegführenden Könige, die Sodom angriffen und von Abraham besiegt wurden, aus Schinar in der Region von Euphrat und Tigris kamen. Deshalb gelangt er zu dem Schluß: »Wenn Sodom überhaupt existierte, dann lag diese Stadt im Irak oder in dessen Nähe.« (*Return to Sodom and Gomorrah*, S. 180)

Die Erzählung über Lots Frau variiert ein weitverbreitetes mythologisches Thema: Ein Mensch wird bestraft, weil er sich entgegen des göttlichen oder himmlischen Rats umwandte. In der griechischen Mythologie begibt sich Orpheus in die Unterwelt, um seine geliebte Frau, Eurydike, zurückzuholen. Während die beiden die Unterwelt verlassen, ignoriert Orpheus die Weisung, nicht zurückzublicken, und verliert so Eurydike für immer. Im Falle von Lots Frau wurde dieser frühgeschichtliche Mythos vermutlich angeführt, um das Vorhandensein der merkwürdigen Salzformationen in der Umgebung des Toten Meeres zu erklären.

Zusammenfassung der Handlung:
Die Opferung Isaaks

Nachdem Abraham warten mußte, bis er 100 Jahre alt war, um schließlich einen Sohn und Erben zu bekommen, der Gottes Verheißung erfüllen würde, fordert Gott ihn auf, ihm seinen Sohn als Brandopfer darzubringen. In der Bibel stellt Abraham diese Weisung zu keinem Zeitpunkt in Frage. Er tut nur, wie ihm befohlen wird, und leistet einem Gott blinden Gehorsam, der von ihm verlangt, daß er sein geliebtes Kind tötet. Sogar als der Sohn den Vater fragt, wo denn das Opferlamm sei, antwortet er nur: »Gott wird sich ersehen ein Schaf zum Brandopfer.«

Erst als Abraham den Knaben festbindet, auf den Altar legt und das Messer über ihn hält, gebietet ihm ein Engel Einhalt. Abraham wird gesagt, er habe die Prüfung bestanden – weil er Gott »fürchte«. Statt des Knabens wird dann ein Widder auf den Opferaltar gelegt.

Hätte Abraham es wirklich getan?

Die Geschichte von Abraham, der Isaak opfern will, ist in der Bibel ein zentraler Augenblick. Doch wirft sie eine Reihe von beunruhigenden Fragen auf. Ist eine solche Art von Hingabe oder Gehorsam gegenüber einem göttlichen Befehl akzeptabel? Hätte Abraham die Anordung tatsächlich befolgt? Und was für ein Gott erwartet von einem Vater so etwas – und sei es auch nur als Probe? Viele haben das immer als eine unnötig grausame Glaubensprüfung angesehen.

Abraham tut in dieser Erzählung nichts, was darauf hindeutete, daß er der Aufforderung Gottes unwillig nachgekommen wäre. Er setzt sich für den eigenen Sohn nicht auf die gleiche Weise ein, wie er es für die Bürger Sodoms tat – Menschen, die ihm völlig fremd waren. Auch Sara schweigt in dieser Episode. Hat sie versucht, ihrem Mann Einhalt zu gebieten? Wußte sie, was er vorhatte? Hätte eine Mutter dasselbe wie Abraham getan? Auch erfahren wir nichts über Isaaks Gedanken, während er dalag und das Messer über ihm schwebte. Das alles sind interessante Fragen, doch läßt sich über sie nur spekulieren.

Ob sich dieser Vorfall tatsächlich ereignete, darüber läßt sich natürlich auch nur mutmaßen, ebenso wie über die Frage, ob Abraham eine reale Person war und nicht bloß eine mythologische Figur ist. Vielleicht handelt es sich bei der Erzählung um eine weitere Legende, die zeigen sollte, was unerschütterlicher Glaube bedeutet, und daß Gott gut daran tat, Abraham zum Gründer des »auserwählten Volkes« zu machen.

Die Geschichte hat aber noch einen anderen Aspekt, der im Religionsunterricht meist unerwähnt bleibt. In manchen Kulturen und Religionen des alten Nahen Ostens wurde zu jener Zeit der Brauch des Menschenopfers nach wie vor praktiziert. Tatsächlich heißt es im hebräischen Gesetz, daß die Erstgeburt von Mensch und Tier Gott geopfert werden soll. Daß die Opferung Isaaks nicht vollzogen wurde, hat man daher als den symbolischen Augenblick gedeutet, in dem der Ritus des Menschenopfers von Gott zurückgewiesen wurde. Wie die spätere Geschichte des alten Israels zeigt, fanden jedoch in Jerusalem noch Jahrhunderte später Menschenopfer statt.

Aber noch weitere Fragen stellen sich im Zusammenhang mit dieser Episode. Als Gott Abraham zurückhält, heißt es, Abraham »fürchte« Gott. Was kennzeichnet diese »Gottesfurcht«? Dieses Wort wird noch heute weithin so verwendet, wie es in der Bibel gemeint war. Das hebräische Verb für »fürchten« kann auf zweierlei Weise gedeutet werden. Gelegentlich meinte es Furcht, wie wir sie uns normalerweise vorstellen – das beunruhigende Gefühl, Angst zu haben. Aber sehr oft bedeutete die biblische »Furcht« Ehrfurcht vor oder Ehrerbietung gegenüber einer Person in einer herausgehobenen Stellung. Anders ausgedrückt: Abraham hatte nicht zwangsläufig »Angst« vor Gott, sondern hat ihm vielleicht tiefen Respekt gezollt.

Stimmen der Bibel
Abraham war alt und hochbetagt, und der HERR hatte ihn gesegnet allenthalben. Und er sprach zu seinem ältesten Knecht seines Hauses, der allen seinen Gütern vorstand: Lege deine Hand unter meine Hüfte und schwöre mir bei dem HERRN, dem Gott des Himmels und der Erde, daß du meinem Sohn keine Frau nehmest von den Töchtern der Kanaaniter, unter denen ich wohne, sondern daß du ziehst in mein Vaterland und zu meiner Verwandtschaft und nehmest meinem Sohn Isaak dort eine Frau.
(1. Mos. 24,1-5)

Zusammenfassung der Handlung:
Isaak und Rebekka

Nachdem Sara im Alter von 127 Jahren gestorben ist, bestattet Abraham sie in einer Höhle in Hebron. Es ist bedeutsam, daß er die Grabstätte von dem ortsansässigen Volk, den Hethitern, erwirbt. Zudem erläutern die Verse sorgfältig und ausführlich, welch große Mühe Abraham darauf verwandte, seinen Rechtsanspruch auf das Land geltend zu machen. Das ist eine entscheidende Textstelle: In ihr wird eines der ältesten überlieferten Immobiliengeschäfte getätigt, welches als juristische Bestätigung für den Besitz eines Grundstücks gilt, das bereits von Gott versprochen worden war. Mit anderen Worten: Gottes Wort ist das eine, besser ist es jedoch, man läßt es sich von einem Notar bestätigen.

Abraham erkennt auch, daß sein Sohn Isaak eine Frau haben muß, aber er will keine Frau aus Kanaan. Das ist eine weitere Spitze des Verfassers des Buches Genesis gegen die Kanaanäer. In einer der längsten Erzählungen in Genesis schickt Abraham einen Diener in sein Vaterland zurück. In Nahor, nahe Haran, begegnet der Diener bei einer Quelle einem wunderschönen Mädchen. Einmal mehr verwirrt den Leser die doppelte Verwendung von Orts- und Personennamen. Denn Nahor ist zwar der Name einer Stadt, jedoch auch der Name einer der Brüder Abrahams.

Das Mädchen schöpft Wasser für Abrahams Diener, was dieser als ein Zeichen Gottes deutet, daß das Mädchen für Issak bestimmt sei. Es ist Rebekka, die Tochter des Bethuel, Abrahams Neffen. Abrahams Diener wird im Hause von Rebekkas älterem Bruder Laban gastfreundlich aufgenommen, und nach längeren Verhandlungen schließen die beiden einen Handel, daß Rebekka Isaaks Frau werden soll.

Nach Saras Tod meint der alte Abraham, daß seine Sturm-und-Drang-Phase vielleicht noch nicht ganz vorüber ist. Er nimmt sich eine weitere Frau, Ketura, die ihm sechs weitere Kinder schenkt. Das sind die Erzväter weiterer arabischer Stämme, darunter die Midianiter, die später in der Geschichte von Mose vorkommen. Als Abraham schließlich im Alter von 175 Jahren stirbt, wird er neben Sara in der Höhle auf dem Grundstück beerdigt, das er bei

Hebron erworben hat. Ein anderer Stammbaum folgt Abrahams Tod und geht den Kindern Ismaels nach, der ebenfalls zwölf Söhne hat, aus denen später zwölf Stämme hervorgehen.

So wie Abraham verspricht Gott auch Isaak Land und viele Nachkommen. Auch in einer anderen Hinsicht ähnelt er Abraham. Abermals sucht eine Hungersnot das Land heim, und deshalb befiehlt Gott Isaak, ins Land des Königs Abimelech zu ziehen, mit dem Abraham früher einmal Streit hatte. In dieser Erzählung, die Abrahams Lüge bezüglich seiner Frau Sara gegenüber dem Pharao widerspiegelt, macht Isaak den Einheimischen weis, Rebekka sei seine Schwester; denn auch er fürchtet, getötet zu werden, weil Rebekka so begehrenswert ist. Als König Abimelech sieht, wie Isaak auf einem Feld Rebekka liebkost, sagt er: »Sie ist also deine Frau! Warum hast du gesagt: Sie ist meine Schwester?« Abimelech befiehlt, daß niemand Isaak belästigen dürfe, dem es weiter gut ergeht. In einer früheren Episode wird König Abimelech als »König der Philister« bezeichnet, des Volkes, das in der Frühgeschichte Israels eine solch herausragende Rolle spielen wird. Dies ist ein weiteres Beispiel für einen offenkundigen Fehler in der Zeitbestimmung, wie sie der Autor auffaßt. Die Philister nahmen Teil an der Invasion der sogenannten Seevölker und kamen erst um 1200 v. Chr. in großer Zahl in die Region, also lange nachdem sich diese Ereignisse zugetragen haben konnten.

Zusammenfassung der Handlung: Jakob und Esau

So wie Isaaks Mutter ist auch Rebekka unfruchtbar. Doch nachdem Isaak zu Gott gebetet hat, bringt sie schließlich Zwillinge zur Welt. Der Erstgeborene heißt Esau (»rötlich«); der Zweitgeborene, der bei der Geburt die Hacken seines älteren Bruders packt, Jakob (»der Fersenhalter« oder »der, der verdrängte«). Das geläufige mythologische Thema der feindseligen Zwillinge wird hier in erzählerischer Form durchgespielt. Damit sollte das Schicksal der beiden verwandten Stämme, der Israeliten und der Edomiter, erklärt werden. Jakob, der jüngere, ist listenreich, eine klassische mythologische Gestalt, vergleichbar mit Odysseus in der griechischen Mythologie. Er wird Schafhirte und von seiner Mutter vorgezogen. Esau ist Jäger, nicht so gerissen wie Jakob und leicht zu täuschen, und zudem Isaaks Liebling. Jakob bringt Esau dazu, sein Erstgeburtsrecht für ein Linsengericht, rot wie Esaus Haar, zu verkaufen. Damit betont er den Ursprung des Namens Edom, der, so wie Esau, »rot« bedeutet.

Ein schwerwiegenderes Täuschungsmanöver besteht darin, daß Jakob von seiner Mutter überredet wird, er solle seinen erblindeten Vater Isaak hintergehen. Rebekka kocht Isaaks Lieblingsgericht und legt Jakob Ziegenfelle um, damit er ebenso haarig wie Esau wirkt. Jakob täuscht seinen Vater, so daß er ihm auf dem Totenbett seinen Segen gibt, der normalerweise dem Erstgeborenen gewährt wird. Als Esau herausfindet, was Jakob getan hat, bittet er seinen Vater in ergreifender Weise um einen weiteren Segen. Isaak sagt Esau, er werde nicht von den Erträgen des Bodens, sondern durch das Schwert leben. Isaak sagt auch, daß Esau zwar seinem Bruder dienen werde, sich eines Tages aber von ihm befreien werde. (Zur Zeit König Davids, als der Text vermutlich verfaßt wurde, wurde der Stamm Edom von Israel regiert, erhob sich dann aber später.) Nachdem Esau dieses zweischneidige Angebot bekommen hat, droht er immer noch, Jakob zu töten.

Was ist die Jakobsleiter?

Rebekka ist unglücklich, weil Esau zwei Mädchen von der »falschen Seite der Straße« – Kanaanäerinnen – mit nach Hause gebracht hat. Außerdem befürchtet sie, er könnte immer noch versuchen, Jakob umzubringen. Deshalb heckt sie den Plan aus, ihren jüngeren Sohn irgendwo hinzuschicken, wo er in Sicherheit ist. Es folgt eine Geschichte, die der Suche nach einer Braut für Isaak gleicht; und Jakob macht sich auf den Weg nach Haran, um sich eine Frau zu suchen. Die Erzählung folgt Jakob auf seiner langen Reise, die Homers Odyssee ähnelt, wenngleich sie nicht ganz so gefahrvoll ist. Sie steht damit in einer Tradition der Dichtung der Antike – die Reise eines umherziehenden Helden, dem lauter mystische Geschehnisse und außergewöhnliche Ereignisse widerfahren und der am Ende in seine Heimat zurückkehrt.

An ersten Abend seiner Reise benutzt Jakob einen Stein als Kopfkissen und träumt von einer Leiter, die bis in den Himmel reicht und auf der Engel hinauf und herunter gehen. Da spricht Gott zu ihm und erneuert das Versprechen, ihm Land und Nachkommen zu schenken, das er auch gegenüber Abraham und Isaak gegeben hat. Als Jakob aufwacht, nimmt er den Stein, der ihm als Kissen gedient hat; er träufelt Öl darauf, um den Ort zu heiligen, den er »Bethel« (»Haus Gottes«) nennt, und verspricht, daß Gott der Herr, der zu ihm sprach, sein Gott sein werde. Außerdem verspricht er Gott – so wie auch Abraham zuvor –, ihm ein Zehntel von allem zu geben, was er bekommt.

Zwar haben die Künstler des christlichen Zeitalters die Jakobsleiter, unsterblich geworden in einem weithin gesungenen Choral, meist als reale Leiter dargestellt. Doch läßt sich das ursprüngliche Wort für »Leiter« auch als »Rampe« oder »Treppe« übersetzen. Aus der Sicht der Archäologie betrachtet, bezieht sich Jakobs Traumbild jedoch präzise auf gestufte Türme, die den Zikkuraten von Babel in Mesopotamien ähnelten. Als Jakob den Ort Bethel nannte, bestätigte er damit zugleich den Zusammenhang, der mit einem »Tor Gottes« (Babylon) besteht.

Zusammenfassung der Handlung:
Jakob und Rahel

Jakob möchte eine Frau haben, die genauso ist wie das Mädchen, das sich sein alter Vater zur Frau genommen hat. Deshalb geht er zu Laban, Rebekkas Bruder, so wie es Abrahams Knecht getan hat. Und auch er trifft ein wunderschönes Mädchen am Brunnen. Anders als Abrahams Knecht, der einen großzügigen Schatz als Aussteuer mit sich führte, ist Jakob jedoch finanziell schlecht gestellt. Um Rahel zu bezahlen, verspricht er, sieben Jahre für Onkel Laban zu arbeiten.

Die Handlung wird kompliziert, und zwar wegen der vielen Tricks, die jeder der Handelnden in diesem Drama anwendet. Die Geschichte muß beliebt gewesen sein, als man sie sich im Laufe der Jahrhunderte am Lagerfeuer erzählte. Am Morgen der Hochzeit fordert Laban seine ältere Tochter Lea auf, ihre Brautkleidung anzulegen, um ihre wahre Identität zu verbergen, und sie heiratet Jakob. Nachdem Jakob diese List durchschaut hat, besteht er dennoch darauf, sich Rahel zur Frau zu nehmen. Laban verspricht er, weitere sieben Jahre für ihn zu arbeiten, wenn er auch sie noch haben darf. Laban willigt ein, aber nun hat Jakob zwei Frauen und eine weitere siebenjährige Dienstzeit vor sich. Dennoch gelingt es ihm, sich in dieser Zeit zu beschäftigen und eine große Kinderschar zu zeugen, wenngleich seine geliebte Rahel unfruchtbar bleibt. Zunächst bringt Lea vier Söhne zur Welt. Die neidische Rahel schenkt Jakob ihre Sklavin Bilhah, die zwei Söhne bekommt. Da Lea glaubt, seit ihrem vierten Kind unfruchtbar zu sein, aber noch Söhne haben möchte, gibt sie Jakob ihre Magd Silpa. Auch sie bekommt zwei Söhne. Lea möchte weitere Kinder haben und bringt noch zwei Söhne und eine Tochter zur Welt. Am Ende wird Rahel von ihrer Unfruchtbarkeit geheilt, und sie bekommt zwei Söhne, stirbt jedoch bei der Geburt ihres zweiten Sohnes. Es dauert nicht lange, und Jakob hat dreizehn Kinder (s. Tab. 3).

Tab. 3: Jakobs Kinder

LEA	Naphtali
Ruben	
Simeon	ZILPA
Levi	Gad
Juda	Asser
Issachar	
(nachdem Lea dachte, sie sei unfruchtbar)	RAHEL
Zabulon	Joseph
Dina, eine Tochter	Benjamin
	(Rahel stirbt, nachdem sie
BILHA	Benjamin geboren hat)
Dan	

Wie wurde aus Jakob »Israel«?

Der listenreiche Jakob rächt sich an seinem Onkel Laban, als die beiden ein Geschäft bezüglich der Herden abschließen, die Jakob so erfolgreich gehütet hat. Sie kommen überein, daß Jakob alle gesprenkelten und gefleckten Schafe und Ziegen und alle schwarzen Ziegen in den Herden behalten darf. Doch in einer Nacht sagt der schlaue Laban seinen Söhnen, daß sie alle gestreiften Ziegenböcke, die gefleckten Ziegen und die schwarzen Lämmer aus den Herden entfernen sollen. Aber auch Jakob kennt ein paar Kniffe, und so legt er im Rahmen einer Geschichte, die Magie mit ein wenig früher Genmanipulation verbindet, während der Paarungszeit gestreifte Ruten vor die stärksten und gesündesten Tiere der Herde. Als die Jungtiere zur Welt kommen, wird deutlich, daß die Zauberstöcke viele gestreifte, gefleckte und gesprenkelte Tiere hervorgebracht haben. Jakob verfolgt seine Strategie solange weiter, bis er erfolgreich eine große Herde gezüchtet hat, die ihm gehören wird, womit er sich seinem betrügerischen Onkel als überlegen erweist.

Laban und seine Söhne sind gar nicht glücklich über Jakobs List. Und so entsendet Gott einen Engel zu Jakob und warnt ihn, Labans Haus zu verlassen. Nach zwanzig Jahren Dienst für seinen Onkel macht sich Jakob mit seinen Frauen, Kindern und Herden auf den Weg, ohne aber Laban darüber zu informieren. Bevor er geht, entwendet Rahel die »Hausgötter« ihres Vaters, die kleinen geschnitzten Idole aus Holz oder Stein, die die Menschen zur damaligen Zeit als Glücksbringer in ihren Häusern aufstellten. Laban holt Jakob und seine Karawane ein und beginnt, nach allem zu suchen, was Jakob vielleicht gestohlen hat. Rahel setzt sich auf die Götter des Vaters. Als man diese suchen will, sagt sie, sie menstruiere gerade und könne nicht aufstehen.

Diese »Hausgötter« waren typische Götzen in den Kulten, denen man in Kanaan und andernorts in Mesopotamien huldigte. Die kleinen geschnitzten Statuetten oder Fruchtbarkeitssymbole stellte man normalerweise im ganzen Haus verteilt auf, etwa so wie man sich heute Heiligenbilder oder Kreuze an die Wand hängt. Die Episode, in der die menstruierende Rahel die Götzen versteckt, dürften die Israeliten mit höhnischer Freude erzählt haben; denn sie hockte ja auf den Idolen, als sie »unrein« war.

Nachdem Jakob und Laban sich versöhnt haben, schickt der Vater seine Töchter los. Während Jakob nach Hause reist, muß er das Gebiet seines Bruders Esau durchqueren. Da sich Jakob unsicher ist, wie sein Bruder ihn empfangen wird, trennt er sein Lager in zwei Gruppen und schickt Boten mit Geschenken für Esau voraus. Entweder wird er Esau auf seine Seite ziehen oder nur einen Teil seines Lagers verlieren. Aber bevor Jakob sich mit Esau trifft, hat er in der Nacht eine eigenartige Begegnung. Alleingelassen ringt er mit einem Mann ohne Namen. Wie alle großen Sagenhelden besitzt auch Jakob fast übermenschliche Kräfte und wehrt den geheimnisvollen Fremden ab, bis dieser schließlich Jakobs Hüfte trifft und ausrenkt. Jakob weigert sich immer noch, loszulassen, bis ihn der Mann segnet. Der »Mann« fragt Jakob, wie er heiße, und als Jakob es ihm verrät, antwortet er: »Du sollst nicht länger Jakob heißen, sondern Israel, denn du hast mit Gott gerungen und mit den Menschen und hast obsiegt.« Der Name »Israel« wird übersetzt als »der mit Gott ringt« oder »Gott herrscht« und bezeichnete später dann die Föderation der zwölf Stämme. Somit waren diese Volksgruppen nicht nur durch ihren Glauben, sondern auch durch uralte Blutsbande verbunden.

Zu den gravierendsten Änderungen heutiger Historiker bezüglich dieser »zwölf Stämme« gehört, daß lokale Stammesgruppen in Kanaan – später Israel – bereits existierten, bevor sie diesen Namen erhielten. Neueren archäologischen und historischen Belegen zufolge entstammte die »Zwölf Stämme«-Erklärung zum Ursprung dieser Völker einer viel späteren Zeit, als sich die Konföderation der lokalen Stämme die möglicherweise keinerlei Verbindung zu Jakob hatten – um 1000 v. Chr zum Königreich Israel wandelte. J. R. Porter schreibt hierzu: »Ursprünglich waren die Namen der Stämme geographische Bezeichnungen für Teile Palästinas, doch im Buch Genesis werden sie zu Personennamen. Die Namen der Stammväter tauchen alle in den Volksetymologien auf, die in keiner Weise der historischen Wirklichkeit entsprechen.« (*The Illustrated Guide to the Bible,* S. 47) Zum Beispiel stammte das Volk

»Dan« laut Cyrus Gordons Buch *The Bible and the Ancient Near East* von einem der »Seevölker« ab, einer Gruppe, die unter dem Namen Danuna bekannt war (ebd. S. 96). Es gibt zahlreiche Hinweise darauf, auch in der Bibel, daß sich viele »Kinder Israels« bereits vor dem Auszug aus Ägypten unter Mose (vgl. Exodus) im Verheißenen Land erfolgreich niedergelassen hatten.

Nachdem Jakob mit Gott gerungen hat, trifft er Esau – der ihm mit vierhundert Mann entgegenzieht. Aber statt Schwierigkeiten zu bekommen, wird Jakob von seinem älteren Zwillingsbruder willkommen geheißen, der ihm zudem alles verzeiht. Esau umarmt seinen Bruder, sie küssen einander und brechen in Tränen aus. Normalerweise erinnert man sich an Esau als den Bruder, der wegen seiner Glutgläubigkeit betrogen wurde, doch verdient er eine bessere Beurteilung. Zwar wurde er hereingelegt, und das nicht nur ein-, sondern zweimal, und durch eine manipulierende, intrigierende Mutter und einen bewußt betrügerischen Bruder genarrt. Doch am Ende sollte man ihn als das erkennen, was er war: ein wahrer, vorbildlicher Held, der – obwohl man ihn betrogen hat – seinem Bruder eine aufrichtige Versöhnung und bedingungslose Vergebung anbietet.

Zusammenfassung der Handlung:
Die Entführung Dinas

Die sagenumwobenen zwölf Söhne bekommen zwar die meiste Aufmerksamkeit, aber Jakob hatte auch eine Tochter – Dina. Auch ihre Geschichte gehört zu jenen unbehaglichen Episoden in der Bibel, die im Religionsunterricht gern übergangen werden. Doch erinnert sie daran, daß die Bibelerzählungen vor dem Hintergrund einer unentwickelten Kultur voller Blutfehden und persönlicher Rachefeldzüge spielen. Nach der friedfertigen Einigung mit Laban und Esau gerät Jakob bei der Rückkehr nach Kanaan mit seiner Familie in eine ziemlich unangenehme Lage. Sie lagern außerhalb der Stadt Sichem und erwerben ein Stück Land, auf dem sie ihre Herden grasen lassen können. Aber einer der Einheimischen, der ebenfalls Sichem heißt, nimmt Jakobs Tochter mit Gewalt. Der Vater des jungen Mannes äußert sein Bedauern und bietet an, daß sein Sohn Dina heiraten soll. Er schlägt sogar vor, daß sich die männlichen Einwohner der Stadt beschneiden lassen, wodurch er unausgesprochen Jakobs Gott anerkennt, und daß sich die beiden Gruppen durch Mischehen miteinander verbinden. Jakob erkennt, wie weise dies ist, und stimmt dem Abkommen zu; seine Söhne unterzeichnen ebenfalls die Vereinbarung, allerdings aus ganz anderen Gründen. Natürlich hat Dina in dieser Angelegenheit kein Mitspracherecht. Als Frau ihrer Zeit gehört sie dem Vater, der mit ihr machen kann, was er will. Was *sie* möchte, läßt sich nur erahnen. Dina bleibt während der »Verhandlung« bei Sichem. Ist sie eine Geisel, wie es die Überlieferung behauptet? Oder hat sie sich in den Kanaanäer Sichem verliebt? Einige hundert Jahre nach dieser Auseinandersetzung um eine Frau, die von einem jungen Mann entführt wird, sollte ein ähnlicher Krieg um die Entführung einer stolzen Frau ausbrechen. War Dina eine Geisel, die man zu etwas zwang, oder war sie – so wie Helena aus Troja – eine bereitwillige Frau, die sich verliebt hatte? Die Bibel verrät uns nicht, welche dieser beiden Möglichkeiten zutrifft.

Während die Männer von Sichem nach der Beschneidung voller Schmerzen daliegen, töten Dinas beiden Brüder, Simeon und Levi, Sichem und fliehen mit Dina. Anschließend plündern Jakobs andere Söhne die Stadt. Das ist ein Vergeltungsschlag wegen der Entführung der Schwester, wobei sie soweit gehen, die Frauen und Kinder von Sichem zu stehlen. Jakob ist wütend über diese Wendung der Ereignisse, weil er die Vergeltung der benachbarten Kanaanäer fürchtet. Doch seine Söhne antworten ihm: »Soll unsere Schwester wie eine Hure behandelt werden?«

Nach dieser von Gewalt geprägten Episode reist Jakob weiter und errichtet unterwegs Gott Altäre. Gleichzeitig beerdigt er alle fremden Götter, Hausgötzen, Ohrringe und magischen Amulette, die seine Familie mitführt. Damit reinigt er sich auf symbolische Weise von den anderen lokalen Gottheiten Kanaans.

Zusammenfassung der Handlung: Joseph und seine Brüder

Nach seinem langen, ereignisreichen Aufenthalt kehrt Jakob mit seiner Familie und seinen Herden nach Kanaan zurück. Joseph ist inzwischen siebzehn Jahre alt und zu Jakobs Lieblingssohn herangewachsen, und er ist der Erstgeborene der geliebten Rahel. Josephs Brüder scheinen ihn als Plage zu empfinden, vor allem, weil er einige von ihnen wegen irgendwelcher Dinge verraten hat, die sie verbrochen haben. Was sie getan haben, wird nicht gesagt, aber Joseph »brachte es vor ihren Vater, wenn etwas Schlechtes über sie geredet wurde«. Während er seine Stellung als Günstling des Vaters ausbaut, werden seine Brüder eifersüchtig. Jakob schenkt ihm sogar ein besonderes Gewand mit langen Ärmeln. Joseph macht alles nur noch schlimmer, als er seinen Brüdern von zwei Träumen erzählt, in denen er über seine Brüder herrscht, und sie sich vor ihm verneigen. Zunächst überlegen die Brüder, ob sie ihn töten sollen, aber Juda überzeugt die anderen, ihn statt dessen zu verkaufen, und so wird Joseph gegen das Entgelt von zwanzig Silberstücken von einer Karawane midianitischer Händler mitgenommen. Anschließend tränken die Brüder Josephs Umhang mit Ziegenblut, gehen damit zum Vater zurück und sagen ihm, Joseph sei von einem Tier getötet worden. Die Midianiter bringen Joseph nach Ägypten, wo er an Potiphar, den Hauptmann der Leibgarde des Pharao, verkauft wird.

Gab es einen »bunten Rock«?

Leider nicht. Es handelt sich einmal um eine schlechte Übersetzung. Die korrekte Übertragung für Josephs berühmten »bunten Rock« lautet: »langer Umhang mit Ärmeln«. Es ist leicht zu erkennen, warum sich die Übersetzung »bunter Rock« durchgesetzt hat – das Wort klingt viel besser und läßt den Leser nicht an einen schicken Bademantel denken. Ein solcher Umhang wird später noch einmal in der Bibel erwähnt, wobei es sich um die Kleidung einer Prinzessin gehandelt haben soll. Entweder verlieh Jakob Joseph einen halbköniglichen Status oder aber er wollte, daß sein Sohn zu einem Transvestiten wurde.

Eines steht jedoch fest: Joseph wurde seinen Brüdern vorgezogen, und das mißfiel ihnen. Einmal mehr kristallisieren sich hier die wichtigen Themen der Genesis heraus: die Geschwisterrivalität, die Bevorzugung des jüngeren Bruders gegenüber den älteren Brüdern sowie, im Zusammenhang mit Josephs Abenteuern in Ägypten, die Vorstellung vom Exil und von der Rückkehr – sicherlich eine der Zentralfragen in der Bibel für Juden wie für Christen. Das Entscheidende an dieser Erzählung ist jedoch das Thema der Vergebung.

Worin bestand Onans Sünde?

In der Josephs-Erzählung gibt es eine Art Zwischenspiel. Dabei handelt es sich um zwei Geschichten über Juda, den vierten der Söhne Leas, und dessen Familie. Juda heiratet eine kanaanäische Frau und hat drei Söhne, Er, Onan und Schela. Der erste, Er, heiratet eine Frau namens Tamar und begeht ein nicht näher benanntes Verbrechen, woraufhin Gott ihn erschlägt. Daraufhin befiehlt Juda Onan, mit der Witwe des toten Bruders zu schlafen und statt seiner die Kinder großzuziehen – zur damaligen Zeit die Pflicht des Schwagers. Da Onan aber keine Nachkommen großziehen möchte, die zu den Erben seines Bruders werden, »verstreute er seinen Samen« immer dann auf den Boden, wenn er »zu seines Bruders Frau ging«. Gott ist nicht erfreut über diesen Ungehorsam und erschlägt auch Onan.

Dieser kurze Textpassage ist seit jeher der Schrecken aller männlichen Jugendlichen. Jahrhundertelang wurde die sogenannte »Sünde des Onan«, die man später »Onanie« nannte, fälschlicherweise als biblische Ermahnung gegen Masturbation betrachtet. Daß Onan seinen »Samen zur Erde fallen und verderben ließ« war in Wirklichkeit die Folge eines Coitus interruptus und nicht von »Selbstmißbrauch«, wie man die Masturbation auch genannt hat. Daß Onan das Gesetz nicht befolgte, eine Pflicht, die vom Bruder verlangte, seinem toten Bruder Erben zu schenken – das kostete ihn das Leben. Eine ziemlich harte Rechtsprechung.

Doch Genesis hat noch einiges vor mit Tamar, der Witwe, die erlebt, wie zwei ihrer Geliebten sterben. Juda rät ihr, so lange zu warten, bis sein dritter Sohn, Schela, erwachsen ist. Aber als Schela heranwächst, bricht Juda sein Versprechen, daß sich Schela um Tamar kümmern wird. Als ihre Aussichten, Mann und Kinder zu bekommen, dahinschwinden, nimmt Tamar die Sache selbst in die Hand. Sie tauscht ihre Witwenkleidung gegen den Schleier einer Prostituierten und wartet, bis Juda des Weges kommt. Er bleibt stehen und nimmt ihre Dienste mit einem »Quickie« am Straßenrand in Anspruch – vermutlich, weil er sie nicht als seine Schwiegertochter erkennt. Da er gerade kein Geld bei sich hat, sagt er der Prostituierten, er werde sie irgendwann später mit einem Jungtier aus seiner Herde entlohnen. Aber Tamar ist schlau und bittet ihn um seinen Siegelring – einen Ring, mit dem man eine Unterschrift prägt –, der an einer Schnur hängt, und seinen Stab, das antike Pendant zur Kreditkarte.

Als Tamar schwanger wird, wird sie zu Juda geführt: Sie soll hingerichtet werden, als Prostituierte, die den Tod verdient. Da zieht sie ihre Trumpfkarte – Judas Siegelring mit der Schnur und den Stab.

Das alles mag uns wie eine merkürdige, aber unbedeutende Nebenhandlung zur Haupterzählung um Joseph erscheinen. Eine sehr wichtige Fußnote zu dieser Geschichte ist jedoch die Identität das Nachkommens von Juda und Tamar. Auch sie sind ein Paar biblischer Zwillinge, der eine streckt seine Hand aus dem Mutterleib und ist somit praktisch der Erstgeborene, weswegen ihm die Hebamme einen roten Faden ums Handgelenk schlingt. Dann aber kommt doch der zweite Zwilling als erster zur Welt. Sein Name ist Perez. Der Bruder mit dem roten Band erhält den Namen Serach. Perez wird zum Vorfahren Davids – und damit im weiteren Sinne zum Vorfahren Jesu.

Wer war der Pharao zur Zeit Josephs?
Und konnte ein Sklave »Kanzler« von Ägypten werden?

Und was geschah mit Joseph? Daß man diese Frage stellt, beweist, wie brillant die Autoren der hebräischen Bibel eine Geschichte zu erzählen vermochten. Man kann sich gut vorstellen, wie die Menschen in der Wüste an ihrem Lagerfeuer sitzen und der Erzählung von Joseph lauschen. Gerade als der Geschichtenerzähler bei Josephs Schicksal ankommt, verlagert er die Aufmerksamkeit auf die Erzählungen über Juda und Tamar. Die Zuhörer bleiben im Ungewissen. Dieser Erzähltechnik bedienen sich auch Charles Dickens, Vorabendserien und Fernsehseifenopern mit großem Erfolg. Sie sorgt dafür, daß das Lese- bzw. Fernsehpublikum mit dem Schicksal des Helden mitfiebert.

Als wir unseren Helden Joseph verließen, hing sein Schicksal zwar nicht gerade am seidenen Faden, aber seine Brüder hatten ihn in die Sklaverei verkauft. Und so war er nach Ägypten gekommen, wo er im Hause des Potiphar diente, der zunächst als ägyptischer Soldat beschrieben wird. Doch Gott ist mit Joseph, und ihm ergeht es gut; er steigt in der ägyptischen Gesellschaft auf und wird Aufseher in Potiphars Haus. Auch heißt es in der Bibel, daß Joseph »schön an Gestalt und hübsch von Angesicht« war. Als Potiphar einmal nicht im Hause ist, entwickelt seine Frau ein heftiges erotisches Interesse an dem attraktiven Joseph. Doch der weist ihre Annäherungsversuche zurück.

Potiphars Frau fühlt sich verschmäht und bezichtigt Joseph der »Vergewaltigung«, so daß man ihn ins Gefängnis wirft. Ein derart beschuldigter Sklave hätte durchaus damit rechnen können, daß man ihn hinrichtete. Offenbar ist Josephs Begegnung mit Potiphars Frau die Überarbeitung einer ägyptischen Volkserzählung, die man unter dem Titel »Erzählung zweier Brüder« kennt, in der ein Bruder von seiner Schwägerin zu Unrecht beschuldigt wird. In der ägyptischen Erzählung versöhnen sich die beiden Brüder. Im Gefängnis entdeckt Joseph erneut sein Können als Traumdeuter – also genau das, was ihn bei seinen Brüdern in Schwierigkeiten gebracht hatte. Joseph kann Träume so gut interpretieren, daß er zum Pharao geführt wird, der Joseph erzählt, was er geträumt hat. Mit Gottes Hilfe erklärt Joseph, daß Ägypten sieben Jahre mit guten Ernten, gefolgt von sieben Dürrejahren erleben wird. Er rät dem Pharao, während der guten Jahre Getreide einzulagern, damit es ihm während der schlechten Jahre zur Verfügung steht. Der

Pharao ist so beeindruckt, daß er Joseph zum leitenden Minister Ägyptens ernennt samt der Befugnis, das »Entwicklungshilfe«programm in die Wege zu leiten.

Wieder hat Joseph Glück im Leben: Er heiratet die Tochter einer ägyptischen Hohepriesterin, die zwei Söhne, Manasse und Ephraim, zur Welt bringt. Als die geweissagte Dürre eintritt, werden Josephs Brüder von Jakob nach Ägypten entsandt, in der Hoffnung, daß sie dort Lebensmittel einkaufen können. Mehr als zwanzig Jahre sind vergangen, seit die Brüder Joseph als Sklaven verkauft haben. Deshalb erkennen sie ihren Bruder nicht, der nun ein ägyptischer Beamter ist, als sie vor ihn treten.

Joseph hingegen hat keine Schwierigkeiten, seine Brüder zu erkennen. Statt sich an ihnen zu rächen, plant er insgeheim die Wiedervereinigung seiner Familie. Schließlich ersinnt er eine ausgeklügelte List, um seinen Brüdern eine Lehre zu erteilen: Er läßt in ihr Gepäck einen goldenen Kelch legen. Er läßt seinen Brüdern hinterherjagen, sie zu ihm bringen und verlangt, daß Benjamin, der jüngste Bruder, zur Bestrafung zurückgelassen wird. Wegen der Dinge, die Juda seinem Bruder Joseph angetan hat, bekommt Juda ein schlechtes Gewissen und bietet sich anstelle von Benjamin an.

Nachdem Joseph erkannt hat, daß Juda seine Lektion tatsächlich gelernt hat, enthüllt er schließlich seinen Brüdern, wer er ist; er sagt ihnen sogar, es habe zu Gottes Plan gehört, daß er in die Sklaverei verkauft wurde. Auf Josephs Beharren hin treten sein Vater Jakob (Israel) und alle seine Nachkommen die Reise nach Ägypten an. Sie erhalten ein »Sahnestück« der äyptischen Immobilie in Gosen, einer fruchtbaren Region im Nildelta. In einem langen Gedicht wird erzählt, daß alle zwölf Söhne von Vater Jakob ihren Segen bekommen. Für die zwölf Söhne ist es eine Art Abschluß, aber nicht für alle bedeutet der Segen ein gutes Ende. Tatsächlich spiegeln sich darin Ereignisse, die einige Jahrhunderte später, zur Zeit König Davids, stattfinden werden.

Wer war nun dieser Pharao, unter dem Joseph diente, und konnte ein semitischer Sklave tatsächlich zum »Kanzler« von Ägypten aufsteigen? Wir wissen viel über die Ägypter und ihre Lebensweise, unter anderem, daß die Pyramiden von gelernten Arbeitern, nicht von Sklaven erbaut wurden. Von vielen Pharaonen sind ausführliche Dokumente überliefert, die aus Zeitabschnitten stammen, bevor und nachdem Joseph vermutlich gelebt hat. In keinem der Dokumente wird jedoch ein semitischer Sklave erwähnt, der ein hohes Amt bekleidete, die Träume des Pharao deutete und half, Ägypten in einer Zeit außergewöhnlicher Dürre zu retten. Im Alten Orient kam es nicht selten zu Dürreperioden und Hungersnöten, und es sind mehrere Zeiten großer Knappheit überliefert, wenn auch keine von ihnen exakt dem biblischen Szenario entspricht. Es ist auch nicht bekannt, wer der Pharao war, unter dem Joseph diente. Viele Elemente in der biblischen Geschichte stimmen mit dem überein, was man über das Ägypten der damaligen Zeit weiß. Hinsichtlich dieser Frage ist intensiv geforscht wurden. Die am weitesten akzeptierte Vermutung lautet, daß sich Joseph während der Zeit der Hyksos in Ägypten aufhielt, einer semitischen Volksgruppe, die in Ägypten einmarschierte, Teile davon eroberte und sich rund ein Jahrhundert lang im Nildelta halten konnte.

Neben der historischen Bedeutung der Josephserzählung und ihren Folgen für das künftige Leben der Israeliten hat die Geschichte auch einen gewichtigen spirituellen Sinn. In der ganzen Genesis kommen Geschichten über Brüder vor, die einander schlecht behandeln und verraten. Von den ersten Brüdern, Kain und Abel, begeht Kain den ersten Mord. Spätere Brüder verdrängten oder hintergingen einander. Am Ende erwogen die Brüder Josephs, ihn zu ermorden. In jeder Geschichte kommt Vergebung vor. Gott zeigt sich gnädig gegenüber Kain. Ismael und Isaak kommen wieder zusammen und beerdigen ihren Vater Abraham. Jakob und Esau versöhnen sich. Und schließlich wird – in der Josephserzählung der großartigste Akt des Verzeihens durch einen Bruder dargestellt. In letzter Konsequenz ist Vergebung das große Thema, das die ganze Bibel durchzieht. Menschen sündigen. Gott vergibt.

Stimmen der Bibel

Und Joseph sprach zu seinen Brüdern: Ich sterbe; aber Gott wird euch gnädig heimsuchen und aus diesem Lande führen in das Land, das er Abraham, Isaak und Jakob zu geben geschworen hat. Darum nahm er einen Eid von den Söhnen Israels und sprach:

Wenn euch Gott heimsuchen wird, so nehmt meine Gebeine mit von hier. Und Joseph starb, als er hundertundzehn Jahre alt war. Und sie salbten ihn und legten ihn in einen Sarg in Ägypten. (1. Mos. 50,24-26.)

MEILENSTEINE IN DER ZEIT DER BIBEL I

Alle Daten sind »vor Christus«. Bei vielen von ihnen handelt es sich um Vermutungen und Annäherungswerte.

Vor 4,6 Milliarden Jahren: Geologischen Belegen zufolge entsteht jetzt die Erde.

Vor 3 Millionen Jahren: Der aufrecht gehende Australopithecus, eine Vorform des Menschen, erscheint auf der Erde.

Vor 1,6 Million Jahren entwickelt sich *Homo erectus* – der »Werkzeugmacher« und Feuer herstellende Ahn des modernen Menschen.

Vor 150 000 bis 75 000 Jahren: Der Neandertaler jagt, spricht, sorgt für die Kranken, praktiziert Kannibalismus, begräbt die Toten.

Vor 117 000 Jahren: Aus dieser Zeit liegen archäologische Hinweise aus Afrika vor über Menschen, die in ihrer Anatomie dem heutigen Menschen gleichen.

Vor 100 000 Jahren: Kleine Gruppen von Jägern und Sammlern bevölkern den frühgeschichtlichen Nahen Osten.

11 000: Als sich nach der letzten Eiszeit die Gletscher allmählich zurückbilden, entstehen in Teilen des Alten Orients riesige Felder mit Wildgetreide.

10 000 – 8000: Die »Natuf«-Kultur dominiert im heutigen Israel und bringt einige der ersten bekannten menschlichen Ansiedlungen hervor.

8000: Im Vorderen Orient beginnt die Landwirtschaft; man gebraucht Stöcke zum Graben, um Samen von Wildgräsern zu pflanzen.

6500: Irgendwann im Laufe der folgenden zwei Jahrhunderte erfinden die Sumerer im Stromgebiet von Euphrat und Tigris das Rad.

5508: Das Jahr der Schöpfung, wie es im Konstantinopel des 7. nachchristlichen Jahrhunderts und von der östlichen orthodoxen Kirche bis zum 18. nachchristlichen Jahrhundert verwendet wird.

5490 Das Jahr der Schöpfung: Die ersten Städte entstehen, als die Menschen beginnen, sich im Gebiet des Fruchtbaren Halbmonds zu Dorfgemeinschaften zusammenzuschließen.
- Das Land am Ufer des Nil trocknet allmählich aus; Bau der ersten Deiche und Bewässerungskanäle; sie markieren den Beginn der Zivilisation in Nordafrika.

4004 (23. Oktober); *Datum der Schöpfung von Himmel und Erde* nach der Berechnung des irischen Theologe James Ussher im Jahr 1650 n. Chr.

3760 Das Jahr der Schöpfung laut der Berechnung des hebräischen Kalenders, der seit dem 15. nachchristlichen Jahrhundert verwendet wird.

3641 (10. Februar): Laut den Berechnungen der Maya *das Datum der Schöpfung.*

3500: In den Tälern von Euphrat und Tigris, wo die alljährlichen Überschwemmungen neue Schichten fruchtbaren Schlamms ablagern, entwickelt sich die sumerische Gesellschaft. Die Sumerer beginnen Haustiere vor Pflüge zu schirren, legen das Marschland trocken, bewässern die Wüstengebiete und erweitern die Gebiete dauerhafter Urbarmachung. Mit der steigenden Effizienz in der Landwirtschaft entstehen die ersten »begüterten Klassen«, bislang unbekannte soziale Schichten: Priester, Handwerker, Gelehrte und Händler; unter der Leitung von Priestern enwickelt sich eine Verwaltung. Zu den weiteren Errungenschaften der Sumerer zählen: von Tieren gezogene Fahrzeuge und von Rudern angetriebene Schiffe, die Produktion von Gegenständen aus Bronze, die mit dem weicheren Kupfer nicht hergestellt werden konnten, sowie ein Keilschrift-Alphabet.

3100: Ägyptens 1. Dynastie vereinigt unter Menes, der eine Stadt namens Memphis gründet, das nördliche und das südliche Königreich.

2680: Gründung der 3. Dynastie Ägyptens durch Djoser, der mit Hilfe des Kanzlers Imhotep regiert. Imhotep unternimmt die ersten bekannten Versuche, sowohl medizinische als auch religiöse Methoden zur Behandlung von Krankheiten zu ersinnen. Er läßt die Djoser-Pyramide (Stufenpyramide bei Sakkara) erbauen, das erste große Steingebäude der Welt.

2613: Gründung der 4. Dynastie Ägyptens durch Snofru. Sein Sohn Cheops (Chufu), der 23 Jahre regiert, läßt die große Cheopspyramide bei Gizeh errichten.

2650: Ägyptens Chephren regiert als dritter König der 4. Dynastie. Während seiner Regierungszeit wird vermutlich die Große Sphinx bei Gizeh, ein 63 Meter langes Momument, aus Stein gehauen.

2500: Menkuare, ein Pharao der 4. ägyptischen Dynastie, läßt eine dritte Pyramide bei Gizeh errichten.
2500: Vereinfachung der sumerischen Keilschrift, die sich aus früheren Sprachen entwickelt und Tausende Ideogramme umfaßt.
2350: In Mesopotamien herrscht während der folgenden zwei Jahrhunderte das Reich der Akkadäer, gegründet durch Sargon I.
Ca. 2000-1700: Abraham verläßt Ur in Chaldäa.
2000: Die Babylonier führen das Dezimalsystem ein; Babylon ersetzt Sumer als die beherrschende Macht im Mittleren Osten. *1970:* Der Gründer der 12. (thebanischen) ägyptischen Dynastie, Amenemhet I., stirbt nach 33jähriger Herrschaft.
1792: 208 Jahre der ägyptischen thebanischen Dynastie enden mit dem Tod des Amenemhet IV.
1792-1750 »?«: Hammurabi regiert Babylonien und erläßt seinen berühmten Gesetzeskodex.
1700: Die Babylonier setzen Windmühlen ein, um Wasser zur Bewässerung zu pumpen.
1660-1550: Angehörige der semitischen Hyksos marschieren aus Palästina, Syrien und weiter nördlich gelegenen Gebieten in Ägypten ein. Diese hervorragenden Bogenschützen tragen Sandalen, setzen Pferde und Streitwagen ein und beherrschen während des folgenden Jahrhunderts das Nildelta.
Ca. 1650 »?«: Der »Jahwe-Kult«, die früheste Form des Judentums, der von Abraham begonnen und von seinem Sohn Isaak weitergeführt wurde, wird von seinem Enkel Jakob, auch Israel genannt, fortgesetzt.

LASS MEIN VOLK ZIEHEN

EXODUS

Und er war allda bei dem HERRN vierzig Tage und vierzig Nächte und aß kein Brot und trank kein Wasser.
Und er schrieb auf die Tafeln die Worte des Bundes, die Zehn Worte.
(2. Buch Mose 34,28)

- Warum versucht Gott, Mose zu töten?

- Bauten die Hebräer die Pyramiden?

- Welches Meer durchquerten die Israeliten?

- Wenn man die eigene Tochter als Sklavin verkauft, muß man dann einen Garantieschein beifügen?

Woher wissen wir, daß Mose wirklich lebte? Er ist schließlich vierzig Jahre in der Wüste umhergeirrt, ohne ein einziges Mal nach dem Weg zu fragen.

Wenn man schließlich beim Buch Exodus angekommen ist, glaubt man, eine klare Vorstellung vom biblischen Leben und einen Eindruck davon gewonnen zu haben, wie die Menschen der Bibel tatsächlich aussahen: Mose sah aus wie Charlton Heston und der Pharao wie Yul Brynner.

Cecil B. DeMilles religiöser Monumentalfilm *Die zehn Gebote* (1956) hat vermutlich mehr geläufige (falsche) Vorstellungen über die Bibel und ihre Aussagen geprägt als alle gelehrten Doktorarbeiten, Kirchenpredigten und Religionsstunden während der letzten vierzig Jahre zusammengenommen. Zwar sind all die blendenden Kinobilder – der Nil voller Blut, das Meer, das sich teilt, die göttlichen Gesetze, die aus den Flammen wirbeln – visuell sehr aufregend. Dennoch bleiben einige Schwierigkeiten bestehen. Zum einen gilt die Bezeichnung »Rotes Meer« inzwischen als Falschübersetzung; zum anderen gibt es das Problem, daß der Berg Sinai, mitunter Berg Horeb genannt, nicht genau lokalisiert werden kann. Niemand weiß genau, welcher Berg in Exodus vorkommt, auch wenn der Autor des kürzlich in den USA erschienenen, umstrittenen Buches *The Gold of Exodus* behauptet, zwei Amateurarchäologen hätten den Ort in der Arabischen Wüste entdeckt.

Und es fehlt noch ein Gegenstand, und zwar der wichtigste in der Geschichte des alten Israels überhaupt: die Bundeslade, die kunstvoll verzierte Truhe, die Mose auf Gottes Anweisung bauen sollte, um die Steintafeln mit den zehn Geboten zu verwahren. Die Bundeslade verschwindet aus der Bibel ohne weitere Erwähnung. Nachdem Jerusalem im Jahr 586 v. Chr. zerstört worden war, wird ihr weiteres Schicksal nie wieder erörtert.

Es stellt sich aber auch noch eine andere beunruhigende Frage. Wie ist es möglich, daß ein oder zwei Millionen Männer, Frauen und Kinder so lange umherwandern, ohne irgendwelche Spuren zu hinterlassen? Es existieren weder Indizien für halbpermanente Behausungen noch für Ruinen. Keine einzige Tonscherbe. Keine

Begräbnisstätten. Mit anderen Worten: (Bislang) haben Forscher keine Überreste gefunden, die auf menschliche Ansiedlungen hinweisen. Man behalte aber stets Regel Nummer eins der Archäologie im Gedächtnis: Daß sich in einer Gegend keine Belege für die Existenz von Menschen finden, beweist nicht, daß niemand dort war.

Doch es gibt ja Mose – auf hebräisch Mosche –, die zentrale Figur der hebräischen Bibel, den großen Gesetzesbringer und für Christen das symbolische Vorbild für Jesus. Mose wird gerettet, nachdem ein König befohlen hat, alle jüdischen Säuglinge zu töten; Jesus wird gerettet, nachdem ein König befohlen hat, alle jüdischen Babys zu töten. Mose teilt das Wasser; Jesus wandelt auf dem Wasser, das er zuvor »beruhigte«. Mose verbringt vierzig Tage in der Wüste; Jesus verbringt vierzig Tage in der Wüste. Mose geht auf einen Berg und hält eine Predigt; Jesus hält eine Predigt auf einem Berg. Mose stiftet den Alten Bund; Jesus stiftet den Neuen Bund.

Manche Juden *und* Christen wundert es vielleicht zu erfahren, daß Mose auch im Islam, der ihn unter dem Namen Musa kennt, gute Noten bekommt. Laut dem *Who's Who of Religions* bezieht sich der Koran 502mal auf Mose – häufiger als auf irgendeinen anderen Propheten. In der islamischen Tradition drängt er Mohammed, mit Gott (Allah) zu verhandeln, bis die erforderliche Anzahl der täglichen Gebete von 50 auf fünf verringert wird.

Trotz seiner herausragenden Stellung in drei bedeutenden Religionen bleibt Mose so etwas wie der »große Unbekannte«. Außerhalb der Bibel und des Korans gibt es keine Hinweise auf seine Existenz. Kein existierendes Exemplar seiner Schriften. Keine Bezüge in wichtigen ägyptischen Dokumenten auf einen Mose, der im Hause des Pharao lebte. Die ägyptischen Quellen erwähnen die »Kinder Israels« nicht, die zuerst als Sklaven arbeiteten und dann *en masse* flohen. Heutige Forscher haben keine Probleme damit. Es handele sich eben um ein peinliches Geschehnis, das die ägyptischen Hofgelehrten verschleiert hätten. Das stimmt schon: Damals wie heute räumen Regierungen Pannen, Fehler und Rückschläge nur höchst ungern ein.

Auch wenn einige Gelehrte – aber wenige Gläubige – die Tatsache bezweifeln, daß Mose lebte, so bleibt die Frage, ob es einen »historischen Mose« gegeben hat, zweitrangig gegenüber den Aussagen, die in Exodus und den drei folgenden Büchern der Tora (Levitikus, Numeri und Deuteronomium) gemacht werden. Exodus (vom griechischen *exodos:* »Auszug, Abreise«) berichtet von der Befreiung der Israeliten aus der Sklaverei in Ägypten und den folgenden Jahren der Wüstenwanderung. Der Exodus, im Hebräischen *schemot* (»Namen«) genannt, zerfällt in zwei größere Abschnitte. Im ersten wird der Aufstieg Moses und Israels Flucht aus der ägyptischen Gefangenschaft geschildert. Anschließend wird über Israels Aufenthalt in der Wüste Sinai berichtet. Dort gibt Gott Mose die Gesetze, die das Leben und den Gottesdienst – nicht nur die Zehn Gebote – Israels regeln, wodurch ein einzigartiger Bund zwischen diesem Volk und seinem Gott stiftet wird.

Stimmen der Bibel
Da gebot der Pharao seinem ganzen Volk und sprach: Alle Söhne, die geboren werden, werft in den Nil, aber alle Töchter laßt leben. (2. Mos. 1,22)

Zusammenfassung der Handlung:
Mose
Im Eröffnungskapitel des Buches Exodus werden vermutlich einige Jahrhunderte in der Geschichte Israels übersprungen – obwohl selbst dies umstritten ist –, und die Nachkommen von Abraham und Joseph finden sich unter veränderten Lebensumständen wieder. Die Zahl der Hebräer, denen ein nicht genannter Pharao zur Zeit Josephs wohlgesonnen war, hat zugenommen. Dies empfindet ein anderer, nicht genannter Pharao als Bedrohung, und er läßt daher die Hebräer Städte und Befestigungsanlagen bauen. Der Pharao ist derart besorgt wegen der Hebräer, daß er sogar befiehlt, alle hebräischen Knaben zu töten. Dennoch arbeiten die Hebräer weiter.

Angesichts dieses Todesurteils durch den Pharao, das einem Völkermord gleichkommt, legt eine Hebräerin ihren kleinen Sohn in ein Körbchen aus geflochtenem Schilfgras, das sie auf den Nil setzt – in Ägypten die Quelle allen Lebens. Die Tochter des Pharao findet den hebräischen Knaben und beschließt, ihn zu behalten, wobei ihr offensichtlich klar ist, daß sie damit gegen das Gebot ihres Vaters verstößt. Sie nennt den Knaben Mose, ein ägyptischer Name, der »Sohn des« bedeutet. Der Name ist mit dem hebräischen Wort für »herausziehen« verwandt; Mose wird aus dem Nil »herausgezogen«, ebenso wie sein Volk aus Ägypten »herausgezogen« wird. Die Schwester des Kindes, die man losgeschickt hatte, um zu beobachten, wie ihr kleiner Bruder den Nil hinuntergleitet, fragt die ägyptische Prinzessin, ob sie eine hebräische Amme haben wolle, die sich um das Kind kümmere, und bringt die wahre Mutter des Kindes zum Palast.

Daß es später von Moses Bruder, Aaron, dem Erstgeborenen heißt, daß er drei Jahre alt – und damit älter als Mose ist –, stellt ein Problem dar: Warum wurde nicht Aaron, der Erstgeborene, in den Nil geworfen? Galt der Befehl des Pharao rückwirkend oder nur für die Neugeborenen? Eine weitere dieser lästigen Einzelheiten, auf die in der Bibel nicht näher eingegangen wird.

Mose, der in Ägypten zum Prinzen erzogen wird, sieht, wie ein ägyptischer Aufseher einen hebräischen Arbeiter prügelt. Bei dem Versuch, den Hebräer zu retten, tötet er den Ägypter und begräbt ihn heimlich im Sand. Als er später Zeuge wird, wie zwei Hebräer streiten, schreitet er abermals ein, aber einer der Männer sagt zu ihm: »Wirst du mich töten wie den Ägypter, den du im Sand begraben hast?«

Mose fürchtet den Zorn des Pharao, dem der Vorfall zu Ohren kommt und der Mose töten will. Aber Mose flieht ins Land der Midianiter. Dieses Volk verbindet uralte Blutsbande mit Abraham und lebt in der Wüste Sinai, wo Mose Zippora, eine von sieben Schwestern, an einem Brunnen trifft. Hier haben wir es wieder mit einem Fall biblischer Namensverwirrung zu tun: Zipporas Vater wird erst Reuel, dann Jetro und schließlich Mobab genannt. Mose heiratet Zippora, wird Viehhirte, und das Paar hat zwei Kinder.

Eines Tages fühlt sich Mose von einem seltsamen Anblick auf dem »Berg Gottes« angezogen, der zunächst als Horeb und später als Sinai bezeichnet wird. In einem brennenden Busch erscheint ihm »ein Engel des Herrn«. Der Busch steht in Flammen, aber er verbrennt nicht. Da ruft Gott Mose aus dem Busch etwas zu. Der »Gott seiner Väter« sagt zu ihm, er müsse nach Ägypten zurückkehren und sein Volk aus der Sklaverei herausführen.

Mose erhebt mehrere Einwände und klagt schließlich, er stottere und werde keinen guten Fürsprecher abgeben. Darauf antwortet ihm Gott, statt seiner könne sein Bruder Aaron die Reden halten.

Stimmen der Bibel
Gott sprach zu Mose: Ich werde sein, der ich sein werde. (2. Mos. 3,14)

Warum versuchte Gott, Mose zu töten?

Zu den faszinierendsten und besonders oft übersehenen Episoden im Leben des Mose gehört eine kurze Textpassage, in der davon berichtet wird, wie er mit seiner Familie nach Ägypten zurückkehrt. Offenbar haben sich Hollywoodregisseure wie C. B. DeMille an diese Geschichte nicht herangetraut, weil sich die Gelehrten schon seit Jahrhunderten darüber wunderten. Die Erzählung nimmt in Exodus drei knappe Verse ein. Als sich Mose mit seiner Familie auf den Weg nach Ägypten macht, errichten sie ein Nachtlager. In dem Bericht heißt es: »Und als Mose unterwegs in der Herberge war, kam ihm der HERR entgegen und wollte ihn töten. Da nahm Zippora einen scharfen Stein und beschnitt ihrem Sohn die Vorhaut und rührte ihm die Füße an und sprach: Du bist mir ein Blutbräutigam. Da ließ er von ihm ab. Sie sagte aber Blutbräutigam um der Beschneidung willen.«

Wen will Gott töten und warum? Mose oder einen seiner beiden Söhne?

Wessen »Füße« (ein Euphemismus für die männlichen Genitalien) werden mit einer blutigen Vorhaut beschmiert und warum?

Und was ist ein »Blutbräutigam«?

Jahrhundertelang haben Forscher versucht, dieses Geheimnis zu ergründen, und dabei recht bizarre Theorien über diesen augenscheinlichen Angriff auf Mose entwickelt. Eine dieser Erklärungen besagt: Es handelt sich um eine uralte Geschichte, die den Glauben zum Ausdruck bringt, daß man durch die Beschneidung die Angriffe böser Geister abwehren könne. Die Beschneidung war ursprünglich ein voreheliches oder ein Pubertätsritual, ehe es auch bei Kindern durchgeführt wurde. Da Mose vermutlich nicht beschnitten war, hat diese blutige Handlung vielleicht auch ihn beschützt. Der andere wichtige Gesichtspunkt ist, daß es ohne Zippora und ihr Flintmesser vielleicht gar keinen Mose gegeben hätte. Aber von Zippora, einer weiteren der übersehenen biblischen Heldinnen, dürften die meisten von uns noch nie etwas gehört haben.

Nachdem Mose diesen nächtlichen Angriff überstanden hat, kehrt er nach Ägypten zurück und bittet den Pharao – das Stottern ist offenbar kein Problem mehr –, die Hebräer freizulassen. Seine erste Bitte zielt darauf, für drei Tage in die Wüste gehen zu dürfen, um dort eine religiöse Zeremonie abzuhalten. Der Pharao ist nicht interessiert und befiehlt, das Arbeitspensum der Hebräer zu erhöhen. Da Mose seine große Macht unter Beweis stellen will, fordert er Aaron auf, seinen Stab auf den Boden zu werfen, woraufhin sich der Stab in eine Schlange verwandelt. Interessant ist, daß Mose den »Schurken« aus Genesis jetzt so nutzbringend einsetzt. Doch auch dieser Trick imponiert dem Pharao nicht – seine Zauberer beherrschen ihn schließlich auch. Doch Aarons Schlange verschlingt die Schlangen der ägyptischen Hofzauberer, und Mose warnt den Pharao, daß noch Schlimmeres bevorstehe. Mehrere von Gott gesandte Katastrophen, bekannt als die Zehn Plagen, würden Ägypten heimsuchen.

DIE ZEHN PLAGEN

(Psalm 105 läßt den Auszug aus Ägypten Revue passieren, erwähnt jedoch nicht alle Seuchen oder Plagen; manche Forscher erblicken darin einen weiteren Beweis, daß im Buch Exodus die beiden Darstellungen, die des Verfassers »J« und die des Verfassers »P«, kombiniert wurden.

1. Das Wasser des Nils und all seiner Nebenflüsse verwandelt sich in Blut.
   (Aufgrund vulkanischer Ablagerungen – rotfärbender Eisenoxide – und Algen nimmt der Nil gelegentlich eine rote Farbe an.)
2. Frösche kriechen aus dem Fluß und bedecken Ägypten.
   (Eine Folge der Umwandlung des Wassers.)
3. Mücken (auch als »Moskitos« oder »Läuse« übersetzt) befallen die Menschen und Tiere Ägyptens.
4. Fliegen (oder Insektenschwärme) befallen das Land, aber nicht Gosen, wo die Hebräer leben.
   (Diese intensiven Verseuchungen mit Ungeziefer sind für Ägypten typische Naturereignisse, vor allem, wenn nach den alljährlichen Flußüberschwemmungen Wasserlachen zurückbleiben, in denen dann die Insekten brüten.)
5. Tierpest befällt die ägyptischen Pferde, Esel, Kamele, Rinderherden und Geflügel.
   (Ein Ausbruch von Milzbrand, vielleicht durch den vorhergehenden Insektenbefall verbreitet. Eine interessante Fußnote aus heutiger Sicht: 1997 verkündete das US-amerikanische Militär, daß man alle Truppenangehörigen gegen Milzbrand, eine gefürchtete biologische Waffe, impfen werde.)
6. Pestbeulen
   (Aaron und Mose werfen Ruß in die Luft, der sich zu Staub verwandelt, der auf der Haut der Ägypter eiternde Beulen hervorruft – und auf der Haut ihrer Tiere, die vermutlich größtenteils bereits durch die fünfte Plage ums Leben gekommen waren.)
7. Der schwerste Hagel seit Menschengedenken fällt auf Ägypten, berührt aber wieder nicht Gosen.
8. Heuschrecken.
   (Eine verbreitete Erscheinung im alten Vorderen Orient.)
9. Finsternis verdunkelt drei Tage lang die Sonne.
   (Der *Chamsin,* ein heißer Wind aus der Sahara, erzeugt dichte Staubwolken, die die Sonne, in der Regel von März bis Mai, verdunkeln).
10. Tötung der ägyptischen Erstgeburten, bei Mensch wie Tier.

Gott erklärt Mose, er solle dafür sorgen, daß die Hebräer ihre Türpfosten mit Lamm- oder Ziegenblut bestreichen. Dies werde sie schützen, wenn der Engel des Todes durch das Land zieht und die Erstgeborenen Ägyptens tötet. Der letzten Plage wird am Passahfest gedacht. Die meisten Forscher sind der Ansicht, daß das Passahfest in Wirklichkeit eine Verbindung von zwei uralten Feiern darstellt – ein landwirtschaftliches Fest, das die Getreideernte feierte und ein ländliches Fest, in dem man ein Tier opferte, um Böses abzuwehren. In späterer Zeit soll daraus schließlich der Gedenktag an die Befreiung aus Ägypten geworden sein. In Exodus heißt es: »Ihr sollt diesen Tag als Gedenktag haben und sollt ihn feiern als ein Fest für den HERRN, ihr und alle eure Nachkommen, als ewige Ordnung.« (2. Mos. 12,14)

Cyrus H. Gordon und Gary Rendsburg schreiben in bezug auf die biblischen Plagen in ihrem Buch *The Bible and the Ancient Near East*, daß jede der Plagen auf besondere Götter im Pantheon der Ägypter abzielt, wobei am Ende der Sonnengott Ra steht, der von der Finsternis überwältigt wird. Jahwe demonstriere dadurch nicht nur seine Macht und seinen Einfluß über Mensch und Natur, sondern beweise auch, daß er größer sei als alle anderen Götter.

Nach der Tötung der Erstgeborenen Ägyptens – von den Reichsten bis zu den Ärmsten, von Mensch und Tier – gibt der Pharao nach und sagt zu Mose: »Zieh aus, du und alles Volk, das dir nachgeht.«

Bauten die Hebräer die Pyramiden?

In der Bibel kommen keine Pyramiden vor. Obwohl man sicherlich in der ganzen damaligen Welt über diese Bauwerke sprach, hielten die Autoren der Bibel sie nicht für besonders erwähnenswert. (Es gibt in der Bibel auch keine Katzen. Dies ist schon deswegen ein faszinierendes Kuriosum, weil die Katze in der ägyptischen Religion eine der wichtigsten Tiergestalten ist.) Daß die Pyramiden fehlen, ist eine merkwürdige, aber verständliche Auslassung; sie spielten für die Entfaltung der biblischen Geschichtserzählung schließlich keine Rolle. Die Bibel überliefert auch nicht die Namen der ägyptischen Pharaonen, die eine solch große Bedeutung für das Volk Israel hatten, obgleich sie voll ist mit den vielen Namen anderer altorientalischer Könige, von denen manche aus heutiger Sicht bedeutungslos sind.

Die ersten Pyramiden entstanden ungefähr um 2900 v. Chr. Der Höhepunkt des Pyramidenbaus, die Cheopspyramide, und die außergewöhnliche Sphinx, vermutlich erbaut von Cheops' Sohn Chephren, wird auf die Jahre zwischen 2550 bis 2500 v. Chr. datiert. Akzeptiert man ein früheres Datum für den Aufenthalt Josephs in Ägypten, etwa 1700 v. Chr., dann hätten die Pyramiden bereits mehr als 1 000 Jahre existiert, bevor irgendwelche Hebräer in Ägypten eintrafen. Möglicherweise bedeutet dies, daß sie keine großen Schlagzeilen mehr machten, daß die Hebräer, die im oberen Nildelta lebten, die Pyramiden nie zu Gesicht bekamen oder daß die Autoren der Bibel nicht auf irgendwelche Errungenschaften ihres wichtigsten Unterdrückers aufmerksam machen wollten.

Lange vertrat man eine Vorstellung, die erstmals der Grieche Herodot, »der Vater der Geschichtsschreibung« formulierte, wonach Hunderttausende Sklaven die Pyramiden erbauten, aber neuere Forschungen haben gezeigt, daß die Pyramiden wahrscheinlich von kleineren Arbeitsgruppen errichtet wurden, die sich nicht aus Sklaven, sondern aus Zwangsarbeitern oder Freiwilligen aus landwirtschaftlichen Dörfern zusammensetzten. Unterstützt wurden sie von Tausenden Bäckern, Brauern, Köchen und anderen »Servicekräften«. Die Pyramiden sind das Produkt einer hochentwickelten und hochmotivierten Gesellschaft und beweisen ein ungewöhnlich hohes Maß an sozialer Organisation. Die Arbeiter wurden mit Lebensmitteln und Kleidung entlohnt. Da die riesigen Bauvorhaben den Einsatz von immer mehr Fachhandwerkern und -arbeitern erforderten, entwickelte sich in Ägypten allmählich eine ausgebildete Arbeiterklasse.

Die Lebensumstände der Hebräer zur Zeit Moses mögen ganz anders gewesen sein. Es gibt zahlreiche Vermutungen und Szenarien, was die Zeitspanne von Joseph bis Mose betrifft. Wegen grundlegender Meinungsverschiedenheiten unter den Wissenschaftlern ist die chronologische Festlegung der ägyptischen Geschichte allerdings kompliziert. Drei Szenarien sind es wert, erwähnt zu werden:

- Die erste und vielleicht verbreiteteste Theorie besagt, daß Joseph zur Zeit der Hyksos in Ägypten lebte. Die Hyksos, eine asiatische oder semitische Volksgruppe, die um 1665 v. Chr. nach Ägypten zog und sich etwa ein Jahrhundert lang im Nildelta hielt, waren die ersten, die in Streitwagen in den Krieg zogen; sie übernahmen nach und nach die ägyptischen Bräuche und hätten sich einer anderen semitischen Person wie beispielsweise Joseph nicht verschlossen, der Berühmtheit erlangt hatte. Um 1570-1565 v. Chr. wurden die Hyksos durch Amohse I., dem ersten Herrscher der 18. Dynastie Ägyptens, aus dem Nildelta vertrieben. Diesem berühmten Geschlecht ägyptischer Könige gehörten in späterer Zeit auch Thutmosis I. und II., die Pharaonin Hatschepsut, der »Kindkönig« Tut-ench-Amun sowie der General und spätere Pharao Horemheb an. Während dieser Zeit hätte man gewiß in allen Orientalen, einschließlich der Hebräer, eine Bedrohung erblickt, so daß der grausige Befehl des Pharao, alle hebräischen Knaben zu töten, einen strategischen und historischen Sinn ergeben könnte.

Dem Zeitschema zufolge, wie es das Buch Exodus nahelegt, blieben die Hebräer mehrere hundert Jahre lang in Ägypten und wurden von den Pharaonen der 19. Dynastie versklavt. Der erste von ihnen, Ramses I., kam etwa 1309 v. Chr. an die Macht. Zwar starb Ramses I. nach einjähriger Regierung – Nachfolger wurde Sethos I. (1308-1291 v. Chr.) –, doch wird der Name Ramses im 1. Buch Mose ausdrücklich erwähnt; jedoch kann auch ein später Redaktor den Namen hinzugefügt haben. Die Städte, die die Hebräer errichten mußten, passen zu den Bauvorhaben von Ramses II. und dessen Nachfolgern. In dieser Zeit festigte Ägypten seine Macht im Nildelta, zog angriffslustig nach Kanaan hinein und suchte schließlich die Konfrontation mit der mächtigen Volksgruppe der Hethiter, die von ihrem Stützpunkt in der heutigen Türkei aus Richtung Süden gezogen waren.

Diesem Szenario zufolge ist es am wahrscheinlichsten, daß es sich beim Pharao zur Zeit Moses um Sethos' Sohn Ramses II. (1291-1224 v. Chr.) handelt. Der Auszug der Israeliten aus Ägypten hätte in diesem Fall um 1290 v. Chr. stattgefunden. Ein weiterer möglicher Kandidat im Rahmen dieser Chronologie wäre Merenptah, der tatsächlich von einem militärischen Sieg über Israel um 1235 v. Chr. berichtet, also zu einer Zeit, als sich die Israeliten vermutlich in Kanaan niedergelassen hatten.

- Cyrus Gordon, einer der angesehendsten Historiker, die über die Bibel und den alten Nahen Osten forschen, und sein Mitautor Gary A. Rendsburg bringen triftige Gründe für eine viel spätere Ankunft Josephs in Ägypten vor. Unter Zuhilfenahme ägyptischer und mesopotamischer Quellen sowie biblischer Ahnentafeln identifizieren sie zwar Sethos I. als den Pharao, unter dem Joseph lebte, halten jedoch daran fest, daß der Pharao zur Zeit der Geburt des Mose Sethos' Sohn Ramses II. war. Dabei argumentieren sie, daß der am Anfang von Exodus erwähnte lange Zeitraum zwischen Joseph und Mose unwahrscheinlich ist. So kommen sie zu dem Schluß, daß der biblische Exodus erst um das Jahr 1175 v. Chr. herum stattfand, als sich Ägypten mit den sogenannten Seevölkern im Krieg befand, einer Gruppe von Mittelmeervölkern, zu denen auch die Philister gehörten. Der Bericht vom Auszug aus Ägypten stützt diese Theorie, nach der die Israeliten vom »Weg des Lands der Philister« abwichen, um nicht ins Kreuzfeuer der kriegführenden Parteien zu geraten.
- Eine sehr viel radikalere Auffassung vertritt Charles Pellegrino in seinem Buch *Return to Sodom and Gomorrah*. Anhand eines völlig anderen Datierungssystems sowie geologischer Indizien, die sich aus einem ungeheuren Vulkanausbruch auf der Mittelmeerinsel Thera im Jahr 1628 v. Chr. ergeben, zeigt Pellegrino, wie jede der Plagen – der rote Nil, der verfinsterte Himmel

usw. – mit den Auswirkungen dieser Explosion in Zusammenhang gestanden haben kann. Der Vulkanausbruch auf Thera war, so der Autor, fünfzig bis hundertmal stärker als die verheerende Explosion des Krakatau im Jahr 1883 v. Chr. Pellegrino verfolgt diesen Gedanken weiter und weist darauf hin, daß sich dieser Vulkansausbruch auf das Mittelmeer ausgewirkt und mächtige Tsunamis – Meereswellen infolge von Erdbeben – ausgelöst haben muß. Dies könnte die Teilung des Meeres und das Ertrinken des ägyptischen Heeres erklären. Laut Pellegrino würde das die Zeit des Aufenthalts von Moses in Ägypten und des Auszugs noch viel weiter zurückverlegen, als man gemeinhin annimmt. Somit gelangt er zu der Auffassung, daß es sich bei dem Pharao zur Zeit des Exodus um Thutmosis III. handelte.

Pellegrino schreibt:

Der biblische Weg, den das Volk einschlug, das Ägypten verließ Richtung Süden auf die Halbinsel Sinai, ergibt durchaus Sinn, wenn eine der Wanderungen in der Tat während der Zeit des Vulkanausbruchs auf Thera und der Regierungszeit von Thutmosis III. stattfand. Jeder, der Ägypten verließ, und zwar nicht mit dem Segen des Pharao, hätte gewiß sowohl Kanaan als auch die dortin führende Küstenstraße vermieden. Ungefährlich war allein die Route nach Süden, auf die Halbinsel Sinai (deren Küste im übrigen mühelos eine Bevölkerung von Migranten hätte ernähren können). Weil Thutmosis III. militärische Außenposten an das Norduf er des Sinai und entlang der Küste Kanaans verlegt hatte, wären einige von seinen Soldaten zwangsläufig durch die gewaltigen Meereswellen zu Schaden gekommen, die der Vulkanausbruch auf Thera verursacht hat ... Von hier aus war es nur ein kleiner Schritt, die Meereswelle und den Ascheregen als göttliche Bestrafung Ägyptens zu deuten ... (*Return to Sodom and Gomorrah*, S. 240f.)

Aber ist es wirklich wichtig – ein paar hundert Jahre mehr oder weniger, der eine Pharao oder der andere? Aus der Sicht der Religion macht es im Grunde keinen Unterschied – falls man die

Version der Bibel hinnimmt. Doch Historiker bestimmen die Daten gern ein wenig genauer. Man stelle sich einmal vor, daß in irgendeiner fernen Zukunft unter Historikern eine Diskussion entstünde, bei der jemand die These vertritt, der englische »Pirat« Sir Francis Drake habe eine Flotte von Segelschiffen gegen Hitlers Marine angeführt. Zwischen Drakes Sieg über die spanische Seeflotte im Jahr 1588 und dem Zweiten Weltkrieg liegen nur 350 Jahre. Gemessen an den Zeiträumen der ägyptischen Geschichte ist das nicht mehr als ein Augenzwinkern.

Wer auch immer der grausame Pharao zur Zeit des Auszugs war – es gibt eine weitere bemerkenswerte Fußnote in der Geschichte der Zwangsarbeit der Juden. Auch König Salomo, einer der bedeutendsten Könige der Juden, zwang einige Jahrhunderte später seine israelitischen Untertanen zur Mitarbeit an seinen umfangreichen öffentlichen Bauvorhaben. Seine Landsleute freuten sich ebensowenig, für Salomo zu arbeiten, wie sie es im Fall der Zwangsarbeit für den Pharao getan hatten.

Tab. 4: Pharaonen, die möglicherweise zur Zeit des Exodus regierten

(Die Daten sind dem Buch *Chronicle of the Pharaohs* von Peter Clayton entnommen.)

Ramses I.	1292-1290 v. Chr.
Sethos (Sesti) I.	1290-1279 v. Chr.
	Cyrus Gordon zufolge der Pharao, unter dem Joseph diente.
Ramses II.	1279-1212 v. Chr.
	Allgemein anerkannter Favorit für den Pharao zur Zeit des Exodus.
Merenptah	1212-1202 v. Chr.
	Er führte Ägypten in eine Schlacht gegen die Israeliten, was darauf hinweist, daß sich diese bereits in Kanaan befanden.
Amenmesse	1202-1199 v. Chr.
Sethos II.	1199-1193 v. Chr.
Siptah	1193-1187 v. Chr.
Twosre	1187-1185 v. Chr.
Setnakhte	1185-1182 v. Chr.
Ramses III.	1182-1151 v. Chr.
	Nach Cyrus Gordon der Pharao zur Zeit des Exodus.

Welches Meer durchquerten die Israeliten?

Vernichtet durch die letzte, furchtbare Plage gibt der Pharao nach, woraufhin Mose die Stämme zusammentrommelt und sich hastig auf die Flucht begibt. Man backt Brot, ohne es zu säuern – daher stammt der traditionelle Brauch, zum Passahfest Brotfladen, Mazzot, zu essen. Er soll daran erinnern, daß es besser ist, ein flaches Brot in Freiheit als ein »richtiges« Brot in der Sklaverei zu essen. Im Bericht über den Auszug heißt es, daß 600 000 Männer Ägypten verließen. Fügt man Frauen und Kinder hinzu, müssen mehr als eine Million Hebräer ihre Habe kurzfristig zusammengepackt und das Land verlassen haben. Während sich die befreiten Israeliten in das Verheißene Land aufmachen, führt Gott sie am Tage in Gestalt einer »Wolkensäule« und bei Nacht in Gestalt einer »Feuersäule«. Dann besinnt sich der Pharao eines besseren – in Wirklichkeit hat Gott Mose angekündigt, er werde das Herz des Pharao »verhärten« und ihn herausfordern, Mose und den Hebräern nachzusetzen. Der Pharao entsendet sechshundert Kampfwagen – drei Männer pro Wagen beziehungsweise 1 800 Soldaten; es kommt zu einer wilden Verfolgungsjagd auf rund 1 Million Menschen. Während die Hebräer zum »Roten Meer« zurückgedrängt werden und sechshundert Kampfwagen auf sie einstürmen, kommen ihnen Zweifel, und sie fragen sich, ob es ihnen in der Gefangenschaft nicht doch besser ergangen sei. Dennoch bittet Mose Gott um Beistand, der ihm sagt, er solle seinen Stab über das Wasser ausstrecken. Hier haben Cecil B. DeMille und Charlton Heston die Version der Bibel gefälscht. Während die Feuersäule die Ägypter abwehrt, bläst die ganze Nacht ein starker Wind, und die Teilung des Meeres findet nicht sofort statt. Am folgenden Tag teilt sich das Gewässer, wodurch die Israeliten es durchqueren können. Die Ägypter verfolgen sie, doch die Räder der Kampfwagen versinken im Schlamm, bis das Wasser zurückkehrt, so daß die gesamte ägyptische Streitmacht im »Roten Meer« versinkt.

Die meisten Gelehrten erkennen an: Auch wenn die Bezeichnung »Rotes Meer« korrekt wäre, so hätten die Israeliten den Golf von Suez durchqueren müssen – den nördlichen Arm des Roten

Meeres, der bis nach Ägypten reicht und die Halbinsel Sinai von Ägypten trennt. Doch ist der Ausdruck »Rotes Meer«, wie man heute weiß, eine Fehlübersetzung. Die weithin akzeptierte Korrektur lautet »Schilfmeer« – allerdings konnte man dieses geheimnisumwitterte Gewässer bislang noch nicht mit Sicherheit bestimmen. Eine mögliche Alternative wäre der See Timsa, ein flacher See nördlich des Golfes von Suez; eine andere Alternative wäre das Marschland des Nildeltas, in dem Papyrusstauden weit verbreitet waren. Einem weiteren Hinweis zufolge lautet die korrekte Übersetzung »Meer am Ende der Welt«. Dies würde bedeuten, daß die Israeliten das bekannte »Ägypten« verließen und in eine geheimnisvolle Einöde zogen. Auch der Reiseweg zum Sinai gibt Anlaß zu Spekulationen. Die von den meisten angenommene Route des Auszugs führt in südlicher Richtung aus Ägypten hinaus und verläuft am Ostufer des Golfes von Suez entlang, hinein in die Halbinsel Sinai bis zu einem vorübergehenden Lager nahe dem biblischen Berg Sinai. Nach dieser Auffassung liegt der Berg Sinai tief im Süden der Halbinsel Sinai, der heute mit dem Dschebel Musa (»Mose-Berg«) im Süden der Halbinsel in Verbindung gebracht wird. Diese Ortsbestimmung wurde bereits von Christen ungefähr im vierten nachchristlichen Jahrhundert vorgenommen. Andere Forscher geben Gründe dafür an, daß die Route weiter nördlich verlief und nach »Schur« führte; aber auch hier handelt es sich um einen unklaren Bezug im Buch Exodus, das den Berg Sinai/Horeb in die Nähe des Jebel Halal verlegt, der viel weiter im Norden der Halbinsel, näher am heutigen Israel liegt. Die neueste Theorie, die Schlagzeilen gemacht hat und die in dem Buch *The Gold of Exodus* vertreten wird, verlegt den Berg Sinai in die Arabische Wüste. In Howard Blums Buch behaupten zwei Amateurarchäologen, sie hätten den Berg Sinai bei einer geheimen Ausgrabung gefunden, die ohne Genehmigung der saudiarabischen Behörden durchgeführt wurde. Ihre Behauptung hat bislang noch niemand bestätigt.

Solange es keine neuen Entdeckungen gibt, bleiben alle diese Theorien über den Auszug aus Ägypten das, was sie sind: Spekulationen. Weitaus eher wird hingegen akzeptiert, daß sehr viel weniger Hebräer Ägypten verließen, als die Zahl »Hunderttausende« angibt, von der in der Bibel die Rede ist. Diese unglaubliche Zahl läßt sich auf mehrere Weisen deuten. Einige Wissenschaftler meinen, daß sich das Buch Exodus auf eine Volkszählung bezieht, die sehr viel später in Israel durchgeführt wurde. Andere Forscher verweisen darauf, daß das Wort »tausend« falsch übersetzt sei; interpretiere man den Begriff als »Trupp« oder »Kontingent« von sechs bis neun Mann, komme man auf eine plausiblere Zahl. Ein dritter Vorschlag lautet, daß es sich im Rahmen der Numerologie der Bibel um eine »ideale« Zahl handelte.

Abgesehen davon, daß die meisten Historiker heute die Anzahl der Israeliten »herunterstuft«, die aus Ägypten fortzog, wird allgemein anerkannt, daß andere Völkerschaften, die sich später selbst als Israeliten bezeichneten, Kanaan bereits besiedelten, als das Kontingent aus der Wildnis schließlich eintraf; dies zeige ja auch die Version der Bibel später im Buch der Richter, heißt es. Diese »Revision« macht den Auszug aus Ägypten zu einem Ereignis, das sehr viel weniger Israeliten betraf, die Ägypten verließen; vermutlich sind viele erst nach und nach im Rahmen einer normalen Emigrationsbewegung nach Kanaan gelangt, anstatt im Zuge der »Eroberung«. Im Laufe der Zeit wurde die Geschichte jedoch allmählich zu einem Nationalgedicht aufgebauscht und ausgeschmückt, das sich erst in jahrhundertelangem Wiedererzählen entwickelte.

Stimmen der Bibel
Laßt uns dem Herrn singen, denn er hat eine herrliche Tat getan, Roß und Mann hat er ins Meer gestürzt. (2. Mos. 15,21)

Das »Lied Mirjams« ist ein Siegeslied, das die Schwester des Mose anstimmte, nachdem die Israeliten das Schilfmeer durchquert hatten. Es gilt als eine der ältesten Dichtungen in der hebräischen Bibel; manche Forscher sind der Ansicht, daß es von einem Augenzeugen verfaßt wurde.

Zusammenfassung der Handlung:
Die Zehn Gebote

Schließlich sind die Israeliten zwar wohlbehalten und »trockenen Fußes« in der Wüste Sinai eingetroffen, doch sie haben Hunger. Als wären sie Kinder auf dem Rücksitz eines Autos während einer langen Fahrt, beginnen sie zu quengeln. Damit wird sich Mose auf Dauer abplagen müssen. Die Israeliten haben Hunger. Sie haben Durst. Sie sind keine glücklichen Camper. In Ägypten war alles viel besser, finden sie. Das ist kein schmeichelhaftes Bild von einer Gruppe, die erst kurz zuvor aus der Sklaverei befreit und durch Gottes wundersames Einschreiten gerettet worden ist.

Abermals sorgt Mose für Lebensmittel in Gestalt von »Manna« Die deutsche Übersetzung leitet sich aus den hebräischen Worten *Man hu* (= »Was ist es?«) ab. In seinem Buch *The Five Books of Moses* äußert Everett Fox die These, daß eine angemessene freie Übersetzung des Wortes *manna* lauten könnte: »Wie sagt man doch gleich?« (S. 348) In Exodus wird berichtet, daß jeden Abend Wachteln gekommen seien, das Lager »bedeckten« und daß am Morgen dann Manna auf dem Boden gelegen habe. Manche meinen deswegen, es habe sich um Vogelkot gehandelt. Andere glauben, es sei eine tauähnliche Substanz gewesen, die man auf dem Tamariskenbaum findet und die von einem Insekt abgesondert wird. Aber was es auch gewesen sein mag – es scheint nicht sehr appetitlich gewesen zu sein. Außerdem gehen alle Versuche, den Begriff »Manna« auf natürliche Weise zu erklären, wie Everett Fox bemerkt, am entscheidenden Punkt der Geschichte vorbei, daß nämlich göttliche Vorsehung die Kinder Israels vor dem Tod bewahrte. Sie hatten überlebt, gewiß, aber sie beklagten sich immer noch. Und alle erinnerten sich, daß das Essen in Ägypten viel besser gewesen war.

Während die Leute weiter murren, gibt Gott Mose die Anweisung, sie zum Berg zu führen, weil er mit ihnen reden wolle. Weiter erklärt er Mose, er solle sie auffordern, ihre Kleider zu waschen, den heiligen Berg (hier Sinai) nicht zu berühren und drei Tage keinen Geschlechtsverkehr zu haben. Umhüllt von einer Wolke und begleitet von Blitz und Donner und Posaunenklang verläßt er den

Himmel und warnt Mose vom Gipfel des Berges Sinai, die Leute nicht zu nahe heranzulassen, da sie sonst die Gegenwart Gottes anschauten. Mose erinnert Gott daran, er habe bereits gesagt, daß die Leute den Berg Sinai nicht berühren dürften, woraufhin Gott antwortet: »Dann hole Aaron.« Während der ersten Verkündung der zehn Gebote spricht Gott, und Mose und sein Volk hören zu. Die Leute ängstigen sich vor soviel Rauch und Lärm und halten es für das Beste, wenn Mose losgeht und allein mit Gott spricht.

DIE ZEHN GEBOTE (2. BUCH MOSE 20,1-17)
(Reihenfolge nach Anordnung im Judentum)

Und Gott redete alle diese Worte:

1. Ich bin der HERR, dein Gott, der ich dich aus Ägyptenland, aus der Knechtschaft, geführt habe. *(In der Tradition des Judentums ist dies das erste »Gebot« oder genauer: »Weisung«.)*
Du sollst keine anderen Götter haben neben mir. (Die jüdische Tradition verbindet dies mit dem folgenden Vers, um das zweite Gebot bzw. die zweite Weisung aufzustellen.)
2. Du sollst dir kein Bildnis noch irgendein Gleichnis machen, weder von dem, was oben im Himmel, noch von dem, was unten auf Erden, noch von dem, was im Wasser unter der Erde ist: Bete sie nicht an und diene ihnen nicht! Denn ich, der HERR, dein Gott, bin ein eifernder Gott, der die Missetat der Väter heimsucht bis ins dritte und vierte Glied an den Kindern derer, die mich hassen, aber Barmherzigkeit erweist an vielen Tausenden, die mich lieben und meine Gebote halten.
3. Du sollst den Namen des HERRN, deines Gottes, nicht mißbrauchen; denn der HERR wird den nicht ungestraft lassen, der seinen Namen mißbraucht.
4. Gedenke des Sabbattages, daß du ihn heiligst. Sechs Tage sollst du arbeiten und alle deine Werke tun. Aber am siebenten Tage ist der Sabbat des HERRN, deines Gottes. Da sollst du keine Arbeit tun, auch nicht dein Sohn, deine Tochter, dein Knecht, deine Magd, dein Vieh, auch nicht dein Fremdling, der in dei-

ner Stadt lebt. Denn in sechs Tagen hat der HERR Himmel und Erde gemacht und das Meer und alles, was darinnen ist, und ruhte am siebenten Tage. Darum segnete der HERR den Sabbattag und heiligte ihn.

5. Du sollst deinen Vater und deine Mutter ehren, auf daß du lange lebest in dem Lande, das dir der HERR, dein Gott, geben wird.
6. Du sollst nicht töten.
7. Du sollst nicht ehebrechen.
8. Du sollst nicht stehlen.
9. Du sollst nicht falsch Zeugnis reden wider deinen Nächsten.
10. Du sollst nicht begehren deines Nächsten Weib, Knecht, Magd, Rind, Esel noch alles, was dein Nächster hat.

Die Gebote werden zunächst mündlich verkündet – noch werden keine Tafeln erwähnt. Mose muß wieder auf den Berg steigen und vierzig Tage dort bleiben. Dort erhält er eine lange Liste mit genauen Einzelvorschriften, wie er die Bundeslade (Truhe) bauen soll, die die Tafeln enthalten wird, sowie Vorschriften, wie sich die Priester kleiden sollen. Erst am Ende dieser vierzig Tage kommt er mit den »beiden Tafeln des Gesetzes« zurück. Und weiter heißt es: »... die waren aus Stein und beschrieben von dem Finger Gottes.« (2. Mos. 31,18.)

Die Zehn Gebote:
Eine Betrachtung einiger sehr alter Gesetze aus heutiger Sicht

In der Zeitschrift *Playboy* wurde einmal eine Zeichnung des versponnenen Karikaturisten Gahan Wilson abgedruckt. Sie zeigt, wie sich mehrere Personen in wallenden Gewändern andächtig vor einem riesigen »N« verneigen. Die Bildunterschrift lautet:

»Nichts ist heilig.«

Wenn uns heute überhaupt noch irgend etwas als heilig gilt, dann sind es die zehn Gebote. Zwar wird immer wieder betont, daß sie von größter Bedeutung seien, damit die Gesetze eingehalten und die Tugenden bewahrt bleiben. Dennoch haben die Menschen sie in allen Jahrhunderten sehr oft mißachtet. Selbst Israels größter Nationalheld, König David, schneidet nicht besonders gut ab, was die Einhaltung der zehn Gebote betrifft. Er brach die Sabbatvorschrift mindestens einmal – ebenso wie Jesus später; er mordete, beging Ehebruch und begehrte andere Frauen. Und Gott hatte schon vielen – man denke nur an Onan und die Bevölkerung Sodoms – wegen weitaus geringerer Vergehen einen tödlichen Schlag versetzt.

Betrachtet man die zehn Gebote eingehender, so kann man erkennen, wie gut die Mitglieder moderner Gesellschaften bei der Einhaltung dieser grundlegenden, vermeintlich unverbrüchlichen Vorschriften abschneiden.

Zunächst einmal dürften die meisten Menschen in arge Bedrängnis kommen, wenn sie alle zehn Gebote nennen müßten. In seinem Buch *Sources of Strength* zitiert der ehemalige amerikanische Präsident Jimmy Carter einen Mann, der meinte, das siebte Gebot laute: »Du sollst nicht zugeben, die Ehe gebrochen zu haben.« Fest steht, daß die bewundernden Worte für die zehn Gebote oft nicht mehr als ein Lippenbekenntnis sind. Die obige Fassung ist der Lutherbibel entnommen.

1. *»Ich bin der HERR, dein Gott, der ich dich aus der Knechtschaft geführt habe. Du sollst keine anderen Götter haben neben mir.«*

Interessant. Gott sagte nicht: »Ich bin der einzige Gott«, sondern, daß er die Nummer eins ist. Er sagt nicht einmal, man solle keine anderen Götter anbeten, sondern nur, man solle keine anderen neben ihm haben. In diesen Worten spiegeln sich die damaligen Zeiten und Verhältnisse wider. Die Stämme Israels waren Wanderer in Ländern mit vielen Göttern – kanaanäische, ägyptische, mesopotamische. Als sie ins Gelobte Land zogen, sahen sie sich mit den kanaanäischen Fruchtbarkeitsgöttern konfrontiert – darunter der Schöpfergott El, dessen Namen die Hebräer übernahmen, der berüchtigte Sturmgott Baal sowie dessen zahlreiche Gefährtinnen, wie beispielsweise Aschera und Astarte. Heutzutage halten wir es für selbstverständlich, daß das Judentum von Anbeginn der Vorstellung »einem Gott« anhing. Doch die ursprüngliche

Auffassung, der Israels Jahwe folgte, besagte, daß er der erste und wichtigste unter vielen war. Erst im Laufe der Zeit entwickelte er sich dann zu dem »einen Gott«, das heißt, zum einzigen Gott.

Heutzutage haben die meisten Gläubigen keine Schwierigkeiten mit dem ersten Gebot, da sie es im streng wörtlichen Sinne verstehen. Allerdings fragt man sich doch, ob der Gott eines orthodoxen Juden der gleiche Gott (Allah) ist, dem ein iranischer Ayatollah gehorcht.

Die Vorstellung vom einzigen Gott als dem »wahren Gott« öffnet der Intoleranz Tür und Tor. Wenn man von den Menschen erwartet, daß sie sich nach den zehn Geboten und dem von ihrem jüdisch-christlichen Gott proklamierten Verhaltensideal richten, wie soll man dann mit all den anderen Göttern umgehen, die wir in unserer modernen, pluralistischen Gesellschaft verehren? Und was geschieht dann mit all jenen, die es vorziehen, die Existenz Gottes zu leugnen? Billigt man diesem Gebot soviel Macht und Einfluß wie einem »Landesgesetz« zu, dann droht die Gefahr, daß man diese Menschen als Bürger zweiter Klasse oder – schlimmer noch – als entbehrlich betrachtet.

Aber man kann das erste Gebot auch auf andere Weise betrachten und fragen: Was verehren die Menschen wirklich? In der modernen Gesellschaft gibt es viele »andere Götter«. Nur haben sie andere Namen. Geld. Alkohol. Erfolg. Sex. Shopping. Sie alle sind, in unterschiedlichem Maße, Gegenstand der Verehrung. Mag sein, daß sie geringere Götter sind, aber man betet sie doch mit der Art Hingabe an, die der alte Jahwe für sich selbst beanspruchte. Vielleicht ist es nach wie vor klug, die Menschen zu ermahnen, keine »anderen Götter« zu haben.

2. *»Du sollst dir kein Bildnis noch irgendein Gleichnis machen, weder von dem, was oben im Himmel, noch von dem, was unten auf Erden, noch von dem, was im Wasser unter der Erde ist ...«*

Auch in diesem Gesetz spiegeln sich eindeutig die Zeit und der Ort wider, in denen Mose die Gebote verkündete. Zur mutmaßlichen Zeit des Auszugs aus Ägypten und noch für Jahrhunderte danach war die Verehrung von Götzen, Hausgöttern und magischen Amuletten, vor allem in Kanaan, weit verbreitet.

Im heutigen Zusammenhang gilt, daß nur wenige Menschen »Götzen« in dem Sinne anbeten, wie es in Exodus dargestellt ist. In seinem einsichtsvollen und klugen Buch *Biblical Literacy* liefert Rabbi Joseph Telushkin eine nützliche Erkenntnis zu diesem Gebot:

> Aus der Sicht des Judentums liegt dann Götzenverehrung vor, wenn man einer Idee oder einem Ideal (zum Beispiel Nationalismus) folgt und sie oder es über Gott stellt. Deshalb gilt derjenige als Götzenanbeter, der auf der Grundlage »entweder es dient meinem Volk oder nicht« Handlungen vollzieht, die Gott als unrecht bezeichnet; denn sein Verhalten macht klar, daß er die Forderung seines Heimatlandes, Böses zu tun, über Gottes Forderung stellt, Gutes zu tun. Die Behauptung eines solchen Menschen, er bete zu Gott – die SS-Offiziere, die in den Konzentrationslagern Dienst taten, behaupteten dies tatsächlich –, ist offenkundig falsch; ein solcher Mensch ist kein Anhänger Gottes, sondern ein Götzenanbeter. (*Biblical Literacy*, S. 425)

Damit ist aber noch nicht das Problem gelöst, das sich etwa durch Michelangelos Kunstwerke oder durch den »Touchdown-Jesus« in der Universität von Notre Dame (US-Bundesstaat Indiana) stellt. Michelangelos Fresko in der Sixtinischen Kapelle, auf dem Gott die Hand ausstreckt, um Adam Leben zu spenden, sowie die *Pietà,* eine Statue der Jungfrau Maria mit dem toten Jesus, sind eindeutig »Bilder« Gottes. Man kann wohl kaum bezweifeln, daß die berühmte Skulptur in Notre Dame ein »Abbild« ist, das Jesus darstellt, der die Hände hochhält wie ein Footballschiedsrichter. Wenn wir das Gebot also wörtlich nehmen – wie bewerten wir dann die hoch verehrten christlichen Bildwerke zu Ehren der Mutter Jesu oder gar ein Medaillon des gekreuzigten Jesus?

Das Gebot ist nicht ganz eindeutig – »Du sollst dir kein Gottesbild machen und keine Darstellung von irgend etwas am Himmel droben ...«. (2. Mos. 20,4 NJB) Am ehesten ließe sich zugunsten der vielen bedeutenden religiösen Kunstwerke der vergangenen Jahrhunderte noch anführen, daß sie zwar den Buchstaben, aber nicht den Geist des Gesetzes brechen. Michelangelo erwartete sicherlich, daß der Papst, der ihm den Auftrag erteilte, seine Kunst würdigte, aber nicht, daß er sie verehrte. Andererseits knien viele Strenggläubige hingebungsvoll vor Statuen in hoffnungsvollem Gebet. »Beten« sie deshalb aber »Abbilder« an?

Manche Christen, vor allem die protestantischen Gemeinschaften, die während der Reformation entstanden, lehnten prachtvolle Kirchengebäude und bestimmte religiöse Bräuche ab und wollten ihre Religion von allen Symbolen und Werken der Bildhauerkunst »reinigen«. Aus diesem »Reinigungsdenken« bezogen die »Puritaner« ihren Namen. Für sie widersprachen die religiösen Bildwerke dem Gebot und dem Geist der Lehren Jesu, ebenso wie die prunkvollen Kirchen und Dome, die man erbaut hatte, um diese Kunstwerke ausstellen zu können. Jesus betonte unter anderem besonders deutlich, daß er äußerliche Ausdrucksformen leerer Frömmigkeit verachte, und er hob die Bedeutung eines inneren, geistigen »Reichtums« klar hervor. Zudem wetterte er bei mehreren Anlässen gegen materiellen Reichtum, und einmal verlangte er von einem angehenden Jünger, er müsse all seinen Besitz verkaufen, wenn er ihm folgen wolle. Es ist schwer vorstellbar, daß derselbe Jesus, der sagte, daß es den Reichen schwerfallen würde, ins Himmelreich zu kommen, heute sehr erfreut darüber wäre, daß die Kirchen während der letzten zweitausend Jahre ungeheure Reichtümer in seinem Namen angehäuft haben.

3. *»Du sollst den Namen des HEERN, deines Gottes, nicht mißbrauchen.«*

Den meisten von uns wurde in unserer Kindheit eingebleut, nicht »O mein Gott« zu rufen, wenn wir uns mit einem Hammer versehentlich auf die Finger schlugen. Aber heute zählt das dritte Gebot eher zu denjenigen, denen wir im Alltag weniger Bedeutung zumessen. In der Tradition des Judentums erwuchs aus diesem Gebot jedoch das Verbot, den Namen Gottes auszusprechen oder überhaupt niederzuschreiben. Die ursprüngliche Absicht des Gebots war spezifischer: Das Gesetz bezog sich auf den Mißbrauch des Namens Gottes, und ein Mißbrauch lag beispielsweise vor, wenn man einen Zauberbann aussprach oder auf irgendeine Weise eine göttliche Erscheinung heraufbeschwörte. In einem anderen Sinn bezog es sich eindeutig darauf, daß man einen Schwur nach bestem Gewissen leisten solle. In heutigen Begriffen ausgedrückt, könnte das Gebot lauten: »Leiste keinen Meineid.«

Die Gesellschaft, die sich im alten Israel entwickelte, zeichnete sich vor allem durch ihren ausgeprägten Sinn für Gesetzlichkeit und Rechtmäßigkeit aus. So wie andere antike Kulturen des Nahen Ostens allmählich begannen, Gesetzessammlungen zu formulieren, um der Gesellschaft eine Ordnung zu verleihen, hielten auch die Israeliten an einem äußerst strengen Gesetzeskodex fest, der ihnen von Gott gegeben war und das religiöse, persönliche, gesellschaftliche und wirtschaftliche Verhalten regelte. Alle diese Kulturen versuchten, sich von einer staatlichen Ordnung mit einer oftmals willkürlichen Rechtssprechung zu einem wohlgeordneten Gemeinwesen zu entwickeln, in dem das Gesetz galt und nicht einfach nur der Wille des Königs. Vor diesem Hintergrund bedeutete der Glaube daran, daß die Aussage einer Person vor einem »Gericht« heilig ist, einen riesigen Fortschritt, weil dadurch die Vorherrschaft von »Recht und Gesetz« gefördert wurde.

Eine andere Auslegung besagt, daß der Vers sich nicht nur auf die Worte, sondern auch auf die Taten bezieht, die im Namen Gottes vollzogen werden. Dies spiegelt sich auch in bestimmten Übersetzungen aus dem Hebräischen wider, etwa: »Du sollst nicht den Namen des Herrn führen.« Gemäß dieser Auslegung richtet sich dieses Gebot, wie der Rabbiner Joseph Telushkin schreibt, an diejenigen, die Sünden »im Namen Gottes« begehen. »Wenn sie Gottes Namen ›im Munde führen‹, um ein unmoralisches Anliegen zu fördern (z. B. die Kreuzfahrer des Mittelalters, die im Namen Gottes unschuldige Menschen ermordeten, oder die Mitglieder rassistischer Organisationen wie etwa der Ku-Klux-Klan), und zugleich behaupten, sie täten den Willen Gottes, dann verletzen sie das Dritte Gebot.« (*Biblical Literacy*, S. 436f.)

4. »Gedenke des Sabbattages, daß du ihn heiligst.«

Zunächst einmal sollte man anerkennen, daß der Herr diesen Tag nicht heiligte, damit man sich Fußballübertragungen ansieht. Wer sich sonntags sechs bis acht Stunden lang Sportsendungen anschaut, heiligt wohl kaum den Sabbat, den Feiertag, oder? »Sabbat« leitet sich von einem althebräischen Wort ab, das »zu einem Ende kommen oder bringen« bedeutete, und entwickelte sich dann zum Wort *schabat* (»ruhte«). In der heutigen Gesellschaft hat sich die Vorstellung vom Sabbat enorm gewandelt. In den USA kann man sonntags sogar in den »Shopping Malls« einkaufen, und wer dies tut, hat vielleicht die Zeiten vergessen, als es vielen Geschäften noch verboten war, an diesem Tag zu öffnen. Es ist noch gar nicht lange her, daß lokale Gesetze in den USA dafür sorgten, daß die Geschäfte am Sonntag geschlossen blieben, weil man die Einhaltung des von Gott geheiligten Sabbats – das heißt, des christlichen Sabbats – per Gesetz regeln wollte. Der jüdische Sabbat, der am Freitag bei Sonnenuntergang beginnt und den ganzen Samstag andauert, war nie der Sabbat, der in den USA gefeiert wurde, wo das Christentum klar dominiert.

Zum größten Teil sind diese alten Gesetze, die das Ethos des Sabbats so bekräftigen, den Weg vieler anderer »sozialer Dinosaurier« gegangen. Dennoch finden sich in den USA nach wie vor Relikte der Sabbatgesetze.

Natürlich umgehen Christen wie Juden den heiligen Sabbat. Viele fromme Juden kennen seit langem Mittel und Wege, den Geist, wenn gar nicht den Buchstaben des Gesetzes, zu überlisten. In Zeiten, da es noch keine elektronischen Timer gab, mit denen man Fernseher und andere Geräte an- oder ausschalten konnte, stellten Juden Christen ein – sogenannte Sabbat-Goys, die dann bestimmte zuvor festgelegte Dienstleistungen ausführten, wie beispielsweise das elektrische Licht anschalten. Mag sein, daß uns dieses Thema gleichgültig ist. Dennoch gibt es in Israel derzeit einen ernstzunehmenden Konflikt hinsichtlich der Frage, ob man am jüdischen Sabbat seinen Geschäften nachgehen darf. Politisch einflußreiche orthodoxe Juden halten das Sabbatgebot ein, und die israelische Regierung respektiert diese Auffassung. Es ist kein neuer Streit. Als sich die Makkabäer Israels in den Jahren 166-164 v. Chr. gegen ihre syrischen Herrscher auflehnten, weigerten sich einige der gläubigsten, einflußreichsten Juden, am Sabbat zu kämpfen, denn lieber wollten sie sterben, ehe sie den heiligen Tag entweihten.

Es handelt sich zudem um das einzige Gebot, dem Jesus offen den Gehorsam verweigerte. Gemeinsam mit seinen Jüngern wurde er von den Priestern und Rabbinern Jerusalems beschuldigt, sie hätten das Gebot verletzt, indem sie am Sabbat »arbeiteten«. Jesus antwortete seinen Kritikern auf zweierlei Weise. Zum einen sagte er, daß das, was er am Sabbat tue, wie beispielsweise das Heilen der Kranken, zu wichtig sei, als daß man es hinausschieben dürfe. Andererseits brachte er seine Überzeugung zum Ausdruck, daß eine innere Heiligkeit, ein inneres Gefühl der Spiritualität wichtiger sei als die »zur Schau gestellte« Frömmigkeit, für die die Tempelbesucher am Sabbat ein typisches Beispiel lieferten, die nach außen hin zwar Gottes Gebote einhielten, sich aber die übrige Woche unmoralisch verhielten.

Zwar ist der Sabbat eindeutig nicht mehr »das, was er einmal war«, doch könnte es sich lohnen, seinen Wert und Nutzen einmal von neuem zu untersuchen. Wir leben in einer Gesellschaft, die zunehmend die Arbeit über alles andere stellt, entweder in Form von Mehrfachjobs, die nötig sind, damit man finanziell über die Runden kommt, oder dadurch, daß man sein Laptop mit nach Hause nimmt und dort noch ein paar Zahlen eingibt – und deshalb wäre es für uns gar nicht so verkehrt, die Forderung, sich etwas »heilige« Zeit zu nehmen, stärker zu respektieren. Ob wir diese Zeit nun nutzen, um zu traditionellen religiösen Bräuchen zurückzukehren, um ruhig zu meditieren oder einfach nur, um mehr Zeit innerhalb der Familie zu verbringen – die meisten von uns täten gut daran, mehr Zeit nicht nur für das »Ausruhen«, sondern auch für Nachdenken, Andacht und gute Werke zu »opfern«.

5. *»Du sollst deinen Vater und deine Mutter ehren, auf daß du lange lebest auf dem Lande, das dir der Herr, dein Gott geben wird.«*

Dieses Gebot gefällt besonders allen Eltern. Sie nutzen es, um ihren Kindern einzubleuen, was sie tun sollen. Amerikanische und nicht nur sie – Politiker befolgen es ebenfalls.

Auch hier handelt es sich um ein Gebot, das eine Untersuchung des historischen Kontextes verlangt. In den halbnomadischen Kulturen waren die älteren Menschen oftmals eher eine Last und weniger ein Segen. Daher zielte das Gebot darauf ab, die Alten und Kranken davor zu schützen, daß man sie den Elementen preisgab, sobald sie keine produktiven Angehörigen des Stammes mehr waren. Es fiel leichter, den Großvater an der Seite eines Kamelpfads liegenzulassen, als ihn jedesmal mitzunehmen, wenn man die Zelte zusammenpackte.

Christen müssen dieses Gebot gegen das Wort Jesu abwägen, weil er bei mehreren Anlässen in Wort und Tat gegen das fünfte Gebot zu verstoßen schien. Von seiner Mutter und anderen Angehörigen sprach er mit scheinbarer Herablassung: »So jemand zu mir kommt und hasset nicht seinen Vater, Mutter, Weib, Kinder, Brüder, Schwestern …, der kann nicht mein Jünger sein. (Lukas 14,26) Das hört sich wohl kaum nach »ehren« an. Jesus sagt allerdings auch ganz klar, daß die Mitgliedschaft in seiner geistigen »Familie« stärker als alle Blutsbande sei.

Viele Menschen bezweifeln, daß man ein solches Gebot bedingungslos einhalten muß. Muß ein körperlich und seelisch mißhandeltes Kind den Elternteil, der dieses Kind mißbraucht hat, »ehren«? Wer die heutige Gesellschaft beobachtet, könnte zu dem Schluß kommen, daß in einer Zeit, in der der körperliche und sexuelle Mißbrauch von Kindern zunimmt, betrüblicherweise das Gebot eher lauten müßte: »Du sollst deine Kinder ehren«.

6. »*Du sollst nicht töten.*«

Oje! Auch hierbei handelt es sich um ein Fehlübersetzung des ursprünglichen hebräischen Wortlauts. Die korrekte Version lautet: »Du sollst nicht morden.« (NJB und andere) Wie die übrigen hebräischen Schriften eindeutig zeigen, hatte Gott gegen bestimmte Formen des Tötens durchaus nichts einzuwenden: Die Todesstrafe wurde bei einer großen Vielfalt von Vergehen, darunter Einbruchdiebstahl, das Schlagen der Eltern, Ehebruch, Sodomie und Homosexualität verhängt. Auch gab Gott während der Eroberung Kanaans und zur Zeit späterer Kämpfe mit den Philistern absolut unmißverständliche Anordnungen, daß man die Feinde Israels umbringen solle. Dabei billigte er nicht nur, daß die Feinde Israels getötet wurden, sondern handelte auch oft als Mitwisser.

Das Töten um eines moralischen Zwecks willen – einen Mörder zu töten, um einen Tod zu vermeiden, oder Hitler zu töten – gilt als akzeptabel. Natürlich stellen sich dann einige höchst unangenehme Fragen: Wer entscheidet, was »moralisches« Töten ist? Vor dem Amerikanischen Bürgerkrieg meinte der Gegner der Sklaverei John Brown, daß man freien Sklaven das Töten erlauben soll. Im Herbst 1997, während der Krise um die UN-Waffeninspektoren im Irak, schlug der Kolumnist der *New York Times,* Thomas Friedman, vor, auf Saddam Hussein ein politisches Attentat zu verüben. Manche extreme Abtreibungsgegner vertreten die Auffassung, daß es »moralisch« sei, einen Arzt, der Abtreibungen vornimmt, zu töten. Eine bedeutsame Anzahl von Amerikanern glaubt, daß die Art Sterbehilfe, die Dr. Kevorkian praktiziert, gesetzlich erlaubt sein sollte. Welche problematischen Formen des Tötens wie beispielsweise Schwangerschaftsabbruch, Selbstmord, Sterbehilfe und Todesstrafe fallen unter die Beschränkungen, die das sechsten Gebot fordert? Wie wir diese Frage beantworten, wird entscheidend davon abhängen, wie wir »Mord« definieren.

7. *»Du sollst nicht ehebrechen.«*

Nicht einmal im Weißen Haus. Ehebruch ist auch nicht mehr das, was er früher einmal war. In unserer Gesellschaft, in der das Privatleben von Prominenten während der Abendnachrichten und im Gespräch an der Kasse im Supermarkt ausgebreitet wird, ist es zweifellos an der Zeit, über dieses Thema neu nachzudenken. So wurde 1997 eine junge Pilotin aus der Luftwaffe der USA entlassen, weil sie eine Affäre hatte und hinterher deswegen log. Sie brach gleich zwei Gebote: Ehebruch und falsch Zeugnis reden. Das Verteidigungsministerium schickte keine Liebesgrüße, sondern das Entlassungsschreiben. Ein paar Generäle bekamen Schwierigkeiten wegen früherer Affären, und ein möglicher Kandidat für den höchsten Posten im amerikanischen Militär war gezwungen, seine Kandidatur zurückziehen – wegen einer Affäre, die dreizehn Jahre zurück lag. Diese Geschichten bildeten den Vorspann zu den »Clinton-Torheiten«, einer Reihe von Skandalen, nach deren Bekanntwerden die amerikanischen Bürger am Ende mit den Schultern zuckten bei dem Gedanken, daß ihr Präsident seiner Ehefrau untreu geworden war.

Vor dem Hintergrund dieser revolutionären Veränderung der herrschenden Einstellungen innerhalb der amerikanischen und europäischen Bevölkerung sollte man das Thema zunächst mit den Augen der Alten betrachten. Strenggenommen war Ehebruch im alten Israel nicht das Verbrechen, wie wir es uns heute vorstellen. Das alte Israel war eine polygame Gesellschaft, und deswegen richtete sich das Gebot in erster Linie an die Frauen. Zwar betraf es auch einen Mann, der mit einer verheirateten Frau die Ehe gebrochen hatte, doch galt dies als Vergehen gegen den Ehemann, das mit der Todesstrafe geahndet werden mußte.

Jesus machte die Dinge für Christen noch komplizierter, weil er sagte, daß allein der begehrliche Blick auf eine Frau das moralische Pendant zum Ehebruch darstelle. In der Bergpredigt sagt er, daß jeder, der eine Frau mit Lust im Herzen betrachte, bereits Ehebruch begangen habe.

Als der ehemalige US-Präsident Jimmy Carter einem Interviewer der Zeitschrift *Playboy* – ausgerechnet ihm – offenbarte, er habe vielfach »im Herzen« Ehebruch begangen, hatte er Jesus' Ermahnung im Sinn. Dabei vertrat er die äußerst moralische Ansicht, daß es ebenso verwerflich sei, sich etwas Sündiges vorzustellen, wie es zu begehen. Obgleich unsere heutigen Auffassungen hinsichtlich des Ehebruchs sehr viel verzeihender sind, sind sie doch etwas schizophren. Wir halten Ehebruch für unmoralisch, aber wir steinigen die Ehebrecherin nicht mehr auf dem Dorfplatz. Die meisten Amerikaner – und noch mehr Europäer – scheinen Ehebruch mit einem Achselzucken abzutun. Man denke nur an die arme Hester Prynne, die Heldin in Nathaniel Hawthornes berühmten Roman *Der Scharlachrote Buchstabe*. Sie war ihrer Zeit weit voraus. Wegen Ehebruchs wird heute niemand mehr an den Pranger gestellt.

8. *»Du sollst nicht stehlen.«*

Dieses Gebot ist unmißverständlich. Dennoch bemerkten jüdische Kommentatoren, daß sich das achte Gebot nicht nur auf Kindesentführung, sondern auch auf einfachen Diebstahl bezog, und Kindesentführung war ein Vergehen, das mit der Todesstrafe bestraft wurde. Der Rabbiner Telushkin weist auch darauf hin, daß der Gesetzeskodex die Strafen für Vergehen wie zum Beispiel Diebstahl präzise festlegte und daß die Entschädigung des Opfers vorgeschrieben war. Ein Dieb mußte den doppelten Wert dessen, was er gestohlen hatte, zurückzahlen; wenn der Dieb die Geldbuße nicht zahlen konnte, mußte er Frondienste leisten.

Auch bei diesem Gebot sind einige kategorische Imperative abzuwägen: Würden Sie stehlen, um einem hungernden oder verhungernden Kind etwas zu essen zu geben? Hielten Sie es für unrecht, zur Rettung ihres Heimatlandes militärische Geheimnisse zu stehlen, die mit der Waffenproduktion eines Feindes zusammenhängen?

9. *»Du sollst nicht falsch Zeugnis reden wider deinen Nächsten.«*

Zwar gilt dieses Gebot heute als Verbot gegen das Lügen im allgemeinen, doch ursprünglich bezog es sich darauf, daß man in einem Rechtsstreit die Wahrheit sagen soll. Dadurch verstärkte es die Heiligkeit der Aussage vor Gericht, auf die bereits im dritten Gebot hingewiesen wird.

Auch wenn man das Gebot im weitesten Sinne auf das Lügen bezieht, bleiben doch noch einige Grauzonen übrig. Sicherlich »logen« die Leute, die Anne Frank und ihre Familie auf ihrem Dachboden verbargen, aber das taten sie, um diese gefährdeten Personen vor der Gestapo zu schützen. Die meisten von uns würden wohl zustimmen, daß diese Menschen nichts Unrechtes taten, als sie das neunte Gebot brachen. Ganz im Gegenteil: Hätten sie die Wahrheit gesagt, hätten sie ein echtes Verbrechen gegen Gott begangen.

Eine andere, umfassendere Interpretation des Gebotes vergleicht das »falsche Zeugnis wider deinen Nächsten« mit dem Klatsch, dem bösartigen, zerstörerischen Flüstern, das das Ansehen und den Ruf eines Menschen venichten kann. Man stelle sich vor, beim Bruch dieses Gebotes würde ein himmlischer Blitz auf die Erde herniederfahren. Es gäbe keine Talkshows, keine »Revolverblätter« mehr!

10. *»Du sollst nicht deines Nächsten Weib, Knecht, Magd, Rind, Esel begehren noch alles, was dein Nächster hat.«*

Im Wörterbuch steht über »begehren«: »nach jemandem, etwas heftiges Verlangen haben; gerne erreichen, haben wollen«. Dieses Gebot ist insofern etwas Besonderes, als es die in Gedanken begangene Sünde im Gegensatz zu einer besonderen Handlung betrachtet.

Das Schwierige am zehnten Gebot ist, daß die Grundlage für den Erfolg der meisten heutigen Konsumgesellschaften und der gesamten Werbeindustrie die »Begierde« ist. Der alleinige Zweck von Fernseh- und Zeitschriftenwerbungen oder Werbeplakaten liegt darin, uns dazu zu bringen, »etwas gerne haben zu wollen« – dieses Auto oder jene Zigarette. Macht uns das alle zu Sündern? Rabbi Telushkin bietet uns folgenden weisen Rat: »Es ist nicht unrecht, mehr haben zu wollen, als man hat. Unrecht ist es, es auf Kosten des Nachbarns haben zu wollen. Es ist nicht unrecht, ein Auto Marke Jaguar zu begehren, sondern nur, jenes Exemplar besitzen zu wollen, das dem Nachbarn gehört.«

Stimmen der Bibel
Baut mir keine hohen Altäre mit Stufen, damit der Priester nicht hinaufsteigen muß und dabei seine Scham entblößt. (2. Mos. 20,26 Gute-Nachricht-Bibel)

Wenn man die eigene Tochter als Sklavin verkauft, muß man dann einen Garantieschein beifügen?

Als man Sie über die zehn Gebote informierte, hat man Ihnen da auch gesagt, daß Gott nicht wollte, daß man dem Priester unter den Rock schaut? Mose erhielt von Gott eine Unmenge an Gesetzen. Und mehr als nur ein paar sind erklärungsbedürftig.

Als die Israeliten Zeuge von Gottes verblüffender Sound- and Lightshow auf dem Berg Sinai wurden – sie sahen die Blitze und den Rauch und hörten den Donner –, hielten sie es für besser, daß Mose hinaufgeht und mit Gott unter vier Augen spricht, während sie »aus der Ferne« zuschauten. Also näherte sich Mose »dem Dunkel«, in dem Gott war. Dann gab Gott ihm eine sehr lange Liste mit Gesetzen. Die zehn Gebote waren nur der Anfang des Gesetzes, die Spitze eines *Titanic*-großen Eisberges. Man könnte diese Gebote die »großen Zehn« nennen, doch die folgenden Kapitel des Buches Exodus – zusammen mit dem Rest der Tora, das »Buch des Bundes mit Gott« genannt – befaßten sich mit einer stattlichen Reihe von Gesetzen, die so gut wie alles regelten, von grundlegender Moral über religiöses Verhalten bis hin zu einer Vielzahl gesellschaftlicher Richtlinien für beinahe jeden Aspekt im Leben eines Israeliten.

Die schlichte Vorstellung, Mose sei einmal den Berg hinaufgegangen, habe die Tafeln geholt und sei dann wieder heruntergekommen, steht in keinerlei Zusammenhang zu der sehr viel komplizierteren Geschichte der Gesetzgebung, wie sie in der Exodusgeschichte dargestellt wird. Mose geht den Berg Sinai hinauf und herunter, als wäre er ein Jojo, wobei er acht Reisen macht, die erst nach mehreren Monaten zu Ende gehen. An einigen Stellen heißt es, Gott habe die Gesetze geschrieben, und in anderen, Mose habe sie geschrieben. Wiederum liegt ein weiterer wichtiger Abschnitt der Bibel vor, für den Forscher überzeugend nachgewiesen haben, daß mindestens drei unterschiedliche Versionen über die Geschehnisse am Berg Sinai miteinander verschmolzen wurden – jetzt haben wir es wieder mit J, P und E zu tun, jenen Autoren, die im ersten Abschnitt dieses Buches vorgestellt wurden. Diese Verschmelzung führte dann dazu, daß am Ende die etwas verworrene Version herauskam, die uns heute in der Exodusgeschichte erzählt wird.

An dieser Stelle wird die Bibel für all jene besonders knifflig, die die Heilige Schrift und das biblische Gesetz immer noch wörtlich nehmen wollen. Die jüdische Tradition hat in der Tora 613 Gesetze ausgemacht. Viele von ihnen regelten Opferriten, die nicht mehr vollzogen werden, weder von Juden noch von Christen. Mit anderen Worten: Die meisten von uns glauben nicht mehr, daß die Verehrung Gottes und die Vergebung der Sünden vorschreiben, Kleintiere zu zerlegen.

Im folgenden gebe ich eine kurze Zusammenstellung einiger der vielen Gesetze, die Mose dem Volk von Israel in der Exodusgeschichte gab. Sie soll den heutigen Leser daran erinnern, daß die Bibel vor langer Zeit für eine Gruppe von Menschen verfaßt wurde, die unter völlig anderen Bedingungen lebte. An dieser Stelle müssen wir bestimmen, welche der Vorschriften für Wüstennomaden vor viertausend Jahren bestimmt waren, und welche die universalen Gesetze sind, die Zeit und Ort überschreiten:

- »Wenn du einen hebräischen Sklaven kaufst, so soll er dir sechs Jahre dienen; im siebenten Jahr aber soll er freigelassen werden ohne Lösegeld ... Spricht aber der Sklave: Ich habe meinen Herrn lieb und mein Weib und Kind, ich will nicht frei werden, so bringe ihn sein Herr vor Gott und stelle ihn an die Tür oder den Pfosten und durchbohre mit einem Pfriemen sein Ohr, und er sei sein Sklave für immer.« (2. Mos. 21,2-6)

  Diese Verse sind ein gutes Beispiel für den Wandel der ethischen und moralischen Wertmaßstäbe seit biblischen Zeiten bis heute. Es gibt in der Bibel viele Stellen, die zeigen, daß man die Sklaverei billigte. Wir können Sklaverei nur als inhumane und unmoralische Einrichtung betrachten, als ganz eindeutiges Beispiel für etwas, das zur Zeit Moses hinnehmbar war, heute aber als verwerflich gilt.

- »Verkauft jemand seine Tochter als Sklavin, so darf sie nicht freigelassen werden wie die Sklaven. Hat ihr Herr sie für sich genommen und sie gefällt ihm nicht, so soll er sie auslösen lassen. Er hat aber nicht Macht, sie unter ein fremdes Volk zu verkaufen ... Hat er sie aber für seinen Sohn bestimmt, so soll er nach dem Recht der Töchter an ihr tun. Nimmt er sich aber noch eine andere, so soll er der ersten an Nahrung, Kleidung und ehelichem Recht nichts abbrechen.« (2. Mos. 21,7-10)

In dieser Bibelstelle, die anderswo vielfach bestätigt wird, klingt an, daß man einer Frau im alten Israel ungefähr den Rang eines Sklaven zuwies. Obgleich es Menschen gibt, die immer noch glauben, daß es zwischen den Geschlechtern auf eine solche Weise zugehen sollte, ist das doch nicht mehr die Meinung der Mehrheit.

- »Wer Vater oder Mutter flucht, der soll des Todes sterben.« (2. Mos. 21,17)

Der Kodex Hammurabi, der in den meisten Fällen sehr viel strengere Strafen vorsieht und weitaus mehr Vergehen mit der Todesstrafe belegt, bewertete dieses Gesetz anders. Für das gleiche Vergehen sollte die betreffende Person nach Hammurabi eine Hand, nicht aber ihr Leben verlieren.

- »Wenn Männer miteinander streiten und stoßen dabei eine schwangere Frau, so daß ihr die Frucht abgeht, ihr aber sonst kein Schaden widerfährt, so soll man ihn um Geld strafen, wieviel ihr Ehemann ihm auferlegt ... Entsteht ein dauernder Schaden, so sollst du geben Leben um Leben, Auge um Auge, Zahn um Zahn, Hand um Hand, Fuß um Fuß, Brandmal für Brandmal, Beule um Beule, Wunde um Wunde. (2. Mos. 21,22-24)

Dieser oft falsch zitierte Bibeltext bedeutet, daß bei Strafe und Vergeltung niemand parteiisch sein darf und daß die Strafe dem Vergehen angemessen sein muß. Damit wurde das Ziel verfolgt, den Menschen Grenzen zu ziehen, damit sie eine Vergeltung übten, die dem Unrecht, das ihnen angetan worden war, entsprach.

- »Wenn ein Rind einen Mann oder eine Frau stößt, daß sie sterben, so soll man das Rind steinigen und sein Fleisch nicht essen; aber der Besitzer des Rindes soll nicht bestraft werden.

Ist aber das Rind zuvor stößig gewesen, und seinem Besitzer war's bekannt, und er hat das Rind nicht verwahrt, und es tötet nun einen Mann oder eine Frau, so soll man das Rind steinigen, und sein Besitzer soll sterben. Stößt es aber einen Sklaven oder eine Sklavin, so soll der Besitzer ihrem Herrn dreißig Lot Silber geben, und das Rind soll man steinigen.« (2. Mos. 21,28-33)
- »Wenn jemand eine Zisterne aufdeckt oder gräbt eine Zisterne und deckt sie nicht zu, und es fällt ein Rind oder ein Esel hinein, so soll der Besitzer der Zisterne mit Geld dem andern Ersatz leisten, das tote Tier aber soll ihm gehören.« (2. Mos. 21,33-34)
- »Wenn ein Dieb ergriffen wird beim Einbruch und wird dabei geschlagen, daß er stirbt, so liegt keine Blutschuld vor. War aber schon die Sonne aufgegangen, so liegt Blutschuld vor. (2. Mos. 22,2-3)

Daß »Blutschuld« vorlag, bedeutete, daß man ein Mörder war. Anders ausgedrückt: Des Nachts durfte man legalerweise einen Dieb töten; bei Tage sollte man vermutlich auf andere Mittel zurückgreifen, einen Dieb zu stoppen, als ihn umzubringen.
- »... und einem Obersten in deinem Volk sollst du nicht fluchen.« (2. Mos. 22,27)

Das Gesetz verbietet, den Führer einer Nation zu verfluchen. Erinnern Sie sich daran, wenn Ihre Steuern fällig werden.

Unmittelbar nach einem Abschnitt über »Fallrecht«, der sich mit der Entschädigung für verlorene, geschädigte oder gestohlene Schafe und andere Viehbestände befaßt, wird im Buch Exodus hinzugefügt:
- »Wenn jemand eine Jungfrau beredet, die noch nicht verlobt ist, und ihr beiwohnt, so soll er den Brautpreis für sie geben und sie zur Frau nehmen. Weigert sich aber ihr Vater, sie ihm zu geben, so soll er Geld darwägen, soviel einer Jungfrau als Brautpreis gebührt. (2. Mos. 22,15-16)
- »Die Zauberinnen sollst du nicht am Leben lassen.« (2. Mos. 22,17)

- »Wer einem Vieh beiwohnt, der soll des Todes sterben.« (2. Mos. 22,18)
- »Die Fremdlinge sollst du nicht bedrängen und bedrücken; denn ihr seid auch Fremdlinge in Ägypten gewesen.« (2. Mos. 22,20)

Die letzten vier Gesetze, die recht zusammenhangslos eine Untergruppe bilden, erhellen die Schwierigkeiten, die entstehen, wenn man der Bibel »gehorcht«. Offenbar haben wir heutzutage in bezug auf Jungfräulichkeit, Ehe und Brautgaben ganz andere Vorstellungen als Mose. Die Damen, die »Telefonsex« anbieten, sind ein Ärgernis, aber wollen wir sie deshalb auf dem elektrischen Stuhl festzurren? Und in der Tat ekeln sich die meisten von uns vor Sodomie. Aber ist es ein Schwerverbrechen?

Zusammenfassung der Handlung:
Das Goldene Kalb

Mose ist bereits einmal den Berg hinauf- und hinuntergestiegen, und wieder geht er los, diesmal für vierzig Tage und Nächte. Er wird ganz besondere Anweisungen erhalten, wie man die heilige Wohnstätte Gottes konstruieren soll, das Tabernakel, das tragbar sein muß, damit es die Israeliten mit sich führen können. Auch für die besondere Bundeslade, in der die Tafeln mit den Zehn Geboten aufbewahrt werden sollen, erhält Mose Anweisungen. Aber während er und Gott die Konstruktionspläne prüfen und sich die Gesetze ansehen, wird das Volk ungeduldig. Die Leute sagen Aaron, Moses Bruder, er solle ihnen einen neuen Gott erschaffen. Aaron hat nicht viel dagegen: Er nimmt sich alle Goldohrringe und Ringe, die es im Lager gibt, schmilzt sie ein und formt daraus ein Goldenes Kalb, um das die Menschen herumtanzen.

Gott ist nicht glücklich darüber und schickt Mose den Berg hinunter. Mose zerbricht die Tafel mit dem Gesetz und zermalmt das Kalb zu Staub. Dann verstreut er den Staub über das Wasser und läßt das Volk davon trinken. Mose bittet seine Getreuen, ihm beizustehen, und alle Leviten kommen ihm zu Hilfe. Sie ziehen ihre Schwerter und töten 3000 Menschen.

Trotz seiner Rolle in diesem Unglück kommt Aaron unbeschadet davon; sein Alibi ist amüsant. Er sagt Mose, er habe das Gold ins Feuer geworfen, und da sei das Kalb herausgekommen! Offenbar nimmt Mose diese Erklärung seines Bruders hin.

Nach dieser Säuberungsaktion soll Mose aus zwei Steinbrocken neue Tafeln herstellen. Verwirrend ist, daß Gott zunächst sagt, er selbst werde auf die Tafeln schreiben. Dann befiehlt Gott Mose jedoch einige Verse später, er solle doch die Tafeln schreiben, was Mose auch tut, worauf er mit den neuen Geboten zu seinem Volk zurückkehrt.

Stimmen der Bibel

Der HERR sprach zu Mose: Geh, zieh von dannen, du und das Volk, das du aus Ägyptenland geführt hast, in das Land, von dem ich Abraham, Isaak und Jakob geschworen habe: Deinen Nachkommen will ich's geben. Und ich will vor dir her senden einen Engel und ausstoßen die Kanaaniter, Amoriter, Hethiter, Perisiter, Hiwiter und Jebusiter und will dich bringen in das Land, darin Milch und Honig fließt. Ich selbst will nicht mit dir hinaufgehen, denn du bist ein halsstarriges Volk; ich würde dich unterwegs vertilgen. (2. Mos. 33,1-3)

VIERZIG JAHRE UNTERWEGS

LEVITIKUS, NUMERI, DEUTERONOMIUM
(3., 4., 5. Buch Mose)

Du sollst deinen Nächsten lieben wie dich selbst.
(3. Mos. 19,18)

Und eure Kinder sollen Hirten sein in der Wüste vierzig Jahre ...
(4. Mos. 14,33)

*Und du sollst den HERRN, deinen Gott, liebhaben von ganzem Herzen,
von ganzer Seele und mit all deiner Kraft.*
(5. Mos. 6,5)

- Was bedeutet »koscher«?

- Warum darf Mose nicht in das Gelobte Land?

- Was hatte die sprechende Eselin zu sagen?

- Was ist das »große Gebot«?

- Was hält Gott davon, wenn man sich kleidet wie das andere Geschlecht?

Wie es nach guten Geschichten oft der Fall ist, verblassen die nächsten drei Bücher Mose – Levitikus, Numeri und Deuteronomium gegenüber der nahezu epischen Erzählung der ersten beiden. Alle drei Bücher konzentrieren sich weitgehend auf das Wiederholen, das Hinzufügen oder sogar das Neuinterpretieren der komplizierten rituellen und religiösen Gesetzessammlungen Israels. Unter anderem findet man in Deuteronomium 5 eine etwas andere Fassung der zehn Gebote. Im Grunde sagt sie das gleiche wie die erste Version, allerdings mit etwas anderen Worten. Man sollte doch meinen, die erste Fassung sei bereits völlig in Ordnung gewesen. Und falls Mose alles aufgeschrieben hatte, warum konnte er es dann nicht bei der ersten Fassung belassen? Die Wiederholungen und gelegentlichen Widersprüche in beiden Büchern stützen jedoch alle die Hypothese, daß die Bibel von mehreren Verfassern zusammengestellt wurde, da sich zudem die Handschrift mehrerer Autoren erkennen läßt.

Während die Bücher Genesis und Exodus in erster Linie »Geschichtsbücher« darstellen, lesen sich Levitikus, Numeri und Deuteronomium eher wie das »Kleingedruckte« in einem Vertrag, auf das die meisten Leute lieber keinen Blick werfen wollen.

Levitikus

Das Buch Levitikus (hebräisch *wayiqra:* »und er rief«) befaßt sich vornehmlich mit den Gesetzen, die Gott im Zusammmenhang mit einer Reihe von rituellen und weiteren religiösen Angelegenheiten erließ. Der Titel »Leviticus«, der sich von der griechischen und der lateinischen Version der hebräischen Bibel herleitet, bezieht sich auf den Stamm der Leviten, die sich als Priester von den anderen Stammesmitgliedern unterschieden. Es hat wenig von dem erzählerischen Schwung der vorhergehenden Bücher, und es fehlt auch deren erinnerungswürdige Poesie und dramatischer Spannungsbogen. Es ist jedoch das Buch, in dem die Bibelversion der »goldenen Regel« erstmals erscheint.

Die sorgfältig ausgearbeiteten Gesetze, die in dem Buch umrissen werden, behandeln Opfergaben und Brandgaben; die Gemeinschaft der Priester; die Unterscheidung von Reinem und Unreinem, darunter ausführliche Erörterungen von Essensvorschriften; Hautkrankheiten wie beispielsweise Lepra; die Entfernung des Schimmels von Zelten; Vorschriften bezüglich der Reinigungsrituale nach der Geburt und Menstruation; den alljährlichen Versöhnungstag oder Jom Kippur, den man erst im 6. vorchristlichen Jahrhundert feierte; und schließlich die Gesetze, die das Leben Israels als heiligem Volk regeln, sowie den heiligen Kalender.

Heute wird allgemein angenommen, daß das Buch Levitikus von Priestern des Jerusalemer Tempels im 5. Jahrhundert v. Chr. abgefaßt wurde. Es wurde als Ausbildungshandbuch für die Priesterschaft geschrieben und erläutert in allen Einzelheiten, wie man Tiere opfern soll, sowie die angemessenen Zeremonien für die Ordination von Priestern. Der althebräische Brauch des Tieropfers bildete jahrhundertelang das Herzstück des jüdischen Gottesdienstes. Der Ritus verschwand im Jahr 70 v. Chr., nachdem die Römer den wiederaufgebauten Jerusalemer Tempel zerstörten, die einzige Stätte, an der solche Opfer dargebracht werden konnten. Danach verlagerte sich die Diskussion in den Bereich des Reinen und Unreinen, wobei man sich auf die Frage konzentrierte, welche Tiere gegessen beziehungsweise nicht gegessen werden durften.

Was bedeutet »koscher«?

Einmal im Jahr räumen in den USA viele Supermärkte, vor allem in den Großstädten, ihre Regale frei, um Raum für Lebensmittel zu schaffen, die koscher und zum Passahfest geeignet sind. Viele Nichtjuden glauben, daß »koschere« Geflügel- und Fleischprodukte sauberer, ungefährlicher und sogar wohlschmeckender sind als nicht-koschere. Viele Menschen, Juden wie Nichtjuden, fragen immer wieder, ob etwas »koscher« sei, wobei sie das Wort frei mit »erlaubt« oder »in Ordnung« übersetzen. *Koscher* ist ein jiddisches Wort für »richtig« und kommt vom hebräischen Wort *kashrut*. Obgleich man das Wort »koscher« heute meist nur mit Essensvorschriften in Verbindung bringt, bezieht sich die Vorstellung, was »richtig« sei, auf eine Vielzahl von Dingen, die nach dem Gesetz getan werden müssen. Deshalb legen die Ernährungsgesetze im Buch Levitikus und den darauffolgenden Torabüchern nicht nur präzise fest, welche Tiere man essen darf, sondern sie beschreiben auch die genauen Verfahren, mit denen die Tiere geschächtet und vorbereitet werden müssen. Zwar denken die meisten Menschen, daß koschere Gesetze auf irgendeine Weise mit gesundheitlichen Fragen zusammenhängen – beispielsweise, daß Schweinefleisch verboten gewesen sei, weil es für Krankheiten verantwortlich war –, doch die meisten Unterscheidungen bezüglich »richtiger« Lebensmittel beziehen sich auf eine schwerer greifbare und sogar subjektive Vorstellung von »Heiligkeit« und »Reinheit«.

Was man essen darf:

- »Alles, was gespaltene Klauen hat, ganz durchgespalten, und wiederkäut unter den Tieren«, mit Ausnahme des Kamels, des Klippdachses, des Hasen und des Schweins.
- »Von dem, was im Wasser lebt«, wenn es Flossen und Schuppen hat.
- Geflügel, mit Ausnahme der unten genannten.

Was man nicht essen darf:

- Adler, Habicht, Fischadler, Geier, Weihe, Rabe, Strauß, Nachteule, Kuckuck, Sperber, Käuzchen, Schwan, Uhu, Fledermaus, Rohrdommel, Storch, Reiher, Häher, Wiedehopf und Fledermaus (natürlich ist die Fledermaus kein Vogel, aber die Bibel ist ja kein zoologisches Lehrbuch).
- Schalentiere.
- Jedes Insekt mit Flügeln, es sei denn, es hat »oberhalb der Füße noch zwei Schenkel, womit es auf Erden hüpft«.
- Alles, was auf »Tatzen« geht: Wiesel, Maus, Kröte, Gecko, Molch, Eidechse, Blindschleiche und Maulwurf.
- Alles, was auf »der Erde kriecht«, »was auf dem Bauch kriecht« und »alles, was auf vier oder mehr Füßen geht«.

Darüber hinaus gibt es gesonderte Warnungen, zum Beispiel die, »ein Kind nicht in der Muttermilch zu kochen«. Diese etwas rätselhafte Vorschrift lebt fort in der Regel gegen die Vermischung von Fleisch- und Milchprodukten.

Gehen wir von Lebensmitteln zu Fragen der Geburt über: Im Buch Levitikus werden ausgefeilte Vorschriften zur Reinigung nach der Menstruation und der Niederkunft erlassen. Diesen folgt eine Reihe von Regeln für den Umgang mit Lepra und anderen Hautkrankheiten sowie für den Schimmelbefall in Häusern, ehe sich die Bibel mit der Unreinheit eines Mannes befaßt, der einen »Ausfluß an seinem Glied« hat. Levitikus sagt nicht, daß etwas Unrechtes daran sei, sondern nur, daß man sich hinterher zu säubern habe. »Wenn einem Mann im Schlaf der Same abgeht, der soll seinen ganzen Leib mit Wasser abwaschen und unrein sein bis zum Abend.« (3. Mos. 15,16)

Stimmen der Bibel
Und der HERR redete mit Mose und sprach: Rede mit der ganzen Gemeinde der Kinder Israel und sprich zu ihnen: Ihr sollt heilig sein, denn ich bin heilig, der HERR, euer Gott. Ein jeder fürchte seine Mutter und seinen Vater. Haltet meine Feiertage; ich bin der HERR, euer Gott. Ihr sollt euch nicht zu den Götzen wenden und sollt euch keine gegossenen Götter machen; ich bin der HERR, euer Gott ...

Ihr sollt nicht stehlen noch lügen noch betrügerisch handeln einer mit dem andern.

Ihr sollt nicht falsch schwören bei meinem Namen und den Namen eures Gottes nicht entheiligen; ich bin der HERR.

Du sollst deinen Nächsten nicht bedrücken noch berauben. Es soll des Tagelöhners Lohn nicht bei dir bleiben bis zum Morgen.

Du sollst dem Tauben nicht fluchen und sollst vor den Blinden kein Hindernis legen, denn du sollst dich vor deinem Gott fürchten; ich bin der HERR.

Du sollst nicht als Verleumder umhergehen unter deinem Volk.

Du sollst auch nicht auftreten gegen deines Nächsten Leben; ich bin der HERR.

Du sollst deinen Bruder nicht hassen in deinem Herzen, sondern du sollst deinen Nächsten zurechtweisen, damit du nicht seinetwegen Schuld auf dich ladest.
Du sollst dich nicht rächen noch Zorn bewahren gegen die Kinder deines Volkes. Du sollst deinen Nächsten lieben wie dich selbst. (3. Mos. 18,1-18)

Diese Verse, die eine Art Plan für ein »Leben der Heiligkeit« entwerfen, rekapitulieren die Gebote und erweitern sie. Es sind bis heute wertvolle und gültige Verhaltensmaßregeln, doch folgen diesem »Heiligkeitskodex« – ein wenig unpassend – sofort Vorschriften von ganz anderer Art:

»Laßt nicht zweierlei Art unter deinem Vieh sich paaren und besäe dein Feld nicht mit zweierlei Samen und lege kein Kleid an, das aus zweierlei Faden gewebt ist.«

Wir wissen nicht, welche Meinung Gott bezüglich der Frage hatte, ob man Karos zu Streifen tragen darf.

Numeri
Der Titel bezieht sich auf die Volkszählung der zwölf Stämme, mit der das Buch beginnt. Der hebräische Titel *bemidbar* (»in der Wüste«) ist präziser, weil am Anfang des Buches der Entschluß steht, die Halbinsel Sinai zu verlassen und durch die Wüste zum Verheißenen Land zu ziehen. Schließlich erreichen die Israeliten die Oase von Kadesch-Barnea, wo sie den Großteil ihres vierzigjährigen Aufenthalts in der Wüste verbringen. Zwar befaßt sich das Buch immer noch intensiv mit den Gesetzen, doch enthält es auch mehrere hochdramatische Episoden, darunter zwei Aufstände gegen Mose und Gott sowie den Tod Aarons.

Stimmen der Bibel
Der HERR segne dich und behüte dich; der HERR lasse sein Angesicht leuchten über dir und sei dir gnädig; der HERR hebe sein Angesicht über dich und gebe dir Frieden. Denn ihr sollt meinen Namen auf die Kinder Israel legen, daß ich sie segne. (4. Mos. 6,24-26)

Das ist der »priesterliche Segen«, den Gott Aaron schenkt. Er gilt als äußerst alte Segnung und wird noch heute in vielen Tempeln und Kirchen verwendet.

Zusammenfassung der Handlung:
Die Abreise aus dem Sinai

Schließlich gibt Gott Mose den Marschbefehl. Nachdem die Stämme fast ein Jahr auf dem Sinai verbracht haben, ziehen sie los. Wieder einmal wird gejammert, und der »Pöbel« verleiht seinem Verlangen nach Fleisch Ausdruck. Die Leute haben das Manna satt. Gott ist verärgert und schickt so viele Vögel über das Lager, daß die Israeliten beinahe knietief in Vögeln waten. Dennoch essen sie von den Vögeln. Um die Jammerer daran zu erinnern, wer das Sagen hat, entsendet Gott jedoch zugleich eine Seuche über sie.

Auch Aaron und Mirjam beginnen, so wie die anderen, sich zu beschweren. Aaron und Mirjam, die Schwester Moses, die ihm in seiner Kindheit das Leben rettete und ihm anschließend half, das Volk aus Ägypten herauszuführen, nörgeln an ihrem Brüderchen herum. Sie wollen wissen, was an Mose so besonders ist, denn auch sie seien doch Propheten und Führer ihres Volkes. Warum schenke Gott seine ganze Aufmerksamkeit Mose? Es ist eine Art kosmischer Geschwisterrivalität. Außerdem mögen sie Moses Frau nicht, eine »Kuschitin«. Diese Klage ist ein wenig verwirrend und hat zu einigen Spekulationen geführt – hatte Mose eine zweite Frau? Zippora war Midianiterin, keine Kuschitin. »Kuschitin« wird zudem mit »Afrikanerin« übersetzt, obwohl Kusch ein anderes Wort für Midian sein könnte. War Zippora eine Schwarze? Gab es eine zweite Frau? Die Bibel läßt uns darüber im unklaren.

Gott ist wütend über Aarons und Mirjams Kabbeleien und zieht gegen die beiden abtrünnigen Geschwister vom Leder. Eine Krankheit, der Lepra ähnlich, befällt Mirjam, die »weiß wie Schnee« wird. Mose bittet Gott, er möge ihr vergeben. Daraufhin wird die große Schwester für sieben Tage aus dem Lager verbannt, bis sie geheilt und »purifiziert«, das heißt, auf rituelle Weise gereinigt ist. Aaron dagegen scheint, so wie nach der Herstellung des goldenen Kalbes, ungestraft davonzukommen.

Am wahrscheinlichsten ist, daß sich die priesterlichen Verfasser als Nachkommen Aarons sahen – oder es tatsächlich waren – und ihm deshalb zu einer guten Presse verhalfen. Mit anderen Worten: Das Ganze ist ein wenig so, als läse man eine Biographie Richard Nixons, in der der Autor den Watergate-Skandal und Nixons unehrenhaftes Ausscheiden aus dem Amt beschönigt.

Stimmen der Bibel
Der HERR aber sprach zu Mose und Aaron: Weil ihr nicht an mich geglaubt habt und mich nicht geheiligt habt vor den Kindern Israel, darum sollt ihr diese Gemeinde nicht ins Land bringen, das ich ihnen geben werde. (4. Mos. 20,12)

Warum darf Mose nicht in das Gelobte Land?

Wenn Gott zürnt, muß man achtgeben. Selbst Mose gerät in Schwierigkeiten. Warum Gott so zornig ist, wird nicht ganz klar. Allerdings vertreten die meisten Interpreten die Auffassung, daß sich Mose und Aaron entweder zu sehr mit fremden Federn schmückten, als Mose Wasser aus einem Felsen schlug, oder daß sie die Handlung nicht auf die Weise vollzogen, wie Gott es ihnen befohlen hatte. Sowohl Aaron, über dessen Tod auf dem Berg Hor bei Kadesch das Buch Numeri berichtet, als auch Mose sterben, ohne das Gelobte Land betreten zu haben.

Doch Gott beläßt es nicht nur bei diesen beiden. Er ist des ständigen Gemurres und Genörgels der Israeliten überdrüssig und sagt später zu Mose: »Es soll keiner von diesem bösen Geschlecht das gute Land sehen, das ich ihren Vätern zu geben geschworen habe.« (Deut. 1,35)

Mit Ausnahme von Josua und Kaleb wird keiner von denen, die in der Exodusgeschichte Ägypten verlassen, das Land der Verheißung betreten.

Was hatte die sprechende Eselin zu sagen?

»Ein Pferd bleibt natürlich ein Pferd – es sei denn, es kann sprechen«. So lautet der Titelsong der Fernsehkomödie Mister Ed.

Eine sprechende Eselin ist da etwas anderes – zumal, wenn sie in der Bibel spricht. Die Bibelfassung von Mister Ed taucht in einer merkwürdigen Geschichte über einen Zauberer namens Balaam (oder Bileam) auf, der aufgefordert wird, die Stämme Israels mit einem Fluch zu belegen. Nachdem die Israeliten Kadesch verlassen haben, müssen sie das Gebiet mehrerer Stämme durchqueren, darunter das Land Edom – wo die Nachkommen Esaus leben – und Moab, das Gebiet, wo die Nachfahren einer der Töchter Lots weilen. Bedroht von den Israeliten, bittet der König von Moab einen mächtigen Zauberer, nach Moab zu kommen und die Israeliten zu verfluchen. Der mesopomatische Zauberer Balaam sattelt seine Eselin und reitet los, um König Balak zur Hilfe zu eilen.

Im weiteren Verlauf wird die Handlung etwas konfus, denn Gott ist wütend, das Balaam offenbar genau das tut, was Gott ihm zuvor in einem Gespräch befohlen hat. Dann betritt Balaams Eselin die Bühne des Geschehens. Während Balaam die Straße hinunterreitet, erblickt die Eselin einen Engel des Herrn auf dem Weg. Zunächst versucht sie vergeblich, dem Engel auszuweichen, und schließlich will sie gar nicht weitergehen. Balaam kann den Engel nicht sehen und schlägt deshalb die Eselin dreimal, um sie anzutreiben. Schließlich dreht sich das Tier und fragt den Zauberer. »Was habe ich getan, daß du mich dreimal geschlagen hast?«

Schließlich öffnet Gott Balaam die Augen, und auf einmal sieht Balaam den Engel, der die Straße versperrt. Der Himmelsbote sagt dem Zauberer, er solle sich zum König von Moab begeben und ihm nur das sagen, was immer ihm Gott in den Mund legt. Als der König Balaam auffordert, Israel zu verfluchen, segnet dieser statt dessen Israel. Die Eselin ist zwar immer berühmter als Balaam selbst gewesen, aber Balaam hat möglicherweise wirklich existiert.

Deuteronomium
Am Ende der Numerigeschichte lagert das Volk Israel in den Ebenen von Moab und bereitet sich darauf vor, Kanaan von

Osten her anzugreifen. Mose hält die Abschiedsreden. Viele meinen, daß der Titel des Buches auf die griechischen Wörter *deuteros* (»der zweite«) und *nomos* (»Gesetz«) bezogen ist; es stellt keine neuen Gesetze vor, sondern wiederholt lediglich frühere Vorschriften.

Heutige Bibelforscher betrachten den Inhalt dieses Buches zum überwiegenden Teil als Material, das mündlich überliefert wurde, bis es im siebten vorchristlichen Jahrhundert aufgezeichnet und dann wiederentdeckt wurde, wie es später im Buch der Könige berichtet wird. Während der Regierungszeit des judäischen Königs Joschija (vgl. Könige) wurde im Jahr 621 v. Chr. im Ersten Tempel ein »Buch des Gesetzes« gefunden. Als Joschija dieses Buches entdeckt, erkennt er, daß seine Untertanen die Gesetze nicht richtig befolgt haben. Deshalb unterwirft er das Land einer rigorosen religiösen Reform, mit der er dem strikten Mosaischen Gesetz erneut Geltung verschafft. Im Grunde genommen stellt Deuteronomium Moses Abschiedsrede dar – tatsächlich sind es drei Reden –, in der er die Taten Gottes wieder »aufwärmt«. Feierlich warnt er vor der Lebensweise der Kanaanäer – insbesondere vor den frechen kanaanäischen Frauen – und verteidigt dabei die Treue und Liebe zu Gott, die er als Hauptvoraussetzung für das Leben im Gelobten Land ansieht. Eine besondere Lehre des Bu-ches Deuteronomium besteht darin, daß man den Gottesdienst an einem Ort zentralisieren und die Heiligtümer der Heiden beseitigen soll. Als das Deuteronomiumbuch abgefaßt wurde, galt der Jerusalemer Tempel als das zentrale Heiligtum der Juden.

Was ist das »große Gebot«?

»Höre, Israel, der HERR ist unser Gott, der Herr allein. Und du sollst den HERRN, deinen Gott, liebhaben mit deinem ganzen Herzen und mit deiner ganzen Seele und mit deiner ganzen Kraft. (5. Mos. 6,4-5 EÜ)

Dies ist das sogenannte *Schema,* das am häufigsten gesprochene Gebet im Judentum, traditionsgemäß auch das »große Gebot« genannt. Viele Christen kennen es vielleicht in der Form, die Jesus verwendet (Mk. 12,29), als man ihn nach dem ersten Gebot fragt. Möglicherweise übersehen sie dabei, daß Jesus eine hebräische Schrift zitiert. Denn als das zweite Gebot fügt er hinzu: »Du sollst deinen Nächsten lieben wie dich selbst« (Mk. 12,31), und diese Gebote werden von keinem anderen übertroffen.

Diese »goldene Regel« ist – darauf hat man schon oft hingewiesen – in vielen Kulturen eine zentrale Forderung. Außer ihrem Erscheinen in Buch Levitikus und in Jesus' Worten gibt es noch andere bedeutende Fassungen:

Konfuzius – »Was du nicht willst, das man dir tue, das tue auch niemand anderem an.«

Aristoteles – »Wir sollten uns gegenüber unseren Freunden so verhalten, wie wir wollen, daß sich unsere Freunde uns gegenüber verhalten.«

Hillel – »Was dir hassenswert ist, das tue auch nicht deinem Nächsten an. Das ist die ganze Tora. Der Rest ist Kommentar.« (Hillel, ein berühmter Rabbiner des 1. nachchristlichen Jahrhunderts, lebte in Jerusalem. Viele vermuten zwar, daß Jesus seine Lehren kannte und möglicherweise sein Schüler war, aber dafür gibt es keine Anhaltspunkte.)

Der Herzog von Chesterfield – »Tue, wie du möchtest, daß man dir begegnet, das ist die sicherste Methode, die ich kenne, Freude zu bereiten.« (Philip Dormer Stanhope, der Herzog von Chesterfield, lebte zwischen 1694 bis 1773. Seine zahlreichen Aphorismen, die an die prägnanten Maximen Benjamin Franklins erinnern, wurden den Briefen an seinen Sohn entnommen.)

Stimmen der Bibel

Durch Hunger hat er dich gefügig gemacht und hat dich dann mit dem Manna gespeist, das du nicht kanntest und das auch deine Väter nicht kannten. Er wollte dich erkennen lassen, daß der Mensch nicht nur von Brot lebt, *sondern daß der Mensch von allem lebt, was der Mund des*

Herrn verspricht. Deine Kleider sind dir nicht in Lumpen vom Leib gefallen, und dein Fuß ist nicht geschwollen, diese vierzig Jahre lang. Daraus sollst du die Erkenntnis gewinnen, daß der Herr, dein Gott, dich erzieht, wie ein Vater seinen Sohn erzieht. (5. Mos. 8,3-5 NJB; Hervorhebung durch den Autor)

Wieder einmal kennen vielleicht christliche Leser diesen Vers aus der Bibelstelle, in der Jesus während seines vierzigtätigen Aufenthalts in der Wüste durch den Teufel versucht wird. Wenn Jesus sagt, »der Mensch lebt nicht vom Brot allein, sondern von einem jeglichen Wort, das durch den Mund Gottes geht« (Mt. 4,4), dann zitiert er das Buch Deuteronomium.

Was hält Gott davon, wenn man sich kleidet wie das andere Geschlecht?

Der Fernsehmoderator Ernie Reinhardt, der New Yorker Bürgermeister Rudolph Giuliani, die Sängerin K. D. Lang und der exzentrische amerikanische Basketballspieler Dennis Rodman – sie alle geraten möglicherweise in Schwierigkeiten. Denn in Deuteronomium 22,5 heißt es: »Eine Frau soll nicht Männersachen tragen, und ein Mann soll nicht Frauenkleider anziehen; denn wer das tut, der ist dem Herrn, deinem Gott, ein Greuel.«

Das ist doch eine ziemlich klare Aussage – Gott hat keinerlei Verständnis für Transvestiten.

Tatsächlich handelt sich um ein weiteres Beispiel für das spezielle Verbot eines Ritus, der in anderen frühgeschichtlichen Gesellschaften des Alten Orients weit verbreitet war. Die in der Tora ausgesprochenen Verbote richteten sich häufig gegen eine Vielzahl von Handlungen, darunter Götzendienst, kultische Prostitution, Inzest, Homosexualität, sogar Sodomie und Kindsopfer, die in anderen benachbarten Kulturen, die kanaanitische und ägyptische inbegriffen, als hinnehmbar galten. Offenbar zielte das Verbot des »Transvestitentums« darauf ab, die Israeliten davon abzuhalten, an jenen kanaanäischen Bräuchen teilzunehmen, bei denen die Tempelbesucher einen Geschlechtswechsel, vielleicht einen Fruchtbarkeitsritus nachahmten.

Im Zentrum der kanaanäischen Religion stand die Anbetung Baals. Der Fruchtbarkeitsgott war für den Regen verantwortlich und somit natürlich eine bedeutende Gestalt in einer landwirtschaftlichen Gemeinschaft, deren Gebiet an eine Wüste grenzte. Dem kanaanäischen Glauben zufolge setzten die Regenfälle ein, wenn Baal sexuelle Handlungen vollzog, wobei sein Samen in Form des lebenspendenden Regens fiel. Statt einen einfachen »Regentanz« aufzuführen, ahmten die kanaanäischen Priester Baal nach, indem sie sexuelle Handlungen vollzogen und dabei offenbar mit Männern, Frauen und Tieren kopulierten. Viele der Mosaischen Gesetze richteten sich vor allem gegen die sexuell aufgeladene kanaanäische Gottesanbetung, die bei vielen Kindern Israels allerdings äußerst gut angekommen sein muß.

Abgesehen davon, daß der Gesetzeskodex im 5. Buch Mose die Vermischung von Sexualität und Gott als verabscheuungswürdig darstellt, wie es auch Gesetze an anderer Stelle in der Tora zeigen, befaßt er sich speziell mit den geschlechtlichen Beziehungen, einschließlich des Verhaltens in der Ehe.

»Wenn jemand ein Mädchen zur Frau nimmt und wird ihrer überdrüssig, nachdem er zu ihr gegangen ist, und legt ihr etwas Schändliches zur Last und bringt ein böses Gerücht über sie und spricht: Dies Mädchen hab ich geheiratet, und als ich zu ihr ging, fand ich sie nicht als Jungfrau, so sollen Vater und Mutter des Mädchens die Zeichen ihrer Jungfräulichkeit nehmen und vor die Ältesten der Stadt im Tor bringen ... Und sie sollen die Decke vor den Ältesten der Stadt ausbreiten. Und die Ältesten der Stadt sollen den Mann nehmen und züchtigen ... Und er soll sie als Frau behalten und darf sie sein Leben lang nicht entlassen. Ist's aber die Wahrheit, daß das Mädchen nicht mehr Jungfrau war, so soll man sie heraus vor die Tür des Hauses ihres Vaters führen, und die Leute der Stadt sollen sie zu Tode steinigen.« (5. Mos. 22,13-21)

Stimmen der Bibel
Und Mose stieg aus dem Jordantal der Moabiter auf den Berg Nebo, den Gipfel des Gebirges Pisga, gegenüber Jericho, Und der HERR zeigte ihm das ganze Land: ... Und der HERR sprach zu ihm: Dies ist das Land, von dem ich Abraham, Isaak und Jakob geschworen habe: Ich will es deinen Nachkommen geben. – Du hast es mit deinen Augen gesehen, aber du sollst nicht hinübergehen. So starb Mose, der Knecht des HERRN, daselbst im Lande Moab nach dem Wort des HERRN. Und er begrub ihn im Tal ... Und niemand hat sein Grab erfahren bis auf den heutigen Tag.
(5. Mos. 34,1-6)

ÜBER DEN FLUSS

JOSUA

Josua focht in der Schlacht von Jericho, Jericho, Jericho.
Josua focht in der Schlacht von Jericho,
Und die Mauern stürzten ein.
Afroamerikanisches Spiritual

Da erhob das Volk ein Kriegsgeschrei, und man blies die Posaunen.
Und als das Volk den Hall der Posaunen hörte,
erhob es ein großes Kriegsgschrei. Da fiel die Mauer um,
und das Volk stieg zur Stadt hinauf.
(Josua 6,20)

- Auf welche Weise half eine Prostituierte, Jericho zu zerstören?

- Wie konnte es geschehen, daß König David und Jesus von zwei biblischen Prostituierten abstammen?

- Wenn Gott »ethnische Säuberungen« duldet, sind sie deshalb in Ordnung?

Damals, in den wilden Zeiten des Discobeats standen die Schönen und Reichen vor dem Studio 54 Schlange und hofften, beteten und bettelten, in New Yorks berühmten Nachtclub hineingelassen zu werden. Viele waren maßlos enttäuscht, als der allmächtige Türsteher sie nicht nach vorn winkte. Denn sie gehörten nicht zu dem ganz besonderen, dem »auserwählten Volk«.

Und nun stellen Sie sich einmal vor, wie groß die Enttäuschung gewesen sein muß, wenn man vierzig Jahre lang darauf gewartet hat, in einen Ort hineingelassen zu werden, und einem im letzten Augenblick gesagt wird: »Es tut uns leid. Sie sind nicht gut genug – Sie dürfen hier nicht 'rein.« Im Grunde genommen widerfuhr den Hebräern, die Ägypten mit Mose verließen, genau das. Mose starb im Alter von 120 Jahren, und sein Grab blieb nur Gott bekannt. Mose und Aaron durften nicht ins Gelobte Land hinein, ebensowenig wie jene, die aus Ägypten herausgekommen waren, und zwar weil sie in der Wüste gesündigt und genörgelt hatten. Schließlich bekamen die Israeliten die Erlaubnis, nach einer Wartezeit von vierzig Jahren, das Gelobte Land zu »erobern«. Das Buch Josua erzählt die Geschichte dieser »Eroberung«, wobei an dem Bericht erhebliche Änderungen vorgenommen wurden. Hinweise in dem folgenden Buch der Richter, wie auch archäologische Entdeckungen im 20. Jahrhundert, haben jedoch gezeigt, daß die Eroberung Kanaans durch die Israeliten nicht der große heilige Krieg war, als der er in Josua hingestellt wird.

Der Tradition zufolge ist der militärische Führer, den Mose zu seinem Nachfolger bestimmt hatte, Josua, der Verfasser des gleichnamigen Buches. Die meisten Forscher sind heute jedoch der Ansicht, daß das Material aus unterschiedlichen Quellen stammt. Lediglich eine Tatsache wird weithin anerkannt, und zwar, daß die ältesten Passagen, die vermutlich um das Jahr 950 v. Chr. datieren, im 7. Jahrhundert v. Chr. völlig neu geschrieben wurden. Zu einem späteren Zeitpunkt, wahrscheinlich nach 500 v. Chr., wurde ein Großteil der zweiten Hälfte, in der es hauptsächlich um Fragen der Priesterschaft geht, von einem unbekannten Verfasser durchgesehen und umgeschrieben.

Der Gott des Josua ist ein »Kriegsgott«, eine rein nationale Gottheit, die mit dem Herrn, der Israel nur einige Kapitel zuvor im Buch Levitikus befohlen hatte, seine Nachbarn zu lieben, kaum noch Ähnlichkeit hat. Das zentrale Thema in Josua lautet, daß Gott sein Volk zwar zu großen Siegen führen, sich jedoch von ihm abwenden wird, wenn es den Herrn leugnet.

Zusammenfassung der Handlung: Die Eroberung Kanaans

Wie so viele Kriegsgeschichten bietet auch das Buch Josua kein schönes Bild. Die Erzählung beginnt mit dem wundersamen Gang der Israeliten über den Jordan, der vorübergehend nicht mehr fließt, und der grausamen Plünderung von Jericho. Im weiteren Verlauf wird berichtet, wie die Streitmacht der Hebräer aus dem Jordantal ins Hochland zieht, um die Stadt Ai einzunehmen, und wie es zu einer großen Schlacht mit den Anführern der fünf anderen kanaanäischen Städte kommt. Wie die völlige Zerstörung der Städte Jericho und Ai überaus deutlich zeigt, konnten die Israeliten im Krieg durchaus äußerst rücksichtslos vorgehen. Eine letzte Schlacht im Norden hat die völlige Zerschlagung der kanaanäischen Macht in Palästina zur Folge. Nach einer kurzen Zusammenfassung der Siege Josuas beschreibt das Buch die Aufteilung des Landes zwischen den einzelnen Stämmen.

Auf welche Weise half eine Prostituierte, Jericho zu zerstören?

Bevor Josua die Israeliten nach Kanaan führte, entsandte er zwei Spione, die das Land, insbesondere die Stadt Jericho, auskundschaften sollten. In Jericho begeben sich die Kundschafter auf direktem Weg ins Haus der Rahab, einer Prostituierten, die den israelitischen Spionen Schutz vor Jerichos König bietet. Die Kundschafter versprechen dieser »heiligen Hure«: Während der Eroberung Jerichos durch die Israeliten werde man sie und ihre Angehörigen verschonen, wenn sie eine karmesinrote Schnur an ihr

Haus anbringe, um es zu kennzeichnen, und ihre Familie darin versammele.

Die Spione kehren wohlbehalten zu Josua ins Feldlager der Israeliten zurück. Nachdem die Stämme drei Tage am Ufer des Jordan gewartet haben, überqueren sie schließlich den Fluß. Als die Priester, die die Bundeslade tragen, das Wasser des Jordans berühren, steht das Gewässer still. Die Priester stehen in dem trockenen Flußbett, während die gesamte israelitische Nation nach Kanaan eindringt – eine symbolische Erinnerung an die Flucht aus Ägypten, als sich das Schilfmeer trennte. In dem betreffenden Kapitel heißt es, daß 40 000 bewaffnete Männer – wieder stößt man auf die mystische Zahl vierzig – die israelitischen Stämme anführten. Die Priester gelangen aus dem Flußbett, und das Wasser beginnt wieder zu fließen und tritt über die Ufer.

Um der Durchquerung des Jordan zu gedenken, werden bei Gilgal zwölf Flußsteine zu einer Pyramide aufgeschichtet. Hier feiert man das erste Passahfest im Gelobten Land. Außerdem wird mit Flintmessern – aua! – eine Massenbeschneidung durchgeführt, da keiner der Männer beschnitten war, der in der Wüste geboren wurde. Deshalb bedeutet Gilgal »Hügel der Vorhäute«. Hübsche Postanschrift!

Während Josua vor Jericho steht, sieht er einen Mann und fragt ihn, ob er Freund oder Feind sei. Der Mann erwidert, er sei der »Kommandant des Heeres Gottes«. Josua weiß nun, daß er in den folgenden Schlachten die Unterstützung des Herrn haben wird.

Sobald die Bibel auf den sagenumwobenen Angriff auf Jericho zu sprechen kommt, steckt die Historie ihre ungeschickte Nase ins Bild. Anders als der Garten Eden, der Berg Sinai, das Schilfmeer und viele andere biblische Orte, deren geographische Identität beziehungsweise präzise Lage unbekannt und umstritten sind, ist Jericho ein realer Ort. Im letzten Jahrzehnt gehörte Jericho zu den bedeutendsten Ausgrabungsstätten im Heiligen Land.

Jericho liegt rund zwölf Kilometer nördlich des Toten Meeres, 258 Meter unterhalb des Meeresspiegels, und ist damit die tiefstgelegene Stadt der Erde. Sie befindet sich rund 35 Kilometer östlich von Jerusalem. Der Name bedeutet vermutlich »Mondstadt«, worin sich die Verehrung einer lokalen Gottheit widerspiegelt; zudem ist sie eine der ältesten menschlichen Siedlungen überhaupt. Mittlerweile haben Archäologen die Entstehungszeit überaus gründlich datiert. Die umfangreichen Ausgrabungen in und um Jericho und im nahegelegenen Tell es-Sultan deuten darauf hin, daß im 9. Jahrtausend v. Chr. Jäger einer Quelle wegen in das Gebiet zogen. Um 8000 v. Chr. war aus dem Gebiet eine permanente Siedlung mit etwa 2 000 Bewohnern geworden. Wegen des Bewässerungssystems, des hohen Turms und der Festungsanlagen gilt Jericho zu Recht als die älteste Stadt der Erde. Um 6800 v. Chr. ersetzte eine neue Gruppe die ursprünglichen Siedler. Eine dritte Gruppe übernahm den Siedlungsort um 4500 v. Chr. Ab dieser Zeit war er bis in die Mitte der späten Bronzezeit durchgehend bewohnt.

Glaubt man dem, was man im Religionsunterricht gehört hat, wurde Jericho zerstört, als die Stämme schweigend um Jericho herum marschierten, einmal pro Tag, sechs Tage lang, angeführt von sieben Priestern, die in die Hörner von sieben Widdern bliesen.

Am siebten Tag ziehen sie siebenmal um die Stadt herum. Während der letzten Runde blasen die Priester in ihre Hörner, und das Volk erhebt ein großes Geschrei. Die Mauer fällt um, und die Stadt wird eingenommen. Die Stämme verlieren kein Wort darüber, was mit den Bewohnern Jerichos geschieht, deren Häuser nun in Schutt und Asche liegen. Aber Josua nimmt kein Blatt vor den Mund. Alle Einwohner Jerichos, bis auf die Prostituierte Rahab und ihre Familie, fallen durch das Schwert.

Inwiefern stammen König David und Jesus von zwei biblischen Prostituierten ab?

Die Geschichte von Rahab, der Prostituierten, die aus den meisten »sauberen« Bibelversionen für den Religionsunterricht gestrichen wurde, verdient es, etwas genauer betrachtet zu werden. Dabei gilt es, zwei wichtige Punkte zu beachten. Erinnern Sie sich noch an Tamar, die Frau, die im Buch Genesis Juda gegenüber so getan hatte, als sei sie eine Prostituierte? Nach der Geburt ihrer Zwillinge band sie um das Handgelenk des einen, Serach, einen roten Faden. Dieser Faden stellt eine symbolische Verbindung zu der roten Schnur her, die Rahab aus ihrem Fenster hängt. Laut anderen jüdischen Darstellungen war Rahab die Ahnherrin mehrerer Propheten. Aber der Stammbaum im Matthäusevangelium im Neuen Testament besagt, daß Rahab die Mutter von Boas war, der Ruth (vgl. Ruth) heiratet und ein weiterer Ahnherr Davids ist. Das bedeutet, daß der große König Israels – ebenso wie Jesus, dessen Ahnentafel in direkter Linie bis zu David zurückführt – von einer Prostituierten abstammt, deren Taten im allgemeinen übersehen werden.

Doch um was für eine Art Prostituierte handelt es sich? In der hebräischen Bibel kommen zwei Arten vor: das »leichte Mädchen«, das man in dieser ansonsten die Sexualität einschränkenden Kultur offenbar duldete, sowie die »kultische Prostituierte« der kanaanäischen Religion. Der Überlieferung zufolge stellten die kanaanäischen Religionsführer Tempelprostituierte ein, die im Zuge von Fruchtbarkeitsriten mit Angehörigen der Gemeinde und Priestern sexuelle Handlungen vollzogen. Mittlerweile hat man diese Auffassung ein wenig korrigiert. Das Wort, das man traditionell mit »Tempelprostituierte« übersetzt, bezeichnet eigentlich eine »geheiligte Person«. Zwar gehörten sexuelle Handlungen für die kanaanäischen Priester vermutlich zur »Arbeitsplatzbeschreibung«, doch weisen heute einige Forscher darauf hin, daß diese Frauen auch anderen Tätigkeiten nachgingen, vielleicht als Hebammen oder Frauen, die heilige Gesänge anstimmten oder auf andere Weise in den kanaanäischen Tempeln dienten. (Die Tamar im Buch Genesis wird sowohl als gewöhnliche Hure als auch als Tempelprostituierte bezeichnet. Rahab, die Prostituierte in Jericho, war eine *zona*, im Hebräischen die Bezeichnung für eine gewöhnliche Hure.)

Neueren archäologischen Forschungen zufolge muß man die die Darstellung der Bibelerzählung über die Eroberung Kanaans abmildern. Im 13. Jahrhundert v. Chr., dem mutmaßlichen Datum des Eindringens der Israeliten in Kanaan, war Jericho ein Dorf ohne Festungsanlage. Mit anderen Worten: Die berühmte Darstellung wurde höchstwahrscheinlich in späteren Erzählungen ausgeschmückt. Das Jordantal, in dem Jericho liegt, befindet sich in einem größeren tektonischen Grabensystem. Daß der Fluß nicht weiterfloß und daß die Mauern einstürzten, kann man auch dadurch erklären, daß beide Ereignisse durch ein Erdbeben ausgelöst wurden. Es gibt jedoch keine Belege dafür, daß die Stadtmauern von Jericho einstürzten.

Wer nach Anhaltspunkten dafür sucht, ob die sehr alten Kriegsgeschichten ausgeschmückt und mit Vorstellungen von einem »göttlichen Eingreifen« überzogen werden, muß sich im Mittelmeerraum zur Zeit der Antike nicht allzuweit umsehen. Im ungefähr gleichen historischen Zeitraum, in dem Josua möglicherweise die lockere Föderation der israelitischen Stämme nach Kanaan führte, entwickelte sich an der Küste der heutigen Türkei ein lang anhaltender Kampf zwischen einer freien Konföderation griechischer Stämme und den Bewohnern einer anderen befestigten Stadt. Aus dieser zwar langen, aber historisch unbedeutenden Schlacht, die im Jahr 1193 v. Chr. um »Ilium« ausgefochten wurde, entwickelte sich dann eine viel wichtigere Erzählung. Sie wurde, so wie die Bibelgeschichten, mündlich überliefert und schließlich mehr als 300 Jahre später, im Jahr 850 v. Chr., durch einen Dichter, den wir »Homer« nennen, niedergeschrieben. Sie trägt den Titel *Ilias* (ihre Fortsetzung ist die *Odyssee*).

Nach der Einnahme wurde die Stadt Jericho zerstört, geplündert und verflucht, doch hatte die Vernichtung auch einige unangenehme Folgen. Denn einer der Israeliten behielt einen Teil der Kriegsbeute, die man Gott versprochen hatte. Wegen dieses Vergehens bestrafte Gott ganz Israel mit einer militärischen Niederlage, als Josua und seine Heere nach Ai (»Ruine«) weiterzogen. Nachdem man die Schuldigen, den Israeliten und seine Angehörigen, ausfindig gemacht hatte, wurden sie zu Tode gesteinigt. Josua eroberte das nahegelegene Bethel Ai durch eine schlaue Kriegslist, und nicht mit Hilfe göttlichen Eingreifens.

Die Schilderung der Schlacht um Ai ist grausig: »Und als Israel alle Einwohner von Ai getötet hatte auf dem Felde und in der Wüste, wohin sie ihnen nachgejagt waren, und alle durch die Schärfe des Schwerts gefallen und umgekommen waren, da kehrte sich ganz Israel gegen Ai und schlug es mit der Schärfe des Schwerts. Und alle, die an diesem Tag fielen, Männer und Frauen, waren zwölftausend, alle Leute von Ai ... Und Josua brannte Ai nieder und machte es zu einem Schutthaufen für immer, der noch heute daliegt.« (Josua. 8,24-28)

Wenn Gott »ethnische Säuberungen« duldet, sind sie deshalb in Ordnung?

Kosovo. Libanon. Nanking. Die »Entfernung« der amerikanischen Ureinwohner. Die »besondere Einrichtung«, wie man die Sklaverei in Amerika nannte. Man muß sich nicht sehr angestrengt umsehen, um Beweise dafür zu finden, daß Menschen Vergewaltigung, Versklavung, Mord und Völkermord an »gottlosen Heiden« rechtfertigen. Die obengenannten sind nur einige Beispiele aus der jüngeren Geschichte, es gibt noch viele mehr. Natürlich wurden die Nachkommen Josuas im Zuge der schlimmsten »ethnischen Säuberung« überhaupt fast ausgerottet – dem nationalsozialistischen Holocaust.

Die lebendige Schilderung der grausamen Behandlung der Kanaaniter in Ai und anderen Städten kommt eingehüllt in den Mantel der göttlichen Billigung daher und verweist auf einen der großen ethischen Widersprüche der Bibel. Wenn ein mutmaßlich »böses« Volk auf Gottes Anweisung hin ausgemerzt wird, ist dieses Vergehen dadurch gerechtfertigt? Vergessen Sie nicht: Gottes eigenes Gebot besagt, du sollst nicht »morden«, womit er ein wenig »Spielraum« für Beispiele des Tötens schaffte, die sich rechtfertigen ließen.

Ironischerweise stellen neuere Forschungen die biblische Version der Eroberung Kanaans in Frage, so daß man davon ausgehen kann, daß die schlimmsten Beispiele für das Morden der Israeliten vermutlich durch wiederholtes Erzählen ausgeschmückt wurden. Nach Ansicht heutiger Forscher ist es wahrscheinlicher, daß die Israeliten Kanaan allmählich, im Laufe einer viel längeren »Besiedelung« einnahmen, wobei sie Emigration und Verhandlungen kombinierten, und die Konflikte zwischen lokalen Gruppen an einigen Orten noch sehr viel länger weiterschwelten. Aber die Behauptung »So ist es nicht gewesen« stellt einen allzu bequemen Ausweg aus diesem moralischen Dilemma dar.

Die traditionsgemäße Antwort lautet: Die Kanaanäer waren so schlimm, daß sie es geradezu herausforderten. In der ganzen Tora werden sie in vielen Geschichten verteufelt, ebenso wie die Philister verteufelt werden sollten, als sie später zum Hauptfeind Israels gemacht wurden. Es fällt viel leichter, andere zu vernichten – oder sie in Ketten zu legen –, wenn man sich selbst davon überzeugt, daß es sich um gottlose, heidnische oder sittlich verrohte Menschen handelt. Die meisten europäischen »Entdecker« oder die Siedler Nord- und Südamerikas, von Christopher Kolumbus über die spanischen Konquistadoren bis zu den englischen Kolonisatoren in den nordamerikanischen Staaten Virginia und Massachusetts, glaubten fest daran, daß die amerikanischen Ureinwohner, denen sie begegneten, gottlose Heiden waren. Die Sklavenhalter waren überzeugt, daß die Afrikaner heidnische Wilde waren. Die Deutschen waren überzeugt, daß die Juden die Quelle all ihrer Schwierigkeiten waren. Hat man erst eine andere Ethnie oder Kultur als »unmoralisch« verurteilt, ist es nur noch ein sehr kurzer Schritt bis zur Rechtfertigung der Versklavung ihrer Angehörigen oder Schlimmerem.

Stimmen der Bibel
Siehe, ich gehe heute dahin wie alle Welt; und ihr sollt wissen von ganzem Herzen und von ganzer Seele, daß nichts dahingefallen ist von all den guten Worten, die der HERR, euer Gott, euch verkündigt hat. Es ist alles gekommen ... (Josua 23,14)

Nachdem Josua seine Aufgabe, die Stämme nach Israel zu führen und das Verheißene Land zwischen ihnen aufzuteilen, erfüllt hatte, starb er im Alter von 110 Jahren.

MEILENSTEINE IN DER ZEIT DER BIBEL II
1568 v. Chr. bis 1000 v. Chr.

Die Datierung frühgeschichtlicher Ereignisse ist häufig spekulativ und erheblichen wissenschaftlichen Debatten und Revisionen unterworfen. Die folgenden Daten werden im allgemeinen von einem breiten Spektrum von Historikern in einer Vielzahl von Büchern und Veröffentlichungen verwendet. Für einige der Ereignisse werden jedoch alternative Daten angegeben. Zu den besonders umstrittenen Daten gehört die radikal andere Chronologie, die Charles Pellegrino in seinem neuesten Buch *Return to Sodom and Gomorrah* vorschlägt. Indem er das Datum des Vulkanausbruchs auf Thera in das Jahr 1628 v. Chr. zurückverlegt, entsteht eine Zeitfolge, die sich um einige hundert Jahre von der traditionellen Auffassung der Geschichte des Vorderen Orients im Altertum unterscheidet. Akzeptiert man Pellegrinos Hypothese, so hat dies bedeutende Folgen für die Datierung der Dynastien Ägyptens, für den Untergang Jerichos sowie eine Anzahl weiterer Ereignisse der Bibel, die im vorliegenden Buch erörtert werden.

1568/5: Amosis I. vertreibt die Hyksos aus Ägypten und beginnt die 18. Dynastie oder das Neue Königreich.

1545: Amosis I. stirbt nach 20jähriger Regierung; sein Nachfolger besteigt den Thron als Amenhotep I.

1525: Amenhotep I. stirbt nach 20jähriger Regierung; sein Nachfolger erlangt als Thutmosis I. Berühmtheit.

• Thutmosis I. stellt den Tempel der Osiris bei Abydos wieder her und läßt im Tal der Könige das erste Grabmal erbauen.

1512: Thutmosis I. wird abgesetzt; sein unehelicher Sohn wird als Thutmosis II. mit seiner Frau (und Halbschwester) Hatschepsut regieren.

1504: Thutmosis II. stirbt; Hatschepsut regiert als Königin und Regentin für ihren kleinen Neffen Thutmosis III.

Ca. 1480: Thutmosis III. wird volljährig und beginnt eine 33jährige Regierungszeit, während derer Ägypten den Höhepunkt seiner Macht erreichen wird. Während seiner Herrschaft wird der Titel »Pharao« (»großes Haus«) in Gebrauch kommen. Thutmosis III. unternimmt den Versuch, alle Hinweise auf seine Tante Hatschepsut zu verbergen, indem er um den Obelisken bei Karnak, der ihr geweiht ist, Mauern errichten läßt.

1470:	Ein Vulkanausbruch auf der Insel Thera (Santorini) zerstört die minoische Zivilisation mit ihrem Zentrum auf Kreta. 30 bis über 50 Meter hohe Meereswellen senken den Wasserspiegel an den Ostufern des Mittelmeers vorübergehend ab; Landstriche in Ägypten werden durch seismische Wellen mit Meerwasser überflutet; es folgen Hungersnöte. Viele vermuten, daß diese Kultur die Grundlage für den Mythos der verlorenen Stadt Atlantis lieferte.
1450:	Thutmosis III. stirbt; sein Sohn Amenhotep II. marschiert in Judäa und Mesopotamien ein.
1419:	Amenhotep II. stirbt nach 34jähriger Regentschaft; Nachfolger wird sein Sohn Thutmosis IV.
1400:	Nachdem man in Kleinasien Methoden zur Verhüttung von Eisen erfunden hat, beginnt die Eisenzeit.
1386:	Thutmosis IV. stirbt; Nachfolger wird sein Sohn Amenhotep III., der letzte große Herrscher des Neuen Königreichs.
1349:	Amenhotep III. stirbt nach 38jähriger Regierung. Nachfolger ist sein Sohn, Amenhotep IV. (auch Echnaton genannt). Während dieser Zeit wird Ägypten geschwächt, da die Hethiter ein Reich errichten, das sich südwärts von Anatolien (heutige Türkei) bis zu den Grenzen des Libanon erstreckt.
•	Pharao Amenhotep IV. führt eine Form des Monotheismus in Ägypten ein; er begründet einen neuen Kult, in dem der Sonnengott verehrt wird; zugleich widersetzt er sich auf Veranlassung seiner ersten und einflußreichsten Frau Nefertiti den Priestern aus Amen.
1334:	Amenhotep stirbt nach 16jähriger Regierungszeit; Nachfolger wird sein neunjähriger Sohn Tut-ench-Amun.
1321:	Der ägyptische Soldat Harmahab (auch: Haremhab) besteigt den Thron; Tut-ench-Amun wird in Theben zusammen mit einem riesigen Schatz beerdigt.
1300:	Die alphabetische Schrift, die sich Mesopotamien entwikkelt hat, stellt eine verbesserte Fassung des vereinfachten Keilschrift-Alphabets der Zeit um 2500 v. Chr. dar.
1293:	Harmahab stirbt und wird durch Ramses I. ersetzt, der zwei Jahre darauf stirbt; Nachfolger wird sein Sohn Seti (Sethos) I.
1278:	Seti (Sethos) I. stirbt, nachdem er die Libyer westlich des Nils besiegt und mit den Hethitern in Syrien Frieden geschlossen hat. Setis Sohn wird als Ramses II. regieren.

Ca. 1275: Schlacht bei Qadesch, ein entscheidender Sieg der Ägypter über die Hethiter.

Ca. 1260?: Nachdem die Israeliten in Ägypten drei Jahrhunderte in Gefangenschaft und unterdrückt waren, beginnen sie ihre vierzig Jahre währende Wüstenwanderung.

1246: Ramses II. von Ägypten heiratet eine hethitische Prinzessin und schließt damit einen dauerhaften Friedensvertrag zwischen den beiden Mächten. Während seiner Regierungszeit entstehen großangelegte Bauvorhaben: die Vollendung des Setitempels bei Abydos; Erweiterungen der Tempel in Karnak und Luxor; Bau des Tempels in Theben, mit einer Kolossalstatue des Ramses II.; schließlich Bau des aus dem Fels gehauenen Tempels bei Abu-Simbel in Nubien.

1238/5?: Merenptahs Schlacht gegen »Israel«.

1212: Ramses II. stirbt nach 67jähriger Regierungszeit, während derer er mit Hilfe von Zwangsarbeitern, vermutlich auch Israeliten, die Schatzstädte Pithom und Ramses erbauen läßt. Sein Sohn Merenptah folgt ihm auf dem Thron.

1207: Die Libyer marschieren in Ägypten ein, werden jedoch von Merenptah besiegt.

1202: Merenptah stirbt nach zehnjähriger Regierung; Ihm folgte eine Reihe von unbedeutenderen Pharaonen, die mit der 19. Dynastie endet.

1200: Die in Unterägypten verbliebenen Juden werden in den Wirren nach dem Ende der 19. Dynastie vertrieben.

- Das Gilgamesch-Epos, die erste überlieferte schriftliche Sage überhaupt, wird in sumerischer Keilschrift aufgezeichnet. Darin wird von einer großen Flut berichtet, in der die Menschen durch den Bau einer Arche gerettet werden. Zu den im Gilgamesch-Epos erwähnten Lebensmitteln gehören Kapernblüten, wilde Gurken, Feigen, Weintrauben, mehrere eßbare Blätter und Stengel, Honig, mit Kräutern gewürztes Fleisch sowie Brot – eine Art Pfannkuchen aus Gerstenmehl, gemischt mit Sesamsamenmehl und Zwiebeln.

1193: Zerstörung Trojas durch griechische Streitkräfte unter König Agamemnon nach zehnjähriger Belagerung.

1182: Die 20. Dynastie Ägyptens beginnt unter Ramses III. Er wird die Ägypter gegen einen Bund von »Seevölkern« um sich scharen – Eindringlinge aus dem Mittelmeerraum, darunter die Philister, Sardinier und Griechen.

1150:	Die Philister gründen fünf Städte an der Mittelmeerküste Kanaans. Israel beginnt sich als Netz aus Siedlungen im galiläischen sowie im zentralen Hügelland abzuzeichnen.
1146:	Nebukadnezar I. beginnt seine 23jährige Regentschaft als König von Babylon.
1141:	Israelitische Streitkräfte verlieren mehr als 34 000 Mann in Kriegen gegen die Philister.
•	Die Philister erbeuten die Bundeslade und bringen sie in ihre Hauptstadt Aschdod.
1116:	Tiglatpileser beginnt eine 38jährige Regierungszeit, an deren Ende das Mittelassyrische Reich seinen Zenit erreicht haben wird.
1100:	Assyrische Streitkräfte unter Tiglatpileser I. erreichen das Mittelmeer, nachdem sie das Reich der Hethiter erobert haben.
1020:	Der Prophet Samuel salbt Saul, der als König von Hebron bis
1012:	regieren wird.
1005:	Saul und sein Sohn Jonathan fallen in der Schlacht gegen die Philister beim Berg Gilboa. Thronfolger wird Jonathans Freund David.

WARUM, WARUM, WARUM DELILA?

RICHTER, RUTH

Da nahm Jaël ... einen Pflock von dem Zelt und einen Hammer in ihre Hand und ging leise zu ihm hinein und schlug ihm den Pflock durch seine Schläfe, daß er in die Erde drang. Er aber war ermattet in einen tiefen Schlaf gesunken. So starb er.
(Buch der Richter 4,21)

Mit eines Esels Kinnbacken hab ich tausend Mann erschlagen.
(Buch der Richter 15,16)

- Wer war Debora?

- Stört es Gott, wenn ein Vater seine Tochter tötet?

- Waren die Philister wirklich so schlimm?

- Schnitt Delila mehr als nur Haare ab?

Sie hassen Sex und Gewalt, sagen Sie? Kinofilme wie beispielsweise *Pulp fiction* können Sie sich nicht ansehen, weil sich Ihnen der Magen umdrehen würde? Dann sollten Sie sich vielleicht auch vom Buch der Richter fernhalten, das mit Sicherheit die Kategorie »Ab Achtzehn« verdient. Nägel, die in Schädel getrieben werden, Vergewaltigungen und das Abtrennen von Gliedmaßen, eine Tochter, die – mit Gottes Zustimmung – von ihrem Vater geopfert wird, Männer und Frauen, die eingekerkert werden. Das alles gibt es im Richterbuch und noch viel mehr. »Die merkwürdigste Ansammlung von Schurken, Gesetzlosen und Gesindel in der ganzen Bibel ... Verführer und Huren, Mörder und Söldner, Vergewaltiger und Folterknechte.« So faßt Jonathan Kirsch in seinem Buch *The Harlot by the Side of the Road* die Gestalten in diesem biblischen Buch kurz und knapp zusammen.

Das Buch erzählt die Geschichte Israels vom Tode Josuas bis zur Zeit unmittelbar vor der Geburt des hebräischen Propheten Samuel. Dieser Zeitraum von ungefähr 200 Jahren erstreckt sich von der Beendigung der israelitischen Eroberung Kanaans, dem Verheißenen Land, bis zum Beginn der Monarchie um 1000 v. Chr. Daraus ergibt sich ein geringes chronologisches Problem, da das Richterbuch 400 Jahre Geschichte zu behandeln scheint, es kombiniert eine Reihe von Erzählungen über die Heldentaten verschiedener Stammesführer. Obwohl man sie »Richter« nennt, saßen diese Männer nicht in schwarzen Roben da und entschieden über Rechtsfälle. Man hat sie auch als »Kriegerherrscher« bezeichnet, doch selbst diese Charakterisierung ist nicht für alle zutreffend. Der »Star« im Richterbuch ist Simson, der zu den berühmtesten, jedoch am wenigsten verstandenen israelitischen »Helden« gehört, und dessen Verhalten den Begriff »Kriegerherrscher« mehr als fragwürdig erscheinen läßt.

Das Buch wurde traditionsgemäß dem Propheten Samuel zugeschrieben, gilt aber heute als Teil eines großen Geschichtswerks, das vom Buch Deuteronomium bis zur Zeit des Exils unter den Babyloniern (538 v. Chr.) reicht. Zwar glaubt man, daß manche Abschnitte des Richterbuchs, wie etwa das »Lied der Debora« zu den ältesten erhaltenen hebräischen Schriften gehören, doch gelten andere Teile als Hinzufügungen, die nach der Zeit des babylonischen Exils entstanden.

__Stimmen der Bibel__
Da taten die Kinder Israel, was dem HERRN mißfiel, und dienten den Baalen und verließen den HERRN, den Gott ihrer Väter, der sie aus Ägyptenland geführt hatte, und folgten andern Göttern der Völker, die um sie her wohnten, und beteten sie an und erzürnten den HERRN. Denn sie verließen je und je den HERRN und dienten dem Baal und den Astarten.
(Ri. 2,11-13)

Wer war Debora?

Eines wird im Richterbuch sofort deutlich: Den Kindern Israels fiel es nicht besonders leicht, Gottes Anweisungen zu befolgen. Josuas Leichnam war kaum kalt, da taten sie »was dem HERRN mißfiel«. Offenichtlich fanden sie die kanaanäischen Götter Baal, Astarte und Aschera viel interessanter als Jahwe. Aschera wurde mit dem heiligen Baum des Lebens in Verbindung gebracht und häufig mit einem Baum dargestellt, der ihrer Scham entsproß. In ihrem Buch *The Bible and the Ancient near East* weisen die Autoren Cyrus Gordon und Gary Rendsburg darauf hin, daß die Gesetze der Tora, die sich auf sexuelle Bräuche beziehen, eine Antwort auf kanaanäische Sexualriten darstellten. »Im kanaanäischen Fruchtbarkeitskult wurde die Beziehung Baals mit der Erde mit der eines Menschenpaares verglichen, das Geschlechtsverkehr ausübt ... In einer Art rituellem Drama ... führten Tempelprostituierte ebenjenen Akt aus, den Baal vollziehen sollte.« (S. 161-62)

Da die Israeliten ganz spezifische Gesetze erließen, die Inzest, Sodomie, Transvestitentum und Tempelprostitution verdammten, dürfte die Annahme zulässig sein, daß es sich bei all dem um kanaanäische Bräuche handelte. Ist es da verwunderlich, daß die Kinder Israels so große Schwierigkeiten hatten, bei Jahwe zu bleiben, der ja schließlich kein sehr geselliger Gott war? Noch faszinierender ist die Entdeckung, die man in den achtziger Jahren des

20. Jahrhunderts machte. Man fand nämlich eine Inschrift, die »Jahwe und seine Aschera« erwähnt. Es gibt zwar keine weiteren Belege, dennoch stellt sich die Frage: Hatte Gott eine Freundin? Vielleicht verbanden einige alte Israeliten ihren Jahwe mit der Kanaanäerin Aschera. Das hätte dem Herrn bestimmt »mißfallen«.

Laut dem Richterbuch taten die Israeliten noch sehr oft, was dem Herrn mißfiel – und wurden schließlich dafür bestraft. Immer wieder erhob sich ein Stammesfürst oder »Richter«, um Israel zu retten, und jedesmal fielen die Israeliten schon bald in ihre alten »Unarten« zurück. Als sie sich wieder einmal in Schwierigkeiten befanden, trat Debora als Retterin auf, die in der Schrift als Prophetin und einzige Richterin gekennzeichnet wird. Sie ist eine Kriegerin in einer Zeit, in der wenige Frauen eine solche Stellung innehaben, doch werden die Gründe für ihren Aufstieg und ihre Berühmtheit nicht erläutert. Deboras Erfolg wird einfach als Tatsache hingestellt, und so etabliert sie sich als energische Anführerin, die erst ein Heer zum Kampf gegen den kanaanäischen Feind aufstellt und dann den Schlachtplan entwirft. Obwohl die biblische Gestalt Debora genauso heldenhaft agiert wie Xena, die Kriegerprinzessin der heutigen Popkultur, bleibt sie verglichen mit einigen ihrer berühmteren männlichen Landsleute blaß. Ist das biblischer Sexismus? Doch wie sonst sollte man erklären, daß viele Menschen kaum etwas über diese heroische Kriegerin, die jüdische Johanna von Orléans, wissen?

Es gibt im Richterbuch zwei Berichte über Deboras Führerschaft, eine in Prosa, die andere in Gedichtform, und dabei handelt es sich wiederum um eine Mischung zweier getrennter Berichte. Laut der ersten Darstellung, in Ri. 4, führt Debora das israelitische Heer an und vereinigt ihr Volk, aber es tritt auch eine andere Frau, Jaël, als Heldin auf. Als der geschlagene feindliche General Sisera in Jaëls Zelt tritt, begrüßt sie ihn. Doch während er schläft, nimmt sie einen Zeltpflock und schlägt ihm »den Pflock in die Schläfe, daß er in die Erde drang«.

Dieser Episode folgt »Deboras Siegeslied« (Ri. 5), eine gereimte Fassung der Geschichte. Das Siegeslied gehört vermutlich zu den ältesten Abschnitten der hebräischen Bibel und wird J zugeschrieben, dem ältesten der Verfasser der Bibel, der im ersten Teil dieses Buches charakterisiert wird. Bei dem Autor J könnte es sich nach Meinung einiger Historiker um eine Frau gehandelt haben. Sie erblicken in der Geschichte von Debora einen Hinweis darauf, daß J gern über starke, kühne Frauen schrieb. In Js gereimter Version von Deboras Sieg ändern sich die Einzelheiten. Als Siseras Streitwagen angreifen, schickt Gott einen Platzregen vom Himmel herab, so daß die Streitwagen im Schlamm steckenblieben. Das muß für die Israeliten, die sich daran erinnerten, wie ihr Gott einmal 600 ägyptische Streitwagen im Meer versinken ließ, eine beruhigende, vertraute Erzählung gewesen sein. Sisera entkommt der Schlacht und begibt sich in Jaëls Zelt, wo sie ihm mit einem Hammer den Schädel zertrümmert. »Deboras Siegeslied« wird auf das Jahr um 1100 v. Chr. datiert und wurde möglicherweise kurz nach dem Ereignis geschrieben, das den Anlaß dazu gab. Die Prosaversion der Eroberung durch Debora wurde vermutlich um das Jahr 750 v. Chr. geschrieben.

Stört es Gott, wenn ein Vater seine Tochter tötet?

Der Deborageschichte folgen die Erzählungen über zwei weitere Richter, Gideon und Jephthah (auch Jiftach). Gideon besiegt die midianitischen Könige, die seine Brüder getötet hatten. Anschließend schlägt er das Angebot aus, König zu werden.

Nach einer gewissen Zeit taten die Israeliten abermals etwas Böses: Sie verneigten sich nicht nur vor den kanaanäischen Göttern, sondern beteten sogar angeblich die Götter von Aram, Sidon, Moab, der Ammoniter und der Philister an. Diesmal erhebt sich ein »mächtiger Krieger« namens Jephthah. Jephthah, der außereheliche Sohn einer Prostituierten und Außenseiter in der Familie seines Vaters, avancierte zu einer Art althebräischem »Robin Hood«. Er entspricht kaum der Vorstellung von einem weisen »Richter« und leistet einen schrecklichen Schwur: Wenn er siegreich ist, wird er jeden opfern, der ihm begegnet. Natürlich gewinnt er die Schlacht gegen die Ammoniter und wird von der eigenen Tochter empfangen, die geopfert werden muß. Das fromme, tugendhafte Mädchen – sie bleibt ohne Namen – ist einverstanden, daß man sie tötet. Und Sie dachten, der alte Abraham hätte den Ritus des Menschenopfers beseitigt? Warum hält dann Gott aber Jephthah nicht zurück? Die Bibel verrät es nicht. So bleibt uns wohl nur eine Schlußfolgerung: Jephthahs Tochter war nicht so wertvoll wie Abrahams Sohn.

Es gibt zu dieser Geschichte eine kurze Fortsetzung, als Jephthahs Männer die Angehörigen von Ephraim bekämpfen, einem weiteren israelitischen Stamm, der sich Jephthah offenbar nicht anschloß, um ihm im Kampf beizustehen. Wann immer ein Ephraimiter an den Jordan kam, forderten ihn Jephthahs Männer auf, »Schibboleth« zu sagen, ein Wort, das entweder »Kornähre« oder »Sturzflut« bedeutet. Aber weil die Ephraimiter einen regionalen Dialekt sprachen, konnten diese Männer den »Sch«-Laut nicht aussprechen, sondern sagten statt dessen »Sibboleth«. Dem Richterbuch zufolge hatten 42 000 Männer diesen Sprachfehler und fielen am Jordan. In seinem Buch *The Harlot by the Side of the Road* berichtet Jonathan Kirsch, wie im Zweiten Weltkrieg niederländische Widerstandskämpfer die nationalsozialistischen Infiltranten daran erkannten, daß sie einen bestimmten niederländischen Namen nicht aussprechen konnten. »Schibboleth« meint heute bildungssprachlich das Erkennungszeichen einer sozialen Gruppe oder eines einzelnen.

Waren die Philister wirklich so schlimm?

Mit dem Erscheinen der berühmtesten Gestalten im Richterbuch, dem sagenumwobenen Simson und seiner frechen Frau Delila, haben sich die Schurken in dem Stück verändert. An die Stelle der gräßlichen Kanaanäer sind die barbarischen Philister getreten.

Die Geschichte hat es nicht gut gemeint mit den Philistern, deren Namen die Griechen und Römer aufnahmen und auf das gesamte Gebiet »Palästina« übertrugen. Die Philister sind die wohl am meisten geschmähte Volksgruppe der abendländischen Zivilisation. Jemanden einen »Philister« zu nennen, galt lange Zeit als Beleidigung – es war eine herablassende Bezeichnung für einen ungehobelten, ungebildeten Menschen, der die feineren Dinge des Lebens nicht zu schätzen weiß.

Waren die Philister wirklich so schlimm? Oder waren sie eine freundlichere, sanftere Nation von Barbaren? Archäologische Funde aus jüngerer Zeit haben das schroffe Bild korrigiert. Die Philister gehörten zu den sogenannten »Seevölkern« des Mittelmeers und drangen in den letzten Jahren des 13. Jahrhunderts v. Chr. in den alten Nahen Osten vor, zerstörten das Reich der Hethiter und bedrohten schließlich Ägypten, bis Ramses III. sie um 1190 v. Chr. besiegte. Ungefähr zur selben Zeit siedelten sie sich an der Südküste Kanaans an, im heutigen Gebiet um Gaza, das den Namen einer der fünf Städte trägt, die von den Philistern gegründet wurden. Von diesem Stützpunkt an der Küste drangen sie ins Landesinnere vor, wobei es zu einem Zusammenstoß mit den israelitischen Stämmen kam, die sich selbst vom Hügelland aus in Richtung Küste ausbreiteten. Die Philister verfügten über straff organisierte Streitkräfte und stellten deshalb für die lockerer organisierten israelitischen Stämme eine Bedrohung dar. Vermutlich kamen sie entweder aus Kreta oder Zypern und hinterließen Töpferwerke, die den Einfluß der antiken mykenischen Kultur verraten. Und so wie sich viele Israeliten zu der kanaanäischen Religion hingezogen fühlten, paßten sich auch die Philister den örtlichen Gottheiten an. Ihre Götter, Dagon, Aschtarot und der notorische Baal Zebub, waren alle mit den Göttern der Kanaanäer verwandt.

Schnitt Delila mehr als nur Haare ab?

Die berühmteste Gestalt im Richterbuch war überhaupt kein »Richter«. Sie war nicht einmal ein guter Junge. Die meisten erinnern sich wahrscheinlich vage daran, daß Delila Simson (auch

Samson) die Haare abschnitt – aber das tat sie nicht einmal selbst, sondern sie zog einen Barbier hinzu. In der Simsongeschichte geht es jedoch um viel mehr als nur darum, daß Delila ihre gefährlichen Fertigkeiten als Friseurin unter Beweis stellt. Simson war das Produkt einer weiteren wundersamen biblischen Niederkunft. Seiner unfruchtbaren Mutter wird verkündigt, sie werde ein Kind gebären, aber der ungeborene Simson wird Gott als »Nasiräer« versprochen: die Bezeichnung für jemanden, der besondere Schwüre leistet und sein Leben Gott weiht (dargestellt in Numeri 6). Die Nasiräer durften weder Wein trinken noch Kontakt mit Leichnamen haben noch sich mit einem Rasiermesser die Haare abschneiden lassen. Bereits vor Simsons Geburt wird ihm Größe verheißen. Der Schwur, den er gegenüber Gott leistet, betrifft nicht nur sein Haar, sondern ist zugleich der Ursprung seiner übermenschlichen Kräfte, die er erstmals unter Beweis stellt, als er einen Löwen mit bloßen Händen tötet. Dieses Kunststück ist eine der vielen Parallelen zwischen Simson und dem griechischen Muskelprotz Herakles – bei den Römern Herkules genannt –, dessen erste Großtat ebenfalls darin bestand, einen Löwen zu töten.

Die Simsongeschichte berichtet im Grunde von neiderfüllten Kämpfen um Frauen, die zum offenen Krieg führen. Darin ähnelt sie der Geschichte vom Trojanischen Krieg. Simson verliebt sich in ein Philistermädchen und heiratet es. Während der Hochzeitsfeier stellt er den Gästen ein Rätsel und wettet um dreißig Festgewänder und ebenso viele Hemden, daß sie es nicht lösen können. Als die Braut Simson mit einem raffinierten Trick dazu bringt, das Rätsel zu enthüllen, gewinnen die Gäste die Wette, und Simson muß dreißig Männer töten, um mit deren Kleidern die Wette zu begleichen. Voll Zorn verläßt er seine Gemahlin, die man daraufhin dem Trauzeugen gibt! Als Simson davon erfährt, steckt er die Weizenfelder, die Olivenhaine und die Weinberge der Philister in Brand, indem er brennende Äste an die Schwänze von dreihundert Füchsen bindet, die er in Paaren aneinanderschnürt und dann losläßt. Die Philister schlagen zurück, indem sie Simsons Frau und seinen Schwiegervater verbrennen. Simson steigert diese Stammesfehde noch, indem er weitere Philister tötet. Als diese ihn ergreifen wollen, wird er von israelitischen Gefährten gefangengenommen und ausgeliefert, da sie Schwierigkeiten vermeiden wollen. Aber Gott zerreißt die Seile, die Simson binden, woraufhin dieser tausend Philister mit der »Kinnlade eines Esels« niedermetzelt.

Anschließend kehrt er in die Philisterstadt Gaza zurück, wo er ins Bordell geht. Doch als die Philister versuchen, ihn dort gefangenzunehmen, reißt er das Stadttor nieder.

Schließlich verliebt er sich in Delila. Zwar wird gemeinhin angenommen, Delila sei Philisterin gewesen, da Simson eine Vorliebe für »Ausländerinnen« hatte, aber möglicherweise ist ihr Name mit dem arabischen Wort für »Flirt« verwandt. Allerdings wird sie in der Bibel weder als Philisterin noch als Israelitin bezeichnet. Die Anführer der Philister bestechen Delila, damit sie hinter das Geheimnis der Stärke Simsons kommt. Nachdem er ihr mehrere Lügengeschichten aufgetischt hat, offenbart er ihr schließlich die Wahrheit. Sie schickt nach einem Barbier, der dem schlafenden Simsons die heiligen Locken abschneidet. Nun hat Simson seinen Schwur gebrochen, und all seine Kraft ist verschwunden. Obgleich man viele Mutmaßungen à la Sigmund Freud angestellt hat, daß nicht Simsons Haar, sondern ein anderer Teil seiner Männlichkeit gestutzt wurde, finden sich in der Bibel doch keine Hinweise darauf, daß der israelitische Kraftprotz kastriert wurde.

Kaum hat man Simson gefangengenommen, wird er geblendet und muß einen Mühlstein drehen. Die nicht allzu schlauen Philister vergessen, Simson den Schädel zu rasieren, und seine Haare wachsen nach. Als man ihn vorübergehend aus dem Gefängnis entläßt, damit er auf einem Fest die Massen unterhalten kann, bittet er Gott abermals, ihm seine Kraft zurückzugeben, und reißt den Tempel nieder, wodurch er mit einem Streich sich selbst und Tausende Philister tötet. Seit Delila den versprochenen Lohn für die Aufdeckung des Geheimnisses Simsons erhalten hat, ist sie von der Bildfläche verschwunden. Ob sie unter den Tausenden ist, die umkamen, als Simson das Gotteshaus zum Einsturz brachte, wird nicht erwähnt.

Als hätten die voraufgegangenen Geschichten unsere niederen Gelüste noch nicht ausreichend befriedigt, endet das Richterbuch mit einer noch blutrünstigeren Erzählung. Ein reisender Levit (Priester) und seine Konkubine machen Rast und übernachten in einer Stadt namens Gibea. So wie in der Geschichte von Lot in Sodom will auch hier eine Gruppe von Männern vom Stamm Benjamin mit dem Leviten Sex haben. Und so wie im Fall Lots damals in Sodom bietet auch der Gastgeber des Leviten die eigene Tochter und die Konkubine der von Wollust angetriebenen Menge an, aber die Männer lehnen ab. Um seine Haut zu retten, liefert der Levit seine Konkubine dennoch der Menge aus, und die junge Frau wird solange vergewaltigt, bis sie stirbt. Um die anderen Stämme aufzustacheln, damit sie sich an den Benjaminitern von Gibeah rächen, schneidet der Levit die tote Konkubine in zwölf Stücke und schickt je ein Stück davon an jeden Stamm. Der nun folgende Krieg zwischen den Stämmen kostet 30 000 Israeliten in den ersten beiden Tagen das Leben. Dann tritt Gott in den Krieg ein, und an einem Tag fallen 25 000 Benjamitever. Weitere 18 000 Benjaminiter sterben in dem nachfolgenden Gemetzel, ihre Frauen werden hingerichtet und ganze Städte werden niedergebrannt.

Die Geschichte wäre schon schlimm genug, wenn sie an dieser Stelle enden würde, aber da erkennen die anderen Stämme, daß das Haus Benjamin, einer der zwölf Stämme, ganz und gar vernichtet werden wird, wenn die überlebenden Männer des Stammes Benjamin keine Frauen mehr haben. Die Anführer der anderen Stämme beschließen, die Bewohner von Jabesch in Gilead zu töten, der einzigen Stadt, die sich am Angriff auf den Stamm Benjamin nicht beteiligte. 12 000 israelitische Soldaten töten das Volk von Jabesch in Gilead, »einschließlich der Frauen und Kinder«. 400 Jungfrauen werden dem Stamm Benjamin übergeben, damit dieser vor dem Aussterben bewahrt wird. Als sich herausstellt, daß sogar diese 400 Frauen für die Männer Benjamins nicht ausreichen, wird ihnen erlaubt, aus der Stadt Schilo einige junge Frauen zu entführen, die zum Tanzen vor das Stadttor gekommen sind.

Der letzte Satz im Buch der Richter formuliert es klipp und klar: »Zu der Zeit war kein König in Israel; jeder tat, was ihn recht dünkte.«

Ruth
Im Alten Testament des Christentums folgt das Buch Ruth dem Richterbuch. Die hebräische Bibel ordnet es im dritten Teil, den »Schriften« bzw. Kethubim, zu. Man setzte es an diese Stelle, um die Chronologie zu wahren. Das Datum der Niederschrift ist ungewiß.

Das Ruthbuch ist gleichsam eine antike hebräische »Kurzgeschichte«. Es beruht auf einer früheren Volkserzählung und spielt offenbar in der Zeit der Richter, doch es hat wenig mit den blutrünstigen Erzählungen über die Kriege zwischen den Stämmen gemein. Ruth stammt aus dem benachbarten Moab, nicht aus Israel. Die Eröffnungsverse berichten von ihrer Ehe mit einem Hebräer und von ihrem Entschluß, nach dem Tod ihres Mannes mit ihrer Schwiegermutter nach Juda zurückzukehren. Ihre Treue und ihre Güte werden belohnt, und so wird sie zur Urgroßmutter König Davids.

Stimmen der Bibel
»Wo du hin gehst, da will auch ich hin gehen; wo du bleibst, da bleibe ich auch. Dein Volk ist mein Volk, und dein Gott ist mein Gott.« (Ruth 1,16)

Zusammenfassung der Handlung:
Ruth

Während einer Hungersnot zur Zeit der Richter sucht eine Frau namens Noomi aus der Stadt Bethlehem Zuflucht im benachbarten Land der Moabiter, die das Land östlich des Toten Meeres bewohnen. Nach israelitischer Überlieferung stammten die Moabiter von einer der Töchter Lots ab. Während ihres Aufenthalts dort heiraten beide Söhne Noomis Moabiterinnen. Als ihr Ehemann und ihre Söhne sterben, beschließt die hinterbliebene Noomi, nach Bethlehem zurückzukehren, drängt aber die beiden Schwiegertöchter, in Moab zu bleiben. Eine von ihnen, Ruth, besteht loyal darauf, mit ihr zurückzukehren. Zu Beginn der Gerstenernte treffen beide in Bethlehem ein.

Noomi meint, Ruth könne doch vielleicht Boas, einen entfernten Verwandten, heiraten, und schlägt ihr vor, sie solle losgehen und sich neben ihn legen und »seine Füße aufdecken« – ein biblischer Euphemismus für das männliche Geschlechtsorgan. Ruth befolgt Noomis Rat, und als Boas aufwacht und neben ihm Ruth entdeckt, fordert sie ihn auf, seinen Mantel über sie zu legen – auch dies ist eine verhüllende Umschreibung, die darauf hindeutet, daß es sich die beiden nicht nur unter der Decke gemütlich machen. Boas ist zweifellos interessiert, aber von Gesetzes wegen hat ein anderer Verwandter das Recht der ersten Nacht. Als dieser Mann Ruth jedoch übergeht, heiratet Boas Ruth. Obwohl Ausländerin, wird sie zur Urgroßmutter von König David. Diese Abstammungslinie ist für die Tradition des Judentums von großer Bedeutung, vor allem deshalb, weil auch Jesus dieser Linie entstammt; darauf wird in dem Stammbaum am Beginn des Matthäusevangeliums im Neuen Testament hingewiesen.

Auf die Gestalt Ruth fällt zweierlei – faszinierendes – Licht. Zuallererst: Obwohl Ruth mit Boas ins Bett geht und ihn aktiv verführt, ist sie in anderer Hinsicht der Inbegriff einer tugendhaften, treuen Ehefrau, die das Richtige tut. Die »bösen Mädchen« der Bibel – Eva, Batsheba, Delila – Isebel erregten zwar am meisten Aufsehen, doch für die Geschichte der Israeliten waren viele der »guten Mädchen« oft sehr viel bedeutsamer. Zu dieser Gruppe, die verglichen mit den bekannteren männlichen Helden an zweiter Stelle rangiert, gehört auch Ruth. Ironischerweise waren Frauen in der altisraelitischen Gesellschaft kaum mehr als Sklavinnen, und sie hatten nur wenige Rechte. Dennoch ist die Namensliste der an-packenden hebräischen Heldinnen beeindruckend: Debora im Richterbuch; Rahel, die sich im Buch Genesis auf die Götzen des Vaters setzte und dadurch ihren Ehemann, Isaak, rettet; Mirjam, die den kleinen Mose rettet und ihm später hilft, den Auszug aus Ägypten anzuführen; Rahab, die Prostituierte, die bei der Eroberung Jerichos half; und Tamar, die die einfallsreiche Hure spielte, um ihren angemessenen Anteil von Juda (vgl. Genesis) zu bekommen, und, so wie Ruth, eine Vorfahrin König Davids, Israels größtem Nationalhelden wurde und – im weiteren Sinne – auch eine Vorfahrin von Salomo und Jesus.

Das schlichte, volkstümliche Ruthbuch, das so weit von der Gewalt, den sexuellen Ausschweifungen und den Kriegen im Richterbuch entfernt ist, ist auf verschiedene Weise interpretiert worden. Obwohl die Handlung vor dem Exil spielt, glauben manche Gelehrte, daß das Buch nach dem Exil in Babylon geschrieben wurde und daß die Botschaft auf die strengen Dekrete abzielte, die sich gegen die Mischehen von Juden in der Zeit nach dem Exil richteten, als man jüdische Männer drängte, sich von ihren ausländischen Frauen scheiden zu lassen (vgl. Esra). Daß die tugendhafte Ruth Ausländerin ist, daß Boas sie trotzdem akzeptiert und daß sie einen Platz in der Genealogie König Davids einnimmt – das alles scheint die Anerkennung und Akzeptanz ausländischer Ehefrauen bei den alten Hebräern zu unterstreichen. Andere dagegen erblicken im Ruthbuch eine eher schlichte »Tugend«erzählung, die beweise, daß sich Gott gegenüber den Menschen außerhalb Israels nicht verschließt.

UNSICHER LIEGT DAS HAUPT, DAS EINE KRONE TRÄGT

TEIL 1:
1. UND 2. BUCH SAMUEL

So überwand David den Philister mit Schleuder und Stein und traf und tötete ihn.
(1. Sam. 17,50)

- Wer hat Goliath wirklich getötet?

- War David ein Verräter?

- Waren David und Jonathan mehr als nur Freunde?

- Hat König David überhaupt existiert?

Nach dem Chaos und der Zerstörung im Richterbuch, in dem eine Reihe weniger bekannter Figuren vorkommen, mag es für den Leser erholsam sein, wieder vertrauteres biblisches Terrain zu betreten. In den beiden Büchern Samuel werden Ihnen einige Figuren wiederbegegnen, die sie vielleicht aus Ihrer Kindheit noch in liebevoller Erinnerung haben: den »süßen Psalmisten« David, und den »weisen« Salomo. Der Umfang an sexuellen Mis-setaten und Blutbädern, den man im Richerbuch findet, verringert sich allerdings nur geringfügig, sobald die Bibel auf diese »Helden« zu sprechen kommt. Manche der Erzählungen sind möglicherweise ein wenig anders, als Sie sie in Erinnerung haben. Vor allem David und Salomo sind die biblischen Pendants zu John F. Kennedy: einstmals heiliggesprochene Führer, deren wenig ehrenhafte Geschichten und Schwierigkeiten mit Frauen ihren Ruf befleckt haben.

Ursprünglich lagen im hebräischen Kanon sowohl beide Samuelbücher als auch beide Bücher der Könige in je einem Buch vor, in denen die Geschichte des Königreichs Israel erzählt wurde. Doch nachdem sie in der Septuaginta ins Griechische übertragen worden waren, paßten sie nicht mehr auf eine einzelne Schriftrolle und wurden zu vier Büchern erweitert. In hebräischen Bibeln tauchte die Erweiterung des Samuelbuchs zu zwei Büchern erst Mitte des 15. nachchristlichen Jahrhunderts auf. Das Samuelbuch berichtet von der Lebensgeschichte des Propheten Samuel – des letzten Richters Israels – und von der stürmischen Beziehung zwischen Saul und David, Israels ersten beiden Königen. Was die vielfältigen Wendungen in der Handlung, die politischen Ränke und die psychologische Tiefe betrifft, ist der Konflikt zwischen diesen beiden Gestalten eines Dramas von Shakespeare würdig. Das Samuelbuch behandelt zwar einen vergleichsweise kurzen historischen Zeitraum, doch handelt es sich um eine bedeutende geschichtliche Epoche, in der die Monarchie gegründet wurde und sich die israelitischen Stämme zu einem Königreich mit der Hauptstadt Jerusalem vereinigten.

Vom Samuelbuch wird traditionsgemäß angenommen, daß es Samuel selbst verfaßt hat. Wie heutige Forscher im allgemeinen übereinstimmend feststellen, ist das Buch jedoch das Werk mehrerer Verfasser und Autoren/Redaktoren, die von einer Reihe verschiedener Quellen ausgingen. Eine dieser Quellen, die »frühe Quelle«, wird auf die Regierungszeit Salomos (ca. 961-922 v. Chr.) datiert. Die zweite oder »späte Quelle«, wurde vermutlich zwischen 750 und 650 vor Christus zusammengestellt. Aber was immer ihr Ursprung und wer immer ihre Autorenschaft gewesen sein mag – die beiden Samuelbücher werden seit langem wegen ihrer großen Bedeutung als Geschichtswerke und Werke der Literatur hoch geschätzt. Einige führende Forscher haben den oder die Verfasser als die ersten »Historiker« bezeichnet, ein Titel, der herkömmlicherweise dem Griechen Herodot (485-424 v. Chr.) verliehen wird.

Stimmen der Bibel
Der HERR aber sprach zu Samuel: Gehorche der Stimme des Volks in allem, was sie dir zugesagt haben; denn sie haben nicht dich, sondern mich verworfen, daß ich nicht mehr König über sie sein soll. Sie tun dir, wie sie immer getan haben von dem Tage an, da ich sie aus Ägypten führte, bis auf diesen Tag, daß sie mich verlassen und andern Göttern gedient haben. So gehorche nun ihrer Stimme. Doch warne sie und verkünde ihnen das Recht des Königs, der über sie herrschen wird. (1. Sam. 8,7-9)

Zusammenfassung der Handlung:
Samuel

Wie die Mutter des Simson, so ist auch Hanna eine bislang unfruchtbare Frau, die von Gott gesegnet wird, nachdem sie geschworen hat, daß ihr Sohn als Nasiräer eingesegnet wird. Er soll weder ein Rasiermesser an seinen Kopf führen noch Wein trinken. Schließlich bringt sie Samuel zur Welt. Als kleiner Junge geht Samuel bei einem Priester namens Eli in die Lehre, und weil er über die Gabe der Prophetie verfügt, wird er bald in ganz Israel als Richter, Priester und Prophet geehrt.

Während Samuels Zeit als Richter kommt es zu einer größeren Krise, als die Philister Israel angreifen. Sie töten 30 000 israelitische Soldaten und erbeuten die Bundeslade, die die Tafeln mit den zehn Geboten enthält und die der Hort des Gottes Israels ist. Die Lade zu besitzen ist für Nichtgläubige jedoch gefährlich, wie die Philister bald erfahren sollen. Als sie die Lade in den Tempel ihres Gottes Dagon stellen, stürzt der Götze um, und eine Beulenpest sucht die Philister heim. Deshalb senden die Philister, die rasch erkennen, daß es ratsam ist, die Lade schleunigst zurückzugeben, die heilige Truhe zurück, wobei allerdings auch einige Israeliten, die die Lade zurückholen, ums Leben kommen. Kaum befindet sich die Lade wieder im Besitz der Israeliten, sagt Samuel seinem Volk, daß es die Philister nur dann besiegen kann, wenn es aufhört, die falschen Götter anzubeten.

Um der Bedrohung durch die Philister zu entgehen, erinnern die Israeliten den alternden Samuel daran, daß sie einen König brauchen, der sie führe. Samuel nimmt eine priesterliche Haltung ein. Er sagt, daß sie nur der Führung Gottes bedürfen, und mahnt die Menschen zur Vorsicht: Möglicherweise bekommen sie, worum sie bitten. Nach Ansicht von Samuel wird die Regentschaft eines Königs nur zu Schwierigkeiten, zu einer hohen Steuerbelastung und zu Zwangsarbeit führen. Gott scheint ein wenig pikiert, als er erfährt, daß sich das Volk nach einem irdischen Gott sehnt, und sagt zu Samuel: »Gehorche der Stimme des Volkes in allem, was sie zu dir gesagt haben; denn sie haben nicht dich, sondern mich verworfen, daß ich nicht mehr König über sie sein soll.« Anschließend hilft Gott Samuel, Saul, den Sohn eines reichen Benjaminiters, zu finden.

Stimmen der Bibel
Und Samuel sprach zu allem Volk: Da seht ihr, wen der HERR erwählt hat; ihm ist keiner gleich im ganzen Volk. Da jauchzte das ganze Volk und sprach: Es lebe der König. (1. Sam. 10,24)

Gott hatte zwar den König auserwählt, doch traf er im ersten »Wahlgang« keine besonders glückliche Entscheidung. Sauls Regierungszeit (um 1020-1012 v. Chr.) war mit einem Makel behaftet. Saul ist das, was die alten Griechen eine »tragische« Figur nannten, ein edler, vornehmer Mensch mit fatalen Charaktermängeln. Er errang zwar einige frühe Siege, doch gelang es ihm nicht, die Philister endgültig zu besiegen, und er gewann auch nie eine solide Herrschaft über den lockeren Stammesbund der Israeliten. Der Bericht in der Bibel führt alle Fehler Sauls als Stammesführer auf die Abspaltung von Samuel zurück, dem letztlich weder Saul noch die Vorstellung von einem König gefiel.

Im Grunde ging es bei dem Konflikt zwischen Samuel und Saul um eine Auseinandersetzung zwischen Kirche und Staat, in der sich die Auffassung der Priester widerspiegelt, die die hebräischen Schriften verfaßten: Allein Gott soll, durch seine Priester, Israel regieren. Die Priester vertraten die Ansicht, daß Könige, die die priesterliche Autorität bedrohten, wenig sinnvoll waren. Daher gaben die Kompilatoren dieser Geschichtserzählungen letztlich der Monarchie die Schuld an den zahlreichen Unglücksfällen, die Israel heimsuchen. Die Schwierigkeiten beginnen, als Saul vor einer Schlacht ein Opfer darbringen will und die Sache vermasselt. So wie im Fall mancher englischer Gewerkschaften, deren interne Vorschriften vorschreiben, wer welche Arbeit verrichtet, so oblag das Opfern den Priestern. Deshalb sind Samuel und die übrigen Mitglieder der »Priester-Gewerkschaft« wenig erfreut, als Saul in ihre heiligen Rechte eingreift. Es dauert nicht lange, und Samuel hält heimlich Ausschau nach einem neuen, fähigeren König. Der alternde Prophet macht sich auf den Weg in das Städtchen Bethlehem. Dort führt man ihm die sieben Söhne eines Mannes namens Jesse vor, aber keiner von ihnen findet seine Zustimmung. Samuel fragt, ob es noch andere Söhne gibt, worauf man ihm antwortet, der jüngste sei draußen vor der Stadt und hüte Schafe. Samuel läßt den Jungen rufen, und der kleine Junge kommt herein, gutaussehend, mit glänzenden Augen. Er ist der Richtige, sagt Gott zu Samuel, und so salbt der alte Priester heimlich den Hirtenjungen: »Und der Geist des HERRN geriet über David von dem Tag an und weiterhin.«

Stimmen der Bibel
Da trat aus den Reihen der Philister ein Riese heraus mit Namen Goliath aus Gath, sechs Ellen und eine Handbreit groß. Der hatte einen ehernen

Helm auf seinem Haupt und einen Schuppenpanzer an ... Und er stellte sich hin und rief dem Herrn Israels zu: Was seid ihr ausgezogen, euch zum Kampf zu rüsten? Bin ich nicht ein Philister und ihr Sauls Knechte? Erwählt einen unter euch, der zu mir herabkommen soll. Vermag er gegen mich zu kämpfen und erschlägt er mich, so wollen wir eure Knechte sein; vermag ich aber über ihn zu siegen, so sollt ihr unsere Knechte sein und uns dienen. (1. Sam. 17,4-9)

Wer hat wirklich Goliath getötet?

Und so haben Sie die Geschichte vermutlich in Erinnerung: Nachdem der kleine David die von Saul ausgeliehene Rüstung abgelehnt hat, weil sie zu groß ist, stellt er sich dem Kampf mit dem Herausforderer, dem Vorkämpfer der Philister. Er sucht sich fünf glatte Steine, nimmt seine Hirtenschleuder und zieht dem Hünen entgegen. Der drei Meter große Hüne – »sechs Ellen und eine Handbreit« – lacht beim Anblick des kleinen Hirtenjungen. Doch schon trifft ihn der erste Stein zwischen die Augen, und er geht bewußtlos zu Boden. David nimmt Goliaths Schwert und schlägt dem riesigen Philister seelenruhig den Kopf ab.

Hier nun einige »Fakten«. Am Ende der Goliathgeschichte weiß Saul nicht, wer David ist. In einer vorherigen Stelle jedoch sieht man David für Saul Harfe spielen. Entweder kennt Saul David oder nicht. Hier liegt ein weiterer überzeugender Beleg für die Auffassung vor, daß man zur Schaffung dieser Erzählung verschiedene Quellen miteinander verbunden hat – und daß dies nicht immer nahtlos geschah. Das Problem taucht noch einmal auf, weil an einer späterer Stelle in der Geschichte ein anderer als David Goliath tötet.

Zunächst ist zu sagen, daß Goliath einer anderen Textversion zufolge, die sich unter den Schriftrollen vom Toten Meer fand, nur vier Ellen und eine Handbreit groß gewesen sein soll. Damit wäre er etwas über zwei Meter groß gewesen – was sicherlich eine recht beachtliche Körpergröße und gut für professionelles Basketball ist. Aber er war kein Dreimeterriese. Dann kommt noch ein gewisser

Elhanan vor, ein Soldat, der in 2 Sam 21 Goliath tötet. Wer hat also Goliath wirklich getötet? Vermutlich nicht David, der möglicherweise einen anderen Philister tötete, den man später Goliath nannte. Die Übersetzer der King-James-Bibel (erschienen 1611) versuchten diese Unstimmigkeit zu überdecken, indem sie die Wörter »Bruder von« vor die zweite Erwähnung Goliaths in den Text einfügten, aber ältere Texte erhärten diese Version nicht. Mit anderen Worten: Nachdem David berühmt geworden war, haben die Verfasser der hebräischen Bibel möglicherweise versucht, Davids militärische Heldentaten ein wenig auszuschmücken. Ein altbekanntes Vorgehen, das sich in der Menschheitsgeschichte stets von neuem wiederholt.

David wußte, wie man Freunde gewinnt und Menschen be-einflußt. Nachdem er für Saul Harfe gespielt hatte, wurde er der beste Freund von Sauls Sohn Jonathan, was zu Spekulationen darüber führte (vgl. unten), wie nahe sich die beiden Männer standen. Schon bald errang David eine Führungsrolle in der Armee. Wie andere berühmte Generäle der Geschichte, darunter Napoleon, George Washington, Dwight. D. Eisenhower oder Norman Schwarzkopf erlebte auch David, daß militärische Siege bei den Anhängern daheim zu großer Popularität führen. Alle waren glücklich und zufrieden mit David. Außer Saul, der hörte, wie das Volk sang:

»Saul hat Tausende getötet,
und David Zehntausende.«

Und so begann Saul, den Eifersucht anstachelte und der sich offenbar durch Davids charismatische Fähigkeiten bedroht fühlte, dessen Tod zu planen, wobei er soweit ging, seine Töchter als Lockvögel einzusetzen. Dieser Plan schlug fehl, weil sich seine Tochter Michal in David verliebte. Doch Saul scheute sich nicht, sogar die Liebe seiner Tochter auszunutzen, um an David heranzukommen. Er bittet David um eine Art Hochzeitsgeschenk oder »Brautgabe«. David soll die Vorhäute von hundert Philistern beschaffen, und Saul glaubt, daß David in den dazu erforderlichen Kämpfen sterben wird. Die Idee, einem jungen Helden eine unmögliche Aufgabe zu stellen, ist in Mythen und Sagen weit verbreitet. So muß beispielsweise in der griechischen Mythologie Jason das goldene Vlies abliefern, und Perseus muß das Haupt der Medusa bringen. Wie diese anderen Kriegerhelden des Altertums, so überrascht auch David Saul, indem er die geforderten Güter abliefert. In einigen Versionen des hebräischen Textes setzt David sogar noch einen drauf und liefert Saul zweihundert Vorhäute ab.

Die Einzelheiten, auf welche Weise er Saul die Vorhäute vorlegt, bleiben in dem Bericht vage. Das rituelle Abtrennen des Körperteils eines toten Feindes – eine Siegestrophäe, im heutigen Militärjargon ein »Abschuß« – war jedoch ein Kennzeichen der Kulturen des Alten Orients. Köpfe oder Hände bildeten die üblichen Beweise, und deshalb war Sauls Bitte, die Körperteile der Gegner abzuliefern, in der Alten Welt nichts Ungewöhnliches. Aber Vorhäute? Cyrus Gordon erläutert, daß die Ägypter, die ebenso wie die Hebräer beschnitten waren, den besiegten Feinden meist die Hand oder den Kopf abtrennten. Als sie gegen die unbeschnittenen Libyer in die Schlacht zogen, »wurden oft unbeschnittene Penisse amputiert, damit man die toten Feinde zählen konnte.« (*The Bible and the Ancient Near East,* S. 187)

Aber David hat Saul hereingelegt, so daß sich dieser gezwungen sieht, seinen Teil des Abkommens einzuhalten. So wird David Sauls Schwiegersohn – und ihm ein Dorn im Auge. Saul bringt dies alles beinahe um den Verstand, und mit seinem Ältesten, Jonathan, diskutiert er offen Pläne, David zu töten. Aber sogar Sauls Kinder mögen David lieber, und Jonathan warnt seinen Freund sofort vor Sauls Mordabsichten. Nachdem Saul erfolglos einen Speer gegen David geschleudert hat, entsendet er Mörder, um David im Schlaf zu töten. Doch Sauls Tochter Michal rettet David, indem sie eine Puppe herstellt und sie ins Bett legt. Als David einer weiteren Falle Sauls entkommen ist, befiehlt Saul, nun außer sich vor Zorn, die Ermordung der 85 Priester, die David Schutz geboten hatten. Das erhöhte mit Sicherheit nicht Sauls Ansehen bei den Priestern, die diese Geschichte später schriftlich festhielten.

War David ein Verräter?

An zwei Stellen berichtet die Bibel, wie David Saul verschonte, als er ihn hätte töten können. David hat nun die gesellschaftliche Stellung eines vogelfreien Banditen inne und reitet mit einigen hundert Getreuen los, die »keine Gefangenen machen«. In dieser »Jesse-James-Phase« seiner Laufbahn findet David die Zeit, sich zwei neue Frauen zu nehmen. Außerdem heißt es in der Erzählung kommentarlos, daß Saul, der Vater, Davids erste Frau, Michal, einem anderen Mann gibt. Diese Zurschaustellung seiner Macht dient dem Zweck, Davids Ansehen zu verringern. Während David mit der Tochter des Königs verheiratet war, hatte er Anspruch auf den Thron. Seine neuen Ehen mit weiteren Ehefrauen sind das Ergebnis eines höchst klugen politischen Kalküls, das dazu beiträgt, daß in einigen der Stämme die Loyalität gestärkt wird. All dieses Sich-Nehmen und Geben von Ehefrauen, wobei man keinerlei Gedanken an die Frauen selbst verschwendet, zeichnet ein sehr deutliches Bild von der Rolle der Frau zur damaligen Zeit.

David ist überzeugt, daß Saul es nach wie vor auf ihn abgesehen hat, und tut das scheinbar Undenkbare: Er schließt sich den Philistern an. Aber der biblische Bericht läßt keinen Zweifel zu: David ist nun Söldner in Diensten der Philister. Was Gott von dieser Verschiebung in Sachen Loyalität hält, erwähnt die Bibel mit keinem Wort.

Ungefähr zur selben Zeit – in einer Szene, die dem Auftritt der drei Hexen auf der Heide in Shakespeares Tragödie *Macbeth* gleichkommt – sucht Saul in En-dor ein Medium auf; ein Brauch, den das mosaische Gesetz verbot. Sie beschwört den Geist des toten Samuel herauf, der schlechte Nachrichten für Saul hat: Saul, seine Söhne und die Israeliten werden im Kampf gegen die Philister fallen. Indes zweifeln die Philister an Davids Loyalität, obgleich ihre Führer glauben, daß David seine Arbeit gut macht. So verläßt David mit seinen Getreuen das Feldlager der Philister, gerade als die Philister losmarschieren, um Saul beim Berg Gilboa in eine Schlacht zu verwickeln. Man kann nur mutmaßen, ob David die Philister tatsächlich im Stich ließ, als sie gegen Saul kämpften, oder ob die späteren Schreiber diese Geschichte abänderten, um Davids Beteiligung an Sauls Niederlage aus dem biblischen Bild zu streichen. Während einer wilden Flucht werden Jonathan und zwei von Sauls anderen Söhnen getötet, und der erste König Israels begeht mit Hilfe seines Schildknappen Selbstmord – das Pendant zur römischen Tradition, sich ins Schwert zu stürzen, um Schande zu vermeiden. Als die Philister Saul und seine Söhne finden, sind sie ihrer Rüstung beraubt, enthauptet, und ihre Leichen hängen an einer Mauer.

Stimmen der Bibel
Wie sind die Helden gefallen im Streit! Jonathan ist auf deinen Höhen erschlagen! Es ist mir leid um dich, mein Bruder Jonathan, ich habe große Freude und Wonne an dir gehabt; deine Liebe ist mir wundersamer gewesen, als Frauenliebe ist. (2. Sam. 1,25-26)

Waren David und Jonathan mehr als nur Freunde?

Diese Elegie und andere Verse über die Freundschaft zwischen Jonathan und David (»Und Jonathan ... hatte ihn [David] so lieb wie sein eigenes Herz.« 1. Sam. 20,17) haben zu mehr als nur erhobenen Augenbrauen geführt. Manche heutige Kommentatoren behaupten unumwunden, Jonathan und David seien ein homosexuelles Liebespaar gewesen. Während die altisraelitischen Autoren die Homosexualität verurteilten, wurde sie von anderen nahegelegenen Kulturen akzeptiert. Sogar Kriegern verzieh man ihre Homosexualität, weil sie zwischen den Soldaten ein Gefühl der Verbundenheit erzeugte. Traditionalisten wie der Rabbiner Joseph Telushkin bezeichnen die Vorstellung als »verleumderisch«. Sie lehnen die These, David sei homosexuell oder genauer bisexuell gewesen, rundweg ab, weil er viele Ehefrauen hatte, und argumentieren, daß diese Verse lediglich eine außergewöhnliche platonische Freundschaft zweier Männer schildern, die einander wie Brüder liebten. Andere Forscher haben versucht, zwischen den

Zeilen zu lesen, und behaupten, es sei mehr als das gewesen. Angesichts der bedingungslosen Verurteilung der Homosexualität in allen hebräischen Schriften ist es nur schwer vorstellbar, daß man diese besondere »Scheußlichkeit« übersehen hätte, wenn sie wahr gewesen wäre. Aber David ließ man viel durchgehen, und deshalb kam er auch aus dieser Angelegenheit mit lupenreinem Ruf heraus. Haben Davids biblische »Imagemacher« diese besondere »Sünde« vertuscht und seine zahlreichen heterosexuellen Liebschaften als Beweise dafür herausgestellt, daß er ein »ganzer Kerl« war? Die Frage läßt sich nicht endgültig klären.

Hat König David überhaupt existiert?

Diese Frage zu stellen glich bis vor kurzem der Frage, ob Odysseus oder König Artus wirklich existierten. Diese beiden Heldenfiguren, in Liedern und Epen gefeiert, beruhten zweifellos auf irgendwelchen historischen Vorbildern, doch wurden die Fakten mit der Zeit ausgeschmückt. Bis 1993 gab es weder historische noch archäologische Belege, die die historische Existenz eines israelitischen Königs mit Namen David hätten untermauern können. Das änderte sich mit der Entdeckung des Bruchstücks einer Mauer, das man in Tell Dan, nahe der Hauptquelle des Jordans fand. Die in Stein gehauenen phönizischen Schriftzeichen beziehen sich offenbar auf »den König von Israel« und das »Haus David«. Zwar hat diese einzelne Inschrift in einem zerbrochenen und wieder benutzten Stückchen Mauerwerk unter Forschern erhebliche Meinungsverschiedenheiten ausgelöst, doch gilt sie in weiten Kreisen als die erste Erwähnung einer Davidischen Dynastie außerhalb der Bibel.

Als David nach Sauls Tod seine Machtstellung in seinem Haus Juda gefestigt hat, nehmen die Palastintrigen und internen Auseinandersetzungen zwischen den Stämmen an Heftigkeit zu. David zieht gegen Sauls Sohn, Ischbaal, in den Krieg. Gleichzeitig verwickelt sich Ischbaal (auch Is-Boset genannt) in einen Machtkampf mit einem seiner Generäle, der mit einer von Sauls Konkubinen geschlafen hat, um seinen Anspruch auf den Thron anzumelden. Der General läuft zu David über, der Ischbaal drängt, Michal, seine erste Frau, zurückzugeben, die mit einem anderen Mann verheiratet worden war. Ischbaal fällt daraufhin einem politischen Attentat zum Opfer. Nach diesem Putsch wird David als König von den nördlichen Stämmen Israels anerkannt. Ferner festigt er seine Macht mit Siegen über die Philister, erobert danach Jerusalem und macht die Stadt zu seiner Hauptstadt. Jerusalem, eine kleine und bis dahin unbekannte kanaanäische Stadt, stellt eine ausgezeichnete strategische und politische Entscheidung dar. Die Stadt liegt auf einem Hügel, an einer Kreuzung von Straßen, die in alle vier Himmelsrichtungen weisen. Zudem ist sie an drei Seiten praktisch uneinnehmbar und verfügt über eine dauerhafte Wasserversorgung aus der Quelle des Gihon. Auch in politischer Hinsicht ist die Wahl hellsichtig, da Jerusalem mit keinem der Stämme verbündet ist. Anschließend stärkt David die Bedeutung der »Stadt Davids«, indem er die Bundeslade dorthin holt und Jerusalem auf diese Weise zum Zentrum der Jahwe-Verehrung macht.

David feiert den Augenblick seines Sieges mit einem wilden, ekstatischen Tanz. Doch seine erste Frau, Michal, die nun wieder im Hause, aber eindeutig nicht mehr verliebt in David ist, hat etwas dagegen, daß er sich entkleidet. Sie beklagt sich, daß er »sich vor den Mägden seiner Männer entblößt hat, wie sich die losen Leute entblößen«. Mit anderen Worten: Er habe splitternackt getanzt. David hat eindeutig kein Interesse an seiner ersten Frau und sagt ihr, er werde tanzen, wie es ihm paßt. Michal, in jeder Hinsicht eine anrührende Verliererin, bleibt kinderlos, entweder weil sie unfruchtbar ist oder weil David nicht mehr mit ihr schläft.

Stimmen der Bibel
»Stellt Uria vornehin, wo der Kampf am härtesten ist.« (2. Sam 11,15)

In seiner berühmten und häufig falsch zitierten Bemerkung aus dem Jahr 1887 schreibt Lord Acton: »Macht neigt dazu, den Menschen zu korrumpieren; absolute Macht korrumpiert ihn völlig.«

Wie sich herausstellt, bildet König David da keine Ausnahme. Der »süße Psalmist« wird zum ehebrecherischen Mörder, dessen Machtbefugnisse ihn zu der Annahme verleiten werden, er stehe über dem Gesetz, und der letztlich für den Tod einer seiner Söhne die Verantwortung trägt.

Die Schwierigkeiten beginnen, als David eine Schöne beim Bade sieht. Dem interessierten David wird gesagt, das sei Batsheba, die Frau von Uria, dem Hethiter. David läßt die Frau zu sich holen, sie schlafen miteinander und sie wird schwanger. Uria wird zurückgerufen, damit er mit Batsheba schläft, um zu vertuschen, wer der wirkliche Vater ist. Aber Uria ist nicht bereit, bei so etwas mitzumachen: Von einem Soldaten werde erwartet, daß er sich vor der Schlacht des Geschlechtsverkehrs enthalte, um »rein« zu bleiben. Daraufhin schickt David Uria an die vorderste Front und ordnet an, daß sich die übrige Armee zurückzieht. So wird er verwundbar – und fällt im Kampf. Nach einer angemessen langen Trauerzeit heiratet Batsheba David und schenkt ihm einen Sohn. Durch den Propheten Nathan läßt Gott jedoch David wissen, daß er unrecht getan habe, und verspricht, daß es in Davids Haus Schwierigkeiten geben werde. Ein Teil der Strafe besteht darin, daß David und Batshebas erster Sohn von Gott niedergestreckt wird und stirbt. »Die Sünden der Väter ...«

David und Batsheba bekommen einen weiteren Sohn, den sie Salomo nennen, doch die Probleme in ihrer nicht funktionierenden Ehe haben erst angefangen.

Zusammenfassung der Handlung:
Die Entführung der Tamar

David hat aus einer Ehe einen Sohn namens Absalom und eine Tochter namens Tamar. Von einer anderen Frau hat er einen weiteren Sohn, seinen Erstgeborenen und Erben, Amnon. Amnon möchte mit seiner Halbschwester, Tamar, schlafen, aber sie weigert sich. Amnon kann es nicht ertragen, abgewiesen zu werden, und vergewaltigt sie. Absalom wartet zwei Jahre, bis er zum Gegenschlag gegen seinen Halbbruder Amnon ausholt und die Vergewaltigung seiner Schwester Tamar rächt, indem er ihn betrunken macht und tötet. Es ist nicht nur ein Akt der Vergeltung, sondern Absalom rückt zugleich auch weiter nach vorn in der Linie der Könige, die David nachfolgen, indem er den ersten Erben, Amnon, aus dem Wege räumt.

Doch Absalom ist ungeduldig. Er will nicht erst warten, bis David stirbt, und inszeniert einen Staatsstreich, der beinahe Erfolg hat. Mit Hilfe eines kleines Heeres zwingt er seinen Vater, nach Jerusalem zu fliehen, und David läßt lediglich zehn Konkubinen zurück. Auf dem Haus Davids schlägt Absalom ein Zelt auf und schläft mit jeder der zehn Konkubinen seines Vaters. Eine symbolische Demonstration, die beweist, daß er den Thron bestiegen hat und alles, was damit zusammenhängt. Mit Unterstützung einer Söldnertruppe schlägt David schließlich den Aufstand seines Sohnes nieder, und Absalom wird abermals gefangengenommen. In einer Szene, die man sicherlich wegen ihres großen komischen Effektes erzählte, wird Absalom festgesetzt, als sich plötzlich sein Kopf – oder das Haar – je nach Übersetzung – in einem Baum verfängt und das Maultier, auf dem er reitet, weitertrottet. Einige Kommentatoren äußern die Ansicht, daß der »Baum«, in dem sich Absaloms Kopf verfängt, ein Euphemismus für Schamhaar sei, und daß man Absalom in Wirklichkeit *in flagranti* ertappt habe. Entgegen Davids Befehl wird sein abtrünniger Sohn Absalom getötet.

Auch ein zweiter Staatsstreich, den ein »Schurke namens Scheba« (auch: Seba) anzettelt, wird gnadenlos niedergeschlagen. Doch Davids innerfamiliäre Intrigen sind damit noch nicht zu Ende. Seine Regentschaft wird zu einem Passionsspiel voller Verschwörungen unter Brüdern, die sich durchaus mit dem messen lassen, was sich an den Höfen Caligulas oder im Rom des moralisch völlig degenerierten Neros abspielte.

UNSICHER LIEGT DAS HAUPT ...

TEIL 2:
1. UND 2. BUCH VON DEN KÖNIGEN,
1. UND 2. BUCH DER CHRONIK,
KLAGELIEDER JEREMIAS

Man suche unserm Herrn, dem König, eine Jungfrau, die vor dem König stehe und ihn umsorge und in seinen Armen schlafe und unsern Herrn, den König, wärme.
(1. Könige 1,2)

Teilt mir das lebendige Kind in zwei Teile und gebt dieser die Hälfte und jener die Hälfte.
(1. Könige 3, 25)

Am siebenten Tage des fünften Monats ... kam Nebusaradan, der Oberste der Leibwache, als Feldhauptmann des Königs von Babel nach Jerusalem und verbrannte das Haus des HERRN und das Haus des Königs und alle Häuser in Jerusalem; alle großen Häuser verbrannte er mit Feuer ...
Das Volk aber, das übrig war in der Stadt, und die zum König von Babel abgefallen waren und was übrig war von den Wehrleuten, führte Nebusaradan, der Oberste der Leibwache, weg.
(2. Könige 25,8-12)

- War Salomo tatsächlich so klug?

- Wie sah Salomos Tempel aus?

- Wo liegt Saba?

- War Isebel wirklich so böse?

- Wer war Baal Zebub?

- Ist es ein Grund, Kinder zu töten, wenn ein Glatzkopf verspottet wird?

- Wer schrieb das »Buch des Gesetzes«?

- Warum unterscheiden sich die Geschichten in den Chronikbüchern von denen in den anderen Büchern der Bibel?

- War das Exil wirklich so schlimm?

Sollten Ihnen die Geschichten über David im vorhergehenden Kapitel noch nicht alle Illusionen geraubt haben, dann schnallen Sie sich nun an! Salomo, der im allgemeinen als Ausbund von Weisheit und Tugend geschildert wird, war auch nicht viel besser als sein illustrer – und lustbetonter – Vater.

Sowohl in der hebräischen Bibel wie auch im christlichen Alten Testament folgen die beiden Bücher der Könige unmittelbar den beiden Büchern Samuel. Sie bilden eine durchgehende Geschichtserzählung über die Königreiche Israel und Juda vom Tode Davids und der Thronbesteigung Salomos bis zum Babylonischen Exil. Dieser Zeitraum erstreckt sich etwa von 1000 v. Chr. bis zur Zerstörung Jerusalems im Jahr 587 v. Chr. Die Bücher, die traditionsgemäß dem Propheten Jeremia zugeschrieben werden, gelten heute als das Werk zweier oder mehrerer anonymer Verfasser oder Redaktoren. Die Autoren stützten sich auf mehrere frühe Quellen, die inzwischen verlorengegangen sind, von denen jedoch mehrere im biblischen Text ausdrücklich erwähnt werden. Zu diesen fehlenden Quellen gehören: »Das Buch der Geschichte Salomos«, »Das Tagebuch der Könige von Israel« und »Das Tagebuch der Könige von Juda«, wobei alle vermutlich Teil der offiziellen königlichen Archive und historischen Akten waren. Die biblischen Bücher, die Chroniken, sind andere Bücher, die zu einer späteren Zeit abgefaßt wurden. Sie werden am Ende dieses Kapitels erörtert.

Man nimmt an, daß der erste Verfasser des Buchs der Könige sein Werk im Zeitraum kurz vor dem Tod des judäischen Königs und religiösen Reformers Ischija (609 v. Chr.) niederschrieb. Der zweite Autor schrieb vermutlich ab 550 v. Chr. Davon geht man hauptsächlich deshalb aus, weil das letzte historische Ereignis, das im Königebuch überliefert ist, im Jahr 561 v. Chr. stattfand, und weil die Eroberung Babylons durch die Perser im Jahr 539 v. Chr. nicht erwähnt wird.

Stimmen der Bibel
Als aber König David alt war und hochbetagt, konnte er nicht warm werden, wenn man ihn auch mit Kleidern bedeckte. Da sprachen seine Großen zu ihm: Man suche unserm Herrn, dem König, eine Jungfrau, die vor dem

König stehe und ihn umsorge und in seinen Armen schlafe und unsern Herrn, den König, wärme. Und sie suchten ein schönes Mädchen im ganzen Gebiet Israels und fanden Abisag von Sunem und brachten sie dem König. Und sie war ein sehr schönes Mädchen und umsorgte den König und diente ihm. Aber der König erkannte sie nicht. (1. Kön. 1,1-4)

Ein ziemlich trauriges Bild des jungen Hirten, der einst nackt auf der Straße tanzte!

David ist ein gebrechlicher alter Mann geworden, der friert und an seinem Lebensabend als bedauernswerte Person erscheint. Doch bevor er dieses Greisenalter erreicht und einen »Bettschatz« braucht, damit er nicht friert, stärkte er seine Herrschaft über Israel weiter, indem er sieben Nachkommen Sauls pfählen läßt; nur ein Nachkomme Sauls, der verkrüppelte Sohn Jonathans, darf weiterleben. David und Batsheba sind übereingekommen, ihr Sohn Salomo solle den Thron besteigen. In einer packenden Szene wird geschildert, wie David Salomo sagt, welche Feinde dieser beseitigen soll. Jonathan Kirsch hat nachgewiesen, daß die Szene in dem Kinofilm *Der Pate* »auf künstlerische Weise kopiert« wurde, in der Don Corleone seinem Sohn und Nachfolger Michael einen Rat erteilt.

Stimmen der Bibel

Als die Zeit herankam, da David sterben sollte, ermahnte er seinen Sohn Salomo: Ich gehe nun den Weg alles Irdischen. Sei also stark und mannhaft! Erfüll deine Pflicht gegen den Herrn, deinen Gott: Geh auf seinen Wegen und befolg alle Gebote, Befehle, Satzungen und Anordnungen, die im Gesetz des Mose niedergeschrieben sind. Dann wirst du Erfolg haben bei allem, was du tust, und in allem, was du unternimmst. Und der Herr wird sein Wort wahr machen, das er dir gegeben hat, als er sagte: Wenn deine Söhne auf ihren Weg achten und aufrichtig mit ganzem Herzen und ganzer Seele vor mir leben, wird es dir nie an Nachkommen auf dem Thron Israels fehlen.

Du weißt selbst, was Joab, der Sohn der Zeruja, mir angetan hat: was er den beiden Heerführern Israels, Abner, dem Sohn Ners, und Amasa, dem Sohn Jeters, angetan hat. Er hat sie ermordet, hat mit Blut, das im Krieg vergossen wurde, den Frieden belastet und mit unschuldigem Blut den Gürtel an seinen Hüften und die Schuhe an seinen Füßen befleckt. Laß dich von deiner Weisheit leiten und sorge dafür, daß sein graues Haupt nicht unbehelligt in die Unterwelt kommt. Doch die Söhne Barsillais aus Gilead sollst du freundlich behandeln. Sie sollen zu denen gehören, die von deinem Tisch essen; denn sie sind mir ebenso entgegengekommen, als ich vor deinem Bruder Abschalom fliehen mußte. Da ist auch Schimi, der Sohn Geras, vom Stamm Benjamin, aus Bahurim. Er hat einen bösen Fluch gegen mich ausgesprochen, als ich nach Mahanajim floh. Doch ist er mir an den Jordan entgegengekommen, und ich habe ihm beim Herrn geschworen, daß ich ihn nicht mit dem Schwert hinrichten werde. Jetzt aber laß ihn nicht ungestraft! Du bist ein kluger Mann und weißt, was du mit ihm tun sollst. Schick sein graues Haupt blutig in die Unterwelt! (1. Kön. 2,1-9 NJB)

Nach Davids Tod greift sein ältester Sohn Adonija vergebens nach dem Thron, indem er Batsheba fragt, ob er wohl mit Davids jungfräulicher Konkubine, Abisag, schlafen dürfe. Batsheba hinterbringt die Bitte Salomo, wohl wissend, daß Salomo die Folgen von Adonijas Plan begreifen wird. Salomo läßt seinen Halbbruder Adonija umbringen. Er macht im Laufe der Zeit kurzen Prozeß mit den wenigen anderen möglichen Bedrohungen seiner Herrschaft und erweist sich dabei als ebenso rücksichtslos und kaltblütig, wie es sein Vater gewesen war. Als Gott ihn später lobt, weil er nicht nach dem Leben seiner Feinde trachtet, muß Salomo geschmunzelt haben. Er hatte sie ja bereits alle beseitigt.

Stimmen der Bibel
Und Gott sprach zu ihm: Weil du darum bittest und bittest weder um langes Leben noch um Reichtum noch um deiner Feinde Tod, *sondern um Verstand, zu hören und Recht zu richten, siehe, so tue ich nach deinen Worten. Siehe, ich gebe dir ein weises und verständiges Herz, so daß deinesgleichen vor dir nicht gewesen ist und nach dir nicht aufkommen wird. Und dazu gebe ich dir, worum du nicht gebeten hast, nämlich Reichtum und Ehre, so daß deinesgleichen keiner unter den Königen ist zu deinen Zeiten.* (1. Kön. 3,11-13; Hervorhebung durch d. Autor)

War Salomo tatsächlich so klug?

In einem uralten Witz wird ein Komiker gefragt: »Wer war diese Dame?«, worauf er die berühmte Antwort gibt: »Das war keine Dame. Das war meine Frau.«

Im Fall Salomos lautet die Pointe anders, nämlich: »Das waren keine Damen. Das waren Prostituierte.«

Wenn man an Salomo denkt, fällt einem als erstes ein, daß er als weise gilt. In einem Traum bittet der soeben gekrönte König Salomo Gott, er möge ihm Weisheit schenken. Gott ist beeindruckt von dieser Bitte und gewährt sie ihm, doch bekommt Salomo auch alles andere, worum er *nicht* gebeten hat. Obgleich es im Königebuch heißt, daß Salomo »dreitausend Sprichwörter sprach«, beruhen die biblischen Belege für sein Intelligenz überwiegend auf einer Geschichte, die immer und immer wieder erzählt wird. Allerdings ist sie – und das vergessen die meisten Menschen – nicht die reine Wahrheit.

In dieser weithin bekannten Volkslegende bringen zwei Frauen ein Baby zu König Salomo. Das Kind der einen Frau ist in der Nacht gestorben. Beide Frauen leben im selben Haus, und beide behaupten, das Kind sei das ihre. Salomo denkt einen Augenblick über den Fall nach und befiehlt dann, das Kind in zwei Stücke zu schlagen und jeder Frau jeweils eine Hälfte zu geben. Die eine Frau schreit auf und sagt, man solle das Kind der anderen Frau geben. Da weiß Salomo, daß sie die wirkliche Mutter ist. Welch Weisheit ... Ganz Israel ist beeindruckt.

Nur hat man uns im Religionsunterricht verschwiegen, daß es sich bei den beiden Frauen um Prostituierte handelte. Was machten also diese beiden Frauen in Salomos Palast? Darauf kann man auf zweierlei Weise antworten. Die eine Möglichkeit ist: Es waren leichte Mädchen von der Sorte, mit denen die Leserinnen und Leser der »echten« Bibel inzwischen vertraut sein dürften. Die andere lautet: Beide waren kultische Prostituierte, wie sie in der hebräischen Bibel ebenfalls immer wieder vorkommen. Am Ende des ersten Buchs der Könige werden sogar männliche Tempelprostituierte erwähnt, die König Joschafat während seiner Herrschaft im Jahr 873 v. Chr. schließlich aus Jerusalem vertrieb.

Ein grausiger archäologischer Fund, von der die Zeitschrift *Biblical Archaeology Review* berichtet (im Juli/August 1997), liefert Hinweise darauf, daß die Prostitution in diesem Teil der Welt noch lange weiterbestand. Zwei Archäologen fanden in Aschkelon, nahe den Ruinen eines Gebäudes aus der Römerzeit, das ein Bordell gewesen sein kann, die Überreste von zahlreichen kleinen Kindern. Dieser Fund veranlaßte sie zu der Spekulation, daß sich die Prostituierten dieser späteren Zeit nicht durch die gleiche mütterliche Fürsorge auszeichneten wie die beiden Dirnen, die vor Salomo traten und um seinen Schiedsspruch baten.

Zwar wird Salomo in der Tradition der Bibel mit Ehrfurcht betrachtet, weil er den ersten Tempel in Jerusalem erbauen ließ, doch ließ er auch andere Religionen und Kulte in seinem Königreich gedeihen, und zwar vor allem, um seine vielen Frauen und Konkubinen zufriedenzustellen. Die Zahl der »seltsamen Frauen« Salomos betrug dem Text zufolge 700 Prinzessinnen und 300 Konkubinen. Dazu gehörte auch die Tochter eines Pharao, mit der Salomo eine Ehe einging, um einen Friedensvertrag und Nichtangriffspakt mit Ägypten zu schließen. Für viele dieser Frauen und Mätressen ließ Salomo Schreine oder »hohe Orte« errichten, unter anderem einen, der dem kanaanäischen Gott Moloch, dem »Götzen der Ammoniter«, geweiht war. Dieser verrufenste aller fremden Götter verlangte, daß man ihm Kindsopfer darbrachte – ein Brauch, der in Juda offenbar ungeachtet der Verdammung durch die Bibel weiterbestand. Das Tofet wurde zur Zeit des Salomo erbaut und war der Tempel, in dem Kinder verbrannt wurden. Er befand sich in einem nahegelegenen Tal namens Gehennah, und verständlicherweise wurde dieses Wort später zum Synonym für Hölle.

Salomo hatte grandiose Pläne für sein Reich. Er hatte nicht nur den ersten Tempel in Jerusalem errichten lassen, sondern wollte auch Paläste für sich und seine Frauen und die dazugehörigen zahlreichen Schreine errichten lassen. Diese verschwenderischen Vorhaben machten zweierlei erforderlich: Lohnarbeit und die Zahlung von Steuern. Das war im alten Israel genauso wie anderswo. Die Menschen haben etwas gegen die Entrichtung von Steuern, und zur Arbeit gezwungen zu werden, gefällt ihnen ebensowenig.

Besonders unpopulär war ein Programm zur Arbeitsverpflichtung, das sich im Kern nicht von dem unterschied, das die Pharaonen praktizierten, um die Pyramiden zu bauen. Das Programm verlangte, daß die Männer Israels einen Monat von dreien für Salomo arbeiteten. Mit anderen Worten: Während sich Salomo bei Hofe in Jerusalem vergnügte, baute sich im ganzen Land eine feindselige Stimmung gegenüber dem König mit seinem Reichtum auf. Auch seine Ausschweifungen und seine gotteslästerliche Nichtbeachtung der Vorschriften Gottes kamen bei den Menschen schlecht an. Salomo mag »weise« gewesen sein, sehr klug war er jedoch nicht.

Wie sah Salomos Tempel aus?

Auch wenn der Jerusalemer Tempel nicht das größte Gebäude war, das während Salomos Regierungszeit gebaut wurde, so war es vermutlich das wichtigste. Die Arbeiten am Tempel dauerten sieben Jahre – Salomos Palast wurde übrigens nach dreizehn Jahren Bauzeit fertiggestellt – und wurden von einem außenstehenden »Bauunternehmer«, Hiram von Phönizien, durchgeführt, der die Baustoffe und die Arbeitskräfte lieferte. Das bedeutet, daß der große Tempel, das Zentrum des Judentums und der Wohnort Jahwes, vermutlich im Stil eines phönizischen oder kanaanäischen Tempels gestaltet wurde. Sich ein klares Bild von König Salomos Tempel zu machen ist recht schwierig, weil einige der biblischen Beschreibungen des Tempels unklar sind. Doch folgte das Bauvorhaben dem des tragbaren Zeltes (Tabernakel), das Gott Mose in der Wüste beschrieben hatte (vgl. Exodus 26); und seit diesem Zeitpunkt war das Tabernakel im Besitz der Israeliten geblieben. David hatte es nach Jerusalem gebracht, wo Salomo es zu einem dauerhaften Gebäude umgestalten wollte.

Der rechteckige Bau verfügte über eine offene »Veranda«, die in Richtung Osten wies, sowie ein inneres Heiligtum, das Allerheiligste, von dem man glaubte, daß es sich um den tatsächlichen Wohnort Jahwes handelte. Die Gesamtausmaße des Gebäudes betrugen 60 mal 20 Ellen (rund 30 mal 10 Meter), es erreichte eine

Höhe von 30 Ellen (oder 15 Meter). Der Tempel war aus Felsquadern erbaut, die inneren Wände waren mit Zedernholz verkleidet und der gesamte Bau war mit Gold getäfelt. Das Tempelgebäude hatte zwei Abteilungen. Der große äußere Raum enthielt Kandelaber, zwei Altäre sowie einen goldenen Tisch, auf den jede Woche zwölf Brotlaibe gelegt wurden. An der Rückseite des Tempels führte eine Treppe in einen inneren Raum, das würfelförmige Allerheiligste, dessen Seiten je 20 Ellen maßen. Dieser Raum war der Aufbewahrungsort der Bundeslade, der Truhe, in der die Tafeln mit den zehn Geboten verwahrt wurden. Den Raum betrat der Hohepriester nur einmal im Jahr, am Versöhnungstag.

Das Tempelgebäude wurde von zwei offenen Innenhöfen umgeben. Den inneren – den Hof der Priester – umgab eine Mauer, die aus drei Steinschichten und einer Lage aus Zedernbalken bestand. Innerhalb dieses Hofes stand der äußere Altar, auf dem Tiere geopfert wurden, sowie ein großes Metallbecken – 10 Ellen im Durchmesser –, das »Meer« genannt. Es wurde von zwölf Rinderstatuen gestützt, wobei das Rind (und der Stier) gewöhnlich mit der kanaanäischen Baal-Gottheit in Verbindung gebracht wird. Ein größerer, äußerer Hof war vermutlich ebenfalls in den königlichen Gebäuden untergebracht.

Zu den täglichen Tempelgottesdiensten gehörten Gebete und Opferungen, welche die Priester vornahmen. Die Opferungen wurden aus einer Reihe von Gründen vollzogen, darunter Dank, rituelle Reinigung und die Sühne von Sünden. In Übereinstimmung mit den Vorschriften, die im Buch Levitikus dargelegt werden, führten die Tempelpriester die Opferhandlungen durch, wobei sie ausschließlich »reine« männliche Tiere verwandten. Mit einem scharfen Messer schächtete der Priester das Tier, dessen Blut dann auf den Altar gesprengelt oder geschmiert wurde. Der Tierleichnam wurde abgehäutet und in Stücke geschnitten, die anschließend verbrannt wurden. Die Wein-, Getreide- und Ölopfer wurden ebenfalls verbrannt. Tauben standen als Ersatz für die ausgewachsenen – vermutlich kostspieligeren – Tiere zur Verfügung. Die Priester schlachteten die Tauben, indem sie die Kehlen der Vögel mit dem Fingernagel aufschlitzten. Den Mageninhalt warf man weg – für den Fall, daß das Tier etwas Unreines gegessen hatte –, dann wurden die Flügel flachgepreßt, ohne sie zu zerbrechen, bevor der Kadavar verbrannt wurde. Diese tägliche Abfolge von rituellen Opferungen setzte sich in Jerusalem von der Zeit des Salomo bis zur Zerstörung des Tempels im Jahr 586 v. Chr. fort. Nach der Rückkehr aus dem babylonischen Exil im Jahr 516 v. Chr. wurden die Opferungen im Tempel wieder aufgenommen und bis zum Jahr 70 v. Chr. fortgesetzt, als die Römer den Tempel zerstörten.

Wo liegt Saba?

Neben dem berühmten Vorfall, bei dem ein Kind in zwei Teile getrennt werden sollte, stellt der Besuch der »Königin von Saba« bei König Salomo die zweite erinnernswerte Episode über Salomo dar. Dieses Treffen zweier gekrönter Häupter hat zu historischen Mutmaßungen und mehreren Legenden geführt. Was geschah zwischen den Monarchen bei ihrem Treffen? Und woher kam die Königin von Saba? Beide Fragen verweisen ins Reich der Mythologie. Äthiopier behaupteten, daß Meroë, die alte Hauptstadt Äthiopiens, das biblische »Saba« sei. Sie entschieden, daß ihr erster Kaiser einer Verbindung – sie wird in der Bibel nicht erwähnt – zwischen Salomo und der Königin von Saba entsprang. Aufgrund dieser Verknüpfung nannte sich der letzte äthiopische Kaiser Haile Selassie der »Löwe von Juda« und nahm die Abstammung von Salomo für sich in Anspruch. Die Geschichte wird kompliziert, weil nach äthiopischen Legenden der Sproß der mutmaßlichen Verbindung von Salomo und der Königin von Saba, Menelik I., nach Jerusalem zurückkehrte, die Bundeslade aus dem Tempel stahl und nach Äthiopien zurückbrachte, wo sie sich bis heute befände.

Eine schöne Legende, die allerdings von schlechten geographischen Kenntnissen zeugt.

In Wirklichkeit war das biblische Saba ein Staat im Süden Äthiopiens. Es liegt im Gebiet des heutigen Jemen und ist die Region, in der die berühmten biblischen Gewürze Weihrauch und

Myrrhe angebaut wurden. Höchstwahrscheinlich war der Besuch der Königin von Saba, wenn er denn tatsächlich stattgefunden hat, eine diplomatische Mission, die dazu dienen sollte, Meinungsverschiedenheiten hinsichtlich des Gewürzhandels beizulegen, von dem sich Salomo ein Stück abschneiden wollte. Die Tatsache, daß eine Königin in dem Gebiet regierte, ist historisch von Interesse, da es beweist, daß Frauen in diesen von Männern dominierten Zeiten über großen Einfluß verfügten.

Zusammenfassung der Handlung: Das geteilte Königreich

Nach Salomos Tod (zwischen 930 und 925 v. Chr.) wurde das Königreich, das David und Salomo aufgebaut hatten, durch politische und religiöse Differenzen vernichtet. Als Salomos Sohn Rehabeam törichterweise den nördlichen Stämmen mitteilte, er plane noch härter gegen sie vorzugehen, als es sein Vater getan hatte, kam diese Politik bei seinen bereits murrenden Untertanen nicht gut an. Unter Führung des Aufständischen Jerobeam trennten sich die zehn Stämme im Norden von den Stämmen Juda und Benjamin im Süden, unterstützt durch den ägyptischen Pharao Scheschonq (in der Bibel »König Schischak von Ägypten«). Im Anschluß an diese »Sezession« blieben zwei schwächere Königreiche zurück: Juda im Süden und Israel im Norden. Um seine religiöse und politische Unabhängigkeit von Jerusalem durchzusetzen, ließ Jerobeam zwei Schreine mit goldenen Stieren errichten; dies erinnert an die Exodusgeschichte. Für diesen Akt der Götzenanbetung sollten die Nordstämme schließlich bitter bezahlen.

Jerobeams 20jähriger Herrschaft folgte die Regierung seines Sohnes, der bald darauf durch einen Staatsstreich entmachtet wurde. Eine Reihe von Aufständen folgte, bis ein Armeeoffizier namens Omri den Thron bestieg und eine Zeit relativer Ordnung einleitete, wobei er sich als einer der fähigsten Könige in der Geschichte der Israeliten erwies – eine Tatsache, die die »Südstaatler«, die diese Geschichte schrieben, übersahen. Omri ließ eine neue Hauptstadt in der Stadt Samaris errichten, gewann zuvor verlorenes Territorium zurück – er eroberte das benachbarte Moab, eine Tatsache, die in den hebräischen Schriften ausgelassen wird – und begründete eine geordnete Thronfolge, wobei ihm sein Sohn Achab nachfolgte. Tatsächlich war Israel in assyrischen königlichen Archiven als »Haus Omri« bekannt.

Tab. 5: Die Herrscher des geteilten Königreiches

(Daten der Regierungszeit in Klammern; die Daten sind ungenau, aber allgemein anerkannt. Alle Daten sind v. Chr.)

ISRAEL (NORDEN)	JUDA (SÜDEN)
Jerobeam I. (922-901)	Rehabeam (922-915)
	Abija (915-913)
Nadab (901-900)	Asa (913-873)
Bascha (900-877)	
Ela (877-876)	
Simri (876)	Jehoschafat (873-849)
Omri (876-869)	
Ahab (869-850)	
Ahasja (850-849)	Joram (859-842)
Jehoram (849-842)	Ahasja (842)
	Atalja (842-837)
Jehu (842-815)	Joasch (837-800)
Joahas (815-801)	Amasja (800-783)
Joasch (801-786)	
Jerobeam II. (786-746)	Usija (783-742)
Sacharja (746-745)	
Schallum (745)	
Menahem (745-738)	Jotam (742-735)
Pekachja (738-737)	Ahas (735-715)
Pekach (737-732)	
Hoschea (732-721)	**JUDA (NACH DEM FALL ISRAELS)**
	Hiskija (715-687)
	Manasse (687-642)
	Amon (642-640)
	Joschija (640-609)
	Joahas (609)
	Jojakim (609-598)
	Jojachin (598-597)
	Zidkija (597-586)

Quelle: New Oxford Annotated Bible; die Schreibung der Namen folgt der Neuen Jerusalemer Bibel.

In der Zeit des geteilten Königreiches richteten die biblischen Bücher ihre Aufmerksamkeit fort von den Königen und berichten statt dessen von den Heldentaten einer Reihe von »Propheten«, die die Herrscher und das Volk Israels und Judas zu beraten versuchen – meist mit geringem Erfolg. Zwar hatte es bereits früher in der israelitischen Geschichte Propheten oder »Seher« gegeben, darunter Samuel und Debora, der Richter und die Prophetin. Doch in der Zeit des zweigeteilten Königreiches erschienen die verschiedenen Propheten als die zentralen Gestalten der Bibel und überschatteten die Könige, denen sie häufig die »Leviten lasen«. Die eigentliche Aufgabe der hebräischen »Propheten« läßt sich nur schwer bestimmen; jedenfalls waren sie mehr als nur »Weissager«. Meist handelte es sich um Männer oder Frauen, die göttliche Botschaften empfingen – im allgemeinen durch Träume oder Visionen. Diese Nachrichten wurden dann der ganzen Nation oder Einzelpersonen, beispielsweise Königen, übermittelt. Zu den ersten in dieser Generation von Propheten gehörten Elija, einer der größten Volkshelden des Judentums, und sein Nachfolger Elisa (auch: Elischa).

Stimmen der Bibel
Die Hunde sollen Isebel fressen an der Mauer Jesreels. (1. Kön. 21,23)

War Isebel wirklich so böse?

Wenige Namen aus den Sagen der Bibel beschwören ein so negatives Bild herauf wie der der Isebel, die heute als der Inbegriff einer bösen, intriganten Frau gilt, wobei man sie darüber hinaus auch noch als sexuelle Verführerin hinstellt. Die Isebel der Bibel war eine phönizische Prinzessin, die Frau des Königs Ahab, Omris Sohn. Zwar gilt sie als eine der bedeutendsten Schurkinnen der Bibel, doch die historischen Dokumente beweisen, daß Ahab ein effizienter Herrscher war, der während seiner fast 20jährigen Regierungszeit den Einfluß Israels in der Region vergrößerte. Als sich im Jahr 853 v. Chr. in der kanaanäischen Nation eine Koalition bildete, um eine Invasion der Assyrer abzuwehren, stellte Ahab das größte Kontingent: 2000 Kampfwagen und 10000 Krieger. Er verbesserte sogar die Beziehungen zum südlichen Königreich Juda, indem er seine Tochter mit dem König des Südreichs, Jehoram, verheiratete. Die Autoren der Bibel, sie lebten in Juda, dem Südreich – hielten nicht sehr viel von diesem König des Nordreichs. Sie vertuschten seine Erfolge und konzentrierten sich statt dessen auf seine Mängel; als sein größter Fehler galt dabei seine Frau: »Es war niemand, der sich so verkauft hätte, Unrecht zu tun vor dem HERRN, wie Ahab, den seine Frau Isebel verführte.« (1. Könige 21,25)

Für die Verfasser der Königebücher war König Ahab nichts weiter als eine Marionette im Spiel seiner hinterhältigen Frau. Es heißt, er habe ihr bereitwillig erlaubt, die Verehrung Baals zu fördern, der Baal-Gottheit der Kanaanäer, und auch die seiner Gefährtinnen Astarte und Aschera. Um dem zunehmenden Baalkult unter Isebel entgegenzuwirken, schickte Gott über Israel eine Dürre und Hungersnot und entsandte anschließend den Propheten Elija, damit dieser den sündigen Herrschern und Menschen predigte. Nachdem Elija in der Wüste von Raben und dann im Hause einer Witwe durch Lebensmittel, die nie ausgingen, wie durch ein Wunder »durchgefüttert« worden war, wurde er zum Wunderheiler, dessen Kräfte einfache Prophetie bei weitem überstiegen. Unter anderem erweckte er ein Kind wieder zum Leben. Doch sein entscheidender Auftrag lautete, Israel in die Herde Jahwes zurückzuführen.

Um Gottes Überlegenheit zu beweisen, forderte Elija 450 Propheten des Baal und 400 Propheten der Aschera, »die an Isebels Tisch essen« zu einem Wettkampf heraus. Die Propheten des Baal tanzten wie wild und schlugen mit Schwertern nacheinander. Das ist eine zutreffende Schilderung des Baalkultes, bei dem sich die Priester in einem Trauerritual zu Ehren ihrer toten Gottheit selbst verstümmelten, die dann von den Toten auferstehen sollte. Als nichts geschah, nachdem die Priester dieses Schauspiel aufgeführt hatten, verhöhnte Elija die Baal-Verehrer und sagte, entweder ihr Gott schlafe, oder er »sei davongegangen«, eine verhüllende Umschreibung für Darmentleerung. Anschließend rief Elija ein himmlisches Feuer auf die Altäre des Baal herab, und die Israeliten metzelten 450 Priester des Götzen nieder.

Isebel war gar nicht erfreut über die Dezimierung ihrer Priesterschaft und drohte, Elija zu töten, der daraufhin wieder in die Wüste floh. Daß Isebel zu bösem Tun fähig war, kommt in einer Geschichte zum Ausdruck, in der sie eine falsche Anschuldigung gegen einen Nachbarn erhebt, dem ein Weinberg gehört, den Isebels Ehemann, König Ahab, haben will. In der Geschichte mißbraucht sie Zeugen, die sie bestochen hat, und läßt den Nachbarn Naboth, wegen Gotteslästerung verurteilen, so daß er zu Tode gesteinigt wird. Ahab erwirbt Nabiths Weinberg für sich.

Ahab und Isebel werden von Elija furchtbar verflucht, der dem König sagt, daß Isebel und alle, die zu Ahab gehören, von Hunden zerfleischt würden. Schließlich fällt Ahab im Kampf. Der biblische Bericht über sein Leben endet damit, daß »die Hunde das Blut von seinem Streitwagen leckten und die Huren sich darin wuschen«.

Wer war Baal Zebub?

Als Ahabs Sohn und Nachfolger Ahasja von einem Balkon stürzte, fragte er einen Gott namens Baal Zebub, ob er wieder gesund werde. Baal Zebub (auch als Baal Zebul übersetzt) ist ein Wortspiel mit einem kanaanäischen Namen, der soviel wie »erhabener Herr« bedeutet. Im Hebräischen wird der Name höhnisch mit »Herr der Fliegen« und im Aramäischen mit »Herr des Dungs« übersetzt. In späteren Zeiten wurde Baal Zebub (oder Baal Zebul) mit Satan identifiziert, und im Neuen Testament wird Jesus beschuldigt, auf Anweisung Beelzebuls, dem Herrscher der Dämonen, böse Geister auszutreiben.

Als der Prophet Elija Ahasja sagt, er werde an seinen Verletzungen sterben, entsendet der König seine Leibgarde, um den Propheten zu töten, doch ein himmlisches Feuer vernichtet die Soldaten.

Bald nach dieser Episode fährt Elija gen Himmel. Damit ist er neben Enoch im Genesisbuch die zweite Gestalt der Bibel, die direkt in den Himmel kommt; sein Umhang wird von seinem Jünger Elischa (auch: Elisa) buchstäblich aufgehoben:

> Und als sie miteinander gingen und redeten, siehe, da kam ein feuriger Wagen mit feurigen Rossen, die schieden die beiden voneinander. Und Elia fuhr im Wetter gen Himmel. (2. Könige 2,11)

Ist es ein Grund, Kinder zu töten, wenn ein Glatzkopf verspottet wird?

Nach dem Tod des Propheten Elija wurde dieser Umhang oder Mantel im wahrsten Sinne des Wortes an Elischa weitergereicht, der als nächster Führer in »der Gesellschaft der Propheten« auftauchte – einer starken Macht in der Hofpolitik der damaligen Zeit. Anders als im Fall der Priester waren die Propheten Reisende, die – manchmal in Gruppen – durch das Land zogen. Einige der Propheten errangen zwar bei den Herrschern der damaligen Zeit große Macht, doch viele galten als Störenfriede. Abgesehen von der Ähnlichkeit der Namen Elija und Elischa, gibt es zahlreiche Parallelen zu den Wundern, die die beiden Propheten der Bibel zufolge vollbrachten. Es ist wahrscheinlich, daß die Lebensberichte dieser beiden Männer durcheinandergerieten und von späteren Autoren miteinander verschmolzen wurden.

Elischas erstes Wunder bestand darin, die Quelle von Jericho (bis heute Elischas Springbrunnen genannt) zu reinigen. Der Bericht über Elischas zweites Wunder ist jedoch beunruhigender. Als einige Jungen vor die Stadt zogen, um sich über seine Glatze lustig zu machen, verfluchte er sie in Gottes Namen. Zwei Bärinnen traten aus einem Wald und verschlangen 42 der Jungen.

Es waren nicht die einzigen Kinder, die in dieser biblischen Episode sterben sollten. Während einer Schlacht zwischen den alliierten Streitkräften Israels, Judas und Edoms gegen Moab bot der

König von Moab mitten im Kampf seinen Sohn als Brandopfer dar. Beeindruckt von dieser grausigen Tat, zogen sich die Truppen Israels voller Zorn zurück.

Anders als Elija und die späteren Propheten, die oft als Viehbremsen und Dornen im königlichen Fleisch galten, wurden Elischa und seine Anhängerschaft, die »Gesellschaft der Propheten«, an den Höfen einer Reihe von Königen zu Unterhändlern der Macht. Sie führten die Streitkräfte Israels in Kriege und sorgten mit ihren Wunderkräften für einen Umschwung des Schlachtenglücks. Elischas Einfluß bei Hofe führte schließlich dazu, daß er Jehu von Israel (842-815 v. Chr.) beriet. Nachdem dieser General einen Staatsstreich angezettelt hatte, liquidierte er die überlebenden Mitglieder der Ahab-Dynastie.

Stimmen der Bibel
Und als Jehu nach Jesreel kam und Isebel das erfuhr, schmückte sie ihr Angesicht und schmückte ihr Haupt und schaute zum Fenster hinaus. Und er hob sein Angesicht auf zum Fenster und sprach: ... Stürzt sie hinab, so daß die Wand und die Rosse mit ihrem Blut besprengt werden; und sie wurde zertreten. (2. Kön. 9,30-33)

Nach Ahabs Tod war Isebel, während ihre Söhne regierten, die graue Eminenz am Hofe der Israeliten geblieben. Doch im Zuge eines Staatsstreichs unter der Führung des von Elischa unterstützten Generals Jehu wurden Ahabs Söhne gestürzt und Isebel getötet, wodurch sich Elischas Fluch erfüllte und schließlich alle Spuren des Baalkultes aus Israel entfernt wurden. Während Jehu aus der Bibel mit fliegenden Fahnen hervortritt, kommt er, historisch betrachtet, weniger gut weg. Törichterweise brach er Israels Bündnisse mit den benachbarten Reichen von Phönizien und Juda, womit er die Nation ernsthaft schwächte, und das zu einer Zeit, als das Assyrerreich, dessen Zentrum im Gebiet des Tigris lag und das von Salmanassar III. (859-824 v. Chr.) angeführt wurde, seine Macht ausdehnte. Salmanassar machte Israel zu einer Satrapie, einer Provinz, die schwere Tributzahlungen leisten mußte. Auch Assyrien machte nach dem Tode Salmanassars eine Phase des Niedergangs durch, so daß Israel und Juda ein wenig verlorenes Territorium und eine gewisse Unabhängigkeit zurückerobern konnten. König Jehu war der erste in einer Dynastie, die in Israel ungefähr ein Jahrhundert lang regierte. Zu seinen Erben gehörte Jerobeam II., der in der Bibel zwar wenig Beachtung findet, jedoch ein effizienter Herrscher war, dessen 42jährige Regentschaft für Israel eine Zeit relativer Stabilität und relativen Wohlstands bedeutete. Nach dem Tod Jerobeams II. im Jahr 746 v. Chr. verfiel Israel jedoch abermals in chaotische Instabilität.

Stimmen der Bibel
Und der König von Assyrien zog durch das ganze Land und gegen Samaria und belagerte es drei Jahre lang. Und im neunten Jahr Hoseas eroberte der König von Assyrien Samaria und führte Israel weg nach Assyrien ... Denn die Kinder Israel hatten gegen den HERRN, ihren Gott, gesündigt, der sie aus Ägyptenland geführt hatte, aus der Hand des Pharao, des Königs von Ägypten, und fürchteten andere Götter und wandelten nach den Satzungen der Heiden, die der HERR vor Israel vertrieben hatte, und taten wie die Könige von Israel. (2. Kön. 17,5-8)

Unter dem Assyrer Tiglatpileser III. (745-727 v. Chr.), in der Bibel »Pul« genannt, stieg erneut ein Assyrerreich auf und beherrschte den Nahen Osten. Während die Assyrer ihr Reich bis zum Nil ausdehnten, entstand ihre großartige Hauptstadt Ninive mit einem prächtigen Tempel zu Ehren Ischtars, der Schutzgöttin der Stadt am Ufer des nördlichen Tigris. Wieder einmal wurde Israel zu einem Vasallenstaat und mußte an Assyrien enorme Tributzahlungen leisten. Zu den wirksamsten Methoden der Herrschaft über die eroberten Gebiete zählte die Vertreibung der Führungsschichten des besiegten Feindes nach Mesopotamien. Als Israels letzter König, Hoschea, den Versuch unternahm, sich mit ägyptischer Hilfe gegen die assyrischen Herren zu erheben, marschierte der Sohn Tiglatpilesers, Salmanassar V., in Israel ein und eroberte die Hauptstadt Samariens. 721 v. Chr. machte Sargon II. Israel zu einer Provinz Assyriens und ließ 27 290 Bewohner Israels in Gebiete nördlich des Flußgebietes von Euphrat und Tigris deportieren. Damit war das Ende des Königreichs Israel besiegelt. Die Angehörigen der zehn Stämme, die zwangsweise aus Israel fortgeschafft wurden, wurden zu den »verlorenen Stämmen« Israels.

Da Sargon II. außerdem neue Siedler in das Gebiet des ehemaligen Israels führte, das zur assyrischen Provinz Samarien wurde, wurden die dortigen Bewohner Samaritaner genannt. Merkwürdigerweise entsandte er einen israelitischen Priester, der diese Menschen in das »Gesetz des Landesgottes« unterweisen sollte. Die Samaritaner übernahmen zwar einige hebräische Gesetze und Bräuche, doch führten sie viele ihrer eigenen Bräuche fort, zu denen zur damaligen Zeit auch das Opfern von Menschen gehörte. Dieses historisch bedeutsame Ereignis erklärt auch die Feindschaft zwischen Juden und Samaritanern, die sich bis in die Zeit des Neuen Testaments fortsetzte, wie das Gleichnis Jesu vom barmherzigen Samariter zeigt.

Tab. 6: Die Herrscher Assyriens

(Alle Daten sind ungefähre Angaben und v. Chr.)

Assurdan II.	934-912	
Adadnirari II.	912-891	
Tukulti-Ninurta II.	891-884	
Assurnasirpal II.	884-859	
Salmanassar III.	859-824	
Schamschiadad V.	824-811	
Adadnirari III.	811-783	
Salmanassar IV.	783-773	
Assurdan III.	773-755	
Assurnirari V.	755-745	
Tiglatpileser III.	745-727	(In der Bibel als Pul bezeichnet)
Salmannassar V.	727-722	
Sargon II.	722-705	
Sanherib	705-681	
Asarhaddon	681-669	
Assurbanipal	669-627	
Assureteliani	627-624	
Sinschumulischir	624-623	
Sinschararischkun	623-612	
Assuruballit II.	612-609	

Quelle: The Illustrated Guide to the Bible

Das Assyrerreich, dessen Zentrum in der Ebene des Tigris lag, beherrschte den alten Nahen Osten über einen Zeitraum von dreihundert Jahren (zwischen 900 und 600 v. Chr.). Seine bedeutendste Zeit erlebte es unter einer Reihe von Königen, die in der Bibel vorkommen und im Rahmen ihrer Unterdrückung Israels oftmals zu Werkzeugen Gottes gemacht werden. Die berühmteste Stadt des Assyrerreiches war Ninive. Die prachtvolle Residenz war der Göttin Ischtar geweiht und ist auch bekannt als die Stadt, in die Gott den bekannten Propheten Jona entsandte. Zwar waren die Kunst und die Bibliotheken Assyriens, die die älteren sumerischen Kulturen bewahrten, auf einem hohen Stand, doch galten die Assyrer als rücksichtslose Herrscher. Cyrus Gordon und Gary Rendsburg formulieren dies in ihrem Buch über die damalige Zeit folgendermaßen: »Vom Standpunkt der Assyrer war Gewaltanwedung aus religiösen Gründen gerechtfertigt. Der Gott Assur hatte befohlen, daß sein Land und sein König die Herrschaft über die Welt erlangen; deswegen hatten alle anderen Götter, Könige und Völker dem Willen Assurs untertan zu sein. Jeder Widerstand kam einem Aufstand gegen den großen Gott gleich und wurde mit äußerster Härte niedergeschlagen.« (*The Bible and the Ancient Near East*, S. 249).

Kommt Ihnen diese Einstellung bekannt vor? Sie ähnelt doch sehr der Haltung eines anderen Gottes, den wir alle kennen.

Doch so grausam die Methoden der Assyrer auch erscheinen – die Massenvertreibung eines eroberten Volkes ist mit Sicherheit kein historischer Einzelfall. Die »Entfernungen« der amerikanischen Ureinwohner durch die Regierung der Vereinigten Staaten im 19. Jahrhundert wie auch die »ethnischen Säuberungen« im 20. Jahrhundert sind nur moderne Versionen einer uralten Praxis. Wie es ein anderer biblischer Autor später im Prediger Salomo ausdrückte: »Es gibt nichts Neues unter der Sonne.«

Wer schrieb das »Buch des Gesetzes«?

Nachdem das nördliche Königreich Israel gefallen war, versuchte das Königreich Juda seine Unabhängigkeit zu bewahren, doch litt es unter einer Kombination von schwachen Königen und den heftigen Attacken des mächtigen assyrischen Reiches. Unter diesen »schlechten« Königen war Ahas, der den Versuch unternahm, sich bei den assyrischen Herren einzuschmeicheln, indem er im Tempel in Jerusalem einen assyrischen Altar aufstellte. Das war unzweifelhaft keine Idee, die den Tempelpriestern gefiel.

Im krassen Gegensatz dazu war Ahas' Sohn Hiskija (715-687 v. Chr.) ein König, den die priesterlichen Autoren der Bibel mit Wohlwollen betrachteten. Er versuchte religiöse Reformen einzuführen und ließ einige der fremden Schreine zerstören, die an einigen Orten in Juda noch verblieben waren. Doch was bei Gott Erfolg hatte, war auf dem Gebiet der Machtpolitik im alten Vorderen Orient durchaus nicht immer erfolgreich. Zwar ging Hiskija in seinem Bemühen, die assyrische Bedrohung abzuwehren, Bündnisse mit den Königen in Babylon und Ägypten ein, doch auch diese starke Allianz konnte die vorrückenden Assyrer nicht aufhalten. Im Jahr 702 v. Chr. fiel die strategisch wichtige Stadt Lachisch (auch: Lachis). In der Schilderung der assyrischen Bedrohung Jerusalems weichen die biblischen Berichte von anderen historischen Quellen ab. Laut der Bibel wurde die Stadt durch ein göttliches Wunder gerettet. Andere Quellen besagen, daß sich Hiskija von den Assyrern freikaufte.

Hiskijas Nachfolger war einer der berüchtigsten Könige Judas, Hiskijas Sohn Manasse (687-642 v. Chr.). Weil Manasse hoffte, auf dem Thron zu bleiben, versuchte er mit den Assyrern zu verhandeln und führte in Jerusalem die assyrische Götzenanbetung wieder ein. Den biblischen Verfassern zufolge betrachtete Gott sein Handeln als derart verwerflich, daß es letztlich zum Untergang des Königreiches führte. Manasses Taktik erwies sich ohnehin als schwächlich: Er wurde in Ketten gelegt und nach Babylon in die Gefangenschaft geführt. Sein Sohn Amon regierte Juda zwei Jahre lang und fiel schließlich einem politischen Attentat zum Opfer.

Ein entscheidender Augenblick in der Geschichte der Bibel kam im Jahr 621 v. Chr., während der Regierungszeit von König Joschija, Manasses Enkel, der als Achtjähriger den Thron bestieg. Joschija, der in den biblischen Berichten als der ideale König dargestellt wird, regierte 31 Jahre lang. Irgendwann entdeckte ein Priester eine Schriftrolle, vielleicht in einer Geldschatulle oder in irgendwelchem Abfall, der aus dem Tempel entfernt werden sollte. Als Joschija die Schriftrolle las, riß er sich voll Schmerz die Kleider vom Leib, da ihm nun klar war, wie weit die Menschen von Gott abgefallen waren. Energisch leitete er eine Reformbewegung ein, in deren Zuge alle Gegenstände der Anbetung fremder Götter, beispielsweise Altäre und Götzen, aus Jerusalem entfernt wurden.

Im allgemeinen hält man dieses »Gesetzesbuch«, das zur Zeit Joschijas aufgefunden wurde, für eine frühe Textversion des 5. Buch Mose, für ein Torabuch, das ein besonderes Augenmerk darauf legt, jede Spur von Götzendienst aus der Gottesverehrung zu tilgen. Zum erstenmal seit der Zeit der Richter, vor der Herankunft des Königtums in Israel, wurde das Passahfest »ordentlich« gefeiert. Es besteht eine Unstimmigkeit zwischen dem Bericht in den Königebüchern und einer späteren Darstellung in den Chronikbüchern, in der behauptet wird, daß König Joschija seine Reformen einleitete, bevor das »Gesetzesbuch« gefunden wurde. Dies ist kennzeichnend für die Widersprüche zwischen den Versionen der »Geschichte« Israels und Judas, wie sie in den Könige- und den Chronikbüchern dargestellt wird (vgl. 1. und 2. Buch der Chronik, S. 251f.).

Da Assyrien an Macht und Einfluß verloren hatte, hoffte Joschija, Juda nicht nur mit dem übrigen Israel im Norden wiederzuvereinigen und die Nation wiederherzustellen, sondern auch seine bedeutenden religiösen Reformen fortführen zu können. Doch seine Vision von einem wiedervereinigten Israel, das dem Gesetz Gottes treu ergeben sein sollte, starb mit ihm 609 v. Chr., als er in einer Schlacht bei Megiddo gegen den Pharao Necho II. von Ägypten im Kampf fiel und Juda zu ägyptischem Gebiet wurde.

Zu dieser Zeit entwickelte sich aus einer Reihe verschiedener Volksgruppen eine neue Regionalmacht, die man unter dem Namen Chaldäer kennt (auch »Neubabylonier« genannt, um sie von den früheren Babyloniern zu unterscheiden).

Tab. 7: Herrscher der Chaldäer (Neubabylonier)
(Alle Daten sind Annäherungswerte und v. Chr.)

Nabopolassar	625-605	
Nabu-kuduri-usur II.	605-562	(auch Nebukadnezar genannt)
Amel-Marduk	561-560	(Evil-Merodach)
Nergal-shar-usur	559-556	(Neriglissar)
Labaschii-Marduk	556	
Nabu-naid	555-539	(Nabonidus)
Bel-sharra-usur	552-542	(Belsazar, Belsezer, Baltasar)

Die Chaldäer eroberten Ninive, die Hauptstadt Assyriens, und besiegten die Assyrer im Jahr 612 v. Chr. und die Ägypter im Jahr 605 v. Chr. Ihr erster bedeutender König war Nabopolassar. Es war sein Reich, mit dem wieder zum Leben erweckten und wieder aufgebauten Babylon, das schließlich den Fall Jerusalems herbeiführen sollte.

Stimmen der Bibel
Am siebenten Tage des fünften Monats, das ist das neunzehnte Jahr Nebukadnezars, des Königs von Babel, kam Nebusaradan, der Oberste der Leibwache, als Feldhauptmann des Königs von Babel nach Jerusalem und verbrannte das Haus des HERRN und das Haus des Königs und alle Häuser in Jerusalem; alle großen Häuser verbrannte er mit Feuer. Und die ganze Heeresmacht der Chaldäer, die dem Obersten der Leibwache unterstand, riß die Mauern Jerusalems nieder. Das Volk aber, das übrig war von den Werkleuten, führte Nebusaradan, der Oberste der Leibwache, weg; aber von den Geringen im Lande ließ er Weingärtner und Ackerleute zurück. (2. Kön. 25,8-12)

Im Jahr 597 griffen die Chaldäer Jerusalem an. König Jojachin und der judäische Adel wurden gefangengenommen und nach Babylon deportiert, der Hauptstadt der Chaldäer. Die tatsächliche Zahl der Vertriebenen ist nicht bekannt. Einem biblischen Bericht zufolge wurden 10 000 Gefangene deportiert; laut einem anderen 8 000; nach einer dritten Überlieferung, bei Jeremia, 3 023. Die Chaldäer setzten Zidkija als Marionettenkönig in Jerusalem ein, der zwar mutiger-, aber unklugerweise rebellierte. So wurde 587 »die Stadt Davids« zerstört. Einige jüdische Führer wurden hingerichtet, und weitere Gefangene wurden nach Babylon fortgeschafft, ein Bericht aus späterer Zeit nennt die Zahl 832. Zidkija wurde gefangengenommen und gezwungen, der Hinrichtung seiner Söhne beizuwohnen. Anschließend wurde er geblendet. Später starb er, der letzte König Judas, in Gefangenschaft.

1. und 2. Buch der Chroniken
Unser Leben auf Erden ist wie ein Schatten und bleibet nicht. (1. Chron. 29,15)

Warum unterscheiden sich die Geschichten in den Chronikbüchern von denen in den anderen Büchern der Bibel?

Wenn die Bibel einige der frühesten schriftlichen Überlieferungen überhaupt enthält, wie Gelehrte behaupten, dann finden sich in ihr auch einige der frühesten Beispiele für eine »revisionistische Geschichtsschreibung«. Und in der Tat liefern die beiden Chronikbücher ein gutes Beispiel für den Begriff »Revisionismus«, nämlich als den Versuch der Änderung geschichtlicher Sachverhalte um eines besonderen Zeckes willen. Liest man diese Bücher objektiv, stellen sie einige der besten Beweise für die vielfältige – und sehr menschliche Autorenschaft der Bibel dar. Es sind schwierige Bücher, deren zahlreiche Widersprüche zu anderen biblischen Texten sich kaum wegdiskutieren lassen. Das ist auch einer der Gründe, warum man sie in der hebräischen und in der christlichen Version der Bibel an verschiedenen Stellen eingeordnet hat. In der hebräischen Bibel wurden die Chronikbücher ans Ende des sogenannten Abschnitts »Schriften« verlegt und gehören damit zu den letzten Büchern im Tanach. Im christlichen Alten Testament folgen die beiden Chronikbücher den Königebüchern, was der ursprünglichen Reihenfolge der hebräische Bibel entgegensteht.

Möglicherweise haben die beiden Chronikbücher wie auch die Bücher Esra und Nehemia zu einem früheren Zeitpunkt ein längeres Buch gebildet, weshalb manche Forscher alle vier Bücher als das Werk eines einzigen Verfassers betrachten. Jüdische Althistoriker schreiben die Bücher Esra selbst zu, aber dafür gibt es keine Beweise. Gleichgültig, ob er auch die anderen Bücher schrieb oder nicht – der Name und die Identität des »Chronisten« bleiben rätselhaft. Die Art, wie die Geschichte erzählt wird, und die Weise, in der Details in den Chroniken geändert wurden, deuten darauf hin, daß der Verfasser ein Levit oder ein Mitglied der Priesterkaste war. Neuere Forschungen lassen vermuten, daß das Buch in der Zeit zwischen 350 und 300 v. Chr. abgefaßt wurde.

Die Chroniken sind, einfach ausgedrückt, eine Art antike Reader's-Digest-Version von allem, was in der Bibel bereits stattgefunden hat, beginnend mit der Genesis. Man hat sie gekürzt, komprimiert, vereinfacht und viele der unangenehmen Elemente ganz daraus entfernt. Eben deshalb liefern sie ein Paradebeispiel für den sogenannten historischen Revisionismus. Im Grunde machte sich jemand daran, die Geschichte Israels und Judas zu erzählen, von der Schöpfung Adams bis zu den Anfängen des Perserreiches, die in dem Erlaß des Perserkönigs Kyros gipfelte, der den in Babylon im Exil lebenden Juden die Rückkehr nach Jerusalem ermöglichte. »Er« wollte jedoch eine unverfängliche Version mit einigen erheblichen Änderungen im Detail erzählen. Es waren keine geringfügigen Einzelheiten. Beispielsweise wird Davids Beziehung zu Batsheba übergangen, ein wichtiges Geschehen in der Samuel-Version, und auch Davids Rolle bei der Planung des Tempels wird stark vergrößert. Salomos schlimmste Ausschweifungen werden in ähnlicher Weise übertüncht, wobei die Chroniken seine glänzenderen Leistungen beim Bau des Tempels hervorkehren.

Wer sich gern langweilt – oder Ahnenforschung betreibt –, für den könnten die ersten neun Kapitel des ersten Chronikbuches genau das Richtige sein. Sie enthalten lange Tabellen oder »Geschlechtstafeln«, in denen die Nachkommen der israelitischen

Stämme aufgeführt werden, von Adam bis hinab zur Regierungszeit König Davids. Der Rest des ersten Chronikbuchs und das meiste des zweiten Chronikbuchs behandeln die Regierungszeit Davids und Salomos und die unmittelbar darauf folgende Geschichte des Königreiches Juda bis zur Zeit der Babylonischen Gefangenschaft. Das Quellenmaterial in den Chronikbüchern basiert unzweifelhaft auf den Darstellungen in den Büchern Samuel und Könige, aus denen zwar viel wörtlich zitiert wird, die jedoch nie namentlich erwähnt werden; ebenso verfährt der Verfasser mit Zitaten aus den Büchern Genesis, Exodus, Numeri, Josua und Ruth. Darüber hinaus werden 16 weitere Quellen erwähnt, wie beispielsweise »Die Chroniken von Samuel, dem Seher«, »Die Chroniken von Nathan, dem Propheten« und »Der Kommentar zu den Büchern der Könige«. Möglicherweise beziehen sich diese Titel auf Teile eines einzelnen, inzwischen verlorengegangenen Buchs.

Der »Chronist« änderte frei die Tatsachen, damit er seine Lesart der Geschichte mit seinem priesterlichen Standpunkt in Einklang bringen konnte. Als »Südstaatler« schrieb er so wenig wie möglich über das nördliche Königreich Israel, da es für ihn nicht das »wahre« Israel repräsentierte. Seine Darstellung betont durch die Stammbäume, die er anführt, die Bedeutung der Nachkommen Judas. Fast alle Informationen über den Propheten Samuel und König Saul, über die politischen Schwierigkeiten und persönlichen Missetaten Davids und Salomos und beinahe alle historischen Informationen über das nördliche Königreich läßt er aus. Zudem berichtet er von bis dahin nicht überlieferten Einzelheiten über den Bau und die Rituale des Ersten Tempels, wobei er genau auf die Rollen achtet, die die Leviten, Priester und Tempelsänger damals einzunehmen hatten. Der »Chronist« hatte ein Interesse daran, zu seinen Lebzeiten für ein strenges religiöses Leben einzutreten und darauf hinzuweisen, wie ein »richtiges« Königreich für sein Volk unter Gott aussehen würde. Von der Herrschaft Davids und Salomos zeichnet er ein idealisiertes Bild; die beiden Könige werden nicht so dargestellt, wie sie wirklich gewesen sind, sondern wie sie hätten sein sollen.

Im 2. Buch der Chroniken greift der Verfasser die Geschichte des Königtums nach Salomos Tode auf und erinnert an die Zeit der geteilten Königreiche Juda und Israel. Diese Version betont den Standpunkt der Priester, wonach das Unheil, das die Nation befiel, aus den Sünden der Nation resultiere. Die Vergangenheit wird als Warnung für die eigene Zeit und die Zukunft aufgefaßt. Anders als das Buch der Könige, das mit der niederschmetternden Meldung von der Zerstörung Jerusalems schließt, beschließt der »Chronist« seinen Bericht mit einem hoffnungsvolleren Ausblick – der Rückkehr nach Jerusalem.

Stimmen der Bibel
Aber im ersten Jahr des Cyrus, des Königs von Persien, erweckte der HERR – damit erfüllt würde das Wort des HERRN durch den Mund Jeremias – den Geist des Cyrus, des Königs von Persien, daß er in seinem ganzen Königreich mündlich und auch schriftlich verkündigen ließ: So spricht Cyrus, der König von Persien: Der HERR, der Gott des Himmels, hat mir alle Königreiche gegeben und hat mir befohlen, ihm ein Haus zu bauen zu Jerusalem in Juda. Wer nun unter euch von seinem Volk ist, mit dem sei der HERR, sein Gott, und er ziehe hinauf! (2. Chron. 36, 22-23)

Da man diese Bücher im jüdischen Kanon an die letzte Stelle rückt, endet die hebräische Bibel mit befreienden Worten, die Anklänge an den Exodus aufweisen.

Klagelieder Jeremias
Wie liegt die Stadt so verlassen, die voll Volks war! Sie ist wie eine Witwe, die Fürstin unter den Völkern, und die eine Königin in den Ländern war, muß nun dienen. (Klgl. 1,1)

Die Klagelieder sind ein kurzes Buch mit Gedichten, die große Trauer ausdrücken. Einige haben die Form eines Akrostichons und wecken Erinnerungen an das düstere Schicksal Jerusalems nach der Zerstörung durch die Babylonier im Jahr 587/6 v. Chr. Im christlichen Alten Testament steht das Buch hinter dem Jeremiabuch; im hebräischen Kanon wird es in den dritten Teil, in die »Schriften«, gerückt. Juden betiteln das Buch *Ekka* (»O weh!«, nach dem ersten Wort des hebräischen Textes oder dem hebräischen Begriff *kinot,* eine wörtliche Übersetzung). Der deutsche Titel leitet sich von dem griechischen Septuaginta-Wort »*threnoi*« für »Klagen« ab, sowie dem Satz »Threni Id Est Lamentationes Jeromiae Prophetae« der lateinischen Vulgata: »Grabgesang, das heißt, Klagelieder des Propheten Jeremia«. Diese Lieder werden traditionell dem Propheten Jeremia zugeschrieben, doch ist er wohl nicht der Verfasser. Da der nicht genannte Autor – oder Autoren – die Zerstörung der Stadt wohl selbst miterlebt hat, sind die Gedichte bittere, traurige Nachrufe auf seine »tote« Stadt. Dennoch bringt er die Hoffnung zum Ausdruck, daß Gott ein demütiges und reuiges Israel wieder einsetzen wird.

Stimmen der Bibel
Unsre Väter haben gesündigt und leben nicht mehr, wir aber müssen ihre Schuld tragen. Knechte herrschen über uns, und niemand ist da, der uns von ihrer Hand errettet. Wir müssen unser Brot unter Gefahr für unser Leben holen, bedroht von dem Schwert in der Wüste. Unsere Haut ist verbrannt wie in einem Ofen von dem schrecklichen Hunger. Sie haben die Frauen in Zion geschändet und die Jungfrauen in den Städten Judas. Fürsten wurden von ihnen gehenkt, und die Alten hat man nicht geehrt. Jünglinge mußten Mühlsteine tragen und Knaben beim Holztragen straucheln. Es sitzen die Ältesten nicht mehr im Tor und die Jünglinge nicht mehr beim Saitenspiel. Unsres Herzens Freude hat ein Ende, unser Reigen ist in Wehklagen verkehrt. Die Krone ist von unserem Haupt gefallen. O weh, daß wir so gesündigt haben. Darum ist auch unser Herz krank, und unsre Augen sind trüb geworden um des Berges Zion willen, weil er so wüst liegt, daß die Füchse darüber laufen.

Aber du, HERR, der du ewiglich bleibest und der Thron von Geschlecht zu Geschlecht, warum willst du uns so ganz vergessen und uns lebenslang so ganz verlassen? Bringe uns, HERR, zu dir zurück, daß wir wieder heimkommen; erneuere unsre Tage wie von alters! Hast du uns denn ganz verworfen und bist du allzusehr über uns erzürnt? (Klgl. 5,7-22)

War das Exil wirklich so schlimm?

Was die Formung des Judentums und der Bibel betrifft, war das Exil oder die Gefangenschaft in Babylon, die sich ungefähr von 586 bis 538 v. Chr. erstreckte, von größter Bedeutung. Ohne den Tempel in Jerusalem als dem Zentrum der Jahwe-Verehrung sahen sich die Exilierten gezwungen, eine neue Form des gemeinschaftlichen Rituals hervorzubringen; es kam zu ersten frühen Formen der »Synagoge« (griechisch für »Versammlungsort«) als Zentrum des Gebets, des Studiums der Tora und der Lehre. Die Juden, die außerhalb des nun zerstörten Jerusalems keine rechtmäßigen Opfer mehr darbringen konnten, und die bestrebt waren, sich abzugrenzen, begannen besonderes Augenmerk auf den Sabbath, die Beschneidung, die Essensvorschriften sowie weitere Reinheitsrituale zu legen, mit denen sich ihre Religionsgemeinschaft von den anderen unterscheiden sollte. Die Vorstellung, daß ihr Gott nicht einer unter vielen war, sondern der einzige, trat in dieser Zeit tatsächlich in den Vordergrund. Zudem akzeptierten die Juden die Auffassung, daß die Zerstörung Jerusalems nicht bedeutete, daß ihr Gott machtlos gegen oder schwächer als die fremden Götter sei, sondern Israel vielmehr wegen seiner Sünden bestrafte. So zeichnete sich die Akzentuierung der persönlichen und nationalen Sünde – ebenso wie der Erlösung – als das vorherrschende religiöse Thema des Exils ab, das seinen Ausdruck in Prophezeiungen und Liedern fand.

Unter den Exilierten erweckte die Hoffnung auf eine endgültige Rückkehr nach Jerusalem und die Wiederherstellung des Tempels eine neue Leidenschaft. Meist milderte ein hoffnungsvoller Geist die Untergangsstimmung, das Untröstliche und die Düsternis der hebräischen Propheten vor und während des Exils. Die Juden begannen, nach einem Messias zu suchen, einem neuen Führer oder Retter – nach einem zuversichtlichen Geist, der sich nach einem besseren Leben in dieser Welt sehnte, anstatt nach irgendeinem Leben nach dem Tode oder im nächsten Leben , und der einzigartig wäre für das Judentum.

Die andere bedeutende Entwicklung in der Zeit des Exils war die endgültige Abfassung der hebräischen heiligen Schriften. Während der jahrelangen Gefangenschaft in Babylon erlangte die hebräische Bibel viel von ihrer heutigen Gestalt. Der Pentateuch, das heißt die Tora, näherte sich seiner heutigen Form, und die Geschichte Israels, von Josua bis hin zu den Königen und den prophetischen Schriften aus frühester Zeit, wurden alle während des Exils abgefaßt.

Ungeachtet aller Vorstellungen von einem Sklavendasein in Babylon können die Verhältnisse für die im Exil lebenden Juden nicht ganz so arg gewesen sein. Denn als das Exil 539 v. Chr. unter Kyros dem Großen offiziell endete, nutzte nur eine Minderheit der Juden in Babylon das Angebot, nach Juda zurückzukehren und Jerusalem wieder aufzubauen (vgl. Esra, Nehemia). Viele lebten nun schon seit Generationen in Babylon. Mischehen einzugehen war etwas ganz Normales geworden. Viele Juden hatten davon profitiert – und sich daran gewöhnt, ein Leben voller Vergnügungen zu führen, die zuhauf in der glanzvollen antiken Stadt Babylon angeboten wurden – der »großen Hure«, wie man sie später nannte. Babylon blieb ein pulsierendes, aktives Zentrum jüdischen Lebens und jüdischer Gelehrsamkeit – der Ort, an dem man später den »Babylonischen Talmud« zusammenstellte, eine umfangreiche Sammlung der Lehren über die heiligen Schriften. Zudem markiert die Zeit der Gefangenschaft und der Rückkehr den Beginn der »Diaspora«, der großen Zerstreuung der Juden durch den ganzen Mittelmeerraum und schließlich nach Europa. Einige Juden waren in den Staatsdienst eingetreten, wie es die Beispiele von Nehemia, des »Kelchträgers« eines persischen Königs, und Mordechai, eines Juden, der gleichfalls einem persischen König diente, zeigen (vgl. auch Esther, S. 307f.).

Gordon und Rendsburg weisen in ihrem Buch *The Bible and the Ancient Near East* auf folgendes hin:

Der Erfolg der verschiedenen Juden, die im Dienste Babylons standen, läßt sich wie folgt erklären: Da die Juden keine engen Beziehungen zu ihren nichtjüdischen Nachbarn unterhielten, waren sie frei, dem König zu dienen, ohne daß sie dabei in Loyalitätskonflikte gerieten. So konnten Männer wie Nehemia oder Mordechai dem König gute Dienste leisten, einflußreiche Stellungen erlangen und – wenn nötig – für königlichen Schutz für ihre Mitgläubigen sorgen. Natürlich erweckte dies Neid und Haß, so daß mit der Diaspora zugleich auch der Antisemitismus in Erscheinung tritt. Solange die Hebräer ein Volk mit eigenem Boden waren, gab es zwischen ihnen und ihren Nachbarn die üblichen Fehden und Freundschaften. Der Antisemitismus ist dagegen ein Ergebnis der Diaspora, wofür Haman, der Schurke im Buch Esther, ein gutes Beispiel liefert. (S. 303)

Gordons und Rendsburgs Argument ergibt sich klar und eindeutig aus der Geschichte. Abgesehen von dem legendenhaften Befehl des Pharao, alle jüdischen Neugeborenen zu töten, unterscheidet sich die Geschichte des jüdischen Volkes in der Zeit vor dem Exil im Grunde nicht von der anderer Völkerschaften in anderen nahegelegenen Ländern. Die Juden lebten und kämpften mit ihren Nachbarn wegen all der üblichen Gründe: Land, Macht und uralte Fehden. Doch etwas änderte sich nach dem Exil, als sich die Juden in eine nichtjüdische Welt einzufügen hatten und nach Wegen suchten, sich abzugrenzen. Eine solche Auffassung gibt im Kern den Juden die Schuld dafür, was andere ihnen angetan haben, und läßt andere »isolierte« Glaubensgemeinschaften in der Geschichte außer Betracht, die nicht erwählt waren. Dennoch haben viele Gelehrte betont, daß diese religiöse, rituelle und soziale »Getrenntheit« die Ursprünge dessen verstärkte, was man heute Antisemitismus nennt.

Wie die meisten von uns ohne weiteres anerkennen dürften, heißt »Antisemitismus« nicht, daß man die Semiten haßt, zu denen auch die Araber und die anderen Volksgruppen des Nahen Ostens gehören. Dazu schreibt der Historiker Peter Schäfer in seinem Buch *Judeophobia:* »Die wörtliche Bedeutung, ›Feindseligkeit gegen oder Angst vor den Semiten‹, ist eine Absurdität, da sich die Feindseligkeit in ihrem ursprünglichen Kontext gar nicht gegen alle

›semitischen Völker‹ richtete, sondern einzig und allein gegen die Juden.« Zwar verschlimmerte sich die Semitenfeindschaft in der Zeit des Christentums, da man in weiten Kreisen der Bevölkerung nahezu predigte, die Juden seien »Christusmörder« – diese Behauptung zählt zu den großen Schandflecken in der Geschichte des Christentums –, doch herrschten auch unter den Griechen und unter den Römern heftige antijüdische Gefühle. Die Fachleute haben lange darüber debattiert, ob diese Gefühle im wesentlichen religiös im Gegensatz zu gesellschaftlich oder politisch motiviert waren. Letztlich kann jedoch keine dieser Erklärungen jene Frage zufriedenstellend beantworten, die der Rabbiner Joseph Telushkin einmal wie folgt formulierte: »Was ist an dieser kleinen Gruppe von Menschen so besonders, daß sich die extreme Linke und die extreme Rechte, die Reichen und die Armen, die Religiösen und die Antireligiösen, in Opposition zu ihr vereinigen?« (*Jewish Literacy*, S. 468)

Die verachtenswerte Idee des »Antisemitismus« mag uralt sein, doch ihre Ausdrucksform ist es nicht. Der Begriff selbst ist nur rund 100 Jahre alt und wurde von einem Juden hassenden deutschen Agitator namens Wilhelm Marr geprägt, der die deutsche Kultur von jüdischen Einflüssen »säubern« wollte. 1879 gründete Marr die »Antisemitenliga«. Er wollte mit dieser Gründung wohl eine gesellschaftlich anerkannte Ausdrucksform schaffen, mit der er (und andere) sich als »Judenhasser« bekennen konnte.

MEILENSTEINE IN DER ZEIT DER BIBEL III
1000 v. Chr. – 587 v. Chr.

1005:	David vereinigt die Stämme Israels und bricht die Macht der Philister. Die Bundeslade wird nach Jerusalem, in »die Stadt Davids«, die Hauptstadt eines vereinigten Israel, gebracht.
Ca.	David stirbt; sein Sohn Salomo besteigt den Thron.
965-960:	Salomo regiert bis 928 und schließt Bündnisverträge mit Ägypten und Phönizien. Unter seiner Herrschaft erreichen die Macht und die Kultur Israels ihren Höhepunkt.

- Salomo beginnt mit dem Bau des »Großen Tempels von Jerusalem«, der die heilige Bundeslade beherbergt. Zudem läßt er einen neuen Palast und neue Stadtmauern errichten. Dabei setzt er Zwangsarbeiter ein und führt die Besteuerung ein, um sein Vorhaben zu finanzieren.
- 945: Der Libyer Scheschonk usurpiert den ägyptischen Thron. Damit beginnt die 22. Dynastie, die in den folgenden 200 Jahren in Ägypten herrscht.
- 928: Salomo stirbt. Nachfolger wird sein Sohn Rehabeam I. Die zehn nördlichen Stämme weigern sich, ihr Steuersoll zu entrichten, und gründen ein Königreich (Israel, mit Jerobeam als König). Das südliche Königreich wird Juda genannt.
- 884: Der König Assurnasirpal II. von Assyrien tritt eine 24jährige Herrschaft an, während derer er Babylonien und das Assyrerreich zu neuer Blüte führt.
- 853: König Ahab von Israel wird vom assyrischen König Salmanassar besiegt.
- 850: Abfassung der *Ilias* und der *Odyssee* durch Homer.
- 841: König Jehu von Israel leistet an Salamanassar III. Tributzahlungen.
- 814: Die Phönizier (»Punier«) gründen in Nordafrika Karthago.
- 776: Der Überlieferung zufolge finden in Griechenland bei Olympia die ersten Olympischen Spiele statt.
- 760-790: Die hebräischen Propheten Amos und Hosea wirken in Israel; Jesaja und Micha leben und weissagen in Juda.
- 753: Der Legende nach Gründung Roms auf einem bewaldeten Hügel mit Blick auf den Tiber.
- 745: Der assyrische König Tiglatpileser III. beginnt eine siebenjährige Herrschaft, während der er Syrien und Israel erobern wird.
- 722: Eroberung Samarias, der Hauptstadt Israels, durch assyrische Streitkräfte nach dreijähriger Belagerung. Der Sieg gehört Sargon II., dem Nachfolger von Salmanassar V. 30 000 Israeliten werden gefangengenommen und nach Zentralasien verschleppt; sie werden aus der Geschichte verschwinden (die »verlorenen Stämme« Israels).
- 710: Äthiopische Invasoren erobern Ägypten.
- 705: Sanherib von Assyrien beginnt seine 23jährige Regentschaft, während derer sich Ninive zu einer Großstadt entwickelt.
- 701: Lachisch, eine Festung in Juda, ergibt sich Sanherib von Assyrien.

693:	Der Assyrer Sanherib zerstört Babylon.
670:	Der König von Juda, Manasse, leistet Tributzahlungen an den assyrischen Herrscher Asarhaddon.
626:	Der assyrische König Assurbanipal stirbt nach 43jähriger Regentschaft, die dem Land Wohlstand gebracht hat; sein Weltreich wird im Laufe der nächsten 20 Jahre zerfallen.
621:	Der athenische Gesetzgeber Drakon erläßt einen Kodex, der es gestattet, fast jedes Vergehen mit dem Tode zu bestrafen.
•	Im Jerusalemer Tempel findet man ein »Gesetzesbuch«, das man für das Buch Deuteronomium hält. Die hebräischen Propheten Nahum, Zephanja, Habakuk und Jeremia lehren.
612:	Einnahme der assyrischen Hauptstadt Ninive durch die Chaldäer (»Neubabylonier«). Das Assyrerreich wird bald danach untergehen.
609:	König Joschija von Juda fällt im Kampf mit dem ägyptischen Pharao Necho II.
605:	Der ägyptische Herrscher Necho wird von dem Chaldäer besiegt, der eine 43jährige Regentschaft als Babylons Nebukadnezar II. beginnt.
•	Der persische Religionsführer Zarathustra begründet einen Glauben, der das persische Denken über Jahrhunderte dominieren wird.
597:	Nebukadnezar II. erobert Jerusalem; König Jojachin von Juda wird nach Babylon verschleppt. Mittlerweile ist Babylon eine prächtige Stadt mit öffentlichen Gebäuden, die blaue, gelbe und weiße emaillierte Ziegel schmücken, mit breiten, gewundenen Straßen und Kanälen. In Babylon befinden sich die Hängenden Gärten der Semiramis, eines der sieben Wunder der Antike. Die exotischen Sträucher und Blumen werden mit dem Wasser begossen, das man aus dem Euphrat pumpt.
587:	Fall von Jerusalem; Zerstörung des Großen Tempels und Beginn des 50jährigen Exils in Babylon. Während der Babylonischen Gefangenschaft werden viele der mündlich überlieferten Bücher der hebräischen Bibel zum erstenmal niedergeschrieben.

ACHT MÄNNER UNTERWEGS

DIE PROPHETEN AUS DER ZEIT VOR DEM EXIL

- Warum sind die Kinder Israels das »erwählte Volk?«

- Was ist der Unterschied zwischer einer »Jungfrau« und einer »jungen Frau«?

- Wer ist der »leidende Knecht Gottes«?

- Was ist eine Jeremiade?

Wenn Sie die Gästeliste für Ihre Party zusammenstellen, tun Sie gut daran, die Propheten zu übergehen. Wenn David und Salomo die Bezeichnung »Partylöwen« des antiken Israel verdienen, dann könnte man die Propheten als »Spielverderber« bezeichnen. Die hebräischen Propheten sind in der Bibel mit fünfzehn einzelnen Büchern vertreten und verdammen darin wortgewaltig das Böse, die Korruption und die Unmoral, wie sie sie verstanden. Der Begriff »Prophet« ist, wie bereits gesagt, nicht im engeren Sinne zu verstehen. Zwar war die früheste Bedeutung des Wortes »Seher«, doch waren diese Männer (Debora im Richterbuch war Prophetin, aber nur wenige andere Frauen haben diesen Titel erhalten) sehr viel mehr als nur einfache Wahrsager oder »Wünschelrutengänger«. Zutreffender wäre es, ihren Auftrag mit dem Begriff »Botschafter Gottes« zu umschreiben. Gelegentlich waren sie auch unfreiwillige Augenzeugen, was vor allem für Jona gilt.

Obgleich die Propheten in erster Linie das Volk Israels und Judas aufs Korn nahmen, so richteten sie ihre Kritik doch auf die benachbarten Gesellschaften. Was sie in ihren Büchern über Sündhaftigkeit, Korruption und menschliche Fehlbarkeit zu sagen haben, klingt auch heute noch unbequem und wahr. In den Büchern finden sich nur wenige biographische Details über diese Männer, und vielfach wurden Teile davon lange nach deren Tod abgefaßt. Die von den Propheten hinterlassenen Texte sind zum großen Teil durch moralische Strenge und oftmals von außerordentlich poetischer Kraft gekennzeichnet. Die prophetischen Bücher stehen in den Religionen der Welt als einzigartig da.

Sie markieren außerdem den Punkt, an dem sich die hebräische und die christliche Bibel trennen. In der hebräischen Bibel folgen die drei »großen« und zwölf »kleinen« Propheten den »Geschichtswerken« von Josua bis zu den Königen, alle unter der Überschrift »Propheten« *(Nebiim)*. Das christliche Alte Testament setzt einen »historischen« Verlauf fort. In ihm folgen auf die Bücher der Könige die Bücher der Chroniken, Esra, Nehemia, und die Propheten rücken an eine viel spätere Stelle.

Um die erzählerische Kontinuität der Geschichte Altisraels zu wahren, teilt die folgende Überblickdarstellung die Propheten in

Tab. 8: Die Propheten aus der Zeit vor dem Exil

PROPHET	DATUM (V. CHR.)		ORT
Amos	ca.	760-750;	Israel unter Jerobeam II.
Hosea	ca.	745;	Israel unter Jerobeam II.
Jesaja		742-701;	Juda unter Usjia, Jotam, Ahas und Hiskija
Micha	ca.	750;	Juda unter Jotam, Ahas, Hiskija
Nahum		626-610;	Juda unter Joschija
Zephanja	ca.	621;	Juda unter Joschija
Habakuk		615-598;	Juda?
Jeremia		627-587;	Juda bis zum Fall Jerusalems

zwei Gruppen; die erste Gruppe umfaßt die acht Propheten, die dem Fall Jerusalems und dem Auszug aus Ägypten folgen. Mit den Propheten, die während und nach dem Exil wirkten, befasse ich mich in einem späteren Kapitel.

Jesaja, Jeremia und Hesekiel (Ezechiel) und ihre jeweiligen Bücher werden traditionell als die Großen Propheten bezeichnet. Die anderen zwölf Bücher nennt man die Kleinen Propheten. Diese Bezeichnung spiegelt jedoch nicht ihre Bedeutung wider. Die Bücher der »kleinen« Propheten sind nicht weniger wichtig, sondern nur sehr viel kürzer.

AMOS

Recht und Gerechtigkeit sollen das Land erfüllen wie ein Strom, der nie austrocknet. (Amos 5,24)

Das Buch Amos wird einem Hirten (bzw. Viehzüchter) zugeschrieben – Richard Elliott Friedman nennt ihn in seinem Buch *Wer schrieb die Bibel?* »Cowboy«. Amos kam aus einem jüdischen Dorf und begab sich während der Herrschaft des Königs des Nordreichs, Jerobeams II. (786-784 v. Chr.), nach Israel, das eine Periode des Wohlstands erlebte. Amos sah in diesen guten Zeiten jedoch eine Zeit des moralischen Verfalls und der Sittenverderbnis, und zwar sowohl, was Juda als auch Israel betraf.

Stimmen der Bibel
Um drei, ja um vier Frevel willen derer von Israel *will ich sie nicht schonen, weil sie die Unschuldigen für Geld und die Armen für ein paar Schuhe verkaufen. Sie treten den Kopf der Armen in den Staub und drängen die Elenden vom Wege. Sohn und Vater gehen zu demselben Mädchen, um meinen heiligen Namen zu einheiligen. Und bei allen Altären schlemmen sie auf den gepfändeten Kleidern und trinken Wein vom Gelde der Bestraften im Hause ihres Gottes.* (Amos 2, 6-8)

Amos wirkte in einer Zeit relativ großen Wohlstands und vergleichsweise großer politischer Stabilität. Trotzdem griff er die Unterdrückung der Armen durch die Reichen, die hohle Frömmigkeit und die unmoralischen religiösen Bräuche an. Die Formulierung »Vater und Sohn gehen zu demselben Mädchen« bezog sich möglicherweise auf die anhaltende Beliebtheit der Tempelprostituierten. Da Gott Amos zufolge Opfer, Feste und Lieder verachtet, wenn damit kein sittliches Verhalten einhergeht, lenkt er das Augenmerk auf die Verantwortung des einzelnen: Wenn die Menschen ihre Verderbtheit nicht aufgeben, dann wird Gott sie vernichten. In der Bevölkerung war das keine besonders populäre Botschaft, und so wurde Amos, der solch strenge Reden führte, aus Israel ausgewiesen. Offenkundig trifft seine Analyse nicht nur auf die damalige Zeit zu.

In den Schlußversen des Buches sagt Amos dem Volk Israel voraus, es werde am Ende Erlösung, Frieden und Wohlstand finden, doch wurden die Worte möglicherweise von einem späteren Redaktor hinzugefügt.

Warum sind die Kinder Israels das »erwählte Volk«?

Zu den bedeutendsten Zeilen im Amosbuch gehört die Botschaft des Propheten, die Gott Israel übermittelt. »Aus allen Geschlechtern auf Erden habe ich allein euch erkannt, darum will ich auch an euch heimsuchen all eure Sünde.«

Dies ist im Kern die Bestimmung der Juden als das »erwählte Volk«. Seit der Zeit Abrahams glaubten die Israeliten, daß Gott sie auserkoren, gleichsam vorgezogen habe. Aber zu welchem Zweck? Um ihnen den besten Platz bei einem Festbankett zuzuweisen? Für gute Karten in der Oper?

Die Vorstellung, etwas »Besonderes zu sein«, gibt es nicht nur im Judentum; fast jede Kultur hält sich auf irgendeine Weise anderen Kulturen gegenüber für überlegen. Diese Einstellung bezeichnet man mit dem Begriff »Ethnozentrismus«. Sowohl Christen wie Muslime haben die Vorstellung übernommen, »erwählt« zu sein. Jedoch hat der Begriff »Erwähltheit« – der in der Geschichte eng mit dem Ressentiment gegen das jüdische Volk zusammenhängt und seinen deutlichsten Ausdruck in einem virulenten Antisemitismus findet – nichts mit der Auffassung zu tun, Gott habe die Juden auf irgendeine Weise »vorgezogen«. Aus Amos' Sicht berechtigte der Bund Gottes mit seinem Volk – das »auserkoren« wurde – es nicht zur Inanspruchnahme besonderer Vergünstigungen. Daß Gott die Israeliten »erwählt« hatte, verstärkte im Grunde genommen nur noch ihre Verantwortung, dem Gesetz Gottes auf beispielhafte Weise zu gehorchen. Der Grund, warum Abraham und seine Nachkommen erwählt wurden, wird in der Tora zwar an keiner Stelle eindeutig benannt, doch wurden die Israeliten für eine ganz besondere Aufgabe auserwählt: Sie sollten das Wort Gottes verbreiten und sein Wesen und seine Gesetze in aller Welt bekanntmachen. Dazu schreibt der Rabbiner Joseph Telushkin in seinem Buch *Jewish Literacy:* »Glaubt man im Judentum, daß die Erwähltheit den Juden besondere Rechte zuerkennt, so wie rassistische Heilslehren diejenigen ausstatten, die in die ›richtige Rasse‹ hineingeboren werden? Nein, das glaubt man keineswegs ... Die Erwähltheit steht in keinerlei Zusammenhang mit irgendeiner Vorstellung von Rasse. Deshalb glauben Juden ja auch, daß der Messias selbst von Ruth abstammen wird – einer nichtjüdischen Frau, die zum Judentum konvertierte.« (S. 506)

Amos unterstreicht diesen Punkt, wenn er folgenden Hinweis an das jüdische Volk hinzufügt: »Seid ihr Kinder Israel mir nicht gleich wie die Mohren?« (Amos, 9,7)

HOSEA

Denn ich habe Lust an der Liebe und nicht am Opfer, an der Erkenntnis Gottes und nicht am Brandopfer. (Hosea 6,6)

Das Buch Hosea wird einem Propheten zugeschrieben, der ein wenig später als Amos im Nordreich Israel lebte. Die Geschichte zählt zu den ungewöhnlichsten unter den Prophetenbüchern, da Gott Hosea in den Anfangsversen auffordert, eine Prostituierte zu heiraten. Hosea tut, wie ihm befohlen, allerdings wird seine Ehefrau, Gomer, später als Ehebrecherin und nicht als Prostituierte bezeichnet. In heutigen Begriffen ausgedrückt, war Hosea der Prophet der »bedingungslosen Liebe«. Einerlei, was Gomer tat, Hosea liebte sie und nahm sie immer wieder zu sich. Einmal mußte er sie – mit Silber, Gerste und Wein – freikaufen, wobei allerdings unklar bleibt, von wem. (Manche Forscher bestreiten, daß Hosea tatsächlich eine zweite Frau kaufte, doch bestehen hinsichtlich dieser Auslegungsfrage erhebliche Meinungsverschiedenheiten.)

Das Motiv der untreuen Frau liefert Hosea ein prophetisches Sprachbild. Darin vergleicht er das Verhältnis eines Mannes, der mit einer Ehebrecherin verheiratet ist, mit der Beziehung zwischen Gott und Israel. Hosea, der betrogene Ehemann, ist wie Gott. Seine Frau gibt sich mit anderen Männern ab, ebenso wie das Volk Israel mit anderen Göttern sündigt. Man wird sie streng bestrafen, aber jedesmal vergibt man ihr und kauft sie sogar zurück, weil die Liebe ihres Ehemannes stets seinen Zorn vertreibt.

Hoseas Aussage, daß Gott »Erbarmen« oder aufrechtes Verhalten leeren Zurschaustellungen von Frömmigkeit (Opfer) vorzieht, bildet auch ein Schlüsselthema in den Lehren Jesu.

Stimmen der Bibel
So will ich ihre Abtrünnigkeit wieder heilen; gerne will ich sie lieben; denn mein Zorn soll sich von ihnen wenden. Ich will für Israel wie ein Tau sein. (Hosea 14,5-6)

Ingesamt ist das Hoseabuch ein merkwürdiger Text. Der Gott, der sich so vehement gegen den Ehebruch aussprach und in den mosaischen Gesetzen befahl, Ehebrecherinnen zu Tode zu steinigen, erörtert nun, auf welche Weise man einer solchen Frau vergeben kann.

Apropos widerstreitende Botschaften ...:

JESAJA

Wären eure Sünden auch rot wie Scharlach, sie sollen weiß werden wie Schnee.
Wären Sie rot wie Purpur, sie sollen weiß werden wie Wolle. (Jes. 1,18 NJB)

Jedes Jahr zu Weihnachten und zu Ostern wird in Konzerthallen, Kathedralen und Kirchen Georg Friedrich Händels Oratorium *Messias* gesungen. Händel schrieb sein Meisterwerk im Jahr 1742, in nur 18 Tagen, und es ist erfüllt von strahlender Musik und glanzvollen Worten. Noch heute erhebt sich das Publikum zu Ehren des »Halleluja-Chors«. Aber Händel hatte Hilfe. George Gershwin hatte seinen Bruder Ira. Rogers hatte Hammerstein. Und Elton John hatte Bernie Taupin. Und Händel und sein Librettist hatten Jesaja.

»Denn uns ist ein Kind geboren ...« – »Tröstet, tröstet mein Volk!« – »Aller Täler sollen erhöht werden ...« – »Es ruft eine Stimme: In der Wüste bereitet dem Herrn ...« – »Fürwahr, er trug unsre Krankheit und lud auf sich unsre Schmerzen.« – »Wir gingen alle in die Irre wie Schafe.« Alle diese Sätze und noch viele weitere stammen aus dem Buch Jesaja (in der Übersetzung der Lutherbibel).

Das Jesajabuch, das längste der Prophetenbücher in der Bibel, hat die englische und auch die deutsche Sprache (durch die jeweilige Übersetzung) nachhaltig beeinflußt. Nicht nur lieferte das Buch

Händel ein großartiges Libretto, es schenkt dem Deutschen auch die folgenden Sätze und Wendungen:

- »Schneeweiß« (»weiß wie Schnee«, nach der Neuen Jerusalemer Bibel)
- »Schwerter zu Pflugscharen/Spieße zu Sicheln machen«
- »Und sie werden hinfort nicht mehr lernen, Krieg zu führen«
- »Das Volk, das im Finstern wandelt«
- »Da werden die Wölfe bei den Lämmern wohnen und die Panther bei den Böcken lagern …«
- »daß sie auffahren mit Flügeln wie Adler«
- »Fürchte dich nicht«
- »Mit sehenden Augen«
- »Wie ein Lamm, das zur Schlachtbank geführt wird«

Daß man so viele Formulierungen des Jesajabuches nutzte, um das Leben Jesu in das des *Messias* umzuformen, kommt nicht von ungefähr. Denn es spielte, vielleicht mehr als jedes andere Buch der hebräischen Prophetie, für Christen eine zentrale Rolle, und man hat es sogar als das »fünfte Evangelium« bezeichnet, weil sich anscheinend so viele Weissagungen des Buches im Leben Jesu erfüllten (z.B. das Bild des leidenden Gottesknechts). Was die Lektüre der Bibel betrifft, verweist es auf einen bedeutsamen Unterschied zwischen Juden und Christen. Für Juden sprach Jesaja zu seiner Zeit, als handelte es sich um eine messianische Zukunft. Für Christen erfüllten sich die Prophezeiungen in Jesus.

Zusammenfassung der Handlung:
Jesaja

Was über Jesaja bekannt ist, läßt sich im Grunde nur aus dem Buch selbst erschließen. Dies gilt unter anderem für die Tatsache, daß Jesaja das Buch, das seinen Namen trägt, nicht komplett geschrieben hat. Jesaja wurde ungefähr 740 v. Chr. in einer Adelsfamilie in Jerusalem geboren. Als Berater diente er vier Königen des Südreiches Juda – Usija, Jotam, Ahas und Hiskija. Der Überlieferung zufolge starb Jesaja zwischen 701 und 690 v. Chr. den Märtyrertod. Sein Werdegang als Prophet spielte vor dem Hintergrund der politischen Unruhen und der Ränkespiele mit ausländischen Mächten, die Juda in der Zeit des Assyrerreichs erschütterten. Die Anspielungen auf Ereignisse, die lange nach seinem Tod stattfanden, hat mit Sicherheit ein späterer Verfasser hinzugefügt – vielleicht waren es mehrere –, der das Jesajabuch redigierte. Die meisten Gelehrten betrachten es heute als Kompositum aus mindestens drei voneinander getrennten Erzählsträngen, das ihre heutige Form erst um 180 v. Chr. erhielt.

Wie andere Propheten verbindet auch Jesaja Warnungen, daß Jerusalem wegen seiner gottlosen Lebensweise untergehen werde, mit der Hoffnung auf bessere Zeiten. Er verkündet ein bevorstehendes Gericht und das Kommen einer messianischen Zeit, in der ein König aus Davids Geschlecht in Frieden und Gerechtigkeit herrschen werde.

Stimmen der Bibel
Siehe, eine Jungfrau ist schwanger und wird einen Sohn gebären, den wird sie nennen Immanuel. (Jes. 7,14)
Die junge Frau wird schwanger werden und einen Sohn zur Welt bringen, den wird sie Immanuël (Gott steht uns bei) nennen. (Jes. 7,14; Gute-Nachricht-Bibel)

Was ist der Unterschied zwischen einer »Jungfrau« und einer »jungen Frau«?

Die obigen beiden Übersetzungsvarianten eines einzelnen Verses begründen einmal mehr die Frage: »Wessen Bibel ist es eigentlich?« Die Unterschiede zwischen den Sprachen sowie die Tatsache, daß es fast unmöglich ist, in einer Übersetzung die genaue Bedeutung oder den Sinngehalt von Wörtern wiederzugeben, verursachen seit Jahrhunderten Schwierigkeiten. Oftmals lassen sich die unterschiedlichen Wahrnehmungen von Juden und Christen hinsichtlich der Bibel durch Mißverständnisse und Übersetzungsfehler erklären. Christen nehmen vieles, was in ihrem Alten Testament geschieht, im Zusammenhang der Weissagungen über das Kommen Jesu wahr. Es liegt auf der Hand, daß jüdische Leser diese Verknüpfung nicht herstellen. Ein Paradebeispiel dafür, wie abweichend Juden und Christen die Schriften deuten, findet sich in der Weissagung, die Jesaja etwa um 735 v. Chr. gegenüber König Ahas aussprach. Wie das Deutsche und das Englische kennt auch das Hebräische verschiedene Wörter für »Jungfrau« und »junge Frau«. Eine junge Frau kann jungfräulich sein, muß es aber nicht. Die jüdischen Kommentatoren verweisen darauf, daß Jesaja dem König Ahas ausdrücklich erklärte, daß seine Frau, die »junge Frau« in dem Vers, bald einen Sohn zur Welt bringen werde. Dieser Sohn war Hiskija, ein treu ergebener und guter König, loyal gegenüber Traditionen und gehorsam gegenüber den Gesetzen.

Sowohl christliche Leser wie auch der Verfasser des Matthäusevangeliums haben Jesajas Worte anders ausgelegt, und zwar nicht nur die Prophezeiung, daß ein neuer Prinz für Israel, sondern auch, daß ein künftiger messianischer Erlöser geboren werde, und von dieser Prophezeiung glaubt man später, sie sei eine Voraussetzung von Jesu Schicksal. In den beiden Darstellungen seiner wundersamen Geburt im Neuen Testament wurde Jesus von Maria, angeblich eine Jungfrau, geboren. In einem dieser Berichte – im Matthäusevangelium – wird die fehlerhafte griechische Übersetzung »Jungfrau«, wiederholt, als man Jesajas Weissagung dazu nutzte, sich auf Maria, die Mutter Jesu, zu beziehen. Anders gesagt: Ob Maria nun Jungfrau war oder nicht – sie mußte nicht jungfräulich sein, damit Jesajas Prophezeiung in Erfüllung gehen konnte, in der nur von einer jungen Frau die Rede war. Heutzutage wird die Vorstellung von der »Jungfrauengeburt« von manchen christlichen Gelehrten zwar mit mehr Energie diskutiert, doch spricht Jesaja im Originaltext eindeutig von einer »jungen Frau« oder einem »Mädchen« und nicht von einer Jungfrau.

Stimmen der Bibel
Siehe, das ist mein Knecht – ich halte ihn – und mein Auserwählter, an dem meine Seele Wohlgefallen gefunden hat. Ich habe ihm meinen Geist gegeben; er wird das Recht unter die Heiden bringen. (Jes. 42,1)
Ich bot meinen Rücken dar denen, die mich schlugen, und meine Wange denen, die mich rauften. Mein Angesicht verbarg ich nicht vor Schmach und Speichel. (Jes. 50,6)
Siehe, meinem Knecht wird's gelingen, er wird erhöht und sehr hoch erhaben sein. (Jes. 52,13)
Aber er ist um unsrer Missetat willen verwundet und um unsrer Sünde willen zerschlagen. Die Strafe liegt auf ihm, auf daß wir Frieden hätten, und durch seine Wunden sind wir geheilt. (Jes. 53,5)
Und durch seine Erkenntnis wird er, mein Knecht, der Gerechte, den Vielen Gerechtigkeit schaffen; denn er trägt ihre Sünden. (Jes. 53,11)

Wer ist der »leidende Knecht Gottes«?

Wie im Fall der »Jungfrauen«geburt, die Jesaja weissagte, so weichen die Auffassungen von Christen und Juden auch bezüglich eines weiteren wichtigen Teils der Prophetie des Jesajabuches voneinander ab, die sich da und dort in den Kapiteln 42, 49, 50, 52 und 53 finden, und zwar in den Liedern, in denen von einem »leidenden Knecht Gottes« gesprochen wird. Wenn Jesaja von einem verachteten, zurückgewiesenen Mann spricht, der wie ein Lamm zum Schlachten geführt wird, sehen Christen darin eine weitere symbolische Prophezeiung, daß Jesus kommen werde. Die Verse schildern besondere Leiden, die die Qualen widerspiegeln, die Jesus vor seinem Tod am Kreuz erlitt. Der »leidende Knecht« leidet nicht nur stellvertretend für sein Volk, sondern trägt ganz konkret dessen Sünden.

Dies ist eine zentrale Glaubensvorstellung im Christentum, derzufolge Christus für die Sünden des Menschen gestorben ist. Jüdische Leser ziehen es vor, diese Verse entweder als Anspielung auf Jesaja, den Propheten, zu betrachten, der leidet, weil seine Reden so unpopulär sind, oder aber auf das Volk Israel, das wegen seiner Sünden bald eine Niederlage erleidet, die ihm ein Eindringling aus einem fremden Land zufügen wird.

MICHA

Es ist dir gesagt, Mensch, was gut ist, und was der HERR von dir fordert, nämlich Gottes Wort zu halten und Liebe zu üben und demütig zu sein vor deinem Gott. (Mi. 6,8)

Micha war aktiv und weissagte erstmals vor dem Fall der Hauptstadt Samaria des Nordreiches Israel im Jahr 721 v. Chr.; in seinen Prophezeiungen wird von dem bevorstehenden Untergang des nördlichen wie des südlichen Königreichs berichtet. Die meisten Gelehrten stimmen heute darin überein, daß es sich beim Buch Micha um ein zusammengesetztes Werk handelt, wobei die Auffassung vorherrscht, daß nur die ersten drei Kapitel unmittelbar von Micha stammen.

So wie Amos und die anderen Propheten, so warnt auch Micha vor der kommenden Bestrafung Israels und Judas, und zwar wegen der Unterdrückung der Armen durch die Reichen, der Korrumpierbarkeit der Priester und Propheten sowie der Unverantwortlichkeit und Unmoral der politischen Führer. Als Folge dieser Mißstände prophezeit Micha, daß sowohl Jerusalem als auch der Tempel zerstört würden. Dies geschah dann im Jahr 586 v. Chr.

Manche der späteren Kapitel im Michabuch, die vermutlich nach dem babylonischen Exil verfaßt wurden, enthalten Weissagungen über ein neues Zeitalter allgemeinen Friedens, in dem Israel wieder von einem Nachkommen König Davids regiert werde. Da dieser »Schafhirten-König«, so wie König David, in Bethlehem zur Welt kommen wird, haben Christen die Verkündigung im Michabuch als Vorhersage der Geburt Jesu gedeutet.

Die »drei Bedingungen« bei Micha – achtet auf das Recht, tut einander Gutes, tut nichts ohne euren Gott – fassen das Wesen eines frommen Menschen zusammen.

NAHUM

Über Nahum ist sehr wenig bekannt – außer daß er eher ein Dichter, und zwar ein sehr guter, und weniger ein Prophet war. Der erste Teil des Buches Nahum ist ein unvollständiges akrostichisches Gedicht, das heißt, jede Zeile beginnt mit einem anderen Buchstaben des hebräischen Alphabets. Das Gedicht verkündigt die drohende Zerstörung Ninives, der Hauptstadt Assyriens, die sich tatsächlich 612 v. Chr. den chaldäischen Eindringlingen ergab. Nahum vergleicht diese gottlose Stadt mit einer Prostituierten und spricht in höchst anschaulichen Sprachbildern von der drohenden Zerstörung. Man kann seine Botschaft allerdings noch immer als weit umfassenderen Angriff auf das Böse, die Korruption und die Unmoral lesen.

Stimmen der Bibel
Weh der mörderischen Stadt, die voll Lügen und Raub ist und von ihrem Rauben nicht lassen will! Denn da wird man hören die Peitschen knallen und die Räder rasseln und die Rosse jagen und die Wagen rollen. Reiter rücken heraus mit glänzenden Schwertern und mit blitzenden Spießen. Da liegen viele Erschlagene, eine Unzahl von Leichen; ihrer ist kein Ende, so daß man über sie fallen muß. Das alles um der großen Hurerei willen der schönen Hure, die mit Zauberei umgeht, die mit ihrer Hurerei die Völker und mit ihrer Zauberei Land und Leute an sich gebracht hat. (Nahum 3,1-6)

Das Nahumbuch liefert auch ein vorzügliches Beispiel für die Probleme, die sich aus den verschiedenen Übersetzungen der Bibel ergeben. Hier seien einmal vier verschiedene Fassungen eines einzigen Verses angeführt: (Nahum 2,11).

    ... und aller Angesicht bleich wird. (LB)
    ... alle Gesichter glühen rot. (NJB)

Wo man hinsieht ... aschfahlene Gesichter (Gute-Nachricht-Bibel)
Und alle Gesichter völlig errötet! (Pattloch-Bibel)

ZEPHANJA

Und ich werde die Menschen ängstigen, so daß sie einhergehen wie die Blinden, weil sie gegen den HERRN gesündigt haben. Ihr Blut wird verschüttet werden wie Staub und ihre Eingeweide wie Kot. Auch ihr Silber, auch ihr Gold wird sie nicht erretten können am Tag des Grimms des HERRN; und durch das Feuer seines Eifers wird das ganze Land verzehrt werden. Denn Vernichtung, ja, Entsetzen wird er wirken bei allen Bewohnern des Landes. (1,17-18 EÜ)

Das Buch wird der Überlieferung zufolge einem Propheten zugeschrieben, der angeblich ein Nachkomme des guten Königs Hiskija (der Knabe, dessen Geburt Jesaja vorhersagte) gewesen ist. Somit weissagte Zephanja während der Regierungszeit des Königs Joschija, der ein umfassendes Reformwerk einleitete, das die reine Gottesverehrung in Juda wiederherstellen sollte. Zephanja beklagt sich über all die üblichen Sünden: die Entweihung der Verehrung Gottes durch fremdländische religiöse Riten; die Übernahme fremder Gebräuche sowie Gewalttätigkeit und betrügerisches Verhalten.

Ein unmittelbar bevorstehender Tag des Jüngsten Gerichts wird geweissagt, und Zephanja drängt die Bevölkerung Judas zur Reue, damit der Gottes Zorn besänftigt wird. Insbesondere Jerusalem soll der Zerstörung anheimfallen, da sich deren Einwohner weigern, von ihrer verderbten Lebensweise abzulassen.

Am Ende schlägt Zephanja einen hoffnungsvollen Ton an und verspricht den Wiederaufbau Jerusalems. Zudem sagt er voraus, daß alle nichtjüdischen Nationen der Welt bekehrt und ein treuer, rechtgläubiger Rest Judas gerettet werden wird.

Ein Teil des Orakels des Zephanja, das sich auf den furchterregenden »Tag des Herrn« bezieht, regte den bekannten lateinischen Hymnus *Dies Irae* an:

Des HERRN großer Tag ist nahe, er ist nahe und eilt sehr. Horch, der bittere Tag des HERRN! Da werden die Starken schreien. Denn dieser Tag ist ein Tag des Grimmes, ein Tag der Trübsal und der Angst, ein Tag des Wetters und des Ungestüms, ein Tag der Finsternis und des Dunkels, ein Tag der Wolken und des Nebels, ein Tag der Posaune und des Kriegsgeschreis gegen die festen Städte und die hohen Zinnen. (Zeph. 1,14-16)

HABAKUK

HERR, wie lange soll ich schreien, und du willst nicht hören? Wie lange soll ich zu dir rufen: »Frevel!«, und du willst nicht helfen? (Hab. 1,2)

Über den Propheten Habakuk ist so gut wie nichts bekannt. Die Lebensdaten, die man ihm zuschreibt, stehen aufgrund der Hinweise fest, die er in seinem Buch über das Kommen der Chaldäer (Neubabylonier) macht. Dieses Ereignis fand um 597 v. Chr. statt. Unter den Propheten ist Habakuk insofern ein wenig ungewöhnlich, als er Gott hinsichtlich des Leids der Gerechten sowie der Tatsache befragt, daß die Gottlosen unbestraft bleiben. Diese moralische Frage wird im Hiobbuch weiter erkundet.

In seiner Erwiderung versichert Gott dem Propheten, daß ein Gericht kommen werde. Dabei werden vor allem die Chaldäer als die alles erobernde und gewalttätige Nation erwähnt, die Gottes Plan ausführen wird. Habakuk schließt seine Verkündigung, indem er bekräftigt: » ... der Gerechte aber wird durch seinen Glauben leben« (Hab 2,4) und er fügt einen bedeutenden Psalm oder Choral an, der die von Gott geschaffenen Wunder der Natur preist.

JEREMIA

Kann etwa ein Mohr seine Haut wandeln oder ein Panther sein geflecktes Fell? (Jer. 13,23)

Was ist eine Jeremiade?

Jeremia wurde um 650 v. Chr. als Sohn eines mächtigen Priesters, Hilkia, geboren und begann seine Laufbahn als Prophet im Jahr 627 v. Chr. Er starb irgendwann nach der Eroberung Jerusalems durch die Babylonier im Jahr 586 v. Chr. Gott ermahnt Jeremia, weder zu heiraten noch Kinder zu zeugen, weil sie am Ende doch sterben würden. Ein solches Wissen mit sich herumzutragen wird kaum dazu geführt haben, daß Jeremia ein angenehmer Zeitgenosse war, mit dem man gern zusammen saß und ein wenig plauderte. Tatsächlich hatte er nur wenig Freunde, nachdem er angefangen hatte, seine Weissagungen über den Untergang und das Verhängnis Jerusalems zu verkünden.

Jeremia nahm wahrscheinlich an der Reformbewegung des Königs Josia teil und wurde bis zu Josias Tod im Jahr 609 v. Chr. von einflußreichen Freunden bei Hofe geschützt. Anschließend fiel er bei den religiösen und politischen Führern in Ungnade. Mehrfach stellte man ihn unter Hausarrest. Man verweigerte ihm ein öffentliches Forum, und er wurde in eine trockene Zisterne oder einen Brunnen geworfen, der als Kerker diente. Zudem galt er in weiten Kreisen als Verräter und Skeptiker, weil er von einem Krieg gegen die Chaldäer abriet. Nach der endgültigen Niederlage Jerusalems wurde er gegen seinen Willen nach Ägypten deportiert und der Legende nach schließlich um 587 v. Chr. ermordet.

Gott forderte Jeremia auf, wegen der religiösen und moralischen Unreinheit seines Volkes die Zerstörung Israels und Judas zu predigen. Daher kennen wir heute das Wort »Jeremiade« eine traurige und zornige Klage, die eine Untergangsstimmung kennzeichnet. Da für Jeremia sogar die Priester nachlässig und bestechlich waren, drängte er die Israeliten, zu bereuen und sich erneut Gott zuzuwenden. Die Invasion fremder Völker sei nicht zu vermeiden, warnte er, und die Bevölkerung Jerusalems werde leiden, weil ihr schwacher Glaube keine Sicherheit biete. Er »stauchte« die Menschen »zusammen« und beschrieb mit drastischen Worten die Schrecken des Krieges und die bevorstehende Verschleppung nach Babylon. Das Streben der Menschen – nach Weisheit, Stärke,

Reichtum – ist völlig bedeutungslos, sagte Gott zu Jeremia und schilderte dann in deutlichen Worten, wie menschliche Leichen »wie Kot aufs offene Feld fallen werden«.

Stimmen der Bibel
Aber die Kriegsleute der Chaldäer jagten ihnen nach und holten Zedekia ein im Jordantal von Jericho und nahmen ihn gefangen und brachten ihn zu Nebukadnezar, dem König von Babel, nach Ribla, das im Lande Hamath liegt. Der sprach das Urteil über ihn. Und der König von Babel ließ die Söhne Zedekias vor seinen Augen töten in Ribla und tötete auch alle Vornehmen Judas. Aber Zedekia ließ er die Augen ausstechen und ihn in Ketten legen, um ihn nach Babel zu führen. (Jer. 39,5-8)

(Im christlichen Alten Testament folgen dem Jeremiabuch die Klagelieder Jeremias [vgl. S. 252f.]. Es handelt sich um eine Sammlung mit traurigen, schwermütigen Liedern, mit denen man der Zerstörung Jerusalems im Jahr 587 v. Chr. gedachte. Die hebräische Bibel ordnet die Klagelieder unter dem dritten Abschnitt »Schriften« ein. Die meisten Gelehrten stimmen darin überein, daß Jeremia die Klagelieder nicht geschrieben hat.)

ES FÜHRT DOCH EIN WEG ZURÜCK

BUCH ESRA, BUCH NEHEMIA

ESRA

Und Esra, der Priester, stand auf und sprach zu ihnen:
Ihr habt dem Herrn die Treue gebrochen, als ihr euch fremde
Frauen genommen und so die Schuld Israels gemehrt habt.
Bekennt sie nun dem HERRN, dem Gott eurer Väter,
und tut seinen Willen und scheidet euch von den Völkern
des Landes und von den fremden Frauen.
Da antwortete die ganze Gemeinde und sprach mit lauter Stimme:
Es geschehe, wie du uns gesagt hast!
(Esra 10,10-12 LB)

- Mischehen: koscher oder nicht?

Möglicherweise irrte der amerikanische Romanautor Thomas Wolfe, als er einem seiner Bücher den Titel *You Cant Go Home Again* (dt. Es führt kein Weg zurück) verlieh. Denn für die in Babylon im Exil lebenden Juden – zumindest für einige – war es durchaus möglich, nach Hause zurückzukehren. Andere sahen in Babylon mehr als nur eine schöne Stadt, der sie einen Kurzbesuch abstatteten – sie wollten bleiben.

Die Bücher Esra und Nehemia behandeln die Geschichte Judas nach der Rückkehr der Israeliten aus der Babylonischen Gefangenschaft. Sie schildern nicht nur den Wiederaufbau des Tempels, sondern auch die Wiederherstellung des »göttlichen Überrestes«; der wahre Glauben sollte wieder eingesetzt werden. Bis etwa 300 n. Chr., als man den Text zweiteilte, glaubte man, daß die unter den Namen Esra und Nehemia bekannten Bücher von derselben Person geschrieben worden seien, die auch die Chronikbücher verfaßt hatte. Zwar gibt es einige Unstimmigkeiten bezüglich der präzisen Datierung des Zeitpunktes, wann Esra und Nehemia ihre jeweiligen Reisen nach Jerusalem antraten. Aber der zeitliche Rahmen für die »Rückkehr nach Jerusalem«, die häufig auch als »Nachexil« bezeichnet wird, liegt im Unterschied zu vielen anderen biblischen Zeitangaben innerhalb der Grenzen der »Geschichte«. Persische und andere Archive aus dem Alten Orient stützen die Berichte der Bibel.

Das Buch Esra beginnt mit dem Erlaß des Kyros, des persischen Königs, im Anschluß an seine Eroberung Babylons im Jahr 539 v. Chr.: Jeder einzelne der Verbannten durfte Babylon verlassen und nach Jerusalem zurückkehren, um den Tempel wiederherzurichten. Anders als andere »fremde« Könige und Pharaonen der Bibel, die man meist als Schurken, Sünder und Mörder betrachtete, wird Kyros von den Redaktoren der Bibel in einem recht positiven Licht dargestellt. Kyros gründete ein umfassendes Weltreich, das mehr als zweihundert Jahre Bestand hatte; er war eine außergewöhnliche Führungsgestalt. Unter ihm und seinen Nachfolgern geriet ein Großteil des Alten Orients, von Indien über Ägypten bis an die Grenzen Griechenlands, unter seine Herrschaft. Eine solche Leistung hatten weder die Ägypter noch die früheren babylonischen Reichsgründer vollbracht. Selbst die späteren griechischen Autoren hielten Kyros für einen vorbildlichen Herrscher, obwohl sie den Persern – den Erzrivalen Griechenlands während der Antike – keine besonders große Liebe entgegenbrachten. Anders als die anderen Eroberer des Altertums, die den unterworfenen Völkern die eigenen Religionen und Gebräuche aufzuzwingen versuchten, erlaubten Kyros und seine Nachfolger den »gefangenen Nationen«, ihre eigenen Institutionen zu bewahren und wiederherzustellen.

Im Jahre 330 v. Chr. fiel das persische Weltreich an Alexander den Großen. Damit begann das »Hellenistische Zeitalter«, in dem sich die Kultur und die Sprache Griechenlands ausbreiteten und die gesamte Welt des Alten Orients beherrschten.

Tab. 9: Herrscher des altpersischen Großreichs

(Alle Daten sind Annäherungswerte und v. Chr.)

Kyros II. (»der Große«)	550-529	(erobert Babylon im Jahr 539; erlaubt 538 den Juden, nach Jerusalem zurückzukehren)
Kambyses II.	529-522	(erobert Memphis, die Hauptstadt Ägyptens)
Dareios I.	522-486	(516 wird der Jerusalemer Tempel vollendet; 490 wird Dareios in der Schlacht bei Marathon von den Griechen besiegt)
Xerxes I.	486-465	
Artaxerxes I.	465-425	(schickt im Jahr 458 Esra nach Jerusalem; Nehemia 445 »?« und wieder 433 »?«)
Xerxes II.	425-424	
Dareios II.	424.404	
Artaxerxes II.	404-359	
Artaxerxes III.	359-338	
Arses	338-336	
Dareios III.	336-330	

Zusammenfassung der Handlung:
Esra

Die meisten Gelehrten sind heute der Meinung, daß der biblische Bericht zutrifft, demzufolge die Rückkehr der exilierten Juden nach Jerusalem nicht in einer massenhaften, plötzlichen Bewegung verlief, sondern allmählich, in Wellen, stattfand. Ein Jahr nachdem Kyros Babylon eroberte hatte (Eroberung 539 v. Chr.), »ohne einen einzigen Pfeil abzuschießen«, wie es die Autorität in Fragen des Alten Orients, Cyrus Gordon formuliert, kehrte die erste Gruppe von Juden nach Jerusalem zurück. Angeführt wurden sie von Sesbassar (auch: Scheschbazzar), trotz seines persischen Namens ein »Prinz von Juda«, der man als Statthalter des Reiches einsetzte. Unter seiner Führerschaft begann beinahe sofort der Wiederaufbau des Tempels. Doch schon bald entwickelte sich ein Konflikt zwischen jenen Judäern, die man zurückgelassen hatte, und den zurückkehrenden Juden. Im Laufe der nächsten 50 Jahre des Exils hatten die zumeist ärmeren Judäer, denen man erlaubt hatte, im Land zu bleiben, Ansprüche auf einige Teile des Landes geltend gemacht, welche die Exilierten, die Elite der judäischen Gesellschaft, zumeist Adlige oder Angehörige der Priesterschicht, zurückgelassen hatten. Feindseligkeiten waren an der Tagesordnung zwischen den Daheimgebliebenen und den Heimkehrern, die erwarteten, ihre vorhergehende soziale Stellung wieder einzunehmen. Der Konflikt zwischen diesen beiden Gruppen brachte die Arbeit am Tempel zum Erliegen.

Ungefähr 17 Jahre später kehrte eine zweite Welle von Juden in die Heimat zurück, und zwar während der Herrschaft von Dareios I., einem 28jährigen Soldaten und Verwandten von Kyros, der 522 v. Chr. unmittelbar nach einer Reihe von Intrigen und Verschwörungen den persischen Thron bestiegen hatte. Nun wurde die Arbeit am Tempel im Jahr 520 v. Chr. unter der Führung Serubbabels, der ein Enkel von König Jojachin und ein Nachkomme König Davids war, sowie des Hohenpriesters Jeschua wieder aufgenommen. Ermutigt durch die Propheten Haggai und Sacharja (vgl. Die Propheten der Zeit nach dem Exil), vollendeten die Heimkehrer den Bau am zweiten Tempel im Jahr 516 v. Chr.

Das Juda nach der Rückkehr aus der babylonischen Gefangenschaft unterschied sich immens vom Reich Salomos; der im März/April des Jahes 515 v. Chr. vollendete Zweite Tempel war ein bescheidener Bau, in dem die geänderten Verhältnisse zum Ausdruck kamen. Juda war längst nicht so groß wie das Israel Salomos. Mittlerweile wurden die Gebiete, die einst die Juden kontrolliert hatten, von den Nachbarstaaten Edom und Samaria, verwaltet. Obwohl Kyros Mittel für den Wiederaufbau des Tempels zur Verfügung stellte, war das neue Zentrum der jüdischen Gottesverehrung doch nicht so großartig, wie es Salomos Tempel mit all seiner Pracht gewesen war. Es gibt im Esrabuch nur sehr wenige Beschreibungen des wiederhergerichteten Tempels. Es heißt lediglich, daß er 60 Ellen (ungefähr 30 Meter) hoch und 60 Ellen breit war und die Mauern aus drei Schichten Stein und einer Schicht Holz gebaut waren. Auch die vielen Gold- und Silberbehältnisse, die man aus dem ersten Tempel geborgen und nach Babylon mitgenommen hatte, wurden nach Jerusalem zurückgebracht. Weder an dieser Stelle noch irgendwo sonst in der hebräischen Bibel wird erwähnt, was mit der Bundeslade, dem größten Heiligtums des Judentums, geschah. Es ist ungewiß, ob sie im Jahr 586 v. Chr. zerstört wurde, als Nebukadnezars Truppen Jerusalem plünderten und den Tempel niederbrannten, oder ob sie gerettet und von den Gefangenen mit nach Babylon genommen wurde.

Im Jahr 458 v. Chr., mehr als fünfzig Jahre nachdem der Tempel eingeweiht worden war, kehrte während der Herrschaft des Artaxerxes, dem Nachfolger des Dareios, eine dritte Welle von Exilierten zurück. Man entsandte Esra, einen jüdischen Beamten der persischen Regierung, der für die strikte Einhaltung der jüdischen Gesetze sorgen sollte. Bestürzt stellte er fest, daß sowohl viele der ehemaligen Exilierten als auch diejenigen, die in Juda geblieben waren, mit Nichtjuden Mischehen eingegangen waren.

Stimmen der Bibel
Als das alles ausgerichtet war, traten die Oberen zu mir und sprachen: Das Volk Israel und die Priester und Leviten haben sich nicht abgesondert von den Völkern des Landes mit ihren Greueln, nämlich von den Kanaanitern,

Hethitern, Perisitern, Jebusitern, Ammonitern, Moabitern, Ägyptern und Ameoritern; denn sie haben deren Töchter genommen für sich und für ihre Söhne, und das heilige Volk hat sich vermischt mit den Völkern des Landes. Und die Oberen und Ratsherren waren die ersten bei diesem Treubruch. Als ich dies hörte, zerriß ich mein Kleid und meinen Mantel und raufte mir Haupthaar und Bart und setzte mich bestürzt hin. Und es versammelten sich bei mir alle, die über die Worte des Gottes Israels erschrocken waren wegen des Treubruchs derer, die aus der Gefangenschaft gekommen waren; und ich saß bestürzt da bis zum Abendopfer. (Esra 9,1-4)

Mischehen: koscher oder nicht?

In der Geschichte, dem Rechtswesen und der theologischen Lehre des Judentums ist Esra eine Gestalt von großer Bedeutung. Manche hebräische Gelehrte stufen ihn als Gesetzgeber und Propheten gleich hinter Mose ein. Esra diente als jüdischer Beamter der persischen Regierung und war für die Verwaltung der religiösen Angelegenheiten der Juden verantwortlich. Man entsandte ihn nach Jerusalem, um die jüdische Gemeinde dort zu festigen und dem mosaischen Gesetz wieder Geltung zu verschaffen, wobei ihn rund 1 700 babylonische Juden begleiteten. Darunter befanden sich auch einige Leviten, die jedoch offenbar keine allzu große Lust verspürten, die Reise anzutreten.

Im Anschluß an die Rückkehr nach Jerusalem im Jahr 458 v. Chr. setzte Esra alles daran, die mosaischen Gesetze und Bräuche wieder einzuführen. In seinem Buch *Wer schrieb die Bibel?* argumentiert Richard Elliot Friedman, daß Esra der biblische Verfasser »R« oder »Redaktor« war, der die früheren Erzählstränge der Verfasser J, E, P und D kürzte und zu der Tora verband, wie wir sie heute kennen. Esra, in dem manche den zweiten Gründer (nach Mose) der jüdischen Nation sehen, trug die Verantwortung für die umfassende Kodifizierung der Gesetze, darunter auch derjenigen, die den Tempelgottesdienst und den Schriftenkanon regelten. Außerdem wirkt er an der endgültigen Ersetzung der Priester durch Rabbiner, gebildete Lehrer, mit.

Doch eine der ersten und wichtigsten Entscheidungen Esras stieß bei der Bevölkerung auf wenig Gegenliebe und war – aus heutiger Perspektive betrachtet – grausam. Er entschied, daß sich alle jüdischen Männer ihrer ausländischen Frauen und der gemeinsamen Kinder entledigen müßten. Im Laufe einiger Monate stimmten die Männer widerstrebend zu, und so endet das Esrabuch mit den ergreifenden Worten: »Diese alle hatten sich fremde Frauen genommen; und nun entließen sie Frauen und Kinder.«

Der biblische Bericht liefert keine Hinweise darauf, was aus den vertriebenen Frauen wurde. Es ist nicht ganz eindeutig, ob die Männer, die Esra namentlich erwähnt und von denen er sagt, sie hätten »fremde« Frauen, das Gesetz befolgten. Auf deutsch wie auf englisch gibt es voneinander abweichende Übersetzungen: In der Lutherbibel endet das Buch: »Diese alle hatten sich fremde Frauen genommen; und nun entließen sie Frauen und Kinder.« In der Version der Elberfelder Übersetzung lautet die Textstelle: »Diese alle hatten ausländische Frauen genommen; und sie hatten mit diesen Kinder gezeugt.« Damit wird angedeutet, daß man diese Frauen und ihre Kinder im Stich ließ. Offenbar kam es Esra gar nicht in den Sinn, daß die Frauen und Kinder auch hätten konvertieren können.

Auch wurden scheinbar die vielen »ausländischen« Frauen übersehen, die als Heldinnen in der israelitischen Geschichte eine zentrale Rolle spielten. Zu ihnen gehören Tamar (vgl. auch Genesis), die Kanaanäerin, die zwar Juda betrügt, aber Perez, einen Vorfahren König Davids, zur Welt bringt, sowie Rahab, die Prostituierte in Jericho. Viele Gelehrte haben die Ansicht vertreten, daß das Buch Ruth (vgl. S. 208ff.), die Geschichte einer vorbildhaften fremden Frau, die zum Judentum konvertierte, vor allem geschrieben wurde, um Esras Erlaß zu durchkreuzen.

Unter heutigen Juden ist das Thema Mischehe eine emotional aufgeladene Frage, die die Menschen entzweit. Ein Grund hierfür liegt in der Definition, wer Jude ist. Laut jüdischem Gesetz gilt jeder als Jude, der von einer jüdischen Mutter geboren wurde oder zum Judentum konvertierte. Auch wenn Reformjuden seit 1983 Kinder von jüdischen Vätern als Juden ansehen, teilen orthodoxe und konservative Juden diese Auffassung nicht. Orthodoxe Juden weisen zudem Bekehrungen nach dem Ritus des Reform- oder des konservativen Judentums zurück – und damit die überwältigende Mehrheit solcher Bekehrungen. Obgleich es sich um eine emotional aufgeladene Streitfrage handelt, bei der es vielerorts praktisch um das Überleben des Judentums geht, hat sie jedoch noch bedeutendere Auswirkungen im heutigen Israel, wo die Frage, wer Jude ist und wer darüber entscheidet, zudem weitreichende politische Folgen hat.

NEHEMIA

Stimmen der Bibel
Aber du, mein Gott, vergabst und warst gnädig, barmherzig, geduldig und von großer Güte und verließest sie nicht. (Neh. 9,17)

Zusammenfassung der Handlung:
Nehemia
Auch achtzig Jahre nach der Rückkehr aus dem babylonischen Exil hatten sich die Verhältnisse in Jerusalem immer noch nicht zum Besseren gewendet. Es mag sein, daß Esra ein bedeutender Rechtsgelehrter und wahrhaft genial war – falls er derjenige war, der den Text der Tora schuf –, doch mit seinen Scheidungsgesetzen machte er sich bei der Bevölkerung gewiß keine Freunde. Als sich dann auch noch erwies, daß er kein effizienter Verwalter war, entsandte der persische König Artaxerxes im Jahr 445 v. Chr. einen jüdischen »Kelchträger« nach Jerusalem – einen Beamten, dem es bis dahin vermutlich oblegen hatte, die Getränke des Königs auf Gift zu prüfen. Der Mann hieß Nehemia und lebte in Susa (Schusch im heutigen Iran). Wegen der damaligen geopolitischen Verhältnisse war Artaxerxes daran interessiert, Jerusalem als einen starken, treuen Verbündeten zu etablieren, um jeder möglichen Bedrohung aus Ägypten entgegentreten zu können. Der König beauftragte Nehemia, die Instandsetzungsarbeiten an der Jeru-

salemer Stadtmauer zu überwachen, die bei der Invasion der Babylonier im Jahr 587 v. Chr. durchbrochen und beschädigt worden und wegen jahrelanger Vernachlässigung eingestürzt war. Rasch setzte Nehemia das Reparaturprogramm um. Gleichzeitig machte er sich bei der einheimischen Bevölkerung beliebt, indem er ihr alle Schulden erließ und erklärte, daß Juden von Mitjuden keine Zinsen nehmen dürfen. Diese Maßnahme erwies sich bei den Männern Jerusalems als weitaus populärer als Esras Entschluß, sie mit Zwangsmitteln von ihren nichtjüdischen Frauen zu trennen.

Das Buch Nehemia befaßt sich zu einem großen Teil mit dem Wiederaufbau der Befestigungsanlagen Jerusalems. Als diese öffentlich geförderten Arbeiten beendet waren, forderte man Esra auf, die Stadt mit einer Lesung aus dem Buch Mose neu zu weihen. Nehemia kehrte nach Persien zurück, doch während seiner Abwesenheit bereitete sich in Jerusalem die Lässigkeit aus. So mußte er – möglicherweise im Jahr 433 – erneut nach Jerusalem zurückkehren, um vor Ort neue Gesetzesverordnungen zu erlassen. Am Sabbat blieben die Stadttore für die Händler verschlossen, und die strittige Frage der Mischehen trat wieder in den Vordergrund.

Aus historischem Blickwinkel betrachtet, spiegelt die Zeit Esras und Nehemias außerdem den politischen Wandel für das jüdische Volk wider. Denn Nehemia erkannte die Macht Persiens an und unternahm keinen Versuch, die davidsche Königslinie wieder einzuführen. Ohne eine lebensfähige Monarchie in der Zeit nach dem Exil verblieb die Oberhoheit über die jüdischen inneren Angelegenheiten bei den Tempelbeamten. Das neue Juda wurde somit zu einer »Theokratie«, in der die Priesterschaft das örtliche religiöse und gesellschaftliche Leben beherrschte; alle politische und militärische Macht verblieb bei den persischen Königen.

Unter Esra und Nehemia wurde der zweite Tempel zum Zentrum der Religion, der Bräuche und der Macht der Juden. Der eine Gott offenbarte sich an diesem Ort, dem einzigen Ort, an dem man Gott opfern konnte. Die zentrale Rolle des Tempels wurde noch dadurch verstärkt, daß man die Juden verpflichtete, zu drei wichtigen religiösen Festen nach Jerusalem zu pilgern.

Stimmen der Bibel
Als nun der siebente Monat herangekommen war und die Kinder Israel in ihren Städten waren, versammelte sich das ganze Volk wie ein Mann auf dem Platz vor dem Wassertor, und sie sprachen zu Esra, dem Schriftgelehrten, er solle das Buch des Gesetzes des Mose holen, das der HERR Israel geboten hat. Und Esra, der Priester, brachte das Gesetz vor die Gemeinde, Männer und Frauen und alle, die es verstehen konnten. Und die Ohren des ganzen Volks waren dem Gesetzbuch zugekehrt ... Und so legten sie das Buch des Gesetzes Gottes klar und verständlich aus, so daß man verstand, was gelesen worden war. (Neh. 8,1-8)

Die letzte Verszeile bezieht sich auf die Tatsache, daß die meisten Juden das alte Hebräisch nicht mehr verstanden. Zur Zeit der Rückkehr aus dem babylonischen Exil hatte das Aramäische, eine verwandte semitische Sprache, die in Aram (dem heutigen Syrien) ihren Ursprung hat, das Hebräische als die geläufige Sprache im Alten Orient ersetzt, die sowohl für den Handel als auch die Diplomatie verwandt wurde. So mußte das mosaische Gesetz für die Juden übersetzt werden, die sich in Jerusalem versammelten, um Esra verkündigen zu hören. Spätere Bücher der Bibel, darunter einige spätere Hinzufügungen im Jesajabuch, Teile des Esrabuchs und weitere Bücher wurden auf aramäisch abgefaßt.

VON TOTENGEBEINEN ZU FISCHBÄUCHEN

DIE PROPHETEN AUS DER ZEIT NACH DEM EXIL

- Wer ist Gog, und wo liegt Magog?

- Was geschah mit Jonas Wal?

Die Ereignisse, die in die Jahre zwischen 586 und 516 fallen – die Zerstörung Jerusalems, das Exil, die Rückkehr und der Wiederaufbau des Tempels – markieren eine entscheidende Phase in der Geschichte der Juden. Alles, was vorher und nachher geschah, kann nur im Licht dieser Wendepunkte betrachtet werden. Da die hebräische Bibel ihre heutige Fassung zum großen Teil nach dieser Zeit der Unruhe und Ungewißheit erreichte, gilt es, alle Schilderungen in diesen Büchern vor dem Hintergrund der Wirren dieser Zeit zu betrachten.

Für die Juden war es eine unabweisbare Erkenntnis, daß das Königreich Gottes – ein Reich, das auf Erden herrschen sollte – nicht das Reich war, das sie bekommen würden. Das hatte sich im Laufe der Zeit immer deutlicher gezeigt, während sich Generationen von Juden im Zuge der großen Diaspora oder Zerstreuung in andere Länder ausbreiteten. Der Eindruck, daß sich alles für immer geändert hatte, spiegelte sich in den Berichten und Worten der Propheten wider, die während und nach dem Exil in Babylon lebten und wirkten. Die Propheten sprachen zunehmend von einem künftigen Tag des Herrn, einem Tag des Gerichts, einer künftigen messianischen Zeit, in der Gott schließlich die Welt regieren würde. Weil manche, militaristische jüdische Hitzköpfe meinten, dies bedeute, ein Kriegerkönig wie David werde auferstehen und Israel zu neuer Bedeutung verhelfen, entstanden in den folgenden Jahrhunderten immer wieder nationalistische Bewegungen. Andere Juden glaubten schließlich, die Erfüllung ihrer Prophezeiungen sei durch Jesus gekommen; diese Juden wurden zu den ersten Christen. Wieder andere fromme Juden warten immer noch darauf, daß die Worte der Propheten Wirklichkeit werden.

HESEKIEL

Ihr verdorrten Beine, höret des HERRN Wort! (Ez. 37,4)

Der Prophet Hesekiel (Ezechiel), dessen Ehefrau während der letzten Belagerung Jerusalems gestorben war, gehörte zu den jüdi-

Tab. 10: **Die Propheten aus der Zeit nach dem Exil**

PROPHET	DATUM (V. CHR.)	ORT
Hesekiel/Ezechiel	597-563;	babylonisches Exil
Haggai	520;	Jerusalem in der Zeit nach dem Exil
Sacharja	520-518;	Jerusalem in der Zeit nach dem Exil
Maleachi	460-450;	Jerusalem nach dem Wiederaufbau des Tempels
Obadja	460-400	
Joel	350	
Jona	Jona lebte ca. 750;	das Jonabuch wird ca. 350 verfaßt

schen Gefangenen, die 597 v. Chr., also vor dem Fall Jerusalems und der Zerstörung des Tempels, nach Babylon deportiert worden waren. Damit war er der erste jener Propheten, die außerhalb des Gelobten Landes lebten. Sein Wirken als Prophet und Priester wird in die Zeit um 592 datiert, als er symbolisch eine Schriftrolle hinunterschluckte und »unter den Weggeführten am Fluß Kebar« – wohl ein Wasserweg nahe Babylon die Berufung empfing zu weissagen. Hesekiels Vertrautheit mit den Tempelriten und den nichtheiligen Formen des Gottesdienstes, die man im Tempel eingeführt hatte, deuten darauf hin, daß er vor dem Exil wahrscheinlich Priester gewesen ist. Seine Prophetie zerfällt in drei Hauptphasen. Er ist ein strenger Prophet, der vor dem Fall von Jerusalem Untergang und Zerstörung vorhersagt; ein Tröster der exilierten Gemeinde nach dem Fall Jerusalems; ein Gesetzgeber und Gestalter der inneren und äußeren Form des wiederhergestellten Tempels sowie des jüdischen Gottesdientes nach der Rückkehr nach Jerusalem.

Von einem strikt literarischen Standpunkt aus betrachtet, gehört Hesekiel zu den bedeutendsten Autoren der Bibel. Er ist ein glänzender Stilist, der zahlreiche Ausdrucksformen beherrscht; die berühmtesten Abschnitte im Hesekielbuch sind traumähnliche, mystische Visionen Gottes, erfüllt von furchterregenden Symbolen, Drohungen und Grausamkeiten. Zu seinen frühen Prophezeiungen zählen unerhört scharfe, unmißverständliche Verurteilungen des Verhaltens der Israeliten. Als besonders verdammenswert greift er die Bräuche heraus, die im Tempel erlaubt sind, darunter die Verehrung anderer Götter, wie zum Beispiel der mesopotamischen Fruchtbarkeitsgottheit Tammuz, dessen Verehrer glaubten, daß Tammuz jedes Jahr starb und dann zurückkehrte, um neue Ernten zu bringen. Auch erwähnt Hesekiel den fortdauernden Brauch des Menschenopfers. Seine Schilderung des Lebens während der Belagerung, vor der Eroberung Jerusalems, läßt vermuten, daß sich die Bewohner gezwungen sahen, in Kannibalismus Zuflucht zu suchen.

In einer der schärfsten Verdammungen des Volkes Israels überhaupt schildert Hesekiel in einer Sprache voll sexueller Anklänge, daß Gott Israel wie eine Geliebte behandelt habe:

> Und ich ging an dir vorüber und sah und sah dich an, und siehe es war die Zeit, um dich zu werben. Da breitete ich meinen Mantel über dich und bedeckte deine Blöße ... Und ich badete dich mit Wasser und wusch dich von deinem Blut und salbte dich mit Blut. (Ez. 16,8-9)

Doch trotz seiner liebevollen Zuwendung sinkt die Moral der treulosen Frau.

> Aber du verließest dich auf deine Schönheit. Und weil du gerühmt wurdest, triebst du Hurerei und botest dich jedem an ... Ja, es kam dahin ..., daß du deine Söhne und Töchter nahmst, die du mir geboren hattest, und du opfertest sie ihnen zum Fraß. War es denn noch nicht genug mit deiner Hurerei, daß du meine Kinder schlachtetest, und ließest sie für die Götzen verbrennen. (Ez. 16,15ff.)

Darum, du Hure, höre des HERRN Wort! So spricht Gott der HERR: Weil du bei deiner Hurerei deine Scham entblößest und deine Blöße vor deinen Liebhabern aufdecktest, und wegen all deiner greulichen Götzen und wegen des Blutes deiner Kinder, die du ihnen geopfert hast: Darum, siehe, ich will sammeln alle deine

Liebhaber, denen du gefallen hast, alle, die du geliebt, samt allen, die du nicht geliebt hast, und will sie gegen dich versammeln von überall her und will ihnen deine Blöße aufdecken, daß sie deine Blöße sehen sollen. Und ich will dich richten, wie man Ehebrecherinnen und Mörderinnen richtet; ich lasse Grimm und Eifer über dich kommen. (Ez. 16,35-38)

Diese Vorstellung von Gott als einem zornigen, enttäuschten Liebhaber, der seine Frau splitternackt auf die Straße schickt, damit sie vergewaltigt und bestraft werde, steht in scharfem Gegensatz zu dem prophetischen Bild im Hoseabuch (vgl. S. 266), in dem die treulose Frau zwar bestraft wird, man ihr dann jedoch vergibt.

Unter Hesekiels prophetischen Visionen ist die berühmteste und denkwürdigste Schilderung die des »Tals der Totengebeine«:

> Des HERRN Hand kam über mich, und er führte mich hinaus im Geist des HERRN und stellte mich mitten auf ein weites Feld; das lag voller Totengebeine. Und er führte mich überall hindurch. Und siehe, es lagen sehr viele Gebeine über das Feld hin, und siehe, sie waren ganz verdorrt.
>
> Und er sprach zu mir: Du Menschenkind, meinst du wohl, daß diese Gebeine wieder lebendig werden? Und ich sprach: Ihr verdorrten Gebeine, höret des *HERRN* Wort! So spricht der HERR zu diesen Gebeinen: Siehe, ich will Odem in euch bringen, daß ihr wieder lebendig werdet. Ich will euch Sehnen geben und lasse Fleisch über euch wachsen und überziehe euch mit Haut und will euch Odem geben, daß ihr wieder lebendig werdet; und ihr sollt erfahren, daß ich der HERR bin.
>
> Und ich weissagte, wie mir befohlen war. Und siehe, da rauschte es, und die Gebeine rückten zusammen, Gebein zu Gebein. (Ez. 37,1-7)

Im Laufe der Jahrhunderte hat man diese prophetische Vision auf verschiedene Weise gedeutet. In seiner Zeit schilderte Hesekiel die Erneuerung und das Wiedererstarken Judas nach der babylonischen Gefangenschaft. In neuerer Zeit haben Juden in dieser Vision eine Verkündigung der Gründung des modernen Staates Israel nach dem Holocaust erblickt. Andere sehen sie in einem weiteren Sinne als die Verheißung einer Auferstehung nach dem Tode. Dies ist in vielen christlichen Glaubensgemeinschaften eine zentrale Vorstellung, sie nimmt aber in der jüdischen Theologie keinen sehr großen Raum ein.

In einer Zusammenfassung der Botschaft Hesekiels in seinem Buch *A History of the Jews* schreibt der Historiker Paul Johnson:

»Im Kern hatte dieser außergewöhnliche, leidenschaftliche Mann eine feste und machtvolle Botschaft zu überbringen: Erlösung kommt allein durch religiöse Reinheit. Auf lange Sicht spielten Staaten, Reiche und Throne keine Rolle. Sie würden durch die Macht Gottes untergehen. Das Wichtige sei das Geschöpf, das Gott nach seinem Bild geformt habe: der Mensch ... Die Christen sollten später diese furchterregende Szene [Das Tal der Totengebeine] als Bild der Auferstehung der Toten deuten. Für Ezechiel und seine Zuhörer aber handelte es sich um ein Zeichen der Auferstehung Israels – allerdings eines Israels, das Gott näher stand und stärker von ihm abhängig war als jemals zuvor, denn Mann und Frau waren von Gott geschaffen, und jeder war ihm persönlich verantwortlich, jeder von Geburt an zum lebenslangen Gehorsam gegenüber seinen Gesetzen verpflichtet. ... Es waren Ezechiel und seine Visionen, die den dynamischen Impuls zur Formulierung des Judentums gaben.« (S. 81f.)

Das Buch Hesekiel schließt mit einer Vision von Jerusalem, das durch den Atem beziehungsweise Geist Gottes zu neuem Leben erweckt wird – dies entspricht sehr genau der Schöpfung in der Genesis, durch die Israel zu neuem Leben erweckt wird. Nach der Rückkehr aus dem babylonischen Exil schildert Hesekiel, wie der neue und makellose Tempel wieder aufgebaut werden soll, als eine Stätte, an der die Gegenwart Gottes zurückkehren kann.

Wer ist Gog, und wo liegt Magog?

Eine andere Vision Hesekiels hat zu zahlreichen, bis heute bestehenden Mutmaßungen Anlaß gegeben, und zwar wegen ihrer prophetischen Warnung vor einer kommenden großen apokalyptischen Schlacht. Diese Prophezeiung übernahm dann der christliche Verfasser der Offenbarung des Johannes im Neuen Testament, der von einem kommenden Eindringen des Teufels redete. Im Heskielbuch ist der »Fürst« Gog ein Feind, der aus »Magog« im Norden kommen und Israel angreifen wird. Nach einer apokalyptischen Schlacht wird Gog besiegt und Gott von allen Ländern der Erde anerkannt werden. Historisch gesehen, bleibt die Identität der im Hesekielbuch erwähnten Gog und Magog rätselhaft – obwohl der Prophet vermutlich Babylon meinte, das in der hebräischen Welt traditionsgemäß als die größte Quelle des Bösen galt. Unmittelbar nach dem Niedergang Babylons als politischer Kraft haben die Buchstabengläubigen durch die gesamte Geschichte hindurch eine Vielzahl anderer Nationen als Kandidaten für das biblische »Magog« vorgeschlagen. In jüngerer Zeit verwiesen vor allem christliche Fundamentalisten auf die Sowjetunion, die mittlerweile auseinandergebrochen ist und wahrscheinlich keine Bedrohung mehr darstellt, oder auf Rußland oder den Iran als dieses Reich des Bösen »aus dem Norden«. Magog hat man ungefähr als ein Gebiet im Kaukasus nahe dem Kaspischen Meer identifiziert.

HAGGAI

Geht hin auf das Gebirge und holt Holz und baut das Haus! Das soll mir angenehm sein, und ich will meine Herrlichkeit erweisen, spricht der HERR. Denn ihr erwartet wohl viel, aber siehe, es wird wenig; und wenn ihr's schon heimbringt, so blase ich's weg. Warum das? spricht der HERR Zebaoth. Weil mein Haus so wüst dasteht und ein jeder nur eilt, für sein Haus zu sorgen. (Hag. 1,7-9)

Über den Propheten Haggai, dem das gleichnamige Buch zugeschrieben wird, ist lediglich bekannt, daß er sich 520 v. Chr. in Jerusalem aufhielt, einem Jahr der Brände, der Dürre und der allgemeinen Unzufriedenheit für die Exilierten, die aus Babylon zurückgekehrt waren. Vermutlich half Haggai bei der Aufsicht über den Wiederaufbau des Tempels mit. Haggai führt alle diese Unglücksfälle darauf zurück, daß man den neuen Tempel nicht zu Ende gebaut hat. Er sagt, daß Gott sein Volk bestrafe, weil es sich auf die Ausschmückung ihrer eigenen Häuser konzentriert habe, ehe sie das Haus des Herrn fertiggebaut hätten. Er drängt Serubbabel (auch: Serubbal), den Gouverneur Judas, und Josua (Jesua), den Hohepriester, das Volk zusammenzuholen, damit es die entscheidende Arbeit – die Fertigstellung des Tempels – beendet.

Nachdem das Volk die Arbeit wieder aufgenommen hat, muß man es weiter ermutigen. Haggai ruft es ein zweites Mal zusammen und prophezeit, daß der Geist Gottes bei ihm bleiben, Gott Silber und Gold aus allen Nationen bringen und der neue Tempel eines Tages noch größer sein werde als der erste. Seine Prophezeiung erfüllt sich nicht. Wie bereits erwähnt, war der Zweite Tempel, dessen genaue Abmessungen nicht bekannt sind, längst nicht so prächtig wie der Tempel Salomos.

Zwar mangelt es dem Haggaibuch an den großen poetischen Visionen und der packenden dramatischen Stimme, die viele der anderen Prophetenbücher auszeichnet, doch ist es von großer Bedeutung, weil es die Geschichte der Zeit der Rückkehr aus Babylon dokumentiert. Außer den Büchern Esra und Nehemia werfen nur das Haggaibuch und das kurze Sacharjabuch überhaupt ein Licht auf diese wichtige Zeit.

SACHARJA

Es soll nicht durch Heer oder Kraft, sondern durch meinen Geist geschehen.
(Sach. 4,6)

So wie Haggai, so sprach auch Sacharja, ein Priester und Prophet, zu den zurückkehrenden Juden, und während der Regierungszeit von Dareios I. (522-486 v. Chr.) drängte er sie, den wiederhergerichteten Tempel fertigzubauen. Doch nur die ersten acht Kapitel des Buches können von Sacharja verfaßt worden sein. Die späteren Kapitel sind gelegentlich dunkle, schwer verständliche Visionen einer bevorstehenden messianischen Zeit. Außerdem unterscheiden sie sich von den ersten acht Kapiteln hinsichtlich Stil, Sprache, Theologie und historischem Hintergrund. Diese späteren Kapitel enthalten Hinweise auf die Griechen, die jedoch erst nach der Zeit Alexanders des Großen großen Einfluß gewannen. Die Gelehrten glauben, daß diese Abschnitte wohl mehr als zwei Jahrhunderte nach Sacharjas Zeit, also zwischen 300 und 200 v. Chr., verfaßt wurden.

Allerdings spiegeln die ersten acht Kapitel den Zeitraum unmittelbar nach der babylonischen Gefangenschaft (538 v. Chr.) wider und befassen sich mit dem Wiederaufbau des Tempels und Jerusalems in Vorbereitung auf ein kommendes messianisches Zeitalter. In der jüdischen Überlieferung heißt es, der Messias (der »Gesalbte«) werde ein Nachkomme König Davids sein und abermals im Land Israel herrschen. Der Messias werde alle Juden um sich versammeln, die uneingeschränkte Heilighaltung der Tora wiederherstellen und ein Zeitalter des Weltfriedens einleiten. Viele Juden erwarteten, daß ein Kriegerkönig wie David die Reiche – das persische, das griechische, das syrische und das römische – besiegen werde, die das Volk Israels unterdrückten.

Im Laufe der folgenden Jahrhunderte behaupteten mehrere Rebellenführer, sie seien der Messias. Christen behaupteten, daß Jesus die Prophezeiung vom kommenden Messias erfüllte.

Sacharja predigte Reue, Gehorsam, eine inwendige Geistigkeit und verkündigte eine friedliche Welt, in denen Juden und Nichtjuden gemeinsam Gott dienen werden. Seine Weissagungen umfassen acht nächtliche Visionen, die er im Jahr 519 v. Chr. hatte. Zudem glaubte er, Serubbabel, ein Nachkomme König Davids, könnte die königliche Linie fortführen, doch Serubbabel verschwindet unbemerkt aus dieser Erzählung und aus der Bibel, ohne je wieder erwähnt zu werden. Man kann wohl annehmen, daß der persische König Dareios Serubbabel als Bedrohung ansah und ihn beseitigte. Jetzt, da alle Hoffnungen auf eine Wiederherstellung der Nation zerstoben waren, blickte Sacharja in eine messianische Zukunft, in welcher der kommende Führer den »Kriegsbogen« verbannen und eine Zeit allgemeinen Friedens bringen werde.

Die übrigen sechs Kapitel des Buches Sacharja gehören zu den dunkelsten Abschnitten in der hebräischen Bibel. Sie enthalten mehrere Orakel, die den Wiederaufbau Israels nach der Niederlage der Feinde Israels prophezeien und das Kommen des Messias aus dem Geschlecht Davids, der Israel führen wird, sowie einen »Tag des Herrn« ankündigen, an dem der Bund wieder hergestellt und der Gott Israels von allen Menschen verehrt werden wird. Christen messen einigen Passagen in diesen letzten sechs Kapiteln besondere Bedeutung bei und erblicken in ihnen Weissagungen, die später von Jesus erfüllt werden. Unter anderem:

Siehe, dein König kommt zu dir ..., arm und reitet auf einem Esel. (Sach. 9,9)

(Man nimmt an, daß sich diese Stelle auf den Einzug Jesu in Jerusalem bezieht.)

Und sie wogen mir den Lohn dar, dreißig Silberstücke. (Sach. 11,12)

(Darin sah man eine Vorhersage des Verrats von Judas an Jesus, für den Judas in Silber bezahlt wurde).

Und wenn man zu ihm sagen wird: Was sind das für Wunden auf deiner Brust?, wird er sagen: So wurde ich geschlagen im Hause derer, die mich lieben. (Sach. 13,6)

(Dies betrachtete man als Prophezeiung der Wunden, die Jesus während der Kreuzigung davontrug.)

MALEACHI

Haben wir nicht alle einen Vater? Hat uns nicht ein Gott geschaffen? Warum verachten wir dann einer den anderen und entheiligen den Bund mit unsern Vätern? (Mal. 2,10)

Über den Namen Maleachi ist nichts bekannt – vielleicht handelt es sich um ein Pseudonym, weil der Name »mein Bote« bedeutet. Früher glaubte man, Esra habe es verfaßt, doch heutige Bibelforscher halten das für unwahrscheinlich. Denn das Maleachibuch steht zwar als letztes im christlichen Alten Testament und als letztes der zwölf »kleinen« Prophetenbücher in der hebräischen Bibel, doch wurde es nicht als letztes verfaßt. Die historischen Anhaltspunkte lassen vermuten, daß es ungefähr fünfzig Jahre nach den Büchern Haggai und Sacharja und dem Wiederaufbau des Tempels, aber vor den Reformen Nehemias (vgl. S. 286f.) geschrieben wurde.

Das Maleachibuch ist sehr kurz und behandelt überwiegend die Lässigkeit der Priester im neuen Tempel, die für die Opferungen kranke und unreine Tiere verwendeten. Es weissagt, daß die Priester bestraft würden, wenn sie ihre Verpflichtungen weiter hartnäckig ignorierten. Später verdammt Maleachi die Ehescheidung und die eheliche Untreue. So wie viele Propheten kritisiert jedoch auch er Verbrechen und Sünden mit Begriffen, die heute ebenso zutreffen wie vor 2 500 Jahren:

Stimmen der Bibel
Und ich will zu euch kommen zum Gericht und will ein schneller Zeuge sein gegen die Zauberer, Ehebrecher, Meineidigen und gegen die, die Gewalt und Unrecht tun den Tagelöhnern, Witwen und Waisen und die den Fremdling drücken und mich nicht fürchten. (Mal. 3,5)

Das Buch schließt mit zwei Anhängen. Darin wird das Volk ermahnt, sich an das Gesetz und die Prophezeiung zu erinnern, daß der Prophet Elija zurückkehren und die Ankunft des messianischen Zeitalters einläuten wird, »wenn die Sonne der Gerechtigkeit und heil unter ihren Flügeln« aufgehen wird«.

Maleachis Weissagungen, es werde ein »Bote« kommen, der den Weg vorbereiten werde, stehen in Zusammenhang mit dem Kommen des Messias, wobei Christen glauben, daß es sich um Jesus handeln werde.

OBADJA

Denn der Tag des HERRN ist nahe über allen Heiden. Wie du getan hast, soll dir wieder geschehen, und wie du verdient hast, so soll es auf deinen Kopf kommen. (Ob. 1,15)

Das Buch Obadja ist das kürzeste aller hebräischen Bibelbücher. Es besteht nur aus einem Kapitel mit 21 Versen. Zwar herrscht allgemein die Meinung vor, daß es in der Zeit nach dem Exil geschrieben wurde, doch beziehen sich mehrere Verse auf den Fall Jerusalems im Jahr 586 v. Chr. Nichts anderes ist jedoch über diesen Propheten bekannt, dessen Name »Diener des Herrn« bedeutet.

Der erste Teil des Obadjabuches sagt den Fall des traditionellen Feindes Judas, Edom, voraus, weil die Edomiter den Babyloniern bei der Zerstörung Jerusalems halfen. Im restlichen Teil wird ein »Tag des Herrn« geweissagt, an dem Edom und andere benachbarte Völker für ihr Verhalten gegenüber Israel bestraft werden. Hinterher wird Israel sein ungeteiltes ehemaliges Territorium besitzen. Auf diese Prophezeiung verweisen heute Zionisten im Zusammenhang mit der Gründung des modernen Staates Israel.

JOEL

Alte wie Junge werden Träume und Visionen haben. (Joel 2,28)

Bis auf den Namen seines ansonst obskuren Vaters (Petuël) sowie der Tatsache, daß sein eigener Name »Jahwe ist Gott« bedeutet, ist über

Joel nichts bekannt. Deshalb fällt es schwer, ihn und sein Werk genau einzuordnen, obgleich die meisten Forscher übereinstimmen, daß das Buch Joel in die nachexilische Zeit gehört und um 350 v. Chr. geschrieben wurde. Es befaßt sich zunächst mit einer furchtbaren Heuschreckenplage, die das Land heimsucht, wobei nicht bekannt ist, ob es sich dabei um eine Anspielung auf ein tatsächliches Geschehen oder um eine prophetische Metapher für die Mühen handelt, die Israel durchgemacht hatte. Joel ruft das Volk zu einem heiligen Fastentag zusammen, und es wird gedrängt, um Erlösung zu beten. Indem er die Seuche als Omen des kommenden Jüngsten Gerichts deutet, warnt er das Volk der Israeliten, daß nur eine tiefempfundene Reue es erretten könne. Wenn die Menschen bereuen, werde der Herr das Land in seiner ehemaligen Fruchtbarkeit wiederherstellen.

Im zweiten Teil des Buches erwartet Joel ein Zeitalter der Erlösung, in der Gott alle Nationen zu einem letzten Gericht zusammenholen wird. Im krassen Gegensatz zu den hoffnungsvollen Weissagungen eines kommenden Tages des Friedens, wie ihn manche Propheten ankündigten, sieht Joel einen kommenden heiligen Krieg voraus. Er kehrt die berühmte pazifistische Vision des Jesaja und des Micha um, wonach aus Schwertern Pflugscharen werden, und sagt statt dessen:

> Bereitet euch zum heiligen Kampf! Bietet die Starken auf! Laßt herzukommen und hinaufziehen alle Kriegsleute! Macht aus euren Pflugscharen Schwerter und aus euren Sicheln Spieße! Der Schwache spreche: Ich bin stark! (Joel 3,9-10)

Auch christliche Theologen haben dem Joelbuch große Bedeutung beigemessen. So glaubte der Apostel Petrus, daß eine Textstelle, die vom ausströmenden Geist Gottes berichtet, eine Prophezeiung über die Ausgießung des Heiligen Geistes darstelle. Deshalb zitierte er am Pfingsttag die folgende Stelle.

Stimmen der Bibel
Und nach diesem will ich meinen Geist ausgießen über alles Fleisch, und eure Söhne und Töchter sollen weissagen, eure Alten sollen Träume haben,

und eure Jünglinge sollen Gesichter sehen. Auch will ich zur selben Zeit über Knechte und Mägde meinen Geist ausgießen. (Joel 3,1-2)

JONA

Und Jona war im Leibe des Fisches drei Tage und drei Nächte. (Jona 2,1)

Was geschah mit Jonas Wal?

Zunächst einmal gab es keinen Wal. Auch die Erzählung von Jona, die beim breiten Publikum vielleicht bekannteste Bibelgeschichte, ist eine vertraute Legende, die durch das Wiedererzählen im Laufe der Jahrzehnte übermäßig vereinfacht wurde. Trotzdem wissen die meisten Menschen noch immer nicht, was Jona eigentlich im Bauch des Fisches tat.

Obgleich das Buch Jona Ereignisse zur Zeit Jerobeams II. (786-746 v. Chr.) schildert, als die Assyrer von Ninive aus Israel bedrohten, wurde es doch sehr viel später geschrieben. Die meisten Gelehrten deuten es nicht als Beschreibung von Ereignissen, in welche der tatsächliche Jona, ein Prophet, der um 750 v. Chr lebte, verwickelt war, sondern betrachten es vielmehr als ein Gleichnis, das um 320-350 v. Chr. geschrieben wurde. Der Stil des Hebräischen, das der Verfasser verwendete, sowie seine Vertrautheit mit biblischen Büchern aus späterer Zeit, belegen dieses spätere Datum. Historische Darstellungen aus Altassyrien liefern keinerlei Belege für die im Jonabuch geschilderten Ereignisee.

Zusammenfassung der Handlung:
Jona

Dem Propheten Jona wird von Gott befohlen, sich auf den Weg nach Ninive, der Hauptstadt der gottlosen Assyrer, zu machen, um Reue zu predigen. Statt dessen versucht Jona davonzulaufen. Er bucht eine Passage auf einem Schiff, das nach Tarschisch in Südspanien ausläuft, dem entlegensten bekannten Ort auf der Erde, an den man damals reisen konnte. Als sich ein Sturm erhebt, glauben die angsterfüllten Seeleute, daß jemand an Bord sei, der den Zorn der Götter heraufbeschworen habe. Sie werfen Jona auf seine eigene Bitte hin über Bord. Jona wird von »einem großen Fisch« verschlungen und betet in dessen Bauch drei Tage und drei Nächte lang. Irgdnwann hat der Fisch diesen betenden Menschen offenbar satt und spuckt Jona aus. Er landet auf dem Trockenen, wo Gott ihm erneut befiehlt, nach Ninive zu gehen und den Menschen dort zu predigen und sie aufzufordern, ihre gottlose Lebensweise aufzugeben. Jona tut, wie ihm geheißen, und die Assyrer – obgleich keine Juden – bereuen und werden von Gott verschont.

Bis auf Jona freuen sich alle über diese glückliche Fügung der Ereignisse. Er hatte gehofft, daß ein wenig Pech und Schwefel auf Ninive herabregnen würde. Am Ende der Erzählung setzt sich Jona unter einen Busch beziehungsweise eine große Kürbisstaude, die ihm Schatten spenden soll. Gott schickt einen Wurm, der den Busch annagt, worauf die Pflanze verdorrt. Jona sitzt in der heißen Sonne, wütend, weil er nun keinen Schatten mehr hat. Gott erklärt ihm: »Dich jammert die Staude, um die du dich nicht gemüht hast, hast sie auch nicht aufgezogen, die in einer Nacht verdarb, und mich sollte nicht jammern Ninive, eine so große Stadt, in der mehr als hundertundzwanzigtausend Menschen sind, die nicht wissen, was rechts oder links ist, dazu auch viele Tiere? (Jona 4,10-11)

Mit anderen Worten: Der Gott Jonas wird nicht mehr als der Gott der Vergeltung gegen die Feinde Israels, sondern als fürsorglicher, liebevoller Schöpfer dargestellt, der sich um alles sorgt, was er in der Welt geschaffen hat. Dieser Gott hat sich seit den Tagen Noahs wahrlich verändert.

Sowohl für Juden als auch für Christen veranschaulicht die Geschichte von Jona und dem »großen Fisch«, der ihn verschlang, die universelle Gnade Gottes. Sogar die Sünder in Ninive, dem furchtbarsten Ort auf Erden, sind der Vergebung und der Erlösung würdig, wenn sie bereuen. Andere jüdische Kommentatoren betrachteten die Erzählung des widerspenstigen Jona als Gleichnis über die mangelnde Bereitschaft der Juden, Gottes Wort den Nichtjuden zu verkünden, und deshalb hat man die Erzählung auch zitiert, um zu unterstreichen, wie wichtig es ist, Gottes Botschaft der ganzen Welt, sogar den widerspenstigsten Zuhörern, nahezubringen – eine Nachricht, die seither auch auf Christen angewendet wird. In der christlichen Tradition werden die drei Tage im Fisch außerdem als Sinnbild für den Tod und die Auferstehung Jesu Christi betrachtet. Jesus selbst verglich seine Begräbnis mit Jonas Einkerkerung »im Bauch des Meerungeheuers« (vgl. Mt. 12,39-41).

EIN GOTTLOSES BUCH

ESTHER

*Wie Haman ..., der Feind aller Juden gedacht hatte,
alle Juden umzubringen und wie er das Pur, das ist das Los,
hatte werfen lassen, um sie zu schrecken und umzubringen;
und wie Esther zum König gegangen war und dieser durch Schreiben
geboten hatte, daß die bösen Anschläge, die Haman gegen die Juden
erdacht, auf seinen Kopf zurückfielen, und wie man ihn und
seine Söhne an den Galgen gehängt hatte, daher nannten sie
diese Tage Purim nach dem Worte Pur.*
(Esther 9,24-26)

Das Buch Esther ist jüdischen Lesern als Ursprung des Purimfestes vertraut, doch viele Christen kennen es nicht. Es hat ein kennzeichnendes Merkmal, das es nur mit einem anderen Buch der Bibel teilt: Es erwähnt Gott mit keinem Wort. Der Herr bleibt in diesem Buch draußen.

Die Geschichte spielt in der Zeit des persischen Reiches und erzählt von einer tapferen jüdischen Heldin, Esther (hebräisch: Hadassa), die ihr Volk vor einem genozidalen Komplott errettet. Als Schrift wurde das Estherbuch erst spät in den hebräischen Kanon aufgenommen. Die Rabbiner, die den Kanon der offiziellen hebräischen Bibel festlegten, debattierten bis weit ins 4. Jahrhundert n. Chr., ob man diese kunstvolle Novelle, eine Art hebräisches »Grimmsches Märchen«, zu den übrigen göttlichen Büchern hinzuzählen dürfe. Nicht nur bleibt Gott in dem Buch außen vor, es enthält auch nur wenige der Elemente, die für die meisten anderen alttestamentlichen Bücher kennzeichnend sind. Das Buch enthält keine Gesetze, keine Wunder, keine Gebete, keine Erwähnung Jerusalems. Es ist nicht einmal eine sehr moralische Erzählung, denn sie schließt mit einem Blutbad, in dem mehr als 75 000 persische Feinde der Juden massakriert werden.

Das Estherbuch, das wohl von einer persischen höfischen Erzählung inspiriert wurde, ist kein »Geschichts«buch, sondern mutet eher wie ein hebräisches Dornröschen an. Abgesehen vom Namen des Königs in der Geschichte: »Ahasveros« (auch: Ahaschwerasch oder Artaxerxes), mit dem höchstwahrscheinlich der persische König Xerxes I. (486-465 v. Chr.) gemeint ist, finden sich keine Anhaltspunkte, die die Erzählung mit der realen Geschichte Persiens verknüpfen; sie dürfte irgendwann nach 200 v. Chr. von einem anomynen Autor geschrieben worden sein.

Zusammenfassung der Handlung:
Esther

Der persische König Ahasveros gibt in der Hauptstadt seines Reiches, Susa, ein großes Bankett. Angeheitert beschließt er, seine schöne Königin Waschti den Gästen vorzuführen. Aber Waschti, die offensichtlich kein Interesse daran hat, wie ein prämiertes Kalb ausgestellt zu werden, weigert sich. Der König erläßt ein Edikt, wonach alle Frauen ihren Ehemännern gehorchen müssen (das kann nur ein Mann geschrieben haben!), und Waschti wird entthront. Der König denkt sich, daß gegen eine neue Ehefrau nichts einzuwenden wäre, und befiehlt, man solle alle schönen Jungfrauen des Königreiches zu einer Veranstaltung zusammenholen – das persische Reich breitete sich damals von Indien bis Ägypten aus –; im Grunde veranstaltet er einen riesigen Schönheitswettbewerb.

Die schöne Esther, eine junge Frau, die von ihrem Cousin Mordechai aufgezogen wurde, verbirgt ihre jüdische Identität und wird zur neuen Königin von Persien. Daraufhin helfen Esther und Mordechai, ein Komplott zur Beseitigung das Königs zu schmieden. Aber Cousin Mordechai lehnt es ab, sich ehrerbietig vor Haman, dem Kanzler des Königs, zu verneigen. Haman gerät über diese Zurschaustellung fehlenden Respekts in Zorn und beschließt, sich an dem jüdischen Mordechai zu rächen, indem er alle Juden im Reich beseitigt – das erste antisemitische Progrom der Geschichte. Er überzeugt den König, eine Anordnung herauszugeben, ein »bestimmtes Volk«, das seine eigenen Gesetze befolgt, töten zu lassen.

Nachdem Mordechai von Hamans Komplott, die persischen Juden zu vernichten, erfahren hat, bringt er Esther dazu, Ahasveros und Haman zu einem Bankett einzuladen. Dort erzählt sie dem König Ahasveros, daß sie durch das Dekret des Königs mit dem Tode bedroht werde und daß Haman dafür verantwortlich sei. Der entsetzte König nimmt sein Dekret zurück und befiehlt, Haman und seine zehn Söhne am selben Galgen aufzuknüpfen, der für die Juden errichtet worden war. Mordechai wird zum Kanzler befördert, und den Juden wird die Genehmigung erteilt, sich an ihren Feinden im Reich zu rächen. Esthers Triumph wird mit dem jüdischen Fest namens Purim gefeiert, einem Feiertag, der in einem altertümlichen agrikulturellen Fest wurzelt und den Beginn des Frühjahrs feiert.

DER TEUFEL HAT MICH DAZU GEBRACHT

HIOB

*Hiob spürt die Rute,
und dennoch preist er Gott.*
The New England Primer, 1688

*Der Satan entgegnete: »Würde Hiob dir gehorchen,
wenn es sich nicht bezahlt machte? Du hast ihn und seine Familie
vor jedem Schaden bewahrt. Du läßt alles gelingen,
was er unternimmt, und sein Viehbestand wird immer größer.
Rühre doch einmal seinen Besitz an! Wetten,
daß er dich dann öffentlich verflucht?«*
(Hiob 1,9-11)

- Warum wettet Gott mit dem Satan?

Das Buch Hiob zählt zu den elf Büchern im dritten Abschnitt der hebräischen Bibel, die unter dem Namen »Schriften« gesammelt wurden. Es erzählt eine bekannte, doch weithin mißverstandene Geschichte mit dem Ziel, das Geheimnis zu entschlüsseln, warum der gerechte Mensch leiden muß. In heutigen Begriffen ausgedrückt: warum guten Menschen Böses widerfährt. Das Hiobbuch beruht auf einer alten Volkserzählung und spielt im Land Uz in der Wüstenregion im Südosten Israels. Darin geht es um einen frommen Mann – er wird an keiner Stelle als Jude bezeichnet –, der unerhörtes Leid erfährt und Tragisches erlebt, nachdem Satan Gott zu einer Wette herausgefordert hat. Die genaue Datierung des Hiobbuchs ist ungewiß, es stammt jedoch vermutlich aus der Exilzeit in Babylon oder der Zeit bald nach der Rückkehr nach Jerusalem. Karen Armstrong bemerkt in ihrem Werk *Die Geschichte des Glaubens:* »Nach dem Exil nutzte einer der Überlebenden diese uralte Legende, um grundlegende Fragen über das Wesen Gottes und seine Verantwortung für die Leiden der Menschheit zu stellen.« (S. 65)

Das Hiobbuch wurde geschrieben, als man die jüdische Gesellschaft als gespalten ansah, getrennt in die Frommen und die Ungläubigen. Es will nicht das Problem des Bösen und der Krankheiten in der Welt erklären, sondern befaßt sich vor allem mit dem Thema, warum aufrechte, untadelige Menschen leiden müssen, wenn Gott wahrhaft gerecht ist. Diese Frage taucht auch an anderer Stelle in der hebräischen Bibel auf (zum Beispiel wird sie in mehreren Psalmen und von bestimmten Propheten gestellt), und sie hat – vorher und seither – nicht nur jüdische Denker, sondern viele Menschen in vielen Kulturen und zu unterschiedlichen Zeiten beunruhigt. Möglicherweise hat ein babylonisches Gedicht mit dem Titel »Zwiegespräch über das Leid des Menschen« Form und Inhalt der beunruhigenden Geschichte von Hiob beeinflußt; in heutiger Zeit hat sie Schriftsteller wie Archibald McLeish inspiriert, dessen Theaterstück *J.B.* auf dem Hiobbuch basiert, oder den politischen Kolumnisten William Safire, dessen Buch über Hiob den Titel *Der erste Dissident* trägt. Auch Joseph Roths Roman »Hiob, Roman eines einfachen

Mannes« und die Philosophen Immanuel Kant, Georg Friedrich Hegel und Søren Kierkegaard beschäftigen sich mit dem Hiobthema.

Zusammenfassung der Handlung:
Hiob

Gott brüstet sich damit, wie treu sein Diener Hiob ist, als der Satan (hebräisch: der »Widersacher« oder »Versucher«) sagt: »Gewiß, er ist ein wirklich untadeliger Mann. Er hat alles. Nimm ihm alles und sieh, wie untadelig er ist.«

Gott nimmt die Herausforderung an und gestattet dem Satan, das Schlimmste zu tun. Hiob verliert alles, seine zehn Kinder inbegriffen, die sterben, als ein Sturm ihr Elternhaus niederreißt. Trotz der furchtbaren Tragödie bleibt Hiob standhaft. Satan fordert Gott ein zweites Mal heraus, und Gott erlaubt ihm, Hiob weiter auf die Probe zu stellen, indem er seinen Körper mit schmerzhaften eitrigen Wunden überzieht. Als ihm seine Frau sagt: »Verfluche Gott und stirb« – mit anderen Worten, mach deinem Leiden ein Ende –, antwortet Hiob aufrichtig, daß er das Gute wie das Böse in Gott annehmen muß. Viele glauben, daß die Geschichte hiermit endet – mit einem pflichtbewußten, gehorsamen Hiob, der sich weigert, den Herrn herauszufordern. In Wirklichkeit ist es jedoch erst der Anfang.

Drei von Hiobs Freunden – Elifas, Bildad und Zofar – treffen ein, um ihm ihr »Mitgefühl« auszusprechen oder zumindest mit ihm über das Thema der göttlichen Gerechtigkeit zu diskutieren. Die Freunde, die Hiob trösten wollen, nehmen an, daß er etwas Unrechtes getan oder seine Strafen verdient hat. Zornig beteuert Hiob seine Unschuld. Während er seinem Schicksal zürnt und den Tag verflucht, da er geboren wurde, scheint er nicht mehr ganz der treue Diener Gottes zu sein, der sich in sein Schicksal ergibt. Ein weiterer Mann, Elihu, tritt auf und versucht, seine eigene Auffassung über Gottes geheimnisvolle Wege zu rechtfertigen, aber Hiob begegnet jedem seiner Argumente mit den immer gleichen Unschuldsbeteuerungen, wobei er darauf verweist, daß es bösen Menschen doch sehr gutgehe.

Endlich trifft Gott persönlich ein. Er spricht zu Hiob direkt aus einem Wirbelwind heraus und sagt, es sei anmaßend, daß Menschen über Gottes Wirken sprechen, da Gott sich dem Verstehen des sterblichen Menschen vollkommen entziehe. Gleichzeitig soll die Tatsache, daß er sich Hiob, diesem bloßen Sterblichen »von Angesicht zu Angesicht« zeigt, beweisen, wie sehr er sich um ihn sorgt. Mit schneidender Schärfe sagt Gott: »Sicherlich weißt du, denn du warst schon geboren, und die Zahl deiner Tage ist groß.« Sarkastisch argumentiert Gott, daß Hiob nicht einmal ansatzweise begreife, welch große Aufgabe es sei, Gott zu sein. Denn er müsse mit vielen Bällen jonglieren – er muß den Himmeln befehlen bis hin zu der Aufgabe, »die wilden Esel frei umherlaufen lassen«. Hiob wird durch die unbeantwortbaren Fragen Gottes geläutert und bereut. Anstatt eine klare Antwort auf die Fragen zu bekommen, die er gestellt hat, anerkennt er die furchteinflößende Macht Gottes und begreift, daß er Gottes Wege wohl nie verstehen wird. Er bereut, daß er so schwach war, Gott in Frage zu stellen.

Daraufhin wendet sich Gott an die drei Freunde Hiobs und befiehlt ihnen, ein besonderes Opfer darzubringen. Danach gibt Gott Hiob seine Reichtümer zurück und bringt ihm noch größeres Glück und noch größeren Wohlstand, als er zuvor genoß. Die Gelehrten streiten sich, ob es sich bei der Familie, die Hiob am Ende des Buches gegeben wird, um dieselben sieben Söhne und drei Töchter handelt, die er zu Beginn hatte, oder um zehn neue Kinder. Das Buch endet damit, daß Hiob den drei Mädchen Namen gibt: Jemima (»Taube«), Kezia (»Zimmetblüte«) und Keren-Happuch (»Salbhörnchen«). Wenn es seine eigenen Kinder waren, warum sollte er ihnen dann neue Namen verleihen?

Stimmen der Bibel

Und der HERR antwortete Hiob aus dem Wettersturm und sprach: Wer ist's, der den Ratschluß verdunkelt mit Worten ohne Verstand? Gürte deine Lenden wie ein Mann. Ich will dich fragen, lehre mich! Wo warst du, als ich die Erde gründete? Sage mir's, wenn du so klug bist! Weißt du, wer ihr das Maß gesetzt hat oder wer über sie die Richtschnur gezogen hat? Worauf sind ihre Pfeiler eingesenkt, oder wer hat ihren Eckstein gelegt, als mich die Morgensterne miteinander lobten und jauchzten alle Gottessöhne? (Hiob 38,1-7)

Warum wettet Gott mit dem Satan?

Seit rund zweitausend Jahren verwirrt das Hiobbuch die Menschen, die sich fragen, was es bedeutet. Die traditionelle Charakterisierung ist eine grobe Vereinfachung, denn sie stellt Hiob als einen guten, untadeligen Mann dar, der Gott treu ist, gleichgültig, was geschieht, und dessen völliger Gehorsam mit noch größerem Wohlstand belohnt wird. Eine genauere Lektüre zeigt indes, daß Hiob eine weitaus vielschichtigere Gestalt ist, die Gott herausfordert. Manche haben Hiob als den »ersten Existenzialisten« bezeichnet, weil er die scheinbare Isoliertheit des Menschen in einem feindlichen Universum in Frage stellte und dann erkannte, daß es keine Antworten gibt. Die komplexe und nicht ganz befriedigende Botschaft des Hiobbuchs und dieser In-Frage-Stellung Gottes lautet, daß es Menschen, im kosmischen Sinne, »einfach nicht verstehen können«. Diese Botschaft kommt uns heute eher wie ein Ausweichmanöver und weniger wie eine spirituelle Tröstung vor. Im Rahmen ihrer Erörterung des Buches Hiob schreibt Karen Armstrong:

> »Gemeinsam mit seinen drei Tröstern wagt es Hiob, die göttlichen Erlasse in Zweifel zu ziehen und beteiligt sich an einer überaus heftigen intellektuellen Debatte. Zum erstenmal in der jüdischen Geschichte hatte sich die religiöse Vorstellungskraft der Spekulation über eine abstraktere Natur zugewandt. Die Propheten hatten behauptet, Gott habe zugelassen, daß Israel leidet, und zwar wegen seiner Sünden; der Verfasser des Buches Hiob zeigt, daß sich manche Israeliten mit der traditionellen Antwort nicht mehr zufriedengaben. Hiob greift diese Auffassung an und enthüllt ihre intellektuelle Unangemessenheit, aber plötzlich schreitet Gott gegen seine ungestümen Spekulationen

ein. Er offenbart sich Hiob in einer Vision und weist auf die Wunder der Welt, die er geschaffen hat: Wie konnte ein kleines unbedeutendes Geschöpf wie Hiob es wagen, mit dem transzendenten Gott zu streiten? Hiob gibt nach, aber die heutigen Leser, die nach einer kohärenteren und philosophischeren Antwort auf das Problem des Leidens suchen, dürften sich mit dieser Lösung wohl kaum zufriedengeben. Jedoch bestreitet der Autor des Hiobbuchs gar nicht das Recht, etwas in Frage zu stellen, sondern weist nur darauf hin, daß der menschliche Intellekt allein nicht gerüstet ist, mit solch unwägbaren Dingen fertig zu werden.«
(*Die Geschichte des Glaubens,* S. 65f.)

Für die Israeliten, die in der Zeit lebten, als das Hiobbuch abgefaßt wurde, dürfte die Botschaft eindeutiger gewesen sein. Gewiß, die Gerechten müssen mitunter leiden, doch wenn sie ihren Glauben an Gott bewahren, wird ihr Glück zurückkehren, ebenso wie Israel im Jahr 538 v. Chr. von Gott wieder aufgebaut wurde. Aber das Buch scheint, so wie viele andere biblische Darstellungen Gottes, mehr beunruhigende Fragen aufzuwerfen, als es da und dort beantwortet. Am beunruhigendsten ist das wenig schmeichelhafte Porträt Gottes, welches das Buch von Gott zeichnet, der in der ersten Szene recht prahlerisch auftritt, wie ein allzu stolzer Vater, der sich mit den Leistungen seines frühreifen Wunderkindes brüstet. Vom Satan herausgefordert, erscheint dieser Gott unsicher, wankelmütig, als man ihn nach seinem treuen Diener Hiob fragt. Ist Gott so schwach, daß er sich in einer geradezu pubertären Wette durch den Teufel verärgern läßt? Warum muß Gott irgendwem aus dem »himmlischen Hofstaat« etwas beweisen?

Der Satan – abgeleitet aus dem hebräischen Wort *ha-Satan* – im Hiobbuch entspricht eher der Figur eines Staatsanwaltes als der Gestalt des reinen Bösen, wie man sich heutzutage den Teufel meist vorstellt. Hiobs Satan, der nach den Eröffnungsszenen nicht wieder erscheint und von dem man von nun an nichts mehr hört, wird als Mitglied der Himmelsgesellschaft dargestellt. Erst in jüdischen und christlichen Schriften aus späterer Zeit entwickelte sich

Satan zum Anführer einer Gruppe gefallener Engel. Den Zusammenhang zwischen dem Satan des Hiobbuchs und der Schlange, die Eva in der Schöpfungsgeschichte verführt, stellt erst der Verfasser der Offenbarung des Johannes her, des letzten Buchs im christlichen Neuen Testament, in dem die Schlange mit dem Teufel gleichgesetzt wird.

Für Jack Miles, den Autor des Buches *Gott: Eine Biographie*, stellt das Hiobbuch einen Höhepunkt in der Bibel dar, einen Augenblick, in dem sich der Herr der Tatsache stellt, daß selbst Gott Böses tun kann, oder mit den Worten Miles', eine »für den Satan anfällige Seite« hat. Nachdem Miles vermerkt hat, daß das Hiobbuch in der hebräischen Bibel die letzte Textstelle ist, an der Gott persönlich spricht, statt durch irgendeinen Boten, schreibt er:

> »Dieser Höhepunkt ist ein Höhepunkt für Gott selbst, und nicht nur für Hiob oder für den Leser. Nach Hiob kennt Gott seine eigene Zweideutigkeit, wie er sie nie zuvor gekannt hat. Er weiß jetzt, daß er ... eine für den Satan anfällige Seite hat und daß das Gewissen der Menschen schärfer sein kann als das seine. Mit Hiobs Unterstützung hat genau wie nach der Flut sein gerechtes, freundliches Ich den Sieg über sein grausames, launenhaftes Ich davongetragen. Doch der Sieg ist um einen enormen Preis errungen worden. Hiob wird Vater einer neuen Familie sein, aber die Familie, die er im Zuge der Wette verloren hat, wird nicht von den Toten auferstehen, ebensowenig wie die Knechte, die der Teufel erschlagen hat. Und ebensowenig wie die Unschuld Gottes. Die Welt erscheint zwar immer noch mehr gerecht als ungerecht, und Gott erscheint immer noch mehr gut als böse; aber die beherrschende Stimmung am Schluß dieses außerordentlichen Werkes ist keine Stimmung der Erlösung, sondern die einer Gnadenfrist.« (S. 376 f.)

So schwer für Hiob selbst die Erfahrung ist, daß es keine leichten Antworten gibt – so schwer ist auch für uns das Buch Hiob. Es zeugt von dem fragenden Wesen des menschlichen Geistes, vielleicht ein Überbleibsel der »verbotenen Frucht«, die Adam und

Eva in Eden aßen. Daß die Menschen, die entschieden, was in die Bibel aufgenommen werden sollte, ein Buch mit so vielen unbeantworteten Fragen hinzufügten, ist zudem ein »Testament«, weil sie Gottes wundersame Wege und die Rechtmäßigkeit dieser Fragen amerkannten. Das Hiobbuch preist nicht blinden Glauben oder Abrahams unbedingte »Gottesfurcht«. Vielmehr läßt es den Leser mit einem zögerlichen Begreifen des Glaubens zurück. Trotzdem scheint es eine subversive Botschaft zu enthalten, und deshalb bleibt der unbehaglich stimmende Eindruck, daß dieser irgendwie launenhafte Gott Hiobs seinem »Diener« die zwar ehrwürdige, aber enttäuschende Antwort gibt, die so viele Kinder von ihren Eltern bekommen: »Tu's, weil ich es dir gesagt habe.«

AUS DEM MUNDE DER JUNGEN KINDER

PSALTER

Gottes größte Hits! Die Psalmen, eine Sammlung von 150 Lobgesängen oder, genauer gesagt, Gedichten, das erste Buch in den hebräischen »Schriften«, folgen in den christlichen Bibeln dem Buch Hiob. Der hebräische Titel lautet *Tehillim,* »Lobpreisungen« oder »Loblieder«, doch das ist keine ganz korrekte Bezeichnung. Es finden sich darin viele äußerst gefühlsstarke, persönliche Lieder der Verzweiflung, der Wehmut und die Niedergeschlagenheit, wie auch Lieder, die die Herrlichkeit Gottes preisen.

In der antiken jüdischen und christlichen Tradition galt König David als der Verfasser der Psalmen, doch stimmen heutige Bibelforscher darin überein, daß das Buch mehrere Autoren hat. Tatsächlich schreibt der biblische Text 74 Psalmen König David, zwölf Psalmen Salomo und einen Mose zu; 32 Psalmen werden mit anderen Personen in Zusammenhang gebracht, die übrigen bleiben anonym. Die am weitesten akzeptierte Auffassung lautet, daß die Psalmen über einen langen Zeitraum hinweg verfaßt wurden, vom Exodus bis zur Zeit der Rückkehr nach Jerusalem im Jahre 538 v. Chr. Doch ist der historische Schauplatz für die Psalmen wichtig, wie C. S. Lewis in seinem Buch *Reflections on the Psalms* (1958) schreibt:

»Die Psalmen wurden von vielen Dichtern und zu vielen verschiedenen Zeitpunkten geschrieben. Einige Psalmen dürften bis in die Regierungszeit Davids zurückreichen. Meiner Ansicht nach werden manche Forscher auch einräumen, daß der Psalm 18 von David selbst stammen könnte. Doch viele entstanden später als das »Exil«, das man besser als Vertreibung nach Babylon bezeichnen sollte ... Es muß jedoch gesagt werden, daß die Psalmen Gedichte sind, und zwar Gedichte, die gesungen werden sollten. Es sind keine lehrhaften Abhandlungen, nicht einmal Predigten ... Vor allem müssen die Psalmen als Poesie gelesen werden, als literarische Texte mit all ihren Freiheiten und all der Formbewußtheit, mit ihren Übertreibungen und emotionalen, anstatt logischen Verbindungen, die der Lyrik als Gattung eigentümlich sind.« (S. 2f.)

Traditionsgemäß wird die Bibel für das Wort Gottes gehalten. Doch in den Psalmen sprechen die Menschen mit Gott, und zwar in Texten, die zu den bedeutendsten poetischen Dichtungen der Weltliteratur zählen. David Rosenberg, ein Dichter, der sich in seinem Buch *A Poet's Bible* bemüht, den Tonfall der einzelnen Erzählstimmen einzufangen, die in der hebräischen Bibel zu erkennen sind, weist darauf in seiner Erörterung der innigen, menschlichen Eigenart der Psalmen hin. »Eines Tages, als ich einen Psalm übersetzte, der meines Erachtens im Zorn geschrieben worden war und meist auch zornerfüllt verstanden wird, ging mir plötzlich auf, daß es sich hierbei überhaupt nicht um Zorn handelte, sondern um eine heftige Niedergeschlagenheit, eine sich selbst bewußte Wahrnehmung des Scheiterns. Der Psalmist sah sich mit seiner Niedergedrücktheit konfrontiert und gestattete sich nicht, wütend zu reagieren. Statt dessen überwindet er, sogar als er in einem bitterem Tonfall spricht, die Verzweiflung durch das ironische Gefühl des nie Endenden, das bis in die Ewigkeit hallt. Deshalb spürte ich förmlich die reale Gegenwart des Dichters.« (S. 3)

Zwar haben die Juden und Christen die hebräische Bibel beziehungsweise das Alte Testament gemeinsam, doch was sie in gefühlsmäßiger Hinsicht besonders tief verbindet, sind die Psalmen. Der Rabbiner Joseph Telushkin nennt die Psalmen das »Rückgrat des hebräischen Gebetsbuches« und schreibt: »Weil die Psalmen im Gottesdienst so allgegenwärtig sind, kennen Juden viele Verse des Buches auswendig. Jesus zitiert häufig die Psalmen oder bezieht sich auf sie, zumal während seiner Versuchung, in der Bergpredigt und bei der Kreuzigung. Vermutlich verwendeten die ersten Christen Auswahlsammlungen aus dem Buch während ihrer Gottesdienste. So nannte der heilige Augustinus, der Kirchenvater des 5. Jahrhunderts, das Buch die »Sprache der Andacht«, und Luther betrachtete die Psalmen als »eine Bibel im kleinen«. Auch die 150 »Rosenkränze«, die später die katholische Kirche einführte, ehren die 150 Psalmen.

Die größten »Hits« des Psalters
Zwar würden die meisten Menschen zustimmen, daß der bekannteste Psalm, der 23., der großartigste von allen ist, doch die fol-

genden Höhepunkte stammen aus einigen der anderen schönsten, erinnerungswürdigsten oder meistzitierten Psalmen. (Vgl. auch den Anhang 2, wo der vollständige Text des 23. Psalms in zwei Übersetzungen abgedruckt ist).

Psalm 1: Wohl dem, der nicht wandelt im Rat der Gottlosen noch tritt auf dem Weg der Sünder noch sitzt, wo die Spötter sitzen, sondern hat Lust am Gesetz des HERRN und sinnt über seinem Gesetz Tag und Nacht.

Der ist wie ein Baum, gepflanzt an den Wasserbächen, der seine Frucht bringt zu seiner Zeit, und seine Blätter verwelken nicht. Und was er macht, gerät wohl.

Aber so sind die Gottlosen nicht, sondern wie Spreu, die der Wind verstreut. (1,1-4)

Psalm 8: Aus dem Munde der jungen Kinder und Säuglinge hast du eine Macht zugerichtet um deiner Feinde willen, daß du vertilgest den Feind und den Rachgierigen.

Wenn ich sehe die Himmel, deiner Finger Werk, den Mond und die Sterne, die du bereitet hast: Was ist der Mensch, daß du seiner gedenkst, und des Menschen Kind, daß du dich seiner annimmst? Du hast ihn weniger niedrig gemacht als Gott. (8,3-6)

Psalm 13: Wie lange noch, Herr, vergißt du mich ganz? Wie lange noch verbirgst du dein Gesicht vor mir? Wie lange noch muß ich Schmerzen ertragen in meiner Seele, in meinem Herzen Kummer Tag für Tag? Wie lange noch darf mein Feind über mich triumphieren? Blick doch her, erhöre mich, Herr, mein Gott, erleuchte meine Augen, damit ich nicht entschlafe und sterbe, damit mein Feind nicht sagen kann: »Ich habe ihn überwältigt«, damit meine Gegner nicht jubeln, weil ich ihnen erlegen bin. Ich aber baue auf deine Huld, mein Herz soll über deine Hilfe frohlocken. Singen will ich dem Herrn, weil er mir Gutes getan hat. (NJB)

Psalm 14: Die Toren sprechen in ihrem Herzen: »Es ist kein Gott.« (14,1)

Psalm 19: Die Himmel erzählen die Herrlichkeit Gottes, und das Himmelsgewölbe verkündet seiner Hände Werk. Ein Tag sprudelt dem anderen Kunde zu, und eine Nacht meldet der anderen Kenntnis ohne Rede und ohne Worte, mit unhörbarer Stimme. Ihr Schall geht aus über die ganze Erde und bis an das Ende der Welt ihre Sprache. (EÜ 19,2-5)

Die Vorschriften des HERRN sind richtig und erfreuen das Herz; das Gebot des HERRN ist lauter und macht die Augen hell. Die Furcht des HERRN ist rein und besteht in Ewigkeit. Die Rechtsbestimmungen des HERRN sind Wahrheit, sie sind gerecht allesamt; sie, die köstlicher sind als Gold, ja viel gediegenes Gold, und süßer als Honig und Honigseim. (19,9-11 EÜ)

Psalm 22: (Der »Kreuzigungs«-Psalm, den Jesus am Kreuz zitiert.) Mein Gott, mein Gott, warum hast du mich verlassen? Ich schreie, aber meine Hilfe ist ferne. Mein Gott, des Tages rufe ich, doch antwortest du nicht, und des Nachts, doch finde ich keine Ruhe. (22,2-3)

Psalm 24: Wer darf auf des HERRN Berg gehen, und wer darf stehen an seiner heiligen Stätte? Wer unschuldige Hände hat und reinen Herzens ist, wer nicht bedacht ist auf Lug und Trug und nicht falsche Eide schwört. (24,3-4)

Psalm 27: Der HERR ist mein Licht und mein Heil; vor wem sollte ich mich fürchten? Der HERR ist meines Lebens Kraft; vor wem sollte mir grauen? Wenn die Übeltäter an mich wollen, um mich zu verschlingen, meine Widersacher und Feinde, sollen sie selber straucheln und fallen. Wenn sich auch ein Heer wider mich lagert, so fürchtet sich dennoch mein Herz nicht. (27,1-3)

Psalm 37: Steh ab vom Zorn und laß den Grimm, entrüste dich nicht, damit du nicht Unrecht tust. Denn die Bösen werden ausgerottet; die aber des HERRN harren, werden das Land erben. Noch eine kleine Zeit, so ist der Gottlose nicht mehr da; und wenn du nach seiner Stätte siehst, ist er weg. Aber die Elenden werden das Land erben und ihre Freude haben an großem Frieden. (37,8-11)

Psalm 42: Wie der Hirsch lechzt nach frischem Wasser, so schreit meine Seele, Gott, zu dir. Meine Seele dürstet nach Gott, nach dem lebendigen Gott. Wann werde ich dahin kommen, daß ich Gottes Angesicht schaue? Meine Tränen sind meine Speise Tag und Nacht, weil man täglich zu mir sagt: Wo ist nun dein Gott? (42,2-4)

Was betrübst du dich, meine Seele, und bist so unruhig in mir? Harre auf Gott; denn ich werde ihm noch danken, daß er meines Angesichts Hilfe und mein Gott ist. (42,6)

Psalm 66: Jauchzet Gott, alle Lande! Lobsinget zur Ehre seines Namens; rühmet ihn herrlich! Sprecht zu Gott: Wie wunderbar sind deine Werke! Deine Feinde müssen sich beugen vor deiner großen Macht. Alles Land bete dich an und lobsinge dir, lobsinge deinem Namen. (66,1-4)

Psalm 84: Wie lieblich sind deine Wohnungen, HERR der Heerscharen. Es sehnt sich, ja schmachtet meine Seele nach den Vorhöfen des HERRN, mein Herz und mein Leib, sie jauchzen dem lebendigen Gott entgegen. Auch der Vogel hat ein Haus gefunden und die Schwalbe ein Nest für sich, wo sie ihre Jungen hingelegt hat – deine Altäre, HERR der Heerscharen, mein König und mein Gott! (84,2-4 EÜ)

Denn ein Tag in deinen Vorhöfen ist besser als (sonst) tausend. Ich will lieber an der Schwelle stehen im Haus meines Gottes als wohnen in den Zelten der Gottlosen. (84,11 EÜ)

Psalm 100: Jauchzet dem HERRN, alle Welt! Dienet dem HERRN mit Freuden, kommt vor sein Angesicht mit Frohlocken! Erkennet, daß der HERR Gott ist! Er hat uns gemacht und nicht wir selbst zu seinem Volk und zu Schafen seiner Weide.

Gehet zu seinen Toren ein mit Danken. (100,1-4)

Psalm 137: An den Strömen Babels, da saßen wir und weinten, wenn wir an Zion dachten. An die Pappeln dort hängten wir unsere Zithern. denn die uns gefangen hielten, forderten dort von uns die Worte eines Liedes, und die uns wehklagen machten, (forderten) Freude: »Singt uns eins der Zionslieder!« Wie sollten wir des HERRN Lied singen auf fremder Erde? Wenn ich dich vergesse, Jerusalem, so werden vergessen meine Rechte! Es klebe meine Zunge an meinem Gaumen, wenn ich deiner nicht gedenke, wenn ich Jerusalem nicht zu meiner höchsten Freude erhebe! (137,1-6 EÜ)

Psalme, die im Religionsunterricht ausgelassen wurden: Dies ist der vertraute Teil des Psalmes 137, ein Bild Israels, das in Babylon gefangengehalten wird und auf die Befreiung wartet. Weniger Menschen haben vielleicht diesen Teil des Psalms gelesen:

Tochter Babel, du Verwüsterin! Glücklich, der dir vergilt dein Tun, das du uns angetan hast. Glücklich, der deine Kinder ergreift und sie am Felsen zerschmettert! (137,8-9 EÜ)

Wie dieser grausame Vers beweist, malten nicht alle Psalme ein rosiges Bild. Hier nun ein paar Zeilen aus einigen anderen Psalmen, die Ihre Mutter Ihnen nie beigebracht hat:

Psalm 68: Ja, Gott wird den Kopf seiner Feinde zerschmettern, den Schädel der Gottlosen, die da fortfahren in ihrer Sünde. Der Herr hat gesagt: Aus Basan will ich sie wieder holen, aus der Tiefe des Meeres will ich sie holen, daß du deinen Fuß im Blut der Feinde badest und deine Hunde es lecken. (68,22-24)

Psalm 144: Gelobt sei der HERR, mein Fels, der meine Hände kämpfen lehrt und meine Fäuste, Krieg zu führen, meine Hilfe und meine Burg, mein Schutz und mein Erretter, mein Schild, auf den ich traue, der Völker unter mich zwingt.
   HERR, was ist der Mensch, daß du dich seiner annimmst, und des Menschen Kind, daß du ihn so beachtest? Ist doch der Mensch gleichwie nichts; seine Zeit fährt dahin wie ein Schatten. (144,1-4)

WOHL DEM MENSCHEN, DER WEISHEIT FINDET

DIE SPRÜCHE SALOMOS

*Komm, laß uns kosen bis an den Morgen
und laß uns die Liebe genießen.
Denn der Mann ist nicht daheim,
er ist auf eine weite Reise gegangen.
Er hat den Geldbeutel mit sich genommen;
er wird erst zum Vollmond wieder heimkommen.*
(Spr. 7,18-20)

*Ein Tor hat nicht Gefallen an Einsicht,
sondern will kund tun,
was in seinem Herzen steckt.*
(Spr. 18,2)

- Verdirbt man sein Kind, wenn man »seine Rute schont«?

Die Sprüche Salomos, ein weiteres Buch der hebräischen Bibel, werden oft so dargestellt, als handele es sich bei ihnen um eine Art althebräische Version chinesischer Glückskekse. So wie die Sprichwörter des Konfuzius oder die prägnanten Ratschläge Benjamin Franklins in dem von ihm herausgegebenen *Poor Richard's Almanac,* sind auch die Sprüche Salomos mehr als tausend traditionelle Sinnsprüche und beliebte Redwendungen. Die Sprüche Salomos, die zusammen mit den »Weisheitsbüchern« des christlichen Alten Testaments eine Untergruppe bilden, umfassen Ratschläge, Befehle und Ermahnungen hinsichtlich solcher Themen wie richtiges Benehmen, Reinheit im Geiste und im Gottesdienst, Vermeidung von Sünden und vor allem das Streben nach Weisheit.

Die Verfasser – und es waren viele, die über einen langen Zeitraum lebten – wollten bestimmte zentrale, zeitlose Tugenden: Ehrlichkeit, Tüchtigkeit, Vertrauenswürdigkeit, die Beherrschung der eigenen Launen und Lüste – sexuelle wie kulinarische – sowie die Aufrechterhaltung der richtigen Einstellung gegenüber Reichtum und Armut. Einige der Aussprüche sind einfache Betrachtungen, doch stehen die Werte der Moral im Mittelpunkt. Es gibt in den Sprüchen Salomos keinerlei Zweideutigkeit bezüglich des Gegensatzes zwischen Gut und Böse. Am häufigsten werden Ehebruch und andere Verirrungen der Sexualität verurteilt, Trunkenheit bekommt ebenfalls schlechte Zensuren. In mehreren Kapiteln spricht eine von Gott geschaffene »Dame Weisheit«; ihr wird die »Hure«, die »fremde Frau« oder »Dame Torheit« gegenübergestellt, die die jungen Männer auf Abwege führt. Zwar sind die meisten Ratschläge in der klassischen Form des Verspaars geschrieben, doch gibt es auch einige längere Gedichte, darunter ein letztes Lied, das die Tugenden der »vollkommenen Ehefrau« preist.

Diese guten Ratschläge wurden traditionsgemäß König Salomo zugeschrieben, der wegen seiner großen Weisheit berühmt war, obgleich nicht unbedingt wegen seiner hohen moralischen Maßstäbe. Tatsächlich besteht das Buch aus mehreren Sammlungen von Sinnsprüchen, die aus verschiedenen Zeiten stammen und von etlichen anonymen Autoren verfaßt oder kompiliert wurden, vielleicht Rabbinern oder Weisen, die den jungen jüdischen Männern moralische und religiöse Leitung boten. Das Buch ist typisch für andere »Weisheits«texte in den hebräischen Schriften und den Schriften des alten Nahen Ostens; überdies sind dreißig Sprichwörter aus der Moralfibel eines ägyptischen Weisen, Amenemope, übernommen.

Die besten Sprüche Salomos
Mein Sohn, wenn Sünder dich locken, so folge ihnen nicht (1,10 EÜ)

Mein Sohn, laß sie nicht weichen aus deinen Augen, bewahre Umsicht und Besonnenheit! So werden sie Leben sein für deine Seele und Anmut für deinen Hals. Dann gehst du sicher auf deinem Weg, dein Fuß stößt nirgends an. Wenn du dich hinlegst, wirst du nicht aufschrecken, und liegst du, erquickt (dich) dein Schlaf. Fürchte dich nicht vor plötzlichem Schrecken noch vor dem Verderben der Gottlosen, wenn es [über sie] kommt! Denn der HERR ist deine Zuversicht und bewahrt deinen Fuß vor der Falle. (3,21-26 EÜ)

Doch der Pfad der Gerechten ist wie das Licht am Morgen; es wird immer heller bis zum vollen Tag. (4,18 NJB)

Denn Honig träufeln die Lippen der Fremden, und glatter als Öl ist ihr Gaumen; aber zuletzt ist sie bitter wie Wermut, scharf wie ein zweischneidiges Schwert. (5,3-4 EÜ)

Hier eine Kurzfassung der Sprüche Salomos, wie man sie aus der Fabel »Der Grashüpfer und die Ameise« kennt:

Geh hin zur Ameise, du Fauler, sieh ihre Wege an und werde weise. Sie, die keinen Anführer, Aufseher und Gebieter hat, sie bereitet im Sommer ihr Brot, sammelt in der Ernte ihre Nahrung. Bis wann, du Fauler, willst du noch liegen? wann willst du aufstehen von deinem Schlaf? Noch ein wenig Schlaf, noch ein wenig Schlummer, noch ein wenig Händefalten, um auszuruhen – und schon kommt wie ein Landstreicher deine Armut und dein Mangel wird ein unverschämter Mann. (6,6-11 EÜ)

Denn eine Hure bringt einen nur ums Brot, aber eines andern Ehefrau um das kostbare Leben. Kann auch jemand ein Feuer unterm Gewand tragen, ohne daß die Kleider brennen? Oder könnte jemand auf Kohlen gehen, ohne daß seine Füße verbrannt würden? So geht es dem, der zu seines Nächsten Frau geht. (6,26-29 LB)

Haß erregt Zänkereien, aber Liebe deckt alle Vergehen zu. (10,12 EÜ)

Ein schönes Weib ohne Zucht ist wie eine Sau mit einem goldenen Ring durch die Nase. (11,22 LB)

Wer auf seinen Reichtum vertraut, der wird fallen, aber wie Laub werden die Gerechten sprossen. (11,28 EÜ)

Wer sein eignes Haus in Verruf bringt, wird Wind erben, und ein Tor muß des Weisen Knecht werden. (11,29 LB)

Der Weg des Narren erscheint in seinen (eigenen) Augen recht, der Weise aber hört auf Rat. (12,15 EÜ)

Hingehaltene Hoffnung macht das Herz krank, erfülltes Verlangen ist ein Lebensbaum. (13,12 NJB)

Ein erfüllter Wunsch tut dem Herzen wohl, vom Bösen zu lassen ist dem Toren ein Greuel. (13,19 NJB)

Eine linde Antwort stillt den Zorn; aber ein hartes Wort erregt Grimm. (15,1 LB)

Ein zorniger Mann richtet Zank an; ein Geduldiger aber stillt den Streit. (15,18 LB)

Des Menschen Herz plant seinen Weg, doch der Herr lenkt seinen Schritt. (16,9 NJB)

Wer zugrunde gehen soll, der wird zuvor stolz; und Hochmut kommt vor dem Fall. (16,18 LB)

Ein Geduldiger ist besser als ein Starker und wer sich selbst beherrscht, besser als einer, der Städte gewinnt. (16,32 LB)

Wer den Armen verspottet, verhöhnt den, der ihn gemacht hat; wer sich über Unglück freut, bleibt nicht ungestraft. (17,5 EÜ)

Ein fröhliches Herz bringt gute Besserung, aber ein niedergeschlagener Geist dörrt das Gebein aus. (17,22 EÜ)
(Lachen *ist* die beste Medizin!)
Wer sich zurückhält beim Reden hat tiefe Einsicht, wer kühl überlegt, ist ein verständiger Mann. Auch ein Tor kann als weise gelten, wenn er schweigt, als einsichtig, wenn er seine Lippen verschließt. (17,27-28 NJB)
Dem Toren wird sein Mund zum Verderben; seine Lippen werden ihm selbst zur Falle. (17,27-28 NJB)
Vor dem Sturz ist das Herz des Menschen überheblich, aber der Ehre geht Demut voran. (18,12 NJB)
Wer Erbarmen hat mit den Elenden, leiht dem Herrn; er wird ihm seine Wohltaten vergelten. (19,17 NJB)
Das gestohlene Brot schmeckt dem Manne gut; aber am Ende hat er den Mund voller Kieselsteine. (20,17 LB)
Guter Ruf ist kostbarer als großer Reichtum, hohes Ansehen besser als Gold und Silber. (22,1 NJB)
Erzieh den Knaben für seinen Lebensweg, dann weicht er auch im Alter nicht davon ab. (22,6 NJB)
Setz ein Messer an deine Kehle, wenn du ein gieriger Mensch bist. (23,2 NJB)
Bemühe dich nicht, reich zu werden: da spare deine Klugheit! Du richtest deine Augen auf Reichtum, und er ist nicht mehr da; denn er macht sich Flügel wie ein Adler und fliegt gen Himmel. (23,4-5 LB)
… denn Säufer und Schlemmer werden arm, Schläfrigkeit kleidet in Lumpen. (23,21 NJB)
Schau nicht nach dem Wein, wie er rötlich schimmert, wie er funkelt im Becher: Er trinkt sich so leicht! Zuletzt beißt er wie eine Schlange, versprizt Gift gleich einer Viper! (23,31-32 NJB)
Zeigst du dich lässig am Tag der Bedrängnis, so wird auch deine Kraft bedrängt. (24,10 NJB)
(»Harte Gegenstände können nur mit harten Mitteln bewältigt werden.«)
Wie ein Hund, der zurückkehrt zu seinem Gespei, [so ist] ein Tor, der seine Narrheit wiederholt. (26,11 EÜ)

Rühme dich nicht des morgigen Tages, denn du weißt nicht, was der Tag gebiert. Rühmen soll dich ein anderer, nicht dein eigener Mund. (27,1-2 NJB)

Wer dem Armen gibt, wird keinen Mangel haben; wer aber seine Augen verhüllt, wird reich an Flüchen. (28,27 EÜ)

Wo keine Offenbarung ist, wird das Volk wild und wüst. (29,18 LB)

Tu deinen Mund auf für die Stummen und für die Sache aller, die verlassen sind. Tu deinen Mund auf und richte in Gerechtigkeit und schaffe Recht dem Elenden und Armen. (31,8-9 LB)

Eine tüchtige Frau – wer findet sie? Weit über Korallen geht ihr Wert. (31,10 EÜ)

Und übrigens – diejenigen unter Ihnen, die viel Geld für Haartönungen ausgeben, sollten vielleicht einen Rat aus den Sprüchen Salomos beherzigen.

Graue Haare sind eine Krone der Ehre; auf dem Weg der Gerechtigkeit wird sie gefunden. (16,31 LB)

Wem eine tüchtige Frau beschert ist, die ist viel edler als die köstlichsten Perlen. (31,10 LB)

Verdirbt man sein Kind, wenn man »seine Rute schont«?

Die Sprüche Salomos bieten einige der besten Ratschläge im Hinblick auf die ewigen Werte: Demut, harte, ehrliche Arbeit, Nächstenliebe und Weisheit; sie enthalten jedoch auch zwei Zeilen, in denen besondere Ratschläge gegeben werden.

Wer seine Rute schont, der haßt seinen Sohn; wer ihn aber liebhat, der züchtigt ihn beizeiten. (13,24 LB)

Laß nicht ab, den Knaben zu züchtigen; denn wenn du ihn mit der Rute schlägst, so wird er sein Leben behalten; du schlägst ihn mit der Rute, aber du errettest ihn vom Tode. (23,13-14 LB)

Jahrhundertelang hat man diese Verse mißbraucht, um den »Klaps« der Eltern, die »Watschen« des Schulmeisters, den Hieb der Nonne mit dem Lineal auf die Handknöchel und noch schwerere Formen der körperlichen Züchtigung zu rechtfertigen.

Vielleicht ist die angemessenste Interpretation: Was früher, in einer noch unentwickelten Kultur hinnehmbar war, ist heute nicht mehr akzeptabel. So wie wir nicht mehr Ehebrecher steinigen, kann die moderne Gesellschaft auch nicht mehr die körperliche Bestrafung von Kindern dulden. Daß es lernt, sich zu beherrschen, ist für jedes Kind von großer Bedeutung, es zu schlagen, ist jedoch inakzeptabel. So wie man einen Angestell-ten, der einen Fehler begeht, nicht schlägt, so gibt es auch keinen legitimen Grund, ein Kind zu schlagen oder auf andere Weise körperlich zu mißhandeln.

Der Rabbiner Joseph Telushkin formuliert es so: »Wie jeder Erwachsene, so brauchen auch Kinder Disziplin, doch zu behaupten, man könne Disziplin durch Prügel erreichen, ist ein Beispiel für einen schlechten Rat in einem guten Buch. In diesen beiden Versen wird die Moral auf den Kopf gestellt: Menschen, die ihre Kinder nicht schlagen, werden als lieblos dargestellt, während diejenigen, die sie prügeln (einige von ihnen, muß man annehmen, sind Sadisten) belohnt werden, indem man ihnen sagt, daß dies beweise, daß sie liebevolle Eltern seien.« (*Biblical Literacy*, S. 344)

Es gibt sichere und wirksame Mittel frei von körperlicher Gewalt, um einem Kind eine Lehre zu erteilen, ihm Disziplin einzuschärfen, ja sogar sein Fehlverhalten zu bestrafen. In der heutigen Zeit, in der die Mißhandlung von Kindern weit verbreitet ist, ist es ein gravierender Fehler, auch nur darauf hinzuweisen, daß die Bibel ein solches Verhalten rechtfertige.

NICHTS NEUES UNTER DER SONNE

PREDIGER SALOMOS (KOHELET)

Es ist alles ganz eitel, spicht der Prediger,
ganz eitel.
(Koh. 12,8)

Denn des vielen Büchermachens ist kein Ende,
und viel Studieren macht den Leib müde.
(Koh. 12,12)

In den sechziger Jahren gab es in den USA wohl keine häufiger zitierten Bibelverse als die Worte aus dem Prediger Salomo, die dem Folksänger Pete Seeger den Text für sein Lied »Turn, Turn, Turn« lieferten, das die Popgruppe *The Byrds* dann zu einem großen Erfolg machte. Amerikaner eines bestimmten Alters erinnern sich möglicherweise daran, daß Präsident Kennedy diese Verse bewunderte und daß sie bei Beerdigungen verlesen wurden. Ironischerweise stammen diese Verse aus einem der außergewöhnlichsten und für viele verwirrendsten Bücher der Bibel:

Stimmen der Bibel
Ein Jegliches hat seine Zeit, und alles Vorhaben unter dem Himmel hat seine Stunde: geboren werden hat seine Zeit, sterben hat seine Zeit; pflanzen hat seine Zeit; töten hat seine Zeit, heilen hat seine Zeit; abbrechen hat seine Zeit, bauen hat seine Zeit; weinen hat seine Zeit, lachen hat seine Zeit; klagen hat seine Zeit, tanzen hat seine Zeit; Steine wegwerfen hat seine Zeit, Steine sammeln hat seine Zeit; herzen hat seine Zeit, aufhören zu herzen hat seine Zeit; suchen hat seine Zeit, verlieren hat seine Zeit; behalten hat seine Zeit, wegwerfen hat seine Zeit; zerreißen hat seine Zeit, zunähen hat seine Zeit; schweigen hat seine Zeit, reden hat seine Zeit; lieben hat seine Zeit, hassen hat seine Zeit; Streit hat seine Zeit, Friede hat seine Zeit. (Koh. 3,1-8 LB)

Zusammenfassung der Handlung: Prediger Salomos (Kohelet)

Wer die Bibel für ein schlichtes Buch hält, das wohlfeile Antworten auf anspruchsvolle Fragen liefert, hat weder das Buch Hiob noch den Prediger Salomo gelesen. Diese beiden Bücher weisen auch orthodoxe und fundamentalistische Bibelgläubige zurück, die jeden verdammen, der es wagt, Gott oder die göttliche Vorsehung in Frage zu stellen. Zwar wird in der hebräischen Heiligen Schrift an vielen Stellen ein geordnetes Universum geschildert, in dem die Gläubigen selbst in den verzweifeltsten Augenblicken Hoffnung finden können. Doch ist der Prediger Salomo – so wie Hiob – ein suchendes, skeptisches Buch. Beide Bücher akzeptieren nicht nur die unbequemen Fragen, sie ehren sie auch. Die Herausgeber der Neuen

Jerusalemer Bibel schreiben hierzu in ihrem Kommentar zum Buch Prediger: »Das Buch ist wertvoll wegen seines unbequemen und fragenden Glaubens, und seine Aufnahme in die Bibel stellt eine Bestätigung für all jene dar, die diese Einstellung teilen.«

Bereits der Eröffnungssatz: »Es ist alles ganz eitel«, (die Jerusalemer Bibel verwendet das Wort »Windhauch«) weist auf den düsteren Ton und die schwierigen Themen hin: die Vergeblichkeit der Jagd nach Reichtümern und Weisheit und die Unvermeidbarkeit des Todes. An manchen Stellen bringt der Verfasser derart hedonistische und zynische Gedanken zum Ausdruck, daß manche Rabbiner das Buch zu unterdrücken versuchten. Aber die Popularität des Predigers Salomo, die letztliche Annahme des Willens Gottes sowie der Glaube, daß Salomo der Verfasser war, reichten offenbar aus, um dem Buch einen Platz in den »Schriften«, der dritten Abteilung der hebräischen Bibel, zu sichern. Im christlichen Alten Testament zählt der Prediger Salomo zur sogenannten »Weisheits«literatur, zu der auch das Buch Hiob und die Sprüche Salomos gehören.

So wie die Sprüche und das Hohelied, so wurde auch der Prediger Salomo traditionsgemäß König Salomo zugeschrieben, dem idealisierten »Weisen« der israelitischen Geschichte. Doch haben zahlreiche Gelehrte darauf hingewiesen, daß die Sprache des Buches, beispielsweise das Vorkommen bestimmter persischer Wörter im Originaltext und der Stil dies so gut wie ausschließen. Viele der Verse bringen eine Desillusionierung zum Ausdruck, die möglicherweise für die Juden während des babylonischen Exils kennzeichnend war. Die endgültige Zusammenstellung wird auf einen späten Zeitpunkt, um 300 v. Chr., datiert, wobei manche Historiker die Auffassung vertreten, daß der Zeitpunkt womöglich noch später lag. Manche Forscher vertreten die These, daß das Buch vielleicht aus der »hellenistischen« Ära stammt, der Zeit, nachdem Alexander der Große Persien im Jahr 332 v. Chr. erobert hatte, als der Alte Orient unter den Einfluß verschiedener griechischer Philosophen geriet. Gebildete Juden kannten vermutlich die Werke der »großen Drei« der Griechen: Sokrates, Plato und Aristoteles.

Stimmen der Bibel
Es ist ein Unglück, das ich sah unter der Sonne, und es liegt auf den Menschen: Da ist einer, dem Gott Reichtum, Güter und Ehre gegeben hat, und es mangelt ihm an nichts, was sein Herz begehrt; aber Gott gibt ihm doch nicht die Macht, es zu genießen, sondern ein Fremder verzehrt es. Das ist auch eitel und ein schlimmes Leiden. Wenn einer auch hundert Kinder zeugte und hätte ein so langes Leben, daß er sehr alt würde, aber er genösse des Guten nicht und bliebe ohne Grab, von dem sage ich: Eine Fehlgeburt hat es besser als er. (Koh. 6,1-3 LB)

Der Name »Ecclesiastes«, wie das Buch etwa in englischen Bibeln heißt, leitet sich ab von den griechischen und lateinischen Versionen eines hebräischen Wortes, das »Führer einer Versammlung oder Gemeinde«, bedeutet; dieser Ausdruck wurde dann frei als »Prediger« übersetzt. Doch dürfte das ursprüngliche hebräische Wort *Kohelet* korrekter mit »Lehrer« übersetzt sein.

Weil der Prediger Salomo weder ein Geschichtsbuch noch eine Allegorie noch ein prophetisches Buch ist, steht es unter den Büchern der Bibel als einzigartig da. Am besten erfaßt man es, wenn man sich vorstellt, wie ein weiser, aber erschöpfter alter Mann vor einer Gruppe von Kollegen oder Studenten laut über seine Gedanken nachdenkt.

David Rosenberg entwickelt in seinem Buch *A Poet's Bible* eine etwas andere Haltung gegenüber dem Verfasser des Prediger Salomos; er vermerkt, daß dieser sehr alte Vergleiche und Klischees »entkleidet«, und fügt hinzu: »Keine Philosophie hält das Gedicht zusammen, noch weniger irgendeine Theologie ... Ausgestattet mit den Insignien seiner unnachgiebigen hebräischen Kultur, findet der Dichter einen Weg, eine andere Welt vorbehaltlos anzunehmen, während er sie zugleich zurückweist ... Selbst heute nehmen traditionelle Bibelinterpreten, vor allem nichtjüdische, irrtümlich an, daß das Buch voller ätzender Zweifel stecke.« (S. 169)

Die schweifenden Gedanken des »Lehrers« sind eher philosophischer als religiöser Natur, und alle beginnen mit folgender zentralen Frage: »Was erreicht man im Leben durch all seine Mühen?« Der Verfasser sucht nach dem Sinn in den geläufigen

Antworten: Arbeit, Vergnügen, Reichtum, aber er findet keinen in ihnen. Er zieht sogar die Grundfrage von Recht kontra Unrecht in Zweifel, wobei er zu dem Schluß kommt, daß das moralisch Gute nicht immer belohnt wird und daß für alle Menschen das gleiche Ende kommt. Alles Leben endet im Tod, und Gott hat unser Schicksal bereits besiegelt. Dies bedeutet eine recht eindeutige Abkehr von anderen Weisheiten, wobei der Prediger Salomo im äußerst scharfen Gegensatz zu den Sprüchen Salomos steht, der ein bescheidenes Leben mit harter, ehrlicher Arbeit und das beständige Streben nach Weisheit preist.

Die Schlußverse lauten:

> Laßt uns die Hauptsumme aller Lehren hören: Fürchte Gott und halte seine Gebote; denn das gilt für alle Menschen. Denn Gott wird alle Werke vor Gericht bringen, alles, was verborgen ist, es sei gut oder böse. (Koh. 12,13-14)

Diese Ansicht steht in einem so deutlichem Kontrast zu dem übrigen Text, daß viele Kommentatoren glauben, die Verse seien hinzugefügt worden, um dem Buch auf diese Weise eine orthodoxere und allgemein leichter akzeptable Botschaft zu verleihen.

DIE LIEBESMASCHINE – NOCH EIN GOTTLOSES BUCH

HOHELIED SALOMOS

Als der König sich herwandte,
gab meine Narde ihren Duft.
Mein Freund ist mir ein Büschel Myrrhen,
das zwischen meinen Brüsten hängt.
(1,12-13)

- Schwarz und schön?

Wenn man das Buch der Richter wegen der darin vorkommenden Gewalt als nicht ganz jugendfrei bewerten wollte, dann müßte man eine ähnliche Wertung über das Hohelied wegen der Sexszenen vornehmen. Es ist – schlicht und einfach – ein Liebesgedicht. Mehr noch – es ist ein erotisches Liebesgedicht. Nein, es ist ein aufreizendes erotisches Liebesgedicht. Nun ja, vielleicht nicht ganz so aufregend wie das *Kamasutra* oder *Lady Chattersleys Liebhaber,* aber man kann darin doch recht erotische Textstellen finden.

Wenn uns erinnerungswürdige Bibelverse in den Sinn kommen, dann hat die faszinierende Formulierung, »meine Narde gab ihren Duft« nicht ganz denselben Klang wie das »Am Anfang ...« oder »Der Herr ist mein Hirte«. Im Religionsunterricht wird das Hohelied eher selten laut vorgelesen, weil dann ja vielleicht der Religionslehrerin die Brillengläser beschlagen könnten. (Im übrigen ist »Narde« ein Kräuteröl, kein althebräischer Euphemismus für einen Teil der weiblichen Anatomie.)

Das Hohelied Salomos (oder Lied der Lieder) gehört zu den umstrittensten Büchern in der hebräischen Bibel. Im 1. Jahrhundert n. Chr. wurde ihm der Platz im Kanon streitig gemacht, weil es, wie das Buch Esther, Gott mit keinem Wort erwähnt und weil es sich zudem nicht mit Gesetzen, Prophezeiungen oder religiösen Fragen befaßt. Zu fragen ist jedoch, wie es einem solchen Gedicht, das sich nicht offen mit der Ehe befaßt, überhaupt gelang, mit seiner sinnlichen, erotischen Bildersprache in die Bibel aufgenommen zu werden.

Das Hohelied wurde in die hebräischen »Schriften« wegen seiner Popularität und wegen der Zuschreibung zu König Salomo aufgenommen und ist in der Bibel einzigartig. Es handelt sich um ein Gespräch zwischen einer Frau und ihrem Geliebten – nur manchmal werden sie als Braut und Bräutigam bezeichnet. Das Gespräch hat die Form eines Gedichts und feiert in bemerkenswert exotischer und erotischer Sprache die körperliche Liebe zwischen Mann und Frau. Hierin ähnelt es ägyptischen Liebesgedichten und arabischen Hochzeitsliedern, die den Reiz und die Schönheit der Braut preisen. Es bestehen zudem Parallelen zu heiligen Ehetexten im Zusammenhang mit der rituellen Vereinigung der Göttin Ischtar mit ihrem Begleiter Tammuz, dem Gott der Schafhirten, der im Jerusalemer Tempel angebetet und speziell vom Propheten Hesekiel erwähnt wird.

Einige Forscher sehen in dem Buch eine Art Liturgie der göttlichen beziehungsweise königlichen Ehe oder zumindest eine Ableitungsform eines solchen Rituals. Obgleich es nicht möglich ist, das Hohelied genau zu datieren, geht sein Ursprung wohl auf sehr alte Zeiten zurück, bevor David und Salomo regierten. Die Endfassung wurde vermutlich nach der Rückkehr aus Babylon zusammengestellt. Da der Name Salomos in mehreren Versen erwähnt wird, hat man ihm das Hohelied zugeschrieben. Das ist zwar unwahrscheinlich, doch vermutlich stammt der Autor vom Hof König Salomos, an dem schließlich sehr viele schöne, exotische und fremde Frauen lebten.

Was hat dieses Buch also »in der Bibel zu suchen«? Die traditionellen Deutungen, sowohl im Judentum als auch im Christentum, lauten, daß diese pikanten Liebesgedichte die Liebe Jahwes zum Volk Israel symbolisieren. Es gibt einige frühere Beispiele für diese Vorstellung im Buch des Propheten Hesekiel, der in diesem Buch zudem eine sinnliche Ausdrucksform für Gott findet, indem er Gott als Geliebten eines schönen jungen Mädchens (Israel) darstellt. Für Christen bringt das Lied die Liebe Christi gegenüber seiner Gemeinde zum Ausdruck. Angesichts der unverhohlenen Erotik der Gedichte bilden beide Erklärungen eine Art Sackgasse. Der Rabbiner Joseph Telushkin, der die traditionelle Auffassung des Hohenliedes als allegorisches Modell vertritt, wonach es die Liebe zwischen Gott und dem jüdischen Volk zum Ausdruck bringe, schreibt hierzu: »Der Gebrauch eines solchen Modells zeigt, welch enormes Ansehen die Liebe zwischen Mann und Frau und die Sexualität in der Bibel genießt.« (*Biblical Literacy*, S. 358)

Stimmen der Bibel
Er küsse mich mit dem Kusse seines Mundes; denn deine Liebe ist lieblicher als Wein. (1,2 LB)

Deine beiden Brüste sind wie junge Zwillinge von Gazellen, die unter den Lilien weiden. Bis der Tag kühl wird und die Schatten schwinden, will ich zum Myrrhenberge gehen und zum Weihrauchhügel. Du bist wunderbar schön, meine Freundin, und kein Makel ist an dir. (4,5-7 LB)

Steh auf, Nordwind, und komm, Südwind, und wehe durch meinen Garten, daß der Duft seiner Gewürze ströme. Mein Freund komme in seinen Garten und esse von seinen edlen Früchten. (4,16 LB)

Mein Freund ist hinabgegangen in seinen Garten, zu den Balsambeeten, daß er weide in den Gärten und Lilien pflücke. (5,2-4 LB)

Dein Wuchs ist hoch wie ein Palmbaum, deine Brüste gleichen den Weintrauben. Ich sprach: Ich will auf den Palmbaum steigen und seine Zweige ergreifen. Laß deine Brüste sein wie Trauben am Weinstock und den Duft deines Atems wie Äpfel; laß deinen Mund sein wie guter Wein, der meinem Gaumen glatt eingeht und Lippen und Zähne mir netzt. (7,8-10 LB)

Schwarz und schön?

Ein Vers im Hohenlied hat zu einigen Schwierigkeiten bei der Übersetzung geführt. Hier sind drei Versionen:

- »Ich bin braun, aber gar lieblich, ihr Töchter Jerusalems, wie die Zelte Kedars, wie die Teppiche Salomos. (1,5 LB) (In der englischen King-James-Bibel wird von den »Rosinen« – *currants* oder *raisins* – gesprochen.)
- »Braun bin ich, doch schön ... wie die Zelte von Kedar, wie Salomos Decken.« (NJB)
- »Schwarz bin ich und doch anmutig ..., wie die Zelte Kedars, wie die Zeltdecken Salomos.« (EÜ)

In der englischen Version heißt es, die Haut der Heldin sei schwarz wie »Rosinen«. Es ist eine plausible Übersetzung angesichts der Sprachbilder, die sich aufs Essen beziehen und die auch an anderer Stelle in dem Buch auftauchen. Die anderen Übertragungen geben das ursprüngliche Hebräisch vermutlich wortgetreuer wieder. »Decken« und »Zeltdecken« ergeben Sinn, wenn man den Bezug auf die »Zelte« im vorhergehenden Vers herstellt.

Aber war diese Frau schwarz? Sicherlich sind die Bilder in Hollywoodfilmen, in denen antike Israelitinnen stets wie hellhäutige, hellhaarige amerikanische Filmsternchen mit Schleier aussehen, weit von der Wirklichkeit entfernt. Die Menschen in der Bibel waren semitischer Herkunft und deshalb dunkelhäutig. Die rassische Feindschaft und die Gleichsetzung von »schwarz« mit böse ist eine bedauernswerte Entwicklung, die im späteren Europa entstand, und wurde zum Teil erfunden, um die Versklavung der Afrikaner zu rechtfertigen. Ist man jedoch präzise in bezug auf das Hohelied, so entdeckt man, daß die junge Frau einige Verse später den Grund für ihre dunkle Hautfarbe erklärt. Sie mußte sich in praller Sonne um die Weinberge kümmern und war deshalb sehr braun geworden. Das sollte man indes nicht so interpretieren, daß sich die Bibel gegen ausreichenden Sonnenschutz ausspräche.

MEILENSTEINE IN DER ZEIT DER BIBEL IV
573 v. Chr – 41 v. Chr.

573: Der Chaldäer-König Nebukadnezar II. erobert nach 13jähriger Belagerung die Hafenstadt Tyrus. *568* marschiert er in Ägypten ein.

565: Gründung des Taoismus durch den chinesischen Philosophen Laotse in der Provinz Honan. Die Prinzipien seine Lehre legt er in seinem Werk *Tao-Te-King* fest. Diese aufgeschlossene und liberale Philosophie lehrt, daß Formen und Zeremonien ohne Bedeutung sind; sie befürwortet einen Geist der Rechtschaffenheit, sinkt in späteren Zeiten jedoch zu einem Kult der Magie herab.

562: Nebukadnezar II. stirbt nach 43jähriger Herrschaft. Ihm folgt sein Sohn Amel-Marduk (der biblische Marduk), der zwei Jahre regiert.

559: Kyros wird König von Persien. Er vereinigt die Meder, Perser und andere Stämme und regiert 20 Jahre lang.

539: Babylon fällt an Kyros von Persien.

538: Kyros erlaubt den Juden, nach ihrem 49jährigen Exil nach Jerusalem zurückzukehren.

530: Kambyses II. der Sohn des Kyros, wird König von Persien, nachdem sein Vater in einer Schlacht nahe dem Kaspischen Meer im Kampf gefallen ist.

528: Die Anfänge des Buddhismus in Indien. Dort hat Siddharta Gotama, ein fünfunddreißigjähriger Prinz, der dem Leben im Luxus abgeschworen hat, Erleuchtung in der Wildnis gefunden.
521: Ein mit Kyros verwandter Soldat raubt den Thron von Persien und regiert als Dareios I.
516: Der Jerusalemer Tempel wird 70 Jahre nach seiner Zerstörung wieder aufgebaut.
495: Der chinesische Philosoph Konfuzius tritt als leitender Staatsbeamter zurück und verbringt die folgenden zwölf Jahre als Morallehrer.
490: Die Schlacht bei Marathon markiert den Beginn der lang anhaltenden Kriege zwischen den Griechen und Persern, die bis 479 v. Chr. dauern.
458: Der hebräische Gelehrte Esra begibt sich nach Jerusalem, um die mosaischen Gesetze wieder einzuführen.
457: Unter Perikles beginnt das goldene Zeitalter Athens, eine 28jährige Ära, in der die Stadt auf den Gebieten der Architektur und Kunst vorherrschend werden wird. Gleichzeitig bereitet sich der Stadtstaat auf Auseinandersetzungen mit Sparta vor, die später unter dem Namen »Pelepponesischer Krieg« bekannt werden.
Ca. 400: Die »Fünf Bücher Mose« erhalten ihre endgültige Form.
399: Der griechische Philosoph Sokrates wird verurteilt, weil er überlieferte Ideen und Gedanken verhöhnt und dadurch angeblich die Jugend verdirbt. Vor den Augen seiner Studenten leert er einen Becher mit einem hochgiftigen Schierlingsextrakt und stirbt.
347: Der athenische Philosoph Plato, Schüler des Sokrates, eröffnet seine Akademie (sie wird 847 Jahre lang fortbestehen). *344:* Aristoteles, ein Schüler Platos, begibt sich nach Mazedonien, um Alexander, den Sohn des mazedonischen Königs Philip zu unterrichten.
336: König Philip von Mazedonien fällt einem Attentat zum Opfer. Nachfolger ist sein 21jähriger Sohn Alexander. Er wird unter dem Namen Alexander der Große berühmt und führt das Vorhaben seines Vaters, gegen die Perser zu kämpfen, aus. 332 erobert Alexander Ägypten und gründet die Stadt Alexandria. Um 331 besiegt Alexander die Perser; er erweitert sein Reich bis nach Indien.
323: Alexander stirbt in Babylon im Alter von 32 Jahren. Einer seiner Generäle, Ptolemaios, auch er ein Schüler des Aristoteles, übernimmt die Macht in Ägypten.

305: Beginn der Herrschaft über Palästina durch die Seleukiden von Syrien.

Ca. 255: In Alexandria beginnt man die Übersetzung der hebräischen Bibel ins Griechische: die Septuaginta.

202: Römische Armeen erobern Karthago. Dies markiert den Beginn des Aufstiegs Roms zur bedeutendsten Macht im Mittelmeerraum.

167: Der jüdische Priester Mattathias fordert den syrischen König Antiochus heraus, der das Judentum geächtet hat. Er und sein Sohn werden eine Revolte anführen. Sein dritter Sohn, Juda, wird unter dem Namen Makkabäus – der Hammerartige – bekannt.

156: Judas Makkabäus erobert Jerusalem von den Syrern zurück.

73: Spartakus, ein thrakischer Sklave, führt ein Heer von entflohenen Sklaven gegen Rom. Er wird im Jahr 71 besiegt.

64: Jerusalem fällt an den römischen General Pompeius. Anschließend erobert Pompeius das übrige Palästina für Rom.

60: Pompeius, Caesar und Crassus verbinden sich zu einem Triumvirat, das Rom durch Gaius Julius Caesar regiert. Caesars Tochter Julia wird mit Pompeius verheiratet, wodurch das Triumvirat seine Position festigt. Caesar beginnt seine Eroberungszüge durch Europa.

49: Caesar führt seine Truppen über den Fluß Rubikon; er zettelt einen Bürgerkrieg an und besiegt Pompeius, wodurch er im Jahr 48 zum Alleinherrscher Roms wird. Caesar verfolgt den geschlagenen Pompeius nach Ägypten, wo dieser ermordet wird. Caesar bleibt in Ägypten, um auf Geheiß der entthronten Königin Kleopatra von Ägypten einen Krieg durchzuführen.

46: Nachdem Caesar oppositionelle römische Streitkräfte besiegt hat, kehrt er mit Kleopatra, nun seine Geliebte, nach Rom zurück und wird zum Diktator Roms ausgerufen.

44: Julius Caesar fällt im römischen Senat einem politischen Attentat zum Opfer.

43: Der römische Senator Marcus Antonius schließt sich mit dem Großneffen Julius Caesars, Octavius, und Marcus Lepidus zu einem zweiten Triumvirat zusammen.

41: Marcus Antonius trifft Kleopatra, die jetzt 28 Jahre alt ist, und folgt ihr nach Ägypten.

HEBRÄER 1 – LÖWEN 0

DANIEL

*Da befahl der König, Daniel herzubringen.
Und sie warfen ihn zu den Löwen in die Grube.*
(6,16)

Viele von uns erinnern sich vielleicht noch an zwei Glaubenserzählungen, in deren Mittelpunkt ein junger jüdischer Knabe namens David steht. Diese Geschichten hat kürzlich William Bennett in seinem Bestseller *The Book of Virtues* neu erzählt. In einer von ihnen werden drei Jungen durch ihren Glauben an Gott vor einem todbringenden Feuerofen gerettet. In einer anderen entkommt Daniel unverletzt, nachdem man ihn in eine Löwengrube geworfen hat. Wie die meisten allzu einfachen Versionen der biblischen Erzählungen für Kinder und Jugendliche sind auch diese beiden Geschichten weit vielschichtiger, als es zunächst scheint. Möglicherweise erinnern Sie sich nicht mehr: Als Daniel unversehrt aus der Löwengrube herauskam, wurden die Männer, die ihn den Löwen zum Fraß vorgeworfen hatten, an die Löwen verfüttert, und zwar zusammen mit ihren Frauen und Kindern. Eine ziemlich harsche Rechtsprechung!

Die Geschichten von Daniel und seinen Mitstreitern spielen zwar während des Babylonischen Exils im Jahr 586 v. Chr., doch wurde das Buch zu einem viel späteren Zeitpunkt abgefaßt. Mit einiger Sicherheit läßt sich das Buch Daniel auf die Jahre 165-164 zurückdatieren; damit ist es das letzte Werk, das geschrieben und in den hebräischen Kanon aufgenommen wurde. Diese Aufnahme erfolgte um 90 v. Chr., und vermutlich aufgrund dieses späten Datums wurde das Buch den »Schriften« (bzw. die dritte Abteilung der hebräischen Heiligen Schrift) anstatt den Büchern der Propheten zugeordnet. Das Buch erzählt die Geschichte eines jungen Mannes, der trotz extremer Belastungen und Todesdrohungen an seinem Glauben festhält. Es wurde geschrieben, um die Juden von Jerusalem zu stärken und zu trösten, die unter dem tyrannischen König Antiochus IV. (175-164 v. Chr.) litten, einem der seleukidischen Könige, die die Juden beherrschten.

Die seleukidische Dynastie wurde nach einem der fünf Generäle Alexanders des Großen, Seleukos I. (312-281 v. Chr) benannt. Nach Alexanders Tod im Jahr 323 teilten diese fünf Generäle Alexanders Reich unter sich auf. Die beiden prominentesten dieser Generäle waren Ptolemaios, der die Herrschaft Ägyptens begründete, und Seleukos, der den weit überwiegenden Teil des babylonischen Reiches regierte. Ähnlich wie Kanaan, Israel und Juda in den vorhergehenden Jahrhunderten, war auch Juda jetzt zwischen diesen beiden alten Machtzentren gefangen – das eine in Ägypten, das andere in Mesopotamien. Die Juden aus Juda wurden nun von einer Gruppe von Aristokraten und Priesterfamilien regiert, die einen Senat namens *Sanhedrin* (griechisch: »Rat«) kontrollierten, den der Hohepriester des Tempels anführte. Es war kein besonders stolzer Augenblick in der jüdischen Geschichte, da die internen Auseinandersetzungen um die Besetzung des Postens des Hohenpriesters immer heftiger wurden und Verschwörungen an der Tagesordnung waren. Es war zudem eine Zeit der Konflikte und der extremen Feindseligkeit unter den Juden, weil viele junge Männer den Glauben zurückwiesen und begierig griechische Sitten und Gebräuche übernahmen, die Beschneidung aufgaben, ihre jüdische Namen gegen griechische eintauschten und sich ganz allgemein weniger als Juden und mehr als Griechen verstanden. Sogar zwei der einander bekämpfenden Hohenpriester aus dieser Zeit trugen die ungewöhnlichen Namen Jason und Menelaos. Zu dieser Zeit trat eine Gruppe orthodoxer, nationalistisch gesinnter Juden in Erscheinung, die *Hasidim* (»die Frommen«), die der zunehmenden »Hellenisierung« des Judentums entgegenwirken wollten. Der Verfasser des Danielbuchs kann einer dieser Hasidäer gewesen sein.

Die politischen Wirren und inneren Kämpfe unter den Juden veranlaßte den seleukidischen König Antiochos IV., im Jahr 169/8 v. Chr. in Jerusalem einzumarschieren, wobei er den Tempel plünderte und entweihte, und – einigen Berichten zufolge – 80 000 Menschen niedermetzeln ließ. Dann setzte Antiochos oder vielleicht der Hohepriester Menelaos im Namen des Königs eine Reihe von Gesetzen und Bestimmungen durch, mit dem Ziel, die jüdischen Bräuche auszulöschen. Die Beschneidung, die Observanz des Sabbats, das Begehen der jüdischen Feste sowie das Befolgen der Reinheitsgesetze – all das wurde verboten. Antiochos behauptete nämlich, daß alle: Jahwe, der alte kanaanäische Gott Baal und der griechische Gott Zeus gleich seien. Erst weihte er den Jerusalemer Tempel Zeus, dann beanspruchte er Göttlichkeit für sich selbst, wobei er den Titel Epiphanes (»Gott«, der »sichtbar« oder »erschienen« ist) annahm. Die Juden wurden gezwungen, Festen beizuwohnen, die die heidnische Gottheit ehrten, und Opfermahlzeiten mit Schweinefleisch zu essen – was natürlich »unrein« war. Während dieser Zeit der extremen religiösen Unterdrückung erzählte der anonyme Autor des Danielbuches davon, wie man angesichts dieser götzendienerischen, fremden Tyrannei den Glauben bewahren kann.

Stimmen der Bibel
Wenn überhaupt jemand, so kann nur unser Gott, den wir verehren, uns erretten; auch aus dem glühenden Feuerofen und aus deiner Hand, König, kann er uns retten. Tut er es aber nicht, so sollst du, König, wissen: Auch dann verehren wir deine Götter nicht und beten das goldene Standbild nicht an, das du errichtet hast. Da wurde Nebukadnezar wütend, sein Gesicht verzerrte sich vor Zorn über Schaldrach, Meschach und Abed-Nego. Er ließ den Ofen siebenmal stärker heizen, als man ihn gewöhnlich heizte. Dann befahl er, einige der stärksten Männer aus seinem Heer sollten Schadrach, Meschach und Abed-Nego fesseln und in den glühenden Feuerofen werfen. (Dan. 3,17-20, NJB)

Zusammenfassung der Handlung:
Daniel
Daniel ist einer von vier jüdischen Knaben, die während der Plünderung Jerusalems von König Nebukadnezar zu sich genommen und während des Exils am königlichen Hofe von Babylon erzogen wurden: Die Namen und Daten der babylonischen und späteren persischen Könige im Danielbuch sind eindeutig durcheinander geraten. Deshalb sollte man es nicht als Geschichtswerk, sondern als beseelte Allegorie lesen, die die Ereignisse in Juda zur Zeit Antiochos IV. widerspiegelt. Alle vier Jungen haben ihre hebräischen Namen durch babylonische versetzt. Alle verweigern die unreinen Nahrungsmittel, die man ihnen anbietet, und verblüffen den Hof, weil sie bei besserer Gesundheit sind als diejenigen, die das Essen des Königs zu sich nehmen.

Daniel erinnert sich an Joseph in Ägypten, der Gunst erlangte, als er die Träume des Pharao erklärte. Da er die Gabe der Traumdeutung von Gott erhält, ist er imstande, dem König die Bedeutung mehrerer Träume zu enthüllen. So wie Joseph kommen auch Daniel und seine Freunde in Babylon zu Ruhm und Ansehen. Als der König jedoch ein goldenes Götzenbild anfertigen läßt und verlangt, daß alle es anbeten sollen, verweigern drei von Daniels Freunden (Schadrach, Meschach und Abed-Nego) diesen Befehl und werden in einen glühenden Ofen geworfen. Zur Verblüffung des Königs überleben alle drei unverletzt durch Gottes Schutz.

Daniel deutet einen anderen Traum Nebukadnezars als Warnung, daß der König solange den Verstand verlieren wird, bis er Gott erkennt. Bald geht Daniels Weissagung in Erfüllung. Einige Zeit später, während eines Festes, das ein späterer König, Belsazar, gibt, erscheint an einer Wand der Banketthalle auf wundersame Weise eine Feuerschrift. Daniel deutet die Schrift als Zeichen, daß der König sterben und sein Reich an die Perser und Meder fallen wird. In dieser Nacht wird Belsazar ermordet.

Belsazars Nachfolger, der in offensichtlicher Verkennung als persischer König Dareios bezeichnet wird, erläßt ein Edikt, wonach alle Gebete an ihn gerichtet werden müssen. Diese Handlung spiegelt Antiochos' Taten wider. Als Daniel sich weigert, »Dareios« anzubeten, wird er in eine Löwengrube geworfen, doch gelangt er unversehrt wieder heraus, weil ihn die Engel Gottes retten. Verblüfft wirft der reuige König seine Berater bei Hofe, zusammen mit ihren Frauen und Kindern, den Löwen vor. Alle werden von den Tieren gefressen, wodurch Daniel bei Hofe erneut eine Machtstellung erringt.

Die Bedeutung all dieser Geschichten muß für die Leser auf der Hand gelegen haben: Die Erzählung von Daniel und den anderen tapferen Jugendlichen, die es ablehnen, sich mit unreinen Speisen zu beschmutzen oder sich vor Götzen zu verbeugen, symbolisierte für die zeitgenösssischen Juden die deutliche Aufforderung, sich der Anbetung des Zeuskultes zu widersetzen, den der Priester Menelaos verordnet hatte, und auch der angemaßten Göttlichkeit Antiochos' IV. entgegenzutreten.

In den Schlußkapiteln wendet Daniel seine Aufmerksamkeit anderen Dingen zu: Nun deutet er nicht mehr die Träume anderer, sondern hat selbst Visionen. Seine prophetischen Träume enthalten zahlreiche Bezüge, die vor allem auf die politischen Intrigen der damaligen Zeit abzielen, und zeigen den Zusammenbruch des Alexandrinischen Reiches und den Niedergang der Seleukiden und der ägyptischen Ptolemäer. Mehrere der spezifischen Prophezeiungen des Verfassers über die unmittelbare Zukunft dieser Reiche gingen nicht in Erfüllung, und so schließt das Buch mit den Worten über eine letzte Erfüllung und die Auferstehung der Toten zu einer Zeit, da die gläubigen Juden endgültig den Sieg davontragen würden.

Stimmen der Bibel
Zu jener Zeit wird Michael, der große Engelfürst, der für dein Volk eintritt, sich aufmachen. Denn es wird eine Zeit so großer Trübsal sein, wie sie nie gewesen ist, seitdem es Menschen gibt, bis zu jener Zeit. Aber zu jener Zeit wird dein Volk errettet werden, alle, die im Buch geschrieben stehen. Und viele, die unter der Erde schlafen liegen, werden aufwachen, die einen zum ewigen Leben, die andern zu ewiger Schmach und Schande. Und die da lehren, werden leuchten wie des Himmels Glanz, und die viele zur Gerechtigkeit weisen, wie die Sterne immer und ewiglich. Und du, Daniel, verbirg diese Worte, und versiegle dies Buch bis auf die letzte Zeit. Viele werden es dann durchforschen und große Erkenntnis finden. (Dan. 12,1-4)

Daniel hat sicherlich zu den Menschen seiner Zeit gesprochen, die sich der Bedrohung gegenübersahen, daß ihre Religion ausgelöscht werden könnte. Doch nimmt dieser hoffnungsvolle Ton in einem solch verzweifelten Augenblick die Eigenschaft von etwas Zeitlosem an. So ist Daniel zum Sinnbild des unterdrückten Gläubigen geworden, der wegen seines Glaubens gemartert wurde. Seine Visionen von einem verheißenen Zeitalter der »Errettung« und vom »ewigen Leben« haben Juden und Christen seither immer wieder Hoffnung gegeben.

ZWISCHEN DEN BÜCHERN

DIE APOKRYPHEN ODER DEUTEROKANONISCHEN BÜCHER

Warum kommt das Chanukka-Fest in der Bibel nicht vor?

Nach Zusammenstellung aller Texte, die die jüdischen Rabbiner für »göttlich inspiriert« hielten und die den Kanon der hebräischen Schriften bilden, stellte sich bezüglich der Bibel einmal mehr die alte Frage: »Wessen Bibel ist es?« Gemessen an den Standards der hebräischen Bibel (Tanach) wie auch an den Textversionen des Alten Testaments, die der Anordnung in der Lutherbibel folgen, gibt es nicht mehr zu sagen. Aber wenn man eine Douay-Bibel, die Jerusalemer Bibel oder irgendeine der verschiedenen katholischen Bibeln vergleichend liest, erkennt man, daß einige Bücher ausgelassen wurden. Diese fehlenden Bücher – oder Teile von Büchern – folgen in vielen Bibeln den »kanonischen« Büchern, und zwar in einem gesonderten Abschnitt, den sogenannten Apokryphen.

Das griechische Wort *Apocrypha* bezieht sich auf eine kleine Gruppe sehr alter Schriften, deren »göttlich inspirierter« Status schon seit langem Thema von Debatten und Kontroversen ist. Es bedeutet »Dinge, die man verborgen hat«, wobei man sich seit langem die Frage stellt, ob dies heiße, daß diese Bücher auf irgendeine Weise ketzerisch waren und versteckt werden sollten. In Wirklichkeit waren die Apokryphen nie geheim. In protestantischen Bibeln, wie beispielsweise der King-James-Bibel oder der New Revised Standard Version, stehen apokryphe Schriften im allgemeinen zwischen dem Alten und dem Neuen Testament. In katholischen Bibeln sind die meisten dieser Bücher jedoch zwischen den anderen »kanonischen« Büchern verstreut, und deshalb bezeichnet man sie als die »deuterokanonischen Bücher«, was in freier Übersetzung soviel wie »Bücher, die dem Kanon hinzugefügt werden« bedeutet.

Möglicherweise wurden einige dieser apokryphen Bücher ursprünglich auf hebräisch geschrieben, doch wußte man von ihrer Existenz nur durch die griechischen Versionen. Das ist einer der Gründe, warum die Rabbiner sie als Teil der hebräischen Bibel zurückgewiesen haben. Sie wurden jedoch in die Septuaginta aufgenommen, der griechischen Übersetzung der hebräischen Bibel, die man in der Frühzeit des Christentums benutzte. Während der ersten vier nachchristlichen Jahrhunderte betrachteten die Frühchristen diese Schriften als heilig. Die tiefgreifende Spaltung unter den Christen wegen dieser »zusätzlichen« Bücher begann im Jahr 382 n. Chr., als Papst Damasus den führenden Bibelgelehrten seiner Zeit, Hieronymus, beauftragte, eine Neuübersetzung der Bibel ins Lateinische anzufertigen. Bei der Abfassung dessen, was man später als »Vulgata« bezeichnen sollte, stützte sich Hieronymus auf die hebräischen Originaltexte, nach denen er seine Übertragung anfertigte. Er war davon überzeugt, daß allein diese Bücher im hebräischen Kanon als echt angesehen werden durften. Daher wies er die Bücher, die man nur auf griechisch fand, zurück und bezeichnete sie als »apokryph«. Doch wurden Hieronymus' Auffassungen hinsichtlich dieser Frage von den Kirchenführern nicht akzeptiert, und so beließ die christliche Kirche die apokryphen Schriften für ungefähr die folgenden 1 000 Jahre im Alten Testament.

Während der Reformation im ersten Jahrzehnt des 16. Jahrhunderts griffen die aufrührerischen Protestanten auf die Meinung Hieronymus' und der Rabbiner zurück und verteidigten sie. Sie wiesen auf die Tatsache hin, daß keiner der Verfasser des Neuen Testaments jemals die Apokryphen erwähnt habe, obgleich sie die 39 Bücher des hebräischen Kanons oft erwähnt hätten. Um 1530 vertraten die Protestanten die Ansicht, daß den Büchern Gottes Autorität fehle, und entfernten deshalb die Apokryphen entweder völlig aus ihren Bibeln oder ordneten sie in einem gesonderten Abschnitt zwischen der hebräischen Bibel und dem Neuen Testament ein. Als Reaktion darauf erklärte das römisch-katholische Konzil von Trient im Jahr 1546, daß Gott die Bücher geschrieben habe. Es ging nicht lediglich um einen Wortstreit, sondern vielmehr um Fragen der Lehre, die Katholiken und Protestanten schließlich spalteten.

Die Apokryphen enthalten verschiedenartige Schriften. Es gibt unter ihnen erfundene Texte, die frei auf der jüdischen Geschichte, auf Legenden und antiken Volkserzählungen, Weisheitsbüchern und Geschichtswerken beruhen und die deshalb besonders von großen Nutzen sind, weil sie ein Bild des jüdischen Lebens in Juda in den Jahren bis zur Geburt Jesu zeichnen.

Buch Tobit
(folgt in der katholischen Bibel dem Buch Nehemia)
Das Buch spielt in Ninive, der Hauptstadt der Assyrer, und enthält einige chronologische Ungenauigkeiten, die es als fiktiv erscheinen lassen. Unter den Schriftrollen vom Toten Meer wurden hebräischsprachige Fragmente das Buches gefunden. Tobit ist ein großzügiger, gottesfürchtiger Jude, der erblindet ist. Unterstützt durch den verkleideten Erzengel Raphael fängt sein Sohn Tobias einen Zauberfisch, der Tobit von seiner Erblindung und eine fromme junge Frau, Sara, heilen wird, die von einem geheimnisvollen Geist heimgesucht wird, der sieben der vorhergehenden Bewerber um ihre Hand getötet hat. Tobit enthält Elemente mehrere antiker Volkserzählungen und erzählt im Grunde davon, daß Rechtschaffenheit belohnt wird.

Buch Judith
(folgt in der katholischen Bibel Tobit und kommt vor Esther)
Ähnlich wie das Buch Daniel (vgl. S. 348), so wurde wohl auch diese Erzählung während der Zwangsherrschaft des Antiochus Epiphanes zusammengestellt, vielleicht erst um das Jahr 150 v. Chr. Sie erzählt vom tapferen Widerstand einer mutigen jüdischen Witwe, Judith, deren Name »Jüdin« bedeutet, gegen einen grausamen Fremden. Die Geschichte steckt voller historischer und geographischer Ungereimtheiten – was ein Grund dafür ist, daß man sie nicht in den hebräischen Kanon aufgenommen hat. Sie erzählt, wie Nebukadnezar – unzutreffend als König der Assyrer beschrieben; er war Chaldäer – seinen General Holofernes entsendet, um die aufständischen Juden zu unterwerfen. Judith legt ihre Witwenkleidung ab, zieht sich verführerisch an und parfümiert sich. Anschließend begibt sie sich ins Lager des Holofernes und bietet an, ihm zum Sieg über ihr Volk zu verhelfen. Eines Nachts macht Judith Holofernes sturzbetrunken, und während er bewußtlos ist,

schlägt sie ihm mit seinem eigenen Schwert den Kopf ab. Sie kehrt nach Hause zurück und ermutigt das jüdische Volk, anzugreifen, das dann das Heer Nebukadnezars besiegt.

Esther (Griechische Fassung)
Die griechische Septuaginta schließt mehrere Textstellen des Buches Esther ein (vgl. S. 306ff.), für das kein hebräisches Original existiert. In diesen Buch rettet die schöne junge Jüdin Esther ihr Volk vor einem grausamen Komplott, das Haman, der Kanzler des persischen Königs geschmiedet hat. In der hebräischen Fassung wird Gott an keiner Stelle erwähnt, doch enthalten die griechischen Hinzufügungen zahlreiche Anspielungen auf Gott. Zudem zeigt Esther ihren Abscheu für die Nichtjuden und richtet sich strikt nach den jüdischen Essensvorschriften. Weder das eine noch das andere kommt im hebräischen Original vor.

Buch der Weisheit
(folgt in der katholischen Bibel dem Hohenlied)
Obgleich dieses Buch vermutlich erst um die Zeit 50 v. Chr. geschrieben wurde und der Name Salomo darin kein einziges Mal vorkommt, hat man es Salomo zugeschrieben. Der Autor denkt über seinen Glauben im Gegensatz zu der Gottlosigkeit nach, die er in der Welt ringsum, vor allem unter den Ägyptern, wahrnimmt.

Buch Jesus Sirach
(folgt in der katholischen Bibel dem Buch der Weisheit)
Bei diesem Buch, auch »Weisheit des Ben Sira« genannt, handelt es sich um eine Sammlung von Sinnsprüchen, ähnlich den Sprüchen Salomos, in denen moralisch gutes Verhalten, Anstand, gesunder Menschenverstand und Weisheit gefeiert wird. Der Autor, Jesus Sirach, war ein Schriftgelehrter und Lehrer, der um 190-180 v. Chr. in Jerusalem lebte. Man hat Fragmente des originalen hebräischen Textes gefunden. Im Jahr 132 v. Chr. wurde das Buch jedoch vom Enkel des Verfassers ins Griechische übertragen.

Buch Baruch
(folgt in der katholischen Bibel den Klageliedern des Jeremia)
Der Autor gibt sich als Anhänger des Propheten Jeremia aus, der zusammen mit den Exilierten nach 587 v. Chr. in Babylonien schrieb. Jeremia und Baruch wurden, so vermutet man, im Jahr 582 v. Chr. nach Ägypten vertrieben, so daß dieses Buch wahrscheinlich nach der Niederschrift des Danielbuchs um 165 v. Chr. verfaßt wurde. So wie die traditionellen Propheten weist auch Baruch auf die Ungläubigkeit und Verderbtheit in seinem Volk hin und führt diese als Grund für die Katastrophen an, die stattgefunden haben. Doch glaubt er auch, daß die Bestrafung enden und Jerusalem wieder aufgebaut werden wird.

Der Brief Jeremias
Diesen Brief hat vermutlich Jeremia in Babylon geschrieben – allerdings begab er sich nach Ägypten, nachdem Jerusalem eingenommen war. In dem Brief schreibt »Jeremia«, daß das Exil zwar lang, aber nicht von Dauer sein wird und daß die Exilierten darauf achten sollten, nicht die schlechten Gewohnheiten der Fremden, wie beispielsweise den Götzendienst, anzunehmen.

Die Zusätze zum Buch Daniel
Dieses Buch enthält drei längere Textpassagen auf griechisch, die nicht Teil des überlieferten hebräischen Danielbuches sind. »Das Gebet Asarjas« ist ein langer Lobgesang, den drei junge Juden in einem Feuerofen anstimmen, in den man sie geworfen hat. »Susanna, Bel und das Urteil Daniels« ist eine erbauliche Geschichte über die tugendhafte Jüdin Susanna, der zwei Männern drohen, sie würden sie des Ehebruchs beschuldigen – es sei denn, sie schläft mit ihnen. Daniel schreitet ein und rettet ihr das Leben; die beiden lüsternen alten Männer werden zum Tod verurteilt. In »Bel und der Drache (oder die Schlange)« verhöhnt Daniel eine große Schlangenstatue, der am Hofe von König Kyros täglich Lebensmittel geopfert wurden. Daniel beweist, daß nicht die Statue die Lebensmittel verzehrt, sondern Priester sich in den Tempel schleichen und die Nahrungsmittel essen. Der König läßt die Schlangenpriester hinrichten.

Das 1., 2., 3., 4. Buch der Makkabäer
(im römisch-katholischen Kanon sind die ersten beiden
dieser Bücher in den historischen Schriften inbegriffen,
nach dem Buch Esther)
Die ersten drei dieser Bücher ergeben zusammengenommen eine Geschichtserzählung des jüdischen Lebens unter der Herrschaft Alexander des Großen und seiner Nachfolger in Juda und Syrien, den Seleukiden, vor allem dem seleukidischen König Antiochos IV. Epiphanes, dem syrischen König, der den Tempel entweihte. Der Bericht erzählte vom Aufstieg einer jüdischen Dynastie mit Namen Hasmoneär, auch Makkabäer genannt, an deren Anfang ein Priester namens Matthathias und seine fünf Söhne standen.

Als Antiochos Jerusalem angriff und später den Tempel entweihte, scharten Matthathias und seine Söhne die Juden um sich und leisteten Widerstand. Nach dem Tod des Matthathias übernahm dessen Sohn Judas »Makkabäer« (der »Hammerartige«) den Befehl und besiegte die Seleukiden. Mit dem jüdischen Fest Chanukka feiert man diese rituelle Reinigung des Tempels. Die Chanukka-Tradition, ein Ölfläschchen zu entzünden, das wie durch ein Wunder acht Tage lang brennt, wird dagegen in diesen Büchern nicht erwähnt.

Judas wurde später ermordet. Nachfolger wurde einer seiner Brüder, womit eine weitere Runde der anhaltenden Kriege zwischen den syrischen Seleukiden und den jüdischen Makkabäern oder Hasmonäern eingeleitet wurde. Das Buch schließt mit dem Aufstieg des Johannes Hyrkanos an die Führungsspitze der hasmonäischen Dynastie im Jahr 134 v. Chr. In dieser Zeit betritt die neue Weltmacht Rom die Bühne des Weltgeschehens.

Das 1. Buch Esdras (Esra)
Dieses Buch erzählt einen Teil der Bücher der Chroniken, Esra und Nehemia nach. Anschließend wird ein Gleichnis aus der persischen Religion des Zoroastrismus über das »Stärkste in der Welt« wiedergegeben: die Wahrheit.

Das 2. Buch Esdras
Es hat sowohl jüdische als auch christliche Aspekte und erörtert die Auferstehung von den Toten und das Kommen des Messias.

Das Gebet Manasses
In diesem kurzen Buch wird gezeigt, wie der berüchtigste König von Juda, Manasse, ein Bußgebet darbietet, in dem er Gott um Vergebung für all das Böse bittet, was er als König getan hat.

Psalm 151
Ein Psalm, der nach Ansicht mancher Gelehrter von David stammt und den er verfaßte, nachdem er Goliath besiegt hatte. Andere bestreiten allerdings diese Auffassung.

Nachdem die Endgestalt der hebräischen Bibel zusammengestellt ist, schwebt über der Welt des Mittelmeerraumes eine drohende Gefahr: die Heraufkunft des Zeitalters des Römischen Reiches. Alles, was in der Zeit Jesu und der frühen Jahre der Christenheit geschieht, muß deshalb vor dem Hintergrund der Macht Roms betrachtet werden. Die Welt, in die Jesus geboren wurde, wurde ganz von den Römern beherrscht.

Rom war ursprünglich eine Gruppe von Dörfern, die sich zu einer Stadt entwickelten, die allmählich die Vorherrschaft über ganz Italien errang. Im Jahr 264 v. Chr. kam es während der Punischen Kriege, einer Reihe von Schlachten, die bis zum Jahr 146 v. Chr. andauerten, zum Zusammenstoß zwischen Rom und der nordafrikanischen Stadt Karthago, bei dem es um die Herrschaft über den Mittelmeerraum ging. Das von den Phöniziern gegründete Karthago lag an der Nordküste Afrikas und war eine führende Macht im westlichen Mittelmeerraum. Trotz des Sieges des berühmten nordafrikanischen Generals Hannibal, der mit seinen Elefanten die Alpen überquerte, um Rom mit einem Angriff aus dem Norden zu überraschen, beendete Rom seine Eroberung Karthagos im Jahr 146 v. Chr. Karthago wurde dem Erdboden gleichgemacht. Fortan beherrschte Rom den westlichen Mittelmeerraum.

Im Laufe des nächsten Jahrhunderts sicherte sich Rom zudem die unumstrittene Herrschaft über den östlichen Mittelmeerraum. Zur Zeit des bedeutenden Feldherrn Pompeius (106-48 v. Chr.) war Judäa auf den Status eines Vasallenstaates Roms herabgesunken. Im Jahr 60 v. Chr. eroberte Pompeius schließlich Jerusalem. In Rom folgte eine chaotische Zeit des Bürgerkriegs, als 49 v. Chr. Julius Caesar den Rubikon überschritt und innerhalb weniger Monate die Kontrolle über Italien hatte.

Im Jahr 44 v. Chr. wurde Caesar ermordet, an seine Stelle trat ein Triumvirat, das Rom regierte; unter den drei Männern waren auch Marcus Antonius und Julius Caesars Großneffe Oktavian. Ihre Partnerschaft endete im Bürgerkrieg zwischen den Streitkräften Octavians und Marcus Antonius', wobei Octavian aus der Schlacht von Aktium 31 v. Chr. als Sieger hervortrat.

Bald danach rief sich Octavian zum Kaiser Augustus aus. Beginnend mit Augustus baute Rom sein Großreich mit einer hochdisziplinierten Armee, viel diplomatischem Geschick sowie der politischen Strategie auf, jenen, die in seinem Herrschaftsgebiet lebten, die römische Staatsbürgerschaft anzubieten.

In Judäa – die römische Bezeichnung für Juda – gelang es einem fähigen Soldaten namens Herodes, die Römer gegeneinander auszuspielen, bevor Augustus seine Machtstellung festigte. Herodes wurde etwa um 73 v. Chr. geboren. Er wurde zum Militärgouverneur ernannt und nahm im Jahr 47 die römische Staatsbürgerschaft an. 41 v. Chr. ernannte man ihn zum »Tetrarchen«, also zum Herrscher einer der fünf römischen Provinzen dort. 40 v. Chr. begab sich Herodes nach Rom. Dort machte er Marcus Antonius zum König von Judäa und verlieh ihm über das Gebiet die alleinige Macht, die mit Hilfe eines römischen Heeres gesichert wurde. Doch Herodes erkannte, »woher der Wind wehte« und wechselte die Seite – zu Octavian, der Antonius besiegte. Herodes erhielt seinen Lohn, als ihn Kaiser Augustus als König bestätigte.

In Judäa galt Herodes als grausame Marionette der heidnischen Römer und erregte Abscheu bei der Bevölkerung. Obgleich er den Jerusalemer Tempel wiederaufbauen ließ, und das in einer Größe, die den Tempel Salomos übertraf, blieb er als das tyrannische

Oberhaupt eines »Polizeistaates« jedoch gefürchtet und verhaßt. Er starb im Alter von 69 Jahren im Jahr 4. v. Chr. Die letzten Jahre seiner Herrschaft bilden dann den unmittelbaren Hintergrund für eine der bedeutsamsten Geschichten in der Geschichte der Menschheit. Diese Erzählung, die Christen so vertraut ist, ist jedoch voll von Ungereimtheiten, Widersprüchen und nicht dokumentierten Ereignissen.

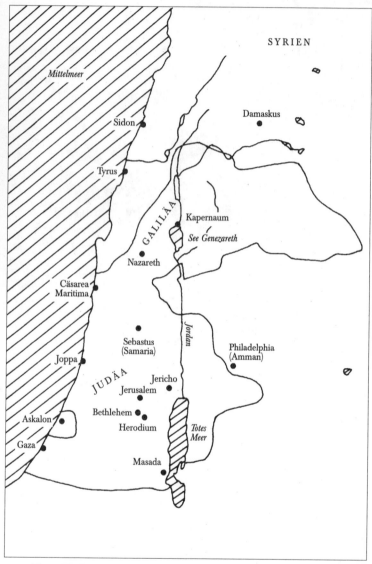

Karte II: Die Welt des Jesus. – Die Landkarte zeigt das Gebiet, in dem Jesus geboren wurde und lebte.

III

DAS NEUE TESTAMENT

*Da sprach nun Jesus zu den Juden,
die an ihn glaubten:
Wenn ihr bleiben werdet an meiner Rede,
so seid ihr in Wahrheit meine Jünger
und werdet die Wahrheit erkennen,
und die Wahrheit wird euch frei machen.«*
(Evangelium nach Johannes 8,31-32)

*Jesus liebt mich – das weiß ich,
denn die Bibel sagt es mir.*
Anna Bartlett Warner
The Love of Jesus, 1958

»*Und wenn Gott einer von uns wäre?*«
Joan Osborne

- Was ist das Neue Testament?

- Wer schrieb das Neue Testament?

- Sind die vier Evangelien die reine Wahrheit?

- Wenn es nur vier Evangelien gibt, was sind dann die »gnostischen Evangelien?«

Dreizehn Männer steigen aus einem Flugzeug, das, aus Damaskus kommend, auf dem John-F.-Kennedy-Flughafen in New York gelandet ist. Die meisten sind unrasiert, ihre Kleidung riecht ein wenig unangenehm, nach Fisch und Schaf. Sie tragen Tuniken und staubbedeckte Sandalen, haben aber kein Gepäck dabei – nur Spazierstöcke und Säcke, in denen sie einige zusätzliche Überkleider mitführen. Sofort gehen beim Zoll die roten Lichter an. Ein Team von Inspektoren führt die Männer in einen Raum, damit sie durchsucht werden können. Argwöhnische Beamte der Einwanderungsbehörde stehen in der Nähe und halten sich bereit, die Gewehre schußbereit. Die nervösen Inspektoren nehmen das Offensichtliche an: Sie haben eine Bande von Terroristen aus dem Nahen Osten in Gewahrsam genommen.

Man stellt den Männern die üblichen Fragen. Doch ihre Antworten sind ungewöhnlich: Sie besäßen keine Pässe; sie erkennen keine Regierung an. Sie hätten kein Geld zu verzollen; Gott kümmere sich um alles, was sie brauchten. Ihre Flugtickets hätten reiche Freunde daheim bezahlt. Sie seien gekommen, »um Amerika die Wahrheit zu lehren«. Als sie sich ihrer Festnahme gegenübersehen, stellt sich heraus, daß sie sich mit den örtlichen Verordnungen sehr gut auskennen. Einer bittet um politisches Asyl und verlangt eine Anhörung vor Vertretern der Einwanderungsbehörde – und dann verlangt er noch, daß diese Anhörung in Washington, D. C. stattfindet – und zwar vor dem amerikanischen Präsidenten!

Was geschähe, wenn Jesus und seine zwölf Jünger auf einem heutigen Flughafen einträfen? Oder wenn Paulus und einige andere der ersten Christen heute in eine typische amerikanische oder europäische Stadt hereinspaziert kämen? Obgleich manche zeitgenössische Christen an das Bild eines blonden Nord- oder Mitteleuropäers mit blauen Augen Jesus gewöhnt sind – einige würden doch sicherlich ihren »Messias« erkennen, den Juden, der ihre Gemeinde gründete, und ihn mit offenen Armen empfangen. Die meisten »Gläubigen« würden jedoch beim Anlick dieser Gruppe »fremder«, schlecht gekleideter, obdachloser Männer zurückweichen. Bestenfalls würde man eine solch bunt zusammengewürfelte dreizehnköpfige Truppe im Hause einer Durchschnittsfamilie empfangen. Schlimmstenfalls würde man das FBI benachrichtigen, damit es die Männer in Gewahrsam nimmt.

Der zweite Teil der christlichen Bibel, das Neue Testament, berichtet von diesen schlecht gekleideten, heimatlosen Männern (und Frauen), die den Lauf der Geschichte veränderten.

Was ist das Neue Testament?

Im Unterschied zur hebräischen Bibel, die einen Zeitraum von vielen Jahrhunderten umspannt, umfaßt die Geschichte des Neuen Testaments weniger als ein Jahrhundert. Außerdem ist es nur ein Viertel so lang wie das Alte Testament. Das Neue Testament erzählt die Geschichte der wundersamen Geburt, der Werke, der Lehren, der Hinrichtung des Jesu und seine Auferstehung von den Toten. Zwei Jahrhunderte lang haben Christen sich zu ihrem Glauben an diesen Jesus bekannt. Dabei hieß er in Wirklichkeit gar nicht so, und außerdem war er ein jüdischer Zimmermann, wie die Forschung vermutet. Das Neue Testament erzählt die Geschichte vom Leben Jesu und berichtet darüber hinaus von der Gründung und Entwicklung der Christenheit – zunächst als Sekte innerhalb des traditionellen Judentums und später dann als religiöse Gruppe –, die sich in der nichtjüdischen Welt ausbreitete. Wie im Fall der hebräischen Bibel wurde auch vieles von diesen Informationen mündlich weitergetragen, bis es lange nach dem Tod und der wundersamen Auferstehung Jesu in zeitgenössischem Griechisch handschriftlich niedergelegt wurde.

Die Hauptperson in diesem dramatischen Neuen Testament – sie gehört zu den einflußreichsten Menschen der Weltgeschichte – ist ein guter jüdischer Knabe, dessen Name wohl eher Josua ben Joseph oder Jehosua ben Yosef lautete, der Sohn eines Zimmermanns, der, einem Bericht zufolge, selbst Zimmermann war. In dem Roman *Die letzte Versuchung Christi* von Nikos Kazantzakis, den der Filmregisseur Martin Scorsese später als Vorlage zu seinem umstrittenen Kinofilm machte, wird auf provozierende Weise beschrieben, wie der fiktive Jesus roh gezimmerte Kreuze errichtet, an denen Römer Juden hinrichten.

Wie die meisten Juden seiner Zeit sprach Jesus Aramäisch. Diese syrische Sprache, die dem Hebräischen ähnelt, wurde zur damaligen Zeit im Volk gesprochen. Jesus hatte aber sicherlich das Hebräisch, die Sprache der Bücher des Gesetzes, der Propheten und der Schriften erlernt. Ob er auch Griechisch beherrschte, läßt sich nicht sagen. Jesus hinterließ weder persönliche Schriften noch andere schriftliche Dokumente. Es gibt keine Beschreibung seines Äußeren. War er klein oder groß? War er verheiratet? Hatte er Kinder? Alle Informationen über ihn stammen entweder aus zweiter oder dritter Hand, von seinen unmittelbaren Anhängern, ihren Jüngern oder deren Jüngern.

Verknüpft man die einzelnen, voneinander abweichenden biblischen Darstellungen miteinander, so zeigt dieses zusammengesetzte Bild einen Jesus, der wunderbarerweise von einer Jungfrau geboren und zum wandernden Lehrer und Heiler wurde und den Großteil seines Lebens in der Umgebung des Sees Genezareth verbrachte. Er scharte eine Gruppe treu ergebener Anhänger um sich, die ihre Berufe aufgaben und ihre Familien verließen, um sich ihm anzuschließen, so daß ihn bestimmte Mitglieder der jüdischen Obrigkeit als Bedrohung empfanden. Deshalb sorgten sie dafür, daß er von römischen Beamten festgenommen, verurteilt und am Kreuz hingerichtet wurde – eine Strafe, die die Römer normalerweise für entlaufene Sklaven und Aufständische reservierten. Nach dem Tod am Kreuz, so wurde berichtet, sei er Gruppen seiner Anhänger leibhaftig erschienen. Für fromme Juden, die Jesus anerkannten, war er der Erlöser, der die Verheißung erfüllte, die in ihren Schriften Ausdruck fand, nämlich die eines kommenden »Messias« oder »Gesalbten« aus dem Geschlecht Davids, der die Kinder Israel befreien und ein neues Zeitalter des Friedens und der Herrschaft Gottes einleiten werde. Später nannte man ihn »Christus«, doch handelt es sich nicht um einen Namen, sondern um einen verliehenen Titel. Das Wort »Christos«, aus dem Griechischen, der Originalsprache des Neuen Testaments, bedeutete ursprünglich »Öl«, wurde später jedoch als »der Gesalbte« oder »Messias« ausgedeutet.

Die 27 Bücher des Neuen Testaments gliedern sich in zwei Untergruppen: Die ersten fünf Bücher erzählen vom Leben Jesu und dem Werk seiner Anhänger, als sie die Religion begründeten, die man später Christentum nannte; die folgenden 21 Bücher sind Briefe, die einige der Führer der frühchristlichen Kirche schrieben; sie erweiterten oder deuteten die Lehren Jesu und erließen eine Reihe neuer Bestimmungen für das Leben und den Gottesdienst, die im Gegensatz zu den jüdischen Traditionen stehen. Das letzte der 27 Bücher, die Offenbarung des Johannes, ist sowohl Brief als auch »apokalyptische« Vision der letzten Tage vor dem Jüngsten Gericht und unterscheidet sich hinsichtlich Stil und Ton grundsätzlich von den anderen Büchern.

Die vier Bücher, die man an den Anfang des Neuen Testaments stellte, wurden vermutlich nicht als erste geschrieben, und man bezeichnet sie als Evangelien. Zwar versteht man das Wort Evangelium heute bisweilen als gleichbedeutend mit »Wahrheit«, doch bedeutet es soviel wie »frohe Botschaft« oder »gute Nachricht«. Die vier Evangelien werden nach ihren mutmaßlichen Verfassern Matthäus, Markus, Lukas und Johannes benannt. Wissenschaftler und Theologen haben traditionsgemäß die ersten drei Evangelien als die »synoptischen Evangelien« (»synoptisch« kommt aus dem Griechischen und bedeutet »zusammensehen«) bezeichnet, weil sie die Geschichte vom Leben, Tod und den Lehren Jesu in sehr ähnlicher Weise »betrachten«. Die drei synoptischen Evangelien haben sehr viel gemeinsam, doch weisen sie auch gravierende Unterschiede auf. Sie berichten zwar übereinstimmend von den wichtigsten Geschehnissen des Lebens und Todes Jesu, unterscheiden sich jedoch in bezug auf bedeutsame Details und Besonderheiten der Chronologie und des Ortes. Manche dieser Abweichungen sind recht erstaunlich. Zum Beispiel berichtet Matthäus, der Verfasser des ersten der synoptischen Evangelien, daß beim Tod Jesu einige der Toten in Jerusalem aufstanden und fortgingen – ein wundersames Ereignis, das nicht nur viele der anderen Evangelien wie auch zeitgenössische nichtbiblische Darstellungen aus dem Jerusalem des 1. Jahrhunderts übersahen. Sowohl das Matthäus- als auch das Lukasevangelium berichten, Jesus sei von einer Jungfrau geboren, im Markusevangelium wird dieses außergewöhnliche Geschehnis jedoch mit keinem Wort erwähnt.

Was die biographischen Einzelheiten und den literarischen Stil des Autors betrifft, unterscheidet sich das Johannesevangelium, das vierte, grundsätzlich von den anderen dreien. Es ist ein glanzvolles prophetisches Buch und schildert einige Ereignisse im Leben und Tod Jesu, die auch in den anderen drei Evangelien vorkommen, ist jedoch metaphernreicher und »spiritueller« als diese. Zudem enthält es grundlegende Unterschiede, darunter Abweichungen hinsichtlich so fundamentaler Tatsachen, wie oft Jesus zu Lebzeiten Jerusalem besuchte. Wie Markus ignoriert auch Johannes Jesus' wundersame Geburt. Überdies berichtet Johannes als einziger vom ersten Wunder Jesu, bei dem dieser während eines Hochzeitsfestes Wasser in Wein verwandelte.

Die schwierige Anpassungsleistung für Christen, die mit der Verschmelzung der vier Evangelien zu einer geschichtlichen »Biographie« Jesu aufgewachsen sind, besteht darin, daß man im Zusammenhang der Evangelien mit dem Wort »Geschichte« vorsichtig umgehen muß. Es mag sein, daß die Evangelien von Gott inspiriert sind, doch handelt es sich weder um Geschichtswerke noch um Biographien. Es sind nicht einmal persönliche Erinnerungen. Sie wurden von Strenggläubigen geschrieben, die in ihrer Zeit zum Glauben aufforderten, und können deshalb nicht als Dokumente der Geschichtsschreibung aufgefaßt werden. Die Autoren waren keine Journalisten, die über Jesus »berichteten« und bestrebt waren, sämtliche Einzelheiten seines täglichen Lebens festzuhalten und in einen größeren historischen Zusammenhang zu stellen. Es waren vielmehr treue Anhänger, die den Menschen eine Fassung der »Wahrheit« lieferten, wie sie sie verstanden.

Den vier Evangelien folgt die Apostelgeschichte des Lukas. In dieser kurzen und konzentrierten Erzählung wird berichtet, wie eine Gruppe von »Jüngern«, die Anhänger Jesu, allmählich das Wort Christi verbreiten, und damit streng genommen die christliche Kirche gründen. Die ersten Schüler Jesu waren umbarmherzigen Verfolgungen durch jüdische und römische Behörden ausgesetzt, und die Christen wurden im Laufe der Geschichte lange als eine »Sekte« sozialer Außenseiter betrachtet, bis Kaiser Konstantin im Jahr 313 zum Christentum konvertierte, das daraufhin zur vorherrschenden Religion im Römischen Reich wurde.

Die Apostelgeschichte führt die zweitwichtigste Figur des Neuen Testaments ein, einen gebildeten, frommen jüdischen Zeltmacher namens Saulus, der seinen Namen später in Paulus änderte. Saulus kam im Gebiet der heutigen Türkei zur Welt und verfolgte tatkräftig die Anhänger Jesu. Aber nach einer wundersamen Bekehrung gab er sich einen anderen Namen. Dieser kleinwüchsige, O-beinige Jude mit schütterem Haar wurde schließlich zum bedeutendsten Fürsprecher der Christenheit in der römischen Welt. Wenn Jesus das Christentum »erfand«, so »vermarktete« es Paulus in der ganzen Welt. Im Zuge seiner Missionsreisen, die er unternahm, um die frühen Gemeinden der Gläubigen zu gründen und anschließend zu unterstützen, entwickelte sich das Christentum fort von einem Seitenzweig innerhalb des Judentums hin zu einer unabhängigen, dynamischen Religion, die den Lauf der Geschichte grundlegend veränderte. Nachdem Paulus wegen seiner »ketzerischen« Ansichten in Jerusalem festgenommen worden war, forderte er in einem Gerichtsprozeß vor dem römischen Kaiser seine Rechte als römischer Bürger ein. Diese Forderung des Paulus ist vergleichbar mit der Forderung des eingangs erwähnten Fluggastes, der eine Anhörung vor dem Präsidenten der Vereinigten Staaten verlangt.

Die nächsten 21 Bücher des Neuen Testaments folgen den Evangelien und der Apostelgeschichte und bilden die zweite große Gruppe des Neuen Testaments, eine Sammlung von Briefen oder »Sendschreiben«, die sich entweder an Einzelpersonen oder ganze Gemeinden des Frühchristentums richteten. Alle diese Briefe wurden vermutlich vor den Evangelien geschrieben, wobei man die meisten von ihnen Paulus zuschreibt. Zwei Briefe werden dem ersten Jünger Jesu, Petrus, zugeschrieben. Zwei der Briefschreiber, Jakobus und Judas, gelten als Brüder Jesu. Drei weitere Briefe werden dem Verfasserr des Johannesevangeliums zugeschrieben. Johannes galt zudem als der Autor der Offenbarung, des letzten Buches im Neuen Testament. Es ist eine apokalyptische Vision des

Tab. 10: Die Bücher das Neuen Testaments

Die Evangelien	
Matthäus	Der zweite Brief an die Thessalonicher
Markus	Der erste Brief an Timotheus
Lukas	Der zweite Brief an Timotheus
Johannes	Der Brief an Titus
Geschichtswerk	Der Brief an Philemon
Die Apostelgeschichte des Lukas	Allgemeine Briefe
Die Briefe des Paulus an die	Der erste Brief des Petrus
Römer	Der zweite Brief des Petrus
Der erste Brief an die Korinther	Der erste Brief des Johannes
Der zweite Brief an die Korinther	Der zweite Brief des Johannes
An die Galater	Der dritte Brief des Johannes
An die Epheser	Der Brief an die Hebräer
An die Philipper	Der Brief des Jakobus
An die Kolosser	Der Brief des Judas
Der erste Brief an die Thessalonicher	Das prophetische Buch

Willens Gottes, die auf die Zukunft abzielt, ein geheimnisvolles prophetisches Orakel, das seit seinem Erscheinen zu Spekulationen und Prophezeiungen über das »Ende der Welt« und die »Letzten Tage« Anlaß gegeben hat. Insbesondere Anspielungen, daß der Tag des Jüngsten Gerichts nach zwei Zeitaltern von je tausend Jahren kommen solle, hat viele Menschen zu der Frage veranlaßt, ob das Jahr 2000 vielleicht das »große Jahr« sein wird!

Wer schrieb das neue Testament?

Auf den ersten Blick betrachtet, müßte man Fragen hinsichtlich des christlichen Neuen Testaments eigentlich leichter beantworten können als ähnliche Fragen zur hebräischen Bibel oder dem Alten Testament. Anders als die hebräische Bibel, deren Komposition sich über mehr als tausend Jahre erstreckte, wurden die »Bücher« des neuen Testaments vermutlich in einem Zeitraum von etwa fünfzig Jahren, von etwa 60 bis 110 n. Chr., geschrieben. Alles, worüber das Neue Testament berichtet, fand in den Tagen des

Römischen Reiches mit seiner recht gut funktionierenden Bürokratie statt, die uns viele Dokumente aus jenem »zivilisierten« Zeitraum hinterlassen hat, als die Schreibkunst in hoher Blüte stand. Der gebildeten römischen Elite stand ein beträchtlicher Textkorpus zur Verfügung – das meiste davon griechisches Drama, Dichtung, Essays, Philosophie und Gesetze. Die Römer schufen ihre eigene Literatur, die in den Namen Ovid, Horaz, Seneca, Juvenal weiterlebt –, um nur einige der vielen römischen Dichter und Dramatiker des 1. Jahrhunderts zu nennen. Römische Historiker verfaßten eigene Versionen der Geschichte des Reiches; einer von ihnen, Tacitus, erwähnte die frühen Christen in seinen zeitgenössischen Darstellungen. Das große »Lagerhaus« des Wissens der westlichen Welt befand sich in Alexandria, einer kosmopolitischen Hafenstadt am Mittelmeer in Roms ägyptischer Provinz, wo die Weisheit der gesamten antiken Welt vermutlich auf Schriftrollen festgehalten wurde. Dieses jahrhundertealte Wissen wurde bis zum Jahr 391 n. Chr. bewahrt, als Kaiser Theodosius, der zum Christentum konvertiert war, die Beseitigung aller nichtchristlichen Werke befahl. So wurde die Bibliothek von Alexandria niedergebrannt. Dies war die erste der vielen vom Christentum »inspirierten« Bücherverbrennungen.

Ein anderer Augenzeuge der Ereignisse im Jerusalem des 1. Jahrhunderts war ein jüdischer Rebell und späterer Schriftsteller namens Joseph ben Matthias (ca. 37-100 n. Chr.). Nachdem Joseph während einer jüdische Revolte gegen die Römer gekämpft hatte, dachte er sich: Wenn du sie nicht schlagen kannst, dann schließe dich ihnen an. Da er mit einigen seiner römischen Feinde befreundet war, nahm er den römischen Namen Flavius Josephus an und schrieb *Die Geschichte des jüdischen Volkes* sowie einen Bericht über den Aufstand der Juden, der zur Zerstörung des Jerusalemer Tempels durch Rom im Jahr 70 n. Chr. führte. Seine höchst anschauliche und sehr persönliche Darstellung des Lebens und der Zeiten im römischen Palästina gehört zu den wenigen Schlüsseldokumenten, die für das Verständnis der Geschichte dieser wirren Zeit zur Verfügung stehen. In einem seiner Bücher gibt Josephus einen kurzen – und ein wenig umstrittenen – Hinweis auf Jesus, eine von nur wenigen Erwähnungen über Jesus außerhalb des neuen Testaments. Warum er in der herkömmlichen »Geschichte« nicht vorkommt, läßt sich einfach erklären. Obgleich Jesus und seine ersten Anhänger heute als die Gründer des Christentums von überwältigender Bedeutung sind, waren sie zur damaligen Zeit lediglich eine Gruppe unbedeutender Unruhestifter in einem entlegenen Winkel des Römischen Reiches.

Aus diesem – und aus anderen Gründen – bleibt ungewiß, wer die Bücher des Neuen Testaments geschrieben hat – und zwar ungeachtet der verfügbaren Informationen, des hohen Niveaus der Kultur zur Römerzeit und ungeachtet der vielen hochgebildeten Autoren. Ähnlich wie im Fall der ungelösten Rätsel im Zusammenhang mit der hebräischen Bibel, bleiben auch bei den meisten Büchern des Neuen Testaments viele Fragen offen bezüglich der Identität der Verfasser, der Orte, an denen sie schrieben, sowie der Daten der endgültigen Zusammenstellung.

Das Neue Testament ist zwar sehr viel kürzer als die hebräische Bibel, doch hat es eine eigene, komplizierte Geschichte. Viele der neutestamentlichen Bücher entsprangen der mündlichen Überlieferung, und weil viele frühe Christen fast täglich mit der »Wiederkehr« Christi rechneten, schien eine schriftliche Fassung der »guten Nachricht« kaum notwendig zu sein. Als die »Apostel« der ersten Generation, die die »Frohe Botschaft« verbreiteten, schließlich starben – entweder wegen ihres hohen Alters oder aufgrund der Verfolgungen durch die Römer – erschien es ratsam, ihre Äußerungen schriftlich festzuhalten. Die Briefe des Paulus wurden zuerst, um 90 n. Chr, gesammelt, und irgendwann nach 100 n. Chr. gab es dann eine Sammlung der vier Evangelien. Es gibt keine »Originale« dieser Schriften. Als die Mitgliederzahlen der frühchristlichen Gemeinden anstiegen, wurden die Evangelien und Briefe weithin kopiert, damit sie sich von einer christlichen Gemeinde zur nächsten verbreiten konnten. (Und das zu einer Zeit, als es noch keine Kopierläden gab.) Es gibt Tausende dieser handgeschriebenen Kopien der recht neuen neutestamentlichen Texte, doch stimmen sie nicht immer überein. Die frühesten christlichen Schriften, oft unter Pseudonym verfaßt, wurden zunächst auf Papyrus- oder Lederrollen geschrieben, doch um das 2. Jahrhundert n. Ch. verwendete man in der frühen Kirche allmählich Kodizes (Plural von »Kodex«), also die ersten gebundenen Bücher. Schließlich ersetzten Seiten aus Pergament oder Vellum (Kalbshaut) den Papyrus.

Die Vorstellung von einem »Neuen Testament«, einer Sammlung heiliger Schriften, die der anerkannten hebräischen Bibel hinzugefügt wurden oder diese gar ersetzten, tauchte im 2. Jahrhundert n. Chr. auf. Wie im Fall der hebräischen Bibel, so finden sich auch im Entstehungsprozeß des Neuen Testaments überall die Fingerabdrücke der Autoren. Die meisten Bilbelforscher nehmen an, daß noch andere frühchristliche Schriften existierten, darunter weitere Briefe des Paulus, aber sie gingen verloren oder wurden sogar bewußt fallengelassen. Heutige Gelehrte vermuten überdies, daß die Verfasser des Neuen Testaments Zugang zu einer Sammlung von Aussprüchen Jesu hatten, eine Art »Worte des Vorsitzenden Jesu«. Dieses »Q«-Dokument (nach dem deutschen Wort »Quelle) existiert nur theoretisch; man hat eine solche Sammlung nie gefunden.

Umstrittener ist eine weitere Gruppe altchristlicher Schriften, die man tatsächlich gefunden hat. Zu ihnen zählen weitere »Evangelien«, die später als die Bücher verfaßt wurden, die in das Neue Testament aufgenommen worden sind. Die meisten dieser »anderen Evangelien«, später die »gnostischen Evangelien« genannt, wurden von den bedeutendsten Köpfen des Frühchristentums als unrechtmäßig zurückgewiesen (vgl. S. 380). So schrieb 180 n. Chr. Irenäus, ein griechischer Bischof und höchst einflußreicher Führer der Frühkirche, daß Ketzer »sich damit brüsteten, sie besäßen mehr Evangelien, als es tatsächlich gibt«. Die Gemeinde der Frühchristen war keine glückliche Großfamilie. Es gab tiefgreifende Meinungsverschiedenheiten über grundlegende Fragen und darüber, was man glauben sollte. Gruppen wie beispielsweise die »Gnostiker« – ein Wort für eine locker miteinander verbundene Gruppe von Frühchristen – die glaubten, sie hätten Zugang zu einer verborgenen Weisheit bzw. einem geheimen Wissen (*gnosis:* griechisch für Wissen), befanden sich in krassem Widerspruch zu anderen Christen, was das Wesen Gottes, Jesu und des Bösen anbelangte. So behauptete eine andere Gruppe, nach ihrem Führer Montanus »Montanisten« genannt, unmittelbar vom Heiligen Geist inspiriert zu sein. Der Konflikt zwischen den Kirchenvätern und diesen »Ketzern« führte zu einigen häßlichen Streitigkeiten hinsichtlich der Frage, was »Gottes Wort« im wesentlichen bestimme.

Zu den ersten, die das »Neue Testament« als skripturales Fundament der neuen Kirche begriffen, gehörte Marcion von Sinope, ein häretischer frühchristlicher Theologe des zweiten nachchristlichen Jahrhunderts, der in Kleinasien (ca. 80-155) wirkte. Obgleich man Marcion nicht offiziell als Gnostiker bezeichnete, so schloß man ihn doch aus der Gemeinde aus, weil er die Lehren Jesu nicht mit der jüdischen Tradition in Einklang sehen wollte, und so gründete er im Jahr 144 eine eigene Kirche. Er distanzierte sich ferner von den »orthodoxen« Christen, indem er Frauen zu Kirchenführerinnen ernannte. Marcion wies die Vorstellung von einem bestrafenden, zornigen Gott zurück, die er in den hebräischen Schriften fand. Elaine Pagels schreibt hierzu in ihrem Buch *Die gnostischen Evangelien:* »Marcion, ein Christ aus Kleinasien, war beeindruckt von dem, was sich ihm als Gegensatz darstellte zwischen dem Schöpfergott des Alten Testaments, der Gerechtigkeit fordert und jede Verletzung seines Gesetzes bestraft, und dem Vater, den Jesus verkündigt, dem neutestamentlichen Gott der Vergebung und der Liebe. Warum, fragt er, sollte ein Gott, der allmächtig ist, eine Welt schaffen, in der es Leiden, Kummer, Krankheit, ja sogar Moskitos und Skorpione gibt? Marcion kommt zu dem Schluß, daß es sich um zwei verschiedene Götter handeln müsse.« (S. 70) Marcions Sammlung heiliger Schriften enthielt lediglich eine revidierte Fassung des Lukasevangeliums sowie zehn Briefe des Paulus, die er ebenfalls redigierte, um Bezüge zu den hebräischen Schriften zu entfernen. Trotz all seiner Bemühungen wurde er exkommuniziert, und so schuf man, weitgehend als Reaktion auf seinen »Kanon«, einen offiziellen »orthodoxen« Kanon, der den Status der Heiligkeit sowohl aller vier Evangelien als auch der dreizehn paulinischen Briefe ausdrücklich betonte.

Im Jahr 367 n. Chr. stellte Athanasios, ein Führer der Christen in Alexandria alle 27 Bücher des existierenden Neuen Testaments – mehr als 300 Jahre nach Jesu Tod – zusammen. »Sein« Kanon wurde im Jahr 382 n. Chr. von den Führern der Christenheit in Rom, das nun das Zentrum eines legalen und »offiziellen« Christentums war, in großen Teilen angenommen und abgesegnet. Als der prominente christliche Theologe Augustinus (354-430 n. Chr.) dieser Liste seine Zustimmung gab, wurde sie von den nordafrikanischen Gemeinden anerkannt. Bis ca. 400 n. Chr. erkannten die meisten christlichen Gemeinden das Neue Testament an, so wie man es heute kennt. Dennoch gab es, vor allem unter einigen der afrikanischen und asiatischen – oder östlichen – Kirchen aufständische Splittergruppen, die eine abweichende Auffassung vertraten. Manche Gruppen akzeptierten nur 22 Bücher, und bis heute anerkennt die äthiopische Kirche in ihrem Neuen Testament zusätzlich elf Bücher.

Sind die vier Evangelien die reine Wahrheit?

Beinahe alles, was wir über Jesus wissen, stammt aus den getrennten Berichten der vier Evangelien. Nach deren »Kanonisierung« wurde ihre buchstäbliche Wahrheit und ihr Status als Wort Gottes im weit überwiegenden Teil der christlichen Kirche nicht mehr angezweifelt – ebenso wie die Bücher des Mose von den hebräischen Autoritäten nicht in Frage gestellt wurden. Seit dem 19. Jahrhundert haben sich zahlreiche Gelehrte und Forscher mit der Frage beschäftigt, wer die Evangelien tatsächlich geschrieben hat. Bis heute bleiben die Identität dieser Verfasser und die Frage, wann diese Bücher geschrieben wurden, beliebte Gelegenheiten für Spekulationen.

Das Markusevangelium
Es ist das kürzeste von allen, steht an zweiter Stelle im Neuen Testament, nach dem Matthäusevangelium, und gilt unter heutigen Gelehrten als das älteste. Im Markusevangelium wird die

Geburt Jesu ausgelassen, wobei es die Lebensgeschichte des erwachsenen Jesus von der Taufe bis zur Kreuzigung und dem Bericht eines Engels über die Auferstehung Jesu erzählt. Viele Forscher glauben, daß die Verfasser des Matthäus- und Lukasevangeliums das Markusevangelium als Quelle benutzt haben.

Aber wer war Markus? Unter den ursprünglichen zwölf Jüngern Jesu findet man keinen Markus. Eine Person namens Johannes Markus wird mehrmals im Neuen Testament erwähnt. Nach altkirchlicher Überlieferung begleitete er Paulus auf dessen Missionsreisen, bis sie in Streit gerieten. Viele Fachleute vertreten heute die Auffassung, daß das Evangelium von einem unbekannten Frühchristen namens Markus geschrieben wurde, der bei der Abfassung seiner straff gegliederten Erzählung auf zahlreiche Traditionen zurückgriff. Markus erwähnt die Zerstörung Jerusalems durch ein römisches Heer im Jahr 70 v. Chr., entweder als Ereignis, das bald geschehen kann, oder als eines, das kurz zuvor geschehen ist. Obwohl die Forscher nicht wissen, ob sie das Evangelium kurz vor oder kurz nach 70 n. Chr. datieren sollen, muß es irgendwann um dieses bedeutsame Datum herum abgefaßt worden sein.

Das Matthäusevangelium

Lange hat man geglaubt, daß es sich bei dem Verfasser um Matthäus, einen der Jünger Jesu, gehandelt habe. Man hat diesen Matthäus als Steuereinnehmer bezeichnet, ein unpopulärer Beruf damals wie heute. Im Markus- und im Lukasevangelium wird dieser Steuereinnehmer allerdings auch Levi genannt. Die heute weithin anerkannte Ansicht lautet, daß das Matthäusevangelium von einem Judenchristen aus späterer Zeit geschrieben wurde, der Jesus für den verheißenen Messias der hebräischen Bibel hielt. Im Matthäusevangelium gibt es zahlreiche Anspielungen auf hebräische Weissagungen, die Jesus erfüllt. Das Evangelium beginnt mit einer umfangreichen Ahnentafel und führt die Vorfahren Jesu bis auf David zurück. Daraus ergibt sich insofern eine große Schwierigkeit, als diese Abstammungslinie bis zu Joseph zurückreicht, der nicht wirklich Jesus' Vater ist, wenn man die Version des

Evangeliums akzeptiert. Auch enthält das Matthäusevangelium viele Zitate aus hebräischen Schriften, die die anderen Juden davon überzeugen sollten, daß in der Person Jesu die alten Prophezeiungen erfüllt wurden. Einzigartig an diesem Evangelium sind die Geschichte der Geburt Christi, der berühmte Besuch der Zauberer, ungenau die »Heiligen Drei Könige« oder die »Weisen aus dem Morgenland« genannt, der von Herodes befohlene Mord an den Neugeborenen in Bethlehem sowie die »Flucht nach Ägypten«, die Joseph, Maria und Jesus unternahmen, um dem Massaker des Herodes zu entkommen.

Die frühen Christen glaubten, daß das Matthäusevangelium als erstes geschrieben wurde, und setzten es deshalb an die erste Stelle. Heutige Gelehrte und Forscher halten das Markusevangelium jedoch für das früheste. Unter Berücksichtigung literarischer und chronologischer Hinweise gehen sie davon aus, daß der Verfasser des Matthäusevangeliums nicht nur das Markusevangelium, sondern auch die mutmaßliche Sammlung der Sprüche Jesu namens »Q« gelesen hat. Einige Forscher vertreten die These, daß das Matthäusevangelium in Palästina zusammengestellt wurde; andere bevorzugen als Abfassungsort ein anderes Zentrum des Frühchristentums, zum Beispiel Antiocha in Syrien irgendwann in der Zeit zwischen 70 und 85 n. Chr.

Das Lukasevangelium

Der Autor dieser stilistisch außerordentlich ausgefeilten Erzählung, die sich der klassischen griechischen Schrifttraditionen bedient, war vermutlich ein hochgebildeter Mann, der Griechisch sprach und schrieb. Viele Forscher schreiben diesem Verfasser auch die Apostelgeschichte zu. Zusammengenommen machen das Lukasevangelium und die Apostelgeschichte beinahe ein Viertel des neuen Testaments aus und liefern eine historische Darstellung des Glaubens im Frühchristentum; das Lukasevangelium erzählt die Geschichte Jesu, während die Apostelgeschichte die missionarischen Bewegungen und die frühe Entwicklung des Christentums nach dessen Tode nachzeichnet. Die Werke des »Lukas« müssen als Einheit gelesen werden. Als dann später das Neue Testament zusammengestellt wurde, fügte man das Johannesevangelium zwischen die beiden Bücher des »Lukas« ein, um die vier Evangelien zusammenzuhalten. Lukas, der in einem der Briefe des Paulus als »geliebter Arzt« bezeichnet wird, war möglicherweise ein Arzt oder Heiler, der Paulus auf dessen Missionsreisen begleitete. Mehrere Szenen aus dem Leben Jesu finden sich ausschließlich im Lukasevangelium, darunter ein Stammbaum, der Jesus' Abstammung bis auf Adam zurückführt, die Geschichte der Geburt Johannes des Täufers und die Reise des 12jährigen Jesus zum Tempel in Jerusalem. Hinzu kommen noch einige der bekanntesten Lehren Jesu in Form von Gleichnissen, wie beispielsweise die Geschichten vom »barmherzigen Samariter« oder vom »verlorenen Sohn«.

Der Verfasser des Lukasevangeliums wollte seiner Geschichte von Jesus das Gepräge historischer Authentizität verleihen. Daher erwähnte er nicht nur Jesus' Alter – Jesus soll »etwa um die Dreißig« gewesen sein, als er zu predigen begann –, sondern führt zur zeitlichen Bestimmung der Geburt Jesu auch spezielle Ereignisse an, die sich als widersprüchlich erweisen. Lukas' Botschaft richtete sich vornehmlich an die nichtjüdischen Gläubigen, da die Kirche zur Zeit der Niederschrift des Lukasevangeliums aggressiv damit begonnen hatte, die damals lebenden Nichtjuden zu missionieren. Heute herrscht Einigkeit darüber, daß das Lukasevangelium ebenfalls aus der Zeit zwischen 70 und 85 n. Chr. stammt und der Evangelist möglicherweise in der Stadt Ephesus schrieb (in der heutigen Türkei), einem führenden Zentrum des Frühchristentums.

Das Johannesevangelium

Das vierte Evangelium ist komplex und tiefgründig und wird Johannes zugeschrieben, einem der Jünger, die Jesus besonders nahe standen. Der Text zeichnet ein anderes Bild des Lebens und der Lehren Jesu, und das hat die Fachleute veranlaßt, im Johannesevangelium eine unmittelbare Nähe zu den Geschehnissen zu erkennen, wie sie nur von einem Augenzeugen stammen kann. Zu den auffälligeren und bedeutsameren Unterschieden zwischen Johannes und den »Synoptikern« (Matthäus, Markus und Lukas) gehört, daß man bei diesen keine Schilderungen der Geburt Jesu, seiner Kindheit, der Versuchung in der Wüste, der Verklärung, der Anwendung von lehrhaften Gleichnissen oder der Qual im Garten Gethsemane findet. Bei Johannes wird das »Abendmahl«, bei dem Jesus ein letztes Mal mit seinen Jüngern vor seiner Festnahme und Kreuzigung speist, auf ganz andere Weise dargestellt als in den anderen drei Evangelien. Laut dem Johannesevangelium hält Jesus eine lange Rede vor den Jüngern, und das symbolische Brechen des Brotes und das Trinken des Weines wird weggelassen. Zu den anderen einzigartigen Elementen des Johannesevangeliums gehört die Schilderung, wie Jesus in Kanaan Wasser in Wein verwandelt sowie seine wundersame Erweckung des Lazarus, einem Anhänger, vier Tage nach dessen Tod und Begräbnis.

Während des größten Teils ihrer 2 000jährigen Geschichte haben Christen akzeptiert, daß das Johannesevangelium von einem aus dem Zwölferkreis Jesu geschrieben wurde. Seit dem 19. Jahrhundert löst die Frage, wer dieses Evangelium schrieb, hitzige Kontroversen aus. Während traditionalistische Fachleute nach wie vor die Auffassung vertreten, daß Johannes ein Apostel und Augenzeuge der in dem Evangelium beschriebenen Ereignisse war, weisen andere Bibelhistoriker diese These zurück, wobei sie argumentieren, daß ein Fischer aus Galiläa wohl kaum ein solch geschliffenes und poetisches Griechisch geschrieben haben konnte. Da es eine Vielzahl von möglichen »Johannessen« gibt, nimmt man heute an, daß das Johannesevangelium am Ende des 1. Jahrhunderts oder im Jahr 110 n. Chr. verfaßt wurde.

Wenn es nur vier Evangelien gibt, was sind dann die »gnostischen Evangelien«?

Als ob diese vier Evangelien nicht schon genügend Anlässe für hitzige Diskussionen gegeben hätten – nun mußte auch noch irgend jemand einige weitere Evangelien ins Spiel bringen! Als 1945 ein ägyptischer Bauer einen außergewöhnlichen Fund von fünfzehn in Leder gebundenen Büchern machte, glich dies einer Geschichte, die eine Krimihandlung mit einer Intrige verbindet, so wie man sie aus einem der *Indiana-Jones*-Kinofilme kennt. Wie Elaine Pagels in ihrem preisgekrönten Buch *Versuchung durch Erkenntnis* schrieb, entdeckte ein Bauer in der Nähe der Stadt Nag Hammadi, nördlich von Luxor am Nil gelegen, diese Papyrusbücher in einem vergrabenen Tonkrug. Er nahm sie mit nach Hause, wo seine Mutter versehentlich einige Papyri als Kienspäne benutzte. Einige Wochen später töteten dieser Mann und sein Bruder einen anderen Mann aus dem Ort, gegen den sie wegen ihres toten Vaters eine Blutfehde führten. Da der Bauer befürchtete, die Polizei werde bei ihren Untersuchungen zu diesem Mordfall die Bücher entdecken, händigte er den Fund einem lokalen Priester aus. Als ein Lehrer von den Büchern erfuhr, versandte er eines davon nach Kairo, um überprüfen zu lassen, wieviel es auf dem Schwarzmarkt für Antiquitäten wert sei. Die ägyptische Regierung bekam Wind von der Existenz der Bücher und konfiszierte zehn und einen halben der dreizehn Texte, die dann in einem Museum in Kairo verwahrt wurden.

Doch es gelang, einen Teil eines weiteren Buches aus Ägypten hinauszuschmuggeln und in den USA zum Verkauf anzubieten. Ein holländischer Historiker und Sprachwissenschaftler erfuhr von den Büchern und erwarb den geschmuggelten Text. Er stellte fest, daß Teile davon fehlten. Deshalb flog er 1955 nach Kairo, wo er in die photographischen Reproduktionen der anderen Bücher Einsicht nehmen konnte. Dort begann er, sie zu entziffern. Die ersten Worte, die er erkannte, waren eine Sensation.

»Dies sind die geheimen Worte, die der lebende Jesus sprach und die sein Zwilling Judas Thomas niederschrieb.«

Die Worte entstammten dem Evangelium nach Thomas. Zwar wußte man, daß es weitere frühchristliche Schriften gab, und man hatte auch schon Fetzen eines geheimnisvollen Thomasevangeliums gefunden, aber den kompletten Text hatte bisher noch niemand zu Gesicht bekommen. Dieses »neue« Evangelium gehörte zu 55 Texten, die man in Nag Hammadi entdeckte. Es handelt sich hierbei um die sogenannten »gnostischen Evangelien« (auch: apokryphe Evangelien), eine Gruppe geheimer Schriften des Frühchristentums. Sie waren in Koptisch verfaßt, einem nordafrikanischen Dialekt, der von den Angehörigen einer einzelnen ägyptischen christlichen Sekte gesprochen wurde, und erwiesen sich als 1500 Jahre alte Übersetzungen älterer griechischer Schriften. Einige der Bücher enthielten vertraute Aussprüche aus dem Neuen Testament. Manche Lehren und Aussagen, die Jesus zugeschrieben wurden, waren jedoch einzigartig und außergewöhnlich, und sie erschütterten die Fundamente des Christentums durch die Fragen, die sich aus ihnen ergaben. So wird in einem Text, dem Philipevangelium, geschildert, wie Jesus Maria Magdalena, eine seiner weiblichen Anhängerinnen, küßt. Und er gib ihr kein brüderliches Küßchen auf die Wange:

> ... die Gefährtin des [Erlösers ist] Maria Magdelena.
> [Aber Christus liebte] sie mehr als [alle] Jünger und küßte sie [oftmals] auf ihren [Mund]. (Zitiert nach Elaine Pagels, *Versuchung durch Erkenntnis,* S. 11)

Die »Gnostiker« waren eine altchristliche Sekte. Ihr Name kommt vom griechischen Wort *gnosis,* das meist mit »Wissen« übersetzt wird. Dieser Ausdruck wurde frei gebraucht und bezeichnete frühchristliche Gruppen, die Glaubensgrundsätze vertraten, welche sich von denen des traditionellen Christentums stark unterschieden. So wie die heutige Christenheit in viele konkurrierende Glaubensgemeinschaften aufgesplittert ist, die unterschiedliche Vorstellungen mit Jesus verbinden, so war auch die Frühkirche tief gespalten. So vertraten die Gnostiker beispielsweise die Ansicht, daß Jesu Auferstehung von den Toten spiritueller Natur sei und kein tatsächliches Ereignis darstellte. Sie glaubten überdies an eine spirituelle Suche nach innerer Wahrheit, die mehr mit fernöstlichen Ansichten wie denen des Buddhismus gemein hatte als mit dem orthodoxen Christentum. Die »gnostischen Evangelien« wurden von den Führern der christlichen Frühkirche, die nun keine verfolgten Opfer mehr waren, als Ketzerei gebrandmarkt. Jetzt waren *sie* die Autoritäten. Und sie herauszufordern bedeutete, wegen des Vorwurfs der Ketzerei die Exkommunikation, Festnahme oder

Schlimmeres zu riskieren. Ungefähr 500 Jahre nach Jesu Lebenszeit entwendete irgendwer – ein Mönch? – in der Nähe von Nag Hammadi befinden sich die Ruinen eines Klosters – eine Reihe dieser verbotenen Texte und vergrub sie in der ägyptischen Wüste, entweder, um sich selbst zu schützen, oder um die Texte für die Nachwelt aufzubewahren. Obgleich die Entdeckungen von Nag Hammadi zahlreiche Fragen aufwerfen, machen sie doch auch eines klar: Die frühesten Christen waren keineswegs einer Meinung hinsichtlich dessen, was wir als das Neue Testament bezeichnen, und vielleicht kannten sie auch mehr vom Leben und von den Worten Jesu als die Geschichten und Lehren, die den meisten zeitgenössischen Christen vertraut waren.

Aus diesem kurzen Überblick über die Entstehungsgeschichte des Neuen Testaments ergibt sich ein weiterer Hinweis darauf, daß das, was dem einen das »Wort Gottes« zu sein scheint, dem anderen manchmal wie Ketzerei vorkommt. Und die Geschichte endet nicht mit der Festlegung des Neuen Testaments vor 1 600 Jahren. Denn eine Gruppe von frommen Gläubigen, die den Gott Abrahams, Moses und Jesus' anbietet, besitzt ein anderes heiliges Buch, den Koran, der als das von dem Propheten Mohammed empfangene Wort Gottes angesehen wird. Mohammed lebte ungefähr 600 Jahre nach Jesus. Die römischen Katholiken haben einen Katechismus, mit dem sie die Lehren der Heiligen Schrift erweitern. Sie glauben zudem, daß der Papst, ihr irdischer Führer, manchmal das »unfehlbare« Wort Gottes spricht. Eine andere große und wachsende Gruppe von Christen deutet ein anderes göttliches Buch als heilig, das ein Engel ihrem Propheten gegeben hat und das man nur lesen konnte, wenn man eine goldene Brille trug. Bei diesem Buch, das die »Kirche Jesu Christi der Heiligen der Letzten Tage« für heilig hält, handelt es sich um das *Buch Mormon*. Stellen wir einmal einen Muslimen, einen Katholiken und einen Mormonen in denselben Raum. Mag sein, daß sie alle aufrechte, untadelige, fromme Gläubige sind, die meinen, im Besitz der »Wahrheit« oder des Wortes Gottes zu sein. Eines aber dürfte ihnen nicht gelingen: sich darauf zu einigen, wer von ihnen recht hat.

MEILENSTEINE IN DER ZEIT DER BIBEL V
Die Zeit des Jesus

40 v. Chr.:   Herodes wird in Rom von Marcus Antonius zum König von Juda ernannt; *37 v. Chr.* beginnt er seine 33jährige Regierung als Herodes der Große.

31 v. Chr.:   Die Schlacht von Aktium. Der römische General Octavian besiegt Marcus Antonius in dieser Seeschlacht und wird zum Herrscher von Rom. *30 v. Chr.* begeht Marcus Antonius Selbstmord.

30 v. Chr.:   Herodes wechselt die Seite, nachdem er Kleopatra und Marcus Antonius denunziert hat, und verschreibt sich Octavian.

27 v. Chr.:   Octavian, der seinen Namen in Augustus Caesar ändert und 41 Jahre lang regiert, gründet das römische Weltreich.

20 v. Chr.:   Herodes der Große beginnt mit dem Wiederaufbau des Jerusalemer Großen Tempels in dem Bemühen, ihn in der Größe des Tempels Salomos wieder erstrahlen lassen.

7-4 v. Chr.:   Das mögliche Datum der Geburt Jesu. Zeit, Ort und Umstände dieses Ereignisses haben Anlaß zu vielen Spekulationen gegeben.

4 v. Chr.:   Herodes der Große stirbt: Judäa wird zwischen seinen drei Söhnen aufgeteilt.

6 n. Chr.:   Der römische Gouverneur von Syrien, Quirinus, ordnet eine örtliche Zählung an. Dabei handelt es sich vermutlich um die »weltweite« Volkszählung, die im Lukasevangelium erwähnt wird.

14 n. Chr.:   Kaiser Augustus stirbt; danach wird Rom von seinem Stiefsohn Tiberius regiert.

26 n. Chr.:   Pontius Pilatus wird zum Gouverneur von Judäa ernannt; im Jahr *36* wird er abgesetzt und nach Rom zurückbeordert.

27-28 n. Chr.:   Johannes der Täufer beginnt zu predigen: Taufe des Jesus.

30-33 n. Chr.:   Möglicherweise das Datum der Kreuzigung Jesu. Ein sehr viel späteres Datum, *36,* ist ebenfalls möglich. Tacitus schreibt, Jesus sei während der Regierungszeit des Tiberius gekreuzigt worden.

37 n. Chr.:   Tiberius stirbt: danach regiert sein Neffe, genannt Caligula, Rom.

DIE WELT, WIE JESUS SIE SAH

DIE EVANGELIEN DES MATTHÄUS, MARKUS, LUKAS, JOHANNES

Ich bin das Brot des Lebens.
(Joh. 6,35 LB)

Ich bin das Licht der Welt.
(Joh. 8,12)

Ich bin die Tür zu den Schafen.
(Joh. 10,7)

Ich bin der gute Hirte.
Der gute Hirte läßt sein Leben für die Schafe.
(Joh. 10,11)

Ich bin der Weg und die Wahrheit und das Leben.
(Joh. 14,6)

Ich bin der rechte Weinstock.
(Joh. 15,1)

- Wurde Jesus zu Weihnachten geboren?

- O kleine Stadt Bethlehem?

- Mariä Verkündigung, Mariä Himmelfahrt, Unbefleckte Empfängnis, Jungfrauengeburt: Wo liegen die Unterschiede?

- Hatte das Wort »Jungfrau« vor 2 000 Jahren dieselbe Bedeutung?

- Waren es wirklich »Drei Könige« – und woher kamen sie?

- Sind die »Weisen aus dem Morgenland« im Matthäusevangelium den Schafhirten aus dem Lukasevangelium begegnet?

- Gehorchte Jesus seinen Eltern?

- Warum wollte ein junges Mädchen, daß man ihr das Haupt Johannes des Täufers auf einer silbernen Schüssel präsentiert?

- Was ist der Unterschied zwischen einem Jünger und einem Apostel?

- Hat Jesus eine »Bergpredigt« gehalten?

- Wie ist es möglich, daß ein Kamel durch ein Nadelöhr paßt?

- Maria Magdalena: frech oder freundlich?

- Sah Jesus auf Frauen herab?

- Was ist am »barmherzigen Samariter« so gut?

- Was ist so schlimm an den Pharisäern?

- Warum war Jesus so populär?

- Was ist die Verklärung Christi?

- Was war das Abendmahl?

- Auf welche Weise führt eine Kreuzigung zum Tod?

- Wenn man nicht glaubt, daß Jesus Gottes Sohn war, was hat er dann zu bieten?

Noch 35 Jahre nach dem Tod John F. Kennedys faszinieren Leben und Tod des amerikanischen Präsidenten die Öffentlichkeit. Viele Biographen, Historiker, Romanautoren, Verschwörungstheoretiker und Filmregisseure, die neu erzählen möchten, was geschah, finden in Kennedy eine schier endlose Quelle von Erzählmaterial. Sie alle stellen Thesen bezüglich des »echten« Kennedy auf: Wer er war, was er sagte und was er möglicherweise dachte. Der Strom der Vermutungen, Spekulationen und reinen Erfindungen reißt nicht ab, obwohl es Zeitungsberichte, Tonbandaufzeichnungen, Filme und Fernsehdokumentationen sowie Hunderte – wenn nicht Tausende – Menschen gibt, die noch leben und John F. Kennedy persönlich kannten und täglich mit ihm zusammenarbeiteten. Ungeachtet all dieser »Beweise« kennen jedoch die meisten noch immer nicht die Wahrheit über den »wahren« John F. Kennedy.

Doch wie kann man sich überhaupt ein »wahres« Bild von dem »historischen« Jesus machen, der ja weder handschriftliche Notizen noch Tonbandaufzeichnungen aus seinem »Büro« hinterließ? Man weiß nicht einmal, ob die Menschen, die behaupten, ihn zu kennen, ihn wirklich kannten, oder woher sie ihre Informationen bezogen, wenn sie ihn nicht persönlich kannten. Dennoch ist es seit dem 19. Jahrhundert – und insbesondere in den letzten Jahren – beliebt geworden, zwischen dem Jesus des »Glaubens«, wie ihn das Neue Testament schildert, und dem »historischen« Jesus zu unterscheiden. Abgesehen von einigen verstreuten Hinweisen auf Jesus in Schriften aus der römischen Zeit, stammt alles, was wir gemeinhin über den Mann wissen, den man als »Christus«, »Messias« oder »Gesalbten« bezeichnete, aus dem Neuen Testament. Von Menschen also, die unerschütterlich daran glaubten, daß dieser Mann der Sohn Gottes gewesen sei, der für ihre Sünden starb und von den Toten auferstand. Die Evangelien hat man geschrieben, um den Glauben an Jesus als dem Messias und Erlöser wiederzuerwecken. So wie das Alte Testament die unterschiedlichsten Geschichten über die verschiedensten Themen enthält – von der Schöpfung über König David bis zur Zerstörung und zum Wiederaufbau des Jerusalemer Tempels –, so gibt es im Neuen Testament einander widersprechende Berichte über Jesus. Der nun folgende Abschnitt hat zum Ziel, das Leben Jesu so zu schildern, wie es in den Berichten der vier Evangelien dargestellt wird, ohne jedoch die Widersprüche zwischen ihnen auszuklammern.

Stimmen der Bibel
Die Geburt Jesu Christi geschah aber also: Als Maria, seine Mutter, dem Joseph vertreut war, erfand sich's, ehe er sie heimholte, daß sie schwanger war von dem Heiligen Geist. Joseph aber, ihr Mann war fromm und wollte sie nicht in Schande bringen, gedachte aber, sie heimlich zu verlassen. Indem er aber also gedachte, siehe, da erschien ihm ein Engel im Traum und sprach: Joseph, du Sohn Davids, fürchte dich nicht, Maria, dein Gemahl, zu dir zu nehmen; denn das in ihr geboren ist, das ist von dem Heiligen Geist. Und sie wird einen Sohn gebären, des Namen sollst du Jesus heißen, denn er wird sein Volk retten von ihren Sünden. (Mt. 1,18-21)

Wurde Jesus zu Weihnachten geboren?

»Stille Nacht, heilige Nacht« – »O du fröhliche, o du selige« »Alle Jahre wieder«.

Diese und die meisten anderen winterlichen Weihnachtslieder »können Sie vergessen«. Jesus wurde nicht zu Weihnachten geboren. In Wirklichkeit handelt es sich beim 25. Dezember um ein Datum, mit denen die Christen die heidnischen Sonnenanbeter für ihre Sache gewinnen wollten.

Bethlehem? Auch die Angabe des Geburtsorts ist möglicherweise unzutreffend. Jesus sagte, er stamme aus Nazareth.

»Heilige Drei Könige«? Wieder falsch. Es waren keine Könige, sondern persische Zauberer. Und vielleicht waren es auch nicht drei.

Die kunstvollen Geschichten und Lieder, die um das Weihnachtsfest entstanden sind, gehören alle zu einer Gruppe komplizierter Legenden und Überlieferungen, die wenig mit dem biblischen Bericht über Jesu Geburt zu tun haben. Das englische Wort »Christmas« bedeutet wörtlich »Christi Messe«, das Fest zur Feier der Geburt Christi. Die früheste Erwähnung des 25. Dezembers als dem Festtag der »nativity« oder »Geburt Christi« – die Bezeichnung für den Geburtstag Jesu – stammt aus dem Jahr 354 n. Chr. In der Antike war der 25. Dezember das Datum der Wintersonnenwende, eines heidnischen Festtags, der den Sonnengott feierte. In Rom fanden in der Woche vor der Sonnenwende die sogenannten Saturnalien statt. Dieses orgiastische Fest endete damit, daß man einander *Geschenke machte* und *Kerzen anzündete*. Hm ... Kommt Ihnen das nicht sehr bekannt vor?

Nachdem sich die frühen römischen Christen das Datum angeeignet hatten, nutzten sie es, um das »Heidentum« auf ihre Seite zu ziehen. Dies war die Bezeichnung für die Staatsreligion des Römischen Reiches, die Götter und Göttinnen einschloß, die man sich aus der griechischen Mythologie auslieh. Das englische Wort »pagan« (»heidnisch«) hatten die frühen Christen geprägt, das frei übersetzt »bürgerlich« bedeutete. Mit anderen Worten: Wer sich »dem Heer Jesu« angeschlossen hatte, war ein Bürger. Die Frühchristen hielten die Juden jedoch nicht für »heidnisch«, da sie nach wie vor denselben Gott anbeteten.

Damals wie heute war man in mancher Hinsicht einer Meinung. Nach der Teilung des Römischen Reiches in eine westliche und eine östliche Hälfte im Jahr 340 n. Chr. spaltete sich auch das Christentum in eine Ost- und in eine Westkirche. Die Ostchristen verwendeten einen Kalender, in dem die Sonnenwende auf den 6. Januar fiel, während man in Alexandria, Ägypten, immer noch den Geburtstag der Osiris feierte. Um etwa 300 n. Chr. war der 6. Januar zum Datum der »Epiphanie« (griechisch: »Erscheinung«) geworden. Im römisch-katholischen Kalender ist dieses Fest eng mit Weihnachten verbunden, da an diesem Tag die »Weisen aus dem Morgenland« oder Zauberer Jesus aufsuchten. In der östlichen orthodoxen Kirche ist das Fest Epiphania, mit dem man die Taufe Jesu im Fluß Jordan feiert, sogar noch populärer als Weihnachten.

Nun gut, Jesus wurde also nicht zu Weihnachten geboren. Aber das Neue Testament verrät uns doch wenigstens, in welchem Jahr er geboren wurde. Oder?

Wieder falsch, leider. Tatsächlich lassen sich dem Neuen Testament mehrere mögliche Daten für das Geburtsjahr entnehmen. Suchen Sie sich aus, welches Ihnen gefällt. Zunächst einmal liefert uns der Kalender wieder einmal keine eindeutigen Hinweise. Da die frühen Christen in Rom lebten und »es wie die Römer taten«, begann für sie die Datierung der geschichtlichen Zeit mit der sagenumwobenen Gründung Roms im Jahre 753 v. Chr. Dieser römische Kalender wurde dann durch einen ersetzt, der auf den Berechnungen eines Mönches beruhte, der den Auftrag erhalten hatte, die Festtage der Kirche zu koordinieren. Um 532 n. Chr. legte dieser Mönch, Dionysus Exiguus, die Geburt Jesu auf den 25. März des römischen Jahres 754 fest – aus diesem Datum entwickelte sich dann das christliche Jahr 1, beginnend mit dem 1. Januar. Daher stammt auch der Ausdruck »Anno Domini«, »im Jahre des Herrn«. Aber Dionysus Exiguus verrechnete sich ein wenig. Da im Matthäusevangelium die Geburt Jesu in die Regierungszeit des König Herodes fällt und dieser im Jahr 4 v. Chr. starb, kann das »Jahr eins«, das Dinonysus Exiguus festlegte, nicht das Jahr 1 sein.

So wie viele antike Datierungssysteme, bezogen sich auch zahlreiche christliche Kalender auf die Anzahl der Jahre, während denen ein zeitgenössischer Herrscher regiert hatte. Übertragen auf heutige Verhältnisse wäre also 1998 das 1. Jahr der »Herrschaft« des Gerhard Schröder. Lukas sagt, Johannes der Täufer, ein enger Verwandter Jesu, sei sechs Monate vor Jesus geboren und habe im 15. Jahr der Regierungszeit des Kaisers Tiberius zu predigen begonnen – was den Jahren von 27 bis 29 nach Christi entspräche. Zu jener Zeit, sagt Lukas, war Jesus »etwa um die Dreißig«. Wenn man dreißig Jahre zurückzählt, so erhält man ein ungefähres Datum für Jesus' Geburt, das dann in die Zeit zwischen 4 und 1 v. Chr. fällt. Das ist ein wenig vage, und es wird noch vager, wenn Lukas mit »etwa Dreißig« »dreißig und etwas älter« meinte. War Jesus genau 30 Jahre alt, als er sein geistliches Amt antrat? 35? 38? Oder vielleicht nur 25 – das ist schließlich auch um die 30! Und damit nicht genug – diese ungenaue Chronologie wird noch ungenauer.

Eigentlich müßte das Leben des Herodes einige Hinweise auf Jesu Geburtsdatum liefern. Die Bibel sagt: Als Herodes König war, führten die Römer eine große Volkszählung durch. Irgend jemand mußte doch wissen, wann sie stattfand. Wieder falsch. Bei Matthäus wird die Geburt Jesu ausdrücklich mit der Regierungszeit des Königs Herodes verknüpft. Und eine Anspielung auf den Nachfolger von König Herodes, seinen Sohn Archelaus, beweist, daß der Autor Herodes den Großen meinte. Die Jahre, während denen Herodes der Große König der Juden war, sind genau bekannt: Herodes wurde vom römischen Senat im Jahr 40 v. Chr. zum König von Judäa ernannt und starb 36 Jahre später, was genau das Jahr 4. v. Chr. ergibt. Nach Matthäus wurde Jesus somit irgendwann vor 4. v. Chr. geboren.

Im Matthäusevangelium (jedoch in keinem der anderen Evangelien) erläßt Herodes das Edikt, alle männlichen jüdischen Kinder in Bethlehem zu töten, nachdem, er Gerüchte über die Geburt eines »Messias« gehört hatte, der seine Herrschaft gefährden könnte. Der berühmte »bethlehemitische Kindermord«, der in großartigen Kunstwerken verschiedener Epochen und in Kinofilmen wie *The Greatest Story Ever Told* geschildert wird, sollte die Juden an den Pharao erinnern, der zur Zeit des Mose befohlen hatte, jüdische Kinder zu töten. Wann erließ Herodes diesen schrecklichen Befehl? Auch diese Frage ist falsch gestellt. Herodes verbrach zu seinen Lebzeiten einige furchtbare Dinge, und was die Zahl der beseitigten Feinde betrifft, kann er es durchaus mit König David, seinem Vorgänger als König der Juden, aufnehmen. So ließ er beispielsweise im Jahr 7 v. Chr. zwei seiner Söhne hinrichten. Vor seinem Tod ließ Herodes eine Gruppe von Religionsführern und deren Schüler verbrennen, weil sie ein römisches Symbol entweiht hatten, das er im Jerusalemer Tempel hatte aufstellen lassen. Daß Herodes diesen grausigen Befehl gab, unschuldige Kinder zu töten, darüber gibt es keine Dokumente, und selbst wenn es sie gäbe, lautete das Edikt, alle Kinder im Alter unter zwei Jahren zu töten. Dies bedeutet, daß Jesus möglicherweise zwei Jahre früher geboren worden war, und das würde das Datum auf das Jahr 7 oder 6 v. Chr. verschieben. Doch außerhalb der Bibel findet sich keine historisch verbürgte Erwähnung eines Massakers an Kleinkindern, das sicherlich die Aufmerksamkeit irgendeines Menschen erregt hätte, da ja auch Herodes' andere gefühllose Taten gut dokumentiert sind. Daß es keine Belege gibt, heißt nicht, daß etwas nicht geschehen ist; es besteht jedoch einfach keine Möglichkeit, die Geschichte über den Kindermord im Matthäusevangelium zu bestätigen.

Und was ist mit der weltweiten Volkszählung, die der römische Kaiser Augustus befahl, wie es im Lukasevangelium heißt? So wie Matthäus ist auch der Autor von Lukas der Meinung, daß Jesus während der Regierungszeit des Herodes geboren wurde. In der Erzählung hängt jedoch die Geburt des Jesus mit einer Registrierung der Steuerpflichtigen zusammen, die der Kaiser Augustus anordnetet und die unter Quirinius, dem römischen Statthalter in Syrien durchgeführt wurde. Wieder Fehlanzeige. Der Überlieferung nach hat in der gesamten römischen Welt zu keiner Zeit eine solche Volkszählung stattgefunden. Die einzige Registrierung, die Quirinius anordnete, fand im Jahr 6 n. Chr statt, zehn Jahre nach dem Tod des Herodes. Diese Volkszählung, die man durchführte, um von römischen Staatsbürgern Steuern einzuziehen, verursachte in Judäa einen Volksaufstand, doch betraf sie nicht die Bevölkerung der Provinz Galiläa, wo Maria und Joseph lebten und wo einer der anderen Söhne von Herodes dem Großen, Herodes Antipas, im Amt war. Hat Lukas, der sein Evangelium ungefähr 75 Jahre später schrieb, vielleicht einfach diese beiden Herrscher verwechselt?

Bei Matthäus heißt es also, daß Jesus in der Zeit zwischen 7. bis 4. v. Chr. geboren wurde. Bei Lukas wurde er einmal im Jahr 4. v. Chr. geboren, während Herodes der Große noch lebte, und ein anderes Mal im Jahr 6. v. Chr., zehn Jahre nach dem Tod von Herodes dem Großen. Die beiden Evangelien liegen demnach hinsichtlich ihrer Zeitangaben ungefähr zehn bis zwölf Jahre auseinander. Das Datum ist falsch, und das Jahr bleibt rätselhaft. Mit anderen Worten: Der Geburtstag des »Sohnes Gottes« steht nicht genau fest. Wenn das Evangelium göttlich inspiriert ist, konnte Gott dann nicht wenigstens das Jahr exakt festlegen?

Stimmen der Bibel
Es begab sich aber zu der Zeit, daß ein Gebot von dem Kaiser Augustus ausging, daß alle Welt geschätzt würde. Und diese Schätzung war die allererste und geschah zu der Zeit, da Cyrenius Landpfleger in Syrien war. Und jedermann ging, daß er sich schätzen ließ, ein jeglicher in seine Stadt. Da machte sich auf auch Joseph aus Galiläa, aus der Stadt Nazareth, in das jüdische Land zur Stadt Davids, die da heißt Bethlehem, darum daß er von dem Hause und Geschlechte Davids war, auf daß er sich schätzen ließe mit Maria, seinem vertrauten Weibe, die war schwanger. Und als sie daselbst waren, kam die Zeit, daß sie gebären sollte. Und sie gebar ihren ersten Sohn und wickelte ihn in Windeln und legte ihn in eine Krippe; denn sie hatten sonst keinen Raum in der Herberge. (Lk. 2,1-7)

O kleine Stadt Bethlehem?

Also gut. Man hat den Tag und das Jahr ein wenig durcheinandergebracht. Aber wir wissen doch, daß Jesus in Bethlehem geboren wurde? O je! Auch der Ort der Geburt Jesu wirft einige Probleme auf. Besäßen wir lediglich die Angaben im Markus- und im Johannesevangelium, nach denen wir uns richten können, dann müßte man annehmen, es handele sich um Nazareth, weil beide Evangelisten Nazareth als Jesus' Heimatstadt bezeichnen, so wie dieser es selbst auch tut. Aber im Lukas- und Matthäusevangelium spielt die Geschichte von der Geburt Jesu in Bethlehem. Bei Matthäus wird einfach behauptet, daß sich Maria und Joseph in dieser verschlafenen kleinen Stadt aufhalten, die ungefähr zehn Kilometer südlich von Jerusalem, jedoch sehr weit entfernt von Nazareth liegt, das wiederum nördlich von Jerusalem liegt. Bei Lukas leben Maria und Joseph in Nazareth, reisen aber nach Bethlehem zur großen Zählung im römischen Reich. Selbst wenn eine weltweite Zählung stattgefunden hätte, hätte sich Joseph gar nicht auf den Weg nach Bethlehem machen können, um sich dort beim römischen Pendant zu unserem Finanzamt anzumelden. Noch weniger wahrscheinlicher ist es, daß er seine schwangere Frau dorthin hätte mitbringen müssen.

Auch der genaue Geburtsort des verehrten Jesus in Bethlehem ist ungewiß. Die »Krippe« bei Lukas kann ein Stall fast ohne Dach oder eine Futterkrippe im Freien gewesen sein; vermutlich handelte es sich bei der »Herberge« um einen Innenhof, der teilweise von drei Seiten geschützt war. Zieht man derzeitige archäologische sowie andere Indizien heran, so gab es in Bethlehem vor 2 000 Jahren keine Pensionen. Nach einer anderen Überlieferung des Frühchristentums war eine Höhle der Geburtsort Jesu; dies meinte jedenfalls Origenes (ca. 185-254), ein griechischer Theologe, Gelehrter und Lehrer des Frühchristentums, von dem es heißt, man habe ihm die Höhle gezeigt. Origenes ist vor allem wegen seiner frühen Bemühungen berühmt geworden, die Übersetzung der hebräischen und griechischen Versionen der Bibel zu koordinieren. Er kastrierte sich, weil Matthäus gesagt hatte, daß einige Christen »Eunuchen für das Königreich des Himmels« werden würden. Um 338 ließ dann Kaiser Konstantin über der Höhle eine Kirche errichten, und so ließ sich Hieronymus 386 an diesem Ort nieder, um die Bibel aus dem Griechischen in das von weiten Teilen der Bevölkerung benutzte Latein (die »Vulgata«) zu übersetzen.

Warum hat man die Geburt Jesu nach Bethlehem verlegt, in ein kleines, völlig unbekanntes Dorf? Weil Bethlehem dem jüdischen Volk überhaupt nicht unbekannt war. Bethlehem wurde erstmals im Buch der Richter erwähnt und bezog zusätzlich Bedeutung aus dem Buch Ruth, dessen Heldin sich nach Bethlehem begab, dort heiratete und zur Ahnherrin des künftigen Königs David wurde. Als Geburtsort des bedeutendsten Königs Israels wurde Bethlehem zu einem noch bedeutenderen nationalen Symbol. Daraufhin weissagte der Prophet Micha, daß ein Schafhirtenkönig, ein Messias, der Israel führen würde, aus Bethlehem kommen würde.

Es gibt hier nur zwei Möglichkeiten. Entweder wurde Jesus tatsächlich in Bethlehem geboren – allerdings sagte er selbst, er komme aus Nazareth, und es läßt sich kein vernünftiger historischer Grund dafür erkennen, daß sich seine Eltern in Bethlehem aufhielten. Oder er kam *nicht* in Bethlehem zur Welt, und die Verfasser des Matthäus- und des Lukasevangeliums verlegten seine Geburt dorthin, um passenderweise die wohlbekannte Weissagung zu erfüllen, nach der in Bethlehem ein Messias aus dem Hause Davids geboren werden würde. Mit anderen Worten: Haben die Autoren der Evangelien, die ein halbes Jahrhundert nach dem Tod Jesu wirkten, die »Kleiderzipfel abgeschnitten, damit sie in den Koffer paßten«?

Stimmen der Bibel
Und im sechsten Monat ward Engel Gabriel gesandt von Gott in eine Stadt in Galiläa, die heißt Nazareth, zu einer Jungfrau, die vertraut war einem Manne mit Namen Joseph, vom Hause David; und die Frau hieß Maria. Und der Engel kam zu ihr hinein und sprach: Gegrüßet seist du, Hochbegnadete! Der Herr ist mit dir! Sie aber erschrak über seine Rede und dachte bei sich selbst: Welch ein Gruß ist das? Und der Engel sprach zu ihr: Fürchte dich nicht, Maria, du hast Gnade bei Gott gefunden. Siehe, du wirst schwanger werden und einen Sohn gebären, des Namen sollst du Jesus heißen. Der wird groß sein und ein Sohn des Höchsten genannt werden; und Gott der Herr wird ihm den Thron seines Vaters David geben, und er wird ein König sein über das Haus Jakob ewiglich, und seines Reiches wird kein Ende sein. Da sprach Maria zu dem Engel: Wie soll das zugehen, da ich doch von keinem Mann weiß?« (Lk. 1,26-34)

Mariä Verkündigung. Mariä Himmelfahrt. Unbefleckte Empfängnis. Jungfrauengeburt: Wo liegen die Unterschiede?

Die traditionellen Lesarten der Weihnachtsgeschichte, die Christen auf der ganzen Welt gut kennen, verbinden meist die widersprüchlichen Versionen bei Matthäus und Lukas, fügen eine Handvoll Weissagungen aus der hebräischen Bibel hinzu und verflechten das Ganze dann zu einer übersichtlichen Erzählung. Problematisch daran ist, daß diese »übersichtlichen« Versionen der Evangelien nicht übereinstimmen, wie wir bereits bei der Erörterung der Fragen gesehen haben, die Datum und Ort der Geburt Jesu aufwerfen.

Wenn diese Schläge gegen diese erfreulich vertraute Geburtsgeschichte Sie beunruhigen –, dann seien Sie nun gewappnet! Es kommt noch schlimmer. Im Matthäusevangelium erscheint vor Joseph der namenlose Engel, der von der Geburt Jesu berichtet. Der Engel warnt Joseph, Maria mitzunehmen und die Stadt zu verlassen, weil Herodes etwas Böses im Schilde führe. Joseph und Maria sind noch nicht verheiratet, so daß sich aus Marias unerklärlicher Schwangerschaft ein Problem ergibt. Joseph plant, sich »heimlich von ihr zu trennen«. Als ihn aber der Engel anstößt, wacht er auf und nimmt Maria zur Frau. Nachdem Jesus dann geboren ist, verlassen sie Bethlehem und brechen nach Ägypten auf, um den Tod des Herodes (der, wie uns die Geschichte sagt, im Jahr 4 v. Chr. starb) abzuwarten. Das ist die sogenannte »Flucht nach Ägypten«. Ohne zu sagen, wieviel Zeit die Heilige Familie in Ägypten verbringt, gibt ein Engel Joseph anschließend das Zeichen, daß »alles klar« ist und daß sie gefahrlos Ägypten verlassen und nach Juda zurückkehren können. Doch anstatt nach Bethlehem zurückzugehen, beschließt die Heilige Familie, sich nach Nazareth aufzumachen, in den Bezirk Galiläa. Die »Flucht nach Ägypten« von Joseph, Maria und Jesus wird im Lukasevangelium zwar nicht erwähnt; was das Matthäusevangelium beabsichtigte, mußte jedoch jedem Juden klar gewesen sein. Indem der Verfasser eine hebräische Prophezeiung aus dem 2. Buch Mose – »ich rief meinen Sohn aus Ägypten heraus« zitiert, wollte er Parallelen zwischen Jesus und Mose ziehen. Jesus begab sich nach Ägypten, so wie Mose, und ebenso wie Mose und die Israeliten sollte Jesus in einer Art Wiederholung des Exodus unversehrt aus Ägypten herauskommen.

Anders als das Matthäus- beginnt das Lukasevangelium mit der Geschichte einer wundersamen Geburt aus früherer Zeit, und zwar der Geburt Johannes des Täufers. Der Erzengel Gabriel führt die biblische Tradition der Geburtsverheißung weiter, denn auch er bringt als göttlicher Bote die überraschende Nachricht, eine unfruchtbare Frau werde ein Kind gebären; zunächst erzählt er einem Priester namens Sacharja (Zacharias), daß dessen ältere und bislang kinderlose Ehefrau, Elisabeth, einen Sohn mit Namen Johannes zur Welt bringen werde. (Die unfruchtbaren Frauen im Alten Testament sind Sara, Rebekka, Rahel, die Mutter des Simson, sowie Hanna, die Mutter des Propheten Samuel.) Ähnlich wie die frühen israelitischen Gestalten Simson und Samuel verpflichtet man auch dieses ungeborene Kind dazu, gewisse Schwüre gegenüber Gott einzuhalten. Seine Aufgabe wird darin bestehen, das Volk auf das Kommen des Herrn vorzubereiten.

Sechs Monate später bricht der Engel Gabriel nach Nazareth auf und erscheint Maria, der Verwandten Elisabeths, die mit Joseph verlobt, aber noch nicht schwanger ist. Gabriel erklärt der jungen Frau – in dieser Zeit war eine »Frau« meist schon im Alter von 14 Jahren »verlobt« –, daß sie ein Kind zur Welt bringen werde, dem man den Namen »Sohn Gottes« geben wird. Erinnern Sie sich? Bei Matthäus bekam Joseph die Nachricht, nachdem Maria bereits in »anderen Umständen« war. Mit anderen Worten: Maria verlor gegenüber ihrem zukünftigen Mann kein Wort über den Besuch des Engels, der erklärte, sie werde von ihrem künftigen Ehemann auf unerklärliche Weise schwanger werden.

Was würden Sie sagen, wenn Ihnen Ihre 14jährige Tochter mitteilte, ein Engel habe ihr erzählt, sie werde den Sohn Gottes zur Welt bringen? Und wenn sie dann noch hinzufügte: Aber sorgt euch bitte nicht! Ich bin immer noch Jungfrau! Die traditionellen Vorstellungen von der Jungfrau Maria verdunkeln meist die Tatsache, daß die heilige Mutter Jesu ein unverheirateter Teenager war.

Gabriels Erscheinung vor Maria nennt man Verkündigung, die Ankündigung, die die Geburt Jesu vorhersagt. (Manche Christen begehen das Fest Mariä Verkündigung am 25. März; dies war nach den Berechnungen des skythischen Mönches Dionysus das Geburtsdatum Jesu; wenn man neun Monate hinzufügt, bekommt man den 25. Dezember!) Es gibt keinen Bericht darüber, daß Joseph und Maria über ihre jeweiligen Besuche durch den Engel gesprochen haben. Doch man stelle sich die Situation einmal vor: Joseph sagt: »Maria, was dein kleines Problem angeht – also letzte Nacht, da hatte ich einen sehr merkwürdigen Traum.«

Überrascht antwortet Maria: »Du hast etwas geträumt? Das habe ich auch. Vor sechs Monaten hat mir ein Engel gesagt, daß ich die Mutter Gottes sein werde.«

Im Unterschied zu den anderen Frauengestalten der Bibel, denen von Engelsboten ein Kind geweissagt wird, sagt man Maria, ihr Kind werde die Folge eines Besuchs des »Heiligen Geistes« sein, der über sie kommen werde. Den anderen älteren Frauen, von Abrahams Frau Sara bis zu Elisabeth, wurden ihre Schwangerschaften zwar wundersamerweise geweissagt, doch wurden diese Frauen auf altmodische Weise schwanger. Maria macht sich auf, um ihre wie durch ein Wunder schwangere Verwandte Elisabeth zu besuchen. Als Elisabeth Maria erblickt, »hüpft« Elisabeths ungeborenes Kind »in ihrem Leibe«, und die ältere Elisabeth ruft aus: »Gepriesen bist du unter den Frauen, und gepriesen ist das Kind in deinem Leibe.«

Marias Antwort erfolgt in Form eines Liedes, das als »Marias Lobgesang« berühmt geworden ist.

Meine Seele erhebt den Herrn,
und mein Geist freuet sich Gottes, meines Heilandes;
denn er hat die Niedrigkeit seiner Magd angesehen.
Siehe, von nun an werden mich seligpreisen alle Kindeskinder.
(Lk. 1,46-48)

Es ist natürlich eine große Verantwortung und eine besondere Ehre, die Mutter Gottes zu sein, und so nahm Maria in der ganzen Geschichte des Christentums eine bedeutende und faszinierende Position ein. Nach den beiden biblischen Berichten über die Geburt Christi berichtet die Bibel sehr wenig über Maria, und noch weniger über Joseph, der der biblischen Darstellung zufolge, nachdem Jesus zwölf Jahre alt ist, zu einem »Vermißten« wird. In späterer Zeit spricht Jesus über seine Mutter in mehreren Versen, die dem Gebot, »du sollst deine Mutter ehren«, offenbar widersprechen. Einmal kommt seine Familie zu einem Haus, in dem sich Jesus mit seinen Anhängern trifft, und fragt nach ihm, aber Jesus sagt: »Wer sind meine Mutter und meine Geschwister?« Weiter heißt es bei Markus: »Und er sah rings um sich auf die, die um ihn im Kreise saßen, und sprach: Siehe, das ist meine Mutter und meine Brüder! Wer Gottes Willen tut, der ist mein Bruder und meine Schwester und meine Mutter.« (Mk. 3,34-35). Bei Lukas sagt Jesus: »So jemand zu mir kommt und hasset nicht seinen

Vater, Mutter, Weib, Kinder, Brüder, Schwestern, auch dazu sein eigen Leben, der kann nicht mein Jünger sein.« (Lk. 14,26). Mit diesen Worten, die manchem Leser recht kaltherzig vorkommen, brachte Jesus unmißverständlich zum Ausdruck, daß der Glaube in ihn, der die Menschen in seine himmlische »Familie« holt, vollständig und eindeutig zu sein habe.

Aber ungeachtet der immensen Verehrung der Maria und trotz der komplizierten Mythologie, die sich um sie rankt – Tausende berichten jedes Jahr von »Marienerscheinungen« –, gibt es in der Bibel nur wenige Hinweise auf die Mutter Jesu. Bei Johannes heißt es, Maria sei bei der Hochzeit von Kanaan und bei der Kreuzigung Jesu dabeigewesen, und in der Apostelgeschichte ist sie gemeinsam mit den Jüngern anwesend, nachdem Jesus gen Himmel gefahren ist. Die Empfängnis Jesu durch eine Jungfrau wird weder bei Markus noch bei Johannes erwähnt, und auch Paulus erkundet nicht die Frage der wundersamen Geburt Christi durch eine Frau, die zu niemandem eine geschlechtliche Beziehung unterhielt. Lediglich in einem einzigen Brief behauptet Paulus, Jesus sei von »einer Frau geboren« worden. Manche Bibelhistoriker fassen dies so auf, daß für die frühesten Christen Marias Jungfräulichkeit unstrittig war, doch die Verfasser der späteren Evangelien sahen sich gezwungen, die Streitfrage anzugehen, wie ein Mensch aus Fleisch und Blut zgleich ein göttliches Wesen sein kann – was man von Jesus ja glaubt. Die Auffassung von der Göttlichkeit Jesu durchzusetzen war besonders wichtig, um nichtjüdische Konvertierte auf die eigene Seite zu ziehen. Die Vorstellung, daß Götter mit Menschen sexuell verkehrten, ist in vielen heidnischen Überlieferungen weit verbreitet. Hierzu gehören auch die berühmten tanzenden Götter der griechischen Mythologie. Doch um zu verdeutlichen, daß die Geburt Jesu nicht mit dem Mythos der Griechen gleichzusetzen sei, in dem Zeus die Gestalt eines Schwanes annahm, um mit Leda schlafen zu können, wurde die Idee vom Heiligen Geist als der treibenden Kraft der Empfängnis eingeführt. Maria empfing Jesus, ohne Geschlechtsverkehr gehabt zu haben, und daher kommt der Ausdruck »Jungfrauengeburt«.

Hatte das Wort »Jungfrau« vor 2 000 Jahren dieselbe Bedeutung wie heute?

Auch wenn im Matthäus- und im Lukasevangelium großes Augenmerk darauf gelegt wird, Marias Status als Jungfrau hervorzuheben, haben wir es bei der Frage der Jungfrauengeburt wieder einmal mit einem Übersetzungsfehler zu tun. Zur Zeit des Alten Testaments, in den Weissagungen Jesajas fanden sich zahlreiche Hinweise auf einen kommenden Erlöser. Der Verfasser des Matthäusevangeliums hat sicherlich die griechische Übersetzung des Buches vom Propheten Jesaja benutzt, in dem das Kommen des Messias prophezeit wird. Einmal spricht Jesaja davon, einer jungen Frau werde ein Sohn geboren (vgl. S. 267ff.). Doch kann die griechische Übersetzung des hebräischen Wortes, das Jesaja verwendet (»Jungfrau«), auch »junge Frau« bedeuten. Mit anderen Worten: Jesaja hat nie eine Jungfrauengeburt geweissagt, ja, er hat nicht einmal über den Messias gesprochen, als er die Geburt eines Kindes für den König Ahas von Juda prophezeite. Doch um diese – falsch übersetzte – Weissagung erfüllen zu können, glaubte der Autor des Matthäusevangeliums, daß Jesus von einer Jungfrau geboren sein müsse. Da weder Johannes noch Markus noch Paulus in ihren Schriften die Jungfrauengeburt erörtern, haben manche Theologen die Ansicht vertreten, daß dieser Aspekt der Geburt Jesu eine spätere Erfindung sei – so wie im Fall der Verlegung von Jesu Geburt nach Bethlehem –, mit der man die Geschehnisse um die Geburt Christi in ein prophetisches Grundschema einpassen wollte. Einmal mehr erinnert die ganze Geburtsgeschichte den Leser daran, daß die Bibel ein Werk über den Glauben, nicht über geschichtliche oder biologische Sachverhalte ist.

Der »Marienkult«, der während der folgenden Jahrhunderte immer stärker wurde, entbehrt fast jeder biblischen Grundlage. Dennoch wuchs die Marienverehrung unter den frühen Christen rasch. Den Titel »Mutter Gottes« verwendete man bereits im zweiten nachchristlichen Jahrhundert. Im 4. Jahrhundert kam es dann jedoch unter den Kirchenführern zu kontroversen Debatten über die Göttlichkeit Jesu und den Status der Maria, die die Kirche spalteten. So beharrte ein Mönch namens Nestorius darauf, daß Maria die Mutter Jesu und nicht Gottes sei. Auf dem Konzil von Ephesus (431) verdammte man seine Lehre, und die Forderung wurde laut, Maria *Theotokus,* also »Mutter Gottes« zu nennen. In späteren christlichen Lehren wurde behauptet, Maria sei eine »Immerjungfrau«, wenngleich in den Evangelien auch von Jesu Brüdern und Schwestern die Rede ist. Die Theologen tilgten diese lästigen Geschwister: Entweder gab man sie als nahe Verwandte Jesu oder aber als Kinder Josephs aus einer früheren Ehe aus. Auch diese Deutung entbehrt jeder biblischen Grundlage. In der Geburtsgeschichte des Matthäusevangeliums heißt es: »Aber er berührte sie nicht, bis sie einen Sohn gebar« – was immerhin offenläßt, daß sich das Paar zu einem späteren Zeitpunkt »berührte«.

Theologen aus späterer Zeit gingen noch einen Schritt weiter: Sie äußerten eine Ansicht, die sich ebenfalls nicht auf die Bibel berufen kann, nämlich daß Maria ohne »Erbsünde« empfangen habe. Dieser Glaube, die Doktrin, die man unter dem Namen »Unbefleckte Empfängnis« kennt, entstand bereits früh in der Geschichte des Christentums und wurde von Papst Pius IX. im Jahr 1854 offiziell zu einem zentralen Dogma für die Glaubensvorstellungen der Katholiken erhoben. Die Vorstellung von der »Erbsünde« innerhalb der christlichen Theologie findet sich gleichfalls nicht in der Bibel; sie schreibt die universelle Sündhaftigkeit des Menschen der ersten Sünde zu, die Adam verübte. Der berühmte Augustinus, der Bischof von Hippo, hat den Begriff zwar nicht geprägt, doch erweiterte er die Vorstellung von der »Erbsünde«: Der Makel der menschlichen Sünde übertrage sich durch den Akt der Fortpflanzung von einer Generation zur nächsten. Die Idee der Unbefleckten Empfängnis, die oft mit der Jungfrauengeburt verwechselt wird, bildete sich im Mittelalter heraus und sollte erklären, daß Maria vor der Empfängnis Jesu keinen Geschlechtsverkehr hatte, und zudem frei von »Erbsünde« war.

Im Mittelalter, vor allem in der Zeit des »Schwarzen Todes«, stieg Marias Beliebtheit bei der Bevölkerung enorm. Während die Pest wahre Stapel von Toten errichtete, glaubten viele Europäer verständlicherweise, daß die Welt zu Ende gehe – und daß der Tag des Jüngsten Gerichts, wie ihn die Bibel verhieß, unmittelbar bevorstehe. Jesus wurde in dieser Zeit eher als höchster, universeller Richter und weniger als barmherziges, vergebendes »Lamm Gottes« dargestellt. Und als sich wegen der Pest, die durch Europa fegte, die Angst vor dem Tod und dem »Jüngsten Gericht« verstärkte, begann man Maria allmählich als die barmherzige Vermittlerin anzusehen, deren Fürbitte die furchtbare Rechtssprechung Jesu Christi vielleicht mildern könnte. In dieser Zeit kam der Rosenkranz in Gebrauch, eine Andacht, die ursprünglich aus 150 »Ave Maria« bestand, eines für jeden Psalm.

Zu den Glaubensgrundsätzen, die sich in der westlichen römisch-katholischen sowie der östlichen griechisch-orthodoxen Kirche herausbildeten, zählte auch die Vorstellung, daß Maria leibhaftig zum Himmel gefahren sei und mit ihrem Geist wiedervereinigt wurde. Dieses Geschehen bezeichnet man als »Mariä Himmelfahrt«. Auch dieser Ausdruck beruht nicht auf einem biblischen Ereignis. Die Himmelfahrt, die auf dem Fest des Hinscheidens Mariä aus dem 6. Jahrhundert basiert, wurde 1950 von Papst Pius XII. offiziell in den Rang eines Glaubensartikels erhoben.

Was die Unbefleckte Empfängnis und Mariä Himmelfahrt betrifft, weichen protestantische Glaubensgemeinschaften von den römisch-katholischen Kongregationen ab. Für die meisten Christen ist die Jungfrauengeburt zwar immer noch eine zentrale Doktrin, doch haben heutige Gelehrte einige der Ungereimtheiten und Übersetzungen hinsichtlich Maria und der Geburt Jesu angezweifelt. In jüngerer Zeit haben einige christliche Theologen begonnen, die Vorstellung von einer »Jungfrauengeburt« in Zweifel zu ziehen. Wie bei allen Fragen der Bibel bleibt auch hier die Antwort letztlich dem Glauben des einzelnen überlassen.

Stimmen der Bibel

Als Jesus zur Zeit des Königs Herodes in Bethlehem in Judäa geboren worden war, kamen Sterndeuter aus dem Osten nach Jerusalem und fragten: Wo ist der neugeborene König der Juden? Wir haben seinen Stern aufgehen sehen und sind gekommen, um ihm zu huldigen. Als König Herodes das hörte, erschrak er und mit ihm ganz Jerusalem. Er ließ alle Hohen-

priester und Schriftgelehrten des Volkes zusammenkommen und erkundigte sich bei ihnen, wo der Messias geboren werden solle. Sie antworteten ihm: In Bethlehem in Judäa; denn so steht es bei den Propheten. (Mt. 2,1-5 NJB)

Waren es wirklich »Drei Könige« – und woher kamen sie?

Das Matthäusevangelium läßt bei der Geburtsgeschichte alle komplizierten Einzelheiten hinsichtlich der Zählung des Römischen Reiches beiseite (die zehn Jahre nach Herodes' Tod stattgefunden haben müßte) und konzentriert sich auf König Herodes, dem mitgeteilt wird, in Bethlehem sei ein neuer König der Juden, ein »Messias« (Christus) geboren. Herodes macht einen Schachzug, der jeden Juden an das Dekret des Pharao zur Zeit der Geburt Moses erinnert haben mußte: Er befahl den Mord an allen Jungen aus Bethlehem im Alter unter zwei Jahren. Herodes erläßt dieses grausige Edikt, nachdem mehrere »Weise« – ihre Zahl wird nicht genannt – in Jerusalem Halt gemacht haben, um zu fragen, wo der neugeborene »König der Juden« zu finden sei. Sie hätten eine Prophezeiung gehört und ein astronomisches Zeichen – einen Stern – gesehen, das ihnen davon berichtet habe.

Wer waren also diese »Weisen«, die nur bei Matthäus erscheinen? Waren sie Könige? Und waren sie zu dritt?

Im ursprünglichen griechischen Text heißen sie *magoi,* die Quelle des Wortes *Magier.* Diese »Weisen« waren Mitglieder einer persischen und babylonischen Priesterkaste. Zur Zeit Jesu bezeichnete das Wort Magoi schließlich alle, die den Beruf des Astrologen oder Zauberers ausübten. Die Männer erhielten zwar bei Herodes eine Audienz, aber es gibt keinen Hinweis darauf, daß sie Könige waren. Auch sagt Matthäus an keiner Stelle, daß sie zu dritt waren. Der einzige Hinweis, daß die drei Sterndeuter waren, besteht aus den drei Geschenken, die sie dem Jesuskind bringen. Es gibt allerdings keinen Grund, aus drei Geschenken zu schließen, daß es sich auch um drei Personen handelte. Daß Herodes die Tötung aller

Kinder unter zwei Jahren befiehlt, deutet vielmehr darauf hin, daß die »Weisen« möglicherweise weit nach Jesu Geburt in Jerusalem eintrafen. Obgleich einige Übersetzungen Jesus an dieser Stelle als »Kindlein« bezeichnen, wird er in anderen als »Kind« tituliert. Die Erwähnung eines Sterns, der die »Weisen« geführt habe, liefert ein Indiz dafür, daß sie vielleicht Astrologen waren.

Trotz der späteren Volkserzählungen, die um diese Männer gesponnen wurden, und trotz der Einrichtung eines populären Festtags namens »Heilige Drei Könige« bleiben die Zauberer anonym. Ihre legendenhaften Namen – in abendländischen Überlieferungen Balthasar, Melchior und Kaspar – entstammen einer viel späteren Zeit. Das gleiche gilt für die Legende, einer von ihnen sei dunkelhäutig gewesen; diese Behauptung ist lediglich die Ausgeburt einer mittelalterlichen Phantasie. Die Christen des Mittelalters behaupteten, die »Heiligen Drei Könige« müßten aus den drei bekannten Erdteilen gekommen sein, und das hieße, daß einer von ihnen Afrikaner gewesen sei. Das wiederum würde bedeuten, daß er schwarzhäutig gewesen sein müsse. So entstehen Legenden. In Wirklichkeit berichtet die Bibel von ihren drei Geschenken – Gold, Weihrauch und Myrrhe –, wobei es sich bei letzteren beiden um aromatische Kräuter handelte, die man von Sträuchern erntete. Wichtig hierbei ist, daß es später in den Evangelien heißt, man habe den Leichnam Jesu vor der Bestattung mit Myrrhe eingerieben.

Der Stern, dem die Weisen folgten, hat neugierige Leute außerdem dazu veranlaßt, über astronomische Berichte nachzugrübeln. Anders als bei Kometen, Meteoren oder den meisten astronomischen Ereignissen war dieser »Stern« ungewöhnlich: Er zog durch den Himmel, bis er Bethlehem erreichte, wo er still am Himmel stand. Der Halleysche Komet, der oft mit Jesu Geburt in Zusammenhang gebracht wird, erschien im Jahr 12. v. Chr. Dieses Datum liegt aber zu früh, um zum Geburtsdatum Jesu zu passen – es sei denn, man steckte den chronologischen Rahmen sehr weit. Der Hale-Bopp-Komet, der 1997 soviel Aufmerksamkeit erregte, war nirgends in Sicht. Im Jahr 3. v. Chr. stieg der Planet Jupiter in Konjunktion mit Venus, dem »Morgenstern«, und das könnte ein strahlend helles Himmelsereignis ausgelöst haben. Chinesische astronomische Aufzeichnungen, die über Jahrhunderte sehr sorgsam aufbewahrt wurden, verweisen zudem auf das Erscheinen einer Supernova im Jahr 5 v. Chr. Das könnte eine Möglichkeit sein, aber nur, wenn Jesus vor Herodes' Tod, im Jahr 4. v. Chr. geboren wurde. Die zeitliche Festlegung der Geburt Jesu bleibt weiter ungewiß. Und der Stern der »Weisen aus dem Morgenland« bleibt ein weiteres, recht schwer einzufügendes Stück im Puzzle der Geburt Jesu.

Stimmen der Bibel
In jener Gegend lagerten Hirten auf freiem Feld und hielten Nachtwache bei ihrer Herde. Da trat der Engel des Herrn zu ihnen, und der Glanz des Herrn umstrahlte sie. Sie fürchteten sich sehr, der Engel aber sagte zu ihnen: Fürchtet euch nicht, denn ich verkünde euch eine große Freude, die dem ganzen Volk zuteil werden soll: Heute ist euch in der Stadt Davids der Retter geboren; er ist der Messias, der Herr. (Lk. 2,8-11 NJB)

Sind die »Weisen aus dem Morgenland« im Matthäusevangelium den Hirten aus dem Lukasevangelium begegnet?

Jedes Krippenspiel und jedes Festspiel um die Geburt Christi, das je aufgeführt wurde, enthält noch ein weiteres entscheidendes Element: Schafhirten, die ihre Herden hüten und von Engeln über die Geburt Christi informiert werden. Das Matthäusevangelium vernachlässigt dieses populäre christliche Element – die Schafhirten –, das Lukas in seine Geburtsgeschichte aufnimmt. Im Lukasevangelium machen sich die Hirten auf den Weg nach Bethlehem und erweisen dem Jesuskind ihre Ehre, dann gehen sie wieder, wobei sie sagen, sie wollten allen von diesem wundersamen Ereignis berichten. Die Wege der Weisen bei Matthäus und die Schafhirten bei Lukas kreuzen sich nie. Dann verschwinden alle aus der Bibel. Wurden sie durch dieses wundersame Geschehen irgendwie verwandelt? Schlossen sie sich später den Anhängern Jesu an?

Symbolisch betrachtet bildet diese Ankündigung gegenüber den Hirten eine Art Kontrapunkt zu der Ehre, die die Weisen Jesus bei Matthäus erweisen. Zur Zeit des Neuen Testaments rangierten Hirten auf der sozialen Skala recht weit unten. Während seines ganzen geistliches Amtes wandte sich Jesus am ummittelbarsten den Ausgestoßenen und Ärmsten der judäischen Gesellschaft zu – im Lukasevenagelium durch die Schafhirten symbolisiert. Das Bild der Hirten sollte die Zeitgenossen wohl zudem deutlich daran erinnern, daß Jesus sowohl als Hirte der Herde Israels wie auch als Opferlamm kommen werde, um die Menschen durch seinen Tod von ihren Sünden zu befreien.

Gehorchte Jesus seinen Eltern?

Laut Lukas begann Jesus sein Wirken, als er ungefähr 30 Jahre alt war. Drei der Evangelien übergehen Jesu Jugend oder frühes Erwachsenenalter in Nazareth. Nur Lukas beleuchtet kurz den Zwölfjährigen Jesus, der mit den Weisen außerhalb des Jerusalemer Tempels über das hebräische Gesetz diskutiert.

In jener Zeit war Nazareth ein unbedeutendes Dorf. Maria und Joseph werden als treue Israeliten dargestellt, die jedes Jahr zum Passahfest Richtung Süden nach Jerusalem pilgern. Während der jüdischen Osterfeste war Jerusalem überfüllt. In der Stadt versammelten sich Tausende Pilger sowie römischen Soldaten, die für Ordnung sorgen wollten, da die nationalistische, antirömische Stimmung in jenen Tagen ihren Höhepunkt erreichte. Mitten in der Menschenmenge werden Jesus und seine Eltern getrennt, so daß Joseph und Maria annehmen, ihr Sohn befinde sich unter der Menge der Reisenden, die nach Nazareth zurückkehrt. Sie schließen sich den Reisenden an, um Jesus bei ihnen zu suchen. Als der Junge auch nach drei Tagen nicht wieder aufgetaucht ist, kehren die Eltern nach Jerusalem zurück und finden Jesus, der zwischen den Lehrern sitzt, die sich vor dem Tempel versammelt haben, um über die biblischen Schriften zu diskutieren und zu debattieren. Der Zwölfjährige stellt den Rabbinern oder Lehrern

Fragen und verblüfft sie mit seinen Kenntnissen des Gesetzes. Als die Eltern den Sohn finden, sind sie sichtlich verärgert und fragen ihn, warum er sie so schlecht behandele. Seine Antwort beschämt sie: »Was ist's, daß ihr nach mir gesucht habt? Wisset ihr nicht, daß ich sein muß in dem, was meines Vaters ist?« (Lk. 2,49)

Dann folgt Schweigen. In den folgenden achtzehn Jahren bleibt das Leben Jesu im Neuen Testament undokumentiert. Trat Jesus in Josephs Fußstapfen und wurde Zimmermann? Heiratete er, wie man es zur damaligen Zeit von den meisten jungen Juden erwartete? Wurde er Zeuge des antirömischen Aufstands, der damals im nahegelegenen Gamala stattfand? Die Römer machten seine Nachbarstadt dem Erdboden gleich und kreuzigten die jüdischen Aufständischen am Straßenrand. Es gibt darüber keine Berichte, nur Spekulationen.

Als Jesus zum nächsten Mal gesehen wird, besucht er seinen Verwandten Johannes, der »Täufer« geworden ist. Johannes, der aus einer Priesterfamilie stammte, gehörte zu der wachsenden Menge jüdischer Priester, die Immersionstaufen im Jordan ausübten. Die Taufe als Form der rituellen Reinigung war unter den Juden der damaligen Zeit nicht weit verbreitet. Die Vorstellung, die Sünden mit Wasser abzuwaschen, war jedoch sicher bekannt, denn sie geht bis ins Alte Testament zurück. Johannes der Täufer forderte die Reue und die Reinigung von den Sünden. Die Taufe war für ihn das Symbol der Rettung im kommenden Weltgericht. Auch wenn manche Historiker versucht haben, Johannes in die Tradition der Essener einzuordnen, der monastischen Sekte, die bei Qumran lebte und das rituelle Bad wohl zum Bestandteil des täglichen Lebens machte, so scheint er ein Einzelgänger gewesen zu sein. Er hatte etwas von einem »Wilden«, trug Kleidung aus Kamelhäuten, ernährte sich von »Heuschrecken und Honig« und predigte, daß es notwendig sei, zu bereuen und die eigenen Sünden zu bekennen.

Im Lukasevangelium wird die wundersame Geburt des Johannes vom Engel Gabriel geweissagt, der auch als Kundschafter Jesu, ebenfalls in Erfüllung mehrerer hebräischer Prophezeiungen, fungiert. Die Fassungen der Taufe Jesu in den synoptischen Evangelien enthalten geringfügige Abweichungen, doch stimmen alle drei im Kern darin überein, daß sich der Heilige Geist in Gestalt einer Taube im Augenblick der Taufe auf den Kopf Jesu niederließ und eine Stimme aus dem Himmel verkündete: »Dies ist mein Sohn, der Geliebte, mit dem ich wohl zufrieden bin.«

Stimmen der Bibel
Da aber Herodes seinen Geburtstag beging, da tanzte die Tochter der Herodias vor ihnen. Das gefiel Herodes wohl. Darum verhieß er ihr mit einem Eide, er wollte ihr geben, was sie fordern würde. Und wie sie zuvor von ihrer Mutter angestiftet war, sprach sie: Gib mir her auf einer Schüssel das Haupt Johannes des Täufers! (Mt. 14,6-8)

Warum wollte ein junges Mädchen, daß man ihr das Haupt Johannes des Täufers auf einer silbernen Schüssel präsentiert?

Irgendwann nachdem Jesus getauft worden war, wurde Johannes auf Befehl von Herodes Antipas, dem Sohn von Herodes dem Großen, gefangengenommen. Die Evangelien schildern, wie Johannes das Kommen des Messias predigt. Der jüdische Geschichtsschreiber Flavius Josephus erwähnt Johannes den Täufer, doch wird er in seiner Darstellung als eine Art Wanderprediger geschildert. Als Johannes die Heirat des Herodes Antipas mit Herodias, seiner Nichte, öffentlich annullierte, verlangte die erzürnte Königin, Johannes festzunehmen. Herodes war von Johannes fasziniert, aber als die Tochter der Herodias auf seinem Geburtstagsfest tanzte, war er ganz hingerissen von der jungen Frau und machte ihr große Versprechungen. Bei Josephus, aber nicht in der Bibel, heißt diese junge Frau Salome. In der Bibel werden auch nicht die berühmten »Sieben Schleier« erwähnt, die Salome abstreift, während sie für ihren Stiefvater tanzt, und die in der Oper *Salomé* von Richard Strauss aus dem Jahr 1905 (nach einem Stück von Oscar Wilde) eine so große Rolle spielen. Angestachelt durch ihre Mutter, bittet die junge Frau um das Haupt Johannes des Täufers – und bekommt es. Die Opernfigur Salome wird auf Veranlassung ihres Stiefvaters hingerichtet, die historische Salome heiratete Herodes' Sohn Philip.

Das abgetrennte Haupt Johannes des Täufers wirft einige weitere Probleme hinsichtlich der Chronologie auf. Nach der Überlieferung heißt es, Jesus habe sein Werk etwa zur Zeit des Todes von Johannes angetreten. Aber wieder einmal mischt sich die Geschichte ein – falls man dem jüdischen Historiker Josephus Glauben schenken will. Josephus zufolge wurde Johannes nämlich im Jahr 33 oder 34 festgenommen. Zu jener Zeit war Jesus vermutlich bereits tot.

Stimmen der Bibel
Jesus aber, voll heiligen Geistes, kam wieder von dem Jordan und ward vom Geist in die Wüste geführt und ward vierzig Tage lang von dem Teufel versucht. Und er aß nichts in diesen Tagen, und da sie ein Ende hatten, hungerte ihn. Der Teufel aber sprach zu ihm: Bist du Gottes Sohn, so sprich zu diesem Stein, daß er Brot werde. Und Jesus antwortete ihm: Es steht geschrieben (5. Mose 8,3): »Der Mensch lebt nicht vom Brot allein.«
(Lk. 4,1-4)

Zusammenfassung der Handlung: Die Versuchung Christi

Nach seiner Taufe begibt sich Jesus in die Wüste, wo er vierzig Tage verbringt; diese Zahl ist für fromme Christen natürlich von großer Bedeutung. Mose verbringt vierzig Tage in der Wüste, bevor er die Zehn Gebote empfängt, und danach verbringen die Kinder Israels vierzig Jahre in der Wüste. Dieser Sinngehalt dürfte den Menschen zur Zeit Jesu nicht entgangen sein. In drei der Evangelien wird berichtet, daß Jesus während dieses Zeitraums versucht wurde. Die Evangelien geben dem Versucher Christi unterschiedliche Namen. In einigen Übersetzungen des Matthäusevangeliums heißt er »Versucher«, bei Markus »Satan« und bei Lukas »Teufel«. Die Schilderung im Markusevangelium ist kurz: Jesus war in der Wüste, wurde von Satan in Versuchung geführt, und die Engel statteten ihm einen Besuch ab. Sowohl Matthäus als auch Lukas beschreiben eine vielschichtigere, dreiteilige Versuchung. Zunächst wird Jesus gedrängt, Steine in Brot zu verwandeln. Jesus zitiert aus dem 5. Buch Mose und antwortet:

»Der Mensch lebt nicht allein vom Brot, sondern von einem jeglichen Wort Gottes.«

Jesus wird auf das Dach des Tempels geführt. Dort wird ihm gesagt, er soll sich hinabstürzen, denn die Engel würden ihn sicherlich erretten. Wieder antwortet er mit einem Satz aus dem 5. Buch Mose: »Du sollst Gott, deinen Herrn, nicht versuchen.« Schließlich zeigt der Versucher Jesus von einem hohen Berg aus alle Königreiche der Welt und sagt, er könne das alles haben. Wiederum antwortet er mit einem Zitat aus dem 5. Buch Mose: »Du sollst Gott, deinen Herrn, anbeten und ihm allein dienen.« (Das ist die Reihenfolge bei Matthäus; bei Lukas ist leicht abgewandelt.) Jesus' Zitate aus dem 5. Buch Mose dürften die Menschen erneut an die Verbindung zwischen ihm und Mose erinnert haben.

Stimmen der Bibel
Als nun Jesus an dem Galiläischen Meer ging, sah er zwei Brüder, Simon, der da heißt Petrus, und Andreas, seinen Bruder, die warfen ihre Netze ins Meer; denn sie waren Fischer. Und er sprach zu ihnen: Folget mir nach; ich will euch zu Menschenfischern machen. Alsbald verließen sie ihre Netze und folgten ihm nach. (Mt. 4,18-20)

Was ist der Unterschied zwischen einem Jünger und einem Apostel?

Jesus verbrachte den Rest seines Lebens in der Gegend um den See Genezareth. Eine Ausnahme bildete nur seine Reise nach Jerusalem – bei Johannes stattet Jesus allerdings Jerusalem öfter einen Besuch ab. Der See Genezareth (See von Tiberias) ist an seiner breitesten Stelle ungefähr 20 Kilometer lang und 12 Kilometer breit. Im Norden mündet der Jordan in den See und fließt

Richtung Süden ins Tote Meer. Zur Zeit Jesu galten die Galiläer bei den kosmopolitischeren Bewohnern Jerusalems als Landpomeranzen oder »Hinterwäldler«. Die verbreitete Einstellung gegenüber den Galiläern brachte ein späterer Anhänger Jesu namens Nathaniel bei Johannes in der Frage zum Ausdruck »Was kann Gutes aus Nazareth kommen?«, als man ihm von Jesus erzählte. Eine Gruppe von Fischern aus Galiläa, die man auf der sozialen Skala Judäas kaum höher einordnete als die Schafhirten in der Geburtsgeschichte – das war wohl kaum die »Traummannschaft«, die Israel retten und das Römische Reich besiegen könnte.

Im Lukasevangelium bewegt Jesus die Fischer dazu, sich ihm anzuschließen, indem er sie anweist, ihre Netze auszuwerfen – auch wenn sie behaupten, die ganze Nacht über nichts gefangen zu haben. Sie fangen so viele Fische, daß ihre Netze schier bersten. Im Matthäusevangelium lassen die vier Fischer – Simon, Andreas, Jakobus und Johannes – ihre Netze und ihre Boote zurück und folgen Jesus. Das Johannesevangelium enthält eine weitere Fassung der Berufung der ersten Jünger, in der Andreas als »Hörer des Wortes« von Johannes dem Täufer bezeichnet wird. Andreas berichtet seinem Bruder Simon von Jesus; die »Menschenfischerei« und das Zurücklassen der Netze wird mit keinem Wort erwähnt. Nach und nach sucht sich Jesus dann zwölf Vertraute aus, die schließlich zu seinen Aposteln werden, wobei die Zahl zwölf symbolisch für die zwölf Stämme Israels steht.

Diese »Zwölf« waren also die Jünger, die Jesus auswählte. Sie sind die Anhänger, die am engsten mit ihm verbunden waren. Häufig werden jedoch noch viele weitere »Jünger« erwähnt, denn dieser Begriff wird in den Evangelien und in der Apostelgeschichte häufig benutzt. Das Wort »Jünger« bedeutet wörtlich »Lernende« oder Schüler Jesu, hat in jedem der Evangelien jedoch andere Nebenbedeutungen. Die Jünger Jesu waren meist diejenigen, die Jesus zuhörten, ihn verstanden und auch verbreiteten, was er lehrte. Bei Lukas werden Jesus zusätzlich zu den zwölf noch siebzig weitere Jünger zugeordnet. Jesus entsandte sie später in Paaren, damit sie ihm vorangingen in die Städte, die er besuchen wollte. Die Zahl »siebzig« symbolisiert vermutlich die Anzahl der Na-

Tab. 11: Die zwölf Jünger

(Sie werden in Matthäus 10, Markus 3 und Lukas 6 genannt.)

- Simon, dem Jesus den Beinamen Kephas (aramäisch: »Fels« oder »Stein«) oder Petrus (griechisch: *petros* für »Fels«) verleiht.
- Andreas, Simons Bruder, der später im Johannesevangelium als Anhänger von Johannes dem Täufer aufgeführt wird.
- Jakobus, der Sohn des Zebedäus. (»Jakobus«, eine Form des hebräischen Namens »Jakob«, war unter den Juden in dieser Zeit weit verbreitet. Es gibt im Neuen Testament vier bedeutende Männer namens Jakobus, einer von ihnen ist der weiter unten erwähnte Jünger.)
- Johannes, der Bruder des Jakobus; Jesus nannte Jakobus und Johannes »Söhne des Donners«. Neben Petrus waren sie die Jünger, die ihm am nächsten standen.
- Philippus stammt aus Bethsaida, der Stadt, aus der auch Petrus und Andreas kommen. Im Johannesevangelium berichtet Philip Nathaniel (nächster Eintrag) von Jesus, er sei derjenige, über den Mose und die Propheten geschrieben hätten.
- Bartholomäus oder »Sohn des Talmai«. Bei Johannes wird er auch als Nathaniel bezeichnet. Nach der Überlieferung begab sich Bartholomäus auf eine Missionsreise nach Ägypten, Persien, Indien und Armenien, wo er bei lebendigem Leibe gehäutet wurde. Dafür wurde er zum Schutzheiligen der Lohgerber!
- Thomas, der später unter dem Namen der »Ungläubige« berühmt wird, weil er bei Matthäus einen physischen Beweis für die Auferstehung Jesu verlangt. Ihm wird das gnostische »Thomasevangelium« zugeschrieben; auf aramäisch bedeutet sein Name »Zwilling«. Das hat manche Forscher dazu veranlaßt, ihn als Zwillingsbruder Jesu zu bezeichnen – allerdings wird ein solcher Bruder in der Bibel nirgends erwähnt.
- Matthäus, der Steuereinnehmer, auch als Levi bezeichnet. Im Lukas- und im Markusevangelium wird er Sohn des Alphaeus genannt.
- Jakobus wird ebenfalls Sohn des Alphaeus genannt, sein Vater ist aber anscheinend nicht mit Levis Vater identisch. Man nennt ihn auch »den Jüngeren« oder »Geringeren«, um ihn von Jakobus, dem Sohn des Zebedäus, zu unterscheiden. In manchen Übersetzungen wird er jedoch »der Kleine« genannt, was bedeutet, daß er kleiner als der »größere« Jakobus ist.
- Thaddäus; Lukas ersetzt den Namen durch »Judas, Sohn des Jakobus« (des dritten neutestamentlichen Jakobus).
- Simon der »Kanaaniter« oder »Eiferer«.
- Judas Ischariot, der ultimative Verräter. Auch wenn alle anderen Jünger aus der Umgebung von Galiläa kommen, kann »Ischariot« bedeuten, daß Judas aus Karioth in Südjudäa stammte.

tionen der Welt, wie sie in der Genesis genannt wird. (Andere bedeutende Althistoriker sprechen von zweiundsiebzig Jüngern – was auf unterschiedliche Übersetzungen zurückgeht. Der hebräischen Bibel zufolge gab es siebzig, nach Angaben der griechischen Bibel zweiundsiebzig Nationen.)

Über die zwölf und die zusätzlichen siebzig berufenen Jünger hinaus gab es eine große und wachsende »Gemeinde« von Anhängern, die Jesus mit seinem Zwölferkreis willkommen hießen, wenn sie in eine Stadt kamen.

Die Ausdrücke »Jünger« und »Apostel« werden zwar oft so verwendet, als seien sie identisch, doch haben sie ganz unterschiedliche Bedeutungen. Das Wort Apostel, abgeleitet aus dem griechischen Wort *apostolos* (»Sendbote«) meint im allgemeinen einen Überbringer des Evangeliums. Der Verfasser des Lukasevangeliums benutzte das Wort »Apostel« ausdrücklich für die zwölf Jünger, die Gefährten Jesu, die Zeugen seiner Auferstehung und Anführer der Kirche – wobei Judas ausgeschlossen wird, der Jesus verriet und Selbstmord beging. Das Wort wird später in einem weiteren Sinn benutzt, so daß es Paulus und die anderen frühen Prediger des Evangeliums einschließt.

Stimmen der Bibel

Gehet hin; siehe, ich sende euch wie Lämmer mitten unter die Wölfe. Tragt keinen Beutel noch Tasche noch Schuhe und begrüßt niemand unterwegs. Wenn ihr in ein Haus kommt, so sprecht zuerst; Friede sei diesem Hause! Und wenn daselbst wird ein Kind des Friedens sein, so wird euer Friede auf ihm ruhen; wo aber nicht, so wird sich euer Friede wieder zu euch wenden. In demselben Hause aber bleibet, esset und trinket, was man euch gibt; denn der Arbeiter ist seines Lohnes wert. Ihr sollt nicht von einem Hause zum anderen gehen. Und wo ihr in eine Stadt kommt und sie euch aufnehmen, da esset, was euch wird vorgesetzt, und heilet die Kranken, die daselbst sind, und sagt ihnen: Das Reich Gottes ist nahe zu euch gekommen. Wenn ihr aber in eine Stadt kommt, in der sie euch nicht aufnehmen, so geht heraus auf ihre Gassen und sprecht: Auch den Staub, der sich an unsere Füße gehängt hat von eurer Stadt, schütteln wir ab auf euch; doch sollt ihr wissen, daß euch das Reich Gottes nahe gewesen ist. Ich sage euch: Es wird Sodom erträglicher gehen an jenem Tage als solcher Stadt. (Lk. 10,3-12)

Hat Jesus eine »Bergpredigt« gehalten?

Zu den Grundbestandteilen der Lehren Jesu gehört eine längere Rede, die Augustinus als »Bergpredigt« bezeichnete. Laut Matthäus bekam Jesus nach der Berufung von Simon und Andreas großen »Zuspruch«, wie es Journalisten gern formulieren. Er zog große Menschenmassen an, die ihm folgten, um seine Predigten zu hören und um zu sehen, wie er seine Heilungen durchführte. Einmal versammelten sich die Menschen, um ihm zuzuhören, und er setzte sich in der typischen Lehrhaltung der Juden an einem nicht näher bezeichneten Bergrücken nieder. Im Matthäusevangelium wird diese »Bergpredigt« vollständig wiedergegeben (sie ist mehr als hundert Verse lang). Im Lukasevangelium ist die Lehrstunde zwar ähnlich, wenngleich kürzer (ungefähr 30 Verse), aber Jesus gibt sie »an einem ebenen Ort«, nachdem er von dem Berg heruntergestiegen ist, wo er zuvor gebetet hat.

Augrund der Unterschiede zwischen den beiden Versionen glauben die Fachleute heute, daß die Fassung der Bergpredigt bei Matthäus eine Zusammenstellung der vielen Lehren Jesu darstellt, die zu einer langen und erinnerungswürdigen Rede komprimiert sind. Mit anderen Worten: Die Predigt gibt zwar wortgetreu die Worte und Lehren Jesu wider, doch handelt es sich um eine Art »Best of Jesus«, das man zu einer Ansprache zusammenfaßte.

Im Matthäusevangelium beginnt die Predigt mit den »Seligpreisungen« – einer Reihe von verheißenen Segnungen, mit denen sich Jesus an die Verletzlichsten und Ärmsten wendet, die bereit sind, das »Königreich des Himmels« anzunehmen. (Im Matthäusevangelium stehen neun Seligpreisungen, bei Lukas lediglich vier.) Danach geht Jesus zu einer Reihe von »Forderungen« über, die die Ansprüche des hebräischen Gesetzes und der Propheten zwar erweitern, jedoch nicht ersetzen. Zu ihnen gehört Jesu Version der »Goldenen Regel«. Die »Predigt« enthält viele seiner bekanntesten Lehren – wie auch einige der rätselhaftesten, schwierigsten und utopischsten – und ragt heraus als die große Aussage Jesu über Moral und Ethik.

DIE BERGPREDIGT
(Matthäus 5,1 – 7,27)

Da er aber das Volk sah, ging er auf einen Berg und setzte sich; und seine Jünger traten zu ihm. Und er tat seinen Mund auf, lehrte sie und sprach:

Selig sind, die da geistig arm sind; denn das Himmelreich ist ihres.

Selig sind, die da Leid tragen; denn sie sollen getröstet werden.

Selig sind die Sanftmütigen; denn sie werden das Erdreich besitzen.

Selig sind die, die da hungert und dürstet nach der Gerechtigkeit; denn sie sollen satt werden.

Selig sind die Barmherzigen; denn sie werden Barmherzigkeit erlangen.

Selig sind die, die da reinen Herzens sind; denn sie werden Gott schauen.

Selig sind die Friedfertigen; denn sie werden Gottes Kinder heißen.

Selig sind, die um Gerechtigkeit willen verfolgt werden; denn das Himmelreich ist ihres.

Selig seid ihr, wenn euch die Menschen um meinetwillen schmähen und verfolgen und reden allerlei Übles wider euch, so sie daran lügen. Seid fröhlich und getrost; es wird euch im Himmel wohl belohnt werden. Denn also haben sie verfolgt die Propheten, die vor euch gewesen sind.

Ihr seid das Salz der Erde. Wenn nun das Salz kraftlos wird, womit soll man's salzen? Es ist zu nichts hinfort nütze, denn daß man es hinausschütte und lasse es die Leute zertreten.

Ihr seid das Licht der Welt. Es kann die Stadt, die auf einem Berge liegt, nicht verborgen sein. Man zündet auch nicht ein Licht an und setzt es unter einen Scheffel, sondern auf einen Leuchter; so leuchtet es allen, die im Hause sind. So soll euer Licht leuchten vor den Leuten, daß sie eure guten Werke sehen und euren Vater im Himmel preisen.

Ihr sollt nicht wähnen, daß ich gekommen bin, das Gesetz oder die Propheten aufzulösen; ich bin nicht gekommen aufzulösen, sondern zu erfüllen. Denn ich sage euch wahrlich: Bis daß Himmel und Erde vergehe, wird nicht vergehen der kleinste Buchstabe noch ein Tüpfelchen von Gesetz, bis daß es alles geschehe. Wer nun eines von diesen kleinsten Geboten auflöst und lehrt die Leute so, der wird der Kleinste heißen im Himmelreich; wer es aber tut und lehrt, der wird groß heißen im Himmelreich.

Denn ich sage euch: Es sei denn eure Gerechtigkeit besser als die der Schriftgelehrten und Pharisäer, so werdet ihr nicht in das Himmelreich kommen.

Ihr habt gehört, daß zu den Alten gesagt ist: »Du sollst nicht töten; wer aber tötet, der soll des Gerichts schuldig sein.« Ich aber sage euch: Wer mit seinem Bruder zürnt, der ist des Gerichts schuldig; wer aber zu seinem Bruder sagt: Du Nichtsnutz!, der ist des Hohen Rats schuldig; wer aber sagt: Du gottloser Narr!, der ist des höllischen Feuers schuldig. Darum: wenn du deine Gabe auf dem Altar opferst und wirst allda eingedenk, daß dein Bruder etwas wider dich habe, so laß allda vor dem Altar deine Gabe und gehe zuvor hin und versöhne dich mit deinem Bruder und alsdann komm und opfere deine Gabe. Sei willfährig deinem Widersacher bald, solange du noch mit ihm auf dem Wege bist, auf daß dich der Widersacher nicht überantworte dem Richter und der Richter dem Diener und werdest in den Kerker geworfen. Wahrlich, ich sage dir: Du wirst nicht von dannen herauskommen, bis du auch den letzten Heller bezahltest.

Ihr habt gehört, daß gesagt ist: »Du sollst nicht ehebrechen.« Ich aber sage euch: Wer eine Frau ansieht, ihrer zu begehren, der hat schon mit ihr die Ehe gebrochen in seinem Herzen. Wenn dir aber dein rechtes Auge Ärgernis schafft, so reiß es aus und wirf's von dir. Es ist dir besser, daß eins deiner Glieder verderbe und nicht der ganze Leib in die Hölle geworfen werde. Wenn dir deine rechte Hand Ärgernis schafft, so haue sie ab und wirf sie von dir. Es ist dir besser, daß eins deiner Glieder verderbe und nicht der ganze Leib in die Hölle fahre.

Es ist auch gesagt: »Wer sich von seiner Frau scheidet, der soll ihr geben einen Scheidbrief.« Ich aber sage euch: Wer sich von seiner Frau scheidet, es sei denn wegen Ehebruchs, der macht, daß sie die Ehe bricht; und wer eine Geschiedene freit, der bricht die Ehe.

Ihr habt weiter gehört, daß zu den Alten gesagt ist: »Du sollst keinen falschen Eid tun und sollst Gott deinen Eid halten.« Ich aber sage euch, daß ihr überhaupt nicht schwören sollt, weder bei dem Himmel, denn er ist Gottes Thron; noch bei der Erde, denn sie ist seiner Füße Schemel; noch bei Jerusalem, denn sie ist des großen Königs Stadt. Auch sollst du nicht bei deinem Haupt schwören; denn du vermagst nicht ein einziges Haar weiß oder schwarz zu machen. Eure Rede aber sei: Ja, ja; nein, nein. Was darüber ist, das ist vom Übel.

Ihr habt gehört, daß da gesagt ist: »Auge um Auge, Zahn um Zahn.« Ich aber sage euch, daß ihr nicht widerstreben sollt dem Übel; sondern, wenn dir jemand einen Streich gibt auf deine rechte Backe, dem biete die andere auch dar. Und wenn jemand mit dir rechten will und deinen Rock nehmen, laß ihm auch den Mantel. Und wenn dich jemand nötigt *eine* Meile, so gehe mit ihm zwei. Gib dem, der dich bittet, und wende dich nicht von dem, der dir abborgen will.

Ihr habt gehört, daß gesagt ist: »Du sollst deinen Nächsten lieben und deinen Feind hassen.« Ich aber sage euch: »Liebet eure Feinde; segnet, die euch fluchen; tut wohl denen, die euch hassen; bittet für die, so euch beleidigen und verfolgen, auf daß ihr Kinder seid eures Vaters im Himmel. Denn er läßt seine Sonne aufgehen über die Bösen und über die Guten und läßt regnen über Gerechte und Ungerechte. Denn wenn ihr liebet, die euch lieben, was werdet ihr für Lohn haben? Tun nicht dasselbe auch die Zöllner? Und wenn ihr nur zu euren Brüdern freundlich seid, was tut ihr Sonderliches? Tun nicht dasselbe auch die Heiden? Darum sollt ihr vollkommen sein, gleichwie euer Vater im Himmel vollkommen ist.

Habt acht auf eure Frömmigkeit, daß ihr die nicht übt vor den Leuten, auf daß ihr von ihnen gesehen werdet; ihr habt sonst keinen Lohn bei eurem Vater im Himmel.

Wenn du nun Almosen gibst, sollst du nicht lassen vor dir posaunen, wie die Heuchler tun in den Synogogen und auf den Gassen, auf daß sie von den Leuten gepriesen werden. Wahrlich, ich sage euch: Sie haben ihren Lohn dahin. Wenn du aber Almosen gibst, so laß deine linke Hand nicht wissen, was die rechte tut, auf daß dein Almosen verborgen sei; und dein Vater, der in das Verborgene sieht, wird dir's vergelten.

Und wenn ihr betet, sollt ihr nicht sein wie die Heuchler, die da gerne stehen und beten in den Synagogen und an den Ecken auf den Gassen, auf daß sie von den Leuten gesehen werden. Wahrlich, ich sage euch: Sie haben ihren Lohn dahin. Wenn du aber betest, so gehe in dein Kämmerlein und schließ die Tür zu und bete zu deinem Vater, der im Verborgenen ist; und dein Vater, der in das Verborgene sieht, wird dir's vergelten. Und wenn ihr betet, sollt ihr nicht viel beten wie die Heiden; denn sie meinen, sie werden erhöret, wenn sie viel Worte machen. Darum sollt ihr ihnen nicht gleichen. Euer Vater weiß, was ihr bedürfet, ehe denn ihr ihn bittet. Darum sollt ihr also beten:

Unser Vater in dem Himmel!
Dein Reich komme.
Dein Wille geschehe auf Erden wie im Himmel.
Unser täglich Brot gib uns heute.
Und vergib uns unsere Schuld, wie wir vergeben unsern Schuldigern.
Und führe uns nicht in Versuchung, sondern erlöse uns von dem Übel.
Denn dein ist das Reich und die Kraft und die Herrlichkeit in Ewigkeit. Amen.

Denn wenn ihr den Menschen ihre Übertretungen vergebet, so wird euch euer himmlischer Vater auch vergeben. Wenn ihr aber den Menschen nicht vergebt, so wird euch euer Vater eure Übertretungen auch nicht vergeben.

Wenn ihr fastet, sollt ihr nicht sauer sehen wie die Heuchler; denn sie verstellen ihr Angesicht, auf daß sie vor den Leuten etwas scheinen mit ihrem Fasten. Wahrlich, ich sage euch: Sie haben ihren Lohn dahin. Wenn du aber fastest, so salbe dein Haupt und wasche dein Angesicht, auf daß du nicht scheinest vor den Leuten mit deinem Fasten, sondern vor deinem Vater, welcher in Verborgenheit ist; und dein Vater, der in das Verborgene sieht, wird dir's vergelten.

Ihr sollt euch nicht Schätze sammeln auf Erden, wo sie die Motten und den Rost fressen und wo die Diebe nachgraben und stehlen. Sammelt euch aber Schätze im Himmel, wo sie weder Motten noch Rost fressen und wo die Diebe nicht nachgraben noch stehlen. Denn wo euer Schatz ist, da ist auch euer Herz.

Das Auge ist des Leibes Leuchte. Wenn dein Auge lauter ist, so wird dein ganzer Leib licht sein. Wenn aber dein Auge böse ist, so wird dein ganzer Leib finster sein. Wenn nun das Licht, das in dir ist, Finsternis ist, wie groß wird dann die Finsternis sein.

Niemand kann zwei Herren dienen: entweder er wird den einen hassen und den andern lieben, oder er wird dem einen anhängen und den anderen verachten. Ihr könnt nicht Gott dienen und dem Mammon. Darum sage ich euch: Sorget nicht um euer Leben, was ihr essen und trinken werdet; auch nicht um euren Leib, was ihr anziehen werdet. Ist nicht das Leben mehr als die Speise und der Leib mehr als die Kleidung? Sehet die Vögel unter dem Himmel an: sie säen nicht, sie ernten nicht, sie sammeln nicht in die Scheunen; und euer himmlischer Vater nährt sie doch. Seid ihr denn nicht viel mehr als sie? Wer ist unter euch, der seines Leben Länge *eine* Spanne zusetzen kann, ob er gleich darum sorget? Und warum sorget ihr für die Kleidung? Schauet die Lilien auf dem Felde an, wie sie wachsen; sie arbeiten nicht, auch spinnen sie nicht. Ich sage euch, daß auch Salomo in aller seiner Herrlichkeit nicht bekleidet gewesen ist wie derselben *eine*. So denn Gott das Gras auf dem Felde also kleidet, das doch heute steht und morgen in den Ofen geworfen wird; sollte er das nicht viel mehr euch tun, o ihr Kleingläubigen? Darum sollt ihr nicht sorgen und sagen: Was werden wir essen? Was werden wir trinken? Womit werden wir uns kleiden? Nach solchen Dingen trachten die Heiden. Denn euer himmlischer Vater weiß, daß ihr des alles bedürfet. Trachtet am ersten nach dem Reich Gottes und nach seiner Gerchtigkeit, so wird euch alles zufallen. Darum sorget nicht für den andern Morgen, denn der morgende Tag wird für das Seine sorgen. Es ist genug, daß ein jeglicher Tag seine eigene Plage habe.

Richtet nicht, auf daß ihr nicht gerichtet werdet. Denn mit welcherlei Gericht ihr richtet, werdet ihr gerichtet werden, und mit welchem Maß ihr messet, wird euch gemessen werden. Was siehest du aber den Splitter in deines Bruders Augen und wirst nicht gewahr des Balkens in deinem Auge? Oder wie darfst du sagen zu deinem Bruder: Halt, ich will dir den Splitter aus deinem Auge ziehen? Und siehe, ein Balken ist in deinem Auge. Du Heuler, zieh zuerst den Balken aus deinem Auge; danach sieh zu, wie du den Splitter aus deines Bruder Auge ziehest.

Ihr sollt das Heilige nicht den Hunden geben, und eure Perlen sollt ihr nicht vor die Säue werfen, auf daß sie dies Leben nicht zertreten mit ihren Füßen und sich wenden und euch zerreißen.

Bittet, so wird euch gegeben; suchet, so wird euch aufgetan. Denn wer da bittet, der empfängt; und wer da sucht, der findet; und wer da anklopft, dem wird aufgetan. Welcher ist unter euch Menschen, so ihn sein Sohn bittet ums Brot, der ihm einen Stein biete? Oder, so er ihn bittet um einen Fisch, der ihm eine Schlange biete? So nun ihr, die ihr doch arg seid, könnt dennoch euren Kindern gute Gaben geben, wieviel mehr wird euer Vater im Himmel Gutes geben denen, die ihn bitten.

Alles nun, was ihr wollt, daß euch die Leute tun sollen, das tut ihnen auch! Das ist das Gesetz und die Propheten.

Gehet ein durch die enge Pforte. Denn die Pforte ist weit, und der Weg ist breit, der zur Verdammnis führt, und ihrer sind viele, die darauf wandeln. Und die Pforte ist eng, und der Weg ist schmal, der zum Leben führt, und wenige sind ihrer, die ihn finden.

Sehet euch vor vor den falschen Propheten, die in Schafskleidern zu euch kommen, inwendig aber sind sie reißende Wölfe. An ihren Früchten sollt ihr sie erkennen. Kann man euch Trauben lesen von den Dornen oder Feigen von den Disteln? Also ein jeglicher guter Baum bringt gute Früchte; aber ein fauler Baum bringt karge Früchte. Ein guter Baum kann nicht arge Früchte bringen, und ein fauler Baum kann nicht gute Früchte bringen. Ein jeglicher Baum, der nicht gute Früchte bringt, wird abgehauen und ins Feuer geworfen. Darum: an euren Früchten sollt ihr sie erkennen.

Es werden nicht alle, die zu mir sagen: Herr, Herr! in das Himmelreich kommen, sondern die den Willen tun meines Vaters im Himmel. Es werden viele zu mir sagen an jenem Tage: Herr, Herr, haben wir nicht in deinem Namen geweissagt? Haben wir nicht in deinem Namen böse Geister ausgetrieben? Haben wir nicht in deinem viele Taten getan? Dann werde ich ihnen bekennen: ich habe euch nie gekannt; weichet von mir, ihr Übeltäter!

Darum, wer diese meine Reden hört und tut sie, der gleicht einem klugen Mann, der sein Haus auf dem Felsen baute. Da nun ein Platzregen fiel und die Wasser kamen und wehten die Winde und stießen an das Haus, fiel es doch nicht; denn es war auf den Felsen gegründet. Und wer diese meine Rede hört und tut sie nicht, der ist einem törichten Mann gleich, der sein Haus auf den Sand baute. Da nun ein Platzregen fiel und kamen die Wasser und wehten die Winde und stießen an das Haus, da fiel es und tat einen großen Fall.

Und es begab sich, das Jesus diese Rede vollendet hatte, entsetzte sich das Volk über seine Lehre; denn er lehrte mit Vollmacht und nicht wie die Schriftgelehrten.

Die Bergpredigt enthält viele der bekanntesten Worte Jesu, die in gewisser Hinsicht neue und ethisch strengere Gesetze formulieren, als sie sogar das mosaische Gesetz vorschrieb. In der Bergpredigt und anderswo in seinen Lehren erließ Jesus ein neues Gesetz, das von den Gläubigen mehr verlangte – in rechtlicher, moralischer und geistiger Hinsicht. Der nun folgende Abschnitt bietet eine kurze Auswahl aus einigen der schwierigsten Lehren, die ausdrücklich feststellen: »Fromm sein ist leicht – Christ sein ist schwer.«

- Wer eine Frau ansieht, ihrer zu begehren, der hat schon mit ihr die Ehe gebrochen in seinem Herzen. Wenn dir aber dein rechtes Auge Ärgernis schafft, so reiß es aus und wirf's von dir. Es ist dir besser, daß eins deiner Glieder verderbe und nicht der ganze Leib in die Hölle geworfen werde. Wenn dir deine rechte Hand Ärgernis schafft, so haue sie ab und wirf sie von dir.
  (Mt. 5, 28-30)

Diese Stelle ist in den USA als »Jimmy-Carter«-Vers bekannt. Denn in einem Interview mit der Zeitschrift *Playboy* erklärte der frühere amerikanische Präsident Carter 1976 während des Wahlkampfes für die Kandidatur zur Präsidentschaft, er habe »im Herzen« viele Male Ehebruch begangen.

- Ihr habt gehört, daß da gesagt ist (2. Mos. 21,24): »Auge um Auge, Zahn um Zahn.« Ich aber sage euch, daß ihr nicht widerstreben sollt dem Übel; sondern, wenn dir jemand einen Streich gibt auf deine rechte Backe, dem biete die andere auch dar. Und wenn jemand mit dir rechten will und deinen Rock nehmen, dem laß ihm auch deinen Mantel. Und wenn dich jemand nötigt eine Meile, so geh mit ihm zwei. Gib dem, der dich bittet, und wende dich nicht von dem, der dir abborgen will.
  (Mt. 5,38-42)
- Liebet eure Feinde; segnet, die euch fluchen; tut wohl denen, die euch hassen; bittet für die, so euch beleidigen und verfolgen, auf daß ihr Kinder seid eures Vaters im Himmel.
  (Mt. 5,44-45)
- Richtet nicht, auf daß ihr nicht gerichtet werdet. Denn mit welcherlei Gericht ihr richtet, werdet ihr gerichtet werden; und mit welcherlei Maß ihr messet, wird euch gemessen werden.
  (Mt. 7,1-2)
- Alles nun, was ihr wollt, daß euch die Leute tun sollen, das tut ihnen auch! Das ist das Gesetz und die Propheten.
  (Mt. 7,12)
- Folge du mir und laß die Toten ihre Toten begraben.
  (Mt. 8,22)

- Ihr sollt nicht wähnen, daß ich gekommen sei, Frieden zu bringen auf die Erde. Ich bin nicht gekommen, Frieden zu bringen, sondern das Schwert ... Wer Vater oder Mutter mehr liebt als mich, der ist mein nicht wert; und wer Sohn oder Tochter mehr liebt als mich, der ist mein nicht wert. Und wer nicht sein Kreuz auf sich nimmt und folgt mir nach, der ist mein nicht wert. (Mt. 10, 34, 37-38)

Zwar mag die Anspielung auf das »Schwert« eifernde Anhänger angefeuert haben, die glaubten, Jesus werde tatsächlich eine Revolte gegen Rom anführen, doch handelt es sich hierbei um ein metaphorisches Schwert, eines, das die »alten Bindungen« durchtrennen sollte. Jesus sagt mit dieser Metapher zu seinen Jüngern, daß seine und ihre Mission nicht angenehm sein wird, sondern die bedingungslose Annahme seiner Worte und die völlige Zurückweisung ihres früheren Lebens erfordert.

- Es ist leichter, daß ein Kamel durch ein Nadelöhr gehe, als daß ein Reicher ins Reich Gottes komme. (Mt. 19,24)

Wie ist es möglich, daß ein Kamel durch ein Nadelöhr paßt?

Jesus machte häufig herausfordernde Aussagen. Er äußerte verwirrende Sätze. Er sagte widersprüchliche Dinge. Und manchmal sagte er ganz verblüffende Dinge. Der oben genannte berühmte Vers über das Nadelöhr gehört zu denen, die viele Menschen als rätselhaft empfinden. Er richtete sich an einen wohlhabenden jungen Mann, der ihn fragte, was er tun müsse, um ewiges Leben zu erlangen. Der junge Mann versicherte ihm, er habe alle Gebote eingehalten und alle Gesetze befolgt. Jesus antwortete ihm, er solle alles verkaufen, das Geld verschenken und ihm folgen. Das konnte der reiche junge Mann nicht, und so schlich er betrübt von dannen. Daraufhin erzählte Jesus seinen Jüngern das Gleichnis vom Kamel und dem Nadelöhr.

Alle Jünger kannten natürlich Kamele. Nadeln, wie sie vielleicht Zeltmacher benutzten, waren ebenfalls geläufig. Daher bediente sich Jesus einer Hyperbel – einer enormen Übertreibung, um die Idee auszudrücken, daß etwas sehr Großes in der Lage ist, durch etwas sehr Kleines hindurchzukommen. Das ergibt zwar ein eigenartiges, aber verständliches Sprachbild.

Man kann diese Worte aber auch auf einfachere Weise deuten. Das griechische Wort für »Kamel« ähnelt sehr dem Ausdruck für »Kabel«; zudem verwendeten einige frühe Bibeltexte das Wort Kabel, das man auch mit »Seil« übersetzen kann. Jesus könnte also, ohne daß sich der entscheidene Punkt änderte, davon gesprochen haben, daß jemand ein dickes Seil durch ein Nadelöhr zu fädeln versuche. In beiden Fällen – Kamel oder Kabel – sagt er, daß dieses Vorhaben nicht einfach ist.

Wo bleiben da die Reichen? Jesu Ansicht über Reichtum und materielle Güter verursachte vielen Christen Unbehagen. Er forderte von seinen Jüngern, alles wegzugeben, und sie taten es. Einer armen Witwe, die ihr Erspartes – alles, was sie besaß – der Wohlfahrt gab, spendete er größeres Lob als den Reichen, die zwar mehr gaben, sich dies aber auch leisten konnten. Der Geistliche Peter Gomes schreibt zum Thema »Reichtum und die Bibel« in seinem Buch *The Good Book:* »Reichtum ist nicht etwas, was man hat; Reichtum ist das, was uns geschenkt wurde und das uns ermöglicht, es anderen zu geben.«

Das Lukasevangelium drückt dieses Gefühl in einem denkwürdigen Vers aus: »Denn welchem viel gegeben ist, bei dem wird man viel suchen, und welchem viel anbefohlen ist, von dem wird man viel fordern.« (Lk. 12,48)

Maria Magdalena: frech oder freundlich?

Der Name »Maria« kommt mehrfach im Neuen Testament vor und leitet sich von der griechischen Form des geläufigen hebräischen Vornamens Mirjam ab, dem Namen der Schwester Moses. Der Leser ist mitunter ein wenig verwirrt und weiß nicht immer, welche Maria gemeint ist. Jesu Mutter Maria tritt in den Evangelien nur kurz auf. Im Johannesevangelium steht sie beim Tod Jesu bei seinem Kreuz. Lukas erzählt die Geschichte einer anderen Maria, die noch eine Schwester hat. Als Jesus in ihr Haus kommt, setzt sich diese Maria ihm zu Füßen und hört zu, wie er lehrt. Ihre Schwester Martha übernimmt die üblichen hausfraulichen Aufgaben und stellt die neutestamentlichen Pendants zu »Häppchen« bereit. Martha reagiert etwas pikiert, weil sie arbeitet, während Maria bloß untätig dasitzt. Als sie Jesus wissen läßt, daß ihre Schwester in die Küche kommen solle, schneidet er Martha das Wort ab und sagt, daß Maria »den besseren Teil gewählt« habe, weil sie seinen Reden zuhöre. Hin und wieder gab sich Jesus sehr göttlich und wenig bescheiden.

Die dritte bedeutende Maria bezeichnet man normalerweise als Maria Magdalena, doch sollte man sie zutreffender Maria von Magdala, einer Stadt nahe dem See Tiberias (im heutigen Israel), nennen. Viele Menschen sind mit der traditionellen Ansicht aufgewachsen, daß sie eine Hure oder ein Ehebrecherin gewesen sei. In dem Kinofilm *The Greatest Story Ever Told* ist sie die Ehebrecherin, die Jesus vor der Steinigung errettet. Deshalb hat man vermutet, es habe zwischen dieser Maria und Jesus eine zärtliche Verbindung bestanden. So singt Maria beispielsweise in dem Musical *Jesus Christ Superstar* von Andrew Lloyd Webber: »Ich weiß nicht, wie ich ihn lieben soll.« In dem Film *Die letzte Versuchung Christi* wird sie provozierend und unzweideutig als Prostituierte porträtiert, die Jesus kennt und liebt. Die gnostischen Evangelien deuteten, wie bereits erwähnt, an, daß Jesus Maria Magdalena leidenschaftlich geküßt habe, so daß in der Zeit des Frühchristentums Klatschgeschichten darüber im Umlauf gewesen sein müssen. In späteren christlichen Überlieferungen wird Maria Magdalena als »Sünderin« identifiziert; sie gilt als Prostituierte, ist aber wohl eher eine Ehebrecherin, von der es bei Lukas 7,37-38 heißt, sie habe Jesu Füße mit Öl gesalbt. Außerdem wurde sie irrtümlicherweise mit Maria, der Schwester Marthas, in Verbindung gebracht, die in Johannes 12,3 Jesus ebenfalls die Füße salbt.

Hätte sich Maria Magdalena einen guten Anwalt genommen, so hätte sie eine Verleumdungsklage anstrengen können. Die Geschichten, die sie als Prostituierte, Ehebrecherin, Sünderin oder Freundin Jesu zeichnen, spiegeln alle entweder Wunschdenken oder schwerwiegende Mißverständnisse wider. Vielleicht weil die Mutter Jesu eine »freundliche« Maria war, wollten die frühen Kirchenführer eine »freche« Maria schaffen, die von Jesus gerettet wird. Aber die Hinweise auf Maria von Magdala in der Bibel bestätigen dieses Bild der Wollust einfach nicht. Lukas schildert Maria von Magdala als eine von den sieben Frauen, die Jesus heilte, als er »böse Geister« austrieb. Sie schloß sich daraufhin einer Gruppe von Anhängerinnen an, die Jesus wohl in seinem Wirken unterstützten. Unter seinen Anhängern nahm sie sicherlich insofern einen besonderen Platz ein, als sie zu den Frauen gehörte, die sich nach dem Tod Jesu zu seinem Grab begaben, um sich um seine sterblichen Überreste zu kümmern. Außerdem erscheint Jesus speziell Maria nach seiner Auferstehung.

Sah Jesus auf Frauen herab?

Auch wenn Frauen wie Maria von Magdala, Martha und Maria, die Schwester des Lazarus, in den Evangelien Nebenrollen besetzen, widersetzen sie sich doch der Auffassung, die die Kirche zum Dogma erhob: daß nämlich Frauen für Jesus Bürger zweiter Klasse waren. Sicherlich waren den Frauen im Judentum des 1. Jahrhunderts enge Grenzen gesetzt. Zur Zeit Jesu wurde eine Frau im Alter von zwölf oder vierzehn Jahren »versprochen« beziehungsweise »verlobt« – wenngleich das Wort »gekauft« vielleicht zutreffender wäre. Da sie hinsichtlich ihres sozialen Status kaum höher als ein Sklave rangierte, war sie dazu bestimmt, Kinder zu bekommen und daheim auf die Einhaltung der Essensvorschriften zu achten. Eine Schule zu besuchen war selbstverständlich den Jungen vorbehalten, und in den Tempeln oder Synagogen hatten die Frauen nur Zutritt zu bestimmten Bereichen. Während der Zeiten der »Unreinheit« waren sie von jedwedem Tempelbesuch ausgeschlossen, gleichgültig, ob sie ihre Menstruation hatten oder ob sie vor wenigen Wochen ein Kind zur Welt gebracht hatten. Frauen hatten keine Besitzrechte, und obgleich sie die Scheidung einreichen konnten, mußte der Ehemann doch darin einwilligen.

Trotzdem spielten Frauen im Leben und in den Lehren Jesu oft eine entscheidende Rolle. In einer kleinen, aber recht bemerkenswerten Episode, die im Markus- und im Matthäusevangelium geschildert wird, ignoriert Jesus eine kanaanäische Frau, die ihn bittet, ihr Kind zu heilen. Zunächst antwortet er ihr er sei entsandt worden, um die »verlorenen Schafe des Hauses Israel« zu hüten, und fügt dann recht ablehnend und gefühllos hinzu: »Es ist nicht recht, den Kindern das Brot wegzunehmen und es den Hunden vorzuwerfen.« Damit wollte er sagen, daß sich seine Botschaft an Juden, und nicht an Nichtjuden richtete; dies wurde auch in den frühen Evangelien zum Ausdruck gebracht, in denen zahlreiche herablassende Anspielungen auf Nichtjuden zu finden sind. Doch der Frau gelingt, Jesus zum Innehalten zu bewegen, indem sie ihm sagt, daß Hunde aber gewöhnlich die Reste fressen, die vom Tisch fallen. Nachdem Jesus erkannt hat, daß eine Nichtjüdin seine Botschaft annehmen kann, sagt er: »Dein Glaube ist groß« und heilt die Tochter der Frau.

Noch mehrere weitere Frauen spielen Schlüsselrollen in den Evangelien, und Jesus spricht oft mit Frauen, die auf die eine oder andere Art aus der Gesellschaft ausgestoßen worden sind. So fordert Jesus in einer denkwürdigen Szene, von der das Johannesevangelium berichtet, eine Menschenmenge heraus, die drauf und dran ist, eine Ehebrecherin zu steinigen. Er sagte: »Wer unter euch ohne Sünde ist, der werfe den ersten Stein auf sie.«

Neben den drei Frauen mit Namen Maria tauchen im Lukasevangelium zudem eine gewisse Johanna und eine Susanna auf, die Jesus unterstützen und zu essen geben. Wie spätere biblische Hinweise aus der Offenbarung und den Briefen des Paulus zeigen, beschränkte sich der Wirkungskreis der Frauen in der Frühkirche überhaupt nicht nur »auf Küche und Kinder«. Die jüdische Gesellschaft insgesamt teilte den Frauen vielleicht diese Rolle zu, Jesus aber tat dies nicht. Obgleich sich unter den zwölf Jüngern keine Frauen befanden, behandelte Jesus sie in vielerlei Weise als den Männern gleichberechtigt, und zwar einschließlich der Frauen am Rande der Gesellschaft. In den Evangelien kommen mehrere Frauen vor, darunter Maria Magdalena, die wichtigste Augenzeugin der Auferstehung Jesu. Außerdem wirkten Frauen in der Frühkirche als Prophetinnen, Kirchenführerinnen, Diakonissen und Missionarinnen. Eine vernunftbestimmte, objektive Lektüre des Neuen Testaments – die alle gesellschaftsbedingten Einschränkungen berücksichtigt, welche auf Frauen im 1. Jahrhundert lasteten – widerlegt eindrucksvoll die Vorstellung, daß die Frauen im traditionellen Christentum eine untergeordnete, dienende Rolle einnahmen. Dennoch wurden die Frauen jahrhundertelang im Christentum als Bürger zweiter Klasse behandelt, als die Männer in der Hierarchie der christlichen Kirche ganz oben rangierten.

Was ist am »barmherzigen Samariter« so gut?

Die Geschichte vom barmherzigen Samariter steht ausschließlich im Lukasevangelium. Jesus erzählt einem Gesetzeslehrer folgende Geschichte: Ein Mann begab sich von Jerusalem nach Jericho, und auf dem Weg wurde er von Straßenräubern zusammengeschlagen, ausgeraubt und schließlich liegengelassen, weil sie ihn für tot hielten. Ein Priester, einer der höchsten religiösen Beamten im Judentum, und ein Levit, ein Priestergehilfe, gingen achtlos an dem vermeintlichen Leichnam vorbei, der auf der anderen Straßenseite lag. Entweder handelten sie so, weil sie sich strikt an die jüdischen Reinheitsgesetze gegen das Berühren von Blut hielten, oder einfach aus Gefühllosikeit. Dann kam ein Samariter des Weges. Er legte den verletzten Mann auf seinen Esel, verband seine Wunden und brachte ihn zu einer Herberge, wo er für seine Pflege bezahlte. Jesus, den mehrere »Rechtsanwälte« »prüfen« wollten, fragte einen der Männer, welche der drei Personen aus dem Gleichnis wirkliche Nächstenliebe bewiesen habe. Als man ihm sagte: »Derjenige, der Erbarmen zeigte«, sagte Jesus: »Geh hin und mach es ebenso.«

Was ist an dieser Geschichte so bemerkenswert? Die Samaritaner oder Samariter genossen unter den Juden keinen besonders guten Ruf. Juden und Samaritaner waren keine guten Nachbarn. Sie verband eine lange und unglückliche Geschichte. Die Samaritaner waren erstmals ins Land gekommen, als die Assyrer Israel eroberten. Die Mitglieder dieser religiösen Gruppe, die aus dem Judentum hervorging, richteten sich nach den fünf Mosebüchern, doch die übrigen hebräischen Schriften galten bei ihnen nicht als heilig, und so entstand böses Blut zwischen beiden Volksgruppen. Zur Verdeutlichung: Die Juden betrachteten damals den »Helden« – den guten Samariter – auf eine vergleichbare Weise, wie wir heute vielleicht einen »barmherzigen palästinensischen Terroristen« als Helden betrachten würden.

Jesu Botschaft war einfach. Der blinde Gehorsam gegenüber dem mosaischen Gesetz und die strikte Einhaltung religiöser Vorschriften, wie beispielsweise das Vermeiden von Blut um der »Reinheit« willen, ergaben keinen Sinn, wenn sie nicht von erbarmungsvollen Handlungen gegenüber den Bedürftigen begleitet wurden. Indem Jesus einen Samaritaner zum Helden in dem Gleichnis machte, betonte er zugleich, daß er die Außenseiter in der jüdischen Gesellschaft akzeptierte. Diese Haltung schloß auch Leprakranke, geistig Kranke, Sünder, Steuereinnehmer und andere »Verlierer« ein, die ihn umgaben und denen er aktiv Beistand bot.

Die Gleichnisse – es gibt rund dreißig davon; manche erscheinen in allen vier Evangelien, andere, so wie das vom Guten Samariter, nur in einem – sind charakteristisch für die Art, wie Jesus lehrte. Er verwandte einfache Erzählungen, um Sachverhalte zu verdeutlichen, die ihm wichtig erschienen. Gelegentlich handelte es sich bei diesen »Gleichnissen« nicht um Geschichten, sondern um Vergleiche, Rätsel und Metaphern, wobei manche recht kompliziert waren. Jesus benutzte die Gleichnisse aber nicht um des Prinzips willen, sondern – und das ist wichtiger – um seine Anhänger zum Nachdenken zu bewegen – eine Einstellung, der sich spätere Kirchenführer nicht ganz so entschlossen verschrieben haben.

DIE GLEICHNISSE JESU

Zu den zentralen Lehrmethoden Jesu gehört das Sprechen in Gleichnissen oder kurzen Geschichten aus dem täglichen Leben. Diese Gleichnisse, mit denen er seine spirituelle Botschaft veranschaulicht, sind manchmal nur ein, zwei Zeilen lang und enthalten eine Metapher. Ein Beispiel hierfür ist die folgende Beschreibung des Himmelreichs, die sich bei Matthäus findet: »[W]ie ein Kaufmann auf der Suche nach schönen Perlen; als er eine sehr wertvolle Perle fand, ging er los und verkaufte alles, was er besaß, und kaufte sie.« Es gibt auch viele längere Gleichnisse, komplexere Geschichten, wie etwa die vom »verlorenen Sohn« und vom »barmherzigen Samariter«. Während viele der Gleichnisse Jesu eher einfache Morallektionen enthalten, ähneln andere eher Aussprüchen, wie man sie aus dem Zen-Buddhismus kennt, und sind schwerer zu verstehen. Seine Jünger verstehen nicht immer sofort, worum es in den Gleichnissen geht, und ein paarmal schüttelt Jesus sogar den Kopf über seine begriffsstutzigen Schüler. Im Markusevangelium erzählt er seinen Jüngern das Gleichnis vom Sämann (vgl. unten), und sie bitten ihn, es ihnen zu erläutern. »Ihr versteht dieses Gleichnis nicht?« fragt er zürück. »Wie wollt ihr dann erst die anderen verstehen?«

Die Gleichnisse sind im Laufe der Jahrhunderte oft ausgelegt worden. Im Mittelalter überzog man sie mit einem umfassenden allegorischen Symbolismus, aber dieser Intepretationsstil ist aus der Mode gekommen. Das zeigt jedoch, daß die Menschen gegenüber den Gleichnissen und der Bibel stets ihren eigenen Standpunkt eingenommen haben. In den Evangelien finden sich mehr als dreißig Gleichnisse, wenngleich im Johannesevangelium nicht von allen berichtet wird. (Im folgenden werden das Evangelium beziehungsweise die Evangelien, in dem oder in denen die aufgelisteten Gleichnisse vorkommen, angegeben.)

- Der Sämann: Ein Mann sät Samen. Einige fallen auf den Weg und werden von Vögeln gefressen; manche fallen auf felsigen Boden und verdorren; andere wiederum fallen mitten in ein Dornengestrüpp und werden erstickt; aber einige fallen auf guten Boden und erbringen große Ernten. Die Samen in diesem Gleichnis sind das Wort Gottes. Die Böden stehen für die unterschiedliche Art, in der die Menschen auf die Lehre Jesu reagieren. (Mt. Mk. Lk.)

- Der Senfsamen: Das Königreich Gottes ist wie ein Senfsamen, der kleinste der Samen, aber wenn er ausgewachsen ist, wird er zum Baum. (Mt., Mk., Lk.)
- Böse Winzer: Ein Gutsbesitzer vergibt sein Land an Pächter, die nicht zahlen und dann die Männer töten, die ausgesandt wurden, um die Pacht einzutreiben. Der Gutsbesitzer wird am Ende die Pächter vernichten. Dieses Gleichnis erzählt Jesus Priestern und Schreibern, um zu veranschaulichen, wie sie Jesus zurückweisen. (Mt, Mk., Lk.)
- Das geteilte Haus. »Ein jegliches Reich, wenn es mit sich selbst uneins wird, das wird verwüstet; und eine jegliche Stadt oder Haus, wenn es mit sich selbst uneins wird, kann nicht bestehen.« (Mt. 12,25, Mk. 3,24,25) Jesus sagt dies, nachdem man ihn beschuldigt hat, böse Geister ausgetrieben und sich dabei der Macht des Teufels bedient zu haben. Jesus meint mit diesen Wörtern, daß es unmöglich ist, Satan mit der Macht des Satan auszutreiben. In einem praktischeren Sinn wurde dieser Vers von Abraham Lincoln 1858, vor dem Amerikanischen Bürgerkrieg (»Ein Haus, das mit sich uneins ist, kann nicht stehen.) umschrieben. Damit wollte er ausdrücken, daß eine geteilte Nation keinen Bestand haben kann.
- Der Feigenbaum: Blüht ein Feigenbaum, so ist die Jahreszeit offensichtlich. Jesus erklärt seinen Jüngern, sie sollen die Zeichen beachten – das heißt: ihn und seine Taten –, die darauf hinwiesen, daß auch das Königreich Gottes nahe ist. (Mt., Mk., Lk.)
- Hefe. »Das Königreich des Himmels ist wie Hefe.« Gottes Worte sind wie Hefe, die, wenn man ihr Mehl hinzufügt, das Mehl aufgehen läßt. (Mt., Lk.)
- Das königliche Hochzeitsfest: Die beiden Versionen dieses Gleichnisses weichen voneinander ab. In der Fassung des Matthäusevangeliums gibt ein König ein Hochzeitsfest, aber da alle geladenen Gäste aus verschiedenen Gründen absagen, entsen-

det der König Truppen, die die widerstrebenden Gäste töten sollen. (Dies prophetische Gleichnis richtet sich gegen diejenigen, die Jesus zurückweisen, und spielt auf die Zerstörung Jerusalems im Jahr 70 v. Chr. durch die Römer an.) Dann holen die Diener einige Passanten von der Straße, damit der Hochzeitssaal nicht leer bleibt; als der König sieht, daß einer der Gäste nicht die entsprechende Kleidung trägt, wird der Gast hinausgeworfen; Jesus zieht daraus eine verblüffende Lehre: »Denn viele sind berufen, aber wenige sind auserwählt?« Bedeutet dies, daß es im Himmel eine Kleiderordnung gibt? Für Theologen ist das Gleichnis knifflig. Der Gast wird von der Straße geholt. Warum sollte er eine angemessene Kleidung tragen? Manche Gelehrte haben die Auffassung vertreten, daß dieser Aspekt der Hochzeitsgeschichte ein gesondertes Gleichnis darstellt; diese Deutung wirkt wie eine Ausflucht. Eine andere Interpretation besagt, daß selbst jemand, der zu dem Fest – zum »Himmel« – erscheint, im richtigen Bewußtsein kommen muß, und Jesus drückt dies im Gleichnis mit dem Bild der »passenden Kleidung« aus. Diese Sichtweise erkennt unausgesprochen an, daß die Erlösung nicht universell sein wird. Nur diejenigen, die der Berufung Beachtung schenken, werden »auserwählt«.

Bei Lukas ist die Geschichte ein wenig deutlicher. Die Gäste, die die Einladung ablehnen, sind diejenigen, die Gottes Aufforderung durch Jesus ablehnen. Auch sie sind »berufen«, lehnen den »Ruf« aber ab und werden daher nicht »auserwählt«.

- Das verlorene Schaf: Ein Hirte mit hundert Schafen will losgehen und nach einem einzelnen verirrten Schaf suchen. Gott möchte gleichfalls das verlorene Schaf in die Herde zurückholen und wird feiern, wenn er es findet. (Mt., Lk.)
- Die klugen und törichten Bauleute: Menschen, die Jesus hören und ihm zuhören, ähneln dem Klugen, der sein Haus auf Fels baut; das Haus wird Regen und Wind widerstehen. Diejenigen, die nicht zuhören, sind wie der Törichte, der sein Haus auf Sand baut. Dieses Haus wird nicht lange stehen. (Mt., Lk.)

- Die klugen und törichten Diener: Ein Herr läßt seine Dienerschaft allein. Einer der untadeligen Diener ist bei der Arbeit, als der Herr zurückkehrt. Ein anderer betrinkt sich und schlägt die anderen Diener. Als der Herr unerwartet zurückkehrt, prügelt er den unbotmäßigen Diener. Nach diesem Gleichnis kommentiert Lukas: »Jedem, der etwas hat, dem wird noch mehr gegeben werden.« (Mt., Lk.)
- Die Talente: Ein Herr gibt seinen Sklaven unterschiedliche Mengen Geld und geht fort. Bei seiner Rückkehr haben einige die »Talente«, die er ihnen gegeben hat, investiert, und es geht ihnen wirtschaftlich gut, während einer seinen Teil nur weggeschlossen hat. Der Herr ist wütend auf letzteren, weil er den Wert dessen, was er ihm gegeben hat, nicht gesteigert hat. (Mt., Lk.)
- Weizen und Unkraut: Wenn ein Bauer Samen pflanzt, wird zwischen diesen Samen Unkraut sprießen. Er läßt das Unkraut bis zur Erntezeit wachsen. Dieses Gleichnis wird im allgemeinen als Gleichnis des Jüngsten Gerichts betrachtet, wenn sich das Gute und Böse bei der Ernte trennen, so wie Unkraut vom Weizen. (Mt.)
- Der verborgene Schatz: Das Himmelreich ist wie ein verborgener Schatz. Wenn jemand es in einem Feld findet, dann soll er alles verkaufen und losgehen und das ganze Feld kaufen. (Mt.)
- Das große Netz: Ein Fischernetz zieht alle möglichen Fische an, manche davon sind genießbar, manche ungenießbar. Beim Jüngsten Gericht werden die Engel die Aufrechten von den Bösen trennen, wie die genießbaren und ungenießbaren Fische im Netz. (Mt.)
- Der reiche Narr: Ein reicher Bauer lagert sein Korn ein, dann lehnt er sich zurück und feiert, stirbt jedoch in der Nacht. Moral: »So geht es dem, der sich Schätze sammelt und nicht reich ist bei Gott.« (Lk.)
- Der geheime Same: Das Königreich Gottes ist wie ein Same, der über Nacht wächst und dann geerntet wird. Auch wenn die Menschen nicht verstehen, wie so etwas geschehen kann, sollten sie die Bedeutung dieses Wunders erkennen und würdigen. (Mk.)

- Der unbarmherzige Gläubiger: Ein König erläßt einem seiner Diener aus Mitleid alle Schulden. Doch dann fordert derselbe Diener gnadenlos von einem anderen Diener, der ihm Geld schuldet, die Schulden zu begleichen, und läßt ihn ins Schuldnergefängnis werfen. Als der König davon erfährt, läßt er den ersten Diener bestrafen. Die Moral: »So wird mein himmlischer Vater es mit jedem einzelnen von euch tun, wenn ihr eurem Bruder oder eurer Schwester nicht von Herzen vergebt.« (Mt.)
- Die weisen und törichten Brautjungfern: Ein Gruppe törichter Brautjungfern versäumt die Chance, den Bräutigam zu begrüßen, als er zu seiner Braut geht, und verpaßt auf diese Weise das Hochzeitsbankett. Moral: »Haltet die Augen offen. Man weiß nie, wann das Königreich Gottes kommen wird.« (Mt.)
- Die Schafe und die Böcke: Beim Weltgericht wird der »Menschensohn« die Völker trennen, so wie ein Hirte die Schafe von den Böcken trennt.
- Der letzte Heller. Eine Frau, die eine Münze verliert, sucht danach, und feiert dann, als sie sie schließlich findet. Moral: »So, sage ich euch, wird auch Freude sein vor den Engeln Gottes über einen Sünder, der umkehrt.« (Lk.)
- Der verlorene Sohn: Ein junger Mann nimmt seine Erbe und verpraßt es, so daß er gezwungen ist, Arbeit anzunehmen und Schweine zu füttern. Er beschließt, nach Hause zu gehen, und wird von seinem Vater herzlich begrüßt. Der ältere Bruder ist verärgert, weil der Vater diesen unwürdigen Sohn willkommen heißt. Der Vater erklärt: »Mein Sohn, du bist immer bei mir, und alles, was mir gehört, das gehört auch dir. Du sollst aber fröhlich sein und dich freuen; denn dieser dein Bruder war tot und ist wieder lebendig geworden, er war verloren und ist wiedergefunden worden.« Ein Gleichnis, das die liebende Vergebung durch Gott erhellt. (Lk.)
- Der Pharisäer und der Steuereinnehmer. Ein Pharisäer geht beten und dankt Gott, weil er kein Sünder ist, so wie andere Menschen. Ein Steuereinnehmer bittet um Erbarmen, weil er ein Sünder ist. Die Moral: »Denn wer sich selbst erhöht, der wird erniedrigt werden; und wer sich selbst erniedrigt, der wird erhöht werden.« (Lk.)

Was ist so schlimm an den Pharisäern?

Das Gleichnis vom barmherzigen Samariter zeugt von großer Verachtung für die frommen Juden, die das Gesetz über die Moral stellen; dies ist ein Schlüsselthema in den Lehren Jesu. Gehorsam gegenüber den Gesetzen ist hohl und wertlos, wenn man zugleich kein Erbarmen kennt. Mehrmals zitiert Jesus die Propheten, die gesagt hatten: »Gott verlangt eher Gnade als Opfer.«

Jesus spart sich seinen besonderen Zorn für diejenigen auf, die er die »Schreiber und Pharisäer« nennt. Man könnte diese Gruppe auch frei als »Anwälte« bezeichnen. Matthäus' Lieblingsausdruck für die Pharisäer ist »Heuchler«, ein Begriff, der im Griechischen auf Schauspieler angewendet wurde oder auf Menschen, die anderen etwas vorspielten. Mit anderen Worten: Diese Menschen sagten das eine und taten das andere.

Im Neuen Testament sind Schriftgelehrte und Pharisäer praktisch nicht von einander zu unterscheiden. Bei vielen Auseinandersetzungen zwischen Jesus und den Schreibern und Pharisäern geht es um Fragen des Gesetzes, die die Form rabbinischer Argumentationen besitzen, eine im Judentum altehrwürdige Tradition. Es wird oft geschildert, wie Jesus diese Männer aggressiv herausfordert und über solche Punkte diskutiert wie die Heilighaltung des Sabbats, die Ehescheidung oder die Entrichtung der Steuern an Rom. Die Pharisäer, eine religiöse Gruppe, schufen den umfangreichen Korpus der mündlichen Lehren der Juden und wandten die mosaischen Gesetze auf die damaligen Situationen an. Sie glaubten, daß man die rituellen Reinheitsgesetze streng einhalten müsse. Jesus verurteilte einige Pharisäer, weil sie sich, auf Kosten des wahren Zwecks des Gesetzes (wie er es verstand) mit kleinlichen Einzelheiten befaßten. Zu den heuchlerischsten Pharisäern zählte Jesus eine Gruppe von Männern, die mehr Interesse an ihrem Prestige und Ansehen hatten als an ihrer spirituellen Erlösung. Dennoch stimmen viele Lehren Jesu mit denen der Pharisäer überein, und die Einschätzung der Pharisäer im Neuen Testament ist nicht »parteipolitisch« gefärbt. So wird beispielsweise gezeigt, wie Jesus im Hause eines Pharisäers, Simon, ißt. Einer der bedeutendsten der jüdischen Rabbiner, Hillel, war Pharisäer. Er formulierte eine »negative« Fassung der »goldenen Regel«: »Was dir verhaßt ist, tu nicht deinem Nächsten an. Das ist die ganze Tora. Der Rest ist nur Kommentar.« Viele Historiker und Gelehrte haben spekuliert, daß Jesus ein Schüler Hillels gewesen sein könnte. Es gibt in der Bibel allerdings keine Belege für diese These. Dennoch war Jesus sehr wahrscheinlich mit Hillels Lehren vertraut, und vielleicht hat er die goldene Regel in die bekannte Form um- oder neu formuliert, so wie sie dann in der Bergpredigt erscheint.

Die Pharisäer waren eine von mehreren jüdischen Gruppen, die während des 1. Jahrhunderts in Jerusalem lebten. In dieser Zeit schlug die heftige Opposition gegen die römische Herrschaft gelegentlich in offene Rebellion um. Viele Juden glaubten damals, daß die Zeit reif für die Ankunft des Messias sei. Angestachelt durch einen leidenschaftlichen Nationalismus, warteten sie auf einen Erlöser nach der Art König Davids, einen Krieger-König, der einen bewaffneten Aufstand gegen die Römer anführen und dem alten Israel zu neuem Glanz verhelfen würde. Ein Zimmermann aus Nazareth, umgeben von Fischern, Steuereinnehmern und Leprakranken, der predigte, »die andere Wange hinzuhalten«, paßte den meisten militanten Juden der damaligen Zeit so gar nicht »ins Konzept«.

Die Anhänger Jesu behaupteten aber nicht als einzige, daß der Messias angekommen sei. Auch andere nationalistisch gesinnte Führer versuchten, das Messiasamt für sich zu beanspruchen, und bemühten sich, eine Anhängerschaft um sich zu scharen. Daher gilt es, die letzten Tage im Leben Jesu vor diesem turbulenten Hintergrund der einander bekriegenden jüdischen Gruppen zu betrachten. Manche der Gruppen waren willfährig gegenüber Rom, andere versuchten zu rebellieren. Neben den Pharisäern gehörten zu den wichtigsten jüdischen Gruppen jener Zeit:

Die *Sadduzäer* – (hebräisch: »die Gerechten«) bildeten die religiöse und politische konservative Elite der jüdischen Gesellschaft und hielten im jüdischen Parlament, dem *Sanhedrin* (Synhedrium), die Mehrheit der Sitze. Zudem kontrollierten sie die Angelegenheiten des Tempels und gerieten oft in Widerspruch zu den Pharisäern, weil sie sich strikt nach dem geschriebenen Gesetz richteten, jedoch nicht nach den mündlichen Gesetzen, die die Pharisäer hinterließen.

Die *Herodianer* – Eine eher unbekannte Gruppe, die sich mit den von Rom ernannten Königen verbündete, die von Herodes abstammten.

Die *Zeloten* – Hierbei handelte es sich weniger um eine einzelne Gruppe, sondern eher um den Oberbegriff für eine Vielzahl radikaler religiöser Gruppen, die ihre Aufgabe darin sahen, den Sturz der Römer und ihrer jüdischen Kollaborateure herbeizuführen. Die erste Gruppe organisierte sich etwa um das Jahr 6 n. Chr. Zu den Zeloten gehörte auch eine Gruppe politischer Attentäter namens *Sikarier* (Sicarii), benannt nach den kurzen Dolchen, die sie trugen.

Die *Essener* – Diese ein wenig obskure Gruppe führte nahe dem Toten Meer, weit entfernt von Jerusalem, ein gemeinschaftliches, mönchisches Leben in der Wüste, weil sie die Tempelbräuche wie beispielsweise Opferungen ablehnten. Zwar lebten nicht alle Essener in der Siedlung Qumran, doch bildete diese Gruppe eine Gemeinschaft, in der wahrscheinlich die Schriftrollen vom Toten Meer entstanden. Die zölibatären Essener waren leidenschaftliche Baptisten, die einen bevorstehenden Krieg zwischen den Kräften des »Dunkel und des Lichts« erwarteten, und sie behaupteten, daß sie sich auf »den Weg des Herrn vorbereiteten«. Formulierungen wie diese haben manche Gelehrte dazu veranlaßt, Johannes den Täufer und Jesus mit der Gemeinschaft der Essener in Verbindung zu bringen. Zwar mag Jesus von den Essenern beeinflußt worden sein oder auf ihre Lehren reagiert haben, doch gehörte er ihnen nicht an. Die Essener schlossen Frauen, Behinderte und die Kranken aus, und Jesus hieß eben diese Menschen in seiner Gemeinde willkommen. In direktem Gegensatz zu Jesus, der die Feindesliebe hervorhob, akzentuierten die Essener überdies den Feindeshaß.

Warum war Jesus so populär?

Es gab keine globalen Nachrichtensender. Er trat weder in Talkshows auf noch gab es allabendliche Nachrichtensendungen. Man kannte weder Zeitungen noch Telegramme noch Telefone. Kein Internet. Keine Informationsautobahn. Tatsächlich gab es überhaupt keine Autobahnen. Gewiß, es gab die römischen Straßen, aber die waren mit rohen Steinen gepflastert. Kamele, Esel und Pferdekarren ohne Gummibereifung waren ungefähr das beste, was man erwarten konnte, wenn man herumkommen wollte. Und so verbreiteteten sich Nachrichten im Palästina des 1. Jahrhunderts langsam. Dennoch verbreiteten sich die Worte Jesu und seiner Jünger, wie das sprichwörtliche Lauffeuer. Ausgehend vom unbekannten Dorf Nazareth, einem entlegenen Provinznest, machte das Wort Jesu und seiner Jünger in der Hügellandschaft Galiläa seine Runde. Beinahe im Nu fegte der Ruhm Jesu durch das Land und bedrohte die Mächtigen. »Mund-zu-Mund-Propaganda«, mehr brauchte man dazu nicht. Schließlich änderten seine Worte die Welt.

Und was trieb die »Mund-zu-Mund-Propaganda« an? Drei Jahre lang waren Jesus und sein »Zwölferkreis« im Land umhergereist, hatten Heilmethoden gelehrt – und Wundertaten vollbracht. Im Johannesevangelium setzt Jesus neue Maßstäbe für Hochzeitsgäste, als er sein erstes Wunder vollbringt und während einer Trauung Wasser in Wein verwandelt. Andere behaupteten, er habe einen Sturm gelegt, der vom See Galiläa heraufgezogen sei, und sei sogar auf dem Wasser gewandelt. Er hatte Krüppel, Leprakranke und die Blinden geheilt. Als die Nachrichten über seine Heilwunder seinen Ruhm in ganz Judäa verbreiteten, versammelten sich immer mehr Menschen, um ihn zu sehen und zu hören, wohin er auch ging. Uns stehen weder Einschaltquoten noch Meinungsumfragen zur Verfügung, um seine Popularität messen zu können, aber er zog wohl rockkonzertgroße Zuhörerschaften an, die groß genug waren, um die jüdischen Behörden zu beunruhigen.

Im Gegensatz zur landläufigen Meinung oder zu Fehldeutungen, die in jener Zeit in Judäa kursierten, war Jesus nicht der einzige, der diese Heilungen durchführte. So wie andere Männer das

Messiasamt für sich beanspruchten, um politische Anhänger zu rekrutieren, so zogen in jener Zeit zahlreiche Wundertäter und Heiler durch das Römische Reich. Jesus spricht sogar von anderen, die in seinem Namen heilten. Im jüdischen Talmud werden mehrere wundertätige Rabbiner zur Zeit Jesu erwähnt. Aber keiner behauptete, was die Anhänger Jesu behaupteten: daß er die Fähigkeit besäße, Tote zum Leben zu erwecken, was er bei drei Gelegenheiten bewiesen habe, und zwar vor Zeugen.

Als einmal die Tochter eines lokalen religiösen Führers für tot gehalten wurde, sagte Jesus zu ihr: »Talitha cum« (aramäisch: »Kleines Mädchen, steh auf«). Es erhob sich, und Jesus sagte, es sei nicht tot, sondern schlafe nur, auch wenn andere es untersucht und gesagt hätten, es sei tot. Bei einer anderen Auferstehung erweckte Jesus den Sohn einer Mutter wieder zum Leben, so daß die Juden seiner Zeit einen Zusammenhang zu ähnlichen Wundern hergestellt haben dürften, wie sie die hebräischen Propheten Elia und Elisa vollbracht hatten. Und als er Lazarus von den Toten erweckte, der schon vier Tage tot gewesen war, machte er deutlich, daß er mehr war als nur ein umherziehender Wunderheiler. Lazarus' Schwester Martha sagte er: »Ich bin die Auferstehung und das Leben. Wer an mich glaubt, der wird leben, ob er gleich stürbe; und wer da lebet und glaubet an mich, der wird nimmermehr sterben.« (Joh. 11,25-26)

Jesus' wachsende Berühmtheit löste bei einigen jüdischen Führern erhebliches Unbehagen aus. Nachdem er Lazarus von den Toten auferweckt hatte, sagte ein Pharisäer zum anderen: »Ihr seht, daß wir nichts erreichen; alle Welt läuft ihm nach.«

DIE WUNDER JESU

Wunder sind so alt wie, nun ja, die Schöpfung.

Sowohl im Neuen Testament wie auch in der hebräischen Bibel beweisen Wunder, wie Gott sich auf außergewöhnlichen Wegen in die irdischen Angelegenheiten der Menschen einmischt. Die Wunder im Neuen Testament sind jedoch normalerweise »persönliche« Wunder, im Gegensatz zu den Wundern, die die ganze Nation betreffen, wie beispielsweise die Heimsuchung Ägyptens mit Seuchen, der Durchzug durchs Schilfmeer oder die Zerstörung des ägyptischen Heers während des Auszugs aus Ägypten.

Abgesehen von der eigenen wundersamen Geburt und Auferstehung und der Verklärung (im Text erörtert), vollbrachte Jesus in den Evangelien mehr als 35 Wunder. Sie fallen in drei Kategorien: Wundersame Speisungen, Naturwunder – die größte Gruppe –, Heilungen, Auferstehungen sowie Geisteraustreibungen. Hier nun eine Liste der Wunder Jesu, die auch zeigt, an welcher Stelle sie in den Evangelien vorkommen.

»Vier-Evangelien«-Wunder
Speisung der Fünftausend. (ML 14,13; Mk. 6,30; Lk. 9,10; Joh. 6,1)
Fünf Brotlaibe und zwei Fische speisen fünftausend Menschen, die gekommen waren, um mitzuerleben, wie Jesus die Kranken heilt.

»Drei-Evangelien«-Wunder
Eine Leprakranker wird geheilt. (Mt. 8,2; Mk. 1,40 ; Lk. 5,12)
Petrus' fiebernde Schwiegermutter wird geheilt. (Mt. 8,14; Mk. 1,30; Lk. 4,38)
An einem Abend werden viele Besessene geheilt. (Mt. 8,16; Mk. 1,32; Lk. 4,40)
Eine interessante Fußnote zu diesem Heilungsakt ist, daß die Dämonen, die Jesus austreibt, ihn als Messias erkennen. Jesus schenkt ihnen aber kein Gehör.
Das Beruhigen des stürmischen Sees Genezareth. (Mt. 8,23; Mk. 4,35; Lk. 8,22)
Böse Geister werden in eine Herde von Schweinen verwandelt. (Mt. 8,28; Mk. 5,1; Lk. 8,26)
Bei dieser Austreibung überträgt Jesus böse Geister von Menschen auf eine Herde von Schweinen, »unreinen Tieren«, die sich darauf hin selbst ertränken. Matthäus berichtet, es gebe zwei »vom Teufel Besessene«; bei Markus und Lukas kommt ein besessener Mann namens »Legion« vor.
Heilung eines Gelähmten. (Mt. 9,2; Mk. 2,3; Lk. 5,18)
Auferweckung der Tochter des Jarius, eines religiösen Führers, von den Toten. (Mt. 9,18; Mk. 5,35; Lk. 8,40)
Jesus' erste überlieferte Auferweckung.

Heilung einer Frau, die seit zwölf Jahren blutet. (Mt. 9,20; Mk. 5,25; Lk. 8,43)

Da Blut als Zeichen der Unreinheit galt, war dieser Heilungsakt für Juden besonders erstaunlich. Diese Frau berührte einfach den Saum der Kleidung Jesu ohne sein Wissen, wurde aber dennoch geheilt, weil sie einen festen Glauben hatte.

Die abgestorbene Hand eines Mannes wird geheilt. (Mt. 12,9; Mk. 3,1; Lk. 6,6)

Jesus heilte die Hand dieses Mannes am Sabbath – was einige Pharisäer gegen ihn aufbrachte. Als sie ihn zur Rede stellten, fragte Jesus zurück: »Soll man am Sabbat Gutes tun oder Böses tun, Leben erhalten oder töten?«

Wandeln auf dem Wasser des Sees Genezareth. (Mt. 14,25; Mk. 6.48; Joh. 6,19)

Heilung eines epileptischen Jungen. (Mt. 17,14; Mk. 9,17; Lk. 9,38)

Heilung eines Blinden. (Mt. 20,30; Mk. 10,46; Lk. 18,35)

»Zwei-Evangelien«-Wunder

Heilung des Sklaven eines römischen Zenturio. (Mt. 8,5; Lk. 7,1)

Heilung der Tochter einer Nichtjüdin. (Mt. 15,21; Mk. 7,24)

Als eine Frau Jesus einmal bat, ihre Tochter zu heilen, reagierte er ablehnend, weil sie Nichtjüdin war. Doch überzeugte sie ihn davon, daß sie Glauben an ihn habe, und er gewährte ihre Bitte.

Speisung der Viertausend. (Mt. 15,32; Mk. 8,1)

In diesem zweiten Bericht über die Speisung einer großen Menschenmenge nimmt Jesus sieben Brotlaibe und einige kleine Fische, mit denen er viertausend Menschen speist.

Ein Feigenbaum wird verflucht und verdorrt. (Mt. 21,18; Mk. 11,12)

Es handelt sich hierbei um ein merkwürdiges, etwas rachsüchtiges »Wunder«. Als Jesus losgeht, um eine Feige von einem Baum zu pflücken, sieht er, daß der Baum keine Früchte trägt. Obwohl der Baum kahl ist, weil nicht die rechte Zeit ist, verflucht Jesus den Baum, der daraufhin verdorrt. Dieses »Baum«-Wunder hat man symbolisch auf das Volk Jerusalems bezogen, das »keine Früchte trug«, weil es Jesus als Messias zurück-

wies und deshalb dazu verurteilt war, unter der römischen Herrschaft zu »verdorren«.

Ein unreiner Geist wird ausgetrieben. (Mk. 1,23; Lk. 4,33)

»Ein-Evangelium«-Wunder

Heilung eines von einem Dämon besessenen Stummen. (Mt. 9,32)
Nachdem Jesus den Mann geheilt hat, wird ihm vorgeworfen, er habe Geister ausgetrieben, indem er dämonische Kräfte eingesetzt habe.

Heilung zweier Blinder. (Mt. 9,27)

Die Tempelsteuer wird in einem Fischmund gefunden. (Mk. 17,24)
Als man von Jesus fordert, die erforderlichen Steuern für den Tempel zu zahlen, bekommt er aus dem Mund eines Fisches, den Petrus gefangen hat, eine Münze.

Heilung eines Taubstummen. (Mk. 7,31)
Jesus heilt einen Taubstummen einfach dadurch, daß er das aramäische Wort Ephphatha (»Öffne dich«) ausspricht.

Heilung eines blinden Gelähmten. (Mk. 8,22)

Unerwarteter Fischzug. (Lk. 5,1)
Als Jesus zum erstenmal losgeht, um Jünger anzuwerben, die im See Genezareth fischen, füllt er ihre Netze mit mehr Fischen, als die Netze fassen können.

Auferweckung des Sohns einer Witwe von den Toten in Nain. (Lk. 7,11)
Die Auferweckung des Jungen ist Jesus' zweiter überlieferter Akt einer Auferstehung

Heilung einer Verkrüppelten. (Lk. 13,11)

Heilung eines Mannes, der an Wassersucht leidet. (Lk. 14,1)

Heilung von zehn Leprakranken. (Lk. 17,11)
Von den zehn Leprakranken zeigt nur einer, ein Samaritaner, Dankbarkeit.

Wiederherstellung eines abgetrennten Ohres. (Lk. 22,51)
Während die anderen Evangelien erzählen, daß ein Jünger das Ohr eines Mannes zur Zeit der Inhaftierung Jesu abschlug, berichtet nur Lukas, daß Jesus das Ohr des Mannes wiederherstellte.

Verwandlung von Wasser in Wein in Kanaan. (Joh. 2,1)

Heilung des Sohnes eines königlichen Beamten. (Joh. 4,46)
Heilung eines Gebrechlichen in Bethesda. (Joh. 5,1)
Heilung eines Mannes, der blind geboren wurde. (Joh. 9,1)
In diesem Fall spuckte Jesus auf den Boden, formte mit seinem Speichel ein Stück Schlamm und legte es auf die Augen des Mannes.
Auferweckung des Lazarus. (Joh. 11,43)
Jesus erweckt Lazarus, einen seiner Anhänger vier Tage nach seinem Tod wieder zum Leben; man glaubt damals, daß die Seele nach drei Tagen den Leib verließ.
Der zweite Fischzug. (Joh. 21,1)
Nach seiner Auferstehung erscheint Jesus einigen Jüngern und hilft ihnen, einen großen Fischfang einzubringen, nachdem sie während der Nacht überhaupt nichts gefangen hatten.

Stimmen der Bibel
Und nach sechs Tagen nahm Jesus zu sich Petrus, Jakobus und Johannes und führte sie auf einen hohen Berg, nur sie allein, und ward vor ihnen verklärt. Und seine Kleider wurden ganz leuchtend weiß, wie sie kein Bleicher auf Erden so weiß machen kann. Und es erschien ihnen Elia mit Mose, und sie redeten mit Jesus. Und Petrus fing an und sprach zu Jesus: Rabbi, hier ist für uns gut sein. Und wir wollen drei Hütten machen, dir eine, Mose eine und Elia eine. Er wußte aber nicht, was er redete; denn sie waren bestürzt. Und es kam eine Wolke und sprach: Das ist mein lieber Sohn; den sollt ihr hören! Und auf einmal, als sie um sich blickten, sahen sie niemand mehr bei sich als Jesus allein. (Mk. 9,2-8)

Was ist die Verklärung Christi?

Während Jesus Vorbereitungen trifft, um zum Passahfest nach Jerusalem zu reisen und den Höhepunkt in seinem Leben und Wirken erreicht, berichten drei Evangelien von einem außergewöhnlichen Geschehnis, bei dem er mit drei vertrauten Jüngern auf einen Berg geht. Und während die Jünger zuschauen, wird Jesus mystischerweise »verklärt«, wobei sein physisches Sein verwandelt wird und plötzlich die Gestalten von Mose und Elia, der beiden bedeutenden Propheten des Judentums, neben ihm stehen. Die Jünger, die dies miterleben, verblüfft diese Vision, dann aber hören sie die Stimme Gottes, die direkt über ihnen spricht und sagt, Jesus sei Gottes »geliebter Sohn«. Dies ist eines von nur zwei Ereignissen – das zweite ist Jesus' Taufe –, bei denen in den Evangelien eine solche himmlische Stimme vernommen wird. Alle Berichte schildern, daß das Gesicht Jesu strahlt. Das erinnert an den Ausdruck in Moses Gesicht, als er Gott während des Auszugs aus Ägypten auf dem Berg Sinai begegnet, und festigt bei den jüdischen Anhängern Jesu erneut die Verbindung zwischen ihm und Mose. Das griechische Wort, das als »verklären« übersetzt wurde, lautet *metamormophe*, »sich in eine andere Form verwandeln«.

Stimmen der Bibel
Und als er nahe hinzukam, sah er die Stadt an und weinte über sie und sprach: Wenn doch auch du erkenntest zu dieser Zeit, was zu deinem Frieden dient! Aber nun ist's vor deinen Augen verborgen. Denn es werden über dich die Tage kommen, daß deine Feinde werden um dich und deine Kinder einen Wall aufwerfen, dich belagern und an allen Orten ängstigen; und werden dich schleifen und keinen Stein auf dem andern lassen, darum daß du nicht erkannt hast die Zeit, darin du heimgesucht bist. Und er ging in den Tempel und fing an auszutreiben, die da verkauften, und sprach zu ihnen: Es steht geschrieben: »Mein Haus soll ein Bethaus sein«; ihr aber habt's gemacht zur Räuberhöhle. Und er lehrte täglich im Tempel. Aber die Hohenpriester und Schriftgelehrten und die Vornehmsten im Volk trachteten danach, daß sie ihn umbrächten, und fanden nicht, wie sie es machen sollten; denn alles Volk hing ihm an und hörte ihn. (Lk. 19,41-48)

Zusammenfassung der Handlung: Jesus, die letzten Tage
Jesus und seine Jünger machen sich zur Feier des Passahfestes auf den Weg nach Jerusalem, und wieder einmal widersprechen sich die Berichte der Evangelien in mehreren Punkten. In den ersten drei Evangelien besucht Jesus zum ersten Mal die Stadt, sieht man einmal von seinem Besuch während der Kindheit ab, von dem Lukas berichtet. Aber bei Johannes unternimmt Jesus fünf Reisen in die

Stadt. Er schickt zwei Jünger vor, damit sie ihm ein Zimmer besorgen und ihm einen jungen Esel bringen, auf dem er reiten kann – wiederum in Erfüllung einer hebräischen Prophezeiung. Als Jesus in die Stadt reitet, jubeln ihm einige Bewohner zu, legen ihm ihre Gewänder und Palmzweige zu Füßen und nennen ihn den Messias. Dieser triumphale Einzug wird von Christen am Palmsonntag gefeiert. Jesu wachsende Bekanntheit und die Vorstellung, daß immer mehr Menschen herbeieilten, um ihn, den in der hebräischen Bibel verheißenen Messias, zu sehen, machte Jesus auch Feinde.

Während ihn einige jüdische Anführer als falschen Propheten betrachteten, sahen andere in ihm eine Bedrohung. Denn es war möglich, daß er ihre Machtstellung bedrohte oder eine schwerwiegende und am Ende katastrophale Unterdrückung seitens der Römer provozierte, falls diese irgendeine Spur von Rebellion entdeckten, insbesondere während der Osterwoche, in der Jerusalem überfüllt war.

Wiederum im Widerspruch zum Johannesevangelium berichten die ersten drei Evangelien, daß sich Jesus zunächst zum Tempel begibt. Empört über die Händler und Geldwechsler, die dort ihre schnellen Geschäfte tätigen, jagt er sie hinaus, stößt wütend ihre Tische um und treibt sie mit einer Peitsche nach draußen. Die Händler der damaligen Zeit verkauften Tiere für die rituellen Opferungen und wechselten die diversen Münzen der Pilger gegen das lokal geprägte Geld. Ihre Stände befanden sich im äußeren Hof der Nichtjuden und müssen einen chaotischen Eindruck vermittelt haben, ähnlich einem Basar im arabischen Nahen Osten. Die tatsächliche Opferung dieser Tiere vollzog sich im Tempel. In einer weiteren Abweichung verlegt Johannes diese »Reinigung des Tempels« an den Beginn des Wirkens Jesu, statt in die letzten Wochen seines Lebens. Dieser gewalttätige Angriff auf die gut verdienenden Tempelhändler hätte die Tempelbehörden vor den Kopf gestoßen, die einträgliche Bargeschäfte machten. Jesu Verhalten – so bald nach seinem provozierend triumphalem Einzug in die Stadt – mußte zwangsläufig die Autorität Roms herausfordern. Vermutlich setzte dann dies die Ereignisse in Gang, die schließlich zur Festnahme Jesu führten.

Stimmen der Bibel
Vor dem Osterfest aber erkannte Jesus, daß seine Stunde gekommen war, daß er aus dieser Welt ginge zum Vater; und wie er hatte geliebt die Seinen, die in der Welt waren, so liebte er sie bis ans Ende. Und bei dem Abendessen, da schon der Teufel hatte dem Judas, Simons Sohn, dem Ischarioth, ins Herz gegeben, daß er ihn verriete, und Jesus wußte, daß ihm der Vater hatte alles in seine Hände gegeben und daß er von Gott gekommen war und zu Gott ging: stand er vom Abendmahl auf, legte seine Kleider ab und nahm einen Schurz und umgürtete sich. Danach goß er Wasser in ein Becken, hob an, den Jüngern die Füße zu waschen, und trocknete sie mit dem Schurz, mit dem er umgürtet war. Da kam er zu Simon Petrus; der sprach zu ihm: Herr, solltest du mir meine Füße waschen? Jesus antwortete und sprach zu ihm: Was ich tue, das weißt du jetzt nicht; du wirst es aber hernach erfahren. (Joh. 13,1-7)

Was war das Abendmahl?

Leonardo da Vincis Meisterwerk *Das Abendmahl* zeigt die Jünger, wie sie an einer langen Tafel zu beiden Seiten Jesu sitzen. Leonardo wußte wohl nicht, daß Jesus und die Jünger sicher gegessen haben, wie es zu jener Zeit Sitte war, nämlich auf Liegen oder Matten, die rings um einen niedrigen Tisch plaziert waren. Es bestehen einige Zweifel, ob Jesu Abendmahl mit seinen Jüngern das tatsächliche Passahfestmahl war. Offenbar waren keine Frauen anwesend, wie es für das Passahmahl üblich gewesen wäre, mit dem man der Rettung der Erstgeborenen Israels in Ägypten vor dem Auszug gedachte. Es findet sich auch keine spezielle Erwähnung des traditionellen Osterlamms oder der üblichen Kräuter, die bei diesem heiligsten aller jüdischen Festmahle benutzt wurden. Während die ersten drei Evangelien behaupten, daß es sich um ein Osteressen handelt, erweckt Johannes den Anschein, daß dem nicht so war. Während die Männer essen, sagt Jesus zu ihnen, einer von ihnen werde ihn verraten, und fügt hinzu, er werde erst dann am Osterfest wieder essen, wenn das Himmelreich Gottes gekommen sei. Im Markus- und im Matthäusevangelium bricht

Jesus das Brot und sagt: »Nehmt und eßt; das ist mein Leib.« Dann nimmt er einen Kelch Wein und segnet ihn, wobei er sagt: »Trinkt alle daraus; denn das ist mein Blut des Bundes, das für viele vergossen wird zur Vergebung der Sünden.« Diese Worte haben die Frühchristen gespalten und beschäftigen immer noch die Kirchen, die ein unterschiedliches Verständnis der Eucharistie haben, wobei eine Hauptfrage lautet: Ist Christus während der Eucharistiefeier gegenwärtig oder wird seiner gedacht? Oder beides? Lukas kehrt die Reihenfolge von Brot und Wein um und fügt eine Gabe von Wein hinzu; der Bericht bei Johannes über das Abendmahl erwähnt das Brot und den Wein mit keinem Wort.

Im Anschluß an das Mahl durchqueren Jesus und die verbliebenen Jünger – Judas hat sich davongeschlichen, um seinen Verrat auszuführen – das Kidrontal und begeben sich zum Ölberg und zu einem Ort namens Gethsemane, ein Name, der »Ölpresse« oder »Ölfaß« bedeutet. In dem dortigen Garten stellt sich Jesus seinem bevorstehenden Tod. Tief beunruhigt bittet er Gott, ihm die Last, die ihm bevorsteht, zu nehmen. Bei Markus wendet sich Jesus an Gott mit dem Wort *Abba* – umgangssprachliches Aramäisch: »Papa« – und bittet: »Abba, mein Vater, alles ist dir möglich; nimm diesen Kelch von mir; doch nicht, was ich will, sondern was du willst soll geschehen.« Obwohl Jesus die Jünger bittet, wach zu bleiben, schlafen sie ein. Das unterstreicht nur ihre Menschlichkeit und zeigt, wie isoliert er ist. In den ersten drei Evangelien kommt eine Gruppe hoher Tempelbeamter herbei, angeführt von Judas Ischarioth, um Jesus zu verhaften. Im Johannesevangelium sind römische Soldaten in der Nähe, um die Festnahme durchzuführen. Judas nennt Jesus »Rabbi« und küßt ihn, damit die »Militärpolizisten« den Gesuchten erkennen. Zwar leistet einer der Anhänger Jesu Gegenwehr, indem er dem Diener des Hohenpriesters das Ohr abschneidet, aber Jesus rät zum gewaltfreien Widerstand. Im Lukasevangelium heilt er das abgeschnittene Ohr sogar. Schließlich wird er zum Palast des Hohenpriesters geführt, wo er sich seinen Anklägern stellt.

Im Johannesevangelium hat der Teufel Judas zu dem Verrat angestiftet. Dennoch hat der Verrat zu einigen Spekulationen hinsichtlich seiner Motive veranlaßt. Dazu gehört die Vorstellung, daß Judas als antirömischer Zelot enttäuscht war, daß sich Jesus nicht als der Rebellenführer erwies, wie er es erwartet hatte. Im Markusevangelium geht er zu den Hauptpriestern und verrät Jesus, ehe man ihm ein Bestechungsgeld anbietet. Dies deutet darauf hin, daß er neben Geld irgendeinen anderen Beweggrund hatte. Matthäus stellt ausdrücklich fest, daß Judas gefragt habe, wieviel er bekommen werde, und daß ihm in Erfüllung einer weiteren alten hebräischen Weissagung »dreißig Silberstücke« gezahlt wurden. Lukas berichtet, daß man Judas Geld für den Verrat verspricht. Judas' endgültiges Schicksal bleibt in den Evangelien ein wenig unklar. Im Matthäusevangelium bereut er, gibt den Priestern das Geld zurück und erhängt sich. Im Bericht bei Matthäus heißt es, die Priester hätten das Geld genommen, um einen »Töpferacker« zu kaufen, in dem Ausländer beerdigt werden sollten. Dieser Ort heißt in der Bibel auch »Blutacker« – ein mit »Blutgeld« erworbenes Stück Land. Ein späterer biblischer Bericht (in der Apostelgeschichte) schildert jedoch, daß Judas selbst das Stück Land, den sogenannten »Blutacker« mit dem Geld erwarb und infolge eines Sturzes starb, wobei »alle seine Eingeweide hervorquollen«; das bedeutet wohl, daß er eine schwere Verletzung erlitt, die ihm den Bauch aufschlitzte.

Und was hielt Jesus von Judas? Hat er seinem Verräter vergeben? Einmal mehr weisen die vier Evangelien in verschiedene Richtungen. Bei Matthäus sagt Jesus bei seiner Gefangennahme zu Judas: »Mein Freund, tu, wozu du gekommen bist«, was gewiß einen Hauch von Vergebung enthält. Doch Lukas berichtet, daß Jesus Judas fragt: »Judas, verrätst du den Menschensohn mit einem Kuß?« – dies ist eine recht erdrückende Frage. Bei Markus wird nicht berichtet, daß Jesus mit Judas oder über dessen Schicksal sprach.

Das Johannesevangelium weicht in diesem Punkt stark ab: Jesus ergibt sich den Soldaten, ohne daß Judas ihn identifiziert. Jesus ist in dieser Version Herr seines eigenen Schicksals und nicht das Opfer des Verrats durch Judas.

Stimmen der Bibel

Da aber Pilatus sah, daß er nichts ausrichtete, sondern vielmehr ein Getümmel entstand, nahm er Wasser und wusch die Hände vor dem Volk und sprach: Ich bin unschuldig an seinem Blut; sehet ihr zu. Da antwortete das ganze Volk und sprach: Sein Blut komme über uns und unsere Kinder. (Mt. 27,24-25)

Er [Pilatus] aber sprach zum dritten Mal zu ihnen: Was hat denn dieser Übles getan? Ich finde nichts an ihm, das des Todes schuldig wäre; darum will ich ihn züchtigen und losgeben. Aber sie lagen ihm an mit großem Geschrei und forderten, daß er gekreuzigt würde. Und ihr Geschrei nahm überhand. (Lk. 23,22-23)

Da nahm Pilatus Jesus und ließ ihn geißeln. Und die Kriegsknechte flochten eine Krone von Dornen und setzten sie auf sein Haupt und legten ihm ein Purpurkleid an, traten zu ihm und sprachen: Sei gegrüßt, lieber Judenkönig!, und gaben ihm Backenstreiche. Da ging Pilatus wieder heraus und sprach zu ihnen: Sehet, ich führe ihn heraus zu euch, damit ihr erkennet, daß ich keine Schuld an ihm finde. Da ging Jesus heraus und trug eine Dornenkrone und ein Purpurkleid. Und Pilatus spricht zu ihnen: Sehet, welch ein Mensch! Da ihn die Hohenpriester und die Diener sahen, schrien sie und sprachen: Kreuzige! kreuzige! Pilatus spricht zu ihnen: Nehmt ihr ihn hin und kreuzigt ihn, denn ich finde keine Schuld an ihm. Die Juden antworteten ihm: Wir haben ein Gesetz, und nach dem Gesetz muß er sterben, denn er hat sich selbst zu Gottes Sohn gemacht. Da Pilatus das Wort hörte, fürchtete er sich noch mehr ... Von da an trachtete Pilatus, wie er ihn losließe. Die Juden aber schrien und sprachen: Läßt du diesen los, so bist du des Kaisers Freund nicht; denn wer sich zum König macht, der ist wider den Kaiser. (Joh. 19,1-12)

Wer brachte Jesus vor Gericht?

In den sechziger Jahren dieses Jahrhunderts machten Archäologen einen recht überraschenden Fund: die Inschrift des Namens Pontius Pilatus in der Stadt Cäsarea, dem Sitz der römischen Regierung in Judäa. Das war die erste Bestätigung außerhalb der Literatur, daß eine der berüchtigsten Figuren der Weltgeschichte tatsächlich gelebt hatte. Pontius Pilatus amtierte zwischen 26 und 36 v. Chr. als Statthalter der römischen Provinzen Judäa, Samaria und Idumäa, und die Hafenstadt Cäsarea war sein Stützpunkt. Als Militärgouverneur dürfte er während der Osterwoche nach Jerusalem gereist sein, um den Truppenaufmarsch in der Stadt zu einer Zeit anzuführen, als die Stadt überfüllt war, die antirömischen Gefühle hohe Wellen schlugen und man einen Volksaufstand für durchaus wahrscheinlich hielt. Pilatus versetzte den Juden der damaligen Zeit eine schwere Demütigung, indem er römische Wappenschilde und Standarten nach Jerusalem brachte. Sie zeigten götzendienerische Bilder, an den die Juden Anstoß nahmen. Nachdem Pilatus zehn Jahre über Judäa geherrscht hatte, wurde er seines Amtes enthoben und nach Rom zurückbeordert, da es ihm nicht gelungen war, einen lokalen Aufstand unter Kontrolle zu halten.

Doch als Jesus festgenommen wurde, besaß Pilatus die Oberhoheit über die Angelegenheiten in Jerusalem, und so lag dessen Schicksal, wie das irgendeines Kriminellen, in seinen Händen. Die Frage, wer Jesus vor Gericht brachte, verurteilte und schließlich hinrichtete, ist mehr als nur ein historisches »Gesellschaftsspiel« oder religiöses »Stammtischgespräch«. In dem Vorwurf an das jüdische Volk insgesamt, es trage die Schuld für Jesu Hinrichtung, liegt der furchtbare Ursprung des christlichen Antisemitismus oder dessen, was Peter Gomes in seinem Buch *The Good Book* als »die Erbsünde des Christentums« bezeichnet.

Nach seiner Festnahme in Gethsemane wurde Jesus tatsächlich zweimal vor ein Gericht gestellt – besser gesagt: verhört. Das erste Verhör fand im Hause oder Palast des Hohenpriesters von Jerusalem statt, der höchsten jüdischen Autorität in der damaligen Zeit. Allerdings hat sich auch hier ein kleiner Fehler in die Evangelien eingeschlichen. Zwei Evangelien benennen diesen Hohenpriester nicht. Matthäus nennt in Kaiphas. Doch bei Johannes heißt es, Jesus sei als erstes vor einen Hohenpriester namens Annas (auch: Hannas), den Schwiegervater des Kaiaphas, geführt worden. Annas war früher Hohepriester gewesen und dann abgesetzt worden. Er verhört Jesus und schickt ihn dann zu Kaiphas, dem »amtierenden« Hohenpriester. Im Johannesevangelium wird nicht erwähnt, daß Jesus durch Kaiaphas verhört wurde.

Der Hohe Rat der Juden, der *Sanhedrin,* verhörte Jesus bezüglich mehrerer Punkte. Im Markusevangelium werden Zeugen gegen Jesus aufgeboten, die Falschaussagen machen. Zwar stimmen sie nicht darin überein, was Jesus nun im einzelnen an Straftaten begangen hat. In der Hauptsache beschuldigen sie ihn aber, ein Komplott zur Zerstörung des Tempels geschmiedet zu haben. Als der Hohepriester Jesus auf den Kopf zu fragt, ob er der Messias sei, antwortet er bei Matthäus und Lukas: »Du sagst es.« Bei Markus: »Ich bin es.« Nun langt es dem Hohenpriester, der zu dem Schluß kommt, daß Jesus der »Gotteslästerung« schuldig sei. Ein solches Vergehen wurde nach dem jüdischen Gesetz mit Steinigung bestraft. Tatsächlich lag die Vollmacht, über Leben und Tod zu entscheiden, immer noch in den Händen der Statthalter Roms. Also begaben sich alle zu Pontius Pilatus, wo sie einen zweiten Gerichtstermin abhielten, der den Traditionen der römischen Rechtsprechung entsprach.

Die Männer, die Jesus zu Pilatus führten, hatten eine lange Liste mit Anklagen vorbereitet: Jesus sei ein Untergrundkämpfer. Er weigere sich, dem Kaiser Steuern zu entrichten – das Gegenteil hat Jesus gesagt. Er stachele zum Widerstand gegen Rom an. In allen Evangelien wird das Geschehen so dargestellt, als ob es Pilatus zunächst widerstrebte, ein Urteil in einem Rechtsstreit zu fällen, der ihm eine lokale Auseinandersetzung zwischen den Juden zu sein schien. Bei Matthäus sagt sogar die Ehefrau zu Pilatus, ein Traum habe ihr mitgeteilt, Jesus sei unschuldig. Bei Lukas versucht Pilatus, Jesus zu Herodes Antipas zu schicken, dem jüdischen Herrscher über Galiläa, der jedoch Jesus zurückschickt. Viele Kommentatoren, jüdische wie christliche, haben in den Evangelien einen übermäßig »apologetischen« Ton gegenüber Pilatus herausgehört, demzufolge sich die »Schuld« an der Hinrichtung Jesu sowohl auf die jüdischen Behörden und in einem größeren Sinne auf das jüdische Volk verschiebt. Dies hat man dadurch zu erklären versucht, daß die Evangelisten, die sich der Verfolgung durch die Römer gegenübersahen, diese nicht noch mehr verstimmen wollten.

Das mag eine rein akademische Frage sein – wenn es nicht die Tatsache gäbe, daß Christen jahrhundertelang predigten, die Juden seien »Christusmörder«, eine Auffassung, die auch der neuzeitlichen Geschichte des Antisemitismus zugrundeliegt. Erst im Jahr 1959 strich Papst Johannes XXIII. die Wendung »hinterhältige Juden« aus dem römisch-katholischen Gebet, das am Karfreitag gesprochen wird. Kurz vor seinem Tod verfaßte er dann ein Gebet, in dem er um Vergebung für den Antisemitismus der Kirche bat, den er als »zweite Kreuzigung« bezeichnete. Auf einer Konferenz des Vatikan im Jahr 1962 sprach die katholische Kirche offiziell die meisten jüdischen Zeitgenossen Jesu und alle folgenden Juden von der Anklage des Deizids (Gottesmord) frei. Vielleicht kennen sie das Sprichwort vom Scheunentor, das man schließt, nachdem die Pferde davongelaufen sind? Aber besser spät als nie.

Auch wenn die Evangelien im Zusammenhang mit Jesu Todesurteil und Pilatus' Handwäsche »Partei ergriffen«, so war der Römer Pilatus letztlich für die Hinrichtung verantwortlich. Möglicherweise widerstrebte es ihm, sie anzuordnen, aber nicht so sehr aus Güte, sondern weil ihn diese innerjüdische Angelegenheit nicht interessierte. Zum Handeln zwang ihn vielmehr die Drohung aus Rom, politischen Druck auszuüben. Als man Jesus wegen Verrats an Rom vor Gericht stellte, konnte Pilatus die Anklage nicht einfach übergehen. Hätte er das getan, hätte er seinen politischen Hals riskiert. Letztlich lag es an Jesus' Anspruch, König zu sein – eine direkte Herausforderung an den Kaiser –, daß Pilatus ihn zum Tode verurteilte. Jesus wurde verurteilt und hingerichtet als nationalistischer Freiheitskämpfer, der Rom bedrohte – nicht weil er behauptete, er sei der Messias. Obgleich die Evangelien berichten, daß Pilatus Jesus dem jüdischen Pöbel überließ, so wurde die Hinrichtung zweifelsfrei von römischen Soldaten ausgeführt. Dies bestätigt auch der römische Historiker Tacitus (ca. 55-117 v. Chr.), der in einem Bericht über die Christen schreibt: »Christus, der Urheber ihres Namens, wurde von Pontius Pilatus während der Regierungszeit des Tiberius zum Tode verurteilt.« Dies ist einer der wenigen Hinweise auf Jesu Tod außerhalb der Bibelquellen.

Auf welche Weise führt eine Kreuzigung zum Tod?

Viele Juden im 1. Jahrhundert starben, ebenso wie Jesus, am Kreuz. Schätzungen zufolge belief sich die Zahl der Juden, die in dieser Zeit aufgrund einer Vielzahl von Vergehen gekreuzigt wurden, auf fast 100 000. Aber die Juden starben nicht durch die Hand anderer Juden. Die Kreuzigung war keine jüdische Form der Hinrichtung. Sie wurde ausschließlich von den Römern angewandt. Zudem handelte sich um eine extreme Strafe, die man meist für entflohene Sklaven oder für den Fall eines Aufstandes gegen Rom reservierte. Und ob das jüdische Volk nun davon wußte oder nicht – im Jahr 71 v. Chr. hatte ein Sklavenaufstand gegen Rom, angeführt von dem Gladiator und Sklaven Spartakus, zu rund 6 000 Kreuzigungen geführt, wobei man die Leichname als grausige Warnung an der freien Luft verwesen ließ. Zur Zeit Jesu hatte eine Volkserhebung der Juden im nahegelegenen Gamala zu einer ähnlichen Reaktion Roms geführt.

Folgt man den historischen Indizien, dann war die Kreuzigung Jesu für diese Form der römischen Hinrichtung typisch. Häufig wurde der Verurteilte zusätzlich gegeißelt oder gepeitscht, bis er geschwächt war und blutete. Sodann mußte er den Balken seines Kreuzes durch die Straßen tragen. Am Ort der Hinrichtung wurden seine Arme an den Querbalken gebunden. Der Balken wurde von Seilen aufrechtgestellt und dann in Form eines »T«s festgenagelt. Dann wurde der Titulus, oder das Todesurteil, den das Opfer um den Hals getragen hatte, ans Kreuz genagelt, über dem Kopf. Die Füße des Delinquenten wurden an den Balken genagelt. Manchmal – wie im Falle Jesu – wurden auch die Hände an den Balken genagelt. Jesu Tod ist insofern ungewöhnlich, als er binnen Stunden eintrat – eine Tatsache, die Pilatus überraschte. Manche Gekreuzigte lebten noch Tage danach und wurden den Geiern überlassen. Der Tod trat durch Hunger, Kälte und Blutverlust ein. Manchmal wurde er mit einem Schlag gegen die Beine beschleunigt, wodurch das Gewicht des Opfers die Lungenflügel eindrückte und es schließlich erstickte. Andere Beispiele zeigen, daß man das Opfer mit Lanzen durchbohrte, um den Tod zu beschleunigen; dies trifft auch auf Jesus zu. Ein römischer Soldat stach ihn mit einer Lanze in die Seite, so daß Blut und Körperflüssigkeit austraten.

Stimmen der Bibel
Vater, vergib ihnen; denn sie wissen nicht, was sie tun. (Lk. 23,34)
Wahrlich, ich sage dir: Heute wirst du mit mir im Paradiese sein. (Lk. 23,43)
Weib, siehe, das ist dein Sohn ... Siehe, das ist deine Mutter. (Joh. 19,26-27)
Mein Gott, mein Gott, warum hast du mich verlassen? (Mt. 27,46; Mk. 15,34)
Mich dürstet. (Joh. 19,28)
Es ist vollbracht. (Joh. 19,30)
Vater, ich befehle meinen Geist in deine Hände. (Lk. 23,46)

Dies ist die Reihenfolge, die man traditionsgemäß den »letzten Worten« (»Äußerungen«) Jesu am Kreuz gegeben hat.

Zusammenfassung der Handlung: Auferstehung und Himmelfahrt

Im Augenblick des Todes Jesu berichten die Evangelien über eine Reihe von Naturerscheinungen und außergewöhnlichen Geschehnissen. Finsternis legte sich über das Land, eine deutliche Erinnerung an eine der Seuchen, die Ägypten heimsuchte. Unerklärlicherweise riß im Tempel der Vorhang entzwei, der das innere Allerheiligste, den Ort der göttlichen Präsenz, vom übrigen Tempelbezirk trennte. Lediglich Matthäus berichtet von einem Erdbeben, wie auch davon, daß sich Gräber öffneten und die »entschlafenen Heiligen« auferstanden, die später in »die heilige Stadt [gingen] und vielen erschienen«. Die diensthabenden römischen Soldaten erklären: »Wahrhaftig, dieser ist Gottes Sohn gewesen«, doch Lukas läßt einen Soldaten sagen: »Dieser ist wirklich ein gerechter Mensch gewesen.«

Nachdem der Tod eingetreten war, wurde Jesu Leichnam fortgeschafft und für das Begräbnis vorbereitet, gemäß jüdischer Bestimmungen, nach denen die Toten vor Sonnenaufgang beerdigt werden müssen. In einigen Fassungen erledigt dies eine Gruppe von Frauen, im Johannesevangelium zwei Männer, Nikodemus und Joseph von Arimathäa. Jesu Grab hat ein gewisser Joseph gekauft, ein wohlhabender Mann aus der judäischen Stadt Arimathäa, der als Mitglied des jüdischen Hohen Rates und geheimer Jünger Jesu beschrieben wird. Das Grab, das man aus einem Fels in einem Garten schlug, wurde mit einem schweren Stein versiegelt. Im Matthäusevangelium setzt man einen römischen Wachsoldaten ein, offensichtlich um Jesu Anhänger davon abzuhalten, sich mit dem Leichnam heimlich davonzustehlen und zu behaupten, er sei als der Heiland auferstanden.

Zählt man die Tage der Kreuzigung – und nimmt den Freitag vor dem Sabbatfest als Tag eins –, dann gingen einige Frauen am Tag drei – Sonntag – nach dem Sabbat zum Grab, um den Leichnam zu salben, was den damaligen Begräbnissitten entsprach. Bei Matthäus gehen die Frauen, Maria von Magdala und die »andere Maria«, zu dem Grab, um Jesu Leichnam gemäß jüdischem Brauch mit Öl einzureiben. Doch ein Erdbeben und ein Engel haben das Grab geöffnet, und die Wachen sind vor lauter Schreck geflohen. Die Frauen finden das Grab leer vor, und ein Engel sagt ihnen, Jesus sei nicht da. Plötzlich werden sie von Jesus selbst begrüßt, und er sagt ihnen, sie sollen die Jünger anweisen, sich auf den Weg nach Galiläa zu machen, wo sie ihn sehen werden.

Im Markusevangelium machen sich die beiden Frauen Sorgen wegen der Grabplatte. Sie stellen jedoch fest, daß man die Platte fortgerollt hat, und ein Mann im weißen Umhang sagt ihnen, Jesus sei von den Toten auferstanden. Sie sollen losgehen und seinen Jüngern davon berichten. Im Lukasevangelium gibt es »zwei Männer in strahlenden Kleidern«, vermutlich Engel, die in dem leeren Grab sitzen. Als die Frauen den elf Jüngern davon berichten, läuft Petrus los, um selbst nachzusehen.

Im Johannesevangelium wird das erste Osterfest etwas anders dargestellt. In dieser Version geht Maria Magdalena allein los, findet das Grab leer und läuft zurück, um Petrus über diese Neuigkeit zu informieren. Später weint sie am leeren Grab; zwei Engel in Weiß fragen sie, warum sie weine. Da trifft sie Jesus, den sie fälschlich für einen Gärtner hält. Jesus ruft sie beim Namen, und da erkennt sie, wer er ist und was geschehen ist.

Im Laufe der nächsten Tage erscheint Jesus mehrmals seinen Jüngern und Anhängern, einzeln und in Gruppen, die nicht richtig begreifen, was geschehen ist. Bei Markus schilt er sogar mit ihnen, weil sie nicht bereit sind zu glauben, was geschehen ist. Dann segnet er die Jünger und »fährt«, bei Lukas, »auf zum Himmel«, bei Markus »wurde er in den Himmel aufgenommen« und in der Apostelgeschichte »vor ihren Augen emporgezogen, und eine Wolke entzog ihn ihren Blicken«.

Stimmen der Bibel
Mir ist gegeben alle Gewalt im Himmel und auf Erden. Darum gehet hin und machet zu Jüngern alle Völker; taufet sie auf den Namen des Vaters und des Sohnes und des heiligen Geistes und lehret sie halten alles, was ich euch befohlen habe. Und siehe, ich bin bei euch alle Tage bis ans Ende der Welt. (Mt. 28,18-20)

Gehet hin in alle Welt und predigt das Evangelium aller Kreatur. Wer da glaubet und getauft wird, der wird selig werden; wer aber nicht glaubet, der wird verdammt werden. Die Zeichen aber, die da folgen werden denen, die da glauben, sind die: in meinem Namen werden sie böse Geister austreiben, in neuen Zungen reden, Schlangen vertreiben, und wenn sie etwas Tödliches trinken, wird's ihnen nicht schaden; auf Kranke werden sie die Hände legen, so wird's besser mit ihnen werden. (Mk. 16,15-18)

Also ist's geschrieben, daß Christus mußte leiden und auferstehen von den Toten am dritten Tage; und daß gepredigt werden muß in seinem Namen Buße zur Vergebung der Sünden unter allen Völkern. Hebt an zu Jerusalem und seid des alles Zeugen. Und siehe, ich will auf euch senden die Verheißung meines Vaters. Ihr aber sollt in der Stadt bleiben, bis daß ihr angetan werdet mit Kraft aus der Höhe. (Lk. 24,46-49)

Wenn man nicht glaubt, daß Jesus Gottes Sohn war, was hat er dann zu bieten?

Mann oder Mythos? Göttlich oder menschlich? Messias oder bedeutender Denker, ein zweiter Buddha? Seit seinen historischen

Anfängen war das Christentum hinsichtlich vieler dieser und ähnlicher Fragen selbst gespalten. Fast von Anfang an vertraten Sekten wie die Gnostiker Auffassungen, die sie von den Ansichten der orthodoxen Kirche völlig trennten. Bald war die Kirche zu einer Bande einander bekämpfender, zankender Denker geworden, die alle ihre eigene Meinung über Leben und Tod Jesu vorbrachten. Oftmals hatten diese Auffassungen wenig mit den biblischen Berichten zu tun. Innerhalb des modernen Christentums finden noch immer erregte Auseinandersetzungen bezüglich der Frage statt, wer Jesus war und was er sagte. So hat beispielsweise eine umstrittene Gruppe heutiger Theologen mit dem sogenannten »Jesus-Seminar« große Aufmerksamkeit in den Medien auf sich gezogen; diese Leute betrachten viele der Worte Jesu als fiktiv – als Schöpfungen der Anhänger, die die Evangelien schrieben. Vor dem Jahr 1500 – selbst noch vor 500 Jahren – wären sie wohl als Ketzer aus der Kirche ausgestoßen oder auf dem Scheiterhaufen verbrannt worden. Heute tauschen sie und ihre eher traditionell eingestellten Gegner in den Medien und in den Buchläden Argumente und Gegenargumente aus.

Am anderen äußeren Ende des Spektrums gibt es jene Christen, die jedes einzelne Wort des Neuen Testaments glauben und meinen, daß jedes Wort Gottes Wahrheit sei und wörtlich befolgt werden sollte. Das kann zu einigen Schwierigkeiten führen. Die Geschichte vom traditionsverhafteten Fundamentalisten, der gern wahllos die Bibel aufschlug und genau das tat, was er las, ist schon oft erzählt worden. Als er einmal in der Bibel blätterte, stieß er auf den Satz: »Und Judas erhängte sich.« Als er umblätterte, las er: »Gehe hin und tue das gleiche.«

Mit anderen Worten: Das heutige Christentum hat eine große Spannbreite. Allein in den USA gibt es mehr als 200 Glaubensrichtungen, die sich über das gesamte theologische Spektrum erstrecken. Manche anerkennen alles, was von und über Jesus gesagt wurde als, nun ja, »Evangelium«, und manche eben nicht.

Wenn sich aber gelehrte und gläubige Christen im Grunde nicht darauf einigen können, was Jesus sagte und meinte, wie sollen dann »Gelegenheits«christen oder vollkommen Nichtgläubige sein Leben und seine Lehren betrachten? Diese Frage ist wohl noch beunruhigender für Juden, für die das Christentum wenig Gutes gebracht hat. Wie der Rabbiner Joseph Telushkin schreibt: »Wenn Jesus heute zurückkäme, würde er sich nach Meinung der meisten Juden eher in einer Synagoge als in einer Kirche heimisch fühlen ... Die meisten Aussagen, die Jesus im Neuen Testament zugeschrieben werden, stimmen mit den jüdischen Lehren überein.« (*Jewish Literacy,* S. 128)

Dennoch ist der Autor der Ansicht, daß die hebräischen Lehren den Lehren Jesu in drei Schlüsselbereichen widersprechen.

1. Vergebung der Sünden. Im Matthäusevangelium lehrt Jesus, daß er über die persönliche Autorität verfüge, Sünden zu vergeben. »Der Sohn Gottes hat die Autorität auf Erden, Sünden zu vergeben.«) Das Judentum lehrt, daß Gott die an ihm begangenen Sünden durch Sühne am Jom Kippur vergibt.
2. Die andere Wange hinhalten und die Feinde lieben. Zwar schloß die jüdische Überlieferung die Vorstellung ein, daß man seinen Nächsten lieben soll, doch einen Feind oder Verfolger zu lieben, ist etwas ganz anderes. Rabbi Telushkin zufolge befiehlt das mosaische Gesetz jedem Menschen, dem Bösen machtvollen Widerstand zu leisten. Für viele Christen ebenso wie für jüdische Gläubige bleibt das Gebot rätselhaft: Warum soll man die andere Wange hinhalten oder den Feind lieben, wenn man sich mit dem monströsen Bösen in Gestalt eines Adolf Hitlers konfrontiert sieht?
3. Jesus als der einzige Weg zur Erlösung. Im Jahre 1980 machte Bailey Smith Schlagzeilen, der Führer der Southern Baptist Convention, der größten christlichen Glaubensgemeinschaft der USA, als man seine Worte zitierte: »Gott der Allmächtige erhört das Gebet eines Juden nicht.« 1997 brachte die Southern Baptist Convention die Menschen erneut in Rage, als sie verkündete, sie strebe immer noch danach, Juden zum Christentum zu bekehren. So wie viele Christen glauben sie, daß man Gott nur auf einem Weg kennenlernen könne: indem man Jesus als persönlichen Erlöser annimmt. Diese Vorstellung, so der Rabbiner Telushkin, negiert die Lehren des hebräischen Psalms 145: »Gott ist allen nahe, die ihn anrufen.« (*Jewish Literacy,* S. 128-129)

Die Auffassung des Rabbiners Joseph Telushkin wird vom evangelischen Geistlichen Peter Gomes geteilt, der das Thema des christlichen Antisemitismus, vor allem in den Schriften des Paulus, untersucht hat. In seinem Buch *The Good Book* weist er überzeugend die Baily Smiths dieser Welt zurück: »Paulus' Argument lautet, daß das Kreuz Jesu für die Nichtjuden das bedeutet, was die Tora für die Juden ist, und daß beide Wege der Erlösung und der Gerechtigkeit vor Gott gleich sind. Mit anderen Worten: Juden müssen nicht Christen werden, um die Verheißungen zu erlangen – denn in der Tora haben sie bereits die Verheißung als Juden erhalten. Aus demselben Grund brauchen Nichtjuden keine Juden werden und dem Gesetz dienen ..., und wegen der Kreuzigung Jesu müssen sie das auch nicht. Paulus spricht sich für einen Gott aus, der sowohl Juden wie Nichtjuden einschließt ...« (S. 116f.) Trotzdem begreifen viele Christen nicht, daß Jesus Jude war. Und das waren auch seine Jünger, und das war auch Paulus. Jesus' sittlicher und moralischer Kodex war an das strenge jüdische »Gesetz« gebunden, wobei einige seiner Lehren, zum Beispiel die über die Ehescheidung, nicht strenger als das jüdische »Gesetz« waren. Daß er einige Pharisäer als »Heuchler« verurteilte, bedeutet keine pauschale Zurückweisung der eigenen religiösen Herkunft. Jesus predigte oft, daß das geistige Leben wichtiger sei als der bloße Gehorsam gegenüber einer sorgfältig ausgearbeiteten Sammlung von Bestimmungen und Gesetzen. Jesus sagte: »Was aber aus dem Munde herauskommt, das kommt aus dem Herzen, und das macht den Menschen unrein.« In diesen Worten hat man eine Zurückweisung der strikten Ernährungsvorschriften erblickt. Jesus ging es aber mehr um eine innere spirituelle Heiligkeit als um eine äußere, symbolische Reinheit. Bei mehreren Anlässen brach er die Sabbatvorschrift, indem er am Sabbat heilte. Er zitierte die Propheten, als er sagte, Gott ziehe das »Erbarmen dem Opfer« vor, und das heißt, daß die Ideale Gerechtigkeit, Wohltätigkeit, Vergebung und die Liebe zum Nächsten eine viel größere Bedeutung haben, als wenn man sich aus Gewohnheit an die Vorschriften und Gesetze hält und dennoch Unrechtes tut.

Viele haben versucht, die Lehren Jesu auf eine Handvoll geläufiger Aphorismen und wohlfeiler frommer Schlagworte zu reduzieren – auf eine Art »idiotensicheren Leitfaden zur Erlösung«. Aber damit machen wir es uns zu leicht. Jesus erhöhte die Bedeutung der Vergebung. Seine Lehren über das Erbarmen und die soziale Gerechtigkeit richten sich an uns alle. In einer denkwürdigen Passage erklärt er: Wann immer irgendwer den Hungrigen zu essen oder den Nackten Kleider gibt oder die Kranken besucht – er tut es zugleich für Jesus selbst. In einem seiner vielen Kommentare über das »Königreich Gottes« heißt es, es sei in jedem Menschen. Das ist ein einfacher und tiefer Gedanke, der all den Kirchen und Kathredalen der Welt ein wenig von ihrer Macht und Herrlichkeit nimmt.

Doch als man Jesus fragte, welches das bedeutendste der Gebote sei, antwortete er als strenggläubiger Jude mit dem großen Gebot: »Du sollst Gott, deinem Herrn dienen und von ganzem Herzen und mit ganzer Seele und mit ganzem Verstand lieben.« Und dann fügte er ein zweites Gebot hinzu: »Du sollst deinen Nächsten lieben wie dich selbst. An diesen zwei Geboten hängt das ganze Gesetz und die Propheten.«

Stimmen der Bibel
Es sind auch viele andere Dinge, die Jesus getan hat. Wenn sie aber sollten eins nach dem andern geschrieben werden, achte ich, die Welt würde die Bücher nicht fassen, die zu schreiben wären. (Joh. 21,24)

MEILENSTEINE IN DER ZEIT DER BIBEL VI
Die frühe Kirche

Ca. 37: Der erste christliche Märtyrer, Stephanus, ein jüdischer Anhänger Jesu, wird wegen Gotteslästerung zu Tode gesteinigt. Unter den Anwesenden ist ein Pharisäer namens Saulus.

41: Nach einer despotischen elfjährigen Regierungszeit wird Caligula ermordet. Nachfolger wird der verkrüppelte Neffe des Tiberius, der Rom unter dem Namen Claudius regiert.

42:	König Herodes Antipas von Judäa befiehlt den Tod des Apostels Jakobus, Sohn des Zebedäus, des ersten der ursprünglichen zwölf Jünger, der den Märtyrertod stirbt.
Ca. 45:	Saulus/Paulus begibt sich auf seine Missionsreisen.
47:	In Antiochia in Syrien, Heimat einer der frühesten Kirchen, wird das Wort »christlich« geprägt.
49:	Kaiser Claudius weist die jüdischen Christen aus Rom.
54:	Claudius wird auf Befehl der Kaiserin Agrippina ermordet. Ihr sechzehnjähriger Sohn regiert als Kaiser Nero das römische Imperium.
54/58?:	Paulus schreibt seine »Briefe an die Korinther«.
58:	Paulus wird festgenommen.
62:	Paulus wird in Rom unter Hausarrest gestellt, darf danach jedoch seine Reisen wieder aufnehmen.
64:	Der »Große Brand »in Rom zerstört einen großen Teil der Stadt. Nero schiebt die Schuld an der Katastrophe den Christen zu und beginnt die erste offizielle systematische Christenverfolgung.
Ca. 65?:	Das Evangelium des Markus wird abgefaßt.
68:	Kaiser Nero begeht Selbstmord; damit enden 128 Jahre der Herrscherlinie, die Rom seit Julius Caesar regiert hat.
69:	Der römische General Vespasian belagert Jerusalem. Nach einem Staatsstreich römischer Generäle wird er zum Kaiser gekrönt.
70:	Jerusalem wird erobert; der Tempel, der sechs Jahre zuvor fertiggestellt wurde, wird zerstört. Übrig bleibt nur die Mauer, die heute als die »Klagemauer« berühmt ist.
73:	Die Belagerung der Festung Masada nahe dem Toten Meer endet, als die römischen Soldaten in die jüdische Festung eindringen und die jüdischen Verteidiger tot vorfinden, die wahrscheinlich Selbstmord begangen haben.
79:	Der Vesuv nahe der Bucht von Neapel bricht aus, Tausende Menschen kommen ums Leben.
84/85?:	Abfassung des Matthäus- und des Lukasevangeliums.
96:	Der Kaiser Domitian wird erdolcht; sein Nachfolger ist Nerva.
98:	Nerva stirbt plötzlich, Nachfolger wird sein Adoptivsohn, der 19 Jahre lang als Kaiser Trajan regieren wird.
Ca. 100?:	Niederschrift des Evangeliums nach Johannes.
•	In der Offenbarung des Johannes, dem letzten Buch in der Bibel, schreibt der christliche Prophet Johannes in bildhaften Formulierungen über »Babylon«, meint damit aber Rom.

JESUS KOMMT – MACHT EINEN BESCHÄFTIGTEN EINDRUCK!

DIE APOSTELGESCHICHTE DES LUKAS

Lasset euch erretten aus diesem verkehrten Geschlecht.
(Apg. 2,40)

- Wie überbringt man den Menschen die »Frohe Botschaft«, wenn man ihre Sprache nicht spricht?

- Was geschieht, wenn man keine Kirchensteuer zahlt?

- Warum wurde Stephanus gesteinigt?

- War der Apostel Paulus ein chauvinistischer, frauen- und homosexuellenfeindlicher Mann?

Kein Jesus mehr. Judas war tot. Die elf Jünger, die nach der Verhaftung ihres Herrn wie die Fliegen vor einer Fliegenklatsche davonstoben, waren wahrscheinlich zu Tode erschrocken. Sie müssen jeden Augenblick mit einem Klopfen an der Tür gerechnet haben. Entweder rechneten sie nämlich mit Jesus, der zurückkam, oder mit römischen Soldaten, die vorbeischauten, um sie abzuholen. Wie dem auch sei – sie müssen angsterfüllt gedacht haben: »Und nun?«

Die Anfänge der christlichen Kirche ähnelten nicht irgendwelchen lustigen Hollywoodfilmen, in dem die Schauspieler sagen: »Kommt, wir ziehen mal eine Schau ab.« Die ersten Anhänger Jesu sahen sich mit Verfolgung und Tod konfrontiert, herbeigeführt entweder durch die jüdischen Behörden oder die mächtigste Regierung der Welt. Ihre Geschichte, die in der Apostelgeschichte des Lukas fortgeschrieben wird, behandelt die dreißig Jahre, die ungefähr den Regierungszeiten der berüchtigten römischen Kaiser Caligula, Claudius und Nero entsprechen. Wer Geschmack an der düsteren Seite der Bibel findet, für den ist diese neutestamentliche Erzählung noch recht zahm. In dieser Zeit, in der die Römer das Wort »dekadent« erfanden, verblassen die Geschichten in der Apostelgeschichte neben den »spritzigeren« Details früherer Bibelgeschichten. Gewiß, es kommen darin einige Wunder, ein Ausbruch aus dem Gefängnis, eine Steinigung, eine Schiffskatastrophe sowie der Tod eines Paares vor, das der Kirche ihr versprochenes Steuersoll vorenthält. Doch während Kaiser Nero nicht bloß »fidelte« – tatsächlich spielte er Zither –, vergeudeten die ersten Christen viel Zeit mit Debatten über Themen wie koscheres Essen und Beschneidung. Andererseits beklagten sich viele Mitglieder der Frühkirche über »Unzucht und Hurerei«. In der Apostelgeschichte werden die »pikanteren« Einzelheiten jedoch ausgelassen, und es fehlt auch die Darstellung sexueller und gewalttätiger Akte, die das Alte Testament zuweilen zu einer packenden Lektüre macht.

Der Verfasser des Lukasevangeliums schrieb auch die Apostelgeschichte. Er beginnt die Geschichte mit Jesu Himmelfahrt und erzählt sie weiter bis zur Gründung der christlichen Gemeinden im

Mittelmeerraum. Obgleich in der Apostelgeschichte viele der Gestalten des frühen Christentums vorkommen, darunter auch der erste Märtyrer, Stephanus, so ist das Buch strenggenommen eine »Zwei-Mann«-Show. Als erstes tritt Simon Petrus (oder Kefas) in den Vordergrund, dem Jesus den Beinamen »der Fels« verliehen hatte, weil er das Fundament legen sollte, auf dem die Kirche ruhte. Dabei wird vorwiegend geschildert, wie Petrus unter seinen Glaubensbrüdern predigt, aber er hält auch vor Nichtjuden Predigten. Die jüdischen Anhänger Jesu, die noch nicht Christen hießen, nannten sich selbst die Leute des »Weges«. Dann tritt Saulus/Paulus ins Rampenlicht, der zum führenden Fürsprecher der Botschaft Jesu in der nichtjüdischen Welt des 1. Jahrhunderts wurde.

Zwar meinen manche heutige Christen, die frühen Christen seien eine große, glückliche Familie gewesen, deren Angehörige ihre Aktivitäten aufeinander abstimmten, um den Glauben verbreiten zu können, doch befaßt sich die Apostelgeschichte und das übrige Neue Testament zu einem nicht geringen Teil mit den Spannungen und Rivalitäten zwischen zwei Gruppierungen. Die jüdischen Anhänger Jesu zogen es zunächst vor, Juden zu bleiben und ihre Gesetze und Traditionen zu bewahren. Denn sie meinten, daß jeder, der Jesus folgen wollte, zuerst zum Judentum übertreten müsse. Ihnen standen diejenigen gegenüber, wie etwa der Missionar Paulus, der die »frohe Botschaft« in die nichtjüdische Welt bringen wollte, und scharf mit dem jüdischen Gesetz brach. Der Konflikt zwischen diesen beiden Gruppen, der erste von zahlreichen Auseinandersetzungen im Frühchristentum, führte im Jahr 49 v. Chr. in Jerusalem zu einem Konzil der Apostel, das in der Apostelgeschichte beschrieben wird. Weil Petrus zustimmte, daß die Botschaft in die nichtjüdische Welt hinausgetragen werden sollte, akzeptierte dieser Rat, daß Nichtjuden, die Jesus folgen wollten, die strengen Forderungen des jüdischen Glaubens, wie beispielsweise die meisten Ernährungsvorschriften und die Beschneidung, nicht befolgen müßten. Jakobus, in der Apostelgeschichte als der Bruder des Jesus erwähnt, übernimmt nun eine Führungsposition und akzeptiert ebenfalls diese Vereinbarung.

Mit anderen Worten: Ihr Christen, es gibt einige wirklich gute Nachrichten! Ihr dürft Hamburger und Cola essen. Und wegen dieses kleinen, unangenehmen chirurgischen Eingriffs braucht ihr euch auch keine Sorgen zu machen.

Der Überlieferung zufolge wurden das Lukasevangelium und die Apostelgeschichte von einem Reisegefährten des Paulus geschrieben. Die derzeit verbreitetste Ansicht lautet, daß der Autor in Wirklichkeit kein Gefährte von Paulus war, sondern ein Christ aus späterer Zeit, der Zugang zu einem »Tagebuch« besaß, das tatsächlich ein Reisegefährte des Paulus verfaßte. Weil Paulus' Hinrichtung nicht erwähnt wird – vermutlich fand sie irgendwann Ende der sechziger Jahre statt –, haben Fachleute die Auffassung vertreten, daß die Apostelgeschichte vor Paulus' Tod geschrieben wurde. Aber das Buch muß später als das Lukasevangelium geschrieben worden sein, das wiederum mit großer Sicherheit nach dem Markusevangelium entstand. Entsprechend werden beide Bücher des Lukas irgendwann auf die Zeit zwischen 80 und 100 n. Chr. datiert.

Stimmen der Bibel
Da kam plötzlich vom Himmel her ein Brausen, wie wenn ein heftiger Sturm daherfährt, und erfüllte das ganze Haus, in dem sie waren. Und es erschienen ihnen Zungen wie von Feuer, die sich verteilten; auf jeden von ihnen ließ sich eine nieder. Alle wurden mit dem Heiligen Geist erfüllt und begannen, in fremden Sprachen zu reden, wie es der Geist ihnen eingab. In Jerusalem aber wohnten Juden, fromme Männer aus allen Völkern unter dem Himmel. Als sich das Getöse erhob, strömte die Menge zusammen und war ganz bestürzt; denn jeder hörte sie in seiner Sprache reden. Sie gerieten außer sich vor Staunen und sagten: Sind das nicht alles Galiläer, die hier reden? Wieso kann sie jeder von uns in seiner Muttersprache hören: Parther, Meder und Elamiter, Bewohner von Mesopotamien, Judäa und Kappadozien, von Pontus und der Provinz Asien, von Phrygien und Pamphylien, von Ägypten und dem Gebiet Libyens nach Zyrene hin, auch die Römer, die sich hier aufhalten, Juden und Proselyten, Kreter und Araber, wir hören sie in unseren Sprachen Gottes große Taten verkünden. Alle gerieten außer sich und waren ratlos. Die einen sagten zueinander: Was hat das zu bedeuten? Andere aber spotteten: Sie sind vom süßen Wein betrunken. (Apg. 2,2-12 NJB)

Wie überbringt man den Menschen die »Frohe Botschaft«, wenn man ihre Sprache nicht spricht?

Die Jünger und ihre Anhänger hatten einen durchschnittlichen Tag zu Hause verbracht. Sie saßen herum, als plötzlich »Feuerzungen« jeden einzelnen von ihnen berührten. Sie begannen, in fremden Sprachen zu sprechen. Manche, die sie sahen, hielten sie für betrunken. Das war die Ankunft des Heiligen Geistes, die Jesus verheißen hatte: eine Art Umkehrung der Szene vom Turmbau zu Babel, da die Jünger nun losgehen und das Wort in der ganzen Welt verbreiten konnten. Für Christen bedeutet dies »die Geburt der Kirche« zu Pfingsten. Doch mag es viele überraschen, daß auch das Pfingstfest der Christen mit einem jüdischen Feiertag zusammenhängt – und dies beweist einmal mehr die große Nähe zwischen den beiden Glaubensrichtungen. Den späteren Namen Pfingsten, der sich aus dem griechischen Wort »fünfzigster« entwickelt hat, verwendet man, um das hebräische »Wochenfest« (hebr. *chaq schawuoth*) zu beschreiben, das fünfzig Tage nach dem Passahfest beginnt. An diesem Tag fand ursprünglich ein Erntedankfest statt, mit dem man die Getreideernte feierte und das in späterer Zeit die Übergabe der Tora an Mose auf dem Berg Sinai symbolisierte. Die Christen feiern das Fest heute am fünfzigsten Tag nach Ostern zum Gedächtnis an die Herabkunft des Heiligen Geistes auf die Apostel.

Im Anschluß an dieses wundersame Geschehen waren die Jünger Apostel geworden, die den Auftrag hatten, die Botschaft in die Welt hinauszutragen. Petrus und die übrigen begannen, furchtlos über Jesus, den Messias, zu predigen. An einem einzigen Tag, so heißt es, wurden nach einer Rede des Petrus dreitausend Menschen bekehrt. Jetzt, da sie vom Heiligen Geist erfüllt sind, beginnen sie zu heilen und Wunder zu tun. Petrus ist schon imstande zu heilen, wenn nur sein Schatten auf die Kranken fällt; er erweckt sogar eine Frau namens Tabita (Tabea) wieder zum Leben.

Die christliche Überlieferung des »Zungenredens« ist aus diesem ersten Pfingsten hervorgegangen – das Wort bedeutet im allgemeinen, daß man unverständliche, ekstatische Reden hält, und nicht, daß man in einer Fremdsprache spricht. Im heutigen Christentum sind »Pfingst«gemeinden in der Regel fundamentalistische protestantische Religionsgemeinschaften, die großen Wert darauf legen, daß man im heiligen Geist »neu geboren wird«. Ihre Gottesdienste schließen in der Regel die »Heilung durch den Glauben«, das »Handauflegen« und das »Zungenreden« ein. Obwohl viele der großen christlichen Kirchen diese Bräuche im Laufe der Jahre aufgegeben haben, hat der jüngste Erfolg der Pfingstgemeinden, deren Mitglieder man früher als »ekstatische Frömmler« und Scharlatane abtat, zu einer ersten Anerkennung der sogenannten »charismatischen« Bewegung innerhalb der traditionellen und etablierten christlichen Kirchen geführt.

Was geschieht, wenn man keine Kirchensteuer zahlt?

Die Berichte in der Apostelgeschichte zeigen, wie sich die Kirche der Frühzeit als »kommunistische« Gesellschaft herausbildete, in der die Mitglieder ihren Besitz untereinander teilten. Die christliche Gemeinschaft jener Tage wird beschrieben, als lebte sie in utopischer Harmonie miteinander, auch wenn ihre Angehörigen noch nicht als »Christen« bezeichnet werden. Um Judas als einen der zwölf Jünger zu ersetzen, wählte man einen jungen Mann namens Matthias. Der Gruppe schlossen sich immer mehr Menschen an, man traf kollektiv wichtige Entscheidungen und genoß den gemeinsamen Besitz an Gütern. So lieferten die frühen Christen in Jerusalem ein praktisches Vorbild für die heutigen Kibbuzim in Israel. Allerdings funktionierte diese utopische Idee nicht immer reibungslos. Jesu Forderung, nämlich alle Besitztümer zu verkaufen und die Gewinne für das Gemeinwohl oder die Armenhilfe zu stiften, wurde in der frühen Gemeinschaft der Anhänger Jesu zweifellos praktiziert. So verkaufte beispielsweise ein tugendhafter Bekehrter namens Barnabas sein Feld und schenkte alles, was er besaß, den Aposteln. Andererseits gab es auch Personen wie Hananias und Sapphira. Das Ehepaar war übereingekommen, ein Grundstück zu verkaufen, aber Hananias hielt einen Teil des Erlöses aus dem Immobiliengeschäft zurück, und zwar »mit Einverständnis seiner Frau«. Als Petrus Hananias fragt, wie er es wagen könne, den heiligen Geist anzulügen, fällt Hananias tot um. Drei Stunden später stellt er die gleiche Frage Sapphira, die nicht weiß, was geschehen ist. Als sie lügt, stürzt auch sie tot zu Boden. Die Geschichte endet mit einem bedrohlichen Hinweis an alle, die ihre Kirchensteuer nicht bezahlt haben. »Da kam große Furcht über die ganze Gemeinde und über alle, die davon hörten.« (Apg. 5,11 NJB)

Es stimmt aber doch recht betrüblich, wenn man darüber nachdenkt, daß die Kirche aufgrund des guten Willens ihrer Angehörigen gedieh, dann aber Furcht an die Stelle von Großmut und Großzügigkeit trat.

Stimmen der Bibel
Ihr Halsstarrigen und Unbeschnittenen an Herzen und Ohren, ihr widerstrebet allezeit dem heiligen Geist, wie eure Väter so auch ihr. Welchen Propheten haben eure Väter nicht verfolgt? Und sie haben getötet, die da zuvor verkündigten das Kommen des Gerechten, dessen Verräter und Mörder ihr nun geworden seid. Ihr habt das Gesetz empfangen durch der Engel Dienste und habt's doch nicht gehalten.

Als sie solches hörten, ging's ihnen durchs Herz und sie knirschten mit den Zähnen über ihn [Stephanus] ... Sie ... stießen ihn zur Stadt hinaus und steinigten ihn. Und die Zeugen legten ab ihre Kleider zu den Füßen eines Jünglings, der hieß Saulus. (Apg. 7,51-58)

Warum wurde Stephanus gesteinigt?

Zu den ersten Mitgliedern der zunehmenden Anhängerschaft Jesu gehörte Stephanus, der vom Sanhedrin, dem jüdischen Hohen Rat, wegen Gotteslästerung vor Gericht gestellt wurde. In einer scharfen Anklage gegen das Volk Israel, das Gott den Gehorsam verweigerte, beschuldigte Stephanus den Rat, sich Gott und dem

Heiligen Geist zu widersetzen. Der Rat war der Ansicht, Stephanus spreche sich gegen den Tempel aus, da er sagte, Gott »der Höchste« werde nicht in den Häusern wohnen, die von Menschenhand geschaffen wurden. Stephanus wurde aus dem Gerichtssaal gebracht und vom Pöbel gesteinigt. Doch mit seinen letzten Worten vergab er seinen Mördern. Seine Tötung löste zahlreiche Verfolgungen der Anhänger Jesu in Jerusalem aus und bewirkte, daß viele in die nahegelegenen Städte nach Syrien flohen, wo die frühe Kirche zu gedeihen begann. Um diese Anhänger Jesu, nun »der Weg« genannt, in Städten wie Damaskus zu verfolgen, entsandte man einen eifernden Pharisäer namens Paulus, der weitere dieser »abtrünnigen« Juden aufspüren und festnehmen sollte.

Stimmen der Bibel
Saulus aber schnaubte noch mit Drohen und Morden wider die Jünger des Herrn und ging zum Hohenpriester und bat ihn um Briefe nach Damaskus an die Synagogen, auf daß, wenn er etliche von der neuen Lehre fände, Männer und Frauen, er sie gebunden führte nach Jerusalem. Und als er auf dem Wege war und nahe an Damaskus kam, umleuchtete ihn plötzlich ein Licht vom Himmel; und er fiel auf die Erde und hörte eine Stimme, die sprach zu ihm: Saul, Saul, was verfolgst du mich. (Apg. 9,1-4)

Barnabas aber zog nach Tarsus, um Saulus aufzusuchen. Er fand ihn und nahm ihn nach Antiochia mit. Dort wirkten sie miteinander ein volles Jahr in der Gemeinde und unterrichteten eine große Zahl von Menschen. In Antiochia nannte man die Jünger zum erstenmal Christen. (Apg. 11,25-26 NJB)

War der Apostel Paulus ein chauvinistischer, frauen- und homosexuellenfeindlicher Mann?

Für die meisten Christen ist Jesus das Herzstück, die einzige Gestalt, der sie Treue und Glauben schulden. Auch wenn einige Taten und Reden Jesu diese Menschen verwirren, so glauben sie doch an sein Leben, seinen Tod, seine Auferstehung und seine Vision vom Königreich Gottes.

Ein wenig umstrittener ist, zumal in jüngster Zeit, die Gestalt des Paulus. Ob man ihn nun den Apostel oder den heiligen Paulus nennt – dieser Mann, »von kleiner Statur, auf dem Kopf dünn behaart, mit gebogenen Beinen, von guter körperlicher Konstitution, mit zusammengewachsenen Augenbrauen und etwas gebogener Nase, voller Charme«, wie er einmal beschrieben wird, war weitgehend für die Schaffung der christlichen Kirche verantwortlich. Indem er viele der Regeln für den christlichen Gottesdienst und das christliche Leben festlegte, vertrat er auch Anschauungen, die, besonders im heutigen Zusammenhang, für einige Christen schwer hinzunehmen sind. Vor allem seine Ansichten über Frauen, Sexualität und seine Mitjuden hat man scharf unter die Lupe genommen.

Paulus erscheint in der Apostelgeschichte erstmals unter dem Namen Saulus, benannt nach dem altisraelitischen König; Saulus sieht den Menschen zu, die Stephanus steinigten, und die Kleider des Stephanus werden Saulus zu Füßen gelegt. Der junge Saulus, ein Pharisäer aus Tarsus in Kleinasien, begab sich nach Jerusalem, um beim hochgeschätzten Rabbi Gamaliel zu studieren, dem Enkel des legendären Rabbiners Hillel, dem bekanntesten pharisäischen Rabbiner des ersten Jahrhunderts. Nachdem Saulus vom Hohenpriester die Genehmigung erhalten hat, die Anhänger des Weges in Damaskus wegen Gotteslästerung festzunehmen, hat er eine Bekehrungsvision, die in ihm einen dramatischen Sinneswandel auslöst und er seinen Namen wechselt: Er nimmt den lateinischen Namen Paulus an. Nach seiner Taufe beginnt Paulus, das Evangelium Jesu zu predigen und wird dadurch selbst zur Zielscheibe der Verfolgung durch die jüdischen Kirchenbehörden. In Damaskus muß man ihn in einem Korb aus einem Fenster abseilen, damit er den Soldaten entkommen kann, die entsandt worden sind, um ihn festzunehmen oder gar zu töten.

Weil Paulus ein solch unerbittlicher Feind der frühen Christen gewesen war, akzeptierten ihn die anderen Christen in Jerusalem nicht sofort. Doch war er zweifellos ein leidenschaftlicher Prediger, und wo immer ihn die Kirchenführer zum Predigen hinschickten, hatte er Erfolg. Fast im Nu entstand jedoch ein Konflikt zwischen Paulus und den Mitgliedern des Weges, die glaubten, daß nichtjüdische Bekehrte dem jüdischen Gesetz Folge zu leisten hätten. Auf einem Konzil in Jerusalem im Jahr 49 n. Chr. kamen die Apostel und die Kirchen»ältesten« überein, daß Nichtjuden sich weder beschneiden lassen noch die Ernährungsvorschriften befolgen müßten, um Christen werden zu können. Petrus selbst hatte die Mission bereits auf Nichtjuden ausgeweitet, als er von einem Traum berichtete, in dem ein großes Tuch voller »unreiner« Tiere vom Himmel herabkam. Eine Stimme habe ihm gesagt, zu töten und zu essen. In der Bibel sagt die Stimme zu Petrus: »Was Gott für rein erklärt hat, das nenne du nicht unrein.« Jesu Bruder Jakobus spricht sich für einen Kompromiß aus, der Nichtjuden die Möglichkeit eröffnet, zum Christentum zu konvertieren, und schließlich wird Paulus nach Antiochia zurückgeschickt, damit er weiter das Wort verbreiten kann.

Hätte Paulus doch damals nur ein »Frequent-flyer«-Flugticket gehabt! Im Laufe der nächsten zehn Jahre unternahm er drei große Missionsreisen, wobei er das ausgezeichnete Verkehrssystem nutzte, das die Römer im gesamten Mittelmeerraum gebaut hatten. Zwar hatte man die Straßen gebaut, damit sich die römischen Heere rascher fortbewegen und die Händler effizienter reisen konnten, doch trugen sie auch zur Verbreitung der christlichen Botschaft bei.

Seine erste Reise, ungefähr um 47/48 n. Chr., führte Paulus nach Zypern und durch Anatolien (in der heutigen Türkei), ehe er nach Antiochia (Syrien) zurückkehrte, eine der größten Städte im römischen Reich. Seine zweite Reise war noch beschwerlicher. Nachdem er Anatolien wieder durchquert hatte, gelangte er auf dem Seeweg nach Mazedonien und Griechenland, bis er schließlich Athen erreichte. Auf der dritten Missionsreise reiste er erneut durch Anatolien, wobei er einen Zwischenstopp in Ephesus an der ägäischen Küste einlegte. Ephesus war eine wichtige Hafenstadt, zudem war dort ein bedeutender Kult beheimatet, in dem die griechische Fruchtbarkeitsgöttin Artemis (römisches Gegenstück: Diana) verehrt wurde. Der Artemis-Tempel galt als eines der Weltwunder der Antike. Die örtliche Metallarbeitergewerkschaft nahm Paulus' Vorschlag, die Götzenanbetung zu unterlassen, gar nicht freundlich auf, und seine Predigten führten zu Unruhen in Ephesus. Er entkam und segelte nach Griechenland.

Nach dieser dritten Reise kehrte Paulus nach Jerusalem zurück, wo er von jüdischen Behörden verfolgt wurde, weil er versucht hatte, Menschen dazu zu bewegen, das jüdische Gesetz zu brechen. Nachdem ihn eine wütende Menge beinahe gelyncht hätte, weil er angeblich den Tempel entweiht hatte, wurde er durch eintreffende römische Soldaten gerettet. Da Paulus römischer Staatsbürger war, gelangte Paulus vor ein römisches Gericht, das ihn zu einer zweijährigen Haftstrafe verurteilte. Im Jahr 60 n. Chr. gewährte man ihm das Recht, seinen Fall dem Kaiser vorzutragen, auch wenn die Idee ein wenig irrsinnig zu sein schien, vor dem wüst antichristlich eingestellten Nero Berufung einzulegen. Also segelte er nach Rom, aber sein Schiff geriet in einen Sturm, wobei er selbst wie durch ein Wunder überlebte. Als ihn bei seiner Ankunft auf der Insel Malta eine Schlange biß, kam er abermals auf wundersame Weise unverletzt davon, und nachdem er an der Küste Maltas Schiffbruch erlitten hatte, begab er sich nach Italien. Die Apostelgeschichte endet damit, daß Paulus in Rom, der Hauptstadt des römischen Weltreichs, unter eine milde Form von Hausarrest gestellt wird und wie er in dieser Zeit das Evangelium predigt und Briefe an die von ihm gegründeten Kirchen schreibt. Die Apostelgeschichte berichtet weder weiteres über Paulus' Berufungsklage noch über sein Schicksal – oder das des Petrus. Beide verschwinden schließlich ohne weitere Informationen aus dem biblischen Bericht. Sogar die Umstände, unter denen Petrus nach Rom kam, sind ungewiß. Nach einer recht verläßlichen Überlieferung, vor allem hinsichtlich Petrus, starben beide Apostel den Märtyrertod während der Christenverfolgung unter Kaiser Nero nach dem Großen Brand in Rom 64 n. Chr.

Die römischen Behörden haßten die Christen, weil sie nicht bereit waren, die Göttlichkeit des Kaisers anzuerkennen, und deshalb erwiesen sie sich bald als attraktive Zielscheibe für Neros abartige Lust, den Bürgern Roms große Spektakel zu bieten. In seinem Buch *The First Century* schildert William Klingaman, in was für einer Atmosphäre Paulus und seine Glaubensbrüder und -schwestern lebten: »Die Christen wurden verhaftet und gefoltert, bis sie die Namen ihrer Brüder preisgaben; diese wurden dann gekreuzigt oder wie wilde Tiere gekleidet und im Colloseum von Hunden in Stücke gerissen. Neros Grausamkeit und Sadismus offenbarten sich jedoch erst völlig, als er zahllose Anhänger Christi auf Staketen aufspießen und dann als menschliche Fackeln, die die Stadt bei Nacht erhellen sollten, bei lebendigem Leibe verbrennen ließ.« (S. 301).

Es heißt, Paulus sei im Jahr 64 n. Chr. den Märtyrertod gestorben. Christliche Erzählungen aus späterer Zeit berichten, er sei hingerichtet worden, wobei er gebetet habe, man möge ihn auf dem Kopf stehend kreuzigen, da er unwürdig sei, das gleiche Schicksal zu erleiden wie Jesus.

Die Theologie des Paulus hat großen Einfluß auf die spätere Theologie ausgeübt, zunächst im römischen Katholizismus und später dann, nach der Reformation, in allen protestantischen Kirchen. Paulus hat viele der Schuldzuweisungen hinsichtlich des herkömmlichen Sexismus der Kirche auf sich gezogen. Zweimal in seinen Briefen ermahnt er die Frauen, in der Kirche still zu sein. Im ersten Brief an die Korinther schreibt er, daß »die Frauen in den Gemeindeversammlungen schweigen sollen«. Doch schreibt er im selben Brief auch: »Denn wie die Frau vom Mann, so kommt auch der Mann durch die Frau; aber alles von Gott.« In einem weniger strengen Ton spricht er sich dafür aus, daß Frauen in der Kirche eine Kopfbeckung tragen sollen. Es fällt schwer, diese Ansichten mit seiner Aussage in Übereinstimmung zu bringen, nach der es in Jesus »weder Mann noch Frau« gab. Er scheint sowohl das eine als auch das andere haben zu wollen. Doch bei der Einschätzung des Paulus gilt es, zwei wichtige Punkte in Erinnerung behalten.

Zum einen waren die frühchristlichen Gemeinden und er selbst von dem Engagement heldenhafter Frauen abhängig, die mithalfen, die Kirche am Leben zu erhalten, indem sie ihre Häuser als Kirchen öffneten, predigten und den materiellen Komfort, wie beispielsweise das »täglich Brot«, lieferten, das jeder gute Apostel brauchte. Die Namen Lydia, Phoebe und Priscilla sind zwar nicht so bekannt wie die des Petrus oder Paulus, doch waren diese Frauen im Gemeindeleben der Frühkirche zentrale, handelnde Personen, ebenso wie es einige der Heldinnen der hebräischen Schrift in alttestamentlicher Zeit gewesen waren. Von Lydia heißt es in der Apostelgeschichte, daß sie zu den ersten gehörte, die Paulus bekehrte, und daß sie ihr Zuhause für Paulus öffnete, wodurch sie im Grunde eine frühe »Kirche« gründete. Im Römerbrief wird Phoebe als »Dekanin« bezeichnet, und Paulus sagt, »auch sie hat vielen beigestanden, auch mir selbst«. Prisca oder Priscilla ist darüber hinaus eine hochangesehene Predigerin. Nachdem man sie wegen ihrer Aktivitäten aus Rom vertrieben hatte, gründete sie in Ephesus eine Gemeinde. Tatsächlich wird Priscilla im Römerbrief die Ehre zuerkannt, daß sie ihr Leben aufs Spiel setzte, um Paulus das Leben zu retten.

Zum anderen ist es wichtig, das historische Umfeld in Betracht zu ziehen. Paulus schrieb in einer besonderen Zeit und an einem besonderen Ort. Jeder Bibelleser sollte die Rolle der Frau im 1. Jahrhundert vor Augen haben, ebenso wie man bei der Einschätzung der früheren hebräischen Schriften und der Behandlung der Frauen jener Zeit die antiken Bräuche mit bedenken muß. Peter Gomes schreibt hierzu sehr treffend: »In den drei Welten – der jüdischen, der griechischen und der römischen –, in denen Paulus Bürger war, wurden die sozialen Rollen vom Prinzip der Unterordnung diktiert. Was die Stellung der Frauen betrifft, spiegelt sich in seinen Lehren die Moralauffassung seiner damaligen Zeit, doch sind sie für unsere heutige Zeit, in die solche Moralvorstellungen nicht mehr passen, ebensowenig von Bedeutung, wie beispielsweise die Maßstäbe für Kleidung, gesellschaftliche Umgangsformen oder Ernährungsvorschriften des 1. Jahrhunderts. Paulus ist ein sozialer und politischer Konservativer ... Deshalb sollten wir ihn, seine sozialen Lehren sowie all jene, die sich seiner Lehre anschließen ... aus der Zeit verstehen, als Schriften, die innerhalb der gesellschaftlichen Grundannahmen der damaligen Zeit entstanden.« (*The Good Book*, S. 139)

Was Paulus' Ansichten über die Homosexualität betrifft, die er in seinem Brief an die Römer verdammt, bringt Gomes, selbst homosexuell, ein ähnliches Argument vor: »Die Homosexualität, die Paulus kannte und auf die er sich in seinen Briefen ... bezieht, hängt mit Päderastie und männlicher Prostitution zusammen, wobei er insbesondere diejenigen heterosexuellen Männer und Frauen verdammt, die homosexuelle Praktiken ausüben. So gut wie unbekannt ist Paulus hingegen die Vorstellung von einer homosexuellen Natur, das heißt ... von etwas, das sich der freien Entscheidung entzieht und nicht zwangsläufig von Lust, Gier, Vergötterung oder Ausbeutung gekennzeichnet ist ... Paulus kannte lediglich die zügellose heidnische Ausdrucksform der Homosexualität. Man sollte ihn zwar nicht wegen dieser fehlenden Kenntnis verdammen, doch sollte man sie auch nicht als Ausrede für unsere eigene Unwissenheit anführen.« (*The Good Book,* S. 158).

Stimmen der Bibel
Ihr Männer von Athen, ich sehe, daß ihr in allen Stücken gar sehr die Götter fürchtet. Ich bin umhergegangen und habe gesehen eure Heiligtümer und fand einen Altar, darauf war geschrieben: Dem unbekannten Gott. Nun verkündige ich euch, was ihr unwissend verehrt. Gott, der die Welt gemacht hat und alles, was darinnen ist, er, der ein Herr ist des Himmels und der Erde, wohnt nicht in Tempeln mit Händen gemacht; auch läßt er sich nicht von Menschenhänden dienen, als bedürfe er jemandes, da er doch selber jedermann Leben und Odem und alles gibt. Und er hat gemacht, daß von Einem aller Menschen Geschlechter stammen, die auf dem ganzen Erdboden wohnen, und hat bestimmt, wie lange und wie weit sie wohnen sollen, damit sie Gott suchen sollten, ob sie wohl ihn fühlen und finden möchten; und fürwahr, er ist nicht ferne von einem jeglichen unter uns. (Apg. 17,22-27)

DIE POST IST DA!

DIE BRIEFE DES PAULUS

Wenn ich mit Menschen- und mit Engelzungen redete und hätte der Liebe nicht, so wäre ich ein tönend Erz oder eine klingende Schelle.
(1. Kor. 13,1)

Da es ihnen an hilfreichen Büchern oder feststehenden Ritualen mangelte, waren die Frühchristen darauf angewiesen, zu improvisieren, von »Mund-zu-Mund-Propaganda« zu leben und Gottesdienste abzuhalten. Bedenken Sie: Als Paulus seine Rundreisen unternahm und neue Gemeinden gründete, gab es noch keine Evangelien. Bevor die Evangelien geschrieben wurden und später, im 1. Jahrhundert, in Umlauf waren, konnte man ausschließlich durch Briefe, auch »Sendschreiben« genannt, »mit anderen Menschen in Kontakt kommen«. Das griechische Wort *epistello,* für »jmd. mit etwas beauftragen«, das mit dem Ausdruck »Brief« und »Sendschreiben« übersetzt wurde, bezeichnet traditionsgemäß eher einen formellen Brief und weniger eine persönliche Botschaft. Paulus' Briefe oder Sendschreiben an Kirchen und Einzelpersonen im Mittelmeerraum sind die ersten schriftlichen Dokumente der frühen christlichen Kirche. In ihnen bietet Paulus Anleitung in Fragen der Theologie, praktische Ratschläge in bezug auf örtliche Schwierigkeiten und Warnungen gegen bestimmte Mißbräuche und Sitten, die er als gefährlich oder sündhaft ansah. Diese Briefe, die fast eine Hälfte des Neuen Testaments ausmachen, zitieren die hebräische Bibel ebenso wie Jesus und enthalten einige der denkwürdigsten Formulierungen in der Geschichte des Christentums; im folgenden werden viele von ihnen in Auszügen vorgestellt.

Paulus schrieb seine Briefe auf seinen Reisen, und mehrere verfaßte er im Gefängnis. Sie gingen von Paulus an die frühen Gemeinden, ebenso wie jüdische Führer in Jerusalem zuvor Briefe an jüdische Gemeinden im gesamten Mittelmeerraum geschickt hatten, um ihnen Anweisungen zu erteilen oder bei Auseinandersetzungen zu vermitteln. Die Briefe waren vermutlich auf Papyrusblätter geschrieben, die zusammengerollt und zusammengebunden durch Paulus' persönliche Emissäre zugestellt wurden, die sie wahrscheinlich vorgelesen und auch die Informationen in den Briefen ergänzt haben. Die erste Sammlung dieser Briefe soll um 100 v. Chr. zusammengestellt worden sein.

Dreizehn Briefe werden traditionsgemäß Paulus zugeschrieben, der sie einem Mitarbeiter diktierte, dann aber ein persönliches Postskriptum und seine Unterschrift hinzufügte. Jüngere Forschungen deuten darauf hin, daß einige der paulinischen Briefe möglicherweise von späteren Kirchenführern geschrieben wurden, die seinen Namen benutzten, um ihren Schriften Autorität zu verleihen.

Man nimmt zudem an, daß Paulus noch weitere Briefe schrieb, die entweder verlorengingen oder verworfen wurden. In einem dieser dreizehn Briefe (an die Kolosser) bezieht Paulus sich auf einen Brief, den er an eine andere Gemeinde schrieb und der im Neuen Testament fehlt.

Die Paulusbriefe werden nach der Länge geordnet, vom längsten Brief bis zum kürzesten, und nicht in chronologischer Reihenfolge oder gemäß ihrer Bedeutung. Sie sind nach dem Namen der Gemeinde oder, in einige Fällen, der Person bezeichnet, an die sie gerichtet waren. Dieser Abschnitt liefert einen Überblick über die paulinischen Briefe, mit einer Auswahl der bemerkenswertesten Verse aus jedem.

Brief an die Römer

In diesem längsten Brief wendet sich Paulus an eine Gemeinde, die er weder persönlich gegründet noch besucht hatte. Der Brief wurde um 58 n. Chr. geschrieben, vermutlich während sich Paulus in der griechischen Stadt Korinth aufhielt und vor Beginn der schweren Christenverfolgungen unter Nero nach 62 n. Chr. Offenbar plante er eine weitere Reise, um die christliche Botschaft nach Spanien zu bringen, wobei er hoffte, auf dem Weg dorthin Rom zu besuchen. Mit dem Brief wollte er sich, seine Person wie seine Lehre, bei den römischen Christen vorstellen. Bevor er nach Spanien aufbrach, kehrte er jedoch nach Jerusalem zurück, wo er verhaftet wurde.

Paulus sagt, daß der Glaube an Jesus für Juden wie für Nichtjuden zur Erlösung führe. Das neue Israel sorge als Nachfolgestaat des alten Israels keineswegs nur für die Israeliten. Eines der Hauptargumente des Briefes lautet, daß das strenge jüdische Gesetz machtlos sei und die Menschen nicht erretten könne. Erlösung für alle Menschen biete der Glaube an Christus. Paulus sagt zudem, daß die Menschen einander lieben und auch diejenigen lieben sollen, die gegen sie handeln.

Denn der Sünde Sold ist der Tod; Gottes Gabe aber ist ewiges Leben in Christus Jesus, unserm Herrn. (Röm. 6,23)
Ist Gott für uns, wer mag wider uns sein? (Röm. 8,31)
Denn ich bin gewiß, daß weder Tod noch Leben, weder Engel noch Fürstentümer noch Gewalten, weder Gegenwärtiges noch Zukünftiges, weder Hohes noch Tiefes noch eine andere Kreatur kann uns scheiden von der Liebe Gottes, die in Jesus Christus ist, unserm Herrn. (Röm. 8,38-39)
Die Liebe sei ohne Falsch. Hasset das Arge, hanget dem Guten an. Die brüderliche Liebe untereinander sei herzlich. Einer komme dem andern mit Ehrerbietung zuvor. Seid nicht träge in dem, was ihr tun sollt. Seid brennend im Geist. Dienet dem Herrn. (Röm. 12,9-12)
Segnet, die euch verfolgen; segnet, und fluchet nicht. Freuet euch mit den Fröhlichen und weinet mit den Weinenden. Habt einerlei Sinn untereinander. Trachtet nicht nach hohen Dingen, sondern haltet euch herunter zu den Geringen. Haltet euch nicht selbst für klug. Vergeltet niemand Böses mit Bösem. Befleißigt euch der Ehrbarkeit gegen jedermann. Ist es möglich, soviel an euch ist, so habt mit allen Menschen Frieden. Rächet euch selber nicht, meine Lieben, sondern gebet Raum dem Zorn Gottes, denn es steht geschrieben (5. Mos. 32,35): »Die Rache ist mein; ich will vergelten, spricht der Herr.« (Röm. 12,14-19)

1. und 2. Brief an die Korinther
Zu Lebzeiten des Paulus gehörte die griechische Stadt Korinth zu den wichtigsten Städten im römischen Weltreich. Die Stadt bildete eine Wirtschaftsbrücke zwischen Osten und Westen und zog Kaufleute, Händler und Besucher aus dem gesamten Mittelmeerraum an. Dies verlieh den Korinthern einen gewissen »Ruf«. Tatsächlich ist eines der griechischen Verben für das Treiben von »Unzucht«, *korinthiazomai,* vom Namen dieser Stadt abgeleitet. Mit anderen Worten: Paulus wandte sich an eine Gemeinde, in der

eine Atmosphäre der Verführung und der unmoralischen Sexualbräuche herrschte. In dem Brief erwähnt Paulus, er habe von einem Mann gehört, der ein sexuelles Verhältnis mit seiner Stiefmutter unterhalte. Außerdem verdammt er insbesondere »Unzüchtige[] ... Götzendiener, Ehebrecher, Lustknaben, Knabenschänder, Diebe, Geizige, Trunkenbolde, Lästermäuler [und] Räuber« – was darauf schließen läßt, daß Korinth ein ziemlich »heißes Pflaster« gewesen sein muß.

Zwei Briefe an die Gemeinde in dieser griechischen Stadt sind erhalten. Der erste Sendbrief wurde möglicherweise bereits im Jahr 54 n. Chr. geschrieben; der zweite vermutlich ein Jahr später. Im ersten fordert Paulus die Einheit, da Gruppierungen innerhalb der korinthischen Gemeinde die Christen bereits unter mehrere Führer aufspalteten. Überdies kommt er auf Geschlechtsmoral, Ehe, Scheidung, den Eucharisten und die Bedeutung der Liebe zu sprechen. Der 1. Brief an die Korinther enthält einige der zeitlosesten paulinischen Formulierungen. Liest man sie im Kontext, wird deutlich, daß Paulus die Gleichberechtigung der Frauen viel stärker befürwortete, als man gemeinhin annimmt.

> Der Mann leiste der Frau die schuldige Pflicht, desgleichen die Frau dem Mann. Die Frau ist ihres Leibes nicht mächtig, sondern der Mann. Desgleichen der Mann ist seines Leibes nicht mächtig, sondern die Frau. (1. Kor. 7,3-4)
>
> Doch ist weder das Weib etwas ohne den Mann, noch der Mann etwas ohne das Weib, in dem Herrn; denn wie das Weib von dem Manne, so kommt auch der Mann durch das Weib; aber alles von Gott. (1. Kor. 11,11-12)
>
> Wenn ich mit Menschen- und mit Engelzungen redete und hätte der Liebe nicht, so wäre ich ein tönend Erz oder eine klingende Schelle. Und wenn ich weissagen könnte und wüßte alle Geheimnisse und alle Erkenntnis und hätte allen Glauben, so daß ich Berge versetzte, und hätte der Liebe nicht, so wäre ich nichts. Und wenn ich alle meine Habe den Armen gäbe und ließe meinen Leib brennen und hätte der Liebe nicht, so wär mir's nicht nütze. (1. Kor. 13,1-3)

Siehe, ich sage euch ein Geheimnis: Wir werden nicht alle entschlafen, wir werden aber alle verwandelt werden; und dasselbe plötzlich, in einem Augenblick, zur Zeit der letzten Posaune. Denn es wird die Posaune schallen, und die Toten werden auferstehen unverweslich, und wir werden verwandelt werden. (1. Kor. 15,51-52)

Darum werden wir nicht müde; sondern ob auch unser äußerlicher Mensch verfällt, so wird doch der innerliche von Tag zu Tag erneuert. Denn unsre Trübsal, die zeitlich und leicht ist, schafft eine ewige und über alle Maßen wichtige Herrlichkeit uns, die wir nicht sehen auf das Sichtbare, sondern auf das Unsichtbare. Denn was sichtbar ist, das ist zeitlich; was aber unsichtbar ist, das ist ewig. (2. Kor. 4,16-18)

Denn einen fröhlichen Geber hat Gott lieb. (2. Kor. 9,7)

Brief an die Galater

Diesen Brief schrieb Paulus an die Gemeinden, die er in Galatien, (heute Türkei), einer römischen Provinz, gegründet hatte. Der Brief gilt als eines seiner frühesten Schreiben. Trotz umfangreicher Nachforschungen ist der genaue Ort der Galater-Gemeinde nicht bekannt.

Paulus schrieb offenbar in Erwiderung auf jüdisch-christliche Lehrer, die in den galatischen Gemeinden eingetroffen waren und darauf bestanden, daß die Beschneidung für Christen Pflicht sei. Für diese griechischen Bekehrten war der Gedanke, daß man die Spitze ihres Penis kürzte, offenbar keine Kleinigkeit. Paulus riet den Galatern, die Befürworter dieser Beschneidungspflicht zu ignorieren. Das war nun wirklich eine gute Nachricht! Er bestand darauf, daß die jüdische Tradition für Christen nicht zwingend vorgeschrieben sei, und erläuterte seinen Grundgedanken: Der Glaube an den auferstandenen Jesus ist von größerer Bedeutung als die strenge Befolgung des jüdischen Gesetzes.

Wandelt im Geist, so werdet ihr die Lüste des Fleisches nicht vollbringen. Denn das Fleisch streitet wider den Geist und der Geist wider das Fleisch; dieselben sind widereinander, daß ihr nicht tut, was ihr wollt. (Gal. 6,16-17)

Brief an die Epheser
Der Brief an die Gemeinde in Ephesus wird traditionsgemäß Paulus zugeschrieben. Dort geriet er einmal mit den Verehrern der Artemis aneinander, die einen Aufstand anzettelten, als er in einer Predigt die Götzenanbetung verurteilte (siehe Apostelgeschichte). Ob Paulus selbst den Brief schrieb, ist recht ungewiß. Auch wenn Paulus nur sich selbst zitiert, so paraphrasiert der Epheserbrief seinen früheren – aber kürzeren – Brief an die Kolosser. Außerdem handelt es sich eher um eine Zusammenfassung seiner Gedanken als um eine Präsentation neuen Materials. Auch Stilfragen bekräftigen die Zweifel, darunter ein nicht charakteristischer Eröffnungschoral, der sich im Tonfall stark von Paulus' eher direktem Schreibstil unterscheidet. Aber ob Paulus den Brief nun schrieb oder nicht – der Verfasser des Epheserbriefes sagt, daß die Gläubigen weder Juden noch Nichtjuden sind: alle sind Christen und Teil des Hauses Gottes. Der Autor fordert die gegenseitige Achtung von Besitzern und Sklaven, Arbeitgebern und Arbeitern.

> Darum leget die Lüge ab und redet die Wahrheit, ein jeglicher mit seinem Nächsten, weil wir untereinander Glieder sind. Zürnet ihr, so sündigt nicht; lasset die Sonne nicht über eurem Zorn untergehen. (Eph. 4,25-26)

Brief an die Philipper
Der Brief gehört zu den sogenannten »Gefängnis-Briefen«, und man nimmt an, daß Paulus ihn schrieb, als er in der Zeit von 60 n. Chr. bis zu seinem Tod in Rom inhaftiert war. Der Brief richtet sich an Christen in der alten makedonischen Stadt Philippi und ist in einem persönlichen, liebevollen Tonfall gehalten. An die Philipper schriebt er: »Denn ich habe euch im Herzen, die ihr alle mit mir der Gnade teilhaftig seid ...«

Paulus lobt die Philipper für ihre Hilfe bei der Verbreitung des Evangeliums und betet, daß ihre Liebe für einander weiter wachse. Die Frage der Beschneidung spaltet nach wie vor die Anhänger. Außerdem warnt er die Philipper vor »bösen Arbeitern«, die darauf bestehen, daß die Beschneidung notwendig sei.

Also, meine Lieben, wie ihr allezeit gehorsam gewesen seid, so seid es nicht allein in meiner Gegenwart, sondern nun auch vielmehr in meiner Abwesenheit und schaffet, daß ihr selig werdet, mit Furcht und Zittern. Denn Gott ist's, der in euch wirkt beides, das Wollen und das Vollbringen, zu seinem Wohlgefallen. (Phil. 2,12-13)

Und der Friede Gottes, welcher höher ist als alle Vernunft, bewahre eure Herzen und Sinne in Christus Jesus! (Phil. 4,7)

Brief an die Kolosser

Diesen Brief schrieb Paulus an die Christen in der antiken Stadt Colossae, in Kleinasien (heutige Türkei), nahe Ephesus, wo es eine weitere Gemeinde gab. Forscher haben auch hier Zweifel angemeldet, ob Paulus der Verfasser ist. Ist dies der Fall, so schrieb er ihn wahrscheinlich während seiner Haft, vielleicht in Rom. Er fordert in dem Schreiben die Mitglieder der Kolosser-Gemeinde auf, die Begierden und Versuchungen des Fleisches aufzugeben. Paulus' grundlegendes Interesse war, die Christen vor einer irregeleiteten religiösen Lehre zu warnen, die das Wissen (Philosophie) über den Glauben stellte, die Verehrung von Engeln als Weg zur Erlösung betrachteten und die Welt im Grunde als böse ansahen. Stark drängte er hingegen die Gemeindemitglieder zum Glauben an den gekreuzigten und auferstandenen Christus.

Der Brief nahm die im 2. Jahrhundert entstehenden Auseinandersetzungen der Kirche mit den Gnostikern voraus, der frühchristlichen Sekte, die von der anerkannten christlichen Lehre abwich. Die Vorstellungen oder Irrtümer, die Paulus in diesem Brief beschrieb, waren allesamt typisch für die Vorstellungen, welche später die Gnostiker leidenschaftlich vertraten.

Denn in ihm ist alles geschaffen, was im Himmel und auf Erden ist, das Sichtbare und Unsichtbare, es seien Throne oder Herrschaften oder Reiche oder Gewalten; es ist alles durch ihn und zu ihm geschaffen. (Kol. 16,17)

Da ist nicht mehr der Grieche, Jude, Beschnittene, Unbeschnittene, Nichtgrieche, Skythe, Knecht, Freier, sondern alles und in allen Christus. (Kol. 3,18-21)

Ihr Frauen seid untertan euren Männern, wie sich's gebührt
in dem Herrn. Ihr Männer, liebet eure Frauen und seid nicht
bitter gegen sie. Ihr Kinder, seid gehorsam den Eltern in allen
Dingen; denn das ist dem Herrn gefällig. Ihr Väter, erbittert
eure Feinde nicht, auf daß sie nicht scheu werden. (Kol. 3,18-21)

1. und 2. Brief an die Thessalonicher

Diese Briefe haben zahlreiche Kontroversen ausgelöst, weil manche Forscher die Auffasung vertreten, daß der zweite Brief zuerst geschrieben wurde. Man nimmt an, daß die beiden Schreiben an die Gemeinde in Thessaloniki, der Hauptstadt der römischen Provinz von Makedonien (das heutige Saloniki in Nordgriechenland), die ersten Paulusbriefe sind und um das Jahr 50 n. Chr. geschrieben wurden. Die dortigen Christen waren möglicherweise Opfer der frühesten römischen Verfolgungen, und Paulus lobte sie ausdrücklich, weil sie angesichts ihrer Not nicht den Glauben verloren.

Dabei richtet er sein Augenmerk auf zwei wichtige praktische Fragen. Die erste war die Sexualität – er betont ausdrücklich, daß die Christen sich von sexueller Unmoral fernhalten sollen, und sagt, daß sie ihren Leib auf heilige Weise beherrschen müssen, und nicht »maßloser Gier, Wollust« nachgeben dürfen. Bei der zweiten Frage geht es darum, daß man ehrlich seiner Arbeit nachgehen soll. Offenbar wollten einige Leute nicht mehr arbeiten – in der Gewißheit, daß die Wiederkunft Jesu jeden Tag bevorstand. Paulus drängt die Gemeinde, den Arbeitsunwilligen kein Essen zu geben.

Auch wenn einige Forscher die Zuschreibung des 2. Thessalonicherbriefs an Paulus in Zweifel ziehen, so wird heute allgemein angenommen, daß er ihn geschrieben hat.

So lasset uns nun nicht schlafen wie die andern, sondern lasset
uns wachen und nüchtern sein. Denn die da schlafen, die schlafen des Nachts, und die da trunken sind, die sind des Nachts
trunken. Wir aber, die wir des Tages sind, wollen nüchtern sein,
angetan mit dem Panzer des Glaubens und der Liebe und mit
dem Helm der Hoffnung auf das Heil. (1. Thes. 5,6-8)

Brief an Philemon

Dies ist der einzige wahrhaft »persönliche« Paulusbrief, der überdauert hat, der einzige Brief an eine Einzelperson in einer privaten Angelegenheit. Paulus schrieb den Brief, der nur 25 Verse lang ist, aus dem Gefängnis. Dort hatte er Onesimus (»der Nützliche«), den entflohenen Sklaven des Philemon, eines Kirchenführers in Colossae, kennengelernt und bekehrt. Die frühen Christen hielten Sklaven, so wie viele in der mediterranen Welt, die es sich leisten konnten. Ihrer Ansicht nach war nichts Ungewöhnliches oder Unrechtes daran. Paulus war ein »sozialer Konservativer«, der die Christen ermahnte, sie sollten dem Gesetz gehorchen. Das Neue Testament enthält allerdings Hinweise, daß sich die Einstellung gegenüber der Sklaverei änderte. Die Herren wurden angewiesen, ihre Sklaven gerecht zu behandeln und ihnen die Freiheit zu geben, wenn sich die Gelegenheit dazu ergab. Noch radikaler war Paulus' Lehre, nach der es »in Christus« keinen Unterschied zwischen Freien und Sklaven gibt.

Paulus schickte Onesimus nach Hause – mit einem Brief, in dem er seinen Herren Philemon bittet, Onesimus wieder bei sich aufzunehmen. Dennoch drängte er Philemon, Onesimus nicht als Sklaven zu behandeln, sondern wie einen neuen Bruder Jesu. Paulus bot ihm eine Entschädigung an für alles, was Onesimus möglicherweise bei seiner Flucht gestohlen hatte, und wies darauf hin, daß Philemon den Sklaven ja freilassen könne, damit er für den Autoren im Gefängnis weiterhin arbeiten konnte.

Zwar griff Paulus die Sklaverei nicht offen an, eine akzeptierte und juristisch geschützte Institution, doch ließ er durchscheinen, daß Onesimus durch die Bekehrung zum Christentum gleichberechtigt geworden sei. Daß Onesimus ein »Bruder« Philemons, seines rechtlichen Herrn, war, muß eine revolutionäre Idee gewesen sein. Im 19. Jahrhundert in Amerika griff man diese Idee wieder auf, als die christlichen Gegner der Sklaverei Paulus' Brief zitierten, um die Vorstellung der Sklavenhalter zurückzuweisen, denen zufolge die Sklaverei durch die Bibel gerechtfertigt sei.

Vielleicht aber ist er darum eine Zeitlang von dir genommen, daß du ihn ewig wieder hättest, nun nicht mehr wie einen Knecht, sondern mehr als einen Knecht: als einen lieben Bruder, sonderlich mir, wieviel mehr aber dir, beides, nach dem Fleisch und in dem Herrn. (Phlm. 15-16)

DIE »PASTORALBRIEFE«

1. UND 2. BRIEF DES PAULUS AN TIMOTHEUS, BRIEF AN TITUS

Die drei »Pastoralbriefe« wenden sich an Jünger und Helfer des Paulus und befassen sich mit der Leitung der Gemeinde und der Seelsorge für die christlichen Gläubigen. Sowohl Timotheus als auch Titus waren Jünger und Helfer des Paulus. Die Briefe behandeln hauptsächlich Fragen der Organisation, die Pflichten, die mit dem geistlichen Amt verbunden waren, die christliche Lehre und christliches Verhalten. Im Gegensatz zu Paulus' zweifellos echten Briefen, ist die Autorenschaft dieser drei umstritten. Die Briefe erwähnen »Bischöfe«, ein Titel, der zur Zeit des Paulus nicht benutzt wurde.

Die Pastoralen Briefe gelten heute als das Werk eines einzelnen unbekannten Verfassers aus dem späten 1. Jahrhundert, der sie unter dem Pseudonym Paulus schrieb. Möglicherweise war er ein Jünger des Paulus, der in sein Werk echtes Material einarbeitete.

1. Brief an Timotheus

Zwar sah es so aus, als schlügen bezüglich der Frauenfrage in der Kirche zwei Seelen in Paulus' Brust, doch dieser Brief läßt keinen Zweifel mehr aufkommen: »Einer Frau gestatte ich nicht, daß sie lehre, auch nicht, daß sie sich über den Mann erhebe«, heißt es. Bischöfe durften zwar heiraten, aber nur eine Frau haben. Das Zölibat wurde seitens der Kirchenführer zwar seit Entstehung des Christentums ausgeübt, doch wurde es erst im Mittelalter verbindlich. Der Brief macht zudem deutlich, daß sich die Frühkirche Meinungsverschiedenheiten hinsichtlich »falscher Lehren« gegenübersah. Das Schreiben liefert einen weiteren Hinweis auf die Teilungen, für welche die Frühkirche Religionsgruppen wie etwa die Gnostiker verantwortlich machte, die man als »Ketzer« brandmarkte.

> Der Geist sagt ausdrücklich: In späteren Zeiten werden manche vom Glauben abfallen; sie werden sich betrügerischen Geistern und den Lehren von Dämonen zuwenden, getäuscht von heuchlerischen Lügnern, deren Gewissen gebrandmarkt ist. Sie verbieten die Heirat und fordern den Verzicht auf bestimmte Speisen, die Gott doch dazu geschaffen hat, daß die, die zum Glauben und zur Erkenntnis der Wahrheit gelangt sind, sie mit Danksagung zu sich nehmen. (1. Tim. 4,1-3 NJB)

2. Brief an Timotheus
Im zweiten der Pastoralbriefe fordert der Autor Timotheus auf, die Kraft einzusetzen, die mit der Gnade Jesu einhergehe, um Zeugnis für das Evangelium abzulegen. Als Lehrer des Evangeliums soll er darauf vorbereitet sein, Leid zu ertragen, so wie es der Autor tut, denn wenn die Gläubigen am Glauben festhielten, würden sie zusammen mit Jesus regieren.

Brief an Titus
Titus, einer der ersten jüdischen Bekehrten, der mit Paulus reiste und ihm assistierte, war in die Debatte um die Beschneidung verwickelt. In diesem Brief gibt Paulus offensichtlich Anweisungen, wie Titus die neu entstandenen Gemeinden auf der Insel Kreta leiten soll.

> Das ist gewißlich wahr und ein teuer wertes Wort, daß Christus Jesus gekommen ist in die Welt, die Sünder selig zu machen, unter welchen ich der vornehmste bin. (1. Tit. 1,15)
>
> Denn wir haben nichts in die Welt gebracht; darum werden wir auch nichts hinausbringen. (1. Tit. 6,7)
>
> Denn Habsucht ist eine Wurzel allen Übels; wie etliche gelüstet hat und sind vom Glauben abgeirrt und machen sich selbst viel Schmerzen. (1. Tit 6,10)
>
> Denn Gott hat uns nicht gegeben den Geist der Furcht, sondern der Kraft und der Liebe und der Zucht. (2. Tim 1,7)
>
> Den Reinen ist alles rein; den Unreinen aber und Ungläubigen ist nichts rein, sondern unrein ist beides, ihr Verstand und ihr Gewissen. (Titus 1,15-16)
>
> Von törichten Fragen aber, von Geschlechtsregistern, von Zank und Streit über das Gesetz halte dich fern; denn sie sind unnütz und eitel. (Titus 3,9)

NOCH MEHR POST

DIE ALLGEMEINEN BRIEFE

*Gastfrei zu sein, vergesset nicht;
denn dadurch haben etliche ohne ihr Wissen
Engel beherbergt.*
(Hebr. 13,1-2)

*Wer ist weise und klug unter euch?
Der erzeige mit seinem guten Wandel seine Werke
in Sanftmut und Weisheit.*
(Jakobus 3,1-13)

Die Paulus zugeschriebenen Briefe sind wohl die berühmtesten des Neuen Testaments, doch es gibt eine andere Reihe von acht weiteren Briefen oder »Sendschreiben«, und zwar Hebräer, Jakobus, 1. und 2. Petrus, 1., 2. und 3. Johannes und Judas. Die meisten dieser »allgemeinen« oder »universellen« Briefe sind in Wirklichkeit nicht Briefe, sondern Abhandlungen oder auch geschriebene Fassungen von Gebeten, die sich an die frühchristlichen Gemeinden richten. Die Briefe hat man entweder geschrieben, um den Mut der Christen zu stärken, die verfolgt wurden, oder um diejenigen »bei der Stange« zu halten, die begannen, von dem geraden und schmalen Weg abzuweichen. Sie spiegeln echte Ängste angesichts der Verfolgung wider und alltägliche Sorgen innerhalb der frühen Gemeinden. Sie befassen sich zudem mit den Kontroversen über die Lehren, welche die Welt des Frühchristentums zu unterwandern begannen, eine Gemeinschaft, die bisweilen genauso durch Sekten und abweichende Auffassungen gespalten wurde, wie es im heutigen Christentum geschieht.

Brief an die Hebräer

Der Brief an die Hebräer, in dem häufig die Namen der »Helden« der hebräischen Bibel zitiert werden, richtet sich vermutlich an die jüdischen Neuchristen. Wenige nichtjüdische Christen der Frühzeit hätten die Anspielungen des Briefes auf Noah, Abraham, Lot und andere vertraute israelitische Personen verstanden. Es ist wahrscheinlich, daß sich einige der jüdischen Bekehrten angesichts der zunehmenden Christenverfolgung durch das Römische Reich gefragt haben, ob es besonders klug war, den Glauben zu wechseln. Der Brief wurde geschrieben, um ihnen beizustehen und Mut zu machen.

Der Hebräerbrief ist in eine Art literarisches Niemandsland gefallen. Er richtet sich nicht an eine besondere Gemeinde oder Person, und er beginnt auch ohne die persönliche Begrüßung, die für die anderen Briefe des Neuen Testaments kennzeichnend ist. Der Verfasser bleibt ungenannt, so daß man jahrhundertelang einfach angenommen hat, daß Paulus ihn schrieb. Augustinus, nach Paulus der einflußreichste Autor des Christentums, übernahm diese Ansicht; und wenn Augustinus sprach, hörten die Menschen zu. Der Hebräerbrief wurde mit den frühen Sammlungen des Neuen Testaments in Verbindung gebracht, und einige Autoritäten behaupten immer noch, daß er Paulus' Werk sei. Andere Gelehrte glauben, es habe sich um einen anderen Führer der Frühkirche oder um einen unbekannten Verfasser gehandelt, der die Lehren des Paulus aufzeichnete. Die heutige wissenschaftliche Meinung lautet fast einhellig, daß der Hebräerbrief nicht von Paulus stammt.

Da der Hebräerbrief keine besonderen Hinweise auf die Zerstörung Jerusalems durch die Römer im Jahr 70 n. Chr. enthält, vertreten viele Forscher zudem die Auffassung, daß er vor diesem Datum geschrieben wurde. Andere gehen von einem späteren Datum aus, der Zeit der Christenverfolgung unter Kaiser Domitian am Ende des Jahrhunderts. Sie interpretieren den folgenden Vers als Anspielung auf das gefallene Jerusalem:

»Denn wir haben hier keine bleibende Stadt, sondern die zukünftige suchen wir.« (Hebr. 13,14)

Denn das Wort Gottes ist lebendig und kräftig und schärfer denn ein zweischneidig Schwert und dringt durch, bis daß es scheidet Seele und Geist, auch Mark und Bein, und ist ein Richter der Gedanken und Sinne des Herzens. (Hebr. 4,12-13)

Es ist aber der Glaube eine gewisse Zuversicht des, das man glaubt, und ein Nichtzweifeln an dem, das man nicht sieht. (Hebr. 11,1)

Brief des Jakobus

Im Unterschied zu den Briefen des Paulus und zum Brief an die Hebräer, die nach den Empfängern benannt werden, werden dieser und die anderen »Allgemeinen Briefe« nach ihren mutmaßlichen Verfassern benannt. Welcher »Jakobus« diesen einen Brief schrieb, ist ungewiß. Die Tradition nahm an, daß Jakobus, der Bruder des Jesus, den Brief schrieb, der ein Anführer der jüdischen Christen in Jerusalem war. Es gab auch zwei Apostel namens Jakobus. Aber der Briefschreiber gibt sich selbst nicht deutlich zu erkennen. Weil der Brief die Auffassungen des Paulus in Frage stellt, benutzte ein späterer Autor möglicherweise diesen »wichtigen« Namen, um seinem Werk mehr Autorität zu verleihen.

Der Jakobusbrief wendet sich an die »zwölf Stämme in der Zerstreuung«, deshalb richtet er sich, so wie der Hebräerbrief, vermutlich an die Juden, die zum Christentum konvertiert waren. Der Verfasser wendet sich an eine Gruppe jüdischer Christen, die er ermahnt, ihre Prüfungen als Privileg und die Versuchung als Chance anzusehen, das Richtige zu tun. Er ermahnt sie, den Armen beizustehen, vor allem, wenn es ihnen selbst finanziell gut geht.

Auch wenn man den Jakobusbrief bereits im 2. Jahrhundert als Teil des autorisierten Neuen Testaments anerkannte, akzeptierten ihn nicht alle bedingungslos. Luther (1483-1546) konnte das Buch nicht leiden, er riß es förmlich aus der Bibel heraus. Er war der Meinung, daß Teile davon den Lehren des Paulus widersprachen, und nannte ihn deshalb einen »Brief aus Stroh«.

Luthers Widerspruch entzündete sich an dem Hauptthema des Buches: der Verfasser vertrat die Auffassung, daß ein Glaube, der nicht von »guten Taten« begleitet wird, überhaupt kein Glaube ist. Manche Textpassagen scheinen Paulus' zentrale Lehre der »Rechtfertigung durch den Glauben« anzugreifen, nach der Menschen allein durch ihren Glauben vor Gott gerecht werden, und nicht durch »Werke«, womit Paulus vor allem die blinde Einhaltung bestimmter religiöser Gesetze meinte. Mit anderen Worten: Reicht der Glaube an Jesus an sich schon aus, um Heil zu erlangen? Oder muß man ein »Wohltäter« sein?

Manche heutige Forscher glauben, daß Jakobus und Paulus nicht über grundlegende Fragen der Lehre diskutierten, sondern ähnliche Begriffe auf unterschiedliche Weise verwandten. Jakobus bezeichnete mit dem Ausdruck »Werke« wohltätige Handlungen, ausgeführt in der jüdischen Tradition. Für Paulus bezog sich der Begriff »Werke« vor allem auf auf die rituellen Aspekte des jüdischen Gesetzes, wie beispielsweise die Beschneidung. Für Paulus bedeutete »Glauben« eine Bindung an Gott, die unweigerlich gute Taten hervorbringe. Jakobus verhöhnte eine andere Glaubensform, die seines Erachtens nichts weiter als ein intellektueller

Glaube war, dem die wahre Bindung fehle. Anders als Luther anerkennen heutige Forscher, daß Paulus und Jakobus darin übereinstimmen würden, daß ein Glaube, der keine guten Taten hervorbringt, ein falscher oder leerer Glaube ist.

Indem die Historiker bestreiten, daß es zwischen diesen beiden Anführern des Christentums eine Meinungsverschiedenheit gibt, weisen sie zudem darauf hin, daß der Verfasser des Jakobusbriefes aus Sorge schrieb; er befürchtete, manche Christen könnten eine falsche Vorstellung vom »Glauben allein« erlangen und ihren Beitrag zu der schwierigen Arbeit unterschlagen, sich um die weniger Glücklichen zu kümmern. Für viele Menschen stellt der Brief allerdings eine Schlüsselfrage. Kann ein schlechter Mensch, der »Glauben« empfängt, bereut und Jesus annimmt, Erlösung finden? Oder kann ein Nazi behaupten, Christ zu sein, so wie es viele Nazis taten? Die Antwort liegt vielleicht in der Aussage des Jakobus: »So ist es auch mit dem Glauben: wenn er keine Werke auszuweisen hat, ist er tot.« Anders gesagt: Der wahre Christ darf nur das Richtige tun und darf gegenüber dem Herrn nicht nur ein Lippenbekenntnis ablegen.

> Seid aber Täter des Worts und nicht Hörer allein, wodurch ihr euch selbst betrügt. (Jak. 1,22)
>
> Was hilft's, liebe Brüder, so jemand sagt, er habe Glauben, und hat doch keine Werke? Kann auch der Glaube ihn selig machen? Wenn aber ein Bruder oder eine Schwester bloß wäre und Mangel hätte an der täglichen Nahrung und jemand unter euch spräche zu ihnen: Gehet hin in Frieden! Wärmet euch und sättigt euch! Ihr gäbet ihnen aber nicht, was dem Leibe not ist: was hülfe ihnen das? So auch der Glaube, wenn er nicht Werke hat, ist er tot in sich selber. (Jak. 2,14-18)
>
> Denn gleichwie der Leib ohne Gott tot ist, so ist auch der Glaube ohne Werke tot. (Jak. 2,26)
>
> Wer ist weise und klug unter euch? Der erzeige mit seinem guten Wandel seine Werke in Sanftmut und Weisheit. Habt ihr aber bittern Neid und Zank in eurem Herzen, so rühmet euch nicht und lüget nicht wider die Wahrheit. Das ist nicht die

Weisheit, die von oben herab kommt, sondern sie ist irdisch, menschlich und teuflisch. Denn wo Neid und Zank ist, da ist Unordnung und allerlei böses Ding. Die Weisheit aber von obenher ist aufs erste lauter, danach friedsam, gelinde. Läßt sich etwas sagen, voll Barmherzigkeit und guter Früchte, unparteiisch, ohne Heuchelei. (Jak. 3,13-17)

1. und 2. Brief des Petrus

Im ersten der beiden Briefe, die dem Apostel Petrus zugeschrieben werden, macht der Verfasser den »Exilierten der Zerstreuung« oder jüdischen Christen Mut, die in den römischen Provinzen im nördlichen Teil Kleinasiens lebten und sich der Verfolgung durch die Römer gegenübersahen. Der Verfasser behauptet, nicht mehr lange auf dieser Welt zu sein, brandmarkt die falschen Lehrer und sagt, daß die Erwartung der Wiederkunft Jesu niemals aufgegeben werden dürfe. Der zweite Brief des Petrus richtet sich »an alle, die mit uns denselben kostbaren Glauben empfangen haben durch die Gerechtigkeit, die unser Gott und Heiland Jesus Christus gibt«, also im Grunde an alle Christen.

Hat Petrus diese Briefe tatsächlich geschrieben? Da sie in hervorragendem Griechisch geschrieben sind, der Verfasser die paulinischen Briefe wohl kannte und die griechische Septuaginta statt die hebräische Bibel zitiert, bezweifeln viele Forscher, daß Petrus, ein Fischer aus Galiläa, sie geschrieben haben kann. Der Ort der Zusammenstellung ist, wie man weithin annimmt, Rom gewesen, vor allem wegen der Formulierung, »er, der in Babylon ist, schickt euch Briefe.« »Babylon« war ein christlicher Kodename für Rom.

Denn alles Fleisch ist wie Gras und alle seine Herrlichkeit wie des Grases Blume. Das Gras ist verdorrt und die Blume abgefallen; aber des Herrn Wort bleibt in Ewigkeit. (Jes. 40,6-8) (1. Petr. 1,24-35)

Enthaltet euch von den fleischlichen Lüsten, welche wider die Seele streiten. (1. Petr. 2,11)

Vor allen Dingen habt untereinander eine inbrünstige Liebe; denn die Liebe deckt auch der Sünden Menge. (Spr. 10,12)

Die drei Briefe des Johannes
Diese drei Briefe bereiten Bibelforschern erhebliches Kopfzerbrechen. Der erste Brief ist hochpoetisch. Die anderen beiden lesen sich eher wie Aktennotizen. Eine Ansicht, die viele Kommentatoren vertreten, besagt, daß ein und derselbe Verfasser das Johannesevangelium alle diese drei Briefe geschrieben hat und daß sie alle ungefähr aus der Zeit um das 1. nachchristliche Jahrhundert stammen. Die Offenbarung wurde von einem anderen Johannes geschrieben (vgl. nächstes Kapitel).

1. Brief des Johannes
Der erste dieser drei Briefe beginnt in einem Stil, der stark an die poetischen Eröffnungsverse des Johannesevangeliums erinnert:

> Was von Anfang an war, was wir gehört haben, was wir mit unseren Augen gesehen, was wir geschaut und was unsere Hände angefaßt haben, das verkünden wir: das Wort des Lebens. (1. Joh. 1,1 NJB)

Der Autor fährt dann fort, diejenigen zu schmähen, die Jesu Auferstehung im Fleisch bestreiten. Möglicherweise stellten die Lehren dieser »Antichristen« eine Frühform des Gnostizismus dar, der religiösen Philosophie, die die Einheit der frühen Gemeinden stark störte und deshalb schließlich von der frühen Kirche der Ketzerei bezichtigt wurde.

2. Brief des Johannes
Liebhaber von Trivialitäten sollten aufhorchen: Hier handelt es sich um das kürzeste Buch der Bibel. Es besteht aus nur dreizehn Versen und stammt von einem Verfasser, der sich selbst der »Ältere« nennt. Er wiederholt die Warnung, daß die Gläubigen sich nicht von denjenigen täuschen lassen dürfen, die sagen, Jesus sei nie leibhaftig, sondern lediglich in geistiger Gestalt zurückgekehrt. Das Buch richtet sich an die »auserwählte Herrin und ihre Kinder«, doch handelt es sich hierbei um eine bildliche Bezeichnung für eine Gemeinde, möglicherweise in Kleinasien.

3. Brief des Johannes

Auch dies ist ein kurzer Brief; er wendet sich an eine Einzelperson namens Gaius, den vorbildlichen Angehörigen einer nicht genannten Gemeinde. Der Autor bezeichnet sich wieder als »der Ältere« und beklagt sich darüber, daß es dem Führer der Gemeinde des Gaius an Bescheidenheit mangele, er nicht die rechte Gastfreundschaft zeige und falsche Anschuldigungen in Umlauf setze.

> Ihr Lieben, lasset uns einander liebhaben; denn die Liebe ist von Gott, und wer liebhat, der ist von Gott geboren und kennt Gott. Wer nicht liebhat, der kennt Gott nicht; denn Gott ist Liebe. (1. Joh. 4,7-8)
>
> Denn viele Verführer sind in die Welt hinausgegangen, die nicht bekennen, daß Jesus Christus im Fleisch gekommen ist. Das ist der Verführer und Widerchrist. (2. Joh. 7)
>
> Mein Lieber, folge nicht dem Bösen nach, sondern dem Guten. Wer Gutes tut, der ist von Gott; wer Böses tut, der hat Gott nicht gesehen. (3. Joh. 11)

Brief des Judas

Dieser Brief ist nur 25 Verse lang und wurde von jemandem geschrieben, der sich als »Knecht Jesu Christi und Bruder des Jakobus« bezeichnet. Daher hat man ihn einem der Brüder Jesu zugeschrieben, von denen es angeblich vier gab: Jakobus, Josef, Simon und Judas. Der Brief ist ein Traktat, in dem es darum geht, die »falschen Lehren« zu bekämpfen; gemeint sind wieder die frühen Lehren der Gnostiker, die sich durch die frühchristliche Gemeinde verbreiteten.

> Ihr aber, meine Lieben, erinnert euch der Worte, die zuvor gesagt sind von den Aposteln unsres Herrn Jesus Christus, da sie euch sagten, daß zu der letzten Zeit werden Spötter sein, die nach ihren eigenen gottlosen Lüsten wandeln. Diese sind es, die da Spaltungen machen, irdisch Gesinnte, die den Geist nicht haben. (Jud. 17-19)

APOKALYPSE NOW?

DIE OFFENBARUNG DES JOHANNES

*Und ich sah einen neuen Himmel und eine neue Erde;
denn der erste Himmel und die erste Erde vergingen,
und das Meer ist nicht mehr. Und ich sah die heilige Stadt,
das neue Jerusalem, von Gott aus dem Himmel herabfahren,
bereitet wie eine geschmückte Braut ihrem Mann.*
(Offb. 21,1-29)

- Warum hat der Drache die Nummer 666?

Der Verfasser des letzten Buches des Neuen Testaments beginnt sein Werk in Form eines Briefes an sieben Kirchengemeinden Kleinasiens. Nachdem er zunächst die Sünden der Welt verdammt hat, entführt er die Leser in eine alptraumhafte, kaleidoskopische Welt, die den Werken des Paulus oder irgendeinem anderen Werk des Neuen Testaments außerordentlich fern ist. Bilder der Verwüstung tanzen über die Seiten eines Buches, das jahrhundertelang verwirrte Leser zurückgelassen hat – und in ihrem Gefolge Generationen begieriger Untergangspropheten. Seltsame Visionen. Erdbeben. Geheimnisvolle Zahlenmystik. Posaunen. Engel. Rösser. Blut und Seuchen, Tod, Untergang und Zerstörung.

Herzlich willkommen im Evangelium nach Federico Fellini oder Salvador Dalí.

Der Verfasser nennt sich selbst Johannes, aber es handelt sich eindeutig nicht um den gleichen Johannes, der das Evangelium oder die gleichnamigen Briefe schrieb. Nichts hinsichtlich Stil oder Botschaft dieses Buches gleicht den früheren Büchern. Als Ort der Zusammenstellung wird Patmos genannt, eine ägäische Insel, die die Römer als Strafkolonie nutzten. Der Autor ist wohl wegen seiner Predigten auf diese Insel verbannt worden. Dort empfing er, höchstwahrscheinlich während der Regierungszeit des römischen Kaisers Domitian (81-96 n. Chr.) eine außerordentliche prophetische Vision über die Wiederkehr Jesu und das Jüngste Gericht.

Will man den merkwürdigen Symbolismus dieser biblischen Schrift verstehen, ist das Datum von entscheidender Bedeutung. So wie sein Vorgänger, Nero, zwanzig Jahre zuvor, beharrte auch Domitian auf der Göttlichkeit der kaiserlichen Abstammungslinie. Die Verehrung des Kaisers während seiner Regierungszeit war aus diesem Grunde vorgeschrieben: Domitian verfolgte Christen, die sich weigerten, ihn anzubeten, doch offenbar dachte er sich neue Greueltaten nicht mit der gleichen abartigen Lust aus, die Nero an den Tag gelegt hatte. So wie sein perverser Vorgänger Caligula erhob auch Nero ausschweifende Verhaltensweisen zu einer irrsinnigen Kunst. Überzeugt von seiner Göttlichkeit, scheute er weder Kosten noch Mühen. Überallhin transportierte man ihn in einer Karawane aus tausend Kutschen, die gezogen wurden von Maultieren, die mit Silber geschmückt waren. Er hielt sich für einen großartigen Wagenlenker und besuchte die Wagenrennen. Wenn er in einem der Stadien Wetten abschloß, drehte er durch. Noch schlimmer waren seine sexuellen Exzesse. Sein inzestuöses Verhältnis mit seiner Mutter Agrippina war ein offenes Geheimnis, einmal vollzog er in aller Öffentlichkeit die »Ehe« mit einem Mann.

Zur Zeit Neros als Anhänger Christi zu leben, war kein Spaziergang. Die Erzählungen darüber, was Rom für Christen vielleicht »auf Lager« hatte, müssen den Mitgliedern der frühen Gemeinden noch frisch im Gedächtnis gewesen sein. Der römische Historiker Tacitus (ca. 56-115 n. Chr.) berichtet in einer der seltenen zeitgenössischen Darstellungen über das Schicksal der Christen in Rom.

Aber das entsetzliche Gerücht, Nero selber habe den Brand anlegen lassen, wollte sich durch keine teilnahmsvolle Unterstützung, durch keine Schenkungen und Sühnezeremonien aus der Welt schaffen lassen. Um ihm ein Ende zu machen, schob er daher die Schuld auf andere und strafte mit ausgesuchten Martern die wegen ihrer Verbrechen verhaßten Leute, die das Volk Christen nennt. Der Stifter dieser Sekte, Christus, ist unter der Regierung des Tiberias durch den Prokurator Pontius Pilatus hingerichtet worden. [...] Man machte aus ihrer Hinrichtung ein lustiges Fest: In Tierhäuten steckend, wurden sie entweder von Hunden zerfleischt oder ans Kreuz geschlagen oder angezündet, um nach Eintritt der Dunkelheit als Fackeln zu dienen. Nero hatte seine eigenen Parkanlagen für dieses Schauspiel hergegeben und verband es mit einer Zirkusaufführung; in der Tracht der Wagenlenker trieb er sich unter dem Volke umher oder fuhr auf dem Rennwagen.

Zur Zeit, als Johannes die Apokalypse schrieb, drangen den Christen Gerüchte zu Ohren: Nero, der Selbstmord begangen hatte, sei noch am Leben. Man glaubte, er bereite sich vor, nach Rom zurückzukehren und seinen Thron mit Hilfe eines rächenden Heers zurückzuerobern. Vor diesem Hintergrund, in dem Verfolgungen und Wahnvorstellungen dominierten, erzählte Johannes seine Vision über ein bevorstehendes Jüngstes Gericht.

Zusammenfassung der Handlung:
Die Apokalypse

In einer traumähnlichen Vision sieht der Verfasser ein großes Opferlamm mit sieben Hörnern und sieben Augen. Das Lamm empfängt von Gott eine Schriftrolle und beginnt, sie in sieben Akte oder Siegel zu brechen:

Die ersten vier Siegel

Vier Reiter schwärmen aus. Der erste sitzt auf einem weißen Roß, einer alles erobernden Macht, der zweite auf einem roten Pferd, dessen Reiter den Frieden von der Erde nimmt, der dritte reitet ein schwarzes Roß und trägt eine Waage, die die Hungersnot nach dem Krieg symbolisiert; schließlich kommt ein hellgrünes Roß, deren Reiter den Namen Tod trägt. Diesen vier wird die Vollmacht über die Erde gegeben, um mit dem Schwert, mit Hungersnöten, Pest und wilden Tieren zu töten.

Das fünfte Siegel

erweckt die toten Märtyrer zum Leben, denen man weiße Gewänder gibt, und die man ermahnt, sich ein wenig länger auszuruhen.

Das sechste Siegel

löst ein Erdbeben und kosmische Katastrophen aus. Die Sonne verdunkelt sich, und der Mond verfärbt sich rot; die Sterne fallen vom Himmel herab.

Beim siebenten Siegel

herrscht im Himmel eine halbe Stunde lang Schweigen.

Dann blasen sieben Engel nacheinander in ihre Posaunen. Die ersten fünf Posaunenstöße bringen Zerstörung auf die Erde herab; der sechste signalisiert, daß vier Engel, die sich bereitgehalten hatten, befreit werden und ein Drittel der Menschheit töten; der siebte Posaunenstoß verbindet den Himmel mit dem, was auf der Erde verbleibt. Mächtige Stimmen erheben sich im Himmel:

»Nun gehören die Reiche der Welt unserm Herrn und seinem Christus, und er wird regieren von Ewigkeit zu Ewigkeit.«
Wie das Buch des Propheten Jesaja, so lieferte auch dieser Satz einen großartigen Libretto-Text für Händels *Messias!*
Eine mit sieben Kronen gekrönte Frau erscheint. Sie kommt gerade schmerzhaft mit einem Kind nieder. Ein großer roter Drache wartet auf die Geburt. Doch das Neugeborene kommt in den Himmel, wo ein Krieg ausbricht. Die Engel unter dem Erzengel Michael besiegen den Drachen mit sieben Kronen und zehn Hörnern – den Teufel und Satan.
Ein weiteres furchterregendes Ungeheuer taucht aus dem Meer auf und erhält die Macht durch das andere Ungeheuer. Die Welt betet das Tier an. Ein weiteres Tier erscheint aus der Erde. Das drachenartige Tier hat einen Namen: 666
Der Tag des Jüngsten Gerichts bricht an. Sieben Engel entleeren Schüsseln der Pest, die Gottes Zorn repräsentieren, auf die Welt und auf das Ungeheuer. Die Städte werden vernichtet und verschwinden. Babylon, die »große Hure«, geht in Flammen auf, und die Welt beklagt ihren Untergang. Im Himmel erklingen Siegeslieder. Das neue Zeitalter beginnt – worauf Satan für kurze Zeit befreit wird, ehe er schließlich im Armageddon sein endgültiges Ende findet. An dieser Stelle liegt wohl ein Verweis auf die Stadt Megiddo vor, den Schauplatz mehrerer größerer Schlachten in der Frühgeschichte Israels. Dann gibt es einen neuen Himmel und eine neue Erde, und auf der Erde entsteht eine neue messianische Stadt: Jerusalem.

Warum hat der Drache die Nummer 666?

In der populären Kultur der Rockmusik, in Büchern und in Kinofilmen symbolisiert die Nummer 666 den Satanismus. Die gesamte Menscheitsgeschichte hindurch hat man die Identität und die Bedeutung des mystischen Ungeheuers mit der Nummer 666 auf so notorische Gestalten wie Napoleon und Adolf Hitler angewandt. Tatsächlich läßt sich die Zahl viel einfacher und rationaler erklären. Auch wenn Satan und die Teufel in der Offenbarung des Johannes Hauptrollen spielen, so war den Menschen zu der damaligen Zeit doch vollkommen klar, was die Zahl 666 bedeutete. Sowohl im Griechischen als auch im Hebräischen jener Zeit stellten Buchstaben auch Zahlen dar. Die Zahl 666 kommt zustande, wenn man den numerischen Wert der Buchstaben (z.B. Q = 100), die auf hebräisch den Namen »Kaiser Nero« bilden, addiert. Rom, das in der Offenbarung des Johannes als die »große Hure Babylon« bezeichnet wird, und seine metzelnden bösen Kaiser – sie sind für den Verfasser die wirklichen Bösewichte.

Stimmen der Bibel
Ich bezeuge, die da hören die Worte der Weissagung in diesem Buch: Wenn jemand etwas dazusetzt, so wird Gott zusetzen auf ihn die Plagen, die in diesem Buch geschrieben stehen. Und wenn jemand etwas davontut von den Worten des Buchs dieser Weissagung, so wird Gott abtun seinen Anteil vom Baum des Lebens und von der heiligen Stadt, davon in diesem Buch geschrieben steht. (Offb. 22,18-19)

MEILENSTEINE IN DER ZEIT DER BIBEL VII

117: Nachdem Kaiser Trajan seine Eroberungen in Mesopotamien beendet hat, stirbt er während seiner Rückkehr nach Rom. Sein Thronfolger wird ein Verwandter, Hadrian, der Rom 21 Jahre als Kaiser regiert.

132: Die Juden Jerusalems erheben sich voll Zorn über den Bau eines Schreins zu Ehren des römischen Gotts Jupiter auf der Stätte ihres zerstörten Tempels. Mit dieser Rebellion beginnt ein zweijähriger Volksaufstand, die sogenannte Zweite Revolte.

135: Römische Legionen erobern Jerusalem zurück, und Hadrian befiehlt, daß die Stadt dem Erdboden gleichgemacht wird.

177: Kaiser Mark Aurel (Marcus Aurelius) beginnt in Rom eine systematische Verfolgung der Christen, weil sie sich der Verehrung des Kaisers widersetzen und man sie als Bedrohung der römischen Staatsordnung betrachtet.

Ca. 200: Der Bischof von Rom erlangt seine herrschende Stellung als Papst.

Ca. 250: Unter dem Kaiser Decius steigert sich die großangelegte Christenverfolgung und bringt Märtyrer hervor, die als Heilige verehrt werden.

303-311: Kaiser Diokletian befiehlt eine neue Runde von Verfolgungen der Christen in Rom; es handelt sich um den Versuch, die alte Religion Roms wieder einzusetzen.

312: Kaiser Konstantin wird unangefochtener Herrscher über das weströmische Reich. Vor einer Schlacht behauptete Konstantin die Vision eines leuchtenden Kreuzes gehabt zu haben, das die Worte *In hoc signo vinces* (»In diesem Zeichen werden wir erobern«) zeigt.

313: Konstantin führt die Duldung des Christentums ein.

325: Konstantin ruft das Konzil von Nizäa (in der heutigen Türkei) zusammen, das erste ökumenische Konzil der Kirche. Es unterstützt die Lehre, daß Gott und Christus wesensgleich sind. Das Christentum wird zur vorherrschenden Religion des Reiches.

326: Konstantin zieht in die alte Stadt Byzanz um und benennt sie in Konstantinopel um (das heutige Istanbul).

367: Athanasius, ein Kirchenführer in Alexandria, listet die 27 Bücher des neuen Testaments auf, wie sie heute bekannt sind. Kirchenführer in Rom nehmen diese Liste im Jahr 382 an.

391: Kaiser Theodosius befiehlt, daß alle nichtchristlichen Werke beseitigt werden; die Bibliothek von Alexandria, Lagerhaus des Wissens der Welt, geht in Flammen auf.

395: Das römische Weltreich spaltet sich in ein Ost- und in ein Westreich, eine Entwicklung, die man für vorübergehend hält, die sich jedoch als dauerhaft erweist.

399: Der nordafrikanische Geistliche und Philosoph Augustinus verfaßt seine *Bekenntnisse*. Vor seinem Tod schreibt er das Werk *Der Gottesstaat* (426), in dem er erklärt, daß Imperien wie Rom vorübergehend sind und die einzige dauerhafte Gemeinschaft die Kirche ist. Er behauptet außerdem, daß der Zweck der Ehe die Fortpflanzung ist. Seine Ansichten sind einflußreicher als die irgendeines anderen Christen, außer Paulus, und beherrschen das Denken in der christlichen Kirche für die nächsten 1 200 Jahre.

431: Das Konzil von Ephesus. Das Konzil anerkennt Maria als die Mutter Gottes; der Marienkult beginnt sich auszubreiten.

610: In Arabien ruft der Prophet Mohammed eine neue Religion ins Leben, später »Islam« genannt. Drei Jahre später beginnt Mohammed, in der Öffentlichkeit zu predigen. Ihm stellen sich die Anführer Mekkas entgegen, die sich gegen jeden Wandel der traditionellen Stammessitten stemmen. Nachdem Mohammed von Mekka nach Medina ausgewandert ist – eine Ausreise, die als die *Hidjira* gefeiert wird –, beginnt ein Bürgerkrieg. *628* erobern die Streitkräfte Mohammeds Mekka, und der Prophet schreibt Briefe an die Führer der Welt, in denen er die Grundsätze des Islams erklärt. Er kehrt nach Mekka mit dem »Qumran« (Koran) – übersetzt: »Rezitationstext« – zurück. Er sagt: »Es gibt keinen Gott außer Allah, und Mohammed ist sein Gesandter.«

632: Mohammed stirbt. Er hinterläßt einen islamischen Monotheismus, der bald den Nahen Osten und Nordafrika beherrschen wird. Seine jüngste Tochter stirbt gleichfalls in diesem Jahr, sie hinterläßt zwei Söhne – Hassan und Hussein –, die eine Dynastie gründen, die fast dreihundert Jahre lang in Afrika und Ägypten herrschen wird.

638: Jerusalem wird von islamischen Streitkräften erobert.

NACHWORT

WESSEN GOTT IST ES EIGENTLICH?

Der Herr ist der rechte Kriegsmann.
(2. Mos. 15,3)

Der Herr ist mein Hirte.
(Ps. 23,1)

Darum sollt ihr vollkommen sein,
gleichwie euer Vater im Himmel vollkommen ist.
(Mt. 5,48)

Je länger ich lebe, desto überzeugendere Beweise finde ich
für die Wahrheit, daß in den menschlichen Verhältnissen
Gott regiert. Und so wie kein Spatz zu Boden fallen kann,
ohne daß Gott es bemerkt, so ist es auch nicht wahrscheinlich,
daß ein Reich ohne seinen Beistand aufsteigen kann.
Benjamin Franklin

Ich glaube an einen Gott und nicht mehr, und an die Hoffnung
auf Glück nach diesem Leben. Ich glaube an die Gleichheit des
Menschen; und ich glaube, daß unsere religiösen Pflichten darin bestehen,
recht zu tun, die Gnade zu lieben und sich zu bemühen, unsere
Mitmenschen glücklicher zu machen.
Thomas Paine

*Die voraufgehenden Generationen gewahrten Gott
und die Natur von Angesicht; wir sehen durch ihre Augen.
Warum sollten nicht auch wir ein ursprünglichens
Verhältnis zum Universum unterhalten?*
Ralph Waldo Emerson

Religion ... ist das Opium des Volkes.
Karl Marx

*Ich persönlich glaube,
daß sich Gott in erster Linie im inneren Erleben
des einzelnen zeigt.*
William James

Gott ist tot.
Friedrich Nietzsche

Ich begann dieses Buch mit der Frage: »Wessen Bibel ist es eigentlich?« Die Antwort darauf ist schon schwierig genug. Ich beende es mit einer weiteren, viel schwierigeren Frage. »Wessen Gott ist es eigentlich?«

Oder wäre es vielleicht richtiger, zu fragen: »Welcher Gott ist es eigentlich?«

Ist er der zornige, eifersüchtige, temperamentvolle, strafende Jahwe? Der Kriegsgott, der in den Bücher Mose gefeiert wird? Der Gott, der während der Sintflut das Leben von der Erde fegte, die Erstgeborenen Ägyptens tötete, bei der Eroberung Jerichos half, deren Einwohner hinrichten ließ und stillschweigend das Opfer der Tochter Jephthas annahm? Der Gott, der sich am Geruch verbrannten Tierfleisches delektierte?

Oder ist er der gnädige, gerechte, geduldige, verzeihende Gott? Der zärtliche Hirte des 23. Psalms? Der attraktive »Liebhaber« im Hohenlied Salomos? Der »vollkommene« Vater Jesu? Und kann es sich bei all den Varianten überhaupt um ein und denselben Gott handeln?

Es wäre sehr einfach – wenn man all diese Geschichten gelesen hat –, die Bibel mit ihren unterschiedlichen Gottesvorstellungen als eine Textsammlung kunstvoller Mythen und Märchen abzutun. All diese Erzählungen von Archen, Seuchen, Schlachten, niedergebrannten Städten und Wundern könnte man durchaus als »phantasiereiche Geschichten« betrachten, so wie Robin Fox sie in dem Buch *The Unauthorized Version* bezeichnete. In Fox' unterhaltsamem und provozierendem Buch über die Bibel erfinden die Menschen Geschichten, um Regenbögen zu erklären – oder den Namen eines Dorfes oder die Existenz eines ungewöhnlichen Steinhaufens an einem besonderen Ort. Vom Standpunkt der Literatur, der Geschichte und der Anthropologie her betrachtet, könnte man das überzeugende Argument vorbringen, daß die biblischen Erzählungen – die sich in frühgeschichtliche Überlieferungen und örtliche Volkserzählungen hüllen – ausnahmslos der Phantasie von Menschen entstammen. Der Gott der Genesis und der Rest der Bibel wären demnach eine brillante Erfindung, die der Mensch nach seinem Bilde formte.

Wie sonst sollte man sich den »Fortschritt« Gottes in der hebräischen Bibel sonst erklären? Den Gottschöpfer, der im Garten Eden wandelte? Den donnernden Berggott in der Exodusgeschichte. Den ein wenig distanzierten Gott, der die Propheten als Vermittler einsetzte? Den völlig abwesenden Gott im Buch Esther?

Mit dieser Vorstellung von einem »unglaublich schrumpfenden Gott« geht die recht zynische Vorstellung einher, daß der Aufstieg des Judentums wie auch des Christentums eine weitere Facette des langen Machtspiels der Menschheit symbolisiere. Indem die Bibel die Auffassung übernimmt, daß es in der Menschheitsgeschichte letztlich um die Frage der Macht geht, darum, sie zu bekommen und zu erhalten, tritt die Bibel als eine weitere Form der Macht zutage. Normalerweise betrachtet man das Phänomen der »Macht« in den Kategorien von militärischer Stärke und Geld. Doch welcher Einfluß ist größer, welche Macht ist furchterregender als diejenige, die behauptet, das irdische und ewige Schicksal eines Menschen zu bestimmen? Aus spöttischem Blickwinkel betrachtet, will die »orthodoxe« Religion lediglich die Macht der Theologen über die Menschen begründen und den Platz unter all den anderen autoritären Institutionen einnehmen, die die Menschen entwickelt haben. So wird Gott zu einer Art »Zuckerbot-und-Peitsche«-Gott. Sei brav und gut, und du wirst belohnt – im Himmel und auf Erden. Sei böse, und du wirst leiden – auf Erden und für alle Zeiten.

Im Rahmen dieser abschätzigen Auffassung, die heute in weiten Kreisen der Bevölkerung verbreitet ist, wird Gott ins Reich der Fabel verbannt – er wird zu einer Art ausgeklügeltem »Apparat«, in dem es von kleinen Fehlern und Defekten nur so wimmelt. Aber das ist nicht die einzige Antwort auf eine Frage, die Philosophen und Theologen seit Jahrhunderten ins Grübeln bringt. Es gibt auch noch einige andere, voneinander getrennte Antworten.

Eine von ihnen erhielt Hiob. Man kann sie folgendermaßen zusammenfassen: Gewiß ist Gott noch immer da. Aber er ist sehr beschäftigt und muß sich um all die anderen Dinge kümmern, die sich im Universum ereignen, die wir Menschen jedoch nicht verstehen, weil wir zu dumm sind. Also erlaubt euch bitte nicht, danach zu fragen! Die Antwort ist kurz, hat einen gewissen Charme und ihre eigene, gar nicht unabweisliche Logik. Doch erinnert diese Antwort an den alten Witz über chinesisches Essen: Nach einer Stunde ist man bereits wieder hungrig und verlangt nach mehr.

Dann gibt es noch die Vorstellung vom »großen Elternteil im Himmel«. In dieser Variante des paternalistischen Standpunkts, den die traditionelle Religion oft einnimmt, wird Gott zu einem kosmischen »Schutzherrn«. Als wir klein waren, brauchten wir viel Zuwendung, und Gott war immer für uns da. Dieser Gott war ein weiser, fürsorglicher, wenngleich gelegentlich unvollkommener »Papa«, fähig sowohl zu bedingungsloser Liebe als auch zu einem Klaps auf das Hinterteil. Im Laufe der Zeit, während wir Menschen »erwachsen wurden«, ließ uns Gott allein losziehen. Dieses Szenario ist zwar naiv, aber immer noch recht ansprechend. Denn es bedeutet, daß wir uns nicht mehr der blanken Drohung »Warte nur, bis dein Vater nach Hause kommt« gegenübersehen. Und es gesteht der Menschheit das Recht zu, Dinge selbst zu entscheiden und Fehler zu begehen. Die Menschen mögen diese Art Gott auf ähnliche Weise einschätzen, wie viele Jugendliche über ihre Eltern denken: »Du bist ja völlig ›out‹«.

Die Vorstellung vom »großen Vater im Himmel« hängt mit einer weiteren Auffassung zusammen, die ich als »übernatürliche Auslese« bezeichnen möchte. Diesem Gedanken zufolge hat sich Gott gemeinsam mit der Menschheit im Laufe der Jahrhunderte in einer Art des Darwinschen Fortschritts weiterentwickelt. Wir beide sind welterfahrener geworden, weniger »primitiv«. Und während wir »klüger« wurden, empfand es Gott nicht mehr als notwendig, seine brillanten Inszenierungen von Blitz und Donner oder die Teilung eines Meeres aufzuführen. Dieser Gott kommunziert mit uns auf einer eher geistigen oder intellektuellen Ebene. Der amerikanische Philosoph William James mag an diese Art Gott gedacht haben, als er schrieb: »Ich persönlich glaube, daß sich Gott in erster Linie im inneren Erleben des einzelnen zeigt.«

Aber diese Vorstellung ist nicht ganz problemlos, denn sie enthält den Hinweis, daß wir Menschen uns zwar sicherlich geändert haben, Gott jedoch nicht. Jahrelang habe ich mich gefragt, warum der Gott der Bibel, der zu den Menschen sprach, Wunder vollbrachte und sich so sehr für die Lebensumstände von uns Menschen interessierte, irgendwann offenbar aufgehört hatte, uns »anzurufen«. Hatte er unsere Telefonnummer verlegt? Erst kürzlich ist mir aufgefallen, daß es vielleicht nicht nur Gott war, der das Interesse verloren hatte. Wir haben es auch. Vielleicht waren ja unsere »primitiven« Vorfahren, die nicht all dem Lärm der modernen Zivilisation ausgesetzt waren, viel eher in der Lage zu hören, was der Prophet Elija als »stille, kleine Stimme« vernahm. In ihrem Buch *Geschichte des Glaubens* deutet Karen Armstrong diese Idee an, wenn sie schreibt: »Offenbar hat die Religion in der heutigen Zeit auch deswegen an Bedeutung verloren, weil viele von uns nicht mehr das Gefühl haben, vom Unsichtbaren umgeben zu sein.«

Diese Vorstellung vom »Unsichtbaren« bietet uns eine Alternative – ein großartiges, großes »Andererseits«. Wenn wir akzeptieren, daß es dieses Unsichtbare gibt, so erlaubt uns das zu denken, daß vielleicht doch etwas Wahres an den Ideen, Moralvorstellungen und Ritualen ist, die die Verfolgung, den Spott und Zweifel seit Jahrtausenden überdauern. Nietzsche sagte, Gott ist tot. Welch Überraschung! Gott hat Ägypten, Babylon, Griechenland, Rom, das Dritte Reich und den Kommunismus überlebt. Alle diese »Reiche« beruhten auf einem ausgeprägten Glaubenssystem. Ob sich diese irdischen Reiche nun an Sonnen- oder Mondgötter, die Philosophien eines Plato oder Sokrates, die Göttlichkeit des Kaisers oder die irrsinnigen Versprechungen des Führers Adolf Hitler klammerten, sie alle gründeten auf irgendeiner Vision von einer vollkommenen Welt – gleichgültig, wie pervers diese Vision auch gewesen sein mag. Selbstverständlich sind sie alle gescheitert.

Mit anderen Worten: Selbst wenn Gott tot sein sollte – »der alte Knabe« hat sich, verglichen mit einigen seiner Rivalen, erstaunlich gut gehalten.

Doch selbst dann bleibt folgende Frage bestehen: Welcher Gott ist es? Handelt es sich um den allwissenden, allgegenwärtigen Gott meines Konfirmationsunterichts, um den heiligen Nikolaus, der Buch führt, welches Kind artig und welches unartig war?

Unvermeidlich laufen alle diese Fragen auf ein Wort hinaus. Glaube. Das »Unsichtbare«. Glaube kann man nicht kaufen. Man kann ihn nicht verkaufen, auch wenn es viele versucht haben. Man kann ihn weder messen, wiegen noch zerlegen. »Glauben« wir Menschen, weil wir geistig arme und gutgläubige Leute sind, die unweigerlich auf den Aberglauben unserer »primitiven« Vorfahren hereinfallen? Oder glauben wir, weil der Glaube eine sinnvolle Entscheidung ist?

In einer wunderbaren Beschreibung des Judentums haben Dennis Prager und Joseph Telushkin geschrieben:

Der Jude führte Gott in die Welt ein und forderte alle Menschen auf, in Brüderschaft zu leben, indem man einen moralischen, auf Gott beruhenden Wertmaßstab anerkannte. Jedes der Ideale – das eines universellen Gottes, eines universellen moralischen Gesetzes und einer universellen Brüderschaft – wurde zum erstenmal vor 3 200 Jahren unbekannten ehemaligen Sklaven in der Wüste Sinai offenbart. Warum diese besondere Gruppe aus Männern und Frauen in dieser besonderen Zeit für sich und alle ihnen nachfolgenden Generationen den Auftrag übernommen haben, »die Welt unter der Herrschaft Gottes zu vervollkommnen«, bleibt ein Geheimnis, das vielleicht nur ein religiöser Mensch zu lösen hoffen kann. (*The Nine Questions People Ask About Judaism*, S. 111)

Jesus war ein frommer Jude, der lehrte, daß das »Königreich Gottes in euch liegt«. Vollkommenheit zu erlangen, eine Vorstellung, die vielen Religionen und Philosophien gemeinsam ist, gehörte zu seinen schlichten – doch offenbar unerfüllbaren – Geboten. In der Bergpredigt sagte er: »Darum sollt ihr vollkommen sein, so wie euer Vater im Himmel vollkommen ist.«

Die Welt vervollkommnen. Sich selbst vervollkommnen. Ja, das ist schon richtig. Doch was sind das für lächerlich unschuldige, utopische Ideen, ließe sich einwenden.

Dennoch: Offensichtlich hat der Glaube während mehrerer Jahrtausende den Juden auch bei anscheinend unüberwindlichen Widerständen und Schwierigkeiten Kraft gegeben. Die Vorstellung, man könne die Welt vervollkommnen, indem man die Wahrheit über die Moralgesetze Gottes offenbart, hat diese Menschen zutiefst gestützt. Zweitausend Jahre lang hat der Glaube einzelnen Christen durch alle Verfolgungen und Prüfungen hindurch Kraft verliehen. Sie haben an ihrem Glauben festgehalten, daß Wunder noch immer geschehen können. Daß der Tod nicht das Ende bedeutet. Daß die Liebe zum Nächsten eine ziemlich vernünftige Idee ist. Daß wir die Macht – ja, sogar die Verantwortung haben –, zu vergeben. Daß wir versuchen können, »vollkommen zu sein, so wie der Vater vollkommen ist«.

Dies zu erreichen, ist gewiß nicht einfach. Aber es schlägt alle anderen Alternativen.

ANHANG 1

DIE ZEHN GEBOTE

Ich bin der HERR, dein Gott, der ich dich aus Ägyptenland, aus der Knechtschaft geführt habe. Du sollst keine anderen Götter haben neben mir. Du sollst dir kein Bildnis machen noch irgendein Gleichnis machen, weder von dem, was oben im Himmel, noch von dem, was unten auf Erden, noch von dem, was im Wasser unter der Erde ist: Bete sie nicht an und diene ihnen nicht! Denn ich, der HERR, dein Gott, bin ein eifernder Gott, der die Missetat der Väter heimsucht bis ins dritte und vierte Glied an den Kindern derer, die mich hassen, aber Barmherzigkeit erweist an vielen Tausenden, die mich lieben und meine Gebote halten.

Du sollst den Namen des HERRN, deines Gottes, nicht mißbrauchen; denn der HERR wird den nicht ungestraft lassen, der seinen Namen mißbraucht.

Gedenke des Sabbattages, daß du ihn heiligest; sechs Tage sollst du arbeiten und alle deine Werke tun. Aber am siebenten Tage ist der Sabbat des HERRN, deines Gottes. Da sollst du keine Arbeit tun, auch nicht dein Sohn, deine Tochter, dein Knecht, deine Magd, dein Vieh, auch nicht dein Fremdling, der in deiner Stadt lebt, denn in sechs Tagen hat der HERR Himmel und Erde gemacht und das Meer und alles, was darinnen ist, und ruhte am siebenten Tage. Darum segnete der HERR den Sabbattag und heiligte ihn.

Du sollst deinen Vater und deine Mutter ehren, auf daß du lange lebest in dem Lande, das dir der Herr, dein Gott geben wird.

Du sollst nicht töten.
Du sollst nicht ehebrechen.
Du sollst nicht stehlen.
Du sollst nicht falsch Zeugnis reden wider deinen Nächsten.
Du sollst nicht begehren deines Nächsten Haus.
Du sollst nicht begehren deines Nächsten Weib, Knecht, Magd, Rind, Esel noch alles, was dein Nächster hat. (2. Mos. 20, 1-17 LB)

ANHANG 2

DER 23. PSALM

Hier nun zwei Versionen des berühmtesten und wohl beliebtesten aller Psalme.

Lutherbibel

Der HERR ist mein Hirte, mir wird nichts mangeln. Er weidet mich auf einer grünen Aue und führet mich zum frischen Wasser. Er erquicket meine Seele. Er führet mich auf rechter Straße um seines Namens willen. Und ob ich schon wanderte im finstern Tal, fürchte ich kein Unglück; denn du bist bei mir, dein Stecken und Stab trösten mich. Du bereitest vor mir einen Tisch im Angesicht meiner Feinde. Du salbest mein Haupt mit Öl und schenkest mir voll ein. Gutes und Barmherzigkeit werden mir folgen mein Leben lang, und ich werde bleiben im Hause des HERRN immerdar.

Neue Jerusalemer Bibel

Der Herr ist mein Hirte, nichts wird mir fehlen. Er läßt mich lagern auf grünen Auen und führt mich zum Ruheplatz am Wasser. Er stillt mein Verlangen; er leitet mich auf rechten Pfaden, treu seinem Namen. Muß ich auch wandern in finsterer Schlucht, ich fürchte kein Unheil denn du bist bei mir, dein Stock und dein Stab geben mir Zuversicht. Du deckst mir den Tisch vor den Augen meiner Feinde. Du salbst mein Haupt mit Öl, du füllst mir reichlich den Becher. Lauter Güte und Huld werden mir folgen mein Leben lang, und im Haus des Herrn darf ich wohnen für lange Zeit.

ANHANG 3

DAS VATERUNSER

Das »Vaterunser« erscheint in zwei Versionen im Neuen Testament. Vertrauter ist die Fassung, die in der »Bergpredigt« im Matthäusevangelium vorkommt. Das zweite ist eine kürzere Form, die bei Lukas steht.

> Darum sollt ihr also beten:
>
> Unser Vater in dem Himmel!
> Dein Name werde geheiligt.
> Dein Reich komme.
> Dein Wille geschehe auf Erden wie im Himmel.
> Unser täglich Brot gib uns heute.
> Und vergib uns unsere Schuld, wie wir vergeben unsern Schuldigern.
> Und führe uns nicht in Versuchung, sondern erlöse uns von dem Übel.
> Denn dein ist das Reich und die Kraft und die Herrlichkeit in Ewigkeit. Amen. (Mt. 6,9-139 LB)
>
> Vater, dein Name werde geheiligt.
> Dein Reich komme.
> Gib uns täglich Brot, das wir brauchen.
> Und erlaß uns unsere Sünden;
> denn auch wir erlassen jedem,
> was er uns schuldig ist.
> Und führe uns nicht in Versuchung. (Lk. 11,2-4 NJB)

Dieses vertrauteste aller Gebete lernen fast alle Christen. Weit weniger bekannt sind die scharfen Worte, die Jesus bei Matthäus für den Gebetsstil vieler der frommen Gläubigen seiner Zeit fand. Ehe er das Vaterunser lehrte, sagte Jesus:

> Habt acht auf eure Frömmigkeit, daß ihr sie nicht übt vor den Leuten, auf daß ihr von ihnen gesehen werdet; ihr habt sonst keinen Lohn bei eurem Vater im Himmel.

Wenn du nun Almosen gibst, sollst du nicht lassen von dir posaunen, wie die Heuchler tun in den Synagogen und auf den Gassen, auf daß sie von den Leuten gepriesen werden ... Und wenn ihr betet, sollt ihr nicht sein wie die Heuchler, die da gerne stehen und beten in den Synagogen und an den Ecken auf den Gassen, auf daß sie von den Leuten gesehen werden. Wahrlich, ich sage euch: Sie haben ihren Lohn dahin. Wenn du aber betest, so gehe in dein Kämmerlein und schließ die Türe zu und bete zu deinem Vater, der im Verborgenen ist; und dein Vater, der in das Verborgene sieht, wird dir's vergelten.

ANHANG 4

DER PROLOG
ZUM JOHANNESEVANGELIUM

Im Anfang war das Wort, und das Wort war bei Gott, und Gott war das Wort. Dasselbe war im Anfang bei Gott. Alle 6666 Dinge sind durch dasselbe gemacht, und ohne dasselbe ist nichts gemacht, was gemacht ist. In ihm war das Leben, und das Leben war das Licht der Menschen. Und das Licht scheint in der Finsternis, und die Finsternis hat's nicht ergriffen.

Es war ein Mensch, von Gott gesandt, der hieß Johannes. Der kam zum Zeugnis, daß er von dem Licht zeugte, auf daß sie alle durch ihn glaubten. Er war nicht das Licht, sondern er sollte zeugen von dem Licht.

Das war das wahrhaftige Licht, welches alle Menschen erleuchtet, die in diese Welt kommen. Er war in der Welt, und die Welt ist durch ihn gemacht; aber die Welt erkannte ihn nicht. Er kam in sein Eigentum; und die Seinen nahmen ihn nicht auf. Wie viele ihn aber aufnahmen, denen gab er Macht, Gottes Kinder zu werden, die an seinen Namen glauben, welche nicht von dem Geblüt noch von dem Willen des Fleisches noch von dem Willen eines Mannes, sondern von Gott geboren sind.

Und das Wort ward Fleisch und wohnte unter uns, und wir sahen seine Herrlichkeit, eine Herrlichkeit als des eingebornen Sohnes vom Vater, voller Gnade und Wahrheit ... Dieser war es, von dem ich gesagt habe: Nach mir wird kommen, der vor mir gewesen ist; denn er war eher als ich. Und von seiner Fülle haben wir alle genommen Gnade um Gnade. Denn das Gesetz ist durch Mose gegeben; die Gnade und Wahrheit ist durch Jesus Christus geworden. Niemand hat Gott je gesehen; der eingeborne Sohn, der in des Vaters Schoß ist, der hat ihn uns verkündigt. (Joh. 1,1-8)

GLOSSAR

Der Asterisk (*) verweist auf jene Begriffe, die in dem Glossar an anderer Stelle erläutert werden.

Altes Testament: Der erste Teil der christlichen Bibel, der nach christlichem Glauben Zeugnis für den Bund (*Testament) zwischen Gott und den Menschen vor dem Kommen Jesu ablegt. Das Alte Testament ist nicht in allen christlichen Kirchen gleich, da manche die *Apokryphen in ihre Bibel nicht aufnehmen.

Apokalypse: Die Begriffe »Apokalypse« und »apokalyptisch« leiten sich vom griechischen Wort für »offenbaren« oder »aufdecken« her und beschreiben eine literarische Gattung. Es gibt zwei wahrhaft apokalyptische Bücher: Daniel in der hebräischen Bibel und die Offenbarung im *Neuen Testament; das Ezechielbuch enthält ebenfalls »apokalyptisches« Material. Allgemein gesagt, enthalten apokalyptische Schriften Offenbarungen, die durch visionäre Erfahrungen, intensive symbolische Bilder ausgedrückt werden, und behandeln oft die »Endzeit« oder die »letzten Tage«, an denen es zu einen großen kosmischen Aufstand kommen wird.

Apokryphen: Schriften, die nicht als Teil des *»Kanons« oder der offiziellen Liste gelten, und zwar weder in der hebräischen noch in der christlichen Bibel. Das Wort bedeutet »Verstecktes, Geheimes«.

Apostel: Das Wort leitet sich vom griechischen Wort für »entsenden« ab und bezeichnet die Gesandten Jesu. Traditionsgemäß sind es zwölf. Paulus wird ebenfalls auf die Liste der ersten Apostel gesetzt. Es gibt andere, die in einem allgemeineren Sinn des Wortes ebenfalls als Apostel gelten.

Aramäisch: Die semitische Sprache Arams (ungefähr das heutige Syrien). Eng verwandt mit dem *Hebräischen, das es bis zum 1. Jahrhundert n. Chr. weitgehend ersetzte. Es war mit Sicherheit die Sprache, die Jesus und seine *Jünger sprachen.

Bibel: Das Wort »Bibel« stammt aus dem Altfranzösischen *bible,* das wiederum auf dem lateinischen Wort *biblia* oder dem griechischen Wort *biblia* für »Bücher« beruht. Es wird benutzt, um die heiligen Schriften der christlichen Kirche und auch den Kanon der hebräischen Schriften zu bezeichnen. Der autoritative Text in der jüdischen Religionsgemeinschaft ist der *masoretische Text. Diese Sammlung enthält 39 Bücher (traditionellerweise 24 Bücher, aber mehrere wurden in zwei Teile geteilt, damit man eine größerer Zahl erreichte). Sie sind überwiegend auf hebräisch geschrieben und werden auch Tanach genannt. Der hebräischen Bibel entspricht das *Alte Testament in den christlichen Bibeln. Die römisch-katholische Überlieferung schließt eine Anzahl weitere Bücher mit ein.

Die christliche Bibel besteht aus dem Alten Testament und den 27 Büchern des *Neuen Testaments, das Frühchristen während des 1. Jahrhunderts und zu Beginn des 2. Jahrhundert n. Chr. verfaßten.

Bundeslade: Eine hölzerne Truhe, die die Steintafeln des Gesetzes enthielt, das die Israeliten auf ihrem Durchzug durch die Wüste mit sich führten. Sie verschwand während der Plünderung Jerusalems im Jahr 587 v. Chr.

Cherubim: Nicht zu verwechseln mit den niedlichen *Engeln mit kleinen Flügeln in der Kunst der Renaissance. Die Cherubim waren große Wesen mit Flügeln, ähnlich den aus Stein gehauenen mythischen Geschöpfen, die die babylonischen Tempel und Paläste bewachten, und hatten Adlerschwingen, menschliche Gesichter und den Körper eines Stiers oder Löwen. In Salomos Tempel rahmten sie die *Bundeslade ein.

Christus: Abgeleitet vom griechischen Wort *christos,* für »Gesalbter« oder *Messias.

Diaspora: Ein Kollektivbegriff für die »Zerstreuung« der Juden, die außerhalb der Grenzen des Landes Israel lebten – beginnend mit der babylonischen Eroberung Jerusalems und der Vertreibung (*Exil) der Juden nach Babylon.

Engel: Mitglieder des himmlischen Hofstaats, Gottes Gefolge himmlischer Helfer; auch »Gottessöhne«, »Morgensterne«, »Götter« oder »die himmlischen Heerscharen« genannt. Die Bibel schildert, daß sie entsandt werden, um Botschaften zu überbringen (*Engel* stammt vom griechischen Wort für »Bote« ab) und Gottes Freunde zu beschützen. Die *Cherubim und *Seraphim wurden zwar auch »Engel« genannt, doch handelt es sich bei ihnen nicht um Boten, sondern um übernatürliche Wesen mit speziellen Aufgaben.

Evangelist: Jemand, der die »gute Nachricht« über das Kommen Christi bringt. In einem eingeschränkteren Sinn bezeichnet das Wort auch die vier Verfasser der *Evangelien.

Evangelium: wörtlich: »gute Nachricht« oder »frohe Botschaft«.

Exil: Die Zeit der Gefangenschaft der Juden in Babylon unter den Chaldäern.

Hassidim: Bezeichnete ursprünglich »die Frommen«, eine Gruppe nationalistischer, othodoxer Juden in der seleukidischen Ära. Heutzutage bezeichnet das Wort eher die Anhänger einer frommen Ausdrucksform des Judentums mit einem ausgeprägten mystischen Element.

Hebräisch: Die Sprache der Israeliten und der meisten der originalen jüdischen Schriften (*Altes Testament). Sie wurde als Umgangsprache durch das *Aramäische und das Griechische ersetzt. Heute ist sie die Amtssprache des heutigen Staates Israel.

Hellenismus: Die weitverbreitete Übernahme der griechischen Sprache, ihrer Kultur und ihrer Bräuche in der Zeit der Eroberungen Alexander des Großen – ca. 300 v. Chr. bis zur römischen Ära.

Jahwe: Die Bezeichnung kommt 6828 Mal in den hebräischen Schriften vor und war einer der hebräischen Namen für Gott, (auch Tetragramm, griechisch: »vier Buchstaben« genannt). Der Name selbst galt als so heilig, daß man ihn nicht aussprechen durfte, und immer wenn er im Bibeltext erschien, wurde er als »Adonai« (mein Herr) vorgelesen. Der Ursprung ist ungewiß, auch wenn einige Forscher seine Wurzeln bis zum hebräischen Verb »sein« zurückverfolgt haben. In späterer christlicher Zeit verband man die Vokale mit den Konsonanten zu JHWH, woraus sich die nicht korrekte Übersetzung »Jehova« entwickelte.

Jünger: Abgeleitet vom lateinischen Wort für »Schüler«. Bezeichnung für die Studenten – traditionell sind es zwölf –, die von Jesus berufen wurden. In der Apostelgeschichte des Lukas wird der Jünger Judas als *Apostel durch Matthias ersetzt.

Kanaanäer: Eine Sammelbezeichnung für die präsraelitischen Bewohner *Palästinas; ihr Siedlungsgebiet entspricht ungefähr dem heutigen Israel und Libanon.

Masoretisch: Der Text der hebräischen Bibel, wie ihn »masoretische« Schreiber bewahrten und wie er heute als der Maßstab für das Buchstabieren und Betonen der hebräischen Bibel anerkannt wird.

Messias: (Griechisch *christos*), vom hebräischen »der Gesalbte«. In der jüdischen und in der christlichen Theologie ist der Messias die Erlösergestalt, die Gott entsendet, um sein Volk vom Leid zu erlösen und ein Zeitalter der Gerechtigkeit und des Friedens einzuleiten. In der christlichen Theologie glaubt man, daß Jesus der Messias ist, der daher auch unter dem Namen *Christus bekannt ist.

Mischna: Der Kodex des jüdisches Gesetzes, herausgegeben und überarbeitet durch die frühen *Rabbiner. Diese Vorschriften unterteilen sich in sechs große Einheiten – Landwirtschaft, heilige Tage im Tempel, Frauen und

Familie, Schadensfälle oder politische Fragen, heilige Angelegenheiten und Reinheitsvorschriften – und bilden die Grundlage der juristischen Diskussionen und Kommentare im *Talmud.

Mosaisch: Mose betreffend

Neues Testament: Der zweite Teil der christlichen Bibel. Es legt Zeugnis ab für den Bund (*Testament) zwischen Gott und der Menschen in der Person, dem Wirken, dem Tod und der Auferstehung Jesu. Christen zufolge symbolisiert das Neue Testament Gottes letzten und wichtigsten Bund mit der Welt, wobei der Bund des Alten Testaments ergänzt und zugleich überwunden wird.

Heidnisch: Zwar glaubt man heute weithin, daß der Begriff einen Heiden oder Nichtgläubigen charakterisiert, doch handelt es sich um ein frühchristliches Wort, abgeleitet aus dem lateinischen Ausdruck für einen »Zivilisten«, und wird benutzt, andere Nichtchristen als Juden zu bezeichnen.

Kanon: Das Wort kommt vom phönizischen Wort für »Schilf« und vom griechischen Wort für »herrschen«. Es bezeichnet die Bücher, die das Judentum als heilig betrachtet; sie wurden erstmals in der Tora um 200 v. Chr. festgelegt und schließlich zwischen 70-90 n. Chr. abgeschlossen. Einige Bücher und Teile von Büchern, die vermutlich auf griechisch geschrieben wurden, wurden von den jüdischen Rabbinern, die den *hebräischen Kanon begründeten, ausgelassen. Auf ähnliche Weise spiegelt der Kanon des *Neuen Testaments jene 27 Bücher wider, die von den Kirchenführern als göttlich inspiriert anerkannt wurden.

Ostern: Dieses Wort bezeichnet das christlichen Fest, mit dem man die Auferstehung Jesu feiert, doch kommt es in der Bibel nicht vor. Das Wort wird im allgemeinen auf den Namen »Ostara« bezogen, einer sächsischen Göttin, der während der Frühjahrssonnenwende gehuldigt wurde.

Palästina: Das Land, das ungefähr durch den Jordan (im Westen), die Negev-Wüste (im Süden) und die Golanhöhen Syriens (im Norden) begrenzt wird. Der Name bedeutet »Land der Philister«. Die Griechen verliehen den Namen der Küstenregion, die von den Philistern bewohnt wurde. Die Bezeichnung »Palästina« wird im vorliegenden Buch ohne die heutigen politischen Nebenbedeutungen verwendet.

Pentateuch: Die ersten fünf Bücher der *Bibel. Auch *Tora, das Buch Mose, das Buch des Gesetzes, die Fünf Bücher Mose, das Buch der Gesetze des Mose genannt.

Postexilisch: Betreffend die Zeit der Rückkehr der Juden nach Jerusalem, nach der babylonischen Gefangenschaft.

Rabbiner: Ein Begriff aus dem 1. Jahrhundert n. Chr. (mit der Bedeutung »Herr«), für einen religiösen Lehrer. Der Rabbiner diente in der Gesellschaft als Interpret der *Tora und als Richter. In späterer Zeit glaubte man, Rabbiner verfügten über magische Kräfte.

Satan: Der Ursprung des hebräischen Wortes liegt etwas im Dunkeln, doch viele Forscher sind der Ansicht, daß es »Widersacher« oder »Anschuldiger« bedeutete. Im *Neuen Testament werden »Teufel« und »Satan« als praktisch identisch benutzt.

Septuaginta: Diese griechische Übersetzung der hebräischen Bibel fertigten alexandrinische Juden um 250 v. Chr in Ägypten an.

Seraphim: Fliegende übernatürliche Wesen, die im Jesajabuch neben Gott erscheinen. Sie hatten drei Flügel: zum Fliegen, zum Schützen der Augen, damit sie Gott nicht anschauen mußten, und zum Bedecken der Füße (ein Euphemismus für Geschlechtsteile). Manche haben sie als feuerspeiende Drachen oder Schlangen charakterisiert. In späteren Überlieferungen werden sie mit Chören von *Engeln in Verbindung gebracht.

Synoptische Evangelien: Die Sammelbezeichnung, die man den *Evangelien des Matthäus, Markus und Lukas verleiht; aus dem Griechischen für »zusammen gesehen« oder »zusammen betrachten«

Talmud: (Hebräisch für »Studium« oder »Bildung«). Die klassischen, rabbinischen Erörterungen des sehr alten Kodex des jüdischen Gesetzes. Es gibt zwei Talmuds; der eine wurde im Land Israel um 400 n. Chr. verfaßt, der andere in Babylon um 550 n. Chr.

Testament: Dieses Wort, das ursprünglich den letzten Willen einer Person oder eine Vereinbarung meint, bezieht sich auf die Heiligen Schriften und kennzeichnet die Vereinbarung oder den »Bund« zwischen Gott und seinem Volk.

Tora: (Hebräisch: »Gesetz«). Die ersten fünf Bücher der *Bibel, der *Pentateuch; auch der gesamte Korpus der jüdischen Gesetze und Lehren.

Zion: Ein Wort unbekannten Ursprungs für den Berg von Jerusalem, auf dem die Stadt Davids steht. Infolge einer Erweiterung des Sinns kann Zion auch Jerusalem bedeuten.

LITERATUR

Die Bibliographie führt sowohl Nachschlagewerke als auch Bücher über spezielle Gebiete der Bibelforschung auf. Die Betonung liegt dabei auf kürzlich erschienenen Werken, die die neuesten Erkenntnisse der Forschung und archäologische oder wisenschaftliche Entdeckungen widerspiegeln; es werden jedoch auch viele ältere Klassiker angeführt. Ich habe mich überdies bemüht, die Bücher auszusuchen, die sich an den allgemeinen Leser richten, statt an die Forschergemeinde. Zusätzlich zu diesen Büchern sind inzwischen Nachschlagewerke und Hilfsmittel zur Bibel im CD-ROM-Format erhätlich. [Anm. d. Ü. Zusätzlich zu den englischsprachigen Titeln sind in die Literaturliste deutsche Originaltitel aufgenommen.]

Aland, Kurt (Hrsg.): *Synopse der Evangelien*. Deutsche Bibelgesellschaft Stuttgart 1989.

Armstrong, Karen: Geschichte des Glaubens. 3 000 Jahre religiöse Erfahrung von Abraham bis Albert Einstein. München 1996.

Assmann, Jan: *Moses, der Ägypter*. München 1998.

Barthel, Manfred: *Was wirklich in der Bibel steht. Das Buch der Bücher aus heutiger Sicht*. Wiesbaden 1997. Das Buch zieht archäologische Funde aus jüngerer Zeit und neu entdecktes historisches Datenmaterial zur Beurteilung raditioneller Bibelauslegungen heran.

Die Bibel: Eine Auswahl der schönsten Geschichten und Dichtungen. Ausgew. v. F. Sutter. Zürich 1993.

Biblischer Zitatenschatz. Stuttgart 1997.

Ben-Sasson, Haim Hillel (Hrsg.): *Geschichte des jüdischen Volkes*. (3 Bd.) München 1978.

Bellinger, Gerhard J.: *Knaurs Lexikon der Mythologie*. München 1989.

Bloom, Harold/David Rosenberg: *The Book of J*. New York 1990.

Boncian, Martin: *Lexikon der biblischen Personen*. Stuttgart 1989.

Boorstein, Daniel J.: Die Entdecker: das Abenteuer des Menschen, sich und die Welt zu erkennen. Basel 1985.

Burckhardt, Helmut/Fritz Grünzweig/Fritz Laubach/Gerhard Maier (Hrsg.): *Das große Bibellexikon*. (3 Bd.). Wuppertal 1987-1989. Umfassender enzyklöpädischer Führer mit Eintragungen zu Namen, Orten und Begriffen.

Calvocoressi, Peter: *Who's Who in der Bibel*. München, 8. Aufl. 1998.

Calwer Bibellexikon. Karl Gutbrod/R. Kücklich (Hrsg.): Stuttgart, 5. Aufl. d. 5. Bearbeitung 1988.

Deissler, Alfons/Köstle, Anton (Hrsg.): *Neue Jerusalemer Bibel: Einheitsübersetzung mit dem Kommentar der Jerusalemer Bibel.* Freiburg i. Br. 1985.
Dithfurt, Hoimar v.: *Wir sind nicht nur von dieser Welt. Naturwissenschaft, Religion und die Zukunft des Menschen.* Hamburg 1987.
Dreshen, Volker u.a. (Hrsg.): *Wörterbuch des Christentums.* Gütersloh, Zürich 1988.
Ebach, Jürgen/Faber, Richard (Hrsg.): *Bibel und Literatur.* München 1995.
Elberfelder Übersetzung (Scofield-Bibel). Wuppertal u. Zürich, 2. Aufl. 1993.
Fox, Emmet: *Die Bergpredigt. Eine Allgemeine Einführung in das wissenschaftliche Christentum.* Pforzheim, 9. Aufl. 1994. Einführung und spiritueller Wegweiser zu den zentralen Lehren Jesu im Matthäusevangelium, wie es ein prominenter englischer Mystiker des 20. Jahrhunderts auslegt.
Das Vaterunser. Eine Auslegung. Pforzheim, 6. Aufl. 1987 Frick.
Fox, Everett: *The Five Books of Moses: The Schocken Bible: Volume I.* New York 1992. Eine neue Übersetzung der ersten fünf Bücher der Bibel, die versucht, die poetischen, manchmal unentwickelten Eigenschaften des alten Hebräisch wiederherzustellen.
Fox, Robin Lane: *The Unauthorized Version: Truth an Fiction in the Bible.* New York 1992. Eine Untersuchung durch einen Historiker, der bekennt, »an die Bibel, aber nicht an Gott zu glauben«.
Flusser, David: *Jesus.* Reinbek b. Hamburg, 20. Aufl. 1997.
Friedman, Richard Elliott: *Wer schrieb die Bibel? Die spannende Entstehungsgeschichte des Alten Testaments.* Bergisch Gladbach 1992.
Gasper, H.: *Geschichte der Sekten, Sondergruppen und Weltanschauungen.* Freiburg i. Br. 1990.
Gellman, Marc/Hartmann, Thomas: *Wie buchstabiert man Gott? Die großen Fragen und Antworten der Bibel.* Hamburg 1996. Eine Rabbiner und ein katholischer Monsignore beantworten Fragen, die Kinder über Themen wie Religion und Gott stellen.
Görg, Manfred/Lang, Manfred (Hrsg.): *Neues Bibel-Lexikon.* Bd. 1. Zürich 1991.
Kraus, Heinrich: *Geflügelte Worte. Das Lexikon biblischer Redensarten.* München 1993.
Gomes, Peter J.: *The Good Book: Reading the Bible with Mind and Heart.* New York 1996.
Gordon, Cyrus H./Rendsburg, Gary A.: *The Bible and the Ancient Near East.* New York, 4. Aufl. 1997.
Große Frauen der Bibel in Bild und Text. Freiburg, Basel, Wien o.J.
Große Konkordanz zur Lutherbibel. Stuttgart, 2. neu bear. Aufl. 1989.
Wirtz, Cornelia (Hrsg.): *Der Große Ploetz. Die Daten-Enzyklopädie der Weltgeschichte.* Freiburg, 3. akt. Auflage 1993.
Harris, Roberta L.: *Das Zeitalter der Bibel. Spurensuche auf heiligem Boden.* Düsseldorf 1995. Eine Darstellung der archäologischen, geographischen und historischen Gegebenheiten, reich illustriert mit vielen Farbabbildungen.
Holzapfel, Otto: *Lexikon der abendländischen Mythologie.* Freiburg, Basel, Wien 1993.

Horkheimer, Max/Adorno, Th. W.: *Elemente des Antisemitismus.* In: *Dialektik der Aufklärung,* Frankfurt a. Main 1983.
Johnson, George: *In den Palästen der Erinnerung. Wie die Welt im Kopf entsteht.* München 1997. Der Autor, ein Wissenschaftsjournalist, erforscht die Schaltstelle von moderner Physik und Glauben.
Johnson, Paul: *A History of the Jews.* New York 1987.
Kassuheke, Rudolf: *Eine Bibel – viele Übersetzungen.* Wuppertal 1998.
Keel, Othmaar/Küchler (Hrsg.): *Herders großer Bibel Atlas.* Freiburg i. Br. 1989.
Keller, Werner: *Und die Bibel hat doch recht. Forscher beweisen die historische Wahrheit.* Hamburg, Neuaufl. 1994. Ein nützlicher, aber inzwischen ein wenig veralteter Überblick über die archäologischen Funde im Vorderen Orient.
Kirsch, Jonathan: *The Harlot by the Side of the Road: Forbidden Tales of the Bible.* New York 1997.
Kirste, Reinhard/Schultze, Herbert/Tworuschka, Uwe: *Die Feste der Religionen.* Gütersloh 1995.
Klingaman, William K.: *The First Century: Emperors, Gods and Everyman.* New York 1991.
Küng, Hans: *Christ sein.* München 1993. Eine monumentale Studie über christliche Geschichte und Theologie.
Kushner, Harold S.: *Wenn guten Menschen Böses widerfährt.* Gütersloh, 5. Aufl. 1997. Der Bestseller eines Rabbiners, in dem der Autor versucht, Jahrtausende alte Fragen zu klären.
Lehner, Markus: *Das erste Weltwunder. Die Geheimnisse der ägyptischen Pyramiden.* München 1997.
Lewis, C. S.: *Reflections on the Psalms (Gedanken zu den Psalmen).* Zürich, 3. Aufl. 1992. Der angesehene englische Schriftsteller, Autor von theologischen Werken und Science-fiction legt seine Deutung verschieder Psalmen vor.
Loning, Karl/Zenger, Erich: *Als Anfang schuf Gott.* Düsseldorf 1997.
Maier, Johann: *Die Qumran-Essener: Die Texte vom Toten Meer.* 3 Bd. München, Basel 1995f.
Miles, Jack: *Gott: Eine Biographie.* Übers. v. Martin Pfeiffer. München 1998. Pulitzerpreis 1996 im Bereich Biographie.
Neue Konkordanz zur Einheitsübersetzung der Bibel. (Erarbeitet v. Franz Joseph Schiersee, neu bearbeitet v. Winfried Bader.) Düsseldorf 1996.
Pagels, Elaine: *Versuchung durch Erkenntnis. Die gnostischen Evangelien.* Frankurt a. Main 1981. Preisgekrönte Untersuchung von in jüngster Zeit entdeckten frühkirchlichen Texten, die die kanonisierten Evangelien des Neuen Testaments in Frage stellen und ihnen widersprechen.
Satans Ursprung. Frankfurt a. Main 1998. Eine wissenschaftliche Darstellung der Entwicklung des Begriffs »Satan«.
Pellegrino, Charles: *Return to Sodom and Gomorrah.* New York 1994.
Porter, J. R.: *Das große Buch der Bibel.* Stuttgart, 2. Aufl. 1996. Ein wunderschön illustrierter, wissenschaftlicher und doch verständlicher Überblick zu Geschichte und Inhalt der Bibel. Geschrieben von einem bedeutenden Forscher von der Universität Oxford.

Prager, Dennis/Telushkin, Joseph: *Judentum heute*. Gütersloh 1993.
Pritchard, James B. (Hrsg.): *Herders Großer Bibelatlas*. Freiburg, Basel, Wien 1989.
Pritchard, James B. (Hrsg.): *Why the Jews? The Reason for Antisemitismus*. New York 1991.
Rienecker, Fritz/Meier, Gertrud: *Lexikon der Bibel*. Wuppertal 1994.
Reißmann, Marianne (Hrsg.): *Daten zur antiken Chronologie und Geschichte*. Stuttgart 1990.
Rosenberg, David: *A Poet's Bible: Rediscovering the Voices of the Original Text*. New York 1991.
Sagan, Carl: *Der Drache in meiner Garage oder Die Kunst der Wissenschaft, Unsinn zu entlarven*. München 1997. Der berühmte Astronom achtet zwar Religion und Glauben, spricht sich aber für ein vernunftbestimmtes Denken aus und entlarvt den New-Age-Spiritualismus, religiösen Fundamentalismus und »Heilung durch Glauben«.
Sanders, E. P.: *Sohn Gottes. Eine historische Biographie*. Stuttgart 1996. Von einem der Führer auf der Suche nach dem »historischen« Jesus.
Schäfer, Peter: *Judeophobia: Attitudes Towards Jews in the Ancient World*. Cambridge, Mass. 1997.
Schneider, Thomas: *Lexikon der Pharaonen. Die altägyptischen Könige von der Frühzeit bis zur Römerherrschaft*. München 1994.
Schoeps, Julius H. (Hrsg): *Neues Lexikon des Judentums*. Gütersloh/München 1992.
Schreiner, Klaus: *Maria: Jungfrau, Mutter, Herrscherin*. München 1994.
Sprockhoff, Harald v.: *Naturwissenschaft und christlicher Glaube – ein Widerspruch?* Darmstadt 1992.
Sproul, Barbara C.: *Schöpfungsmythen der östlichen Welt*. München 1993.
Sproul, Barbara C.: *Schöpfungsmythen der westlichen Welt*. München 1994.
Stegelmann, Hartmut: *Die Essener, Qumran, Johannes der Täufer und Jesus: ein Sachbuch*. Freiburg i. Br., 3. Aufl. 1994.
Telushkin, Joseph: *Biblical Literacy: The Most Important People, Events, and Ideas of the Hebrew Bible*. New York 1997. Glänzende Überblicksdarstellung und Kommentar über die hebräische Bibel und ihre Bedeutung im heutigen Leben.
Telushkin, Joseph: *Jewish Literacy. The Most Important Things to Know About the Jewish Religion, Its People, and Its History*. New York 1991.
Theißen, Gerd/Merz, Annette: *Der historische Jesus. Ein Lehrbuch*. Göttingen 1996.
Thielicke, Helmut: *Der Christ im Ernstfall: das kleine Buch der Hoffnung; Meditationen, Reflektionen*. Freiburg i. Br. 1977.
Tyldesley, Joyce: *Hatschepsut. Der weibliche Pharao*. München 1997.
VanderKam, James C.: *Einführung in die Qumranforschung. Geschichte und Bedeutung der Schriften vom Toten Meer*. Heidelberg 1998.

DANK

Dieses Buch reicht, wie viele, bis in die Kindheit zurück. Also möchte ich zunächst meinen Eltern für Ihre Leitung und ihre Liebe danken.

Anders als viele Menschen hatte ich Glück, daß ich im Religionsunterricht in der Sonntagsschule interessante Lehrer hatte, die uns Schüler forderten. Einer von ihnen machte mich mit dem Wunder der Fresken des italienischen Baumeisters und Malers Giotto bekannt. Ein anderer zeigte mir, wie eine Keilschrift aussieht. So hatte ich also schon in jungen Jahren das Gefühl, daß man mehr als lediglich Psalmen und Gebete auswendig lernen mußte, wenn man etwas über die Bibel lernen wollte. Entsprechend hatte ich am Concordia College in Bronxville, New York Lehrer wie den Reverend Thomas Sluberski, dessen Glaube nicht bewirkte, daß er sich der Welt ringsum verschloß. An der Fordham-Universität besuchte ich Seminare, die jesuitische Professoren leiteten, welche meine Wißbegier befriedigten. Ich empfinde mich als außerordentlich gesegnet, daß Menschen wie sie meinen Bildungsprozeß geformt haben.

Es gibt noch viele andere längs des Wegs, die bedeutende Beiträge zu diesem Buch geleistet haben. So zum Beispiel Rosemary Altea, die mir riet, »aus dem Herzen heraus« zu schreiben. Ich danke dir und sage: »... aber die auf den HERRN harren, kriegen neue Kraft, daß sie auffahren mit Flügeln wie Adler.«

Außerdem gilt mein Dank Join Evans, deren Begeisterungsfähigkeit, Unterstützung und Freundschaft mir sehr viel bedeutet. Die Mitarbeiter in den Verlagen William Morrow und Avon Books zeigten sich stets als loyale Freunde; ich danke Lou Aronica, Richar Aquan, Michele Corallo, Paul Feorko, Bradford Foltz, Beccy Goodheart, Mike Greenstein, Rachel Klayman, Lisa Queen, Michelle Shineski, William Wright sowie Will Schalbe, meinem früheren Lektor, der diesem Buch einen so ermutigenden Start gab.

Meine Kinder sind eine ständige Quelle der Freude, der Einsicht und des Stolzes. Ich danke euch, Jenny und Colin für eurer wunderbares Temperament. »Ich habe keine größere Freude als die, daß ich höre, wie meine Kinder in der Wahrheit wandeln.« (3. Joh. 4)

Vor langer Zeit arbeitete ich in einem Buchladen, als mir einmal eine der Mitarbeiterinnen riet, ich solle Bücher schreiben, anstatt sie zu verkaufen. Ich fand sie so klug, daß ich sie heiratete. Nicht viele Autoren können ihrer Frau, ihrer Lektorin und ihrer Verlegerin in einem Atemzug danken. Ich genieße diesen bemerkenswerten Luxus in vollen Zügen. Also danke, Joann, für alles, was ich wissen muß, aber nie gelernt habe.

REGISTER

Die Ziffern in Klammern verweisen auf Landkarten.

Aaron, Goldenes Kalb und 166f.
Aarons Segnung durch Gott 175
Abed-Nego 349f.
Abel, Ermordung des 14, 85, 125
Abendmahl, Das (da Vinci) 447
Abija 237
Abimelech 112
Abisag 229f.
Abner 229
Abraham,
   Abstammung 101
   und Arrangement des Hochzeit Isaaks 111
   Beschneidung 104
   Charakter 14
   Geburtsort 99, 101
   Gottes Bund mit 105
   Kauf der Grabkammer 111f.
   Namensänderung, als Gegner der Zerstörung Sodoms 99
   Opferung des Isaak 14, 109f.
   Sarai als Halbschwester 99
   und Sarai in Ägypten 100
   Tod 111f.
   Vaterschaft 108, 110ff.
Absalom 224f.

Abtreibung 158
AD (Anno Domini) 391
Adam,
   Bedeutung des Wortes 71
   erste Ehefrau 83ff.
   Nachkommen 85ff.
   Schöpfung 71f.
Adonija 230
Afghanistan 20
Afro-Amerikaner,
   US-Sklavenhalterschaft und 17
Agamemnon 195
Agrippina 462, 503
Ägypten,
   Abraham und Sarah in 100
   Heilige Familie in 397
   Joseph in 60, 120-126, 139
   Pharaonen 134, 136
   Pyramiden 49, 51, 125, 127, 138f., 187, 233, 533
   Versklavung der Israeliten in 67, 133
Ahab 237-242, 528
   Tod des 240
Ahasja 237, 240
Ahasveros 307f.

Ai 186, 190f.
Akkadäus, Akkadäer 51, 128
Alexander der Große 55, 281, 298, 335, 344, 358, 528
Alexandria,
  Bibliothek in 55, 372, 507
Alphabet des Ben Sira 84
Altes Testament,
  Anordnung der Bücher 30
  »Weisheitsbücher« 327, 354
  Prediger Salomos 23, 28, 245, 333-337
  Hiobbuch 23, 275, 311, 314-317
Amasa 229
Amasja 237
Amenemope 40, 328
Amenmesse 143
Amenemhet I. 128
Amenemhet IV. 128
Amenhotep I. 193
Amenhotep II. 194
Amenhotep III. 194
Amenhotep IV. 194
Ammoniter 107, 202f., 232, 284
Amnon 224f.
Amon 237, 246
Amoriter 51, 167
Amos 258, 263-266, 272
Amosis I. 193
Amraphel 102
Anatolien 194, 473
Andreas 411ff., 415
Annas 451
Antiochia 378, 462, 471, 473
Antiochos IV. (Epiphanes) 345, 347-350, 355, 358

Antisemitenliga 257
Antisemitismus 256f., 265, 451, 453, 460, 533f.
Antisklavereibewegung, USA, die Bibel und 17, 96
Apokalypse,
  im Buch Hesekiel, s. auch Jüngstes Gericht 296, 368, 370f., 526
Apokryphen 56, 352ff., 526
Apostel,
  Bedeutung des Wortes 414
  Jünger vs. 412, 414, 468
  Konzil der 466, 473
Apostelgeschichte 369ff., 400, 412, 449, 457, 463, 465ff., 472, 474, 528
  Verfasserschaft der 378
Araber 17, 96, 99, 104, 256, 467
Arabische Sprache 37
Aram 202, 288
Aramäisch 35, 37, 55, 57, 240, 288, 367, 526
Ararat, Berg 90, 92, 94
Archäologische Forschungen,
  und Davidische Dynastie 222
  zur Eroberung Kanaans 53, 60, 186f., 189-192, 199
  zur Flut 92ff., 195
  in Jericho 34, 51, 187-190
  zur Kultur der Natufianer 50
  zu den Ursprüngen der zwölf Stämme 56, 112, 117, 174, 204, 412, 495
Aristoteles 179, 335, 344
Armageddon 505
Armstrong, Karen 10, 311, 314, 514, 531

Artaxerxes I. 281, 283, 286, 307
Artemis (Diana) 473, 484
Asa 237
Asarhaddon 244, 259
Aschdod 196
Aschera 52, 150, 200f., 239
Aschkelon 232
Aschtarot 204
Assur 245
Assurbanipal 244, 259
Assurnasirpal 244, 258
Assyrien, Assyrer 51, 54f., 60, 196, 237, 239, 242-248, 258f., 273, 303f., 355, 430
Astarte 52, 150, 200, 239
Astrologen 404f.
Athanasius 507
Atheismus 75
Athen 259, 344, 473, 477
Äthiopien 235, 258, 376
Atlantis 194
Auferstehung 33, 295, 305, 351, 359, 366, 377, 382, 413f., 427, 429, 440-444, 455, 471, 498, 529
Aufklärung,
 in Europa 42f., 533
»Auge um Auge« 103, 164, 418, 423
Augustinus 320, 376, 402, 415, 493f., 507
Augustus Caesar (Oktavian) 360

Baal Zebub 71, 204, 240
Baal,
 Elija und Priester des Baalskult 239-242
 als Fruchtbarkeitsgott 52, 181, 200

Babel 97f., 114, 226, 248, 277, 282, 323f., 468
Babylonischer Talmud 255
Babylonisches Exil 54, 60, 121, 199f., 210, 228, 235, 250, 254ff., 263, 272, 280, 282f., 286-289, 291, 295, 301, 311, 335, 343, 347, 527
Balaam 177
Balak 177
Ballard, Robert 108
Barnabas 469, 471
Barsillai 230
Bartholomäus 413
Baruch 357
Bascha 237
Baum der Erkenntnis 23, 64, 69, 71, 79, 83
Begehrlichkeit
 als Grundlage der Konsumgesellschaft 161
Bekehrung, Bekehrte
 zum Christentum 459, 487
 zum Judentum 286, 491, 493
Bekenntnisse (Augustinus) 507
Belsazar 248, 350
Ben-Ammi 107
Benjamin (Sohn des Jakob und der Rachel) 115, 124, 207, 230, 236
Benjamiter 207
Bennett, William 347
Beschneidung 119, 135f., 187, 254, 348, 465f., 483f., 491, 495
Besteuerung 258
Bestrafung, Strafen
 der Ägypter 136f.
 Adams und Evas 78-83

wegen Blasphemie 233, 240, 452, 461, 470, 472
wegen Diebstahl 103, 158, 160, 165
wegen Ehebruch 20, 158ff., 267, 327, 357, 418, 423
wegen Homosexualität 158, 180, 221f., 477
von Kindern wegen der Sünden der Eltern 148, 224
wegen Kindesentführung 160
bei den Römern, s. Kreuzigung
wegen Schäden, verursacht durch Tiere 164f.
der Schlange 79
wegen Sodomie 105, 158, 180
wegen Verhaltens gegenüber den Eltern 157f., 165
Bethel 114, 190
Bethlehem
  als Geburtsort Jesu 57, 392, 394-397, 403-406
Bethsaida 413
Bethuel 111
Bibel, hebräische
  Babylonisches Exil und 54f., 199f., 210, 254f., 272, 288, 301, 357
  »geliehenes« Material in 40
  geographische Orte 50, 187, 355
  griechische Übersetzung, s. Septuaginta
  masoretischer Text 58, 527f.
  Niederschrift 40f., 81, 208, 357
  Meilensteine 60
  mündliche Überlieferung 37, 40f., 48, 149, 178, 259
  Reihenfolge der Bücher 249
  und die Schriftrollen vom Toten Meer 18, 34, 36, 40, 60, 217, 355, 438, 533f.
  Wortspiele 71f., 240
  Verfasserschaft 36-40
Bibel
  als Anthologie 29
  Definition des Begriffs 12, 29
  lateinische Übersetzung, s. Vulgata
  als »legendenhafte« Geschichte 511
  Meilensteine 60
  protestantische 56, 59, 353
  römisch-katholische 56, 58, 358, 527
  als soziale und politische Waffe 17f.
  und Sklaverei in den USA 17, 96, 158, 163
  Übersetzungen 12f., 16, 21f., 24, 27f., 32, 39, 42, 55ff., 59ff., 70, 218, 267, 273
Bible and the Ancient Near East, The (Gordon u. Rendsburg) 118, 138, 200, 219, 245, 255, 532
Bibel-Code, Der (Droskin) 39
Biblical Literacy (Telushkin) 152, 154, 332, 341, 534
Bilhah 115
Blake, William 28
Bloom, Harold 45, 531
Blutschuld 165
Boas 189, 208ff.
Bonfils, Joseph Ben Eliezer 25
Book of J, The (Bloom) 45, 531
Book of Virtues, The (Bennett) 347

Briefe des Paulus, Verfasser,
 Anordnung 370f., 373ff., 379, 428,
 462, 471, 474f., 477-480, 482, 484,
 486, 489-494, 496ff., 502
Brown, John 158
Brüder, Entfremdung zwischen 86,
 120f., 123-126
»Buch der Chronik (Tagebuch) der
 Könige Israels« 228
»Buch der Chronik (Tagebuch) der
 Könige Judas« 228
»Buch der Geschichte Salomos«
 228
Buch des Gesetzes 288, 529
Buch Mormon 383
Buddhismus 344, 382, 431
Bund Gottes 33, 132f.
 mit Abraham 104f., 182
 mit Isaak 112, 182
 mit Jakob 117, 167, 182
 mit Noah 11f., 90-96, 105
 neuer 132, s. Christentum
Bundeslade 47, 54f., 131, 149, 166,
 187, 196, 214, 223, 234f., 257f.,
 283, 527
Bürgerkrieg, USA 17, 96, 158, 432

Caesar, Gaius Julius 44, 345, 360,
 384, 462
Caligula, Gaius 225, 384, 461, 465,
 502
Carter, Jimmy 150, 159, 423
Cäsarea 450f.
Chaldäer (Neubabylonier) 102, 275,
 343, 355
 Eroberung Judas durch 54, 102

 Herrschaft der 247f., 259, 275ff.,
 527
Cheops 127, 139
Chesterfield, Philip Dormer
 Stanhope 179
Christen
 koptische 382
 Verfolgung 368, 373, 452, 462,
 465, 471f., 474, 480, 486, 493f.,
 497, 506f., 516
 Weihnachten 389f., 396 s. auch
 Geburt Jesu
Christentum, frühes
 Auseinandersetzungen zwischen
 einzelnen Gruppen 401, 429, 436,
 452, 466, 485, 496
 Frauen und 375, 427ff., 438, 475ff.,
 482, 490, 515, 532
 Führer 368, 374ff., 382, 401, 427,
 482, 490, 494
 Gemeinschaftsideale 460, 515
 Häresien 375
 jüdische Gesetze und 474, 480
 Kalender 390f.
 Rom 376, 391, 462, 474, 476, 503,
 507
 Sklaverei und 454, 487
Christentum
 Antisemitismus 256f., 265, 451,
 453, 460, 533f.
 und Erlangen von
 Vollkommenheit 515
 Fundamentalismus 75, 296, 334,
 458, 469, 534
 Gottesbilder 152
 Jesajas Prophezeiungen 268, 270f.

Ost-West-Spaltung 354
Sexismus 201, 475
Symbolgehalt des Jonabuchs im 303
Christus
Bedeutung des Wortes 367, 388, 404, 528
Chronik, 1. Buch der 226ff., 247, 249, 252, 262, 280, 358
Chronik, 2. Buch der 226ff., 247, 249, 252, 262, 280, 358
»Chroniken von Nathan des Propheten, Die« 251
»Chroniken von Samuel, dem Seher, Die« 251
Chufu 127
Churchill, Winston 38
Claudius 461f., 465
Clinton, Bill 159
Coitus interruptus 121
Crassus 345

Dagon 204, 215
Damaskus 365, 471f.
Damasus I., Papst 58, 354
Dan 115, 118
Daniel, Buch 347, 355, 357
  Zusätze in den Apokryphen 357
Danuna 118
Dareios I. 281ff., 298f., 344, 350
Darwin, Charles 72, 74-77, 513
Darwinismus, Schöpfungslehre vs. 76f., 513
Das Böse
  Neigung der Menschen zum 90
  von Sodom 15, 105-109, 150

David 150, 222-225
  Abstammung 188f.
  und Batsheba 224, 229f., 250
  und Freundschaft mit Jonathan 221
  und Goliath 19, 216ff., 359
  und Michals Brautgabe 15, 218
  und die Philister 15, 54, 217f., 220f., 223
  und Saul 15, 213, 217-221
  als Verfasser der Psalmen 19, 48, 319
da Vinci, Leonardo 74, 91, 447
Debora 18, 45f., 199-202, 209, 238, 262
Decius 507
Delila 18, 197f., 203-206, 209
DeMille, Cecil B. 16, 23, 131, 135, 144
Der Gottesstaat, (Augustinus) 507
»Der Kommentar zu den Buch der Könige« 251
Deuterokanonische Bücher 56, 352f., s. Apokryphen
Deuteronomium, (5. Buch Mose) 40, 43, 46, 60, 133, 168, 170, 177f., 180, 199, 259
Deutsch, Deutschland 28, 40, 48, 59, 147, 192, 268, 270, 374
Diaspora 56, 255, 291, 527
  Antisemitismus und 256
Diebstahl
  Achtes Gebot 160
Dienerschaft 434
Dies Irae 274
Dina, Raub der 118f.
Diokletian 507
Dionysus Exiguus 391

Djoser 127
DNS 77
Domitian 462, 494, 502
Douay-Bibel 353
Drake, Sir Francis 143
Drakon 259
Drittes Gebot 153f., 160
Dschebel Musa 145

Edom, Edomiter 42, 51, 112f., 177, 241, 283, 301
Ehe
 und Nachweis der Jungfräulichkeit 166, 181
Ehebruch 20, 150, 158f., 267, 327, 357, 418, 423
 Siebtes Gebot zum 158
Ehescheidung 300, 436, 460
El 52, 150
Ela 237
Elhanan 218
Eli 214
Elija 238-242, 300, 514
Elisa 238, 241, 440
Elisabeth 397ff.
Eltern 157f., 317, 332, 395, 407f., 486, 513
Emerson, Ralph Waldo 510
En-dor 220
Engel
 und Balaams Esel 177
 in der Erzählung von Mariä Verkündigung 398
 in der Geschichte der Geburt Christi 397
 als Lots Gäste 105

Enoch 87, 241
Epheser 371, 484
Ephesus, Konzil von 402, 507
Ephraim 124, 203
Epiphanie 390
Er 121
Erdbeben 16, 142, 190, 455f., 502, 504
Erlöser 270, 367, 382, 388, 401, 437, 459, 528,
 s. auch Messias
Erlösung 14, 254, 264, 295, 302, 304, 316, 433, 436, 459ff., 480, 485, 496
Ernährungsgesetze 172, 460, 466, 473, 476
Erstes Gebot 151
Erstgeborene 85, 87, 104, 112f., 120, 122, 134, 138, 224, 447, 511
Erwähltes Volk 110, 185, 261, 264f.
»Es führt kein Weg zurück« (Wolfe) 280
Esau 67, 112f., 117f., 125, 177
Esdras, 1. Buch 358
Esdras, 2. Buch 359
Esra 210, 255, 262, 278, 281, 300, 344
Esra, Buch 250, 278, 280, 282-288, 297, 358f.
Essener 36, 408, 438, 441, 533f.
Esther (Hadassa) 18, 255, 306ff.
Esther, Buch 35, 256, 307, 340, 356, 358, 512
Ethisches Verhalten 163, 191, 415

Ethnische Säuberung 14, 54, 184, 191, 245
Ethnozentrismus 265
Eucharistie 448
Euphrat 51, 53f., 80, 92, 97, 103, 108, 126f., 243, 259
Eurydike 108
Euthanasie 74, 158
Eva 18, 23, 27, 45, 68f., 72, 75, 78, 81-87, 209, 316f.
Evangelium 268, 363, 368, 377-381, 393, 413, 431, 443, 457f., 462, 472, 474, 502, 527
 synoptische 368, 408, 530
Evolutionstheorie 75ff.
Exodus (2. Buch Mose) 21, 40, 76, 103, 118, 129, 131, 133, 135f., 138, 140-143, 145ff., 152, 162f., 165, 170, 233, 236, 251f., 512

Falsch Zeugnis ablegen 149, 158, 160f., 518
Feder-Frau (Mythos der Blackfoot-Indianer) 83
Fehlgeburten 336
Feindesliebe 438
Felder, Säen der 420
Fest des Hinscheidens Mariä 403
First Century, The (Klingaman) 475, 533
First Dissident, The (Safire) 311
Five Books of Moses, The (Fox) 27, 147, 532
Flüche 331
Flucht nach Ägypten 378, 397
Fox, Everett 27, 147, 532

Fox, Robin 511, 532
Frank, Anne 160
Franklin, Benjamin 179, 327, 509
Friedman, Richard Elliot 42, 46, 263, 284, 532
Friedman, Thomas 158
Fruchtbarer Halbmond 97, 127
Fruchtbarkeitsgötter 52, 81, 150, 473
Fünf Bücher Mose 27, 41, 344, 529
Fünftes Gebot 157

Gabriel 396ff., 408
Gad 115
Galater 371, 483
Galiläer, Galiläa 196, 380, 393f., 396f., 411ff., 439, 452, 456, 467, 497
Galilei, Galileo 22, 74
Gamala 408, 454
Gamaliel 427
Garten Eden 18f., 45, 68, 70, 78, 80f., 93, 187, 512
Garten Gethsemane 380, 448, 451
Gaza 204, 206
Gebet Manasses, Buch 124, 237, 246, 259, 359
Gehennah 232
Gelobtes Land 107, 150, 176, 185
Genesis (2. Buch Mose) 19, 21, 27, 40, 43, 45f., 52, 64f., 67f., 70-75, 77f., 80-88, 91f., 97f., 101f., 111, 117, 121, 170, 189, 209, 241, 250, 295, 414, 511
Gerechtigkeit 14, 23, 103, 263, 269, 271, 351, 416, 461, 528
Gershwin, Ira 10, 38, 267

Geschichte des Glaubens
(Armstrong) 10, 311, 514, 531
Geschwister 86, 121, 175
Gibeah 207
Gideon 202
Gihon 80, 223
Gilboa, Berg 196, 220
Gilgal 187
Gilgamesch 81, 88, 92f., 195
Gleichnisse 66, 77, 244, 303f., 358, 379f., 424, 429-436
Gnostiker 374f., 382, 458, 485, 490, 499
Gnostische Evangelien 364, 374f., 380ff., 413, 426, 533
Gnostischen Evangelien, Die (Pagels) 375, 533
Gog 296
Gold of Exodus, The (Blum) 131, 145
Goldene Regel 179, 437
Goldenes Kalb 166f., 175
Goliath 19, 216ff., 359
Gomer 266
Gomes, Peter 425, 451, 460, 476f., 532
Gomorra, Zerstörung 106
Good Book, The (Gomes) 425, 451, 460, 476f., 532
Gordon, Cyrus 101, 118, 138, 141, 143, 200, 219, 245, 255f., 282, 532
Gott, Eine Biographie (Miles) 63, 316, 533
Gott
  als Beschützer Kains 85
  Bund nach der Sintflut 91
  Erscheinen während des Exodus 133
  Herausforderung 312
  die Menschheit nach seinem Bilde geschaffen 70
  Mission der Juden, sein Wort zu verbreiten 370
  Mißbrauch seines Namens 148, 153f., 518
  Naturgötter vs. 72
Gotteslästerung 233, 240, 452, 461, 470, 472
»Gottessöhne« 88f., 314, 527
Götzenanbetung 116, 119, 152, 173, 180, 209, 232, 236, 240, 246f., 293, 349f., 357, 451, 474, 482, 484
Greatest Story Ever Told, The 392, 426
Griechenland, Griechen, Griechisch 26, 29, 37f., 41, 51, 55-60, 66f., 83, 88f., 92, 97, 108, 113, 133, 139, 170, 178, 190, 195, 203, 213ff., 219, 253f., 257f., 280f., 298, 336, 345, 348, 353, 356f., 366ff., 378, 382, 390, 400, 414, 425, 473, 480, 483, 497, 506, 514, 528, 530
Gute-Nachricht-Bibel 27f., 161, 269, 273
Gutenberg-Bibel 58
Guter Samariter, Gleichnis 21, 244, 379, 387, 429ff., 436

Habakuk 259, 263, 275
Habiru 53
Hadrian 506
Hagar 103f.

Haggai 282, 292, 296ff., 300
Haile Selassie 235
Hale-Bopp-Komet 405
Halleyscher Komet 405
Ham 87, 95f.
Haman 256, 306, 308, 356
Hamlet (Shakespeare) 10
Hammurabi 102f., 128, 164
Hananias 470
Händel, Georg Friedrich 267f., 505
Hanna 214, 397
Hannibal 359
Haran (Ort) 99, 101, 111, 113
Häresien
  im Frühchristentum 375
Harlot by the Side of the Road The: Forbidden Tales of the Bibel (Kirsch) 199, 203, 533
Hasmonäer (Makkabäer) 358
Hassan 508
Hassidim 528
Hatschepsut 140, 193, 534
Hausgötter 116, 152
Hautkrankheiten 171, 173
Hawthorne, Nathaniel 160
Hebräer 37, 53, 100, 133f., 136-140, 144, 146, 150, 185f., 208, 210, 219, 256, 371, 493ff.
Hebron 111f., 196
Heidentum, Heiden 178, 191f., 243, 271, 301, 390, 418f., 421, 529
Heilige Drei Könige 389, 405
Heiliger Geist 409
Helena aus Troja 119
Hellenismus, Hellenistische Ära 281, 335, 348, 528

Herakles (Herkules) 89, 205
Herodes Antipas 393, 409, 452, 462
Herodes der Große 360, 378, 384, 391ff., 397, 403f., 406, 409f., 438
Herodes' Sohn Philip 410
Herodianer 438
Herodias 409
Herodot 139, 214
Hesekiel 263, 291-296, 341
Hethiter 51, 111, 141, 167, 194ff., 204, 224, 284
Hieronymus, Heiliger 57, 61, 354, 395
Hilkia 276
Hillel 179, 437, 472
Hirten 15, 19, 27, 51f., 86, 217, 229, 263, 272, 406f., 412
Hiskija 237, 246, 263, 268, 270, 274
History of the Jews, A (Johnson) 48, 295, 533
Hitler, Adolf 143, 158, 459, 506, 514
Hiwiter 167
Hohepriester 100, 124, 234, 297, 348, 451f.
Hohelied 19, 48, 335, 338, 340f., 343
Holocaust 33, 191, 295
Holofernes 355
Homer 38, 66, 113, 190, 258
Homo erectus 126
Homosexualität 107, 158, 180, 221f., 477
Hor, Berg 176
Horaz 372
Horemheb 140
Hosea 243, 258, 263, 266f., 294
Hubble-Teleskop 73

547

Hussein, Saddam 158
Hyksos 125, 128, 140, 193
Hypothese der Bibel als historisches Dokument 44f., 47

Ilias (Homer) 38, 190, 258
Illustrated Guide to the Bible, The (Porter) 117, 244
Imhotep 127
Inzest 53, 66, 87, 107, 180, 200, 503
Irak 54, 93, 97, 103, 108, 158
Iran 15, 103, 151, 286, 296
Irenäus 374
Isaak 41, 60, 67, 104, 108-114, 125f., 128, 167, 182, 209
Ischtar 243, 245, 340
Islam 20, 132, 508
Ismael 104, 112, 125
Israel
  Jakob umbenannt in 117, 128
Israel 16, 30, 46, 49, 52ff., 56, 67, 97, 99, 108, 112, 117, 126, 131, 139, 141, 154, 171, 177, 214, 223, 228f., 237, 243f., 247, 264ff., 293, 295, 298, 348, 469, 480, 527, 530
Israeliten 16, 20, 49, 60, 67, 72, 95, 133, 141, 144-147, 162, 174, 185ff., 195, 199-210, 240, 258, 343, 407, 527f.

J. B. (MacLeish) 311
Jabal 87f.
Jabesch-Gilead (Volk) 207
»Jahwekult« 45, 52, 128, 138, 151, 200f., 223, 233, 239, 254, 511, 528

Jakob 27, 60, 67, 112-120, 124ff., 128, 167, 182, 396
Jakobsleiter 113f.,
Jakobus (Bruder von Jesus) 413, 466, 473
Jakobus (Sohn der Zebedäus) 413
Jakobus (Sohn des Alphaeus) 413
Jakobus, Brief des 370f., 462, 492-496
James, William 510, 513
Japheth 95
Jason 219, 348
Jebusiter 51, 167, 284
Jehoschafat 237
Jehu 237, 242f., 258
Jephthah 202f., 511
Jeremia 46, 226, 228, 248, 252f., 259, 263, 275ff., 357
Jeremiade 276
Jericho 16, 34, 51, 182ff., 186-190, 193, 209, 241, 277, 285, 429, 511
Jerobeam I. 237
Jerobeam II. 237, 243, 263
Jerusalem 36, 46, 54f., 60, 100, 110, 131, 156, 179, 188, 213, 223, 225f., 228, 231ff., 235ff., 246-252, 254f., 257ff., 263, 268, 272, 276, 280-288, 291ff., 297ff., 301, 311, 319, 324, 343, 345, 347ff., 356, 360, 368ff., 377, 394, 403ff., 411f., 418, 433, 444ff., 462, 466, 472ff., 494, 505f., 527, 530
Jesaja 19, 35, 48, 258, 263, 267-271, 274, 288, 302, 401, 505, 530
Jesus Christ Superstar (Rice und Webber) 426
»Jesus Seminar« 458

Jesus 14, 16, 35, 57, 66, 132, 150, 152f., 156, 159, 188f., 209, 240, 268, 270, 298, 320, 359, 365-415, 422, 424-433, 436-468, 475, 479-485, 494-499, 515, 522, 526, 528, 532, 534
Jetro (Reuel) 134
Jewish Literacy (Telushkin) 257, 265, 459, 534
Joahas 237
Joasch 237
Joel 292, 301ff.
Johannes (Apostel) 296, 363, 368-371, 379f., 385, 413, 426, 428, 445, 456, 462, 498-504, 524f.
Johannes der Täufer 379, 384, 391, 397, 408-413, 438, 534
Johannes Hyrkanos 358
Johannes Markus 377
Johannes Paul II., Papst 76f.
Johannes XXIII., Papst 453
Johnson, Paul 48, 295, 533
Jojachin 237, 248, 259, 282
Jojakim 237
Jom Kippur (Versöhnungstag) 171, 459
Jona 19, 245, 262, 292, 303f.
Jonathan 196, 199, 218f., 221, 229
Jordan (Fluß) 50, 182, 186f., 190, 203, 222, 230, 277, 390, 408, 410f., 529
Joseph (Bruder von Jesus) 370f.
Joseph (Mann von Maria) 378, 389, 393f., 396ff., 402, 407f.
Joseph (Sohn von Jakob und Rachel) 27, 60, 67, 115, 119-126, 133, 139ff., 143, 350, 377

Joseph von Arimäthäa 456
Josephus, Flavius (Joseph ben Matthias) 372, 409ff.
Josua (Jesua) 16, 30, 42, 46, 57, 176, 183, 185-188, 190ff., 199f., 251, 255, 262, 297, 366
Jubal 87f.
Juda 45, 54, 60, 115, 120-124, 189, 208f., 222, 228, 232, 236-243, 250-259, 263, 268f., 274, 280, 283, 294, 345, 348f., 355, 358f., 384
Judäa 50, 53, 194, 360, 384, 392f., 403f., 412f., 439, 450f., 467
Judas (Bruder von Jesus) 370f.
Judas Ischariot 299, 413, 447f.
Judas Makkabäus 345, 358
Juden 13-20, 30, 40, 49, 53, 96, 99, 121, 132, 151, 155, 171, 178, 192, 244, 254-257, 265, 282-288, 298, 347, 351, 365, 403, 430, 451, 454, 466f., 484, 495, 516, 527-530
Judentum 148, 150, 178, 254, 265, 285, 341, 345, 427, 429f., 436, 459, 466, 529, 534
Judeophobia (Schäfer) 256, 534
Judith 355
Julius Caesar (Shakespeare) 44
Jungfrauengeburt 270, 386, 396, 400, 403
Jungfräulichkeit 166, 181, 400
Jurassic Park 108
Juvenal 372

Kadesch-Barnea 174, 176f.
Kaiphas 451
Kain 14, 27, 85-88, 98, 125

Kainsmal 85f.
Kaleb 176
Kambyses II. 281, 343
Kamele 44, 101, 137, 425, 439
Kanaan (Sohn von Ham) 95
Kanaan 50-53, 60, 89, 99, 104, 111, 116-119, 140-143, 146, 152, 158, 185ff., 190ff., 203f., 248, 280, 400
Kanaanäer 51ff., 95, 111, 113, 119, 178, 192, 201, 203f., 239, 285, 528
Kanaaniter 110, 167, 191, 283, 413
Karthago 258, 345, 359
Kashrut 171, s. Ernährungsgesetze
Kaufmann von Venedig (Shakespeare) 25
Kazantzakis, Nikos 366
Keck-Teleskop 73
Kennedy, John F. 213, 334, 365, 388
Kenyon, Kathleen 51
Kepler, Johannes 74
Ketura 111
Kevorkian, Jack 158
Kinder
    Bevorzugung durch einzelne Elternteile 121
    Disziplinierung 332
    Opferungen 108, 110, 180, 232
    Segnungen für 96
Kindesentführung 160
King-James-Bibel 13, 16, 28, 39, 59, 61, 74, 218, 342, 353
Kirche Jesu Christi der Heiligen der Letzten Tage 383
Kirsch, Jonathan 199, 203, 229, 533

Klagelieder Jeremias 226, 252f., 277, 357
Kleidung
    Vermischung der Stoffmaterialien in 20
Kleopatra 345, 384
Klingaman, William 475, 533
Kodex 40, 58, 72, 102f., 128, 154, 160, 164, 174, 181, 259, 374, 460, 528, 530
Kolosser, Brief an die 371, 480, 484f.
Kolumbus, Christopher 192
Kommunismus 514
Konfuzius 179, 327, 344
Könige, 1. Buch der 178, 226, 228-231, 239, 247, 252, 262
Könige, 2. Buch der 226, 228-231, 241, 247, 252, 262
Konkubinen 103, 207, 222, 225, 230, 232
Konstantin I. 57, 370, 395, 507
Konstantinopel 126, 507
Kopernikus, Nikolaus 74
Koran 132, 383, 508
Korinth 480, 482
Korinther, Briefe an die 371, 462, 475, 481f.
koscher 171f., 284, 465
Krakatau, Vulkanausbruch 142
Kreta 51, 194, 204, 491
Kreuzigung 299, 320, 322, 377, 380, 384, 387, 400, 453f., 456, 460
Kusch (Land) 96, 175
Kuschiten 175
Kyros der Große 250, 255, 280-283, 343f., 357

Laban 111, 114-118
Lachisch 246, 258
Lamech 87f.
Laotse 343
Latein
 Bibelübersetzung 57ff., 61, 170, 253, 354
Lazarus 380, 427, 440, 444
Lea 115, 121
Lebensbaum 329
»leidender Knecht Gottes« 268, 271
Lepra 171, 173, 175, 430, 437, 439, 441, 443
Letters from the Earth (Twain) 12, 25, 63
Letzte Versuchung Christi, Die (Kazantzakis) 366
Levi 115, 119, 377, 413
Leviten 166, 170, 207, 238, 250f., 283f., 429
Levitikus (3. Buch Mose) 20, 40, 47, 95, 133, 168, 170ff., 179, 186, 234
Lewis, C. S. 319, 533
Libanon 29, 51, 97, 191, 194, 528
»Lied der Debora« 45, 199
»Lied der Mirjam« 146
Lilith 83ff.
Lincoln, Abraham 432
Lot 15, 99f., 105-108, 177, 207f., 493
Louvre 103
»Love of Jesus, The« 363
Lügen und das neunte Gebot 160, 173
Lukasevangelium 368, 375, 377ff., 386, 393, 395, 397, 401, 406, 408, 412, 414f., 425, 428f., 448, 456, 462, 465, 467
Luther, Martin 59, 61, 320, 495
Lydia 476

Macbeth (Shakespeare) 220
Magdala 426f., 456
Magog 296
Makkabäer (Hasmonäer) 156, 358
Makkabäer, 1. Buch der 358
Makkabäer, 2. Buch der 358
Makkabäer, 3. Buch der 358
Makkabäer, 4. Buch der 358
Maleachi 292, 300f.
Malta 474
Manasse (Sohn von Joseph) 124, 237, 246, 259, 359
Manna 147, 175, 179
Marathon, Schlacht von 281, 344
Marcus Antonius 345, 360, 384
Marcus Aurelius 506
Marcus Lepidus 345
Maria (Mutter von Jesus) 15, 152, 270, 378, 389, 393f., 396-403, 407, 426, 507, 534
Maria (Schwester von Martha) 426f.
Mariä Himmelfahrt 386, 396, 403
Mariä Verkündigung 386, 396, 398
Maria von Magdala (Maria Magdalena) 21, 382, 425ff., 429, 456
»Marias Lobgesang« 399
Markusevangelium 369, 376ff., 410, 413, 431, 449, 452, 456, 467
Marr, Wilhelm 257

Martha 426f., 440
Märtyrer 269, 461f., 466, 474f., 504, 507
Marx, Karl 510
Masada 462
Masoreten 58
Masturbation 121
Matthäusevangelium 189, 209, 270, 376ff., 386, 391-397, 401f., 404, 406, 410, 412, 415, 428, 432, 447, 449, 456, 459, 522, 532
Matthias 469, 528
Mayas 127
McLeish, Archibald 311
Meder 343, 350, 467
Medina 508
Mekka 508
Melchisedek 100
Menahem 237
Menelaos 348, 350
Menelik I. 235
Menes 127
Menkuare 128
Menschheit
  Gottes Vernichtung der 15, 91f., 105
Menstruation 20, 171, 173, 428
Merneptah 53
Meschach 349f.
Mesopotamien 51, 72, 80, 97ff., 101f., 114, 116, 128, 194, 243, 348, 467, 506
messianische Zeit
  geweissagt von den Propheten 268ff., 291, 298ff., 505
Messias (Händel) 267f., 505

Messias 254, 265, 267f., 298f., 301, 359, 365, 367, 377, 388, 392, 395f., 401, 404, 409, 437, 440ff., 446, 452f., 457, 468, 505, 527f.
Mexiko 98
Micha 258, 263, 272, 302, 395
Michael 229, 351, 505
Michal 218ff., 223
Michelangelo 153
Midian, Midianiter 111, 120, 134, 175
Miles, Jack 63, 316, 533
Mirjam 175, 209, 425
Mischehen 119, 210, 255, 279, 283ff., 287
Mittelamerika 98
Moab, Moabiter 43, 51, 107, 177, 182, 202, 208, 236, 241f., 284
Mohammed 132, 383, 508
Mohammed ed Dib 34
Moloch 232
Monarchie 199, 213, 216, 287
Monotheismus 194, 508
Montanus 375
Mord 14, 66, 86, 88, 91, 125, 158, 191, 378, 404
Mordechai 255f., 308
Mormonen 383
Mose 16, 18, 20f., 25, 27, 30, 40-46, 48f., 52f., 89, 103, 111, 118, 131-138, 140f., 144-149, 151, 162f., 166-170, 174ff., 180, 182, 185, 209, 229, 284, 287f., 319, 392, 410, 444f., 468, 525, 529
Muslim(e) 101, 265, 383
Mykener 204

Nabopolassar 248
Naboth 240
Nadab 237
Nag Hammadi 381, 383
Naher Osten, alter 55, 72, 85, 87, 97, 110, 126, 141, 154, 204, 243, 245, 328
Nahor (Bruder von Abraham) 111
Nahor (Ortsname) 111
Nahum 259, 263, 273
Naphtali 115
Napoleon 218, 506
Nathan 224, 251
Nathaniel 412f.
Nationalsozialisten 33
Natufianer 50
natürliche Auslese 74, 513
Nazareth 389, 394-398, 407, 437, 439
Neandertaler 126
Nebo, Berg 182
Nebukadnezar I. 54, 196
Nebukadnezar II. 248, 259, 277, 283, 343, 349f., 355f.
Nebusaradan 226, 248
Necho II. 247, 259
Nefertiti 194
Nehemia 250, 255f., 262, 278, 280f., 286f., 297, 300, 355, 358
Nephilim 88f.
Nero 225, 462, 465, 474f., 480, 502f., 506
Nerva 462
Nestorius 402
Neubabylonier 54, 247f., 259, 275, s. Chaldäer

Neue Jerusalemer Bibel (NJB) 24, 27, 30, 56, 157, 237, 268, 335, 353, 520, 532
Neuntes Gebot 161
Nietzsche, Friedrich 510, 514
Nikodemus 456
Nil 97f., 127, 131, 133f., 137, 141, 194, 243, 381
Nildelta 16, 53, 124f., 128, 139f., 145
Nine Questions People Ask About Judaism, The (Prager und Telushkin) 515
Ninive 243, 245, 248, 258f., 273, 303f., 355
Nisir, Berg 92
Nixon, Richard M. 176
Niiäa, Konzil 507
Noahs Arche 11f., 90-94, 195, 511
Nod (Land) 85f.
Noomi 208f.
Notre Dame, Universität 152
Numeri (4. Buch Mose) 40, 89, 133, 168, 170, 174, 176f., 205, 251

Obadja 292, 301
Odyssee 38, 113, 190, 258
Offenbarung des Johannes 296, 316, 368, 371, 428, 462, 498, 500, 506, 526
   Drache 666 505f.
Omri 236ff.
Onan 121, 150
Onesimus 487
Opfer
   Menschenopfer 53, 110, 203, 293
   Tieropfer 171

Origenes 395
Orpheus 108
Osiris 193, 390
Ostern 267, 468, 529
Östliche orthodoxe Kirche 56, 126, 376, 390, 403
Ovid 372

Pagels, Elaine 375, 381f., 533
Paine, Thomas 509
Palästina
 Eroberung durch die Römer 61, 171, 235, 345, 359, 372
Pandora 83
Passahfest 47, 138, 144, 171, 187, 247, 407, 444f., 447, 468
Pastoralbriefe 489ff.
Pate, Der 229
Patmos 502
Paulus (Saulus) 370, 462, 466, 470ff.
Pech 93, 107, 304
Pekach 237
Pekachja 237
Pellegrino, Charles 83, 108, 141f., 193, 533
Pentateuch 41, 46ff., 61, 255, 529ff.
Perez 122, 285
Perikles 344
Perisiter 167, 284
Persien 55, 252, 287, 307f., 335, 343f., 413
Pest 137, 215, 402f., 504f.
Petrus (Simon) 302, 370, 411, 413, 441, 443f., 447, 456, 466, 468, 470, 473ff.
Petrus, 1. Brief des 371, 493, 497

Petrus, 2. Brief des 371, 493, 497
Pfingsten 468
Pfingstgemeinden 469
Pharaonen 125, 139f., 143, 195, 233, 280, 534
Philemon, Brief an 371, 487
Philip (König von Mazedonien) 344
Philipevangelium 382
Philipper, Brief an die 371, 484
Philippi 484
Philister 15, 44, 51, 54, 112, 141, 158, 192, 195f., 202.206, 211, 214-221, 257, 529
Phoebe 476
Phönizien, Phönizier 29, 37, 51, 242, 257f., 359
Pilatus, Pontius 384, 450-454, 503
Pischon 80
Pithom und Ramses, Schatzstädte 195
Pius IX., Papst 402
Pius XII., Papst 45, 403
Playboy 149, 159, 423
Poet´s Bible, A (Rosenberg) 320, 336, 534
Polygamie 88, 159
Pompeius 345, 360
Poor Richard´s Almanac (Franklin) 327
Porter, J. R. 76, 117, 533
Potiphar 120, 123
Potiphars Frau 123
Prager, Dennis 515, 534
Prediger Salomos, Buch 23, 28, 245, 333-337

Priester
  des Baal 181, 200, 239f.
  und Tempelriten 292
Prisca (Priscilla) 476
Propheten 30, 32f., 48f., 56, 66, 132, 175, 189, 238f., 241f., 254, 260, 262ff., 269, 272, 284, 289, 291f., 300ff., 314, 347, 357, 367, 383, 413, 416f., 421, 436, 455, 460, 512
Prostituierte, Prostitution 15, 19, 122, 186, 188f., 200, 202, 209, 231f., 264, 266, 273, 285, 426f.
Protestanten, Protestantismus 15, 17, 30, 56, 59, 153, 353f., 403, 469, 475
Psalm 1 321
Psalm 13 321
Psalm 137 323
Psalm 14 321
Psalm 144 324
Psalm 151 359
Psalm 19 322
Psalm 22 322
Psalm 24 322
Psalm 27 322
Psalm 37 322
Psalm 42 323
Psalm 66 323
Psalm 68 324
Psalm 8 321
Psalm 84 323
Psalmen, Die (Psalter) 318, 320
Ptolemaios II. 55f., 344, 347
Pulitzer, Joseph 66, 533
Punische Kriege 359
Purim 306ff.

Puritaner 153
Pyramiden 19, 49, 51, 98, 125, 138, 233, 533

Quirinius 384, 393
Qumran 18, 34ff., 408, 438, 508, 533f.

Ra 138
Rabbiner 33, 49, 56, 84, 154, 156, 160, 179, 221, 257, 265, 284, 307, 320, 328, 332, 335, 341, 353f., 407, 437, 440, 459f., 472, 528ff., 532f.
Rache 14, 103, 481
Rahab 186, 188f., 209, 285
Rahel 114ff., 120, 209, 397
Ramses I. 140, 143, 194
Ramses II. 140f., 143, 194
Ramses III. 143, 195, 204
Raphael 255
Rebekka 67, 111-114, 397
Rechtgläubigkeit vs. hohle Frömmigkeit 264
Reflections on the Psalms (Lewis) 319, 533
Reformation 43, 56, 59, 153, 354, 475
Rehabeam I. 258
Reinheitsritus, Taufe 254, 348, 429f., 436, 460, 529
Religion vs. Wissenschaft 22, 73-78
Rendsburg, Gary 138, 141, 200, 245, 255f., 532
Return to Sodom and Gomorrah (Pellegrino) 83, 108, 141, 193, 533

Reue 274, 298, 302f., 408
Richter, Buch der 15, 45f., 146, 185, 197, 199-204, 206-210, 213f., 238, 262, 340, 395
Römer, Brief an die 476f., 480
Römische Katholiken, Katholizismus 42f., 56, 58, 320, 354, 383, 402, 453, 475
Römisches Reich 19, 57, 359, 370, 372f., 390, 394, 404, 412, 440, 473, 493, 507
Rom
  Babylon als christlicher Geheimname für 462, 497, 505f.
  »Großer Brand« 462, 474, 503
  Literatur 372
  Staatsreligion 390
  Todesstrafe, s. Kreuzigung
  Zerstörung des Tempels 452
Rosenberg, David 320, 336, 531, 534
Rosenkranz 403
Rotes (Schilf-) Meer 16, 131, 144f.
Ruben 115
Ruth 18, 46, 189, 197, 208ff., 251, 265, 285, 395

Sabbath 254, 442
Sacharja (Prophet) 237, 282, 292, 297-300
Sacharja (Vater von Johannes dem Täufer) 397
Sadduzäer 437
Safire, William 311
Salmanassar III. 242, 244, 258
Salmanassar V. 243f., 258
Salome 409f.

Salome (Oper) 410
Salomo 15, 19, 23, 28, 40f., 48, 54, 60, 143, 209, 213f., 224, 228-233, 235f., 245, 250ff., 257f., 262, 283, 297, 319, 325, 327f., 331, 333-338, 340ff., 356, 420, 511, 527
Samaria 243, 258, 272, 283, 451
Samariter 430
Samuel 46, 196, 199, 211, 213-216, 220, 228, 238, 250f., 397
Sanhedrin 348, 437, 452, 470
Sanherib 244, 258f.
Sara (Sarai) 67, 99f., 103f., 109, 111f., 355, 397, 399
Sardinier 195
Sargon I. 128
Sargon II. 54, 243f., 258
Satan 23, 240, 309-312, 314ff., 410, 432, 505f., 530, 533
Saturnalien 390
Saul 15, 60, 196, 213, 215-221, 251, 471
Schadrach 349f.
Schäfer, Peter 256, 534
Schallum 237
Schamscha 102
Scharlachrote Buchstabe, Der (Hawthorne) 160
Scheba, Königin von 225
Schela 121f.
Schema (Gebet) 178
Schemot 133
Scheschonk 258
Schibboleth 203
Schilo 207
Schimi 230

Schinar 97, 102, 108
Schlachttrophäen 219
Schlange 78f., 81f., 136, 185, 241, 316, 330, 357, 421, 457, 474, 530
Schöpfung 30, 43, 68, 70-78, 80, 82, 89f., 94, 126f., 250, 295, 388, 440
Schöpfungslehre vs. Darwinismus 75ff., 513
Schriftrollen vom Toten Meer 18, 33-38, 40f., 60, 217, 355, 438
Schwangerschaft 397, 399
Scorsese, Martin 366
Sechstes Gebot 158
Seeger, Pete 334
See Genezareth 50, 367, 411, 441ff.
Seevölker 112, 118, 141, 195, 204
Segnungen 96, 415
Selbstmord 158, 221, 384, 414, 462, 503
Seleukiden 345, 351, 358
Semiten 256f.
Seneca 372
Septuaginta 16, 56f., 60, 213, 253, 345, 353, 356, 530
»Bergpredigt« 21, 159, 320, 415f., 422, 437, 515, 522, 532
Serach 122, 189
Serubbabel 282, 197ff.
Sesbassar 282
Seth 85, 87f., 98
Sethos II. 143
Seti (Sethos) I. 140f., 194f.
Sexualverhalten
　ehebrecherisches 158, 224
　homosexuelles 95, 106f., 158, 222, 477
　sodomitisches 53, 105, 158, 166, 180, 200
　Vergewaltigung 14, 106f., 123, 191, 199, 224
Shakespeare, William 10, 25, 44, 56, 61, 66, 213, 220
Sichem 118f.,
Siddharta Gotama 344
Sidon 202
Siebtes Gebot 150
Sikarier 438
Simeon 115, 119
Simon Petrus, s. Petrus
Simri 237
Simson (Samson) 18, 49, 199, 203-206, 214, 397
Sinai, Berg (Horeb) 49, 103, 131, 145, 147f., 162, 187, 445, 468
　Empfang der Gesetze durch Mose 49, 103
Sinai, Halbinsel 53, 142, 145, 174f.
Sinai, Wüste 38, 133f., 147, 515
Sintflut 28, 74, 89-94, 511
Siptah 143
Sirach (Weisheitsbuch) 356
Sisera 201f.
Sixtinische Kapelle 152
Sklaven, Sklaverei 17, 65, 96, 103, 122-125, 132f., 139, 144, 147, 158, 191, 367, 427, 434, 454, 484, 487, 514
Snofru 127
Sodom 15, 83, 100, 105-108, 141, 193, 207, 414, 533
Sokrates 335, 344, 514
Sources of Strength (Carter) 150

Sparta 344
Spartakus 345, 454
Sprüche Salomos, Buch 23, 40, 48, 325, 327f., 331, 335
Stephanus 461, 464, 466, 470ff.
Strauss, Richard 409f.
Suez, Golf von 144f.
Sumer 55, 102, 128
Sumerer 51, 98, 126f.
Sumerische Sprache (Keilschrift) 98, 195
Sünden
 rituelle Reinigung und 234
Susa (Schusch) 103, 286, 307
Susanna 357, 428
Synagogen 18, 419, 427, 471, 523
Syrien 54f., 80, 97, 99, 128, 194, 258, 288, 345, 358, 378, 384, 393f., 462, 471ff., 526

Tabernakel 166, 233
Tabita (Tabea) 468
Tacitus 372, 384, 453, 503
Tal der Totengebeine, Hesekiels Vision 294f.
Talmud, Babylonischer 255
Tamar (Judas Schwiegertochter) 121ff., 189, 209, 285
Tamar (Tochter von David) 224
Tammuz 293, 341
Tanach 30, 40, 55, 249, 353, 527
Tao-Te-King (Laotse) 343
Taoismus 343
Tara 99
Tarschisch 303
Tarsus 471f.

Taufe 377, 384, 390, 408ff., 445, 457, 472
Tell es-Sulta 188
Telushkin, Joseph 152, 154, 160f., 221, 257, 265, 320, 332, 341, 459f., 515, 534
Tempel, Erster 60, 178, 232, 251, 283
Tempel, Zweiter 60f., 282f., 287, 297
Testament, Definition 13, 32f.
Teufel, s. Satan
Thaddäus (Judas) 413
Theodosius 372, 507
Thera, Vulkanausbruch auf 141f., 193f
Thessalonicher, Briefe an die 371, 486
Thessaloniki 486
Thomasevangelium 381, 413
Thutmosis I. 140, 193
Thutmosis II. 140, 193
Thutmosis III. 142, 193f.
Thutmosis IV. 194
Tiberias (See) 411, 426
Tiberius 384, 391, 453, 461
Tiglatpileser 196
Tiglatpileser (Pul) III. 243f., 258
Tigris 51, 53, 80, 92f., 97, 108, 126f., 242f., 245
Timotheus, Briefe an 371, 489ff.
Timsa (See) 145
Titanic 12, 108, 162
Titus, Brief an 371, 489ff.
Tobias 355
Tobit, Buch 355
Todesstrafen 17, 86, 103, 158ff., 164

Tora 30, 33, 41-44, 46, 48, 55, 67, 131, 133, 162f., 172, 179ff., 192, 200, 147, 254f., 265, 284, 286, 298, 437, 460, 468, 529f.
Totes Meer 34, 50, 107, 412
Trajan 462, 506
Transvestitentum 120, 180, 200
Traumdeutung 350
Trient, Konzil von 354
Troja 119, 195, 205
Trunkenheit 14, 95, 106, 225, 327, 355, 467f.
Tsunamis 132
Tubal-Kajin 87f.
Türkei 94, 141, 190, 194, 370, 379, 473, 483, 485, 507
Turm zu Babel 96ff., 468
Tut-ench-Amun 140, 194
Twain, Mark 12, 25, 63
Tyndale, William 21f., 59, 61
Tyrus 343

Über die Entstehung der Arten (Darwin) 75
Unauthorized Version, The (Fox) 511, 532
Unbefleckte Empfängnis 396, 400, 402f.
Unfruchtbarkeit 115
Ur 92, 99, 101f., 128
Ureinwohner Amerikas 13, 191f., 245
Urfa 101
Urknall 77f.
Usija 237, 268
Ussher, James 74, 127
Utnapischtim 92

Vaterunser, Text 521f., 532
Vergebung der Sünden 125, 163, 304, 359, 375, 448, 457, 459ff.
Vergeltung 119, 164, 225, 307, s. Rache
Vergewaltigung 14, 106f., 123, 191, 199, 224
Verklärung Christi 380, 441, 444
Verleumdung 427
Verlorene Sohn, Gleichnis 379, 431, 435
Vervollkommnung der Welt 515f.
Vorhäute 187
  als Brautgabe an Michal 15, 218f.
Vulgata 57f., 61, 253, 354, 395

Warner, Anne Bartlett 363
Waschti 307f.
Webber, Andrew Lloyd 426
Weisen aus dem Morgenland 378, 386, 390, 406
Wer schrieb die Bibel? (Friedman) 42, 284, 532
Widderhörner, Blasen von 188, 504f.
Wiederkehr Jesu 373
Wilde, Oscar 409
Wilson, Gahan 149
Wochenfest (chaq schawuoth) 468
Wolfe, Thomas 280
Wooley, Leonard 92f.
Wort Gottes 22, 32, 43f., 57f., 72, 265, 320, 376, 383, 411, 432, 458, 494
Wright, Robert 78

Wunder 23, 76, 239, 241, 246, 259, 275, 307, 315, 358, 369, 399, 439-443, 465, 468, 474, 514, 516
Wycliffe, John 21

Xerxes I. 281, 307

Yeats, William Butler 23

Zabulon 115
Zarathustra 259
Zehn Gebote 13f., 30, 38, 46f., 49, 54, 103, 131, 133, 147-151, 162, 166, 170, 215, 234, 410, 517
Zehn Plagen 136
Zehn Stämme, Vertreibung der 60, 236, 244
Zehntes Gebot 161
Zeloten 438
Zephanja 259, 253, 274
Zeus 92, 348, 350, 400
Zidkija 237, 249
Zikkurate 98, 114
Zilpa 115
Zionismus 301
Zippora 134ff., 175
Zölibat 36, 438, 490
Zungenreden 468f.
Zwangsarbeit 79, 86, 139, 143, 195, 215
    als Forderung durch Salomo 258
Zweiter Weltkrieg 143, 203
Zweites Gebot 148, 176
»Zwiegespräch über das Leid des Menschen« 311
Zwillinge 112
Zypern 51, 204, 473